国家出版基金项目
NATIONAL PUBLICATION FOUNDATION

中国社会科学院近代史研究所中华民国史研究室

总编 李 新

# 中华民国史

## 人物传

### 第七卷

李 新　孙思白　朱信泉　赵利栋

严如平　宗志文　熊尚厚　娄献阁　主编

中 华 书 局

# 第七卷目录

## X

夏　超 …………………………………………………… 魏　桥(七/4053)

夏斗寅 ……………………………………… 袁钟秀　胡淑敏(七/4057)

夏丏尊 …………………………………………………… 万江红(七/4063)

夏瑞芳 …………………………………………………… 熊尚厚(七/4068)

夏　威 …………………………………………………… 赵世怀(七/4072)

夏曾佑 …………………………………………………… 袁英光(七/4077)

夏之时 …………………………………………………… 周茂江(七/4083)

冼冠生 …………………………………………………… 汪仁泽(七/4089)

冼星海 …………………………………………………… 查建瑜(七/4094)

项松茂 …………………………………………………… 孙德祥(七/4101)

萧佛成 …………………………………………………… 陈　民(七/4107)

萧龙友 …………………………………………………… 寿祝衡(七/4111)

萧同兹 …………………………………………………… 熊尚厚(七/4114)

萧耀南 …………………………………………………… 朱　丹(七/4119)

萧友梅 …………………………………………………… 李　俊(七/4126)

萧则可 …………………………………………………… 江晏琦(七/4131)

萧长华 …………………………………………………… 李仲明(七/4136)

谢　持 …………………………………………………… 罗　敏(七/4140)

谢奉琦 …………………………………………………… 周茂江(七/4145)

谢晋元 …………………………………………………… 李　飞(七/4152)

谢无量 ……………………………………… 杨伟立　马宣伟(七/4157)

邢士廉 …………………………………………………… 张志强(七/4161)

熊成基 …………………………………………… 黄德昭（七/4167）

熊克武 …………………………………………… 马宣伟（七/4171）

熊庆来 …………………………………………… 夏光辅（七/4176）

熊式辉 …………………………………………… 严如平（七/4182）

熊希龄 …………………………………………… 熊尚厚（七/4189）

虚　云 …………………………………………… 王学庄（七/4196）

徐悲鸿 …………………………………………… 李仲明（七/4201）

徐恩曾 …………………………………………… 刘敬坤（七/4206）

徐寄庼 …………………………………………… 朱镇华（七/4214）

徐镜心 …………………………………………… 卫香鹏（七/4219）

徐　堪 …………………………………………… 马宣伟（七/4224）

徐　谦 …………………………………………… 蔡静仪（七/4228）

徐荣廷 …………………………………………… 徐凯希（七/4233）

徐　润 …………………………………………… 江绍贞（七/4239）

徐绍桢 …………………………………………… 徐亚玲（七/4242）

徐世昌 …………………………………………… 李宗一（七/4248）

徐树铮 …………………………………………… 李宗一（七/4253）

徐庭瑶 …………………………………………… 戚厚杰（七/4257）

徐锡麟 …………………………………………… 闻少华（七/4262）

徐新六 …………………………………………… 汪仁泽（七/4266）

徐永昌 …………………………………………… 汪仁泽（七/4270）

徐志摩 …………………………………………… 孙玉石（七/4275）

徐宗汉 …………………………………………… 郭　烙（七/4281）

许崇智 …………………………………………… 严如平（七/4285）

许德珩 …………………………………………… 刘秋阳（七/4293）

许地山 …………………………………………… 徐斯年（七/4297）

许鼎霖 …………………………………………… 熊尚厚（七/4303）

许冠群 …………………………………………… 谈玉林（七/4308）

许广平 ………………………………………… 张小曼(七/4313)

许世英 ………………………………………… 郑则民(七/4320)

许雪湫 ………………………………………… 杨天石(七/4326)

许云樵 ………………………………………… 陈　民(七/4330)

续范亭 ………………………………………… 田为本(七/4334)

宣铁吾 ………………………………………… 朱佩禧(七/4341)

薛笃弼 ……………………………… 张天政　王韦娟(七/4347)

薛觉先 ………………………………………… 张　洁(七/4354)

薛明剑 ………………………………………… 朱复康(七/4359)

薛　岳 ………………………………………… 颜　平(七/4365)

荀慧生 ………………………………………… 文　曦(七/4373)

### Y

严宝礼 ………………………………………… 徐铸成(七/4377)

严独鹤 ………………………………………… 陆　诒(七/4382)

严　复 ………………………………………… 罗耀九(七/4385)

严　修 ………………………………………… 娄献阁(七/4390)

严裕棠 ………………………………………… 熊尚厚(七/4399)

严　重 ………………………………………… 严如平(七/4404)

阎宝航 ……………………………… 姜克夫　李　侃(七/4410)

阎锡山 ………………………………………… 刘存善(七/4416)

颜福庆 ………………………………………… 谈松华(七/4426)

颜惠庆 ………………………………………… 娄献阁(七/4430)

晏阳初 ………………………………………… 吕乃澄(七/4439)

杨爱源 ………………………………………… 汪仁泽(七/4445)

杨粲三 ………………………………………… 熊尚厚(七/4451)

杨登鹏 ………………………………………… 吴忠才(七/4455)

杨笃生 ………………………………………… 杨天石(七/4459)

杨 度 …………………………………………… 刘秋阳(七/4462)

杨虎城 …………………………………………… 黄德昭(七/4468)

杨 杰 …………………………………………… 陈 崧(七/4474)

杨荩诚 …………………………………………… 刘毅翔(七/4480)

杨衢云 …………………………………………… 袁鸿林(七/4485)

杨 铨 …………………………………………… 陈 崧(七/4491)

杨 森 ……………………………… 吴银铨 马宣伟(七/4497)

杨善德 …………………………………………… 张学继(七/4502)

杨士琦 …………………………………………… 张学继(七/4507)

杨寿柟 …………………………………………… 朱复康(七/4513)

杨树达 …………………………………………… 白吉庵(七/4519)

杨树庄 …………………………………………… 刘传标(七/4525)

杨庶堪 …………………………………………… 熊尚厚(七/4531)

杨廷宝 ……………………………… 罗幼娟 陈志新(七/4536)

杨文恺 …………………………………………… 张学继(七/4542)

杨希闵 …………………………………………… 吴显明(七/4548)

杨永泰 …………………………………………… 萧栋梁(七/4553)

杨宇霆 …………………………………………… 周 斌(七/4558)

杨增新 …………………………………………… 陈宁生(七/4564)

杨振鸿 …………………………………………… 高光汉(七/4573)

姚锡光 …………………………………………… 孙宏年(七/4579)

叶楚伧 …………………………………………… 郑春燕(七/4587)

叶恭绰 …………………………………………… 萧栋梁(七/4592)

叶鸿英 ……………………………… 程庸畤 宋紫云(七/4595)

叶景葵 …………………………………………… 汪仁泽(七/4598)

叶企孙 …………………………………………… 阎 铁(七/4605)

叶圣陶 …………………………………………… 马蹄疾(七/4610)

奕 劻 …………………………………………… 汪仁泽(七/4618)

易培基 …………………………… 马复华(七/4623)

殷 夫 …………………………… 丁景唐(七/4629)

殷汝耕 …………………………… 陈晓清(七/4636)

尹昌衡 …………………………… 陈祖武(七/4641)

尤 列 …………………………… 李 娜(七/4646)

于冲汉 …………………………… 张学继(七/4652)

于学忠 …………………… 黄德昭 王 秦(七/4659)

于右任 …………………………… 张应超(七/4664)

余汉谋 …………………………… 严如平(七/4670)

余日章 …………………………… 雷镇闾(七/4677)

余芝卿 …………………………… 汪仁泽(七/4679)

俞承修 …………………… 姚祚鼎 汪仁泽(七/4683)

俞济时 …………………………… 严如平(七/4687)

俞庆棠 …………………………… 郭 烙(七/4694)

俞颂华 …………………… 俞湘文 葛思恩(七/4699)

俞佐庭 …………………… 陈春雱 宋紫云(七/4703)

虞洽卿 …………………………… 汪仁泽(七/4707)

禹之谟 …………………………… 闻少华(七/4716)

郁达夫 …………………………… 马蹄疾(七/4720)

喻培伦 …………………………… 尚明轩(七/4726)

袁金铠 …………………………… 张学继(七/4729)

袁履登 …………………………… 汪仁泽(七/4735)

袁世凯 …………………………… 李宗一(七/4739)

袁守和 …………………………… 熊尚厚(七/4748)

袁祖铭 …………………… 李德芳 刘毅翔(七/4752)

# 夏　　超

魏　桥

夏超,字定侯,乳名守珍,浙江青田万阜新庄人。1882年(清光绪八年)生。父亲夏贡九是秀才,以教馆为业。夏超幼时随父在蒙馆读书。

1903年,夏超离开家乡到杭州,考入浙江武备学堂。在此期间,经秋瑾介绍,参加了光复会。1905年毕业后留武备学堂任学生队队长。1906年,蒋尊簋任广西督练公所总参议,从浙江挑选得力人员前往协助,夏超膺选而往,去广西督练公所任职。

辛亥武昌首义,浙江于11月5日宣告独立,夏超由广西回杭州,为都督汤寿潜的幕僚。1912年1月,南京临时政府成立,汤调任交通总长,蒋尊簋继任浙江都督兼民政长,夏超任警察督练公所主办,1913年任省会警察厅长。

当时浙江的警政是个冷衙门,无权少势,又缺经费。夏超采取人弃我取的态度,经过几年努力,警察事务渐具规模。1916年12月起夏又任浙江全省警务处处长。这时各县都设立警察所,重要乡镇设立分所,人数逾万,而且一切人事任免、经费核发,均归省警务处管辖,夏权势日大。

袁世凯于1915年进行帝制活动时,浙江将军朱瑞、巡按使屈映光上劝进表为之捧场,12月21日,袁特封朱瑞为侯爵,屈映光为伯爵。12月25日,蔡锷等在云南起义后,各地响应。夏超和第四十九旅旅长周凤岐等人联络嘉湖镇守使吕公望等,密谋驱逐朱瑞。夏超设法取得

第六师叶颂清部驻省垣营长陈肇英的支持,又贿通了将军署卫队长陈炳垣,于1916年4月11日黎明时开始行动,夏超率敢死队为先锋,陈炳垣做内应,一举冲入将军署,朱瑞闻警逃逸,浙江遂宣布独立。

浙江独立后,吕公望就任督军兼省长。吕属"保定派",夏超、周凤岐为"武备派",相互之间存在矛盾。夏超与周凤岐企图把持浙江,密谋推翻吕公望,取而代之。吕公望有所察觉,决定先发制人,乃向北京政府密保其亲信傅其永为省会警察厅长,呈请总统黎元洪明令发表,以夺取夏超的实力。夏超闻讯,一面约傅其永于12月26日办理移交,一面加紧策划逐傅之阴谋。在办理交接设宴迎傅之时,夏唆使几名暴徒持枪闯入,把傅其永从席间拖出,当众予以殴辱。夏超又指使全城警察罢岗,声称反对傅就厅长职。傅被殴回寓后,夏派人送去五万元支票一张,迫傅离职回金华老家。同时,夏串通督署参谋长周凤岐、第二旅旅长李炜章、混成旅旅长俞炜、宁波镇守使顾乃斌等,联名向吕公望提出辞职对吕施加压力。夏另外又炮制了一篇攻击吕公望的文稿,胁迫各报刊登。吕公望无可奈何,只得电请北京政府辞职。

1917年1月,北京段祺瑞政府批准吕公望辞职,派皖系的松沪护军使、第四师师长杨善德为浙江督军,齐耀珊为浙江省长。这一任命,大出夏超意外,夏乃急忙召开会议,推汤寿潜等四十余人致电副总统冯国璋,表示"浙人治浙",吁请北京收回成命;同时,又以浙江全体军官名义电京,挽留吕公望。但这一切均已无济于事,1月11日,杨善德带兵入浙,不久齐耀珊亦到省接事,控制了浙江政局。到此夏超只好改变态度,转而千方百计奉承他们,让妻子拜杨妻为干妈,命部属亲信笼络杨、齐的随从人员,从而保住了全省警务处处长之职。同时,夏还派人去北京恳求段祺瑞恢复他省会警察厅长的职位,也终于如愿以偿。

1924年9月,直皖两系爆发了齐(江苏督军齐燮元)卢(浙江都督卢永祥)之战,直系闽督孙传芳出兵援助齐燮元,自闽北袭击浙江衢州,卢永祥不敌,以"浙江还诸浙人"为辞,仓促退沪。浙江省长张载阳亦宣布卸职离杭赴沪,临行时将省长印信交夏超保管。夏超当夜召集会议,进行人事调动,宣布代行省长职务。

　　夏超代行省务,并非正式任命,于是他积极活动,以"卢去张随,省事无人负责"①等语电吴佩孚。9月22日,夏超被北京政府正式任命为浙江省省长。不久任闽浙巡阅使兼督理浙江军务善后事宜之职的孙传芳到达杭州,夏超百般奉迎,取得了孙传芳的欢心,稳住省长宝座。

　　此后,孙传芳以五省联军总司令名义坐镇南京,浙江总司令由第二师师长卢香亭升任,夏超与卢香亭面和心不和。夏超力图扩张警察总队,积蓄实力。他担任省长后,全省警务处处长之职已交由同乡叶焕华担任,但他仍直接控制警察力量,将全省保安警察扩编为三个总队,达八千人,派亲信吴殿扬、章燮、章培分任总队长,由自己总揽指挥大权。这支队伍虽然人数不少,但出身正式军校的骨干很少,缺乏军事参谋人才,平日又乏训练,枪支陈旧,加上三个总队之间互相猜忌,战斗力很差。

　　1926年7月,广东国民政府出师北伐,9月国民革命军进入江西,孙传芳亲临九江督战,并调第二师卢香亭部和浙军第三师周凤岐部"援赣"。其时,广东国民政府派马叙伦、许宝驹到浙江与夏超联系,促其宣布独立。10月初,夏超派人备银三万元,赴九江犒赠孙传芳部,以取信于孙,孙以特制景德镇磁器回赠。10月15日,夏超在杭州召集部属举行紧急军事会议,决定即日宣布浙江自立,翌日宣布就国民革命军第十八军军长兼浙江省民政长职。同时,夏超将卢香亭留在杭垣的卫队宪兵三百余人缴械遣散。孙传芳在前方闻悉大为恼怒,于18日委第八师师长兼南京卫戍司令孟昭月主持浙事,任第八师第十五旅旅长宋梅村为前敌总指挥,出兵浙江。夏超急命保安第二总队队长章燮率部开赴嘉兴前线布防,并拆毁沪杭线莘庄至新桥间的铁路,后又增派第三、第一总队迎敌,并亲临嘉兴督战。但是,所部兵无斗志,大炮失灵,只抵挡

　　① 　李净通:《辛亥革命后军阀统治时期的浙江政局》,中国人民政治协商会议浙江省委员会文史资料研究委员会编《浙江文史资料选辑》第1辑,1962年版,第6页。

了两个半天,就被宋梅村部击溃。21日夏超在指挥战斗中咯血晕倒,经人抢救逃回杭州。

　　夏超逃回杭州后交出省长印信,请张载阳暂时维持地方秩序,自己准备去富阳、桐庐一带搜集残部,以谋东山再起。这时宋梅村部已进入杭州,并出任浙江总司令之职,悬赏五万元缉拿夏超。22日清晨,夏超偕亲信数人,由杭州江干雇舟而上,午后天气转劣,大风骤至,船无法上行,被迫折回江干,被宋军逮捕。孙传芳电令宋梅村立即将夏超首级送九江,宋派人将四十四岁的夏超击毙,割下首级,专送九江,经孙传芳验明无误后,抛入江中①。

　　夏超死后第二年,南京国民政府曾颁发褒恤令,依上将阵亡例抚恤。

## 主要参考资料

　　杜伟:《回忆夏超的独立》,《浙江文史资料选辑》第1辑。

　　许炳塑:《夏超死的经过》,未刊稿,藏浙江省政协。

　　黄元秀:《浙江夏军长殉职经过》,未刊稿,藏浙江省政协。

　　刘劲持:《回忆夏超》,未刊稿,藏浙江省政协。

---

　　①　李净通:《辛亥革命后军阀统治时期的浙江政局》,《浙江文史资料选辑》第1辑,第15页。夏超之死,一时传说纷纭。另一种比较多的说法是:"二十三日,孙军进入杭州,并派兵追击夏超,在余杭公路上发现了便衣队数十人,双方开枪互击,夏超中弹毙命。"(陶菊隐:《北洋军阀统治时期史话》下册,1982年版,第1563页)

# 夏 斗 寅

袁钟秀　　胡淑敏

夏斗寅,字灵炳。湖北麻城人。生于1885年12月15日(清光绪十一年十一月初十)。其母早逝,赖祖父母抚育成人。他体格魁梧,臂力过人,喜交游,但不喜欢读书。其时,鄂督张之洞在武昌编练新军,夏决计从军,于1900年入湖北武普通学堂,毕业后到湖北新军第八镇三十标担任司书。在新军中受革命思潮的影响,秘密加入共进社,后任新军三十二标队官。

1911年武昌首义,夏斗寅率队参加攻打总督衙门。武汉光复,夏斗寅任总稽查部稽查。1912年因部队裁编退役,他以退伍金在湖北黄冈团风镇开煤炭行,经营未久即倒闭。同年,去河北保定军官学校,后经同乡张森介绍去山西大同,时湖北人孔庚任大同镇守使兼师长,张笃伦任镇守使所属营长,张以同乡关系,安排夏斗寅为该营排长,很快提升为卫队营机关枪连连长。不久孔庚去任,夏斗寅随张笃伦回湖北。张笃伦在鄂军第一师任参谋长,夏斗寅当上了该师第一旅第二梯团掌旗官。

1917年12月1日,鄂军第一师师长石星川响应孙中山领导的护法运动,在荆州(今江陵县)宣布独立,任湖北靖国军第一军总司令,夏斗寅被任命为新兵训练总监。1918年1月中旬,湖北督军王占元令吴光新军前往镇压,因众寡悬殊,石星川军溃败。22日吴部攻入荆州,在溃军逃散中,夏斗寅拾得一箱钞票,于是他树起团旗,召集散兵,有枪者发给五元,无枪者发给一元,溃兵争相报名,很快收集了两千余人,夏斗寅带兵退往津市。时任湘西防务督办兼援鄂军总司令的李书城正在招兵买马,遂将原鄂军第一师编为两个梯团,张笃伦任第一梯团长,夏斗寅任第二梯团长,李书城被推为鄂军总司令,率部开往岳州①,后移驻永兴,又将所部编为鄂军团,驻湘鄂边界。

1920年,直皖两系矛盾加剧,5月下旬,吴佩孚率直军从衡阳北撤,湘军乘机驱逐北军张敬尧,夏斗寅率鄂军团进驻湖南省会长沙。由于李书城的推荐,夏斗寅担任长沙城防司令。北洋军阀王占元久踞湖北,民不聊生。1921年春湖北军事名流蒋作宾、孔庚等齐集长沙,请求湘军援鄂,恢复湖北自治,在长沙组织湖北省自治政府、自治军,发动驱逐鄂督王占元的战争,推赵恒惕兼任援鄂军总司令。赵将夏斗寅部鄂军团改编为湖北自治军混成旅,任夏为旅长兼任驱王军别动队指挥官。7月下旬,湖南援鄂军前敌总指挥宋鹤庚率湘军一、二师沿粤汉线北进,夏斗寅率别动队曾一度打到距武汉三十里的纸坊。8月上旬,湘、直两军处于不战不和状态,到8月下旬,当新任两湖巡阅使吴佩孚布置就绪后率北洋陆海军南下,占领岳阳,截击援鄂军后路,援鄂军败回湖南,夏斗寅部亦退驻长沙。这场战争虽然赶走了鄂督王占元,却由直系军阀占领湖北,吴佩孚以第二十五师师长湖北人萧耀南督鄂。赵恒惕向吴佩孚输诚言和。此后,夏斗寅在湖南的处境颇为困难。

1924年,赵恒惕划浏阳等三县为夏斗寅防区,夏部军饷有了来源之后,便购买军火武器,大力扩充实力,收编浏阳东乡土匪,补充兵员,同时尽量延聘保定军校出身的湖北同乡为鄂军骨干,创办鄂军军官研究所,培植干部,成立卫队营,夏部兵力从三个营扩大到三个团。湖北督军萧耀南允许夏斗寅部编为湖北第二混成旅,以不进驻鄂境为条件,每月助饷五万元。当时江西督军方本仁系湖北人,亦每月给夏部拨款五万元,连同赵恒惕每月给款二万元,夏部每月共有十二万元饷银,足可维系三团人马之需。

1926年夏,广州革命政府出师北伐,收编夏斗寅部为国民革命军

___

鄂军第一师,委夏为师长,编入国民革命军第八军战斗序列,受唐生智指挥。7、8月间,夏斗寅部参加攻打长沙、岳州、汀泗桥等战役,8月下旬,由武昌金口渡江袭击汉阳,9月上旬,从汉阳奔向孝感占领花园车站,直插吴佩孚残部之背后,10月10日,北伐军攻克武昌,基本上消灭了吴佩孚的军队。12月,鄂军第一师改称国民革命军独立第十四师,夏斗寅仍任师长①,万耀煌任副师长兼参谋长。为防止川军入鄂,夏部奉命驻宜昌、沙市。

1927年4月,蒋介石在上海发动"四一二"政变,并派秘使至宜昌,拉拢夏斗寅与四川军阀杨森,反对武汉国民政府,经秘密商谈,夏斗寅决心追随蒋介石叛变革命,决定乘武汉空虚之际,分别由长江、汉水两路袭击武汉。4月底,第三十五军军长何键在汉口召开高级将领会议,秘商清党反共计划,夏斗寅出席了会议,会上,他的反共态度最为激烈,坚决主张发动军事政变。会议决定首先在湖南发动军事政变,夏斗寅在鄂西响应。

5月5日,杨森扬言进攻宜昌,从万县举兵东下。夏斗寅召开军官会议,响应杨森,派船二十艘,协助杨森运输军队。6日,夏斗寅部撤离宜昌至沙市,并向武汉政府谎报军情,称已在荆沙地区战退了杨森,由于杨部有七个师的兵力,自己的兵力不足抵御,因而后撤。为掩饰其反革命活动,独立第十四师国民党特别党部在宜昌举行成立大会,工会、农会主席讲话之后,夏斗寅的代表张森也在会上讲了话,并高呼"拥护孙中山先生的三大政策"。就在当天——5月13日,夏斗寅发表反共通电,电文称:"共产党徒乘机窃发,盘踞要津,藉口总理容共,而喧宾夺主,以暴民政治扰乱我两湖。""斗寅忍无可忍,只有率我将士,为民请命,班师东下,扑杀诸獠,去此害马,重建新政。"②

① 郑恒武:《夏斗寅的一生》,《纵横》1986年第4期。
② 《夏斗寅》,萧继宗主编《革命人物志》第15集,台北"中央文物供应社"1976年版。

　　5月15日,夏斗寅部四个团占领嘉鱼、蒲圻,16日派张森部开往岳州,万耀煌带两个团进至咸宁、汀泗桥一带。这时湖北省党部派夏斗寅旧交任建若至嘉鱼,企图说服夏斗寅。夏斗寅为向蒋介石表示反革命的决心,当即杀掉任建若,并于所经各地,如沙市、嘉鱼、大冶、英山等县,捣毁党部及工会、农会,捕杀共产党人和革命群众。17日,武汉国民政府军事委员会任命第二十四师师长叶挺为讨伐夏斗寅前敌总指挥,叶挺率第七十二、七十五团及中央独立师第一团进剿夏部。北伐军政治部主任邓演达派包惠僧以国民政府代表的名义到蒲圻,以允许夏斗寅部扩充为一个军为条件,劝夏斗寅从反革命的路口上回转①。夏为作缓兵之计,声称只反对唐生智,不与叶挺部打仗。19日在纸坊土地堂一带,夏斗寅部遭到叶挺独立师的迎头痛击,仓皇南逃,经通山、崇阳,在湘鄂边境又为唐生智部所阻。夏部从大冶偷渡长江,6月下旬退至安徽宿松、太湖。夏斗寅向南京报告战况,蒋介石派人到前线抚慰,颁发任命夏斗寅为新编第十军军长的委任状②,万耀煌为第十军第一师师长,张森为第二师师长,以朱怀冰为军参谋长,指定安庆为第十军防地。

　　8月,孙传芳部反攻龙潭,夏斗寅部第十军奉命应援,行至太平、采石,龙潭之役告捷,夏斗寅部奉命渡江,9月6日,克和县、全椒、滁县,复入北伐军序列,受何应钦指挥,会同第一、九、四十各军攻克蚌埠,随即沿京浦路北进,攻克徐州。何应钦以第十军作战有功,呈请国民政府,明令夏斗寅部改为国民革命军第二十七军,夏斗寅任第二十七军军长③。后兼任徐州戒严司令。

　　1928年1月,蒋介石复职,继续北伐,夏斗寅部编入第三纵队,于5

　　①　包惠僧著:《包惠僧回忆录》,人民出版社1983年版。
　　②　《夏斗寅》,萧继宗主编《革命人物志》第15集,台北"中央文物供应社"1976年版。
　　③　傅润华著:《中国当代名人传》,世界文化服务社1948年版。

月 1 日进占济南,两天后,发生"济南惨案",夏部撤出济南,经德州、沧州到达天津小站。北伐战争结束后,夏斗寅部奉命驻兖州。同年 10 月夏部第二十七军被改编为中央陆军第十三师,10 月 8 日,国民政府任命夏斗寅为师长,辖两旅四团①。随后调往皖北,驻正阳关,蒋介石曾亲临阅兵并讲话,认为"此次各种检校结果,以第一师及十三师成绩最优"。

　　1929 年 3 月,蒋桂战争爆发,夏斗寅部奉命开赴鄂东黄陂,讨伐桂军,桂军李明瑞在前线倒戈,胡宗铎等部退至沙市、荆门,夏部追至荆门,胡宗铎通电下野,其部队一部分被改编,大部分被缴械资遣。5 月 4日,蒋介石任命何成濬为湖北省主席,以夏斗寅兼湖北省警备司令。

　　1929 年 12 月初,驻守郑州的唐生智和安徽的石友三举兵反蒋。蒋介石下令讨唐,升任夏斗寅为第十三军军长②,指挥第六、九、十一、十三等师,在河南确山与唐生智部激战,1930 年 1 月,夏斗寅部击败唐生智部,唐通电下野。蒋介石委任夏斗寅为武汉警备司令。夏任职期间,将湖北高等法院看守所、湖北第一模范监狱在押的数十名"政治犯",以"图谋暴动"的罪名全部处死。据不完全统计,夏斗寅在武汉残杀革命志士达一千余人。

　　1930 年春,蒋、冯、阎战争爆发,张发奎趁机联合桂系军阀进攻湖南,6 月初,长沙被张、桂联军占领,夏斗寅奉命率领第十三师三个团支援何键,于 6 月中旬夺回长沙。此后,夏斗寅部被调往津浦线参加中原大战,这时晋军傅作义部从济南南下,猛攻曲阜,夏斗寅于 7 月初赶到曲阜前线,在陈诚第十一师的协助下,曲阜解围。蒋介石任命夏斗寅为第二十一路军总指挥,夏率部沿津浦路继续北上,8 月,越过泰安和胶济铁路,与晋军争夺济南。9 月,张学良通电拥蒋,冯玉祥、阎锡山下

---

①　《夏斗寅》,萧继宗主编《革命人物志》第 15 集,台北"中央文物供应社"1976年版。

②　郑恒武:《夏斗寅的一生》,《纵横》1986 年第 4 期。

野,中原大战结束。夏斗寅部被调回湖北,驻麻城一带。

中原大战期间,鄂豫皖革命根据地的红军迅速发展壮大。1931年1月,中国工农红军第四军在鄂豫皖成立。1月下旬,驻麻城北部磨角楼的夏斗寅部被红四军包围,经过三天的激烈战斗,磨角楼被攻破,夏部死伤五百多人①,受到红军的严重打击。此后,夏部对红军采取守势。

1931年12月,夏斗寅当选为国民党四届中央委员。翌年3月,国民党政府委任夏斗寅为湖北省政府委员兼主席,4月4日夏电军政部请辞第二十一路军总指挥、第十三军军长、武汉警备司令等军职。4月11日夏就湖北省主席职②。

夏斗寅初任湖北省主席时,曾接受幕僚的建议,网罗社会贤达,辅佐治理省政,于是组织了“省政设计委员会”。事后蒋介石质问夏斗寅是根据什么法令成立的,夏无言以对。1933年7月,夏斗寅提出辞去湖北省主席的职务,蒋介石很快即批准。为缓和矛盾,1935年蒋介石委任夏斗寅为军事委员会委员长武汉行营总参议。同年11月,夏斗寅出席国民党第五次全国代表大会,当选为国民党中央委员。

1937年7月6日,国民党政府在重庆召开川康整军会议,成立“川康军事整理委员会”,夏斗寅出席了会议,并当选为委员。抗日战争爆发后,夏斗寅在成都南郊隐居,后任国民政府新兵训练处第一处处长。抗战后期,挂名为成都行辕上将总参议。抗战胜利后,由川返鄂,一度经营东湖农场及煤矿。1948年任立法院立法委员。

1949年5月武汉解放,7月夏斗寅出走香港,在六国饭店以星相为业,1951年在港病逝。

①　《鄂豫皖苏区历史简编》编写组编写:《鄂豫皖苏区历史简编》,湖北人民出版社1983年版。
②　中国科学院近代史研究所南京史料整理处编:《中国现代政治史大事月表》,1959、1960年油印。

# 夏丏尊

万江红

夏丏尊,原名铸,字勉旃,号闷庵,别号丏尊。1886 年 6 月 15 日 (清光绪十二年五月十四日)生于浙江上虞。父亲是个秀才,也希望他走科举道路,故他自幼即入私塾读经书。1901 年考中秀才,翌年去上海中西书院(东吴大学前身)读书,因学费昂贵,一学期后辍学。回家后读《华英进阶》、《华英字典》(中国第一部英文字典)、《代数备旨》等书自学。1903 年入绍兴府学堂(浙江第五中学前身)读书。该学堂不收学费,成绩优良者还每月可得几毛至一块钱"膏火费"。夏因成绩优异,颇受老师们的青睐。

1904 年,夏丏尊再次辍学回家,替父亲坐馆,一边教书,一边坚持自学。次年,他去日本留学,入东京弘文学院补习日语和中学课程,第二年考入东京高等工业学校。因没有得到官费,经费拮据,不得不于 1907 年辍学回国。

1908 年春,夏丏尊应浙江两级师范学堂监督(即校长)沈钧儒的邀请,任该学堂通译助教,为教育学科日本教员中桐确太郎做翻译。翌年,鲁迅(周树人)留日归来,任两级师范生物学科日本教员本多原二郎的翻译和生理学教员,夏与鲁迅是同乡,又都留学日本,两人交往渐多。夏自称是受鲁迅"启蒙的一个人"。1909 年冬,监督沈钧儒辞职,夏震武继任,因顽固不化,被称为"夏木瓜"。夏震武要求教员穿礼服到礼堂参见,又要求教务长许寿裳陪同谒圣(孔子)。夏丏尊与鲁迅、许寿裳等相约罢课,以示抗议,夏震武被迫辞职。这场"木瓜之役"以夏丏尊、鲁迅等人的胜利而告终。

在两级师范学堂，夏丏尊除做翻译外，1913年还兼任了舍监。在任舍监的七八年里，学校秩序井然，学生讲礼貌，守纪律。人们把夏的管理比作"妈妈的教育"。1913年，两级师范学堂改为浙江省第一师范学校，夏丏尊看到学生国文程度差，又自告奋勇担任国文教员。他征求学生对国文课的意见，从语文教学和新文学的观点着眼，选择结构谨严或富有文学意境的文章做国文课教材，尤喜欢桐城派的古文。他教国文注重"朗读"和"干念"，考查学生成绩爱用听写的方法。在教学中，他注重"读"、"听"，也注重"写"。

夏丏尊在两级师范和浙江一师时，先后与鲁迅、李叔同、许寿裳、刘大白等同事，尤与李叔同交往甚密。两人共事七年，晨夕一堂，情逾手足。李叔同几次想离校另谋他职，都因夏丏尊再三恳留而作罢。"五四"时期，浙江一师的学生运动与新文化运动都十分活跃，夏丏尊与陈望道、刘大白、李次九等都支持新文化运动。他们改革国文教育，主张文白并重，强调教材的思想性。他们的进步主张遭到守旧派的反对，并攻击陈、夏、刘、李为"四大金刚"。夏等和全校的进步师生团结一致，使这个省立中等学校与北京大学遥相呼应，南北辉映，成为江南学生运动与新文化运动最活跃的基地。1920年春，浙江一师学生施存统（复亮）在《浙江新潮》第二期上发表了一篇题为《非孝》的文章，引起了轩然大波。浙江教育界和思想界的新旧两派，围绕此文展开激烈的斗争，顽固派乘机对校长经亨颐和"四大金刚"展开全面进攻，给夏丏尊等人扣上了"非孝"、"废孔"、"公妻"、"共产"等罪名，要求经亨颐查办"四大金刚"。经不从，他们竟下令撤换校长，遭到进步师生的坚决反对。顽固派恼羞成怒，唆使军阀派兵包围学校，制造流血事件，是为"浙江一师风潮"。

夏丏尊此时除在浙江一师任教外，还有一些社会兼职活动。1919年夏与沈仲九、经亨颐、刘大白等编辑浙江教育会刊物《教育潮》。

"浙江一师风潮"后，夏丏尊被迫离校，应湖南第一师范邀请去长沙执教,与周谷城等同事。夏丏尊继续为新文化运动呐喊,他教国文课提倡发挥学生自由思想,反对专替古人作注疏,并把后一种教学方法讥为"留声机"。

1922年,上虞县的绅士陈春澜捐资在白马湖创办春晖中学,经亨颐任校董兼校长,夏丏尊应邀返乡至春晖中学任教,和朱自清、朱光潜、丰子恺等一起,努力把春晖中学办成学生的乐园。1924年底,夏丏尊、朱光潜等主张男女合校,与校长经亨颐意见不合,乃集体辞职。1925年春,夏丏尊到上海与友人共办立达学园并任教。他教国文,兼授文艺思潮。不久,立达学会成立,夏兼编会刊《一般》。1927年夏应邀任上海暨南大学中国文学系主任。

1927年"四一二"政变后,白色恐怖加剧,夏丏尊掩护过不少革命青年。夏的学生叶天底是中共上虞县委书记,不幸被捕于杭州监狱。夏闻讯后想方设法营救,但终未成功。看到学生横遭虐杀,夏十分痛苦,写下了这样一副联语:"宁可早死,莫作先生!"他毅然离开了学校,和章锡琛在上海共创开明书店,任开明书店编辑所所长,用他手中的笔,写、译、编、著,踏进了更大的课堂。为编辑出版有意义的书籍,他"把读者群规定为求知欲最旺的中等教育程度的青年",以促进教育事业的发展。翌年,夏翻译了意大利著名诗人孟德格查的《续爱的教育》。夏翻译这本书,是"希望国内整千万无福升学的少年们能从这书获得一种慰藉,发出一种勇敢的自信来"。《续爱的教育》出版后风行一时。

1930年1月,夏丏尊主编的《中学生》杂志创刊。为了把《中学生》杂志办得有声有色,夏颇费心思,每期都是自己拟定题目,约人写文章。不到一年,杂志行销数就超过三万份。1931年3月,叶圣陶担任《中学生》杂志主编,夏任《中学生》杂志社社长,他们亲密合作,把《中学生》办得更好。

此时,各地有不少学生失学,夏丏尊和叶圣陶、章锡琛等人决定开办函授学校,帮助失学青年自学普通中学的全部课程和一些谋生必需的技能。1933年"上海市私立开明函授学校"正式开办,夏丏尊任校长并兼国文课教师。函授学校每月出一册讲义,各学科教材混合在这册讲义中,寄交学员自学。计划共出十八册,每三册是一个学期的功课量,十八册讲完中学六年的课程。当时中学是三三制,初中、高中各三年,函授学校则用三年的时间来修习六年的课程。可惜两年后,因延聘工作人员支出过多,讲师批改作业负担过重而停办。

开明函授学校停办之后,夏丏尊集中精力编撰国文教科书和课外读物。早在浙江两级师范时夏就自选教材,在长沙一师和春晖中学时就编写讲义,至立达学园后其讲义经刘薰宇补充修改,于1925年以《文章作法》为名出版。1934年夏与叶圣陶合著的读写故事《文心》以及与叶圣陶、宋云彬、陈望道合编的《开明国文讲义》(全三册)出版。次年,夏与叶圣陶合编的《初中国文教学自修用(国文百八课)》(六册,每册十八课,因抗战爆发,后两册未能出版)由开明书店陆续出版。1937年6月,夏丏尊与叶圣陶合编的《修正课程标准适用(初中国文课本)》(六册)出版。1938年,夏丏尊与叶圣陶合著的《阅读与写作》、《文章讲话》出版。这些书籍得到了社会各界的普遍赞誉。其中《国文百八课》被誉为30年代"颇具特色"的国文教科书。《文心》几乎成为中学生的必读书,出版后风行一时。当时日本《新中国事典》称誉这本书是"在国语教育史上划了一个时代"。

1936年6月,中国文艺家协会成立,聚集作家七八十人,夏丏尊年岁最大,被推为主席;他与茅盾等九人当选为理事。会议提出作家要形成统一战线,为民族解放运动共同努力。1937年抗日战争爆发后,8月24日上海文化界救亡协会机关报《救亡日报》创刊,夏丏尊为编委之一。9月,开明书店内迁,夏因年迈多病,留守上海。1938年,夏丏尊编辑出版《阅读与写作》、《文章讲话》等书。因开明书店经济周转困难,不能按月支薪,为生活所迫,夏在南屏女中兼任国文教员。

1941年12月,太平洋战争爆发,日本侵略军侵入上海租界。夏丏尊见环境日趋恶劣,辞去南屏女中教职,深居简出,闭户读书,并皈依了佛教,成为终身居士。他应某大寺院的邀请,将《南传大藏经》中《本生经》从日文翻译成中文。这时夏丏尊对他的好友李叔同更加钦敬，认为李叔同献身侍佛是一种积极的舍己救世的大勇行为。然而信佛和闭门读书也不能躲过日本帝国主义分子的纠缠，日方认为夏丏尊曾是留学东京的学生，要他出来为"东亚共荣"效力，夏丏尊坚决拒绝。为此，夏于1943年12月15日被日本宪兵关进监狱。审讯时，日军出示中国文艺家协会主张抗日的宣言，据以问罪。后经日本友人内山完造等人的奔走营救，得以于25日获释。

1945年8月，抗日战争取得最后胜利，夏丏尊与战前复旦大学同事傅东华和文教界志友筹组中国语文教育会，准备继续为文化运动努力。8月11日，他与李健吾等十五人被选为中华全国文艺家协会上海分会理事。

此后夏丏尊肺病加剧，但仍坚持工作，写《双声词语的构成方式》发表于《国文月刊》第四十一期后，即卧床不起。1946年4月23日在上海逝世。

## 主要参考资料

丰子恺：《悼夏丏尊先生》，《和平日报》1946年6月5日。

贺玉波：《夏丏尊访问记》，《读书月刊》第2卷第3期，1931年。

郑振铎：《悼夏丏尊先生》，《郑振铎文集》第3卷，人民文学出版社1983年版。

平屋之辑：《夏丏尊文集》第1—3卷，浙江文艺出版社1983—1984年版。

# 夏 瑞 芳

熊尚厚

夏瑞芳,字粹芳,商务印书馆创办人。江苏青浦县人。生于1871年(清同治十年)。他父亲是上海董家渡的小摊贩,母亲在美籍牧师家做保姆。1882年夏随母到上海,入长老会清心堂南市小学读书,毕业后升入清心书院①。1889年去同仁医院当护士,一年后改入英商《文汇报》馆学排字,1894年转至英商《字林报》馆做排字工,其后,在英商《捷报》馆做工头。

1897年2月,夏瑞芳和排字工人鲍咸恩、鲍咸昌、高凤池等人集资三千七百五十元,置印刷机数架,手摇四开机两部,圆盘脚踏机三部,在上海江西路创设一个小型印刷工厂,取名商务印书馆,由夏主持,鲍氏兄弟做帮手,初以承印外商商业文件为主,并替英美圣经会及广学会等印刷教会书籍。1898年6月,清廷下诏变法。夏鉴于学习外文风气日盛,乃增资一千元添购机器,租赁房屋,印行《华英初阶》、《华英进阶》等书,销路甚好。1900年商务接盘日商修文印刷局,次年,夏等吸收南洋公学译书院院长张元济、上海闸北纱厂老板印有模等参与经营,创刊《外交报》杂志(为商务出版的第一种期刊),并将商务改组为股份有限公司,扩大资本至五万元,夏任总经理。1902年8月,清政府颁布学堂章程,通令全国遍设学校。夏见兴办新学急需教科书,遂定商务中心业务为出版学

---

① 清心书院相当于中学。

校用书。次年更建立印刷所,添设编译所和发行所,并聘请主持爱
国学社的蔡元培任编译所长。不数月,蔡因"苏报案"离职,又改聘
张元济任编译所长,编印《最新国文教科书》第一册发行。数月间
风行全国,行销达十余万册。以后,又续出算术、史地、英语等教科
书及英语辅助读物等。由于教科书利润优厚,销数有增无减,商务
营业蒸蒸日上。

　　1903年,日本商人金港堂计划在上海经营出版印刷业务,商务吸
收日资,改组为中日合办,资本二十万元,中日各半。当时规定公司依
中国法律注册,由中国人任董事和经理,日方仅任监察一人。次年向清
政府商部注册,仍名商务印书馆,由夏瑞芳任总经理。同时,商务接盘
北京直隶官书局,改名京华印书局。商务在闸北宝山路自建的印刷所
和编译所新屋于1907年落成。规模更加扩大。其后,夏瑞芳一面聘请
日人技师培训技工;一面派员去日本学习技术,并亲去日本进行考察。
从1904年至1914年,除出版教科书和各种读物外,还先后创办发行
《东方杂志》、《教育杂志》、《小说月报》、《法政杂志》及《少年杂志》等刊
物。此时商务资本已陆续增至一百五十万元,职工七百五十人,全国各
主要城市设分馆三十余处。此外,夏还附带兴办教育,先后创设了小学
师范讲习所、尚公小学、商业补习学校、艺徒学校和养真幼稚园等。商
务遂成为当时全国规模最大的一家近代化印刷出版企业,夏瑞芳成了
著名的出版印刷业资本家。

　　正当商务营业顺利发展的时候,上海大资本家席子佩和福州大商
人曾少卿见印刷业有利可图,于1906年创设中国图书公司与商务竞
争。夏瑞芳暗中收买中图股票折价抛售,使中国图书公司的股东不敢
续交股本。后来该公司即被商务收买,改名中国和记图书公司。

1910年,上海发生外国流氓骗子制造的"橡皮股票风潮"①,夏瑞芳用商务的资金进行橡皮股票投机,结果失败,亏蚀很大。翌年,辛亥革命爆发,各省纷纷宣告独立。各地分馆不能汇款接济,致使商务资金短绌,无法应付。夏一面解雇部分编辑人员和工人以转嫁损失;一面变卖宝兴里房产并向钱庄借垫以偿付欠款。馆内陆费逵等乘机暗中联络,于1912年1月退出商务,另创中华书局与商务竞争。陆费逵等还在报上揭发商务与日商合办的关系。夏为了对付中华的竞争,不得不向董事会提出退还日股,并亲去日本交涉。结果,给日方以优厚条件于1913年退还了日股,重向北洋政府工商部注册。

夏瑞芳除经营印刷出版业外,还曾投资制药业,1907年与中法大药房经理黄楚九等共同投资一万元创办五洲大药房,任董事。翌年又与刘伯森等组织贸易集团,出资收买英商怡和轮船公司股票,嗣因粤商刘问刍中途改变主意而未果。

1913年7月,国民党人陈其美在上海发动反袁,欲占闸北福州会馆作司令部。夏瑞芳与吴子敬等害怕在闸北发生战事,遂暗中勾通英美租界工部局,派兵驻扎闸北入口处阻止陈军,陈部被迫改驻吴淞。1914年1月10日,陈其美派人将夏瑞芳暗杀②。

## 主要参考资料

庄俞:《三十五年来之商务印书馆》,庄俞、贺圣鼐编《最近三十五年之中国教育》附刊,商务印书馆1931年版,第1—8页。

---

① 1903年,英国流氓麦边在上海组织蓝格志拓殖公司,用招摇撞骗手法哄抬橡皮股票价格。随后,英国冒险家嘉道理、白克尔父子也分别创设橡树种植公司参与哄抬橡皮股票。1910年上海许多官僚、地主、资本家、买办群起争做橡皮股票投机生意。三四月间,当橡皮股票价格暴涨达于顶峰时,外国流氓分子们使用"金蝉脱壳计"大量抛出股票,套走了几千万两银子,制造了上海著名的"橡皮股票风潮"。

② 夏瑞芳之死,一说为日人所杀。

章锡琛:《漫谈商务印书馆》,中国人民政治协商会议全国委员会文史资料研究委员会编《文史资料选辑》第 42 辑,中华书局 1964 年版。

蒋维乔:《民元前后见闻录》,《人文》杂志复刊第 1 卷第 1 期第 6、8 页,1947 年。

# 夏　威

赵世怀

　　夏威,原名钧差,号煦苍。广西容县人。1893年3月2日(清光绪十九年正月十四日)出生。其父夏继虞是个地方绅士。夏威1910年春考入广西陆军小学,与黄绍竑、白崇禧为同级同学。辛亥革命爆发后,他参加桂林学生军北伐敢死队,先后到达武汉、南京。1912年春,转入南京入伍生队学习。是年秋,南京入伍生队奉命改为陆军第二预备学校,校址移至武昌南湖,夏威在此学习两年,再经半年入伍期,于1915年6月升入保定陆军军官学校第三期步科,1916年冬毕业后,分到广西陆军第一师任见习官。

　　1917年夏,陆荣廷创办广西陆军模范营,以日本陆军士官学校毕业归来的马晓军为营长,夏威与黄绍竑、白崇禧入该营任连附。是年秋,模范营随湘粤桂联军入湘参加护法战争,改为联军总司令部卫队第一营。1918年4月北军入湘,联军退出长沙、衡阳,卫队第一营退到零陵东湘桥驻防训练,时夏威已升任该营机关枪队队长。

　　1921年6月,孙中山为消除北伐后患,以陈炯明为粤军总司令,挥军入桂,讨伐陆荣廷和谭浩明。因第一营多是新军人物,陆、谭防其与粤军勾结,调其开往远离前线的百色。粤军攻占南宁后,陆、谭败走,孙中山委马君武为广西省长,第一营即拥护孙中山,脱离旧桂系。马君武任命原营长马晓军为田南警备军第五路司令,所部扩编为三个营,黄绍竑、白崇禧分任第一、二营营长,夏威任第三营营长。

　　此后,夏威在黄绍竑麾下,先后任第一营营长(1922年春)、第三团团长（1923 年 6 月）、第三纵队司令（1924 年），参加讨伐旧桂系陆荣廷部与沈鸿英部诸役，为统一广西效力。1926 年 3 月，广州国民政府将广西督办公署的两军合编为国民革命军第七军，李宗仁任军长，黄绍竑任党代表，白崇禧任参谋长，下辖九个旅，夏威任第六旅旅长，后继白崇禧任第一旅旅长。

1926 年初夏北伐战争开始，第七军抽四个旅约二万余人，由李宗仁率领入湘，分两路作战，夏威与胡宗铎分任第一和第二路指挥官。后第七军出征部队改编为三个师，夏威任第七军第一师师长。7 月 11 日，北伐军占领长沙后，夏威指挥第一路军强渡汨罗江，进占洺口，循岑川、长安桥，进至北港。然后又越崇阳、咸宁，直趋贺胜桥。8 月 30 日，第七军及第四军与北军吴佩孚的精锐部队刘玉春、陈嘉谟等师激战于贺胜桥一带，夏威部在余花坪击溃自金牛来敌，并尾追至鄂城，将敌宋大需残部缴械，俘虏其参谋长聂洸，占领鄂城。

北伐军在两湖战场取得节节胜利时，蒋介石进攻南昌却受挫，9 月 10 日蒋调第七军赴赣增援。在武宁县箬溪，夏威与胡宗铎部同孙传芳之精锐谢鸿勋师大战，将谢师包围歼灭。随后，夏威又率军向德安进军，与孙传芳部段承泽、陈光祖、李俊义等师三四万人激战，10 月 3 日占领德安。此时，江北的陈调元、王普部又突然南渡，袭取箬溪附近的王家铺，威胁第七军之背。12 日，夏威与胡宗铎部在李宗仁指挥下，快速前进，猛烈回击王家铺，次日，将敌三万人全部击溃，获得了三战三捷的战果。11 月，北伐军占领了九江、南昌，第七军奉命陈师鄂东。

1927 年 2 月，北伐军向长江下游挺进，夏威随第七军担任中路江左军，沿长江北岸进攻安徽，3 月初进驻安庆。蒋介石发动“四一二”政变前夕，夏威所部又奉调进驻南京，负责监视沪宁路上“不稳”的部队，积极配合蒋介石“清党”。

南京国民政府成立后，宁汉分裂。东线各军分三路继续北进，夏威任第三路第二纵队指挥官。5 月 13 日，大破直鲁联军于柘皋，16 日在合肥东北梁园又击溃马济的白俄骑兵千余人。6 月 2 日攻下徐州，夏威升任第七军副军长,胡宗铎也升任第十五军副军长。

这时,武汉方面准备东征讨伐蒋介石,第七军奉命撤往芜湖以西布防。直鲁军乘机全力反扑,7月24日攻占徐州,8月中旬占领浦口,以重炮轰击南京狮子山炮台。19日,南京军事委员会决定将三路大军南撤,防守长江,第七军负责乌龙山以西、东西梁山以东长江中段的防务。25日,孙传芳军偷渡长江,占领了乌龙山炮台和栖霞山阵地。夏威率领第七军向孙军逆袭,夺回所失炮台和阵地。

在栖霞山战斗激烈进行时,直鲁军又攻陷了沪宁路上的龙潭车站一带,孙传芳亲自坐镇督战,背水为阵,志在必胜。8月30日,夏威率领第七军与第十九军、第一军会攻龙潭,与敌恶战昼夜不停,孙军仅一部由柴洲等地渡江北窜,三万余官兵均被包围缴械,万余人则死亡及溺毙,孙传芳逃回江北。此役大捷,夏威升任第七军军长。10月,被任命为南京政府军事委员会委员。

在南京政府与孙传芳部激烈交兵时,武汉方面唐生智指挥东征军分江左、江右两路东下,占领了安庆、芜湖,准备进攻南京。10月19日,南京国民政府决定分兵三路讨唐,夏威第七军奉命担任第三路,沿长江北岸西进。10月25日克安庆,11月8日破蕲春,15日占领武汉。唐生智兵败下野,其残部退往湖南。1928年1月,夏威部在白崇禧指挥下,尾追入湘,27日攻克长沙。唐部接受改编,两湖遂为桂系所占有。李宗仁以武汉政治分会主席、第四集团军总司令驻节武汉,夏威第七军、陶钧第十八军、胡宗铎第十九军为其基干队伍。

1929年3月蒋桂战争时,蒋介石收买笼络夏威所部第一师师长李明瑞和第二师副师长杨腾辉。夏威沉湎于酒色,4月3日李、杨在前线倒戈,他和胡宗铎、陶钧惊慌失措,将部队撤往鄂西,使蒋介石"兵不血刃"而定武汉。7日,蒋介石以张发奎、朱绍良分任第一、第二追击司令,向荆沙追击。21日,夏、胡、陶联合通电下野,夏乘英轮潜往香港。鄂西桂军尽为张、朱二人缴械收编。

1931年,李宗仁、白崇禧重整桂局。夏威于次年从港归来,初任南宁军校校长,后任第十五军副军长(白崇禧兼军长),驻梧州。1933 年,夏威升任第十五军军长。

1934 年冬,红军长征经过广西,夏威率第十五军进行堵截,又率所部第四十三师尾追红军。1936 年,第十五军奉命回驻梧州,后移驻南宁,担任南宁、梧州、百色、天保、龙州五区的防务。1936 年广西部队再度改为南京政府的统一番号时,夏任陆军第四十八军军长。

抗日战争爆发后,李宗仁、白崇禧率军北上抗日,夏威留守广西,并代理广西绥靖主任。1939 年,第十六集团军成立,夏威任集团军总司令,设司令部于贵县,以韦云淞第三十一军驻防玉林五属,以何宣第四十六军驻防北海至南宁一带,其中以黄固新十九师驻钦县防城,向钦州湾海面警戒,以保卫广西的南大门。11 月 15 日,日军从龙门港登陆,连陷防城、钦县。新十九师被打得措手不及,向后溃退,其他各部也不战而退。11 月 23 日,日军攻陷南宁,随后又占领了昆仑关和高峰坳。第十六集团军总部和第三十一军退至武鸣,第四十六军退至邕钦公路西侧。昆仑关会战时,白崇禧以桂林行营主任担任全局指挥,他调用非桂系部队作战,而第十六集团军只在武鸣和邕钦路西侧担任助攻任务。

1944 年 9 月,日军沿湘桂路第二次进犯广西,蒋介石令第四战区司令长官张发奎确保桂柳,并派副总参谋长白崇禧来广西指导会战,要求坚守桂林三个月。当时,张发奎决定以第十六集团军的两个军全力防守桂林。但夏威和白崇禧为保存桂系实力,将主力调到外围,避开敌锋,只留下两个师与敌人正面作战,牺牲惨重,11 月 10 日桂林失陷。日军继续进攻柳州时,夏威不战而退,率部向黔桂铁路以西逃跑。1945 年 3 月部队改编,第十六集团军及第三十一军被撤销,第四战区改为第二方面军,夏威调任第二方面军副司令。5 月,夏威当选为国民党第六届中央执行委员。

1946 年,蒋介石在全国设立绥靖区,调夏威任第八绥靖区司令官,统率新桂系在安徽的部队,并有权指挥皖东、皖北和皖中各专员、县长。1948 年 8 月,夏威继李品仙任安徽省主席。他积极推行白崇禧的所谓党政军民一元化的"总体战"①。9月,夏威兼国民党华中"剿总"副总司令。

1949年1月,人民解放军解放皖北广大地区,并渡过淮河向长江北岸挺进。夏威将省府从合肥迁到安庆。他把两个保安旅合编为一个正规军即一二六军,以保安副司令张湘泽为军长,又将一二六军与原桂系的四十六军,合编为第十兵团,自兼兵团司令,与人民解放军相对抗。3月淮河两岸全部解放,人民解放军进逼安庆,夏威辞去安徽省主席职,到武汉任华中军政长官公署副长官,与白崇禧一道指挥桂系部队,在鄂、赣、湘、桂战场上继续与人民解放军对抗。在人民解放军的沉重打击下,国民党军队节节败退,9月退至湖南的衡阳、宝庆一带。白崇禧在衡阳召开军事会议,部分将领主张反攻长沙,夏威力主退回广西固守。此时,人民解放军向衡宝猛攻,歼灭桂系主力三万余人,桂系残部10月16日退回桂林。夏威不满地说:"如果当时按照我的计划,就不致有衡宝之战,也不致遭到巨大的损失。"②11月20日,夏威与白崇禧逃往柳州,24日,又逃往南宁。12月2日下午,当人民解放军逼近南宁时,夏威与白崇禧、李品仙等人,在暮色苍茫中飞往海南岛。以后,夏威转往香港定居。

1975年1月3日,夏威在香港因车祸身亡。

①　韦晓萍:《夏煦苍与新安徽》,《广西日报》1948年12月1日。
②　张文鸿:《白崇禧败回广西后的慌乱情形和华中部队被歼经过》,中国人民政治协商会议广西壮族自治区委员会文史资料研究委员会编《广西文史资料选辑》第5辑,1963年版。

# 夏 曾 佑

袁英光

夏曾佑,字穗卿,号碎佛,笔名别士。浙江杭州人。生于 1863 年 11 月(清同治二年十月)①。父亲夏鸾翔(字紫笙),是晚清著名的算学家,曾任詹事府主簿等官职,著有《致曲图解》、《少广缒凿》等书。在夏曾佑出生后不久,病死于广东,身后没有留下多少财产。夏曾佑少年时生活不富裕,在母亲的教育下,学习文化知识,十四岁进学,二十六岁考中举人。

夏曾佑二十八岁至北京考中进士,任清廷礼部主事,仍利用时间读书。他聪明兼勤奋,得以博览群书。这时帝国主义国家侵略我国日烈,民族危机加深,国内阶级矛盾也日趋激化,清王朝已处于风雨飘摇之中。在一部分知识分子中兴起了改良主义思潮,作为理论依据的今文经学也日渐流行,夏曾佑在这一思潮的影响下,成为今文经学的信奉者。1892 年左右,他在北京和维新运动人物梁启超、谭嗣同相识,而且住所相邻近,他们之间乃时常讨论公羊学。由于政治和学术思想上的气味相投,交往十分密切,成为"讲学最契之友"②。他们认为,中国封

---

① 关于夏曾佑的生卒年月,各书颇多歧误。梁廷灿《历代名人生卒年表》(商务印书馆 1930 年版)谓生于清咸丰,未注年月。夏元瑮《夏曾佑传略》谓生于咸丰癸亥十月,年六十二。按咸丰无癸亥,或同治癸亥(1863 年)之误。1863 年至 1924 年适为六十二年。当以《传略》为是。

② 梁启超:《清代学术概论》,收入朱维铮校注《梁启超论清学史二种》,复旦大学出版社 1985 年版。

建统治之所以腐败,政治思想方面应该归罪于荀况,因而在戊戌变法前夜曾企图发动"排荀"运动,并谓:"清儒所做的汉学,自命为荀学。我们要把当时垄断学界的汉学打倒,使用'擒贼擒王'的手段去打他们的老祖宗。"①夏曾佑曾经写过一首诗,其中有几句是:"冥冥兰陵门(指荀学),万鬼头如蚁;质多(即魔鬼)举只手,阳乌为之死。"②

　　1895年,夏曾佑居住于上海,在梁启超、汪康年主办的《时务报》中经常发表论文。次年他改官知县,在京候选未着,生活困窘。乃于是年年底赴天津,应同乡孙宝琦之聘任育才馆教师,历时三年。此一时期,他与严复、王修植等创办《国闻报》,以宣传新学和鼓吹维新变法,和上海的《时务报》分执南北舆论的牛耳。由于办报关系,他与严复接触频繁。关于这时情况,他在给表兄汪康年的信中说:"到津之后,幸遇又陵(即严复),衡宇相接,夜辄过谈,谈辄竟夜,微言妙旨,往往如遇。"③通过严复的媒介,夏得以系统地了解天演论进化学说。于是"物竞天择"、"优胜劣败"的思想深刻地影响了他,使之由传统的今文经学历史变易思想发展为进化论的拥护者,并成为政治上的维新派。

　　1898年戊戌变法失败,康有为、梁启超逃亡海外,谭嗣同等六君子被杀,夏曾佑虽然没有被株连,但《国闻报》被迫停办,育才馆也将他解聘。次年年底,他出任安徽祁门知县,目睹地方吏治之腐败、民气之闭塞,而自己又无法解决这些问题,因此在思想上日趋消极。根据他所信仰的"优胜劣败"的原则看来,中国民族"灭种已定,万不可救"。然而,

　　①　梁启超:《亡友夏穗卿先生》,梁启超著《饮冰室合集·文集》第5册,中华书局1989年影印,第18—24页。

　　②　梁启超:《亡友夏穗卿先生》,梁启超著《饮冰室合集·文集》第5册,第18—24页。

　　③　《汪穰卿先生师友手札》(下简称《手札》)夏曾佑部分第十三,原件藏上海图书馆,后收入上海图书馆编:《汪康年师友书札》(二),上海古籍出版社1986年版。

他又十分热爱自己的国家,不甘心于亡国灭种,因此又认为:"物极必反,将有大变,若不变者,则地球将退化,岂仅黄种之忧哉!"①

1900年5月,八国联军入侵,镇压义和团运动。夏曾佑在祁门闻讯后,十分震惊,但是,他不是把希望寄托在人民反侵略反压迫的斗争上,而错误地寄托在帝国主义侵略者身上,认为英、美帝国主义者会帮助被幽禁的光绪帝亲政,再行新法。8月,八国联军侵占北京,慈禧太后挟光绪帝仓皇出走,并暗中与帝国主义谈判投降。夏曾佑这时鉴于自己幻想的再度落空,颇为悲观失望,慨叹:"此次北方事起,全体震动。竟将全国中隐微深锢之情形和盘托出,仔细思之,必至无救。"②他估计这次八国联军入侵的结果,"支那必为埃及、印度之续矣"③。因而在政治上的进取心几乎完全消失,说什么不论在任何问题上,都应该采取"二面绝不与闻为长策",即"无论何事,必做二者之间,即可自存"④。

夏曾佑在祁门做了三年知县,据说是"政简刑清,祁民颂曰:'数十年无此好官。'及行也,攀留者如潮涌"⑤。1902年4月,夏卸祁门任后,寓居上海。不久,以直隶州知州用,旋因母丧归。丁忧期间,居家无事,遂致力于中国古代史的研究。他这样做,主要是他在现实生活中感到前途渺茫,力图从历史研究中探索出一条救国救民的道路。他这时已认识到历史与现状有密切关系,说:"智莫大于知来。来何以能知?据以为推而已矣。"为什么能推呢? 因为"目前所食之果,非一一于古人证其因"⑥不可。现实社会中的种种迹象,只有从历史中才能找到它的

① 《手札》第四十七。

② 《手札》第六十。

③ 《手札》第五十九。

④ 《手札》第六十二。

⑤ 夏元瑮:《夏曾佑传略》,教育部中国教育年鉴编审委员会编:《第一次中国教育年鉴》戊编,开明书店1934年版。

⑥ 夏曾佑:《叙》,《中国古代史》,三联书店1955年版,第1页。

根源。他在《论变法必以历史为根本》一文中指出："变法之说发端于甲午，实行于戊戌，阒寂于己亥，重演于庚子。然皆变法而不见变法之效，非变法之无效也。"其原因是由于变法没有以历史为根据，所以遭受了失败。他强调变法必须抓住本国的历史特点，不然"立不合于历史之政治"，则其统治下的人民"不能一日安"，而政治的本身"亦无有不归澌灭"。"凡其能行之而不废，循焉而有效者"，都必须"推本于历史"。他提出"致治之密合于历史"，其程序要做到"几如在躬之衣服，其长短必符其身；攻疾之药石，其寒热必视于病"①。

　　20世纪初，夏曾佑和康、梁一样，还幻想帝国主义国家会帮助中国自强，1904年他写了《论中日分合之关系》②一文，反对联俄，主张联日，希望在日本的帮助下使中国强盛起来。对国内政治，他仍主张通过变法保存封建君主制，而将戊戌变法失败的原因，归之于中国还不够开化，说："无教之国，在不开化之地者，决不可行开化之事，强而行之，不受大祸，亦有大累。"③照他看来，当时的中国不但不应当向革命转化，连改良都应该推迟到将来去进行，其理由是中国"盖其为物也大，则感动必迟；抑其建国也古，则守旧必笃。积笃与迟，则其立宪居万国之终，自然之理，无足怪者"④。1905年8月，夏曾佑居丧期满，亟待复职，适值清廷派载泽等五大臣出洋考察各国宪政，夏曾佑经友人介绍，作为五大臣随员之一，赴日本考察，于1906年4月出国，历时两月回国。之后，又作为两江总督特派代表的随员，北上会议官制。当时《东方杂志》为立宪问题出了临时增刊，他为该刊写了《刊印宪政初纲缘起》⑤，为清廷的假立宪制造舆论。1908年初署理安徽广德知

①　《东方杂志》第2卷第8号。
②　《东方杂志》第1卷第1期。
③　《手札》第六十。
④　中国史学会主编：《中国近代史资料丛刊·辛亥革命》（四），上海人民出版社1956年版，第10页。
⑤　夏元瑮：《夏曾佑传略》，第10—23页。

州。但这时革命形势发展很快,夏曾佑眼见立宪不成,前途渺茫,思想上越发消极颓废,遂致力于佛学的研究,与沈曾植、张尔田等人谈佛,终日不倦。

值得重视的是夏曾佑从事于中国古代史的研究和编撰工作,写出了他一生中最重要的一本史学著作:《最新中学中国历史教科书》。这是供当时中学堂用的一本教材,原书分三册,1904年至1906年由商务印书馆陆续排印出版,以后又重印过几次。1933年商务印书馆将此书加以句读,并改名《中国古代史》,作为大学丛书之一重新出版。本书虽然只写到隋朝,只能算半部古代史,但它突破了传统的封建史学编撰方法,于编年、纪传、纪事本末三大体裁之外,应用章节体编写历史,在中国近代资产阶级史学家中可说是第一人;也是试用西方资产阶级进化论指导总结中国历史的第一部著作。

夏曾佑将中国历史分为三大期,自草昧以至周末,为上古之世;自秦至唐,为中古之世;自宋至清,为近古之世。他又结合达尔文生物进化论和当时考古学方面的成就,又将三大时期“细分之为七小时代”。在上古时期内他分为两个小时期:一为太古三代,因无信史,称之为传疑时代;二为由周中叶至战国时期,中国文化在这一时期形成,称之为化成时代。中古之世,他分为三个时期:一为由秦至三国,此时中国人才极盛,国势极强,称之为极盛期;二为由晋至隋,由于周边各族攻入中原地区,并在中原地区建立政权,而宗教(即文化——引者)亦大受外教之影响,称之为中衰期;三为唐朝一代,此期国力之强,略与汉等,而风俗不逮,称之为复盛期。近古之世,也可分为两个时期:一为五季宋元明,为退化期;二为清代二百六十年,为更化期。夏曾佑这样划分历史时期,是依据历史的进化、演变和因果关系而划分的,虽然还看不出历史发展的真正的因果关系,但他打破了几千年封建史学不划分历史发展阶段的旧传统,在史学研究上作出了贡献。

辛亥革命后,夏曾佑出任北洋政府教育部社会教育司司长,凡四年,后调任北京图书馆馆长。自好友严复、沈曾植等相继逝世后,他落落寡欢,杜门谢客以诗酒自遣。1924 年 4 月 17 日病逝于北京①。

---

① 梁启超:《亡友夏穗卿先生》,梁启超著:《饮冰室合集·文集》第 5 册,第 18—24 页。

# 夏 之 时

周茂江

夏之时,字亮工,本名有贵,入塾启蒙时改名为之时。四川合江县人。1887年(清光绪十三年)生。夏氏祖籍湖北麻城,清季始入川。其父夏德富是自耕农,生有四子,夏之时排行老二,自幼聪颖,且勤奋好学,颇得长辈厚爱。

1902年,在经商的长兄夏冕昭的大力支持和帮助下,夏之时离家到自贡树人中学读书。在具有民主思想的范达尊、范斗东、皮香泉等教师的培育下,其思想进步很快。后受邹容《革命军》之革命思想的影响而萌生"鼎革壮志"。为寻求救国救民之道,他于1904年底东渡日本求学,入东斌学校步兵科学习军事。翌年,同盟会在东京成立,夏之时经友人介绍,与熊克武等在日本入会,开始投身革命事业。

1908年初,夏之时奉孙中山之命还蜀,任务是"混进四川新军部队,联络革命同志,鼓动其他官兵,伺机起义"①。因在成都谒见四川总督赵尔丰时,夏之时言词过于激烈,惹赵尔丰不快,被令入川边及西藏等地从事军事勘查和测绘工作。后经多方努力,于1910年被委任为新军十七镇步兵排长,隶属卫戍司令部,驻成都。夏之时与党人陈宽创办《西顺报》,进行舆论宣传和鼓动。他还秘密进行革命活动,"向思想进步人士解释孙中山的民族民主革命的主张,联络友人,秘密发展同盟会

---

① 杨诞孚:《记龙泉起义时的夏之时》,四川省内江市政协文史资料委员会编《内江文史资料选辑》第8辑,1991年版,第12页。

员,组织革命力量"①。

1911年,四川保路运动兴起。6月,成都成立了"四川保路同志会",各行业、各街道、各学校和省内各州县厅也纷纷成立"保路同志会分会"。清政府闻讯后,以四川人民反对"铁道干线收归国有",并罢课、罢市、停止纳税粮为由,于9月2日命端方率湖北陆军十一标及三十二标部分官兵两千人入川查办。同时命四川总督赵尔丰严厉镇压,解散保路同志会。7日,赵尔丰逮捕了保路同志会正副会长蒲殿俊、罗纶和川汉铁路股东会正副会长颜楷、张澜等九人。消息传出后,成都上万余市民赴总督署请愿,要求释放被捕人员。总督署营务处总办田征葵下令射击请愿民众,当场打死三十二人,受伤者甚众,制造了"成都血案"。各地闻讯后,纷纷揭竿而起,保路运动发展为武装起义。

为镇压进攻成都的保路同志会,防止接受民主思想的新军哗变,四川当局调夏之时所在的卫成部队进驻龙泉驿。夏之时认为起义时机渐趋成熟,因此,他一边积极宣传反清舆论,传播革命思想;一边筹划起义事宜。闻知10月10日武昌起义成功,并成立了中华革命政府后,夏之时决意举事。11月5日夜,夏之时与贾雄、隋士杰等在龙泉驿土地庙前歃血为盟,誓师起义,策动了驻龙泉驿的新军步兵三排,工兵、骑兵、辎重兵各一排共二百三十余人举事,处决了清军东路卫成司令魏楚藩,震惊全川。

龙泉驿起义的消息传到成都后,总督赵尔丰即令朱庆澜派管带龙光率大队官兵追击。为保留和壮大革命队伍,夏之时率部东下,一路上攻占了乐至、安岳、潼南等地,兵锋直指重庆。是时,重庆的革命党人杨沧白、张培爵正在筹划起义,但因武力不足而不敢贸然起事。夏军进逼重庆,重庆革命党人精神为之振奋,即派朱之洪与兵临城下的夏之时取得联系,约定里应外合攻占重庆事宜。11月22日,夏之时率军举着

① 王斌:《夏之时》,重庆市地方志编纂委员会总编室、重庆市政协文史资料研究委员会编《重庆革命时期人物》,1986年版,第39—40页。

"中华民国"、"复汉灭满"、"保教安民"的旗帜从浮图关攻入重庆,重庆革命党人及绅商学各界人士数千夹道欢迎。在当日举行的朝天观盛大集会上,起义军通电全国,宣告重庆独立和重庆蜀军政府成立,张培爵为都督,负责行政规划和政治管理;夏之时为副都督,负责军事指挥和整训部队。

蜀军政府的成立,将全川革命独立的浪潮推向了高峰,各州县纷纷起事,继而宣告独立,重庆宣告独立后的第三天,端方、端锦兄弟二人被鄂军革命党人杀死于资州(今资阳)。赵尔丰面对重庆蜀军政府业已成立,川南、川北也争相独立的局面,以及清政府的特派大员端方在资州被杀的现实,意识到革命风暴已势不可当,自己已陷入四面楚歌之境地,遂将政权交给谘议局局长蒲殿俊与心腹朱庆澜,于11月27日发布《宣示四川地方自治文》,成立"大汉四川军政府",蒲殿俊任都督,朱庆澜任副都督。由于赵尔丰与蒲殿俊议定的独立条件利于清朝官吏,而不利于革命,川东南革命政府和人民群众要求重庆蜀军政府西征讨伐。蜀军政府认为赵尔丰仍居总督位,且手握重兵,一旦发生变乱,势必危及革命,遂议决推翻成都的立宪派政府,将四川政权统一在革命党人主持的重庆蜀军政府之下,令夏之时率师西上。夏之时受命后,于12月初率师出征,讨伐赵尔丰。此间,时任蜀军总司令的林绍泉因不满职位安排而阴谋叛变,夏之时协助吴玉章和张培爵粉碎了以林绍泉为首的内患,巩固了重庆蜀军政府。夏之时在随后进军成都的途中,"忽得成都尹昌衡来电,谓已推翻蒲、朱政权,戡平兵乱,经众公选了他和罗纶为正副都督,并已将赵尔丰明正典刑"①,遂停止西征,班师回渝。

不久,传闻清政府拟派重兵进攻潼关,滇、黔通电推举夏之时为北伐军总司令官,准备北伐。后因南京陆军部长黄兴电令西北统一,北伐遂被取消。

---

① 张映书:《龙泉举义的蜀军政府副都督夏之时》,成都市政协文史资料委员会编《辛亥四川风暴》,成都出版社1991年版,第165—166页。

　　北伐搁浅后,由于有人倡议成、渝两军政府合并,重庆蜀军政府遂开会商讨。都督张培爵力主合并,称"四川军政,必须统一"①。在张培爵的坚决主张下,1912年3月11日(亦有4月27日之说),成、渝两军政府合并,成立"四川都督府",尹昌衡任都督,张培爵任副都督,杨沧白任民政长,夏之时任重庆镇抚府总长。

　　但夏之时任职月余,即于5月7日发表辞职通告书,称"清政府已推翻,革命已大体完成,统一全国的南北合议,也已达成协议,大局已定,自己尚是青年(仅二十四岁),愿弃职留学深造"②。四川军政府再三挽留,但夏之时去意已决,最终准予辞职,并赠留学费银三万元,以酬其革命功勋。

　　1912年夏,夏之时回到合江,旋即乘船东下。抵达上海后与同盟会人秘密从事反对袁世凯的活动。8月加入孙中山、宋教仁组织的国民党。1913年2月7日,参与上海革命党人讨袁起义。"二次革命"失败后,与在上海相识的董竹君结婚,不久逃亡日本。翌年,夏之时在日本东京参加了孙中山组建的中华革命党,继续从事反袁活动。

　　1916年6月,袁世凯死去,夏之时自日本返川。次年7月,护法战争爆发,夏之时积极加入护法战争行列,在合江建旗靖国,组织护法军③。12月,护法军元帅唐继尧委其为四川靖国招讨军司令兼川南宣抚使,驻防合江、璧山、永川等县。1919年,熊克武任四川总督,对国民党部队进行改编,令夏之时率部至成都,交出军权后改任文职,被授为西昌道道尹。但夏之时"痛感时局动荡,名为护法,实为军阀相争,再也

　　①　张映书:《龙泉举义的蜀军政府副都督夏之时》,成都市政协文史资料委员会编《辛亥四川风暴》,第166页。

　　②　张映书:《龙泉举义的蜀军政府副都督夏之时》,成都市政协文史资料委员会编《辛亥四川风暴》,第166页。

　　③　四川省文史研究馆编辑:《四川军阀史料》第2辑,四川人民出版社1983年版,第5页。

无心仕途,辞职不就"①。1920年,吕超任川军总司令,因仰慕夏之时,特邀之为护法军川西总司令,但夏亦不为所动,决然退出军界与政界,隐居于成都。

退出政坛后,夏之时着意从事教育工作。1921年,在余际唐、向传义等人的帮助下,在包家巷创办"锦江公学"(原址即现在的成都十四中学),并亲任董事长,一心培育青年,为国家储备人才。1928年因病赴沪就医,辞去校长职务,由向传义继任。

1937年卢沟桥事变爆发,夏之时与朱之洪、向楚、唐宗尧等致电国民党中央,要求声援华北,抵御日寇,并请川军出师杀敌,表现出抗战救国的满腔热情。同年,夏之时与董竹君因情趣渐趋不合而离婚,不久与隆昌唐则吾女士结婚。后因敌机侵袭成都十余次,遂于1938年携家眷回故乡合江定居。

回合江定居后,夏之时修身俭行,不问政事,只领有合江县银行名誉董事长这一闲职,而以玩摩书画文物为乐,并潜心学佛,曾任合江县佛教分会常务委员、法王寺佛学院院董。

1949年合江解放后,夏之时被委任为合江县招抚委员会委员。1950年,土匪暴乱,夏之时写信给匪首夏西夔(夏之时之弟),劝其反正,夏西夔见信后率部投诚。

由于解放初期地方新老两派的复杂关系,夏之时被人诬告为匪患主谋,1950年10月6日被误处极刑。这一历史错案于1987年11月得到纠正。

## 主要参考资料

周开庆撰:《夏之时传》,《四川文献》第160期,1976年9月。

---

① 何一立:《夏之时》,四川省合江县政协文史资料委员会等编:《合江县文史资料选辑》第8辑,1989年版,第11页。

隗瀛涛、赵清主编:《四川辛亥革命史料》,四川人民出版社 1981 年版。

何一立:《夏之时》,四川省合江县政协文史资料委员会等编:《合江县文史资料选辑》第 8 辑,1989 年版。

# 冼 冠 生

汪仁泽

冼冠生,名炳成,字冠生,以字行。1887年11月13日(清光绪十三年九月二十八日)生于广东佛山一手工业者家庭,父亲冼济盛早亡,由母亲何氏抚养。因家贫,少年时只读了几个月的私塾,即告辍学。十五岁时随乡亲舒竹生至上海,在其所设的竹生居当学徒。三年期满后,冼冠生在上海自设陶陶居广式小吃店,但因资金短绌,数度停歇。他曾筹措资金,改名冠香重行复业,但终因本金蚀光,借贷无门而无力继续。

冼冠生经营饮食店失败后,不得不改弦易辙。此时各游乐场门口,有设摊兜卖蜜饯干果的生意甚好。冼于1912年起,在他所住的亭子间内,自制广东风味的话梅、陈皮梅、牛肉干等,在上海南市新舞台戏院门前设摊并进场托盘销售。由于制作精美,风味特殊,颇受食客欢迎。这时香港有一家糖果店歇业,他从报纸上看到消息后,即利用这家店的牌号商标印制包装纸。他的蜜饯食品,在摊贩中唯一有自己牌号,包装又美观卫生,形成特色,在附近地区小有名气,从而引起了新舞台检票员薛寿龄的注意。1918年薛商得冼的同意,筹集资金,薛和亲友五人各出资五百元,冼冠生以制作设备等作价五百元,共六股三千元,合伙在南市九亩地觅得店面,定名冠生园食品店,开始营业。而作坊设在小店的后间内,除冼的母亲、妻子帮工外,还添了几个职工。经过一段艰辛的创业阶段,营业颇为兴盛,附近小贩也常来批购,小作坊已有供不应求之势。

1923年,冼冠生和薛寿龄决定扩大经营冠生园,改合伙为股份有限公司,增资至十五万元(原股升值为四万五千元,另招新股十万五千元),冼任总经理、薛任副总经理,在斜桥局门路设食品工场,结束了小作坊的初创阶段。1928年又在南京路闹市租得八开间三层楼的店面房屋一幢,经冼冠生精心擘划,底层为门市部和饮冰室,除自销产品外,并代销泰丰、泰康两家食品厂的饼干、面包、罐头等;二楼为饮食部,供应各色粤菜、粤点,并附设冠真照相部;三楼特设餐厅雅座,布置幽雅富丽。此后冼冠生为自制饼干、罐头、糖果、面包,向德国泰来洋行等厂家订购制罐封罐机、制糖果饼干机等,在市郊漕河泾自建钢骨水泥四层厂房一座,糖果车间和饼干车间各占两层;另建平房四幢,专制面包、糕点,并附设仓库、办公室等用房。他经常接待各界人士参观各制品车间,试尝各种产品,作为广告宣传。

　　此时,冠生园已成为集工、商、饮食服务三业于一体的综合性企业,与著名的泰丰、泰康两食品厂并列而成鼎足之势,但年产值尚远不及两泰①。为此,冼冠生积极谋求产品质量的提高,加强广告宣传②,讲究产销实效。首先他讲究选料,凭其长期积累的经验,经过他的看、嗅、尝,即知来料的优劣。传统产品话梅、陈皮梅的原料,都是采自杭州超山等梅场的优质鲜梅精制而成。其次是配料和加工都有严格的规定和手续,未经冼的同意不得擅自改动。再次是把好应市前的质量关,产品稍有差次,宁可返工或抛弃,决不上市以致影响信誉。此外,所产的多味果子露和果汁、橙汁、牛肉干更具有特色;同时又推出各色腊味、各种食品罐头和青梅瓶酒等新产品;并增加经营各种季节性食品——粽子、

---

　　①　据上海市社会局编:《上海之工业》(中华书局1930年版)第107—109页载:"当时泰丰食品厂工人一百六十三人,年产值七十六万元;泰康食品厂工人一百十二人,年产值四十万元;冠生园工人一百九十三人,年产值仅二十余万元。"

　　②　冼冠生一贯重视广告的作用,早在学徒时期,就曾将报上各种广告剪贴成三大本随时翻阅。后来冠生园业务逐渐发展,他曾向人夸口说,他从这三大本中得益不少。参阅程道生、俞少庵《冼冠生与冠生园》,中国人民政治协商会议全国委员会文史资料研究委员会编《文史资料选辑》第88辑,文史资料出版社1983年版,第224页。

月饼、年糕、节日生日蛋糕等。

　　冼冠生为将产品销向全国，在主要商埠开设分、支店，1931年决定再增资三十万元。由于冠生园信誉卓著，一个月内招股即告满额。是年冼亲自偕同会做糕点的母亲及粤菜名厨数人，到汉口筹设分店。开张后营业兴隆，不久即在市内分设三处支店、一处工场、一处行所。其后又在武昌、南京、杭州等地设立了分、支店。不久，冠生园的代销店也已遍及其他各大城市。1932年"一二八"事变爆发后，抗日战士浴血奋战，急需大批食品，冠生园每日用卡车将面包、饼干、咸鱼等运到前线，冼冠生有时也随车前往慰问。翌年，冠生园又招新股十万元，在漕河泾工厂附近辟地六十余亩，加建农场，对外开放，园内布置山石花木、小桥流水和错落有致的亭榭堂馆，环境幽美，另设茶室供应茗点，春秋佳日，游人如梭。是年冼冠生应日本森永糖果株式会社的友好邀请，率领职员、技术人员数人前往参观访问，并在临别时受该社馈赠各色糖果样品二十八箱。回国后，冼与技术人员对这些样品进行分析化验，研制成新产品"杏花软糖"和"鱼皮花生"，后又聘用外籍技师仿制"果酱夹心糖"，成为冠生园创优产品，畅销全国。

　　冠生园在上海的营业欣欣向荣，除南京路总店外，拥有漕河泾、局门路及九江路三个工厂、五个支店、一个农场和批发部、仓库、总管理处，1936年产值达九十二万元①，跃居全国同业之首；全公司职工人数已逾七百人。冼冠生除任冠生园董事兼总经理外，并任兴华制面公司、冠美印刷有限公司董事兼总经理，康元五彩花铁印刷制罐厂、南京妙机百货公司董事等职②；后又担任上海市商会监事、中国工业协会上海市分会监事、上海市饼干面包糖果食品商业同业公会理事长等职，成为同

　　①　杨大金：《现代中国实业志》（商务印书馆1938年版）第812—831页载："一九三六年冠生园沪厂工人三百零二人，年产值九十二万元；泰康食品厂工人一百七十一人，年产值四十四万元。"

　　②　《上海工商人名录》，中国征信所1936年5月编印，第68页；杨家骆编：《民国名人图鉴》第12卷，辞典馆1936年8月版，第1页。

业领袖、沪上著名资本家。

抗日战争爆发后,冠生园沪地漕河泾厂因在战区内,被日军占作司令部,设备全遭毁坏;各地分、支店也因战争影响损失惨重。但冼冠生毫不气馁,响应迁厂内地的号召,重作部署。他先同军需署签订供应军用罐头的协议书,获得一笔预付款和迁厂补助费,将部分制罐设备迁至汉口。但未及投产,汉口吃紧,经军需署同意改迁湖南桃源,在该署协助下建厂投产,利用常德一带产牛区的资源,赶制大批牛肉罐头,供应军需。但不久因战火逼近,又经贵州迁至重庆。由于在国外订购的机器迟迟不到,直到1947年才算建成。正待开工生产,却由于美国剩余军用罐头的倾销而长期未能开工。在这同时,冼冠生在西南开设的分、支店却营业极盛。

早在战火逼近武汉时,冼冠生就从汉口调拨资金十二万元至渝,并调派得力人员带领部分职工赴渝,择定闹市都邮街(今解放碑)店址,开业顾客盈门;随后又在市区设支店四处、工场两处,职工达四百余人。1939年冼又至昆明设分店,1941年在贵阳、庐州设分店,1943年设成都分店。这些分店以及后来又发展分设的许多支店,为冠生园积累了大量盈余。至抗战结束时资金已达法币一亿多元,以及美元外汇、黄金等,为战后恢复战区各店的业务起了一定的作用。

抗战胜利后,冼冠生重回上海,制订进一步恢复和扩展冠生园业务的计划,并雄心勃勃地准备将产品打进国际市场,拟在国外设厂并建立销售机构。但由于冠生园的股票大部分为纸业商人所购得,他们但求近利,从而操纵董事会,使冼多方面受到掣肘,不能独立运营。加以国内形势由于蒋介石发动内战,交通阻隔,滥发纸币,通货恶性膨胀,冠生园的业务大受影响,冼的打算成为泡影。其后又经国民政府发行金圆券和限价政策等变相掠夺,冠生园元气大伤,在风雨飘摇中勉力维持。此时有人劝他抽调资金到香港设厂,凭冠生园的声誉和他的经营手段必能获得厚利,但被他拒绝。他说:"我的事业在国内,发迹在上海,抗战时内迁是为了抗日,现在是国内战争,将企业外迁,这是叛国行为,我决不这样做。"终于奋力支持到全国解放①。

中华人民共和国成立后,在新中国"公私兼顾,劳资两利,城乡互助,内外交流"政策的指引下,冠生园获得多方的扶持和照顾,企业有了转机,沪、渝等地业务逐步得到恢复和发展,冼冠生继续在沪主持企业。

1952年4月21日,冼冠生自感心力交瘁,突萌厌世之念,在沪轻生身亡②。

① 戚再玉编:《上海时人志》,展望社1947年版,第84页。
② 顾义新:《冼冠生与冠生园》(未刊稿)。

# 冼　星　海

查建瑜

冼星海,广东番禺人。1905年(清光绪三十一年)生于澳门。父冼喜泰以捕鱼为生,在冼星海降生前半年即病逝,时仅三十五岁。母亲黄苏英以帮人浆洗衣裳为生,孤儿寡母依赖外祖父黄锦村做散工扶助而勉强度日。1912年,冼星海七岁时,外祖父病故,冼母披迫携冼星海赴新加坡谋生,在养正学校帮佣,供冼星海上学四年。1915年,冼星海入英语学校学习,次年入岭南大学新加坡分校高小部,1920年毕业后入养正中学半工半读。1921年,广州岭南大学派人到新加坡募集经费并挑选优秀生回国深造,冼星海成绩优秀,首批被选中回国。不料岭大附中学费昂贵,冼星海虽有"成绩优秀"的转学证,也不能免交学费,被迫辍学。后经人介绍,入岭大基督教青年会办的义校念书。义校免收学费,只晚上上课,冼白天则去岭大食堂打工。

冼星海自幼酷爱音乐,能吹奏多种乐器。他喜欢听妈妈唱的广东民歌,并且跟着学,后来对人赞妈妈是他的第一个音乐老师。他在岭大打工时,经常挤出休息时间,在校园僻静处,潜心吹奏黑管。秋去冬来,他坚持不懈,凝神专注学艺的神情,感动了每天路过他身旁的一位留德教授,表示愿意义务辅导他。从此,冼在这位教授指导下自学和声、对位、曲式、指挥等,音乐知识和技巧很快得到了提高。十七岁那年,他登台表演单簧管独奏,在广州音乐界崭露头角,获得"南国箫手"的美称,被岭大管弦乐队聘为队员兼指挥。同时他以做工的收入在岭大附中上学,于1923年毕业。他没有钱升入大学,便休学做工,并埋头自学,除主攻音乐外,对绘画、书法、诗词也广泛涉猎,这为他后来的音乐创作打下了坚实的基础。

1925年,冼星海入岭大预科学习。这时北京大学创办了音乐传习所,他闻讯北上。1926年,冼在北京图书馆任助理员,同时入北大音乐传习所学习音乐理论和小提琴。不久,北京政府教育部以"音乐有伤风化"为借口,勒令全国音乐院、所一律解散,冼星海被迫辍学返回广州。他应培正中学和岭大华侨附校之聘教音乐;还被聘请担任岭大军乐队队长、广州青年会事业部音乐主任。在此期间,经他主持举办的各种音乐会盛况空前,吸引了不少音乐爱好者。

1927年11月底,中国第一所正规音乐学府国立音乐院在上海创办,院长是蔡元培,冼星海立即辞去在广州的职务,只身前往上海投考并被录取入学,学习提琴。他在院刊第三号上发表《普遍的音乐》一文,指出"中国需求的不是贵族式或私人的音乐,中国人所需求的是普遍音乐",认为学音乐的人要"负起一个重责,救起不振的中国"。冼结识了田汉等人,曾参加"南国社"的戏剧活动。

1929年夏,上海国立音乐院放暑假,有些学生因家境贫困没有路费回家,住在学校里,学校当局要他们补交住宿费、练琴费,甚至断电断水,封锁琴房,迫使这些学生成立请愿团赴南京国民政府教育部请愿。借住在"南国社"的冼星海闻讯后,激于义愤,参与组织请愿团的活动,事后被校方以"鼓动风潮"的罪名开除学籍。这时他认识了在法国学音乐的马思聪,在马的鼓励下,他决心去巴黎深造。

1929年秋,冼星海离上海前往法国。他没有旅资,在货船上日日夜夜干着繁重的体力活,累得又黑又瘦,终于在1930年春到达巴黎。这时他身上仅有七个法郎,只得露宿在巴黎街头的屋檐下,达半个多月。有一次,他饿得昏了过去,被巴黎的警察误以为是尸体,装上汽车送往火葬场,幸亏途中经风一吹苏醒过来,才避免被活活烧死。后来得到一位东北籍华工的照顾,先在餐馆当跑堂,又在浴池替顾客修指甲,还看守公共电话、照顾孩子、打扫卫生等。在各种低贱的劳役之余,他仍挤出时间练小提琴。天长日久,他的身体受到很大摧残,一次给客人送菜时,两眼发黑,栽倒在地上,气得老板娘大喊大叫,因而被逐出店门。

冼星海经常怀抱提琴到咖啡馆卖艺,忍受着仆役们的辱骂。后来终于找到了马思聪,在马的积极协助下,跟世界著名小提琴家保罗·奥别多菲尔(Paul Oberdoeffer)学习提琴。奥别多菲尔听说冼星海千辛万苦来到巴黎学习音乐的经历后,破例不收学费,还经常送给他昂贵的音乐会入场券。冼在奥别多菲尔的辅导下,以自己亲身熬过那不眠的冬夜为素材,创作了以女高音独唱和单簧管与钢琴三重奏的《风》。这首曲调凄楚、旋律悲怆的乐曲,获得巴黎音乐界的好评,广播电台为他录音播放。嗣后,经奥别多菲尔推荐,冼星海跟法国作曲家、巴黎音乐学院教授诺埃尔·加隆(Noel Geallon)学“和声”学、“对位”学,“赋格曲”;跟巴黎音乐学院作曲教授保罗·杜卡(Paul Dukas)、巴黎圣咏学院作曲教授梵生·丹地(V. D'Indy)学作曲;跟巴黎圣咏学院院长拉贝(Labey)学指挥。两年后,冼星海以优异成绩考取巴黎音乐学院高级作曲班,成为该班第一名中国留学生,并获得荣誉奖。

冼星海在巴黎音乐学院高级作曲班的学习成绩突出,他创作了《d小调中提琴奏鸣曲》等作品。是杜卡教授最得意的学生。杜卡很同情冼星海的处境,给予多方关怀和照顾。

1935年春,冼星海从巴黎音乐学院高级作曲班毕业。这时,日本帝国主义加紧对华北的侵略,民族危机更加深重。冼星海在法闻讯悲愤异常,思念祖国之心更切。是年秋,他经伦敦回到上海。上海各报纷纷报道这一消息,人们热烈欢迎他归来。但是,上海几个乐队的指挥职务都被外国人占据。冼星海几个月找不到工作,还要靠当佣人的老母亲养活他。他先是收几个学生教小提琴,后来进入百代唱片公司做配音工作。他这时创作的《运动会歌》(田汉词)、《我们要抵抗》(田汉词)、《战歌》(俯拾词)、《救国军进行曲》(田汉词)等八首作品,都充满振奋、战斗的激情,受到舆论的好评。

1936年,冼星海进入新华影片公司音乐部工作,为《壮志凌云》、《夜半歌声》、《青年进行曲》等影片配曲,并任上述各片音乐指导。同年,他创作了《热血》(田汉词)、《救国军歌》(塞克词)等十六首作品。他创作的《战歌》收入"百代"唱片集后,打破了"百代"唱片销售额纪录。他不接受重金聘请,拒绝创作靡靡之音的歌曲。当时,广州中山大学提出以高于影片公司四倍的月薪,请他担任音乐部主任,他亦未去,认为自己从事音乐事业的目的并不是为了金钱,艺术家有自己的人格。他为进步文艺团体演出《大雷雨》、《日出》谱写插曲和配乐,不要分文报酬。他很赞赏聂耳"为大众呐喊"的创作方向,经常到农村、工厂、学校了解农民、工人、学生的喜怒哀乐,也到舞厅倾听歌女唱歌,记下她们的曲调和情绪,以丰富自己的创作灵感,更准确地谱写出被压迫者的呼声。

1937年"七七"事变爆发,日本帝国主义发动全面侵华战争,冼星海创作《保卫卢沟桥》(塞克词)、《女性的呐喊》(安娥词)、《抗战先锋歌》(塞克词)、《国防军歌》(俯拾词)、《我们不怕流血》(安娥词)等多首抗日救亡歌曲,动员和鼓舞群众团结抗日。"八一三"淞沪抗战爆发后,上海抗日救亡运动进入高潮,冼星海怀着强烈的爱国热忱,参加"上海话剧界救亡协会"洪深领导的演剧第二大队,到外地进行抗日宣传。经江苏、浙江、湖北数省到达武汉,沿途演出《放下你的鞭子》、《保卫卢沟桥》、《热血》等活报剧,举行大小音乐会数十次,受到观众的热烈欢迎。在一个多月的巡回演出宣传中,冼星海在各地组织起数十个救亡歌咏队,鼓舞无数爱国群众走上抗日战场。

1938年春,冼星海在武汉参加郭沫若主持的军事委员会政治部第三厅工作,任美术音乐科主任科员,与张曙共同负责领导全国的抗日音乐运动。在冼星海主持下,武汉地区先后成立救亡歌咏团体六十多个;先后举行救亡歌曲音乐会数十次,其中有十余万人参加的"火炬水上歌咏大游行"和名震全国的"歌咏大检阅"。冼星海在武汉创作了《保卫大武汉》(百鲁词)、《赞美新中国》(光未然词)、《祖国的孩子们》(赵启海词)、《游击军》(先珂词)、《华北农民歌》(张永福词)、《我们的队伍往前走》(廉殷词)、《救亡对口唱》(艾芜词)、《反侵略进行曲》(侯甸词)、《长期抵抗》(季纯词)、《在太行山上》(桂涛声词)、《到敌人后方去》(赵启海词)、《江南三月》(施谊词)等三十四首作品。这些优秀作品对全国深入开展抗日救亡运动、鼓舞前方战士的斗志,以及坚定人民对抗战必胜的信心,都发挥了重要的作用。

由于国民党政府对民众抗日救亡运动的限制,使冼星海的歌咏创作工作陷入困境,他与张曙建立起来的数十个歌咏团体也先后被合并、取消,"全国歌咏界协会"也夭折了。这时,他收到延安鲁迅艺术学院音乐系全体师生签名的信,恳请他去鲁艺音乐系任教。与此同时,驻武汉国民党某军长也送来聘书,高薪请他担任军乐队总指挥,并授予上尉军衔。他在 3 月 4 日的日记中写道:"中国现在是成了两个世界:一个是向堕落处下沉,而另一个就是向着光明的有希望的上进,延安就是新中国的发扬地。"他决心奔赴延安,追求革命真理。

1938 年 10 月 1 日,冼星海偕新婚妻子钱韵玲离开武汉,经西安,于 4 日到达延安。他全身心地投入了音乐教学、研究和创作,担任鲁迅艺术学院音乐系主任,并在中国女子大学和其他一些干部学校教音乐课,讲授作曲、歌剧、理论、指挥,亲手修改学生的作业,为培养和造就革命音乐人才作出了贡献。

冼星海很快习惯了延安的政治生活,比较系统地学习政治理论。他在给友人的一封信中说:"音乐上的许多问题过去不能解决的,在社会科学的理论上竟得到解答。"他非常主动地和工农群众相处、交谈,体察他们的情感。他认为:"他们命定要做新世界的主人翁,把世界变成大同社会。这样他们的气魄是很大的,力量是深厚的。"因而"他们的声音感情是充溢着热爱和亲切、真诚和恳挚"。1939 年 6 月 14 日,冼星海在鲁艺加入中国共产党,由一个爱国的民主主义者,成为忠于无产阶级革命事业的共产党员。

冼星海对于鲁艺在音乐创作的大众化和民歌形式方面的成绩十分

重视。延安有来自四面八方的青年,鲁艺的"民歌研究会"向他们收集了全国各地区各民族的民歌小调。冼星海把各地区各民族的民歌小调以及大鼓、京调加以整理,精心改造和提炼,吸取其风格、特点,使自己的作品向着民族、民主、大众化、科学化的方向大步前进。

从 1938 年 10 月到 1940 年 4 月的一年半时间里,冼星海创作出大量体裁多样、结构多变、乐思深远、取材广泛的优秀作品,其中有《黄河大合唱》《生产大合唱》和《九一八大合唱》等六部大合唱,两部歌剧,近百首歌曲,并继续谱写 1935 年开始动笔的《第一(民族解放)交响乐》。《黄河大合唱》场面雄伟,气势磅礴,象征着中华民族的伟大、坚强,体现了中国人民的勇敢、顽强和百折不挠的拼搏精神。他的另一部大型作品《生产大合唱》在音乐创作的大众化与民族化方面取得了突出成绩。

1940 年 5 月,冼星海经中共中央决定,承担抗战纪录影片《延安与八路军》的作曲配音工作,并去苏联考察电影与音乐。在由延安出发前往苏联途经西安时,因时局的变化耽搁了几个月,于次年 1 月抵达莫斯科。他为影片的配乐工作进展顺利;同时他继续谱写《第一(民族解放)交响乐》,并为《黄河大合唱》编写交响乐队伴奏谱,每天从晨至夜伏案不辍。

1941 年 6 月 22 日,德国法西斯发动侵苏战争,苏联全国处于紧急状态,冼星海也被卷入残酷的战争生活。他决定用自己的音乐去谴责德国法西斯,着手创作《第二(神圣之战)交响乐》。莫斯科全城疏散,冼星海先到阿拉木图,后又转移至乌兰巴托。他曾试图从蒙古回国,因战时交通封锁未能如愿。在蒙期间,他化名孔宇,为乌兰巴托中国工人俱乐部义务讲课,教授各种乐器,并组织音乐会,受到当地华侨的欢迎。他在蒙期间共创作六十多首作品,其中《乌兰巴托的早晨》(小提琴独奏曲)等作曲,富有蒙古人民的生活情趣,被当地群众尊称为"了不起的音乐家","我们最好、最值得敬爱的老师"。1942 年 12 月初,冼星海离开蒙古返回苏联哈萨克首府阿拉木图,后又至库斯坦。这时,战争进入艰难岁月,冼星海忍受着饥饿和疾病的折磨,仍然积极从事创作活动,在防空洞里完成了《神圣之战》这部歌颂苏联红军英勇抗击德国侵略者的交响乐。他还创作了《第一组曲·后方》、《第二组曲·牧马词》、《第三组曲·敕勒歌》、《第四组曲·满江红》以及《中国狂想曲》等管弦乐作品,被苏联音乐界公认为天才音乐家,莫斯科计划举办冼星海管弦乐作品音乐会。

由于战争环境的折磨,冼星海长期营养不良和过度劳累,先后染上肺结核、心脏病、肝肿大、腹膜炎等多种疾病,而未能得到很好的治疗。直到1945年5月,战争快要结束时,他的病才被人们发现,转送到莫斯科克里姆林宫医院治疗,但这时他已病势垂危,每天要抽出好几升腹水。在生命即将结束前二十多天,他还要苏联朋友给他送来谱纸,说要创作一部歌颂卫国战争胜利的大型作品《交响诗·胜利》。可惜病魔夺去了他的生命,10月30日去世,年仅四十岁。

1983年1月,冼星海的骨灰从莫斯科顿斯柯依教堂移回祖国首都北京安葬。

## 主要参考资料

中央音乐学院中国音乐研究所、中国艺术研究院音乐研究所编:《中国近现代音乐史资料丛刊·冼星海专辑》(一)、(二)、(三)、(四),中央音乐学院中国音乐研究所、广州音乐学院、广东高等教育出版社1962—1983年版。

马可:《冼星海传》,人民文学出版社1980年版。

聂耳、冼星海学会编:《永生的海燕》,人民音乐出版社1987年版。

# 项　松　茂

孙德祥

项松茂,名世澄,以字行,别号渭川。浙江鄞县人。1880 年 10 月 9 日(清光绪六年九月初六)生。先世以耕读为业,至其父项锦三,始与其兄项仕元,在杭州合伙经营皮毛牛骨山货行。项松茂幼年随父读书,稍长进入私塾,十四岁到苏州陆姓皮毛牛骨行当学徒,工作繁重,生活艰苦,项勤工苦学,满师后为店东所倚重,委以账务。

1900 年,项松茂经在上海中英药房任经理的舅父吴志成引荐,入中英药房任会计。项办事认真,"遇事富有责任心"[1],而且"无不心细如发"[2],初露了他的才能。1904 年吴志成去世,陈镜如接任经理,委项赴汉口开设中英分店并任经理。项在汉口分店独当一面,积极规划经营,"业日以隆"[3]。1909 年汉口组织商会,项被举为董事。1911 年项受聘任上海五洲大药房经理。这是项赖以发展成为西药业巨子的基地。

五洲药房 1907 年由商务印书馆创始人夏瑞芳、杭州广济医院药剂师谢瑞卿、中法药房总经理黄楚九等合资创设,"资本不过万元"[4],初由谢瑞卿任经理。五洲药房制销的药品中,有吗啡含量的"甘露戒烟

①　《松茂小史》,《密勒氏评论报》。

②　刘镒襄:《纪念项松茂先生》,《五洲·项松茂先生纪念号》(1934 年 1 月)。

③　黄炎培:《项松茂先生传》,《五洲大药房三十周年纪念刊》(1936 年)。

④　卢志学:《百年来的上海工商业》,《自修周刊》第 50—51 期(1939 年 2 月 28 日,3 月 7 日)。

丸"利润甚厚。当时谢瑞卿不专心经营,暗自制销"清心戒烟丸"另谋私利,经劝阻无效,夏、黄乃命谢退伙,联名电邀项来沪接任经理之职。项到任后,即以"勤俭"二字作为企业的方针,先将店中华丽陈设变卖,移充经营资金,增为规银一万五千两。项又拉拢钱庄跑街俞钜卿为副经理,取得资金上的支持。1912年将店址自福州路广西路口迁移至福州路河南路口。项工作勤奋,"每至夜半始寝"①。他加聘药剂人员,成立"合药间",加强自制本牌成药,计有"人造自来血"(治疗贫血病)、"补天汁"(健胃补虚)、"海波药"(清血解毒)、"月月红"(调经)、"助肺呼吸香胶"(化痰止咳)、"树皮丸"(健脑润肠)等药。

项松茂鉴于国内西药市场的日趋扩大,乃与夏瑞芳商定,将原为合伙组织的五洲药房改组为股份有限公司。1915年正式宣告成立,以夏筱芳、黄楚九、项松茂、陈如翔、印锡章等为董事,张蟾芬为监察。次年黄楚九退出五洲。

第一次世界大战期间,进口的西药和原料减少;五四运动又掀起了全国人民抵制日货的爱国热潮,从而为国产成药打开了销路。五洲的"人造自来血",1920年年产量高达五万三千六百二十五升,比1913年猛升百分之一百四十三点六。同时又增加了"代参膏"、"肥儿疳积糖"、"鱼肝油精丸"、"麦液止咳露"和"止咳杏仁露"等品种的生产,营业额和盈余额都有较大幅度的增长。由1915年营业额三十一万元,盈余一万七千元,到1920年时营业额即上升为一百三十七万三千八百三十一元,盈余三万二千六百九十二元,各增加百分之三百四十三和百分之九十二。这些高额利润的获得,为五洲扩展事业提供了经济实力。

西药业原是以贩卖进口药品和制药原料为主要业务,但在项松茂主持下,开辟了代理欧、美厂商经营化学仪器、医药器械的进出口业务,获利甚厚。

项松茂鉴于"五四"后爱国运动的高涨和国外制药业的进步,遂有

①　高友唐:《项松茂先生行述》,《五洲·项松茂先生纪念号》(1934年1月)。

发展我国民族制药工业,以挽回利权扩大进益的愿望。1920年项出资十四万二千两,购进了闸北天通庵路地基,次年将五洲资本增为五十万两,扩建厂屋栈房。时有开设于徐家汇的固本肥皂厂欲作价出让,项与之交涉,结果以十二万五千两的低价盘进,并议定只付给现银二万五千两,另以四万两作为加入五洲股份,六万两作为存款,期限二年,利息八厘。如此安排,五洲实际上所费代价不多。成交以后,即改名为"五洲固本皂药厂",内设制皂与制药两部。1922年又经卢鸿沧的介绍,以一万二千八百零六元的代价,收买了德商耐尔生氏所办的生产臭药水的亚林化学厂。两厂的收买,构成了五洲企业集团的柱石。1925年五洲又进一步收买了中华兴记香皂厂、南洋木塞厂,并附于皂药厂。

五洲皂药厂的生产设备,经过添置充实,日臻完善,皂、药生产也日新月异。药品生产方面,在原有老产品的基础上,又增加了许多新品种。按照各国药典的不同规格,用中草药炼制酊剂软膏,特别是开始自制"牛痘疫苗"和"醚精"、"硫酸低铁"、"纳夫他林"、"柠檬酸"等化学药用原料,跨出了西药业历来依赖外国原料加工的境域。

项松茂为了推销产品,广开门路,与上海各大医院和开业医师开展业务联系,甚至以资金和商品,帮助伯特利医院和福初医院的建立。他积极参加国货展览,编印《卫生指南》扩大宣传。在本外埠广设支店,发展同其他店铺的领牌联号关系,放账赊销。这时"人造自来血"年产量继续增高,在遍销国内的同时,并委托香港瑞昌西药行、新加坡合丰商店、仰光兴华公司、越南吴昊药房等,在东南亚地区代销。肥皂生产方面,在继续制销家用洗衣的固本皂外,增加生产了"高花香皂"、"玫瑰香皂"、"檀香皂"、"透明药皂"、"硼酸浴皂"等多种。

"五洲固本皂"问世初期,就受到了英商中国肥皂有限公司(简称

"中皂")的"祥茂肥皂"的激烈竞争①。当时五洲的资力和规模,与"中皂"相比,强弱悬殊。项不畏对手强大,认真周旋,在质量、价格、市场三个主要方面和"中皂"开展了艰巨的竞争。在质量上,项先亲往中皂厂深入考察其内部实况,继派制皂部主任傅怀琛乔装工人,深入中皂厂当临时工,历时九个月,尽得其技术上的奥秘及肥皂的成分和含量;回来反复对比试制,将固本皂的主要成分总脂肪酸含量提高为百分之五十五,水分减为百分之三十四,结果各项质量指标都超过了祥茂肥皂。在市场上"中皂"布成了推销网,划分上海、浙江、华南、华北、西北几个大区,派驻区长和营业员积极推销,月薪外再发奖金,在上海还采取了寄售、放账、补价、赠送、发奖券等等办法争夺市场。五洲则针锋相对,在外埠由五洲药房支店、领牌店和代销店推销;在上海市区得到烟纸业大同行谦泰新老板沈德华的支持。沈联络大同行同业三十余家,组成专为推销固本皂的大成公司。五洲酬付大成公司以每箱肥皂佣金银二钱,交货后放账六十天,如肥皂跌价补给差价,年终结算再按推销箱数付给酬劳。因此大成及各零售店对推销固本皂都十分卖力。

1924 年,五洲固本皂销售额虽达银三十八万二千两,但由于英商的竞争,年度结算时仍亏耗五千余两。项只得"以血养皂",即以"人造自来血"等药品利润来弥补支持。1925 年上海爆发了五卅运动,民众群起抵制英货和日货,遂使固本皂销路大增,供不应求,日产达五百余箱,该年营业额迅增至银五十九万六千两,比上年骤增二十一万四千

---

　　①　祥茂肥皂原是英国祥茂公司(William Gossage & Sons,Ltd)制造的一种洗衣皂,由上海英商祥茂洋行(Burkill & Sons)进口经销。后在上海英商白礼氏洋烛厂内附设制皂车间就地生产。英国肥皂托拉斯利华兄弟公司(Lever Brothers & Unilever)于 1884 年在伦敦设立。1925 年时资本已达三亿美元,以制造"日光"(Sunlight)肥皂、"力士"(Lux)香皂等闻名于世,分支机构遍布四十多个国家,是世界肥皂工业的霸主。1923 年在中国设立子公司即中国肥皂有限公司,资本为八百万元,在杨树浦购地建厂,拥有皂化锅二十只,成为远东最大的制皂厂,祥茂肥皂即改归其经营。

两。在反帝风暴中,五洲固本皂终于战胜了祥茂肥皂①。

1929年,项松茂又盘进了宁波的公济药棉绷布厂,改为东吴药棉绷布厂,生产"脱脂药棉"和"脱脂纱布"。至此,五洲在本外埠先后增设的支店总计已有十七处,领牌联号共达五十五处。到1931年,"人造自来血"的年产量已递增到七万五千五百六十三升,固本皂的日产量已达二千余箱,年营业额已增达七百六十四万余元,盈余额多达二十三万余元。

五洲公司的组织机构和管理制度,随着业务的发展和扩大,日臻健全和严密。在董事会、经理之下,有店务、厂务、店厂联席会议和技术会议。又按生产、营业、财务、管理四个系统设置科、股,分工职掌各项具体业务。1928年公司资本总额再增至一百五十万元。职工由最初的三十余人增加到四百余人。

随着五洲业务的发展,项松茂又向大丰工业原料公司、开成造酸公司、南洋烛皂厂、温州森林农林场和上海新亚药厂等十三个企业单位投资附股,兼任它们的董事,以取得国产原料如硫酸、松脂、除虫菊等的低价供应。同时以自产的甘油、硝酸、盐酸等原料销给大丰等公司厂家使用,密切了交换协作关系。1931年,项与邬志豪共同发起筹组宁波实业银行,进一步与金融资本结合。项还与高恩洪联合组织沪闽南柘长途汽车公司,出任经理兼董事。五洲在地产方面的投资亦达五十五万余元。至此,项擘划经营的五洲药房,已基本成为具有现代规模的资本主义企业集团。项松茂的社会地位也日益提高,历任上海租界华人纳税会理事、上海市商会议董、工商部国货展览会委员、中华国货维持会执行委员、机制国货工厂联合会常务委员、中国工商管理协会专门委员、华商皂业公会主席委员和中国红十字会特别委员等职。为了扩大社会影响,他积极从事救灾恤贫慈善公益事业。

①　项泽辅:《五洲固本肥皂与祥茂肥皂的竞销经过》,中国人民政治协商会议上海市委员会文史资料工作委员会编《文史资料选辑》第16辑,1964年版。

　　项松茂经营事业的成功,与他重视培养和使用人才有很大关系。1923 年他聘任浙江医学专门学校毕业生张辅忠为制药部主任。1927 年张赴德国留学,1930 年在柏林大学获得药剂化学博士后留德继续研究,项曾给予资助;他委托黄炎培的中华职业教育社,招考高中毕业生培训店员,由五洲店厂的技术和业务骨干担任教师。同时直接招考大学化学系毕业生以骨干使用。他还订购国外科技资料,供职工阅览参考。1928 年后在厂内设立医务处,还在徐家汇斜徐路天钥桥东设立松茂小学,供职工子弟入学。

　　"九一八"事变爆发,全国人民同仇敌忾。上海抗日会通过了组织抗日义勇军共赴国难决议,市商会召开会员大会,通令各业公会限期成立。项松茂积极响应,在厂内编组了义勇军一营,自任营长,聘交通大学军事教官每日施以军事训练①。1932 年"一二八"淞沪战争爆发时,项勉励驻厂同人照常生产,多制军用药品,以供军需。时北四川路老靶子路(今武进路)五洲第二支店邻接战区,住有店员蒋邦毓、虞耕丰、童永才、戚德江、徐和杰、丁兆年、陈汉坤、吴宸良、陶赋、李生才、周瑞龙等人留守。据传有日军伤兵车辆驶近店址,受到我爱国志士的射击。日军于 1 月 29 日突来店中搜查,发现藏有义勇军制服,乃将蒋等全部劫去,捣毁店堂。项为了营救被难职工,冒险亲往第二支店视察情况,遇相识的日本商团成员小山站岗,与小山约定次日相晤。1 月 30 日下午,项偕朱灿如持盖有私章的名片再往,而小山不在;遇相识的芬兰木材商陪同进店,即为日本便衣所监视,芬兰商人和朱灿如离去,项即被日军缚送蓬莱路俱乐部,转解江湾敌营海军陆战队司令部。敌军头子恼怒其敢于抗日,项则抗争不屈。次晨,项与被捕店员同被杀害。后以尸骨无着,衣冠入殓。

-----

① 《新闻报》1931 年 9 月 30 日。

# 萧　佛　成

陈　民

萧佛成,字铁桥。1862年(清同治元年)生于暹罗(今泰国)曼谷,祖籍闽南①。先世于明末抗清失败后逃居台湾,后南渡马来半岛的马六甲,19世纪初又移居暹罗,以经商为生。萧佛成童年在曼谷华侨设立的私塾读书,接受中国传统教育;业师高传百为参加太平天国反清斗争失败后南逃谋生的爱国者,萧佛成受其熏陶,从小就有着强烈的民族意识。既长,获当地律师资格。1888年,萧佛成参加当地的反清复明组织"三合会",由于人缘与学识,在当地华侨社会中颇有声望。

1900年,孙中山派陈少白在香港创办《中国日报》,宣传革命主张。1905年,萧佛成与《中国日报》互通声气,与陈少白、冯自由多所联络。1907年,得到革命党人陈景华的协助,萧佛成在曼谷创办《华暹日报》,自任社长。该报分刊中文版与暹文版,中文版由萧佛成与陈景华任主笔;暹文版则由其女儿任主笔。《华暹日报》致力于改善暹罗华侨的境遇,受到侨胞的喜爱,直至1942年日军侵占暹罗时才被迫停刊。

1908年11月,孙中山偕同胡汉民等从新加坡到曼谷。当局禁止孙中山从事政治活动,但暹罗华侨志士及三合会人士,秘密集会欢迎孙中山。萧佛成积极参加活动,继而暹罗同盟会分会成立,他被推选为分会会长,陈景华任书记,会址设在《华暹日报》社的楼上。

---

①　因其先世早年移居海外,凡二百余年,年代久远,原籍具体县名已无案可查。

　　民国成立后,同盟会联合统一共和党等小党派,成立国民党。萧佛成任暹罗国民党总支部支部长。在民初的反袁斗争中,革命阵营内部一度发生意见分歧。萧佛成积极支持孙中山的讨袁革命运动,在讨袁筹款中,暹罗华侨方面也是经费重要来源之一。

　　1924年1月,萧佛成当选为暹罗地区代表,回国出席中国国民党第一次全国代表大会。1926年1月,再次回国参加国民党第二次全国代表大会,被选为中央执行委员。会上,他提议的极力保护华侨案,获得通过。同年5月,国民党二届二中全会召开,蒋介石等控制了国民党中央的领导权。这次全会通过了限制、打击共产党的"整理党务案"。萧佛成追随蒋介石等人,竭力贯彻此案,通告南洋各埠侨领彻底"铲除共产分子"。针对萧佛成反对国共合作的言论及其在暹罗的行为,1927年3月17日在汉口召开的国民党二届三中全会通过决议:停止萧佛成中央执行委员职权,并解除其在暹罗的一切职务①。

　　随着北伐战争的胜利进展,国民党内以蒋介石为首的一派,不断制造反对国共合作的分裂活动。1927年4月初,国民党中央监察委员邓泽如、黄绍竑、吴稚晖等人在上海举行会议,通过弹劾共产党"谋叛国民党及不利于中华民国之种种行为,应行纠察"案,并发表"护党救国"通电,反对武汉国民政府,特别是对汉口三中全会决定准许共产党人参加政府一事,表示"尤为痛愤"②,为蒋介石制造"四一二"政变鸣锣开道。萧佛成亦同声呼应,于4月15日南京的中央执监委员谈话会上,提出"清党"八项主张:一、以南京为国都;二、取消"不合法"之汉口中央党部;三、取消武汉国民政府;四、取消跨党分子党籍;五、通缉"捣乱分

　　①　荣孟源主编:《中国国民党历次代表大会及中央全会资料》上册,光明日报出版社1985年版,第332页。

　　②　"中华民国"史事纪事编辑委员会编:《中华民国史事纪要——1927年1月至6月》(初稿),台北"中央文物供应社"1977年版,第631页。

子";六、恢复革命军总司令职权;七、以武力征讨"奸党";八、通电布告①。6月,南京国民党在蒋介石指挥下全面"清党"后,萧佛成与周启刚等五人组织"海外清党委员会",办理海外各级党部"清党"事宜,甚为卖力。

1927年7月,汪精卫在武汉"分共",宁汉渐趋合流。9月16日,南京方面、武汉方面以及上海的西山会议派三方,在共同一致反对孙中山的三大政策、反对中共的基础上,在南京成立"中央特别委员会",代行中国国民党中央执行委员会、监察委员会职权。会议决定改组国民政府、军事委员会和中央党部。萧佛成出任国民党中央海外部委员和国民政府侨务委员会常务委员。

1928年,萧佛成返回暹罗,参加了因济南"五三"惨案而发动的南洋华侨抵制日货运动。暹罗政府禁止华侨参与政治活动,对华侨抵制日货运动加以取缔。萧佛成运用其在当地的社会影响,出面缓颊,曼谷华侨为"五三"惨案的受难者捐助了一笔巨款。

1929年3月,萧佛成回国参加在南京召开的国民党第三次全国代表大会,被选为中央监察委员;1931年胡汉民派在广州召开的第四次、1935年在南京召开的第五次全国代表大会上,萧皆连任。

1931年2月28日,胡汉民因反对蒋介石擅权制订训政约法而被蒋介石软禁于汤山。萧佛成与胡汉民历史关系较深,政见亦同,平素对胡十分敬重,对蒋介石此举极为不满。4月3日,他与邓泽如、林森、古应芬联名通电,弹劾蒋介石,指责蒋"违法叛党,逆迹昭著","盘踞中枢,把持国柄,潜植羽翼,威胁老成"②。当时掌握广东军政大权的陈济棠,

① 中华民国史事纪事编辑委员会编:《中华民国史事纪要——1927年1月至6月》,第707页。1927年3月在汉口召开的二届三中全会鉴于蒋介石个人擅权,凌驾于党和政府之上,特重订《中央执行委员会军事委员会组织大纲》及《国民革命军总司令条例》,以削弱蒋介石的权力。萧之第六项主张就是反对三中全会上述决议。

② 存萃学社编:《1927—1934年的反蒋战争》上册,大东图书公司1978年版,第289页。

联络汪精卫、孙科等国民党内反蒋派系,乘机在广州召集国民党中央执监委员非常会议,另行成立"国民政府"。萧佛成也列名为"国民政府"委员。

"九一八"事变后,宁粤合作。1931年底蒋介石下野,国民政府改组,萧佛成被列名国民政府委员。广州的"国民政府"于1932年1月5日宣布撤销,另设国民党西南执行总部和西南政务委员会。萧佛成留在广州,担任西南执行总部海外党务主任和西南政务委员会常务委员。1936年5月胡汉民去世后,萧佛成成为在广州的国民党仅存元老,但他没有实权,终日以弈棋为消遣。

1937年"七七"卢沟桥事变后,萧佛成返回侨居地暹罗,以耆年侨领身份,支持当地华侨的抗日宣传和救济祖国难民的捐献活动。

1940年5月31日,萧佛成病故于曼谷。

# 萧　龙　友

寿祝衡

　　萧龙友,本名方骏,字龙友,号息园、息书、息翁,晚年又号不息翁。四川三台人。1870年2月13日(清同治九年正月十四日)生于四川雅安。他的父亲萧端澍是清光绪戊子年(1888年)举人。萧龙友幼年受父教,用心攻读经史诸子及名家诗赋。少年时,因母多病,乃留心于医药,经常去族人所设药铺请教,逐渐能识药物、辨药味,识别药物真伪。学习之暇,曾阅读我国古代医学名著。

　　1890年,萧龙友赴成都入尊经书院读词章科。在校博览群籍,除深研经史词章以外,又涉猎许多医学古籍。

　　1892年,川中霍乱流行,省会成都日死八千多人,街头一片凄凉。许多医生因惧怕传染,不敢医治病人。萧龙友不顾危险,用中草药救治了不少病人。

　　萧龙友二十七岁中丁酉科拔贡,入京任八旗教习。1900年八国联军攻破北京,他离京去鲁,曾先后任淄川、枣阳知县。1901年以后,清政府推行新政,废科举,设学堂,山东省会设立高等学堂,萧龙友曾为该学堂制定章程,并充任教习。

　　辛亥革命后萧龙友移居济南。1914年奉调北京,先后任农商部秘书、财政部经济调查局参事、农商部有奖实业债券局总办等职,并被内务部聘为中医顾问。这时萧龙友虽日理公务,但从未间断研习医学,常于公余之暇,以医道问世。

　　1928年,萧龙友毅然弃官行医,署名"医隐",号"息园"。曾撰《息园医隐记》一文,刻于扇骨上,以述其志。

萧龙友自行医后,集中力量研究医学,不断总结临床经验。他不泥古非今,不仅攻读中医古书,并阅读当时新译的西医药书籍,随时参照研究。治病疗效甚高,治好很多疑难大症。当时北京有的西医院,因闻萧龙友的盛名,经常约请他会诊一些疑难重症。

萧龙友非常重视中医基础理论,对望、闻、问、切,常深究其辩证关系,主张四诊合参。他说:"切脉乃诊断方法之一,若舍其它方法于不顾,一凭于脉,或仗切脉为欺人之计,皆为识者所不取。"①对于四诊,他认为,临症时应结合病人的体格、性情、籍贯、职业、平素生活习惯等加以考虑。

萧龙友十分重视医德,曾作医范十条,主张稽古御今,心正意诚,有道有术,重视伦理②。萧龙友也很重视医史。他说:"治医学史,必先将历代典章学术,搜讨无遗,然后可以言史,否则医自医、学自学、史自史耳,何益之有哉。"③

对药学的见解,他主张医与药不能分割。医者不但应识药,而且须能亲自采药,且能临症自为配合(炮炙、切制等工艺过程)。

在临床方面,他擅长治虚劳病。主张老少治法应有所不同,对象不同就要采取不同措施,要顾及同中有异,异中有同。

萧龙友十分关心祖国中医事业的发展。1934年与名中医孔伯华创办"北京国医学院",以造就中医人才。萧龙友任院长,苦心经营十五年,毕业学员达数百人,对当时的中医事业起到挽救和促进作用。解放前,历任北平市中医考试委员会委员和北平国医分馆董事等职。

---

① 谢海洲:《北京四大名医》,中国人民政治协商会议北京市委员会文史资料委员会编《文史资料选编》,北京出版社1979年版。

② 谢海洲:《北京四大名医》,中国人民政治协商会议北京市委员会文史资料委员会编《文史资料选编》。

③ 谢海洲:《北京四大名医》,中国人民政治协商会议北京市委员会文史资料委员会编《文史资料选编》。

　　全国解放时,萧龙友已八十高龄,仍继续从事医务工作。1949年任北京市各界人民代表大会代表。1950年任北京市中医师考试委员会委员。同年1月,中央卫生部召开第一次全国卫生会议,萧龙友被聘为华北区特约代表。1951年被政务院聘为中央文史研究馆馆员。从1954年起历任全国人民代表大会第一、第二届代表,中医研究院顾问、名誉院长,中华医学会副会长,中国科学院生物地学部委员,人民医院中医顾问等职。

　　1960年10月20日,萧龙友因病在北京逝世。他的临症方案及遗稿很丰富。他珍藏的数千册医书,全部捐献给中医研究院和北京中医学院。

# 萧　同　兹

熊尚厚

　　萧同兹,名异,号涵虚,以字行。1895 年 11 月 4 日(清光绪二十一年九月十八日)生,湖南常宁人。父萧越名,是个常年远走川、黔、粤、赣等省的行商。萧同兹七岁入本乡私塾,十三岁入衡阳联郡中学,1911年毕业。1913 年入长沙中等工业学校(甲种工业学校前身)预科,翌年秋升本科机械专业。在校时他加入了中华革命党,其后又与具有无政府主义思想的黄爱等人为友。

　　1917 年,萧同兹在长沙甲种工业学校毕业后,实习于长沙电灯公司。次年离湘北上,欲前往法国勤工俭学,遂在天津法国永和机械厂任绘图员。嗣因赴法勤工俭学未成回到湖南,1919 年 3 月在长沙湖南兵工厂任考工员。1920 年冬,黄爱、庞人铨在长沙组织湖南劳工会,他参与做些宣传工作。为了与黄、庞二人共同从事工人运动,1921 年 5 月转入湖南第一纱厂任技士。1922 年 1 月,黄爱、庞人铨领导纱厂工人罢工,遭到湖南军阀赵恒惕杀害,萧为避祸逃至汉口,在《江声日报》披露黄、庞血案真相,控诉赵恒惕的罪行。同年秋返回长沙,任湖南乙种工业学校教师,不久转至湖南铜元局任事。1923 年 8 月,谭延闿在衡阳组设讨贼军总司令部,萧任该司令部行政委员。是年冬,谭延闿奉孙中山之命率部去粤,萧又回到长沙任湖南铜元局总务课长。

　　萧同兹从事工人运动,是以无政府主义思想为准绳的,与马克思主义格格不入。1924 年他去上海,与王光辉等一起,打着湖南劳工会的旗号,参与"上海工团联合会"的活动,专门反对中国共产党领导的工人运动,并办理了正式加入国民党的手续。翌年7月,在南洋兄弟烟草公司职工同志会任总干事。11月郑公玄等人与广州反共组织孙文主义学会联系,将上海"国民委员会"改组成上海孙文主义学会,萧加入该组织,从此积极反共,破坏上海工人运动。1926年初,国民党西山会议派在上海设立中央党部,他任劳工部干事。因反共气味相投,他与吴铁城结识。

上海"四一二"清党反共后,萧同兹因长期在沪从事反共活动而受到国民党蒋介石的赏识,赴南京工作,6月任国民党中央党部工人委员会委员、国民政府劳工局处长。翌年他转至国民党中央宣传部,先任征集科长,主管联系新闻界事宜,受到宣传部秘书长叶楚伧(代理部务,翌年4月出任宣传部长)的器重,嗣任宣传部秘书。1929年冬,他被派往东北调查"中东路事件",跟从吴铁城"慰劳"东北军,怂恿张学良反苏。翌年蒋、冯、阎中原大战爆发,在东北的张学良有举足轻重之势,他又随张群、吴铁城再次前往东北"宣慰",争取张学良站在蒋介石一边。

萧同兹在1932年春得叶楚伧的举荐,受命出任国民党中央通讯社社长。中央通讯社1924年成立于广州,原是国民党中央宣传部的一个附属机构,工作量甚小,影响不大。萧受命后雄心勃勃,力谋扩大中央通讯社业务,为国民党统治效力。4月,萧受到蒋介石特别召见。他向蒋提出三项要求:一、中央社独立经营,成为社会文化机构,迁出中央党部;二、以新闻为本位,自设无线电新闻专业电台,发稿有自由裁决之权,不受干预;三、用人行政,社长有自由决定之权,不受干预。蒋介石答应了他的请求,萧遂于5月正式任中央社社长职。他将中央社加以改组,下设编辑、采访、电务、事务及秘书诸室,延揽人才,大力增添设备和建立国内外分支机构。他拟定了"十年扩展计划"和"全国七大都市电讯网计划",决定自备电台直接通报,十年内建成全国电讯网。在经费方面,得到蒋介石、宋子文、陈果夫、陈立夫及南京国民政府各部院的全力支持,以便使中央社能适应蒋介石正在进行的反共战争和强化其统治的需要。萧还获得蒋介石手谕,派中央社电务部主任高仲芹去德、意等国,购买无线电发报机和电讯器材。中央社首在上海、汉口设立分社,翌年于北平、天津、西安、香港也增设了分社,于南京、上海新设电台。1934年与英国路透社、法国哈瓦斯社签约,以交换稿件办法取得两社在南京、上海、北平、天津的中文发稿权;同时聘请北平英文《时事日报》主笔任玲逊在天津创设英文部,开始供应英文新闻稿。随着蒋介石反共军事行动和对西南地区统治的进展,中央社在南昌、贵阳、重庆、成都等地又增设了分社。1936年,萧聘请原《北平晨报》总编辑陈博生任驻日本东京特派员,筹办东京分社,还派总社采访主任冯有真赴柏林采访奥林匹克运动会消息,逐渐地发展国际新闻业务。至1937年,中央社在国内已有分社十二个,通讯员办事处二十五个;国外设有日内瓦、新德里通讯员办事处和东京特派员办事处。中央社供应全国二百五十余家报社的新闻稿,形成对全国新闻通讯的垄断,迫使著名的民营通讯社天津国闻通讯社关门、上海申时电讯社停办。

　　1937年7月抗日战争爆发后,萧同兹将中央社先于年底迁往汉口,继于1938年10月迁渝。萧任陈博生为总编辑,自己则专任社长职。在蒋介石和陈布雷的支持下,大力扩展中央社业务,进一步把中央社分支机构伸入西南、西北各地。除在长沙(后移沅陵)、洛阳、福州、连县(后移龙川)、屯溪、赣州(后移宁都)等地增设分社外,更于恩施、桂林、昆明、宁夏、兰州、迪化(今乌鲁木齐)等地新设分社;在国外则于新加坡、新德里、加尔各答、巴黎、华盛顿设立分社,于柏林、莫斯科等处派出特派员或特约通讯员;还在永安、沅陵、吉安、重庆、西昌、昆明、贵阳、南郑、兰州等地新设电台。虽然中央社在沦陷区的分支机构被迫撤去,但此时拥有国内外分支机构已增达四十处,职工一千二百余人。在国际电讯方面,除继续与路透社维持合约外,又与美国合众社订约,并先后接收法国哈瓦斯社和德国海通社在中国的电台,由中央社抄收柏林总社电讯经选择后编发。中央社还在成都设立了国际广播电台。

　　萧同兹为了适应抗日战争军事报道的需要,常常临时派出特别记者或随军记者,设立随军组携带收发报机采访军事消息。1940年1

月,陶希圣、高宗武携带汉奸汪精卫与日本秘密签订的《日支新关系调整纲要》(即日汪密约)潜入香港,萧闻讯即由渝赶至香港亲自参加采访。他与陶、高二人会晤后,即将"密约"交香港《大公报》发表,然后由中央社香港分社发往重庆,供全国各报披露。

在抗日战争时期,中央社对全国新闻通讯的垄断又有进一步发展,它配合国民党的新闻专制政策扼杀新闻自由,又竭力为蒋介石的反共摩擦政策服务,制造消极抗战、积极反共的舆论。萧同兹在国民党内外的地位更加提高,1944年在重庆被举为中国新闻学会理事长,翌年5月,在国民党第六次全国代表大会上当选为中央执行委员、常务委员。

1945年8月抗日战争胜利后,萧同兹派员分赴台湾、杭州、太原、长春增设分社,前往香港、武汉、广州、洛阳、长沙、南昌等地恢复旧社;还派员抢往京、沪、平、津及东北,接收日本同盟社、伪中央电讯社、伪中华通讯社和伪满通讯社等敌伪通讯机构。中央社还在国外恢复和新设了东京、西贡、马尼拉、安哥拉、旧金山、巴黎等分社或特派员办事处,同时还恢复和新设了电台三十余处。在中央社总社于1946年3月迁返南京后,他为了加强采访、编辑、电务三部的联系,利用"美援"在美国订购了中型军用三百瓩发报机三十台、交流收报机七十余台、二点五瓩短波发报机十台,以及发报机设备等等,积极为蒋介石的反共内战政策服务。1947年又在南京燕子矶附近建筑国际发报台,进一步发展国际通讯与广播。中央社作为全国新闻通讯的垄断机构更加庞大,至1948年国内分支机构达五十二处,国外二十五处,职工增至二千六百五十余人,垄断全国五百六十余家报社的新闻稿,自称为"黄金时代"。萧同兹在国民党新闻通讯事业中声望达到顶点。他雄心勃勃地想要把中央社跻进世界大通讯社的行列。

战后的中央社在萧同兹主持下,虽然机构更加庞大,可它的方针是紧紧地为蒋介石反共内战服务,一切言论都是替国民党反动统治辩护和粉饰,因而遭到广大人民和进步人士的唾弃,其庞大也只是虚有其表。曾任中央社总社编辑部主任的唐际清事后回忆说:中央社"劝导民众保持镇静,虽然尽到了最大的努力,但很难达到预期的效果","所发消息落人之后,往往为各地报界所诟病",所发战讯"亦失去读者信心",庞然大物的中央社"黯然无光"。萧同兹虽有一腔勃勃的野心想使中央社更加发展,可最后却被人民解放战争的洪流所卷没,中央社随着蒋介石在军事上的惨败而步步萎缩。1949年秋,他将中央社重要器材和资产撤往台湾,自己则于10月由广州至香港,1950年3月转至台湾。

萧同兹在台湾继续主持"中央社"工作,同年10月改组实行"企业化",成立管理委员会,他辞去社长职,改任管理委员会主任委员。1963年12月退休,但仍任台湾国民党中央评议委员、"总统府国策顾问"。此外还兼台北市报业评议委员会主任委员、世界新闻职业学校和私立复兴戏剧学校董事长等职。

1973年11月11日,萧同兹病殁于台北。

### 主要参考资料

冯志翔:《萧同兹传》,台北传记文学社1975年版。

张佛千:《漫谈萧三爷》,台北《传记文学》第24卷第4期。

《萧同兹传》,萧继宗主编《革命人物志》第14集,台北"中央文物供应社"1975年版。

《中央社成立二十周年纪念特刊》上、下辑,"中央社"1944年重庆版。

左东枢:《回忆国民党中央通讯社》,中国人民政治协商会议四川省委员会文史资料研究委员会编《四川文史资料选辑》第25辑,四川人民出版社1981年版。

冷若水主编:《中央社六十年》,"中央社"六十周年社庆筹备委员会1984年版。

# 萧　耀　南

朱　丹

　　萧耀南,字珩珊。湖北黄冈县仓子埠(今武汉市新洲县孔埠区)人。1877 年 3 月(清光绪三年二月)生。他出身寒微,家境清贫。祖父做过乡村塾师,父萧元亭曾以贩卖鳝鱼为生,后充货郎。萧耀南幼年曾就读于乡间启蒙馆,及长赴县考两次未中,但因"挂过水牌",得以在乡间充启蒙馆塾师。任教期间,"每年所得束脩费仅二十余贯钱,不足以赡家"①。他二十岁上与当地女子苏氏成婚,婚后生活更加拮据。他慨叹:"曷如效彼班超,投毛锥而事戎伍,纵弗侯封万户,亦何致不能资生!"②遂拿苏氏平日纺的十几两线卖钱做了盘缠,经自赴武昌第八镇工兵营当了一名士兵。

　　1900 年,萧耀南考入张之洞创办的湖北将弁学堂,在三年受学期间深得教官哈汉章的赏识。毕业后,萧入护军左旗充第二营哨官,翌年兼充帮办及护军左旗随营学堂教员。1906 年 5 月,萧耀南得军谘副使哈汉章的引荐,入陆军练兵处任一等科员,翌年改任军谘处第一司一等科员;1907 年 7 月,入陆军学堂第二班肄业,同班同学有伍文渊、阮肇昌、李景林等人。

　　1909 年,萧耀南入军谘处总务厅,任一等科员,不久补升科长。同

---

　　①　李懋东:《军阀萧耀南的一生》,中国人民政治协商会议武汉市委员会文史资料研究委员会编《武汉文史资料》第 2 辑(总第 12 辑),1983 年版。
　　②　刘熔百:《记萧耀南》,《实报》半月刊第 24 期(1936 年 10 月 1 日)。

年冬,萧被派至北洋第三镇统制曹锟处任正参谋官。因他恭顺寡言,且有一定的办事能力,颇得曹锟信赖,1910年兼任第三镇第九标第三营管带。辛亥革命爆发后,曹锟所部移驻西娘子关镇压燕晋联军,萧被擢升为第十二标标统。1912年初,南北议和达成协议,孙中山主张定都南京,袁世凯不愿南下;当南京迎袁专使到达北京时,曹锟在袁世凯的唆使下于2月29日在北京制造"兵变",以乱兵纵火抢劫,通宵达旦,为袁拒绝南下制造借口。此次事变,萧耀南始终参与其谋。袁世凯任大总统后,第三镇易名第三师,调赴北京保卫京畿,曹锟任师长,萧耀南任第三师参谋长。袁对北洋军中的南方人加以清除,萧原也在清除之列,后由于曹锟向袁力保而得于其位。1913年,萧调任第九团团长,因赴河南镇压白朗起义"有功",授陆军少校衔。翌年,袁世凯任命曹锟为长江上游警备司令,驻兵岳州,监视南方革命力量,萧再为曹锟重用,升任总司令部参谋长。1915年末,袁世凯接到云南独立的警报后,命曹锟督师入川,帮助陈宧镇压护国军,萧随曹入川,与护国军交锋。袁命第三师扩军,曹锟成立五营卫队,萧耀南改任卫队统领。6月,袁世凯在举国一片唾骂声中死去,黎元洪继任大总统,曹锟利用萧耀南与黎元洪同乡的关系,经萧耗费六十多万元向黎之左右游说,终于替曹谋得直隶督军的重要职位。随后,曹的第三师开赴直隶驻保定,并扩军成立三个混成旅,萧耀南任直隶第三混成旅旅长。

　　1917年7月,张勋复辟失败,段祺瑞组阁。孙中山为维护革命成果,在广东成立护法军政府,南北双方再次形成对峙局面。段祺瑞派曹锟为南征总司令,以吴佩孚代理第三师师长。当时湖南督军谭延闿曾动员湘军第二师北伐,段祺瑞闻报,即电吴师开入长沙,阻止南军;萧的第三混成旅此时也为吴佩孚所辖,随驻衡阳、祁阳一带。曹锟企望在南北战争中争得副总统一职,因而积极内战,于次年将其部队全部拉出,移向鄂南,萧耀南的混成旅也在其中;曹同时任命吴佩孚为直军前敌总指挥。不久,北军又一次攻入湖南。

　　在全国人民反对内战、反对卖国的爱国救亡运动的影响下,北洋军阀内部直系和皖系之间的矛盾有了新的发展。1918年6月,萧耀南等五个旅长联名请假,湖南前线产生了主和派。吴佩孚拒不执行段祺瑞进攻两广的电令,公开反对"武力统一"政策,8月发表致代总统冯国璋的"马电",请冯颁布停战令,俾南北军队一致对外,萧耀南是电报列名者之一。9月,萧耀南与湖南战线南、北军将领吴佩孚、谭延闿等二十余人联名发出"寝电",请冯国璋颁布停战命令。这是自有南北战争以来南北军人联合起来反对北洋派领袖的第一次。1919年五四运动爆发,全国人民反对内战,南北和议,萧耀南随吴佩孚驻军邢台、洛阳。

1920年,北洋军阀直、皖两系矛盾日益尖锐,直系首领曹锟亲自到天津行誓师礼,遣吴佩孚为前敌总司令。7月,战争爆发,直军以逸待劳,连克皖军。萧耀南的第三混成旅在吴佩孚的指挥下,向涿州进兵,以一旅之兵击败皖军一师以上的兵力,为捍卫保定大本营立下汗马功劳。直系获胜后,部队又复扩充。10月第三混成旅扩编为第二十五师,驻兵郑州,萧任师长并被授陆军中将衔。后来,第二十五师成为萧耀南统治湖北的基本力量。是年,萧耀南回家乡建造了萧家庄园。

其时鄂督王占元在湖北实行残酷统治,各界人民发起驱王运动,要求"鄂人治鄂"。其中一派人士暗与萧耀南联系,准备取而代之。曹锟、吴佩孚暗中拟定以萧耀南接替王占元为湖北督军,因为萧是湖北人,符合鄂人治鄂的要求,又能完全听命于己。这时,蒋作宾、孔庚、李书城等人则另辟途径,到湖南请兵,请求湘军"援鄂"驱王。1925年7月,湘军下总攻击令,王占元闻讯即电吴佩孚求援。在保定商讨出兵援鄂的会议上,萧主张利用这一机会把湖北拿到手,吴佩孚十分赞赏,立即委派萧为"援鄂"总司令,并密嘱萧"援鄂不援王"。萧率第二十五师7月31日到达汉口,派兵扼守重要据点,但不与王占元见面。此时前方战事十分紧张,王占元不断催促萧军增援,萧却借口军队尚未集中,拒不发兵,同时拉拢汉口镇守使杜锡钧,形成湖北内部的倒王势力。8月9日,王占元接到前方战败的消息后,被迫在军政联席会议上宣布辞职。同日,北京政府即任命吴佩孚为两湖巡阅使,萧耀南为湖北督军。

　　萧耀南上任后不久,吴佩孚来到汉口,连续任命其亲信担任鄂省的重要职务,将萧安排的人员全部改派,一时各方面都只看见"吴大帅"而看不见"萧督军"。萧耀南对吴佩孚不敢有一个不字,百依百顺,完全听从吴的支使。在吴佩孚的授意下,萧向湘军提出停战建议,以期赢得调兵遣将的时间。8月下旬,直军在咸宁汀泗桥、官埠桥击败湘军,进占岳阳。此后,萧耀南秉承吴之旨意主持湖北防务。

　　曾经积极筹划洪宪帝制的亲日派官僚梁士诒,在张作霖支持下于是年12月出任国务总理,实行亲日政策,竭力压制直系势力。1922年1月5日,吴佩孚发出倒梁"歌电",萧耀南追随吴攻梁,连发"青电"、"文电"、"铣电",指责梁内阁勾结日本,并斥责张作霖借口谋统一而先破坏统一,"托词去障碍而自为障碍",数落奉系祸国殃民十大罪状。4月,直奉战争爆发。萧耀南源源供给枪弹粮饷,使鄂省成为直方的主要军饷和军火基地。萧所辖军队虽未直接参战,但是他原地待命,既作为直系的机动部队,又可抵御支持张作霖的卢永祥部从东南方面的袭击,同时还摒除了孙(中山)段(祺瑞)奉(张作霖)三角同盟来自南面的威胁,解除了吴的后顾之忧,使吴得以全力对奉作战,击败奉军。直奉战争结束后,曹、吴为首的直系军阀主张迎黎(元洪)复位,借以驱逐南北两总统孙中山和徐世昌,6月萧耀南通电附和。在直系的拥戴下,黎元洪继任大总统。不料,黎一上台,为限制各省督军的权力,以进一步达到废督裁兵的目的,分别任命了七名省长,其中汤芗铭为湖北省长。曹锟、吴佩孚本意是要将湖北完全纳入直系的势力范围,岂能容得异己插足,于是出面干涉,电黎元洪力荐萧耀南兼任湖北省长,萧本人更欲总揽鄂省军政大权。在萧耀南的唆使下,湖北一些人组织了"拒汤团",大造舆论反对汤芗铭到任。汤到汉当天,萧又发动不少人在沿江码头摇旗呐喊,拒其入境。汤见此情形,当即返回,终未到职。半月后。萧耀南宣布他是不得已循公民之请,权兼省篆。当时明白内情的人皆讥称其为"萧自兼省长"。

1923年2月1日,京汉铁路总工会在郑州召开成立大会,吴佩孚军队前往进行武装干涉,总工会于2月4日举行京汉铁路总同盟罢工,吴佩孚电令各地军队开赴各车站,包围工会,破坏罢工斗争。萧耀南接到命令后,责成汉口镇守使署参谋长张厚生镇压罢工工人,并密令汉口警察厅、稽查处派出便衣特务,密切注意罢工动态。5日,萧派张厚生到江岸分工会,要挟交出京汉铁路总工会及江岸分工会负责人,遭到工会的严词拒绝。6日,在共产党人陈潭秋等的组织领导下,武汉十八个工团和学生联合会赴江岸举行万人慰问大会,会后万余工人游行示威,共产党员江岸分工会委员长林祥谦、总工会法律顾问施洋走在队伍的前面。这次罢工与游行引起了帝国主义和军阀的恐慌,吴电示萧应即武力制止,"以遏乱萌"。萧即任命张厚生为刘家庙铁路警路司令,部署武装弹压。7日下午,张率两营全副武装的士兵包围分工会,开枪打死三十六人,打伤二百余人,捕杀了林祥谦、施洋,制造了"二七"惨案。惨案发生后,萧耀南派兵封闭了湖北工团联合会、扬子江机器工会等十几个工会,毒打工人,拘捕代表,查封湖北工团联合会的机关刊物《真报》,并迫令武昌《大公报》停刊。萧并在汉宣布特别戒严,严禁人民从事革命活动。

1923年10月,直系头目曹锟在帝国主义及各省军阀的支持下,开始了贿选总统的活动。萧耀南对曹锟这次贿选,不遗余力,倾心相助。为配合曹锟的选举,他在鄂省召集军、政、绅、商各界联席会议,主张速选总统,为曹上台大造声势。曹锟、吴佩孚在贿选总统的时间问题上尚有分歧,萧耀南凭着与双方的特殊关系,居中斡旋,使吴转而附和曹锟,不再作梗。萧还联络直系嫡派以及与直系有关的督军、省长,共同拥戴曹锟。贿选经费由各省摊派,萧耀南不顾鄂省人民反对,承担六十万元。曹锟就任总统后,论功行赏,大封直系诸将,11月11日下令特任吴佩孚为直鲁豫巡阅使,萧耀南为两湖巡阅使,受吴节制。14日,曹锟又封萧为上将军,勋一位。萧值此官运亨通之际,支持同宗族人续修萧氏宗谱,并亲自撰写了《续修宗谱叙》,谓"修明谱事",是为"稍尽后人之义,借补往日之衍,载诵先芬,丕承前绪"①。他还请曹锟、吴佩孚分别为萧氏宗谱题写了《楚黄萧氏续修宗谱序》、《黄冈萧氏续修宗谱序》,以壮声势。

1924年2月,北京政府下令加派萧耀南兼任湖北省长,第二十五师师长职由陈嘉谟继任。这年正是萧耀南五十岁生日,他不顾人民疾苦,大举庆贺,还飞帖通告全国各省军政长官。生日当天,前来祝寿的有北京政府大员,各省督军、省长或其代表,湖北各地区高级军、政长官等,贺客达五千人之多。曹锟、吴佩孚也撰联助兴。9月,作为第二次直奉战争前哨战的江浙战争爆发,直系从鄂、豫等省源源接济苏军。萧耀南除与冯玉祥等人联名通电讨伐浙督卢永祥外,还派王汝勤部东下援苏,将汉阳兵工厂枪弹尽数支援苏军。10月,浙军失败,鄂军张允明部首先开进上海。与此同时,第二次直奉大战也在北方进行。萧耀南援苏助吴双管齐下,忙于协筹款项,供给军需,共输送军饷二百万元,子弹五百万粒,铜元一百二十万串。10月22日,冯玉祥回师北京,发动"北京政变",使直军迅速崩溃。面对这瞬息万变的形势,萧耀南发出助吴讨冯通电,表示:"耀南誓随鞭镫,翦此顽凶。"并令陈嘉谟师、寇英杰旅准备沿京汉路北上援吴,后因山东、山西宣告中立,道路被阻而作罢。第二次直奉战争以直系全军覆没而告终,吴佩孚率残部南下,经天津至上海,萧派舰前往迎接,吴于11月17日到达汉口。

战后,国内各方势力消长:曹吴势已衰颓,段祺瑞重执政柄,冯(玉祥)张(作霖)明争暗斗,孙传芳在东南逐渐稳固。萧耀南为了达到自保的目的,在各派政治力量之间巧妙周旋,对吴佩孚、段祺瑞、孙传芳分别采取了疏远、软抗、联合的策略。11月17日,吴佩孚在武汉设立护宪军政府,萧耀南表示"保境息民",随与孙传芳等联名通电拥段出山,否定吴佩孚的军政府,吴只得回河南另谋出路。12月初,吴佩孚在洛阳

---

① 《楚黄萧氏宗谱》卷首一(上),《楚黄萧氏宗谱》今存二十余册,其中有两册是专记萧耀南生平的。

遭镇嵩军第三十五师师长憨玉崐驱逐,欲往武汉,萧耀南得悉后即电吴劝其下野,鄂省议会亦拒吴入境,吴只得在鸡公山停留下来。1925年1月,吴不待萧的同意,独自进入汉口。萧碍于老上司的情面不便以武力驱吴,但他受段祺瑞政府的任命为湖北军务督办兼省长,为避免引起段的不满,于元宵节后将吴佩孚送往黄冈,对外仍说是"拒吴保鄂"。

上海"五卅"惨案发生后,武汉工人、学生于6月11日在大智门一带游行演讲,英国水兵用机关枪扫射游行群众,游行队伍沿英租界码头向北后撤,不料却被萧耀南派出前往弹压的军警挡住退路。群众被迫再次返回英租界时,各国"义勇队"和美国水兵突从北京街冲出,用机关枪扫射,当场打死八人,打伤十七人,数天后又有三名重伤者在医院死去。惨案发生后,萧竟向英帝国主义道歉,为他们惨杀中国民众开脱罪责;另一方面则逮捕进步人士,通缉共产党人,制造白色恐怖。萧耀南在湖北遏制民众反帝怒潮、为虎作伥的行径,使湖北人民进一步认清了北洋军阀的反动本质。

面对奉系势力逐步向长江流域扩展的严峻形势,萧耀南提出了所谓"拥段、尊吴、联冯"的主张,以对抗奉张。7月,萧与属于冯系的河南督军岳维峻在鸡公山秘密签订了鄂豫同盟条约,双方保证互不侵犯,以便集中力量对付奉系。此时,吴佩孚在岳阳同各省军阀频繁联系,图谋东山再起。吴的部下亦在汉口公然组织拥吴机关。萧耀南意识到吴再起之期不远,遂转而通电吴佩孚,敦请其出山。10月21日,吴佩孚由岳阳乘舰到达武昌,萧耀南亲率文武官员和军乐连前往码头恭迎。吴在汉口查家墩正式成立反奉的十四省讨贼联军总司令部,任命萧耀南为湖北讨贼联军总司令及后方筹备总司令。为满足吴佩孚的需求,萧耀南又一次在湖北调兵筹饷,扩充、改编了四个混成旅。

吴佩孚对于冯玉祥1924年11月的倒戈耿耿于怀,于1925年底与奉系捐弃旧恨,联合起来反对冯玉祥领导的国民军。1926年1月,吴佩孚以鄂省为基地,分三路进攻河南,萧耀南坐镇湖北为吴之后援。

1926年2月14日,萧耀南因患肺病不治身死,时年四十九岁。

# 萧 友 梅

李 俊

萧友梅,字雪明,号思鹤。原籍广东香山县(今中山县)。1884年2月3日(清光绪十年正月初七)生于澳门。童年随父亲寓居澳门,入私塾习旧学。因与一位葡籍牧师为邻,听其弹奏风琴,常为之神往,乃爱好音乐。

萧友梅十六岁入广州时敏学堂,习算学、格致等新学,毕业后赴日本留学,1901年考入东京高等师范附中,兼在东京音乐学校学习钢琴和声乐。1906年考入东京帝国大学教育系,同时继续选修音乐。这期间,他与在日本的中国留学生一起,积极开展了新的音乐活动和音乐教育活动,并在东京结识了孙中山。1906年经孙中山介绍,加入同盟会,投身民主革命洪流。他常以自己的住所供孙中山同廖仲恺、胡汉民等集会,并掩护他们躲避日本宪警的追捕。1909年萧在东京帝大毕业后返国,在北京清政府学部任视学官。

1912年1月,孙中山在南京就任中华民国临时大总统,任命萧友梅为总统府秘书。不久,孙中山辞去临时大总统职务,萧友梅于5月任广东教育司科长。

萧友梅立志研习音乐,1912年11月由北京政府教育部资送留德。他先后入莱比锡大学和莱比锡皇家音乐学院,专攻音乐理论及音乐教育学,并以《十七世纪前中国管弦乐队的历史研究》的论著在莱比锡大学取得哲学博士学位。1917年,萧友梅又转入柏林皇家大学,选修教育、伦理、音乐、美学、心理等学科,同时在施特恩音乐学院继续深造作曲、指挥及配器等。他在德国直接受到著名音乐理论家李曼·谢林（Riemann Scheting）以及钢琴家泰许莫来（Teichmuler）的传授，对近代西洋音乐有了相当的造诣。

1920年9月，萧友梅学成回国，应蔡元培的邀请，执教于北京大学，任北京大学音乐研究会导师。他认为要使中国现代音乐发扬光大，使之无愧于文明古国的盛名，首先必须立足于音乐教育，建立音乐教育机构，培养合格的音乐人才。他主张师范与专业人才并重，有了各方面的音乐人才，音乐这门艺术才能得以发展，才能对国民文化教育有助益。基于这一思想，他致力于开拓中国的音乐教育事业。他在北京大学与刘天华、杨仲子等一道，将音乐研究会这个娱乐性的社团改办成音乐传习所，任教务主任。同时，还主持创办了北京女子高等师范学校音乐专修科和北京艺术专门学校音乐系，并创办了中国现代第一个管弦乐队——国立北大音乐传习所管弦乐小乐团。在这些音乐机构中，他既负责筹办行政事务，又亲临教学第一线，除讲课、辅导乐队排练、担任合唱指挥外，还编著教材，从事音乐创作。他编著了《普通乐学》、《和声学》、《曲体学》及钢琴、风琴、小提琴等教科书，创作了近百首乐曲。他的歌曲集《今乐初集》和《新歌初集》是我国最早的两本作曲家个人的创作专集，其艺术歌曲《问》曾在学生和知识分子中广泛流传。此外，《南飞之雁语》、《女子体育》、《落叶》、《踏歌》等歌曲也都在当时具有一定影响。他还撰写过数十篇论文发表于各种音乐杂志上。为了推进我国音乐事业的发展，他于1920年向北京政府教育部提出了成立音乐学院的重要建议，但未能实现。

1927年，由奉系控制的北京政府勒令北京的音乐教育机构一律停办，致使萧友梅惨淡经营起来的这些音乐教育之苗夭折。萧友梅十分气愤，乃南赴上海，在蔡元培的鼎力支持下，经多方奔走呼吁，于同年11月在上海建立起我国第一所音乐学院"国立音乐院"，蔡元培任院长，萧友梅任教授、教务主任。次年，蔡元培辞去院长职，由萧友梅代理院长。1929年9月。国民党政府把音乐学院降格为音乐专科学校，萧友梅任校长。

萧友梅在音乐教育中,主张教学课目、教学方法应当学习借鉴欧美成功的经验。他说:"中国的音乐教育已停顿了一千多年,拿来同西方音乐比较,当然事事不如西方音乐的进化,所以西乐理论都应该学习介绍进来。"①他将经费中的大部分用于聘请外籍教授,使规模不大的音专拥有许多高水平的外籍教授和欧洲一流水平的音乐家。为了造就出我们自己的专业音乐人才,他从学生入学考试、每次专业观摩以至期考、年考、毕业考等都亲自出席,严格掌握标准。他还放弃假期的休息,亲自办暑期补习班教课,以提高作曲专业学生的入学起点。音专规模虽然不大,但它是中国现代音乐教育唯一的基地。萧友梅一方面招收各省学生来校学习,以便学生毕业回去在各地开展音乐教育工作;另一方面,他广泛团结音乐界人士,在上海组织"乐艺社",还出版《乐艺》、《音乐杂志》等刊物,传播音乐知识,宣传音乐教育的重要意义。

萧友梅采用西方的教学方法与教学制度,目的是要创造出我们民族自己的音乐。在纪念国乐导师刘天华去世时,他呼吁:"海内从事旧乐者,急宜奋起,破除成见……一面研习西乐理论,一面改良教授法与记谱法,使国乐终有发扬之一日。"②他反对"全盘西化",无论是音乐创作和器乐、声乐作品,都要"适合于中国人的耳朵"③,强调"声乐一科是万万不能专唱外国作品的,要用国语来唱本国的歌调,努力具有中国味儿的新歌曲"④,大力推荐、宣传并创作具有中国民族风格的音乐作品。

---

①　萧淑娴:《萧友梅业绩之一二》,《音乐研究》1984年第2期。

②　萧友梅:《闻国乐导师刘天华先生去世有感》,中央音乐学院中国音乐研究所民乐研究班编《中国现代音乐家论民族音乐》,1962年版,第54页。

③　贺绿汀:《纪念我国著名的音乐教育家——萧友梅先生(1884—1940)》,《上海歌声》1980年第6期。

④　贺绿汀:《纪念我国著名的音乐教育家——萧友梅先生(1884—1940)》,《上海歌声》1980年第6期。

他与蔡元培、赵元任、刘半农等人组织了"国乐改进社",还在音专开设民族器乐专业,规定作曲专业学生必修一件民族乐器,并且亲自讲授旧乐沿革的课程。为了创作出具有我们民族特点的新音乐,萧友梅在《乐艺》第1卷第3号上发表了他译为五线谱的十余首昆曲。在他的遗稿中还有从《元人百种》中译为五线谱的带唱词及伴奏过门的戏曲百余首。此外,他还译谱京剧唱腔约百首。他不仅对昆曲曲调饶有兴趣,对元、清的戏曲音乐也有兴趣。他做这些准备工作,是想深入地从现在还盛行的戏曲音乐中,探索我国古代的音乐宝藏,使之能更好地发展为现代中国社会的新音乐。

萧友梅是一位具有爱国热情的音乐家,曾经在各个时期创作过一些广为流传的爱国歌曲,如1924年5月4日他发表一首《五四纪念爱国歌》,在当天国民音乐大会上演唱。1928年5月3日,"济南惨案"发生后,他创作了《国耻》、《中华好》、《国民革命歌》三首,在群众中广为流传。1931年,"九一八"事变后,他谱写了《从军歌》等抗日歌曲。"一二八"淞沪抗战爆发后,他与音专的同学组成"国立音专抗敌后援会",组织演出队慰问抗战部队,并上街募捐支援抗日义勇军。1936年,日本首相近卫文麿的弟弟近卫秀麿访问上海时参观音专,上台讲话时,萧友梅不许他讲日语,他只得讲德语;接着萧让学生代表发表了一篇谴责日本侵华的义正词严的讲话以示抗议。近卫秀麿要将一架钢琴赠送音专以示"中日亲善",萧友梅严正拒绝。

抗日战争爆发后,萧友梅鼓励和支持音专部分师生到大后方去,自己忍受贫病留在上海继续办好音专。日伪威胁利诱,要他与日方合办音专,他始终不屈不移。1940年汪精卫在南京建立汉奸政权后,曾拉他去做官,他更是不予理睬,保持了崇高的民族气节。

萧友梅因多年积劳成疾,于1940年12月31日病逝于上海。

## 主要参考资料

陆仲任:《我国音乐教育事业的开拓者》,《广州音乐学院学报》1983年第 4 期。

中国音乐家协会四川分会编:《中国音乐家小传》,四川人民出版社1981 年版。

# 萧 则 可

江晏琦

萧则可,字名诚。祖籍江西。1897 年(清光绪二十三年)出生于四川南溪,父亲萧运文从事药材生意。萧则可幼年就读于宜宾翠屏书院,后因无力继续支付学费而辍学。十四岁入宜宾万兴鸿锅厂当学徒,出师后从事跑街业务。

1920 年 9 月,萧则可与族兄萧雨笙及表兄熊郁村、熊荫村等五人集资三百五十两银子,利用当时四川军阀各自为政、实行“防区制”、各地价格相差较大的特点,做“跑江边”生意。萧则可、萧雨笙、熊郁村等人携款在泸州、江安一带以较低价格购进土铁、洋钉、铁锅等,沿江而上贩往宜宾,沿途走村串乡销售。由于萧则可等人勤跑快销,勤俭节约,业务不断发展,到 1923 年,资金已积累到两千多银两。

20 年代初期的四川,军阀混战频繁,川南宜宾作为军阀刘文辉的大本营,相对四川其他地区而言,较少受到战祸影响,商业也较为繁荣。萧则可等人为扩大经营范围,求得进一步发展,于 1924 年在宜宾下北街林家巷设立一个推销门市,以萧任经理。在修理门面平整地基时,挖得“宝元通宝”古币一枚,遂定店名“宝元通”,含“财源涌进,川流不息”之意。

萧则可最初经营宝元通阶段,一切因陋就简,仅收学徒一名。经营范围则从铁锅扩大到五金(元钉、铅丝、锯皮)、匹头以及煤油。萧以“服务社会为宗旨,便利顾客为前提”招徕各界,接待顾客热情,说话和气,生意颇为兴旺。

　　1925年，萧则可去上海采办百货和进口物资，与上海批发商建立起稳定的邮购业务联系。1927年，萧则可又买下了宝元通对门的铺面，开设"宝元通百货商店"，任总经理。由于宝元通是从摆摊设点起家，因而萧则可非常重视门市经营和商业信誉，严格规定售货员对顾客必须态度和气，百拿不厌，百问不烦；加之商店货物齐全，售出商品允许换、退，这样经过不长时间，宜宾百货几乎都被宝元通垄断，同业中歇业和改业的有三分之二以上。萧则可并且先后在南溪、江安、万县、嘉定（乐山）、成都、重庆等县市设立分支机构，由川南一隅逐步向全川发展。至1929年，已拥有资金三十万银两。

　　萧则可在经营宝元通的几年中，深感单纯经营商业难以巩固和发展其事业。因此，在宝元通取得成就的同时，他开始将目光转到工业生产，提出"以经营百货为过渡，以从事生产为目的"的口号。1930年，萧则可偕同熊荫村、黄凉尘等人专程赴成都参观工业，经实地考察后，认定"发展中国经济，应从事工业生产"。之后，萧在泸州开办联一铁厂，生产铁具、五金、机械等产品，任董事长。不久又陆续在成都开办袜厂、布厂，在云南开办茶厂。1935年，萧则可决定宝元通加入中国国货厂商联合会，并分别投资天津东亚毛纺厂、青岛冀鲁针厂、上海五和针织内衣厂、章华毛纺厂、鸿兴染织厂、中国国货联营公司等。他与上述厂家建立产销联合的密切关系，得到在四川独家经营的权利，名牌产品一律印上"宝元通经销"字样，因而在四川商界的地位迅速提高。

　　1935年，刘湘在蒋介石支持下出任四川省主席，结束了四川军阀长达二十多年的混战历史。萧则可为适应形势的变化和事业发展的需要，决定将宝元通总管理处由宜宾迁往重庆，并在上海、昆明等地设立"宝元申"、"宝元昆"分支机构。鉴于宝元通货物运输在很大程度上依靠民生公司川江轮运，萧则可与熊郁村等人又发起组织"四川合众轮船公司"，以期自行运输。萧则可还与川东、川南一带锅商、铁矿等组成"联一公司"，实行"以销定产""产运销结合"。至1937年底，宝元通已拥有资金一百二十万两银元，成为全国商界异军突起的从事生产事业与经营百货贸易相结合的大型企业。

1937年抗日战争爆发,沿海地区相继沦陷,工厂纷纷内迁,省外货源日趋减少。国民政府也内迁重庆,官僚资本大肆排挤、压抑民族工商业,宝元通面临严重威胁。萧则可不愿勾结官僚买办,制订了"独立经营"的方针,在宜宾开办宝星一厂,在重庆开办宝星二厂、三厂,在成都设宝星四厂,还相继开办了泸州皮鞋厂、宜宾食品作坊、昆明下关茶厂等,生产毛巾、皮鞋、糕点、沱茶、砖茶以及漂染棉布、印染丝绸等,以增加货源,供应后方市场需要。萧还投资合办了心生机制牙刷厂,又先后向中国毛纺厂、中国铅笔厂、义大玻璃厂、川康毛纺厂、美亚织绸厂等几十个厂家投资,建立起产销联合关系。由于抗战初期帝国主义在华外厂倾销商品的压力减弱,沿海民族工业产品入川销售几乎中断,沦陷区人口大量移入四川,为宝元通事业发展创造了条件。至1943年4月,宝元通拥有资金近三百万银元,其中自办生产事业占百分之十三点四,对外投资占百分之九。商业贸易占百分之六十六,房地产占百分之十一点六。

1943年10月,萧则可在重庆主持召开宝元通总管理处主干会议,针对美军已在太平洋战争中全面反攻、日军节节败退的国际形势,决定紧缩国内门市业务,抽调资金法币七千万元,成立国外贸易机构,开拓缅甸、印度经营业务。12月,萧则可提出今后宝元通应由省际贸易扩展为国际贸易,达到国内外贸易结合。他择印度加尔各答为中心,于1944年9月设立宝元通加尔各答办事处,任命樊陶斋为经理。萧确定了"布在战时,用在战后"的国际贸易计划,就地雇用一部分华裔人员,以适应经营需要。1945年3月,萧则可将加尔各答办事处更名为宝元通印度贸易公司,直属宝元通总管理处领导,有资金一百万卢比。萧则可规定印度公司的经营方针是:加强与英、美厂商联络,担任经销代理业务;组织生丝、麝香等出口,购买英印棉布等货进口;探询南洋商业状况,筹办仰光、新加坡办事处。其门市部进行批发销售业务,国内产品占百分之六十,英、美及其他外国产品占百分之四十。这一年,印度公司经营进出口额达四十万卢比,初步建立起了国外贸易基础。

1945 年 8 月日本宣布无条件投降,第二次世界大战结束,东南亚各国和香港的国际贸易呈现出繁荣景象。萧则可抓住这一时机,于 1946 年 6 月在重庆北温泉召开扩大主干会议,将宝元通改组成立宝元通兴业股份有限公司,在国内向长江下游沿岸各大城市积极寻求发展,在国外以香港为中心,成立宝元通香港兴业股份有限公司,改印度贸易公司为加尔各答分公司,资金全部转移香港,登记资金为港币一百万元。从 1946 年到 1949 年,宝元通国内贸易不仅恢复了战前在各地原有的机构,并将势力扩展到南京、广州等地;海外贸易机构从香港、加尔各答发展到卡拉奇、九龙、仰光、新加坡等地,资金由一百万港元扩大到五百零三万港元,在国外贸易上成为具有相当规模的企业。

萧则可在经营宝元通的三十年中,建立了两个重要的制度:一是"九等三十六级制",将所有职工分为九等,每一等分为四级,凭业绩提升等级;其二是"三三二二"分配制,每年赚得红利,以三分给资方,三分给劳方,二分提作公益金,二分提作公积金。萧还鼓励职工入股,力图消弭劳资对立。萧经营宝元通能够不断发展壮大,信誉较高,还在于他有一套有效的经营管理之道:第一,职责分明,经营灵活,各分店经营管理自主;第二,注重研究顾客心理,讲究接待技术;第三,注重信息,掌握行情;第四,重视对职工的业务知识教育和爱店爱国教育,也比较关注职工的福利;第五,敢于大胆提拔、使用人才。

由于国民党发动全面内战,加紧对人民的掠夺,造成国统区物价飞涨,通货膨胀,人心惶惶,宝元通部分股东纷纷要求退股,宝元通经济实体受到动摇,萧则可原想在战后使宝元通获得大发展的愿望落空。1949 年人民解放战争节节胜利,萧则可等在重庆永垭口召集公司主干会议,讨论"将来共产党胜利后我们的经营方向将如何转变",一致认为应该走社会主义道路。当上海解放之后,萧即派黄凉尘、樊陶斋赴北平,提出将宝元通日后转向国营的要求。

中华人民共和国成立后,萧则可受到中国共产党和政府的重视,先后任川南商业厅厅长、四川人民政府委员、省财经委员会委员,被选为四川省第一、二、三届人大代表,第二、三届全国人大代表,全国工商联执行委员等职,为发展社会主义经济作出了贡献。

1968年12月17日,萧则可病逝于成都。

## 主要参考资料

萧则可、黄凉尘:《企图走资本主义合作道路的宝元通公司》,中国人民政治协商会议四川省委员会等编《四川文史资料选辑》第7辑,1980年印本。

黄凉生、樊陶斋、李清法:《宝元通的组织管理及其转向国营的经过》,中国人民政治协商会议重庆市委员会文史资料研究委员会编《重庆文史资料》第17辑,1983年版。

熊同元:《"宝元通"简史》,《重庆地方志通讯》1986年创刊号。

四川省商业厅:《宝元通公司贸易和生产事业的经营管理》,《四川商业志通讯》1986年第1期。

宜宾市民建、市工商联:《"宝元通"二三事》,中国人民政治协商会议四川省宜宾市委员会文史资料研究委员会编《宜宾文史资料》第4辑,1985年版。

宜宾市政协:《萧则可与宝元通》,藏宜宾市政协资料室。

# 萧 长 华

李仲明

萧长华,名宝铭,号和庄。原籍江西新建县。1878 年 12 月 1 日(清光绪四年十一月初八)生于北京一个梨园世家。伯父萧永寿是咸、同年间著名昆旦;父亲萧永康(艺名镇奎)是与程长庚、卢胜奎、杨月楼等名家同时期的著名丑行演员。

萧长华三岁丧母,八岁入私塾读书,十岁时与兄长荣投师景善堂徐文波门下,师从周长山、曹文奎、周长顺、裕云鹏等老师学京剧老生、老旦及文丑。十一岁首次演出,在《四进士》中饰保童。十二岁在四喜班演出《赶三关》、《回龙阁》、《芦花河》等戏。后专攻丑行,于十七岁时拜名丑宋万泰为师,打下扎实的表演艺术功底。

青年时代的萧长华曾搭小鸿奎班、天福班、同庆班、玉成班,与谭鑫培、黄润甫、王楞仙、刘鸿声、龚云甫、杨小楼等同台演出。1902 年,萧与王楞仙合演《群英会》饰蒋干,把其酸而不俗、自作聪明而又尽做蠢事的书呆子形象刻画得入木三分,因而声誉鹊起。1905 年,萧与谭鑫培合演《审头刺汤》饰汤勤,把一个狐假虎威、忘恩负义、虽貌似风雅而狡黠轻狂的势利小人的形象演得淋漓尽致,亦受到戏界和观众好评。

由于萧长华对演技精益求精,又善于虚心求教、观察生活、博采众长,所以他精心塑造了许多不同层次的舞台艺术形象,他在《乌龙院》、《法门寺》、《女起解》、《卖马》、《清风亭》、《骆马湖》、《盘关》、《李七长亭》、《选元戎》等戏中塑造的张文远、贾桂、崇公道、王老好、贺氏、前樵夫后酒保、皂隶、崔顺、程咬金;他演主角丑儿戏的《连升店》、《请医》、

《荡湖船》、《荷珠配》、《小上坟》等；唱工戏《十八扯》、《戏迷传》；婆子戏《普球山》、《探亲家》等，皆为观众所喜爱。其弟子评论："他一生所扮演的大大小小、各式各样的人物，虽千差万别，却各有寓意，褒贬有度，爱憎分明，嬉笑怒骂皆成文章。"[1]

　　1922年至1937年，萧长华应梅兰芳邀请，与梅合作演出十五年，期间兼管富连成社的教学，还曾为徐碧云、陆素娟配演丑角。1945年抗日战争胜利后，萧长华再度与梅兰芳合作演出，直至1955年。梅兰芳主演的《西施》、《太真外传》、《贵妃醉酒》、《凤还巢》、《生死恨》、《廉锦枫》、《春秋配》、《虹霓关》、《穆天王》、《奇双会》、《牢狱鸳鸯》、《霸王别姬》等戏和徐碧云主演的《焚椒记》、《芙蓉屏》、《李香君》、《褒姒》、《绿珠》、《无愁天子》、《天香庆节》等戏中的主要丑角，都由萧长华扮演，他创造、首演的伯嚭、杨国忠、朱焕然、胡来、吴士公、柳敬亭、周幽王、孙秀等艺术形象，亦深受戏迷赞誉。梅兰芳十分敬佩萧长华的艺术和品德，认为："萧先生在台上演出的剧目，可以说凡是文戏里的丑角他无所不能，方巾丑和婆子戏，是他最拿手的……他非常关心戏曲界同人们在生活上的一切困难，他任劳任怨地办理很多与他个人利益无关的事，有时不但终日辛辛苦苦地奔走，还要自己拿出钱来帮助别人，渡过难关。"[2]

　　萧长华又是中国近现代戏曲史上杰出的戏曲教育家。1904年，由吉林商人牛子厚出资创办、叶春善主持的喜连成（后改名富连成社）科班在北京成立，叶聘萧长华为主要教师，教授生、旦、净、丑各行学生。年方二十六岁的萧长华毅然放弃了舞台生涯，把戏曲演员的最好年华和主要精力投入到当时梨园界一般人不屑一顾的戏曲教育工作中。1911年辛亥革命，科班一度营业不振，牛子厚不愿继续投资，萧长华不忍看着科班倒闭，那样不仅影响戏曲教育事业，而且不少穷苦的孩子将生活无着，他慨然拿出自己多年唱戏积蓄的四百两银子接济科班，渡过

————————

　　[1]　钮骠：《京剧瑰宝长华老》，《老人天地》1984年第6期。
　　[2]　梅兰芳：《萧长华先生的艺术劳动和道德品质》，《戏剧报》1957年第24期。

难关。唐伯弢于1932年著《富连成三十年史》说萧长华："自任教以来，备极勤劳，无论生旦净末丑，文武各戏，无不遍为教授，迄今三十年之久，始终弗懈，该社大小五科之学生五百余人，经君为之开蒙指导者，竟十有六七焉……"直到1940年萧长华离开富社，他在喜（富）连成任教三十七年，培养出雷喜福、侯喜瑞、马连良、于连泉、谭富英、马富禄、叶盛章、叶盛兰、裘盛戎、李世芳、毛世来、袁世海等京剧表演艺术家。

在教学上，萧长华谆谆善诱，因材施教，摒弃旧科班打骂、惩罚学生的陋习，以"传道、授业、解惑"为己任，教育学生"艺高不如德高"，告诫学生刻苦学艺，勿染恶习。他告诉学生们演戏要达到"看我非我，我看我，我亦非我；装谁像谁，谁装谁，谁就是谁"的境地。他常以著名花脸钱金福学艺的事迹鼓励学生："钱金福的拿手好戏《芦花荡》是跟一位唱武旦的老先生学的，这是谁能料得到的事？一个演员，你要是干等着老师把本事送上门来，而不懂得勤用自己的耳朵和眼睛，勤听、勤看，你就会'过宝山而空回'，你的'玩意儿'永不会进步！"①他教育学生："舞台上演戏，不光是供人欣赏消遣，更应该教人向上，让人学好。"②针对有的学生排演时忘了台词，即兴编词，萧长华鼓励说："不要怕难，要想办法对付，就是演砸了也无关，年轻人初上台，人们总会有个原谅的，一次砸，二次再来。"③

除了教学，萧长华还参加整理、编创和教授学生排演了大量的传统剧目和新戏，如《嘉兴府》、《梅玉配》、《赤壁鏖战》（八本）、《秦良玉》、《酒丐》、《胭脂判》、《得意缘》、《双合印》、《大名府》、《喜崇台》、《庐州城》等，约计四百余出。其中"三国戏"、"八大拿戏"及小丑、小生、小旦戏的整理、排演尤为出色，令观众耳目一新。萧长华晚年曾撰文《午夜挑灯修

① 贯大元：《萧长华先生八十寿辰》，《大公报》1957年12月。
② 刘元彤：《德厚流光——缅怀戏曲教育家萧长华先生》，钮骠编《萧长华艺术评论集》，中国戏剧出版社1990年版，第304页。
③ 徐兰沅：《洗脱尘畦，独标新趣》，钮骠编《萧长华艺术评论集》，第288页。

史剧》,回忆当年在科班教学之余,参照《三国演义》,整理《赤壁鏖战》剧本的艰辛。他白天教课,晚上便摆起炕桌,点上油灯,对照着小说和剧本,逐字逐句琢磨推敲,认为顺畅合适的地方就写在纸上,弄不通的地方记下来,次日求教他人,每晚看到后半夜三四点钟,有时通宵达旦;有时困极了,坐在那里竟睡着了,醒来时天已发亮。数九寒冬,他仍在孤灯下苦读钻研,凝神剧本竟忘了寒冷,只是早上一照镜子,鼻孔被油烟熏得黑黑的。为了全力投入教学和整理、编排剧目,萧长华从 1914 年到 1922 年辞班辍演八年,舍弃了优厚的演出收入,保证了科班的教学质量。

　　1950 年后,萧长华历任京剧实验学校(中国戏曲学校前身)名誉教授,中国戏曲学校副校长、校长,主持教学近十七年,培养出刘秀荣、袁国林、孙岳、朱秉谦、张春孝、张启洪、寇春华等优秀演员。他当选第二、三届全国人民代表大会代表。1952 年获第一届全国戏曲观摩演出大会奖状,1957 年获文化部颁发的荣誉奖状。1955 年、1958 年参加《霸王别姬》、《贵妃醉酒》和《群英会》、《借东风》戏曲影片的摄制。1967 年 4 月 26 日去世。著述有《萧长华演出剧本选集》和《萧长华戏曲谈丛》。

# 谢　持

罗　敏

谢持，字慧生。四川富顺人。生于 1876 年 1 月 18 日（清光绪元年十二月二十二日）。谢持自幼家境清贫，四岁入塾。据曹四勿所撰《谢持》传中记述："先生幼年除耕作外，同时在小烟店操学徒业。工作时，既在柜面搓纸捻（吸旱烟用）谋微利，又在膝盖上摊书阅读，求学极为艰苦。家中的活计，如打柴、挑水等，都躬自操作。日负柴数十斤，且奔走数十里，直到二十五岁为止。"①1898 年戊戌变法失败后，惨遭杀害的六君子之一的刘光第为四川富顺人，谢持因此深感愤慨，萌生革命思想。1900 年至 1902 年就读泸州川南经纬学堂期间，接受革命思想，结交了黄复生、黄方、吴玉章、方潮珍等一批有志青年，共同求索经邦济世之道。1907 年 2 月加入同盟会，任同盟会富顺县分部长，领导开展川南同盟会的各项活动。同年八月，谢持到成都后，开始主持四川同盟会机关事务。联络防营陆军，召集会党，积极筹划成都起义。同年 11 月，密谋已久的起义计划因事机泄漏，谢持被清政府通缉。1911 年 10 月，武昌起义成功，四川革命党人继起，兵不血刃，光复重庆。重庆军政府成立后，谢持推却都督职务，任总务处长。

1913 年 3 月，谢持当选为参议院议员。国民党人宋教仁被刺后，袁世凯称帝野心暴露，谢持于是由沪挟炸药及黄兴交给的三千元经费前往北京，密谋运动倒袁。5 月 17 日，谢持在北京被京畿陆军执法处

---

① 谢幼田编撰：《谢慧生先生事迹记传》，近代中国出版社，1991年版，第16页。

逮捕。后因搜查无所获,参议院又提出质问,谢持暂获幸免。为了躲避北京政府的追捕,谢持曾两度流亡日本。1914 年 8 月,正式加入孙中山领导的中华革命党,任总务部副部长。总务部为中华革命党之核心,谢持曾在《自述》中简要记述其经历称:"总务部之责任本重,凡党人之入内而出外也,皆取决焉。……党人之客日本也不多给,而党部按月伙之,由总务部核定,有弗之给或给而不足者则怨,至有以掌击余,于是知不顾公家之艰难,虽党人亦有如是之甚者。"①

　　1917 年 8 月,谢持南下广州参加国会非常会议,曾先后被委任为大元帅府参议、护法军政府代理秘书长。1919 年 1 月 26 日,孙中山离粤赴沪后,由谢持代行总裁职权。主持粤局期间,谢持一方面以代总裁身份参加军政府政务会议的议事活动,一方面积极协助孙中山建立四川革命根据地。1921 年 5 月 5 日,孙中山就任非常大总统,军政府撤销。谢持被任命为总统府参议,兼理中国国民党党务。1922 年 6 月,陈炯明叛变后,谢持受命前往香港筹款。所筹款项对事变后之应急处置至关重要,据史料记载称:"大部分之款,均遣人送到座舰,其余则为议员被叛军迫离广州经港赴沪者川资之用。谢秘书长一面接洽各方,一面派遣同志,每日不分昼夜,附送报告和款项。"②

　　由于陈炯明之叛变,广州非常国会被迫解散。北洋政府趁机排斥护法议员,于 8 月 1 日召集旧国会议员在北京集会,宣布要承继民国六年二期常会。这样,不仅在广东的全部护法活动可能被视为非法,北洋政府还可能借此招牌在政治上合法化。九十月间,谢持奉孙中山之命前往北京,领导护法议员在国会中的斗争。据邹鲁《回顾录》记称:"这次国会究竟应该继续民六或民八,成为一切先决问题,我和谢持先生力主继续民八;因此所有赞同继续民八的议员们的行动和言论,都由我们

①　谢幼田编撰:《谢慧生先生事迹记传》,第 77 页。
②　谢幼田编撰:《谢慧生先生事迹记传》,第 166 页。

两人领导。"①这一时期,谢持除在国会奋争外,还设法拓展国民党在北方的党务工作。

1923年3月26日,孙中山离沪前夕,委任谢持为全权代表,代为主持上海的中国国民党本部工作。1924年1月16日,谢持离沪赴广州参加中国国民党第一次全国代表大会,被孙中山指定为大会五人主席团之一,并当选为中央监察委员。

谢持是率先反对孙中山"容共"政策的国民党人之一。1924年6月18日,他以监察委员身份,与邓泽如、张继联名提出弹劾共产党案。10月17日,谢持提请辞职。据《日记》记称:"提辞职书,辞本党中央监察委员会委员,盖因病旷职,而又恶共产派之横恣也。"②1925年8月,廖仲恺被刺后,谢持因涉嫌受牵连,于9月初离粤赴沪。9月底,离开上海前往北京,筹组召开所谓的"中国国民党一届四中全会"。正式会议于11月23日在北京西山碧云寺召开,史称"西山会议"。会议决议取消共产党加入国民党者之党籍,解除苏联顾问鲍罗廷的职务,弹劾中央执行委员汪精卫。

1926年1月,在广州召开的中国国民党第二次全国代表大会通过"弹劾西山会议决议案",宣布永久开除谢持、邹鲁二人的党籍。"西山会议派"亦针锋相对,于4月1日在上海召开所谓"二大",公开与广州抗争。直到4月10日闭幕的整个大会,除了5日由邹鲁主持之外,皆由谢持任大会主席。谢持当选为上海"二届中央"的常务委员,并实际主持上海环龙路党部的日常工作。

1927年3、4月间,蒋介石决心清党反共前夕,一面派吴稚晖等暗中与"西山会议派"谢持、邹鲁等人疏通,一面仍继续主张"联俄"、"容共"、"打倒西山会议"。"四一二"政变期间,东路军前敌总指挥白崇禧一面奉蒋之命,解除由共产党所组织的上海总工会工人纠察队武装,同

① 邹鲁:《回顾录》,岳麓书社2000年版,第101页。

② 谢幼田编撰:《谢慧生先生事迹记传》,第199页。

时,查封设于环龙路四十四号的"西山会议派"所设的上海中央党部。谢持对蒋介石这种"挟智任术"的做法,内心深感忧虑,4月19日在日记中写道:"清党之气颇振,主军政者挟智任术,舍大路不由而以伪先天下。吾人守西山会议之正,初无所损益,然欲导天下于正,不几南辕北辙耶! 故为国须识大体。"①

1927年9月15日,国民党宁、沪、汉三方中委分别在南京召集临时会议,决议正式成立中央特别委员会,改组国民政府,统一党务,并于三个月内召开第三次全国代表大会。谢持被推选为中央特别委员会三人常委之一,并任中央组织部长。特委会成立后,因汪精卫之公然反对、蒋介石之不合作,前途荆棘。11月22日,南京召开庆祝讨伐唐(生智)胜利之大会时,发生骚乱,致死伤多人,是为"一一二二"惨案。事后,别有用心之一方将矛盾直指谢持与邹鲁等人为主使杀人者。谢持因受牵连,对纷乱的政争表示厌恶,于11月26日离开南京返沪,在日记中记称:"政争,乱之源也。吾不人竞,吾不能止乱,惟退而息耳。"②

1928年1月4日,蒋介石回到南京,复任国民革命军总司令职。谢持对此颇有微词,在日记中写道:"介石受国民政府之命复总司令职,殆不信不义之尤耶! 是非不顾也,先后言论行动之矛盾不顾也,出尔反尔不顾也,惟权位是重。虽然,亦姑视介石今日以后之行为何如,吾不欲苛责。"③寓居上海期间,谢持多次拒绝南京方面入京之邀请,积极谋划"西山会议派"之言论喉舌——《江南晚报》的扩张及《清党实录》的编印。

1929年9月中下旬,谢持北上天津、北平,参加北方以阎锡山、冯玉祥为首的反蒋运动。12月12日,南京中央常务委员会决议开除汪精卫、谢持等人的党籍。谢持等人于次日通电要求蒋介石下野。此后,

① 　谢幼田编撰:《谢慧生先生事迹记传》,第289页。
② 　谢幼田编撰:《谢慧生先生事迹记传》,第308页。
③ 　谢幼田编撰:《谢慧生先生事迹记传》,第319页。

谢持积极参与筹组召开中国国民党中央党部扩大会议。1930年8月7
日,扩大会议于北平正式召开。会议通过扩大会议组织大纲、中央政治
会议规则,并推定谢持等七人为常务委员。谢持还被推为国民政府
委员。

扩大会议失败后,谢持化名李佛生,居住在天津日租界,在天津建
立反蒋联络站①。当时北方的众多反蒋的军人都秘密加入谢持所主持
的反蒋联络站之中。1931年3月1日,时任立法院长的胡汉民因约法
之争遭蒋介石囚禁后,各方反蒋力量再次聚集,5月27日,汪精卫、邹
鲁、孙科等在广州成立中国国民党中央执监委员非常会议。谢持被推
为国民政府委员。“九一八”事变后,谢持返沪,参加在上海召开的和平
会议。在随后召开的中国国民党第四次全国代表大会上,谢持先后当
选为中央监察委员、国民政府委员。

1931年年底,谢持身体急剧恶化,全身瘫痪,自此一病不起,很少
与闻政事。1939年4月16日,谢持在成都东郊厚生农场去世。

---

①　谢幼田编撰:《谢慧生先生事迹记传》,第362页。

# 谢 奉 琦

周茂江

　　谢奉琦,字能久,号玮颊。四川荣县贡井乡(今自贡市贡井区)人。1882年(清光绪八年)生。谢家祖籍湖北,先世于明代洪武年间迁往四川,定居在荣县贡井乡。父名坚,字固之,1887年授江苏铜山县利国分司巡检,即将赴任时突然病故。1897年丧母。谢奉琦幼年时就读于私塾,天资聪慧,刻苦自励,1902年入富顺县炳文书院学习,不久转学贡井乡旭川书院,成绩为同窗之冠。当时,谢奉琦的二叔在苏州任通判,多次书信令他前往,但他仍坚持在家乡书院学习。1903年谢奉琦应县试,旋即又赶赴嘉定(今乐山)应府试,均未中。经历两次失败,谢奉琦对科举制度更加憎恶,曾曰:"天方丧乱,国事蜩螗,士者国家恃以为栋梁,而徒咿唔呫哔于章句间,以期揣合当世,国何贵乎有是?"①

　　1898年戊戌变法后六君子被杀,康有为、梁启超远走海外,而后八国联军攻占北京,慈禧太后却主张"量中华之物力,结与国之欢心",与侵略者签订了丧权辱国的《辛丑条约》,中国完全沦为半殖民地半封建社会,举国上下反清呼声日益激烈。邹容的《革命军》、陈天华的《猛回头》、《警世钟》等揭露了清政府的腐败,号召人们起来驱逐列强推翻清廷。受此影响,谢奉琦下定决心追求革命。

　　当时,贡井地处荣县、威远、富顺盐业的产销中心,乡绅巨贾均置国

---

　　①　何得方、李静轩:《谢奉琦烈士事略》,四川省政协、四川省省志编辑委员会编《四川文史资料选辑》第1辑,内部发行,1961年版,第164页。

家安危于不顾。谢奉琦对此十分痛心,认为"国家兴亡,匹夫有责",在得知日本由弱变强之道后,毅然辞别亲友赶赴成都,进入东游预备学堂攻读日语,为赴日做准备。

日语基础打好后,1904年谢奉琦与黄治皋、黄选舟、傅绶生等人自费从重庆乘船东下。到达江苏南京时谢奉琦绕道去苏州拜望二叔,向其禀告自己赴日留学的抱负,甚得二叔的赞扬。同年到达日本东京,谢奉琦住在久保田方处,不久考入成城学校,与荣县吴玉章等人同学。1905年上半年,美国强迫清政府续订华工新约,激起中国人民的愤慨。以上海为中心的反美爱国运动如火如荼,遍及全国,留日学生也纷纷响应。谢奉琦、吴秉钧等四川留学生在上野公园集会,商讨抵制美货的办法,决定与成渝等地取得联系,全面掀起抵制美货运动的高潮①。他们的举动推动了成渝等地抵制美货运动,打击了美国的嚣张气焰。

后来因嫌成城学校组织不甚完备,谢奉琦转入日本早稻田大学学习理化。在学习期间,他常与一些志同道合的同学探讨学问,并与学友詹肇甫、吴文伯等翻译编辑有关理化的教科书,准备介绍给国人。

1905年8月2日,谢奉琦由黄兴为主盟人,正式加入同盟会②。8月20日,在孙中山先生的领导下,全国第一个统一性的资产阶级革命政党——同盟会在东京正式成立,参与者多为留日学生和爱国志士。谢奉琦对革命充满激情,因而深得孙中山的器重,委任他以调查评议要职,常与黄复生、熊克武商量革命事务。

同盟会在东京成立后,清政府发觉中国留日学生在日本非常活跃,便加紧勾结日本当局,设法制止中国留日学生中革命思想的蔓延。

---

①　谢淑明:《左将军谢奉琦》,四川省荣县政协文史委员会等编《荣县文史资料选辑》第10辑,1991年版,第79—80页。

②　《中国同盟会成立初期(乙巳、丙午两年)四川籍会员名册》,隗瀛涛、赵清主编《四川辛亥革命史料》(上),四川人民出版社1981年版,第439页。

1905 年 11 月,日本当局发布《取缔清韩留日学生规则》,规定取缔中国留学生的政治活动,剥夺言论自由,禁止集会结社,检查书信,强迫青年遵守清朝法令,以镇压革命思想。规则一经颁布,立即遭到全体中国留日学生的强烈反对,很大一部分同盟会员都坚决主张同盟罢课以示抵抗。谢奉琦等人约集起来向清廷驻日公使提出交涉。在学生们的坚决斗争和强大的舆论压力下,日本政府不得不答应中国留学生提出的条件,承认中国留学生的合法地位。反日斗争取得胜利后,谢奉琦返回早稻田大学继续学习。

经过这次斗争,谢奉琦看到情势危困之际想走"教育救国"、"科学救国"的道路是行不通的,其革命救国的信心益发坚定。为研制威力大而又便于携带的炸弹,谢奉琦常与川籍同盟会员熊克武、黄复生等一起秘密研制炸弹。正巧此时广东三合会首领梁慕光因惠州起义失败,亡命来日。经孙中山的介绍,谢奉琦、黄复生等人去横滨向梁学习制炸弹的方法①。1906 年初,谢奉琦结识了日本革命志士宫崎寅藏,经其介绍进入日本小室氏私立兵工厂学习制造枪弹技术。

孙中山非常重视四川革命运动。1906 年 6 月,孙中山委派黄复生、熊克武、谢奉琦为四川"主盟"(负责人)。7 月底,泸州哥老会首领佘英应在日同盟会员之邀前往日本东京,由黄复生等介绍面见孙中山并加入同盟会。是年冬,孙中山欲派佘英联络川、滇、黔三省会党和沟通长江青、红帮,扩展革命力量,但考虑到佘英为武人,于是又派谢奉琦、熊克武回川,共同主持四川同盟会工作,伺机组织起义②,说:"吾国革命用兵,当在扬子江之滨,四川乃其上游也,宜亟图之。"谢奉琦、黄复

① 黄三德:《一生革命 两袖清风——记辛亥革命英雄黄复生》,四川省政协文史资料委员会编《四川文史资料选辑》第 41 辑,四川人民出版社 1993 年版,第 66—67 页。

② 陈必:《谢奉琦》,四川省地方志编纂委员会、省志人物编辑组编《四川近现代人物传》第 4 辑,四川大学出版社 1987 年版,第 68 页。

生、熊克武"可与佘英等共肩期任"①。不久,谢奉琦等人即购得大量弹药回国。

谢奉琦、熊克武、佘英等回川后,积极准备发动军事起义的工作。数月之内,谢奉琦十次往返于成、渝、泸、叙等地,设立革命机关,宣传革命大义,吸收党人,组织学生。

1907年4月,谢奉琦、黄复生、熊克武等于成都草堂寺多次召开军界、学界部分革命党人会议。此后,他们在学界、军界中发展同盟会员数百人。5月后,在川南、川东各地吸收了当地一些有声望的人士。5月底,谢奉琦等将同盟会机关设于泸州邓邦烈家。邓为世宦人家,住宅宽敞,便于掩护革命活动的开展。谢奉琦、熊克武等人以此为基础积极联络党人发展盟员。在他们的出色工作下,川东南地区的革命力量得到迅速发展,泸州也成了全川革命的重心。

1907年夏,谢奉琦、熊克武、黄复生等三十余人在成都草堂寺召开秘密会议,决定遵照同盟会总部的批示,分叙府(今宜宾)、泸州、成都、江安四路发动军事起义。谢奉琦认为叙府地势险要,为川、滇、黔三省要害,又为川东南商业中心,如此地得手,上可进成都,下可临重庆,便主动承担组织叙府起义的重任。夏末,谢奉琦来到叙府。当地仅有罗仲渠、凌体萱、聂次苟、刘永年四位同志,革命力量薄弱。谢奉琦打算暗杀知府宋联奎,后因宋防范甚严而作罢。当时雷波彝民起兵反清,清政府调遣巡防军进行围剿,致使叙府兵力空虚。为了分化瓦解清军,谢、凌二人在巡防军中开展工作,动员叙府中堂勇管带刘绍峰、县幕詹树棠加入同盟会,并通过他们发动叙府宜宾县堂勇二百余人参加起义。谢奉琦又派人去屏山发展哨官李飞鹏、李忠臣入盟,从而控制了巡防军,还联络屏山党人杨功甫、聂芹轩等数十人配合行动。不久由熊克武、佘英等组织领导的泸州、江安、成都的起义先后因事泄而无法实施,革命

---

① 萧仲仑遗稿:《叙泸永及成都之役》,中国人民政治协商会议四川省委、四川省志编辑委员会编《四川文史资料》第11辑,1964年版,第57页。

党人于是逐渐聚集到叙府坚持战斗。1907年冬,谢奉琦、熊克武、佘英等商议在1908年1月14日发动叙府起义。他们制订了周密的起义计划,熊克武、佘英前往井研、荣县、富顺等地发动会党,熊克武率部住在金沙江对岸的冯家坝,谢奉琦领导府县团队官佐人员参加行动并负责屏山、百花场来援之事。一切安排就绪,只等起义那天的到来。

　　预定起义的这天傍晚,事先约集的数百人已经奉命集结城外,原定由城内刘绍峰、詹树棠首先起事,城外数百人便冲进城去,里应外合围歼清军占领县府。可是城外人等到晚上九十点钟仍无动静。原来是县办中央团队的雷东垣事前已将起义全盘计划泄露给知府宋联奎。宋联奎闻讯后立即逮捕了刘、詹二人,后将二人杀害。谢奉琦知晓此事后立即赶往城外与起义同志会合,并告知起义计划已泄露无法再继续斗争。当时多数同志认为情势紧迫,为避免无谓的牺牲保存实力,只好转移到其他地方,再行起事。不久,宋联奎大肆搜捕屠杀革命者,死难者多达二百多人。谢奉琦则回到家乡贡井。

　　宋联奎已经获悉谢奉琦为叙府起义领导人,乃悬重赏捉拿谢奉琦。同盟会叛徒汪蔚然见利忘义将谢奉琦出卖。当宋派巡防军到贡井追捕谢奉琦时,有人劝他暂时避避风头或可保住性命。而谢奉琦坚定地说:"吾首倡义于吾川,讵料中偾,己策不善,于人何尤,丈夫殆则死耳,去亦何为? 且事败而图苟免,非勇也! 吾方以节义声天下,振民儒,激来者,吾安之。且吾去,必多株连,吾孰若拼一命以予他人之死,彼不死者,得鉴我微诚,续踪而起,计万全企其成,则吾虽死而不死矣! 复何惧乎!"[1]1908年2月,汪蔚然带领清巡防军便衣来到贡井。汪蔚然先是只身找到谢家声称有要事与谢奉琦面谈。谢奉琦知道汪是同盟会员对他毫无戒备,与汪结伴来到茶馆。谢奉琦刚一落座,预先埋伏在茶馆里的便衣一拥而上,在他后背上横砍一刀,谢奉琦猝不及防不幸被捕。

　　① 　谢淑明:《左将军谢奉琦》,四川省荣县政协文史委员会等编《荣县文史资料选辑》第10辑(纪念辛亥革命暨荣县独立八十周年专辑),1991年版,第84页。

谢奉琦被捕后经富顺、泸州押往叙府。捕役们认为他留学过东洋，有飞檐走壁之功，唯恐中途让他跑掉，竟然惨无人道地用铁链穿过谢奉琦的左锁骨，并挑断其脚筋。谢奉琦强忍剧痛，沿途向群众宣传排满大义，鼓吹革命。他的英雄气节使围观群众深受感动。

谢奉琦被押至叙府后即遭宋联奎的审讯，谢奉琦对自己所从事的革命活动毫不讳言。宋要谢奉琦交代同党，否则难免一死。谢奉琦不屑一顾地说："民不畏死，奈何以死惧之。吾死，归耳。且自我作之，自我任之，何必党?"①宋联奎恼羞成怒，决定杀害谢奉琦。

谢奉琦宁死不屈的品格感动了四川臬台赵藩，遂设法营救。但宋联奎执意判处谢奉琦死刑。赵藩对此怒不可遏，一怒之下辞官返回故里。

1908年3月27日，谢奉琦神色泰然，从容走上刑场。临刑前仍然慷慨陈词，号召人们起来推翻清朝，并索要纸墨赋绝命诗一首，然后英勇就义，牺牲时年仅二十六岁。四川光复后，泸州革命党人设法抓捕并处决了叛徒汪蔚然，以告慰谢奉琦英灵。

1912年3月12日，蜀军政府公布谢奉琦为四川死义烈士。同月，在南京的川籍党人黄复生、熊成章、吴玉章、任鸿隽等上书中华民国临时大总统孙中山，拟请"援吴禄贞烈士例，将邹容、谢奉琦、喻培伦、彭家珍四烈士，照陆军大将军阵亡例赐恤，并请崇祀忠烈祠，以慰忠魂而垂不朽"。根据川人的呈请，孙中山以谢奉琦"在蜀运动起义""功在民国不小"，着令陆军部对谢奉琦"改照陆军左将军阵亡例赐恤，仍准崇祀忠烈祠以慰忠魂而垂不朽"②。

民国初年，叙府军民在谢奉琦就义处建"谢将军祠"以示纪念，并将叙府水洞口街改为"谢将军街"。谢奉琦家乡贡井街曾命名为"玮颍

————————

　　① 谢淑明:《左将军谢奉琦》,《荣县文史资料选辑》第10辑,第85页。

　　② 令示:《大总统令陆军部恤邹谢喻彭四烈士文》,《临时政府公报》第51号,1912年3月29日,第3—5页。

路",并赠匾故居书:"左将军府。"

## 主要参考资料

何得方、李静轩:《谢奉琦烈士事略》,四川省政协、四川省省志编辑委员会编《四川文史资料选辑》第 1 辑,内部发行,1961 年版,第 160—164 页。

# 谢 晋 元

李 飞

谢晋元,字中民,广东镇平(今蕉岭)人。生于 1905 年 4 月 26 日(清光绪三十一年三月二十二日),世居镇平同福乡尖坑村。父亲谢发香是个小贩,母亲李氏是渔民的女儿。谢晋元兄弟姐妹共十一人,一个哥哥,九个姐妹,谢晋元排行第五。由于家境贫困,姐妹大多从小送给别人,哥哥独自去南洋谋生,后来贫病早逝。谢晋元幼年在家乡育民学校和三圳公学读书,继入梅县省立第五中学,毕业后考入广东大学(后改为中山大学)预科肄业。1925 年 12 月入黄埔军校第四期政治科肄业,次年 10 月毕业参加北伐,历任排、连、营长、参谋主任及团附等职。

1936 年日本侵华形势日紧,谢晋元将眷属送回广东原籍。临别时对其妻凌维诚说:“半壁河山,日遭蚕食,亡国灭种之祸,发之他人,操之在我,一不留心,子孙无遗类矣,为国杀敌,是革命军人之素志也。”并说“职责所在,为国当不能顾家”,嘱咐其妻奉养双亲及儿女①。1937 年“七七”抗战爆发之时,谢晋元适任第八十八师(师长孙元良)二六二旅旅部参谋主任。是年 8 月 11 日该部奉调由无锡开赴上海增防。8 月 13 日沪战爆发。谢晋元所在之旅参加上海闸北八字桥之役,与敌血战。9 月间该旅第五二四团团附负重伤出缺,谢晋元遂补任该团团附,率部防守北火车站,坚守阵地达两月之久。

---

① 中国国民党中央宣传部编:《抗战英雄传记》,国民图书出版社 1943 年版,第 29 页。

10月26日,大场失守,闸北、江湾守军奉令撤退,五二四团担任断后工作,掩护大军退却。谢晋元奉令率领第一营(营长杨瑞符)扼守要点。27日晨四时许,中国军队全部撤竣,谢晋元遂率所部将士据守西藏路新垃圾桥北堍四行仓库内,构筑防御工事,准备与日军血战到底。天明以后,日军大队开到,发动猛烈进攻。谢晋元率部雄踞仓库大楼沉着应战,击退日军多次进攻。敌伤亡惨重,不敢率尔轻进,只得改采包围形势,伺机进袭,均遭挫败。

租界上的英国驻军目睹谢晋元团孤军困守四行仓库,地处绝境,曾多次劝说孤军卸去武装,准予退入租界,愿保护他们的生命安全。但谢晋元毅然谢绝,他说:"我们的魂,可以离开我们的身,枪不能离我们的手,没有命令,死也不退。"①表现了崇高的民族气节。

谢团孤军死守四行仓库抗击日本侵略军的事迹传开后,上海市民莫不敬佩感泣,称他们为"八百壮士"(实际人数为四百余人)。连日来从早到晚有数万群众麇集苏州河南岸遥望,群情激昂振奋,对孤军赞叹不已,纷纷隔河挥帽致敬,连租界上的外籍人士也对孤军深表敬佩。中外人士携食物用品支援孤军者络绎不绝,但苦于交通阻绝,无法输入。10月28日,上海童子军战地服务团女童子军杨惠敏潜往四行仓库,向孤军致敬,并献国旗。孤军将士即将国旗升上仓库大楼屋顶,周围观看的群众欢声雷动,外籍人士也深受感动。人民群众的支持和关怀进一步鼓舞了孤军的抗敌斗志,他们精神抖擞,严阵以待。是日晨,谢晋元亲手击毙两名潜踵攀楼的日本兵,租界上环观之民众皆拍手欢呼。29日,某团体接到谢晋元从四行仓库写出的信函,信中表示"洒最后一滴血,必向倭寇索取相当代价,余一枪一弹,亦必与敌周旋到底"②。激昂慷慨,令人起敬。四行孤军的英勇事迹迅速传遍国内外,不仅得到全国人民的热烈支持和敬仰,而且引起国际舆论的广泛同情和赞扬。但上

① 中国国民党中央宣传部编:《抗战英雄传记》,第31页。
② 汉口《扫荡报》1937年10月30日。

海公共租界当局害怕战争危及租界安全，乃电请国民政府下令孤军撤退。31日凌晨，孤军奉令撤离四行仓库，由新垃圾桥退入租界。谢团孤军坚守四行仓库计四昼夜，毙敌百余人，伤者无数，孤军仅牺牲十余人[①]。

　　谢晋元本打算撤退后通过租界向沪西方向归队，重新投入战斗。不料退入租界后枪械被租界当局收缴，人员也被羁留起来，"始知已陷入黑暗底深渊"[②]。全体孤军被羁禁在胶州路兵房，称"孤军营"，由租界万国商团派武装看守。在这艰苦的环境中，谢晋元身为孤军领袖（后晋升为团长），督管孤军营的内务励精图治，制定了教育、体育、生产各项计划，勖勉部下"含辛茹苦，以待光明来临"[③]。孤军自办伙食，学习技能，开办肥皂、线袜等生产工场，并开展各种文娱体育活动，锻炼体格。为了不忘抗日爱国，谢晋元督率孤军坚持出操上课，并举行精神升旗典礼。除训练部属外，谢晋元勤学不辍，自修外文，并不时为文告激励"孤岛"同胞坚定抗战必胜的信心。他曾勖勉部属说："在上海租界上，我们的言行，必须使友邦从我们身上看出中国军人之气概，从此认识中国的真精神。"[④]上海人民对孤军十分敬仰和关心，许多群众团体向租界当局交涉，组织人员到孤军营参观访问，并捐款慰劳孤军。但孤军营的羁禁生活对谢晋元刺激很大，他内心十分苦闷，以致长期失眠。谢曾作诗述怀："勇敢杀敌八百兵，千无聊赖以诗鸣；谁怜爱国千行泪，说到倭奴气不平。"[⑤]

　　1938年8月，谢晋元为"八一一"出师和"八一三"抗战双重纪念周年，向租界工部局交涉要在营内挂国旗，工部局阻挠不允。8月11日晨，孤军在营内升起国旗，万国商团派白俄队冲入孤军营抢旗逞凶，手

①　汉口《扫荡报》1937年11月1日。
②　上海《新闻报》1938年8月1日。
③　重庆《时事新报》1941年5月8日。
④　中国国民党中央宣传部编：《抗战英雄传记》，第35页。
⑤　《陆军第七十一军"八一三"淞沪抗战阵亡将士公祭特刊》，1945年版。

无寸铁的孤军为护旗与之肉搏战斗,有三位战士为保卫国旗而牺牲,负伤百余人,孤军当即绝食抗议。第二天,工部局又将谢晋元等官佐十余人移至外滩白俄队司令部幽禁,全体孤军继续坚持绝食斗争。孤军的斗争得到上海人民和全国人民的坚决支持和声援。8月13日,中国共产党在汉口出版的机关刊物《群众》周刊上撰文"向羁留在沪坚持奋斗的八百壮士致诚挚慰问之意"①。上海纳税华人会、市商会及各群众团体也纷纷向工部局抗议和交涉。租界当局被迫让步,郑重送还国旗,抚恤死难人员,谢晋元等人于10月7日回至孤军营,孤军终于获得斗争的胜利。租界当局的无理限制和虐待,使谢晋元非常愤慨,他在日记中写道:"弱国国民处处受人欺侮。不流血,不抗战,等待何时了?"②并进一步认识到"中国处于积弱的地位,工业大部操在帝国主义者手中,人为刀俎,我为鱼肉"③,必须奋斗才能维护民族独立。

谢晋元身羁租界期间,日伪曾向他多方威胁利诱,均遭拒绝。1939年9月,谢晋元鉴于上海形势恶化,作书寄其父母,表示准备以身殉国,决不向敌人屈节投降。信中说:"上海情势日益险恶,租界地位能否保持长久,现成疑问。敌人劫夺男之企图,据最近消息势在必得。敌曾向租界当局要求引渡未果,但野心仍未死,且有'不惜任何代价,必将谢团长劫到虹口(敌军根据地),只要谢团长答应合作,任何位置均可给予'云云。似此劫夺为欲迫男屈节,视此为敌作牛马耳。大丈夫光明而生,亦必光明磊落而死。男对死生之义,求仁得仁,泰山鸿毛之旨熟虑之矣!"④后汪伪上台,曾派人诱谢变节,也遭其严拒。汪伪诱降不成,遂策划阴谋,派人收买孤军营内部不肖士兵暗杀谢晋元⑤。

1941年4月24日晨,谢晋元督率全体孤军举行精神升旗礼后列

---

① 《群众》周刊第2卷第8、9期合刊(1938年8月)。

② 朱雯编选:《谢晋元日记钞》,正言出版社1945年版,第66页。

③ 朱雯编选:《谢晋元日记钞》,第99页。

④ 据凌维诚所存家书影印件。

⑤ 上海市档案馆档案:全宗号42,目录号508。

队跑步,突有郝鼎诚等四名叛兵取出匕首向谢晋元猛刺,谢身负重伤殒命,死时年仅三十七岁。谢晋元死后,上海各界人民深为震撼,前往吊唁者达三十万人①。5月8日,重庆国民政府下令追赠谢晋元为陆军少将。解放后,上海市人民政府曾褒扬谢晋元"参加抗日,为国捐躯"②,并优恤其遗属。

---

① 上海《中美日报》1941年5月12日。
② 据凌维诚所存"上海市人民政府房地产管理处通知"第2347号(1949年10月27日)。

# 谢 无 量

杨伟立　马宣伟

谢无量,原名蒙,号希范,字无量。1884年6月28日(清光绪十年闰五月初六)出生于四川乐至县。他的父亲谢维喈系拔贡出身,先后在安徽当涂、桐城、芜湖等县任知县。谢无量四岁时随父母去安徽,由父亲教他读唐诗,日课五绝一首;也读经书,学作八股文。十二岁时,他已经阅读了许多中国古籍,特别爱好史书,喜论古今兴亡成败史事。1896年,具有维新思想的汤寿潜携马一浮到安徽,谢拜汤为师,与马结为朋友。汤熟习时务,研究经世之学,对谢启发甚多。

少年谢无量具有强烈的求知欲,读书之外,还想到外地游历,开阔眼界。1900年6月,他第一次出游,取道上海转北京。不久,义和团运动爆发,八国联军入侵。谢目睹慈禧、光绪出奔时沿途骚扰情况,后来回忆说:"此次以数月之时间,所历途程数千里,经过黄河、太行之险,游踪所至,饱看北方民生疾苦,及满清封建统治种种对我民族摧残之事实,第一次启发我革命意识,是为我少年时代的一件大事。"①

1901年,谢无量绝意科举,考入上海南洋公学(交通大学前身)特班学习。课余,与马一浮等创翻译会社,编辑出版《翻译世界》杂志,内容多系世界名著,也有社会主义书籍,月出一册,共出了六册。这时期,他颇受新潮流影响,结识章太炎、邹容、章士钊诸人,为《苏报》撰稿,参加"爱国学社"举办的讲演会。1903年6月"苏报案"发生后,谢离开上

---

① 谢无量:《自传》(手稿本),陈雪湄藏。

海去日本学习。不久,马一浮从美国到日本,送谢《资本论》第一册,这是谢接触马克思主义的开端。1904年3月,谢从日本回国,欲觅山水秀丽之地读书,先后寓居镇江焦山、杭州西湖,也在当地学校任教。1906年7月,谢重游北京,担任《京报》主笔,每天撰写社论一篇,评论时事。

1909年,谢无量被聘为四川存古学堂监督(即校长),兼授词章一科,潜心研究文学。时年二十五岁,在教师中最为年轻,与尊经书院的年长者廖季平、吴伯朅等人结为忘年之交,深相契合,人称他为"小谢"。

1909年10月,四川成立谘议局,谢无量常和蒲殿俊、张澜等一起参加立宪运动。他曾受托撰《国会请愿书》,指出:"天下情势危急未有如今日之亟者,内则有盗贼水旱之警,外则有强邻逼处之忧。""当局宜博咨天下之贤士,群策群力,急起直追,以救危亡于万一。……亟盼速定大计而开国会以顺人心。宗社安危,在此一举。"①1911年5月,清政府颁布铁路干线国有政策,并同英、美、德、法四国银行团签订"湖北、湖南两省境内粤汉铁路、湖北省境内川汉铁路合同",向帝国主义拍卖铁路主权,激起全国特别是湘、鄂、粤、川人民的愤慨,掀起了声势浩大的保路运动。6月,川汉铁路股东代表在成都开会,成立保路同志会。8月下旬,成都开始罢市、罢课、抗捐、抗粮。谢无量和蒲殿俊、杨沧白、张澜等人加强联系,参加保路运动。

1912年夏,谢无量离川赴上海,为中华书局编书,陆续出版《中国大文学史》、《中国哲学史》等。1917年经杨庶堪、熊克武介绍,谢无量在上海谒见孙中山,谈论颇为融洽。五四运动爆发后,谢无量对新文化运动持支持态度,经常在《新青年》发表诗作,并开始用白话文为商务印书馆编写国学小册子数种,其中《平民文学之两大文豪》(收入《万有文库》时改名《马致远与罗贯中》)一书颇为鲁迅所称道;连同《楚词新论》、《古代政治思想》三种为孙中山所赞赏。

————————————

　　①　陈雪湄提供之资料。

1923年2月,孙中山在广州重建大元帅府,筹议北伐及改组国民党。谢无量适于此时游粤,先受聘在广东大学教书,不久受孙中山委任为大本营参议。同年秋,谢奉孙中山派遣,与孙科、陈剑如到沈阳见张作霖,商量联合讨伐曹锟、吴佩孚问题,达成讨直协议。1924年国民党改组后,5月谢任大元帅府特务秘书(即机要秘书)。11月,随孙中山北上。

1926年7月,谢无量转入南京东南大学(中央大学前身)任教,兼历史系主任,讲授"历史研究法","以唯物史观为主,痛驳梁启超之历史研究法,是为唯物史观在中国的第一讲座"①。1927年9月谢转入上海中国公学任教。1930年,谢任国民政府监察院监察委员。

1931年"九一八"事变后,谢无量在上海办《国难月刊》,主张改组政府,彻底抗日。1932年"一二八"事变的第二天,谢即把《国难月刊》改为《国难晚刊》,每天著文痛诋蒋介石、汪精卫的不抵抗主义。

1935年,日本帝国主义向我华北发动新的侵略,蒋、汪退让,民情益愤。在抗日救亡声中,谢无量写成建设四川的《意见书》。他认为中国有两个致命弱点:(一)中国的经济和政治中心都集中在沿海一带,一旦发生战争,敌人在短期内即可从海空轰毁,置我于死地;(二)中国没有大陆上的交通干线,国际交通全靠上海、天津等几个重要商埠,对外作战期间,易为敌人封锁,使中国坐困以毙。他说,要排除这两个弱点,中国必须在内地建设工业基础,同时开辟贯通大陆的铁路干线;在此基础上,再以四川为中心建设西陲(包括川、滇、黔、康、藏、青、新七省)。西陲的建设,应从建设大规模的工农业着手,农业包括粮食及工业原料的生产,工业包括轻重工业、化学工业及军事工业等。如此,西陲进可以成为建设整个中国的基础,退可以作为复兴中国的根据地,这是一条民族生命线。《意见书》中还提到开辟新的大陆国际交通干线和新的经

---

① 谢无量:《诰授中宪大夫谢公维喈行状》,唐受藩等修《乐山县志》,成都美利利印刷公司1934年版。

济中心——大成都市的建设问题,以及如何宣传教育、集中民间财力、设立银行网、推行信用制度、吸收康、藏、新、青的金货投入建设等问题。谢无量关于建立强大后方的见解是卓越的,但是当时四川的军阀正忙于内讧,没有采纳这些意见。

1936 年 1 月,沈钧儒等在上海组成上海各界救国联合会,谢无量参加活动。1937 年抗日战争爆发后,谢去香港,原打算游历南洋,未能成行,在香港卖字为生。不久辗转取道广西,经衡阳回四川。1940 年,谢无量到成都,任四川大学城内部中文系主任,仍以卖字补贴生活。常与在乐山办复性书院的马一浮以诗歌相唱和。

1947 年,谢无量当选为国大代表,在南京开会后,住在上海以卖字维持生活。1949 年 2 月回到重庆,应熊克武之邀担任中国公学文学院院长,暑假后回到成都,静候解放。

中华人民共和国成立后,谢无量先任四川省博物馆馆长、四川文史馆研究员,1960 年任中央文史研究馆副馆长。1963 年 12 月 10 日,谢无量因病在北京逝世。

谢无量一生著作甚多,主要有:《中国大文学史》、《中国哲学史》、《佛学大纲》、《伦理学精义》、《老子哲学》、《诗学指南》、《诗经研究》、《楚词新论》等。

# 邢　士　廉

张志强

邢士廉,字隅三。生于1885年(清光绪十一年)。奉天府(今属沈阳市东陵区前进乡木匠屯村)人。邢家累世务农,较为殷实。至其父辈家道中落,除百余亩田产外,城里还有一个小作坊。邢士廉大排行老六,所以也有称他为邢子六的。他幼年启蒙于乡塾,及长想到城里去读中学,其父和管家的二哥却不支持,认为进城读书花费大,不如购买田产发家致富。后经亲朋说和才被允进城,考入省立第一初级中学,学业突出。

1908年,邢士廉考取官费留学日本学习陆军,先在振武学校补习两年日语,再转入陆军士官学校第八期骑兵科学习,与杨宇霆等同学。辛亥革命期间,不少留日学生中止学业回国参加革命,而邢以军人不干政为由,未曾卷入革命浪潮。但他对于校方规定有几门课不允许中国学生学习,以及日本军官士兵对中国留学生的轻蔑,则表示不满。

1913年,邢士廉毕业归国。当时东北虽然经过了辛亥革命,但在奉天掌权的依然是前朝旧臣张锡銮(时任奉天都督)和地方实力派张作霖(第二十七师师长)。他们对曾鼓动过革命的新式军人,特别是留日学生是不欢迎的。蓝天蔚、张绍曾、张榕等革命领导人或被驱逐,或遭暗杀。邢不是革命分子,一时也未谋到什么差事,后经奉天督军署参谋长杨宇霆的推荐,他于1916年去齐齐哈尔充任黑龙江省军官养成所教练官。孙烈臣督黑,邢为督军署参谋。1920年3月,升为中校参谋科长,与日本士官学校时的同学臧式毅同僚。不久,邢又转任军警处督察长、中东铁路警备司令部谘议等。

1921年6月，邢士廉出任东北陆军第十九混成旅参谋长兼第二团团长，旋又改任中东铁路护路军哈长司令部参谋长，长春、绥芬河铁路警备副司令等职。随着官职的升迁，他开始有机会接近奉系上层人物。

1922年5月，当奉、直两军在榆关对峙时，吴佩孚策动高士傧在绥芬河地区制造武装动乱，偷袭奉系后方。张作霖命令张宗昌、张学良率军前往弹压。在平定动乱中，邢士廉除以护路防区副司令的职责保障中东铁路运输之外；还派出部队配合作战，在生活上对张学良等多所照顾。动乱平定，邢被列为有功人员。其后，在中俄中东路事件中，邢按照奉张的意图接管了中东铁路部分警备事项，得到奉张青睐。

第一次直奉战争后，张作霖积极整军经武，准备一雪前仇。当时奉系内部有新派、老派之分。新派又分为士官系和陆大系。张作霖对士官系的核心人物杨宇霆十分器重，而邢士廉则是紧靠杨宇霆的，所以也成为新派的得势者之一。

当时孙中山、张作霖、段祺瑞、卢永祥之间开始酝酿反直联盟（即所谓的三角联盟），孙中山意欲分化瓦解北方军阀以便各个击破，而张、段等也想借重孙的声望以扩大自己的影响。1923年，邢士廉、宁武、盛世才等奉张作霖派遣，秘密将一些枪械和现款送到广州，交给孙中山。邢之此行还负有实地考察广东政府实力的任务，返奉后他在报告中提出，奉、粤本不是一码事儿，奉系没有必要白送礼。

1924年，邢士廉被提升为上校，任东三省陆军第二十四旅旅长，驻防奉天省北镇。这是邢士廉第一次担任带兵主官。该旅隶属第一师师长李景林指挥，邢是李部"最优秀之武官"①，负责守卫奉军西部前沿。同年9月，第二次直奉战争爆发，该旅被编入第二军，仍受李景林指挥。

①　东三省官绅录刊行局编：《东三省官绅录》，东三省官绅录刊行局1924年11月印行，第44页。

邢部由北镇西进,为奉军打头阵,先后出义县,占朝阳,攻凌源、建昌,趋长城,突入冷子口、九门口,进入关内。

邢士廉旅于 1925 年 1 月进占南京、苏州、太湖地区。后杨宇霆督苏,该旅归其节制,奉命进入上海。6 月 13 日,邢士廉被任命为淞沪戒严司令。邢在受命当天即宣布淞沪戒严,次日又发出布告称:"倘有散布流言,妄生是非,意存破坏大局者……从严惩办。"①7 月 23 日,邢屈从于英、日等帝国主义的压力,下令查封工商学联合会、中华海员工会上海支部和上海洋务工会三团体。9 月 18 日,邢派出大批军队,解散上海总工会,封闭会所,拘捕工会干部,并以"宣传共产、鼓动风潮"为由通缉该会委员长李立三。邢士廉又被提升为少将军衔,任奉军第二十师师长。

奉军在上海的暴行引起了全市人民的强烈不满,浙江督办孙传芳趁机组织"五省联军",夺取丧失于奉军的地盘。10 月 8 日,段祺瑞派员调停,毫无结果。10 日,孙传芳以准备秋操为名,下令动员,准备进攻驻在苏皖的奉军。张作霖鉴于奉军南线过长,北方又受冯玉祥国民军的威胁,决定缩短战线。在南京的苏督杨宇霆也担心驻沪奉军被困,乃于 14 日电令邢部撤离上海。15 日,孙传芳下达总攻令,16 日"联军"占领上海。奉军宪兵一营未及撤退,被浙军缴械。邢于前一天已取消戒严司令名义,并率所部第二十师撤至苏州、常州等处。18 日,"联军"占领镇江。19 日,江苏陈调元军宣布反奉,杨宇霆等逃离南京。邢士廉率一旅又一团分乘三列火车从浦口北撤,在乌衣渡遭江苏军伏击,只有邢所乘列车脱险,驰抵蚌埠。23 日,奉军集结徐州。25 日,邢部由新安镇进攻海州,26 日占领该地,稳住奉军阵脚。11 月 7 日,张作霖下令奉军继续北撤,邢部亦由海州北退,返回沈阳。

事前,邢士廉派人在沈阳小北关购置房产作为公馆,其家庙也是三间青砖磨缝硬山起脊的北房。但因部队溃散,实力大减,入城时只好将

---

①　《申报》1925 年 6 月 24 日第 9 版。

两名警卫分立车门,伪装人多车多,虚张声势,以壮观瞻。

1926年1月,张作霖镇压了郭松龄反奉之后,又兴兵入关,意欲和冯玉祥的国民军争夺京津。邢士廉仍被任命为第二十师师长,并兼镇威军第二方面军副军团长,由于没有实力做后盾,逐渐丧失主兵官的地位。进占北京后,邢兼任军警督察长。此时他与一年前心境不尽相同,邢认为这次又两路出兵,四面受敌,而且吴佩孚、阎锡山对奉军均有戒心,所以主张应重新考虑军事计划,还搞了一些呼吁和平的行动,结果引起张作霖的不满,邢因此被撤掉了本兼各职。

1927年6月,张作霖就任安国军政府大元帅,在安国军序列中仍无邢士廉的职务。同年9月,奉军中将参议于珍到丰镇阅兵后返大同时,突然被晋军扣押,解往太原。奉晋之间局势骤变,晋军拆毁部分铁路,大同以西的奉军亦多被包围缴械。为了解决奉晋矛盾,邢被张作霖派赴太原,经与阎锡山谈判,于珍获释,奉晋关系恢复正常。由于此事办得周全,邢士廉又被张作霖任命为大帅府中将侍从武官。

1928年6月4日,张作霖乘专列返回东北时,在沈阳皇姑屯三洞桥被日本关东军设伏炸死,东北形势更趋动荡。张学良决心与国民党谋求妥协,遂派邢士廉等四人为代表,先后数次至北平和南京与国民党代表谈判。邢等多次会见蒋介石,转交张学良的亲笔信,表示愿意实行易帜,但也提出:1.由东三省派遣青年一百人赴南京,学习国民党党务之后,开始办理东三省的党务工作;2.所有在东三省任职者的生命、财产均予保护等项条件。蒋允予接受,并希望东北各省市重要人选由张学良推荐,再经中央加委。邢士廉等还与阎锡山、冯玉祥、李宗仁等分别交换了意见,阎等均表示容纳。但因受到日本帝国主义的粗暴干涉,张学良于7月26日电邢,令他代为向蒋介石致意:"东三省一切不成问题也。"①只是由于当时东北政局复杂,易帜不能马上进行,得到蒋的谅解。双方经过反复洽商,至同年12月29日,张学良终于正式发出易帜

---

①　陈鉴波:《中华民国春秋》,台湾三民书店1981年印行,第536页。

通电。

易帜之后,邢士廉被任命为辽宁省政府委员、东北交通委员会委员、东北讲武堂教育长、东北边防军司令长官公署顾问等职,却更远离带兵主官的位子。旋杨(宇霆)常(荫槐)事件发生,使邢受到很大刺激。邢不满张学良处决杨、常,为士官系失去主将而寒心,更为自己的前景而忧虑。

1930 年中原大战爆发,张学良又成为南北两军极力争取的力量。9 月,大批东北军开入平津各地,邢士廉作为"闲职"人员留在沈阳。1931 年"九一八"事变爆发,邢士廉是滞留在沈阳的九名辽宁省政府委员之一,他没有跟随省政府迁往锦州。邢士廉看到留日的一些日籍同学在侵华派遣军中担任高级职务,便产生了"攀龙附凤"的思想,在土肥原劝诱下,邢最终成为汉奸,出任了伪铁道委员会委员,吉长、吉敦铁路守备队司令官,少将军衔,为日军占领中东、洮昂、吉海、齐克、北宁、打通等线出谋划策。又因"讨伐"抗日义勇军有功,调任伪吉长地区警备司令官兼伪步兵第四旅旅长。1933 年 8 月,在烟筒山与伪吉林省警备司令吉兴联合召开军事会议,同时邢部伪军多次进犯双阳、伊通一带的抗日武装。后被调任伪新京(今长春)地区司令官兼第十混成旅旅长、伪中央陆军训练处处长。

1937 年 6 月,邢士廉晋升伪第五军管区司令官,设司令部于承德,负责承德、锦州等地区警备任务,担任对辽西地区抗日武装和冀东地区八路军的作战任务。他已被授以中将军衔,分别于 1938 年 3 月在热河省兴隆县药王庙、5 月在兴隆北山、11 月在半壁山等地与冀热边抗日游击队和八路军交战,12 月,参加伪治安部军事咨议院。翌年 3 月被授勋二位。

1939 年 5 月,邢士廉改任伪第四军管区司令官驻哈尔滨,负责哈、齐(齐齐哈尔)、绥(化)等地"治安"。1941 年 3 月,邢又改任伪第一军管区司令官,负责伪满最为重要的奉天(沈阳)地区的"治安"。其间多次参与"围剿"抗日联军、封山并屯等罪恶活动。

　　1942 年 9 月，邢士廉升为伪上将军衔，并被任命为伪治安部大臣，成为伪满政府内阁成员。他积极在冀东推行"治安强化运动"，配合日本侵略者，犯下了"梳篦清剿"、制造"无人区"等罪行。1943 年 4 月，伪治安部撤销，邢改任伪军事部大臣，继续指使伪满军队入关"扫荡"。

　　1945 年 8 月 15 日，日本宣布投降。此前邢士廉作为伪满政府高级官员追随伪皇帝溥仪逃往通化。17 日溥仪"退位"后随之返回长春，于 18 日与张景惠等成立"东北地方治安维持会"，25 日邢被苏联红军逮捕，30 日押往苏联。1950 年 7 月 31 日，由我国政府引渡回国，收监于抚顺战犯管理所。1954 年 3 月 17 日，邢士廉因病死于狱中。

# 熊　成　基

黄德昭

　　熊成基,一名承基,字味根。江苏江都县人。1887 年(清光绪十三年)生。祖、父两代都做过清朝的小官吏①。熊幼年进塾读书,稍长,学过医。感于中国民族危机深重,使他仰慕岳飞、史可法等历史人物的业绩,决心改学军事。1904 年夏,他到安庆,考进安徽武备学堂练军班当学兵。这时,民主革命浪潮已波及到这所武备学堂。他读到暗中流传的《革命军》、《扬州十日记》等反清革命宣传品,"乃至流泪不止"②。他结识了同学中的柏文蔚、倪映典和在籍军人(陆军常备营排长)范传甲等革命党人,参加了他们组织的反清秘密革命团体——"岳王会"③,开始走上革命的道路。

　　1905 年夏,练军训练期满,熊成基被派去南京入新军某营为副目。后经管带介绍考入江南炮兵速成学堂学习。在校与同入炮校的倪映典等相约进行反清革命活动。1906 年熊从炮兵速成学堂毕业后,充当陆

---

① 　熊祖父瑞生曾任安徽繁昌知县,父存仁系候补通判。见钱兆湘笺注《熊烈士供词》(宣统元年十二月),中国史学会主编:《中国近代史资料丛刊·辛亥革命》(三),上海人民出版社 1957 年版,第 240—243 页。

② 　柏文蔚:《柏武烈五十年大事记》有云,熊读《革命军》和《扬州十日记》时,"乃至流泪不止",中国人民政治协商会议安徽省委员会文史资料研究委员会编《纪念柏文蔚先生》,1986 年版,第 9 页。

③ 　"岳王会"是 1904 年由柏文蔚等发起组织的,意思是崇拜岳飞精忠报国的精神。总会设在芜湖,安庆为分部。(常恒芳:《记安庆岳王会》,中国人民政治协商会议全国委员会文史资料研究委员会编《辛亥革命回忆录》(四),中华书局 1963 年版)

军第九镇炮兵排长,得到军中同志帮助,常向士兵秘密宣传反清革命思想,听者多为感动。

1907 年夏,安徽举行征兵。熊成基由南京应调回安庆,先后任马营、炮营队官。当时,新军中的下级官兵,在革命党人的运动和影响下,多已倾向革命。7 月间,徐锡麟在安庆起义失败后,熊成基与范传甲等计议,决心相机在安庆再次起义。是年冬,革命党人倪映典由南京回安庆,任马营管带,倪与熊策划于是年除夕起义。不料事机为清吏所觉察,倪被撤职,起义计划没有实现。倪去后,熊被推主持"岳王会",继续在军队中进行革命工作。

1908 年秋,清政府令江苏、湖北和安徽各镇新军于 11 月间在安徽太湖举行会操,安徽革命党人认为有机可乘,决定在太湖秋操时联合江苏革命党人发动太湖起义。但安徽巡抚朱家宝对本省派赴秋操的士兵官佐严加挑选,军中的革命党人多被怀疑而不能前去。眼看太湖起义的计划将无法实现,于是,熊成基与范传甲等又改变计划,决定于太湖秋操时,先在安庆发动起义,待得手后,开赴太湖策动参加会操的新军响应,转攻邻省,乘势扩大。恰好,光绪帝和西太后于 11 月 14 日、15 日相继死去,熊等认为机不可失,遂于 11 月 19 日(旧历十月二十六日)下午召集党人举行会议,制订起义计划。会上决定以熊所掌握的炮营(驻城东门外)和马营(驻城西门外)为主力,先在城外起事;革命党人薛哲所部之步营(驻城内北城根)和范传甲的辎重队在城内接应。熊被推为起义军总司令。熊当即发布了作战密令十三条,决定是晚发动起义。

当晚九时,炮营和马营分别在城东、西举火为号,把拒绝投降的两个营管带一个打死一个打伤,迅速会师占领了子弹库,焚烧了城外测绘学堂和步兵营房,旋合马炮步营千余人直扑安庆城。不料皖抚朱家宝得到光绪帝和西太后死讯,已先于 19 日午间秘密回到安庆,督率协统余大鸿命城内各营紧闭各城门扼守。在城内的薛哲、范传甲等为清兵所制,未能按预定计划接应。熊率起义军,在城外迭次进攻,奋战一昼夜,未能破城。南门江面上的清军水师炮轰起义军阵地,起义军内外受敌,伤亡很重,难以支持。熊迫不得已,改变战略,于 20 日下午率众北向集贤关退却,欲取庐州为根据地,然后联络凤阳、颍州等地会党,进取中原。于是取道桐城,直趋合肥。时清提督姜桂题在河南闻讯,派兵来追。熊虽然打败了追兵,但到庐州时,所部仅剩士兵八九十人,而且在退却中,人心不固,时有叛逃出现。熊见如此,劝余众散去,自己则到一士兵家中暂避,安庆起义至此失败。

1909 年初,熊成基从河南至山东烟台,经大连转赴日本,改姓名为龙潜,号望云。在东京,由革命党人肖翼鲲介绍加入同盟会;在勤学社结识了黄兴。黄和他谋划再举,适有党人获得日本之秘密图籍数十种,拟向某国求售,以充革命经费。熊急于回国革命,即担负起售书筹款任务,于9月间化名张建勋到长春,寄住其友人之友臧克明父臧冠三家。后因在臧家居住不便,就到哈尔滨活动。1910年1月,清廷考察海军大臣载洵和萨镇冰由俄回国,路过哈尔滨,传闻熊要谋刺载洵,清吏悬重赏搜查。臧冠三向吉抚陈昭常告密,以致熊于30日在哈遭捕。次日,解赴长春。清廷据陈昭常电奏于2月7日电令陈及皖抚朱家宝会勘,“就地正法”①。熊在狱中笔写供词数千言,直言革命宗旨是“以推翻政府改革政治为主要,不尽是满汉种族之见”②,“俾我同胞永享共和之幸福,以洗涤我祖国历史上莫大之耻辱”③。1910 年 2 月 2 日,熊慷慨就义。

**主要参考资料**

陈春生:《戊申熊成基安庆起义记》,《中国近代史资料丛刊·辛亥革命》(三)。

---

　①　《安庆马炮营起义清方档案》,《中国近代史资料丛刊·辛亥革命》(三),第255 页。

　②　《熊烈士供词》(宣统元年十二月)。

　③　《熊烈士供词》(宣统二年正月)。

陈春生:《熊成基谋杀载洵始末记》,《中国近代史资料丛刊·辛亥革命》(三)。

佚名:《熊案始末记》,《中国近代史资料丛刊·辛亥革命》(三)。

柏文蔚:《柏武烈五十年大事记》(1932 年作),《纪念柏文蔚先生》。

顾忠琛:《熊成基戊申起义始末》,上海《中华日报》1944 年 12 月 11 日。

杨士道:《熊成基安庆起义的回忆》,《辛亥革命回忆录》(四)。

# 熊 克 武

马宣伟

熊克武,字锦帆。祖籍湖南麻阳。1885年12月26日(清光绪十一年十月二十一日)生于四川井研。其父熊宝周,在井研以中医为业,并开一中药铺,有子女八人,家境不宽裕。熊克武四岁时,由父亲教读《千家诗》、唐诗和短篇古文,还被要求练字,八岁入熊氏祠堂私塾。十岁时转到十里外的石牛埂廖家祠堂读书,闲时帮助家里卖桑叶、收蚕茧和记账等。十三岁又转到荣县方家冲但氏家族设的私塾读书,与同学但懋辛结成终生好友。1903年,熊克武与但懋辛考入四川东文学堂,与戴季陶、刘光烈等同学。同年冬,在叔父熊治宜资助下,同但懋辛等赴日本留学。

熊克武到日本后,先考入东京大成中学补习日语,翌年入东斌陆军学校学习军事。他在东京学习期间,结识众多爱国志士,也读到许多传播新思想的书报。1905年7月23日,熊克武在东京程家柽的家里见到孙中山。在孙的启发下,他懂得报国就必须"驱除鞑虏,恢复中华,创立民国,平均地权"。8月19日熊克武加入同盟会,在20日中国同盟会成立大会上被选为评议会评议员,并受孙中山的委派去横滨跟梁慕光学习制造炸弹技术。

1905年11月,日本政府文部省颁布《取缔清韩留学生规则》,激起了广大中国留学生的愤怒,熊克武发动留学生参加抗议活动。12月,他和秋瑾、刘道一、黄树中、谢奉琦、但懋辛等留学生毅然回国。熊克武回上海后,即入中国公学学习,并为该校集资,使该校成为同盟会开展活动的联络站。

1906年冬,熊克武奉命返川开展武装斗争,先到重庆、泸州等地联络朱之洪、谢奉琦、佘英等,然后返成都与黄树中在草堂寺召集党人开秘密会议,讨论开展武装斗争。会后,熊克武化名邱济川,赴重庆、泸州、宜宾、屏山、永川等地活动,日夜徒步奔走,被称为"铁脚板"。他在这些地区联络革命党人,设立机关,发展同盟会员等,为四川各地发动武装起义奠定了基础。1907年10月1日,他和佘英、谢奉琦等在江安、泸州组织武装起义,因事泄失败。继赴成都,与黄方、杨维、谢持等筹划在11月4日武装起义,临期因叛徒出卖而未成。

熊克武不屈不挠,为进一步开展武装斗争,他于1908年春与佘英潜往日本东京购买枪弹。在吴玉章和宫崎寅藏的协助下,购得手枪三十余支,子弹二千余发,于冬天转运回四川。之后,他和佘英、曾省斋等人于1909年2月10日在广安发动起义。熊率队伍进攻州署时,署府大门紧闭,数攻未克,与清军保安营队展开激烈巷战,最后因众寡悬殊遭到失败。12月,他和佘英等又在嘉定发动起义,义军遭到清政府的血腥镇压,牺牲达两百余人。1910年春,熊克武离川,经上海去香港。

熊克武在香港参加了由黄兴领导的广州起义的准备事项。起义发动在1911年4月27日下午五时半,熊率领喻培伦、但懋辛等组成的小分队,炸开两广总督署后墙,冲进督署去捉张鸣岐,此时张已闻讯避匿。小分队与清军水师在莲塘街北口展开激战,最后被敌人分割包围。在战斗中,熊克武与大家失去联系,后在当地群众和同盟会党人的掩护下,转移到香港与黄兴会合。

辛亥武昌首义成功后,聚集在上海的四川革命党人公推熊克武组织蜀军参加北伐。1912年1月初经黄兴推荐,南京临时政府任命熊为蜀军总司令。3月15日,熊克武奉孙中山之命,率三个营的兵力抵重庆,任重庆蜀军政府第一师师长。成都、重庆两个军政府4月合并,熊部改为四川陆军第五师,任师长,仍驻防重庆。

1913年7月"二次革命"爆发,各地讨袁军纷纷成立,8月4日熊克武与重庆同盟会领导人决定成立讨袁军,被举为四川讨袁军总司令,杨庶堪为四川民政厅长,发出讨袁檄文。熊、杨率部西上,讨伐川督胡景伊,迅速攻取了永川、荣昌、隆昌、内江等地,直逼泸州。胡景伊一面命川军四个师出兵抵抗,一面求袁世凯派兵增援。袁世凯当即电令滇、黔、陕、甘、鄂五省军队援川会剿,围攻重庆。9月13日,讨袁军失败,熊克武逃出重庆,队伍解散隐蔽。战事刚停,胡景伊布告全国缉拿熊克武、杨庶堪等一百零八人。熊克武乃化名陈颐年,逃往日本。但是,逃亡日本的四川同盟会党人,对他领导讨袁失败颇多责难。熊克武乃离开日本,去南洋追随黄兴继续反袁。1915年8月,熊克武回上海联络革命党人,后到香港与李根源等筹款十万元去昆明,参与蔡锷、唐继尧发动的讨袁护国运动。护国战争开始后,熊克武以"四川招讨使"名义,随护国军第一军入川作战。1916年6月袁世凯死后,蔡锷于8月委熊克武为川军第五师师长兼重庆镇守使。

1917年7月,孙中山南下护法,12月13日熊克武在重庆通电拥护。1918年1月,熊就任四川靖国军总司令,与滇、黔军联合对抗北京政府任命的四川督军刘存厚。2月25日,熊率军攻克成都,即以四川靖国军总司令兼摄四川军、民两政。他大力整顿川境的民政财政,指定粮税、肉税充实教育和实业经费,以兵工修马路,筹办钢铁厂。对于四川边防事项,因有藏兵侵及巴塘,特定烟、酒公卖税拨充边防军饷源,以坚防范。

熊克武自任四川督军后,亟谋扩充个人权势。他在整编川军中,对得到孙中山支持的石青阳、黄树中、颜德基、卢锡卿等民军加以限制和排斥,对孙中山派来的四川省长杨庶堪的职权也多加干涉。他逐渐倾向岑春煊的政学系,不与孙中山合作,致使四川国民党内的矛盾激化,这便给滇督唐继尧侵川造成可乘之机。1920年5月4日,唐继尧借孙中山之名,联合川军吕超及石、颜、卢、黄等发动"倒熊"战争。开战初期,熊部及刘湘等部败退阆中。9日,熊克武为联合川军,委但懋辛为第一军军长、刘湘为第二军军长、刘成勋为第三军军长,并拉拢在陕南的刘存厚回川,共同攻打吕超等部和滇、黔军。9 月,熊、刘等部攻占成都,10 月又攻占重庆,滇、黔军及湘、鄂军撤出四川。

在熊克武的倡导下,川军将领于 1920 年 12 月联名宣布四川自治,既不服从孙中山的南方政府,也不接受北京政府的任命。但熊克武、刘湘、刘存厚、刘成勋四大势力在四川不能相容。熊克武先联合刘湘、刘成勋,以武力驱逐刘存厚再退陕南。1921 年 7 月,刘湘就任川军总司令兼省长后,刘湘、熊克武两军对峙日亟。8 月,刘、熊两军出兵湖北,12 月被吴佩孚击溃,刘成勋继刘湘为川军总司令兼四川省长。

此后,熊克武仍谋武力统一四川,于 1923 年 3 月联合刘成勋、赖心辉部,进攻邓锡侯、陈国栋、田颂尧等师。吴佩孚见四川内讧,急命北洋军援助刘湘残部杨森回川。结果,熊部被杨森、袁祖铭以及邓、陈、田等部击败。1924 年 4 月熊克武率部出川,经贵州到达湖南常德。

熊克武在 1924 年 1 月国民党第一次代表大会上,被选为中央执行委员,嗣后被任命为建国联军川军总司令。翌年 1 月,熊克武派但懋辛与国民二军军长胡景翼商定,会攻武汉。但不久胡景翼暴病身亡,进取武汉的计划落空。嗣后,熊克武率三万之众于 8 月到达广东连山一带,9 月至广州。汪精卫、蒋介石于 10 月 3 日称熊勾结陈炯明图谋颠覆广东军政府,将熊囚禁于虎门炮台,所部则被收编、遣散。

1927 年 3 月 29 日,蒋介石在各方的舆论压力下,释放了熊克武。熊出狱后先去香港,后至上海寓居。抗战开始,熊克武任国民政府委员,奔走山西晤阎锡山等呼吁坚持抗战。1939 年他回到成都,发现居宅有宪兵站岗。熊克武知道蒋介石对自己仍不放心,便与朱之洪等潜心编撰《四川国民党史》陆续发表。

抗战胜利后,熊克武与但懋辛在重庆创办中国公学,并联络民主人士反对蒋介石发动内战。1949 年 7 月 1 日,熊克武与刘文辉等联络民主人士在成都组成"川康渝民众自卫委员会",熊克武任主任委员,12月与刘文辉等策动川西部队起义。25 日,由熊克武领衔在成都市内贴出布告,表示拥护中国共产党和中央人民政府。

此后,熊克武任西南军政委员会副主席,全国政协委员,第一、二、三届全国人大常委,并当选为民革中央副主席。

1970年9月2日,熊克武在北京病逝。

## 主要参考资料

马宣伟等著:《熊克武传》,重庆出版社1989年版。

丘权政、杜春和选编:《辛亥革命史料选集》上册,湖南人民出版社1981年版。

刘光烈先生回忆。

熊克武回忆录手稿。

# 熊 庆 来

夏光辅

　　熊庆来,字迪之,著名数学家和教育家、中国现代数学的先驱。1893年10月20日(清光绪十九年九月十一日)生于云南弥勒县息宰村一个乡村知识分子家庭。父亲熊国栋在清朝末年曾任云南省巧家县和赵州县"训导"(主管教育)。严格的家教和自身的勤奋,使他于少年时就学得丰富的文化知识。1906年,十三岁的熊庆来考入昆明的云南方言学堂(后改为云南高等学堂)法文班。他努力学习,成绩优良。1913年考取公费出国留学,赴法国巴黎矿业学校学习,想学成回国,开发矿藏,振兴祖国。1914年第一次世界大战爆发,巴黎矿校关闭,他改入其他学校学理科。1914年至1920年的七年间,他先后在格勒诺布尔大学(Grenoble)、巴黎大学、蒙彼利埃大学(Montpellier)、马赛大学等校读书,获得理科硕士学位。1921年初归国。

　　当时的中国,科学文化比西方国家落后很多,熊庆来立志献身科学教育事业。1921年春天,他在云南工业学校和路政学校任数理教员。这年秋天,他受聘到南京东南大学(今南京大学前身)创办算学系。1926年又受聘到北京清华大学创办算学系。中国数学在古代曾处于世界领先地位,16世纪欧洲文艺复兴以后,西方的科学技术蓬勃发展,中国则在封建制度的束缚下停滞不前。熊庆来立志改变中国的数学落后面貌,在教学制度、教学内容、教学方法、课程设置等方面,引进西方现代数学体系,结合中国当时的实际情况加以实施,是创办中国现代数学教育的先驱者之一。

　　熊庆来在南京东南大学和北京清华大学任教期间，先后讲授球面三角、微积分、方程论、高等算学分析、复变函数论、实变函数论、微分方程论、偏微分方程论、变分法、力学等十余门课。他所讲课程，皆自编讲义，其中《高等算学分析》讲义被选入当时的大学丛书。他十分注意选拔和培养人才。在东南大学时，学生严济慈学习勤奋，成绩优秀，但经济困难，熊庆来曾在经济上给予资助。在清华大学时，熊庆来在科学杂志上看到华罗庚的论文，发现他很有数学才能，便破格把这个只有初中毕业学历的青年店员聘请到清华大学算学系工作，使华罗庚获得深造的机会，后来成为我国著名的数学家。熊庆来在东南大学、清华大学以及后来在云南大学从事教育工作，培养了大批科学人才。我国不少著名的科学家是他早年的学生。他晚年曾回忆说："那时可注意的是，优秀同学不少，平生引以为幸者，每得与英才聚于一堂，因之我的教学工作颇受其鼓舞。"①

　　熊庆来在教学的同时，还致力于数学研究工作。1930年创办了清华大学算学系研究部，这是我国第一个正式的数学研究机构，由熊庆来、孙光远、杨武之三教授任指导，北京大学的江泽涵教授兼任指导，陈省身、吴大任、庄圻泰等是当时的研究生，华罗庚也参加了研究工作。熊庆来后来回忆说："虽然组织简单，研究空气则甚浓厚。"②研究成果大多载于当时的清华大学理科报告。

　　1932年，世界数学会议在瑞士苏黎世召开，熊庆来作为中国代表参加了会议。会后，他到法国巴黎，进庞加烈研究所研究函数论。经两年专心研究，写出论文《关于整函数与无穷级的亚纯函数》。1933年论文通过，熊庆来获得法国国家理科博士学位。熊庆来定义的"无穷级"，

　　①　《熊庆来先生在中国科学院数学研究所欢迎会上的讲话》，《数学进展》1967年第3卷第4期。

　　②　《熊庆来先生在中国科学院数学研究所欢迎会上的讲话》，《数学进展》1967年第3卷第4期。

被国际数学界称为"熊氏无穷级",又称"熊氏定理"。

1934年,熊庆来回国,仍在清华大学算学系任主任和教授。1936年,熊庆来参加创办中国第一份数学学报,并任编辑委员。

1937年8月,熊庆来受云南省政府的聘请,由北平回到故乡昆明,担任云南大学校长,直到1949年夏天。在这十二年间,云南大学获得了较大的发展。云南大学的前身是1922年创办的私立东陆大学,1934年改为省立云南大学。熊庆来到任后,取得国民政府教育部的批准,于1938年7月1日改为国立云南大学。熊校长办学的"基本方针在:(一)慎选师资,提高学校地位;(二)严格考试,提高学生素质;(三)整饬校纪;(四)充实设备;(五)培养研究风气"①。熊庆来除要求教育部和省政府增拨经费外,还向社会团体和各界人士募捐,用以扩建校舍,增置教学设备,增购图书资料,建设了科学馆、铁道馆、航空馆、澄农馆、泽清堂、映秋院等。抗战期间,大批学者云集西南,熊庆来凭借在学术界和教育界的声望,聘请了许多著名学者到云南大学任教。从1937年到1946年的十年间,教师由四十九人增为二百三十七人,其中教授、副教授由三十八人增为一百二十六人。无论社会科学还是自然科学和工程技术都有专家作为教学和科研的骨干,使云南大学的教学质量和科学水平有了显著提高。随着师资力量的增长,熊庆来逐步把云南大学的规模扩大,由原来的文法、理工两个学院,扩充为文法学院、理学院、工学院、医学院、农学院五个学院,下设十八个系。另有三个专修科和三个选修班,一个附属中学。还先后建立了西南文化研究室、社会学研究室、科学馆、水力试验室、冶金试验室、选矿试验室、植物温室、细菌学馆、附属医院、实习工厂和农场、果园等,从事学术研究和教学实验。云南大学成为学科比较齐全的综合大学。地处祖国西南边疆的云南省,有这样规模的一所大学,加上北京、清华、南开三大学迁

---

① 云南通志馆纂修:《续云南通志长编》卷49教育2,云南省志编纂委员会1986年版。

昆明合办的"西南联合大学",大大改变了云南的文化落后面貌。

熊庆来任云南大学校长的十二年,正是他风华正茂的年龄。教学行政工作占用了大量时间,实践了他教育家的一面,而作为数学家的光彩却没能充分显露,他"每盼有机会重理已经荒缀的旧业,从事研究工作"①。1949年夏天,他离开云南大学,赴法国巴黎参加国际教育会议。会后,他留居巴黎,想集中精力从事数学研究,以补十二年脱离学术研究之憾。第二年不幸患脑溢血病,致右半身瘫痪。他以病残的身体在巴黎过着清苦的生活。病势稍退,他就用左手重新学习写字,继续研究函数论。他的艰苦奋斗精神,深受法国数学家的敬佩。1956年,他被法国数学界研究亚纯函数的一个学派推选,执笔撰写了《关于亚纯函数及代数体函数,奈望利纳的一个定理的推广》一书,作为法国数学丛书 Memorial des Science Mathematiques 中的一本出版,为数学界所称道。

在此期间,熊庆来没有忘记尽力为祖国效劳。他出国前夕,云南大学曾筹集了一点外汇经费,委托他在国外购买科技图书。尽管他只身异国,病魔缠身,经济困难,生活清苦,但这笔钱分文没有动用,如数在巴黎购买了图书,邮寄回解放后的云南大学。

熊庆来第三次旅居法国不久,中国发生了翻天覆地的变化,中华人民共和国诞生了。1953年,周总理曾函邀熊庆来回国,他因病体未愈,行走困难,无法起程。在法国,熊庆来以病残之身,从事学术研究,虽然取得一些成绩,但他深感"工作只为个人生活,以留异国,殊觉无甚意义"②,希望返回祖国,发挥所长。在此期间,台湾当局以陈立夫等人出面写信邀他去台湾,熊庆来坚决拒绝。1956年,周总理再邀他回国,这

①　熊庆来:《回到祖国的七年》,中国人民政治协商会议云南省昆明市委员会文史资料研究委员会编《昆明文史资料选辑》第20辑,1993年版。

②　熊庆来:《回到祖国的七年》,中国人民政治协商会议云南省昆明市委员会文史资料研究委员会编《昆明文史资料选辑》第20辑。

时他正紧张地为法国数学丛书撰稿,决定稿成即启程回国,并通过多种途径表达了对祖国的思念和回国的决心。1957年6月,熊庆来终于如愿以偿地回到北京。他满怀热情地表示:"愿在社会主义的光芒中尽瘁于祖国的学术建设事业。"①

熊庆来回国后,按照他的志愿,在中国科学院数学研究所当研究员,从事函数论研究。他以"不知老之已至"的精神,与病魔搏斗,撰写出许多有价值的科学论文。1957年至1965年的八年间,他发表科学论文二十余篇,占他一生所写论文的三分之一强。这些论文分别载于《科学记录》、《中国科学》、《数学学报》等杂志。他还应约为外国期刊撰写了三篇论文,一篇载于罗马尼亚《数学汇刊》,两篇刊于法国《数学学报》。其中一篇是法国维腊院士邀其为巴黎大学教授戛尼野院士的五十周年工作纪念所写的。这八年间,他还指导青年研究人员完成研究论文二十多篇。

1963年是熊庆来的七十寿辰。北京大学数学系庄圻泰教授在《数学进展》杂志上发表题为《数学家熊庆来先生》的祝贺文章,系统地总结介绍了熊庆来1963年以前所写五十余篇"有创造性的论文"的成就。文章写道:"在奈望利纳所建立的亚纯函数学理方面,米约和熊先生各获得一些关于函数结合其导数的不等式。而熊先生所得者,可用以解决米约所不能解决的问题。此外,熊先生考虑函数结合其原函数(即积分)的问题,而获得若干基本不等式,并据以解决亏量唯一性等问题。熊先生所得某些不等式被认为是这方面最深入的结果。""孟德耳(Montel)的正规族理论,在数学各方面起重要作用。熊先生得一新法,简化了米朗达(Miranda)定理,达到所期待的精密度。""在正规族理论中,熊先生获得几个新的简单的正规性定则。""关于代数体函数第二基本定理,伐理隆仅指示可以用一个恒等式得出,但未得出证明。熊

① 《熊庆来先生在中国科学院数学研究所欢迎会上的讲话》,《数学进展》1967年第3卷第4期。

先生补上了证明,并结合导数将其推广。此外,熊先生曾指出亚纯函数无穷级概念可推广于代数体函数。巴德纳斯所证明关于代数体函数之一个普遍定理,即利用熊先生所定义之无穷级所获得。""熊先生对单位圆内全纯函数及亚纯函数亦有所贡献。"①

熊庆来还先后编写了十二部高等学校数学讲义和教科书,大多用于东南大学和清华大学,有些则出版发行。他还写了一些数学基础知识和基本理论的介绍性论文,刊登于报纸杂志。

在数学研究所工作期间,熊庆来多次参加全国性的学术活动,发表卓有见解的学术讲演,提出研究方向,受到全国数学工作者尊敬。1961年全国数学会议后,熊庆来倡导组成北京地区的复变函数讨论会。这个科学集会每两周在熊的寓所举行一次,一直坚持到 1964 年,有力地推动了函数论研究的发展,并培养了一批青年研究工作者。

熊庆来在年老病残的情况下,除自己努力进行研究工作外,还积极培养青年研究人员。数学界的后起之秀杨乐、张广厚等人,就是熊庆来60 年代培养的研究生。

1959 年,熊庆来被选为中国人民政治协商会议第三届全国委员会委员。1964 年又被选为政协第四届全国委员会常务委员。

1969 年 2 月 3 日,熊庆来因病去世。

---

① 《数学进展》1967 年第 6 期。

# 熊 式 辉

严如平

　　熊式辉,字天翼,号西广,江西安义人。1893 年 5 月 19 日(清光绪十九年四月初四)生。父亲熊仰之,清末曾在地方团练任督教,后在江西巡抚衙门充当杂役,家境清寒。熊式辉在七个兄弟姐妹中居六,幼时敏而好学,七岁入本乡私塾,读"四书"、"五经",苦练书法。

　　其时,维新思潮在青年中传播,熊式辉崇敬康、梁,认为国家孱弱,无以御敌,乃弃文从武,于 1908 年报考江西陆军小学,1911 年毕业后升入南京陆军第四中学,秘密加入同盟会。武昌起义爆发后,即参加学生军奔赴汉口参战。12 月回南昌,任江西都督府参谋。熊好学求进,1913 年春北上,考入清河陆军预备学校,毕业后升入保定军官学校第二期,与赖世璜等同学。

　　1916 年初,熊式辉来到云南昆明。时袁世凯帝制自为,蔡锷、李烈钧等发动护国战争反袁,熊参加护国军李烈钧第二军,在方声涛第四师伍毓瑞第八旅任三十八团团附,南下广东。6 月袁死后,护国二军改名滇军,拥戴孙中山护法。

　　1920 年末,熊式辉被广东军政府参谋部保送前往日本陆军大学学习,与曹浩森、陈锐、杨杰同学,研读古今中外战史及战略战术方面的书籍,以及有关历史、地理书籍,学识俱增。1924 年毕业归国,时值国内政局纷乱,初至河南督军府任少将高参,后应滇军军长朱培德之邀至广州,任滇军军官学校教育长。1925 年 8 月滇军编为国民革命军第三军,军校亦改为国民革命军第三军军官学校,熊仍为教育长。

　　国民革命军于 1926 年 7 月誓师北伐后,熊式辉奉北伐军总司令蒋介石派遣,赴江西策动驻粤赣边境之孙传芳军第四师师长赖世璜反正。熊凭借同乡、同学、好友之情谊,晓以大义,力加劝说,获得成功。第四师迅即改编为国民革命军独立第一师,于 8 月中旬改称为第十四军,赖任军长,熊任党代表。当北伐军攻占长沙后,熊协同赖即率第十四军于 9 月 3 日从于都出发,次第攻占安远、信丰、梅关、大庾,进击赣州;继后又向抚州地区前进。熊率一部于 9 月 17 日北进,克吉水、古安,经宁都,向广昌、南丰、南城前进。在 10 月临川战斗中,第一师师长易简阵亡,熊自兼第一师师长。

　　江西底定后,赖世璜、熊式辉率领第十四军移师浙江,隶属东路军何应钦指挥,于 1927 年 1 月 20 日在丽水集结,2 月初向金华、浦江前进,肃清浙东残敌。东路军克复杭州后,第十四军经宜兴、溧阳进往常州、丹阳,后奉命守备江阴。5 月 15 日渡江北上,23 日占靖江,26 日克姜堰,再经如皋、海安北上,6 月 2 日进抵阜宁,继续向鲁境攻击前进;7 月 18 日协同友军进攻临沂城,亘三日未下。时值宁汉兵戎相见,敌军乘机反扑,徐州危急,北伐军纷纷南调,十四军于 8 月 5 日撤出鲁境,先退至扬州,继至无锡、江阴。龙潭战役后,十四军奉命于 9 月 3 日渡江向运河方向进攻,截断敌军归路。熊式辉力主迅速行动,但赖迟疑牵制,分歧显露,以致十四军迟至 10 月 6 日始行,16 日到达淮安。是年冬,十四军缩编为独立第一师,熊式辉任师长;不久改编为白崇禧第十三军第三十七师,熊仍为师长。1928 年初,熊奉命率部进驻上海,代白崇禧所任之淞沪警备司令职。

　　1928 年 4 月,国民革命军编组为四个集团军,发动北伐奉张之战,第三十七师隶属第一集团军总预备队,熊式辉将淞沪防务交钱大钧第三十二军接管后,即率师北上。济南“五三”惨案发生后,熊式辉于 5 月 6 日陪同蒋介石便装骑马出济南城绕道至党家庄;8 日奉蒋介石之命以“军使”身份与罗家伦前往济南日军司令部交涉,日军傲慢蛮横,怒目恶声,竟拒不与谈。

北伐结束后，全国编遣军队，熊式辉奉调为第五师师长。1928年9月2日任淞沪警备司令，旋又任淞沪杭剿匪总指挥。

1930年12月，正在江西策划"围剿"工农红军的蒋介石，电召熊式辉即去江西。熊在上海所乘之飞机触及盐船桅杆失事，坠入黄浦江边之泥潭，熊一足受伤，自此跛足。他到了南昌后，被蒋任命为军事委员会委员长南昌行营参谋长，与行营秘书长杨永泰一道协助蒋介石谋划"三分军事七分政治"的"围剿"战略及其实施方案。

熊式辉的军事学识颇受蒋介石之赞赏，为人又颇持重，乃于1931年12月接替鲁涤平担任江西省政府主席兼民政厅长，后又兼任南昌行营办公厅主任。熊明白"今天的江西危机四伏"，说要学管子，不怕苦和死，决心"汗血拼"，变贫弱为富强；当然这一切"必定要匪患完全肃清后，政治上才有办法"①。他秉承蒋介石旨意，首先施行党政军一元化领导体系，集大权于一身。除了在省政府组建一个"府卫大队"，配备精良装备享受宪兵待遇外，熊将地方武装全部整顿改编成十五个保安团，以后又成立两个预备师，统归自己指挥。在地方行政管理方面，他将全省八十三个县划为九个行政区，分设行政督察专员兼区保安司令，派出亲信担任，加强全省的行政控制；同时设立县政人员训练班，培训出大批听命的县区级官吏。在民政管理方面，为了封锁苏维埃根据地，配合"围剿"战争的需要，颁发《整理保甲方案》，推行保甲制度和"连坐法"，严密管理每家每户，防止"通共"、"藏共"；各县还建立保卫团，把保甲武装起来，协助正规军对付工农红军。在邻近苏区的各县的交通路口和要隘边界，还遍设碉堡，严密封锁苏区。在地方财政方面，熊推行"一税制"，把以往的各种税收加成一个总数，称为"田赋税目"，由县政府统一征收。

为了迎合蒋介石来江西督战"围剿"，熊式辉很注意南昌的市政园

①　熊式辉：《宣誓就职答辞》，赣政十年编辑委员会编《赣政十年：熊主席治赣十年纪念特刊》，江西省政府1941年刊印，第6页。

林建设,把蒋介石的百花洲官邸周围的东湖、南湖、北湖重新疏浚,沿湖广种树草花木,还命名"中正桥"、"中正路"、"中正大学"、"中正医学院"等等,以赢得蒋的欢心。

熊式辉向蒋介石提出在民众中开展"新生活运动"的主意,更是迎合了蒋介石要重整传统道德、改变社会风气来维护国民党统治的需要。1934年2月19日,蒋介石在南昌行营纪念周演讲《新生活运动之要义》,要求在南昌和江西首先推行;并于7月1日在南昌成立新生活运动促进会,蒋自任总会长、熊式辉与陈立夫等五人任总干事。蒋在四个多月的时间里,连续发表了六篇长篇演讲,并主持制订了《新生活运动纲要》和《新生活须知》等①。熊在江西全省鼎力推行,在各县都成立了新生活运动促进分会,从改变民众的衣、食、住、行等日常生活入手,以"整齐、清洁、简单、朴素、迅速、确实"为具体标准,但一切均以"礼义廉耻"为基准,以"道德的复活,来求民族的复兴"。江西成了蒋介石发动新生活运动的创始、试验和推广的基地,熊式辉自然颇受蒋的赞赏。1935年11月国民党五全大会上,熊被选为第五届中央执行委员。

抗日战争于1937年7月全面爆发后,国共实行第二次合作。在赣粤边境坚持游击战争的陈毅,于8月20日将抗日宣言寄给熊式辉,熊即派人前往油山与陈毅谈判,接受陈的各项建议。9月24日,陈毅下山来到南昌,熊举行盛大的欢迎会。经过进一步谈判,熊在江西各行政区设置"招抚委员会",将在各山区的中共游击部队编入抗日部队;并答应协助建立新编第四军。中共组织在南昌公开活动后,熊与中共江西省委负责人曾山等不断会晤,表现出团结抗日的合作态度,并接受建议成立"江西青年服务团",自任团长,吸引青年开展抗日服务活动。熊还建立江西地方政治讲习院,兼任院长,延请进步学者讲课。他还创办江西农村改进社,试行"政、社、教"三合一的体制和梁漱溟提倡的"乡村建设",开办农村实用中学和仰公中学(纪念其父熊仰之)。

---

① 严如平、郑则民著:《蒋介石传稿》,中华书局1992年版,第226页。

熊式辉对蒋介石之喜怒哀乐甚为关注，当他获悉蒋介石的爱子蒋经国赴苏十二载终于于1937年4月归来，即专程去杭州道贺。蒋经国在家乡被训读"反省"半载，时值抗战爆发，上海、南京、杭州频遭敌机轰炸，奉化也不安全，蒋介石让他携妻儿于10月内迁到南昌居住，熊当然热忱接待。熊思谋再三，想借"太子"以自重，乃向蒋介石表白"愿与经国世兄共事"，让他当省保安处处长。蒋介石答称：经国年轻，缺乏经验，不宜独当一面，可当副手，以资历练。但熊让蒋经国任省保安处副处长的同时，又请他兼任江西省青年服务团副团长；还聘他任江西省地方政治讲习院军训总队长兼训育处副处长（处长为许德珩），对一千两百名参训人员进行军事操练。不久，又聘他为省新兵督练处处长，在临川温泉训练四个团七千新兵。蒋经国大展身手，备受尊重，心情愉悦，与熊相处甚洽。熊进一步又于1939年6月请蒋经国去赣州任江西省第四区行政督察委员兼保安司令，更得蒋介石之欢心。

1939年1月，国民党五届五中全会制订《共党问题处置办法》等限共防共政策后，熊式辉在江西竭力贯彻，除解散"青年服务团"，停办地方政治讲习院外，还成立了一个江西特种委员会，专事"防谍""保密"等特务活动，破坏中共东南分局和江西省委机关；又在泰和设立"马家洲集中营"，关押迫害爱国志士和中共党员，廖承志被捕后即被关押在此。1939年3月南昌沦陷后，熊式辉将省政府南迁至泰和，翌年10月还在泰和创设"中正大学"。

1942年2月，熊式辉奉调重庆。3月蒋介石派熊任中国军事代表团团长驻美，与美、英等同盟国协调对日军事行动。但同盟国军事代表团团长会议不能带翻译入场，熊不谙英语，越一年被调回另派商震接替。熊回国后不久任中央设计局代局长，推进中央与地方政府互相联系与配合之行政计划；并兼中央银行监事长。1944年，熊在中央设计局内设立"收复东北研究委员会"，后改为"东北复员设计委员会"，拟订了一个国民党在战后控制东北的实施计划，包括将东北划为九省，实行三民主义施政方针，同苏联政府进行外交协商等等。

1945年6月27日,熊式辉被派任中国政府代表团军事代表,与王世杰随同宋子文赴苏,同斯大林、莫洛托夫等苏联领导人谈判苏联出兵对日作战、支持国民党政府等重大事项,签订《中苏友好同盟条约》及一系列附属协定。

日本帝国主义于1945年8月14日无条件投降后,国民政府即于8月30日将熊式辉等拟订的接收东北计划以"接收东北办法"为名公布;9月1日宣布特派熊式辉为军事委员会委员长东北行营主任并兼行营政治委员会主任委员,蒋经国为外交部驻东北特派员。10月12日,熊式辉与蒋经国飞往长春。但接收工作未能得到苏联军方的支持和配合;对四十万伪军又未妥加收编,相反,中共的大批干部加军队进入东北后,与当地的人民武装力量相结合,并对伪军加以改造,因而军力迅速发展壮大。熊的接收工作难以进行,便采取以退为进的策略,于11月11日将东北行营撤往北平,意欲唤起美、英等国的关注而对苏联施加压力。经过蒋经国与苏联方面的交谈,熊式辉率东北行营的接收人员再去东北,先至锦州,后入沈阳,并将在华北收编的伪满军改称保安队运到长春。与此同时,杜聿明率领的国民党军队由美国军方派出飞机、军舰快速运往东北,实施"军事接收"。由于与中共方面的军事力量发生接触,内战的火焰在东北熊熊燃起。

熊式辉秉承蒋介石的意旨,依仗源源不断来到的国民党军队和美国的支援,在东北继续进军,于1946年初夺取辽西、热河一批城市,3月进占沈阳及外围城市,4月进长春,5月占四平,并部署向中共领导的民主联军占据区纵深进攻。1946年7月,各地委员长行营改称国民政府主席行辕,熊式辉仍为东北行辕主任。

为先南后北夺取全东北,熊式辉与杜聿明策划在冀热辽和南满发动大规模战略进攻。在占领安东、通化等地后,1946年12月起集结重兵,四次进攻临江通化地区,但是遇到民主联军的强力抗御。经过三个多月的战斗,有四万余人被歼,东北的战略态势因而改变。

东北战事如此进展使蒋介石大为不满,1947年8月15日任命参谋总长陈诚为东北行辕主任,熊式辉被免职。熊回到南京,受到蒋介石的训斥,后列名战略顾问委员会委员赋闲。

1949年春,国民党统治濒临崩溃。熊式辉去香港蛰居,办了一个"海南钟声诗社",与同好饮酒赋诗,聊以排遣。1952年赴泰国曼谷,经营一家纺织厂。1954年去台湾,定居台中。1974年1月21日病殁于台中。

## 主要参考资料

姚甘霖:《统治江西十年的熊式辉》,中国人民政治协商会议江西省委员会文史资料研究委员会编《江西文史资料选辑》第2辑,南昌,1982年版。

王道平:《(蒋经国)出任专员前后》,中国人民政治协商会议江西省委员会文史资料研究委员会、赣州市委员会文史资料研究委员会编《江西文史资料选辑》第35辑(蒋经国在赣南),南昌,1989年版。

陈训正:《国民革命军战史初稿》,南京,1929年版。

姜克夫:《民国军事史略稿》第2卷,中华书局1991年版。

台北"国防部"史政局编:《剿匪战史》,中华大典编印会、成文出版社1967年版。

陈沂主编:《辽沈决战》,人民出版社1988年版。

# 熊　希　龄

熊尚厚

　　熊希龄,字秉三,别号明志阁主人,晚年署双清居士,学佛后号妙通。祖籍江西丰城。1870年7月23日(清同治九年六月二十五日)生于湖南凤凰直隶厅镇筸(今凤凰县沱江镇),故人称熊凤凰。其父熊兆祥,号云卿,嗜好诗文字画,承袭云骑尉世职,官至衡州澄湘水师营管带。熊希龄六岁在镇筸入塾启蒙,后因家迁芷江,入芷江县秀水书院学习,年十四岁考中秀才。1888年,他入沅州府沅水校经堂附读,课余常阅读新书新报,眼界为之大开,逐渐有了经国济世的抱负。由于在沅州府接连两次考试成绩优异,受到沅州太守朱其懿的重视,1891年3月被保送到长沙湘水校经堂攻读,同年秋应乡试中举人。翌年,他在黔江书院充教习,闲时练字以备日后参加殿试。1892年4月,他入京参加会试中贡士。之后曾上书湖南巡抚吴大澂倡言武备,提出关于整顿湖南武备八项建议。1894年5月,熊希龄补应殿试成进士,授翰林院庶吉士入词馆。

　　1894年7月,中日甲午战争爆发,清政府战败被迫签订屈辱的《马关条约》,严重的民族危机激发起熊希龄的爱国热忱,曾上书反对与日议和,并主张"革新庶政"。嗣后,他走投笔从戎之路,被张之洞委充两湖营务处总办,著有《军制篇》,系统地提出改革军事制度的意见。时维新变法运动在北京、湖南等地率先展开,湖南新任巡抚陈宝箴实行新政,熊希龄遂回到湖南帮助陈宝箴办理新政。首先筹办实业,向陈宝箴建议筹办枪厂、机器制造厂、两湖轮船公司,并兴路矿等业。因多种因素制约成效不大,遂转而致力于创办学堂、开报馆、组织社团等新政。

　　1897年10月,在陈宝箴的支持下,熊希龄与岳麓书院山长蒋德钧等创立湖南时务学堂,效法日本维新,研究西学,"探求攘夷之道",培养维新变法的人才。由熊任总理,聘请梁启超任中文总教习,韩文举、叶觉迈、谭嗣同等先后任分教习;李维格任西文总教习、王史任分教习;许宝垣为数学教习,大力提倡新学新政。翌年2月,他与谭嗣同、唐才常等组织"南学会",由经学大师皮锡瑞主讲,以讲"爱国之理,求救亡之法"宣传维新变法,于各地设立分会;3月又创办了湖南第一家近代报纸《湘报》,他任经理,唐才常任总撰述,谭嗣同、梁启超等任撰述,鼓吹"开民智"、"倡西学",提倡新学、新政,实行变法维新。此外,还组织湖南不缠足会、延年会等社团,以及开办团练、整顿湖南通省书院等等。为此有力地推动了湖南地区的维新运动,守旧派王先谦、张祖同、叶德辉等群起反对,以时务学堂为目标,把攻击矛头指向熊希龄和陈宝箴。由于陈宝箴的妥协退让,湖南维新派阵营随之瓦解,梁启超等先后离去。熊见大势已去,遂回到其父任职的衡阳,想过一段平静的日子。8月,他应召入京陛见,因故未能如期至京。旋戊戌政变发生,谭嗣同等六君子罹难,熊希龄亦被指为康、梁同党,受到革职处分,被迫隐身于衡阳、沅州。他悲观失望,闭门读书,历时近四年之久。

　　1902年5月,朱其懿任常德知府,创办西路师范讲习所,邀请熊希龄任讲习,后改为师范学堂,他任副办。与此同时还开办启智书局,又与人合办常德中学,复出于教育界。翌年秋,熊希龄受到湖南巡抚赵尔巽的赏识,被委为常德西路师范学堂监督,并参与赵尔巽诸种新政的议事,如废除书院制、开办各级学堂、派留日学生、创办省矿务总公司,以及裁撤绿营、编练新军等。为此又遭到湖南守旧派的攻讦,学务和新政又办不下去,于是乃转向办实业。

　　1904年秋,熊希龄前往日本考察工艺;回国后向新任湖南巡抚端方上呈振兴湖南实业计划和设想,以及兴办实业学堂,受到端方的赞许。为了兴办实业,首先在沅州开办了民立务实学堂,开设养蚕课,办有营造、养蚕、缫丝等工场,将学工结合,后改名务实蚕业学校。与此同时,还创办了醴陵瓷业学堂,开办瓷业公司,用以改革和创新醴陵的瓷业,颇有成效;又与杨度等合办华昌炼矿公司;曾计划办硫磺公司未成。熊希龄是湖南近代创办实业先驱人物之一。

1905年5月,赵尔巽任盛京将军,奏请朝廷免去对熊希龄的"永不叙用"的处分照准。7月,清政府派载泽、端方等五大臣出国考察宪政,经端方举荐为奏调随员,任二等参赞官,熊希龄于是重新走上政坛。12月,他随钦差大臣户部侍郎戴鸿慈、湖南巡抚端方出国,到了德国,于次年5月先行回国,以便完成一部宪政的书和撰写考察后的条陈与奏折。熊希龄一面组织人搜集外国宪政方面的资料编书,一面找了杨度和梁启超写奏议。待五大臣回国后,《欧美政治要义》一书和立宪奏议两大任务早已完成,为此受到朝廷以道员衔分省补用、记名四川道的奖励。由此梁启超等立宪党人和清朝大臣们的关系也得以疏通。当梁启超等于1907年10月组建政闻社时,他化名文福兴与梁暗中书信往来,参与筹划和决策,并疏通袁世凯、端方、赵尔巽等大吏为立宪党捐款。在清政府筹备立宪活动中,熊关心宪法的编纂,对宪法大纲提出八项意见;同时还提出办理外交宜未雨绸缪防患于未然的办法和措施。

1906年9月,熊希龄被赵尔巽委为奉天农工商局总办,因办理新政有功又任农工商部商务议员。次年4月,他被派赴日本考察工商和教育。在赵尔巽离开奉天后,他改任江苏工商局总办兼苏属谘议局筹办处会办。此外还兼两江督署总文案兼宁属谘议局筹办处会办,以及南洋印刷官厂监督等职;又与人筹办宝应长湖垦殖股份有限公司,兼顾湖南醴陵瓷业。1909年7月,熊希龄被清政府赏给四品卿衔,派往奉天任东三省清理财政监理官,被推为本国农务联合会主席,之后又相继兼奉天盐运使、东三省屯垦局会办、奉天造币厂总办等,被称为理财能手。

1911年10月武昌首义爆发后,熊希龄和张謇等立宪党人取一致态度,联名通电赞成共和。12月至上海会见黄兴、宋教仁等革命党人,表示维护共和大局,并组织湖南共和协会,任会长。翌年1月,章太炎等组织中华民国联合会,熊被选为参议员、理事。之后改组成统一党仍为理事,共和党组成时亦为理事。当唐绍仪内阁组建时,他被多次邀请出任财政总长未应,后无法推辞始于4月任财政总长。上任后,他计划节减军费,速立国家银行,预筹币制办法,改良税则,筹划盐烟专卖,划分税目,速定会计法规,整顿公债等,以整顿财政。但实际工作却是要他立即筹款,负责与六国银行团商谈善后大借款。5月议定了第一批借款,因借款书上有银行团派一人为核算员的"监督条件",立即遭到各方指责,他曾一度提请辞职未准。之后又继续与银行团商议借款,以条件太苛而停议,仍遭各方反对,乃于7月辞职。袁世凯仍要他帮助解决财政问题,委他为财政委员会会长。1913年,熊希龄改任热河都统,负责筹建热河省,以及修筑铁路、整修避暑山庄等事宜。其间曾发生行宫盗宝案,他受到怀疑。7月,他以都统名义通电支持袁世凯反对国民党。

　　袁世凯镇压"二次革命"后,为了获得在国会内有势力的进步党的支持,以便顺利攫取正式大总统职位,1913年7月选择了熊希龄为国务总理。熊于8月任职,国务院内阁名单到9月才经国会通过,由熊自兼财政总长,以梁启超任司法总长,张謇任工商总长,汪大燮任教育总长,其余五个总长均系北洋派,成为北洋派与进步党的联合内阁。由于熊、梁、汪等是社会名流,张謇是实业家兼教育家,于是被称为"第一流人才内阁"。

　　熊希龄任职后,表示要使"中华民国成为法制国",实行内阁制。并发表《政府大政方针宣言》,表示要整顿"内政"、财政,改革弊政,实行司法独立,提倡教育,进行经济建设,"谋自立以渐进于富强"。从主观上讲,不失为一个建设资产阶级共和国的纲领,但和袁世凯的封建独裁专制却大相径庭,失败也就是必然的了。

　　1913年10月,袁世凯利用国会选举正式当上了大总统,便以"增修约法"为借口,相继解散了国会和国民党,宪法起草委员会也自行解体,进而组织政治会议为御用工具,进步党亦被袁抛弃。在此环境之下,熊希龄不仅无法施行其政纲,反而只能听命于袁,恭顺地副署解散国会和国民党的命令。此后熊内阁便被袁视为障碍,袁还暗中策划各省都督攻击,利用热河行宫盗宝案涉嫌事,通过舆论制造非议,熊希龄陷于困境,十分悲观失望。1914年2月,梁启超、汪大燮联袂去职,他也只好先后辞去财政总长和国务总理之职。

熊希龄辞职后被袁世凯委为全国煤油矿督办,他仍然热心地拟订勘查开采条例,聘请外国技师探测和开发,向袁上呈筹办煤油矿的办法和意见,还打算出国考察,想转而尽心于实业。但由于资金和人才的缺乏,办理经年毫无成效,其抱负照样落空。但他仍受袁世凯的笼络,任参政院参政。熊希龄在无事可做的情况下,1915年3月请假回家。数月后回到北京,时值袁世凯加紧复辟帝制,他不愿被卷入复辟的旋涡,8月又请假回到湖南沅州。

熊希龄回到湖南,想为地方办点公益事业,撰写《疏浚洞庭湖刍议》,考虑如何根治洞庭湖的水患。11月袁世凯电促其回京,他复电续假一个月。12月,袁施展手段,推熊的夫人朱其慧为宫中女官长,迫他返回北京支持帝制。1916年1月,熊希龄被迫回到北京,袁世凯当上皇帝,授他为中卿加上卿衔。在无可奈何之下,熊只好暂与周旋。时蔡锷、梁启超在云南发动护国讨袁,贵州护国军攻入湘西。熊希龄借老母在家乡遭到战火又向袁请假,袁世凯此时想借重他南下,企图通过他向蔡锷、梁启超疏通商讨调和之策,于是准其只身回乡。熊希龄回到常德,致函袁世凯说明疏通无望。3月,袁又任命他为湘西宣慰使,让其联络湘西地方当道对袁军放行。熊借宣慰之名策动乾州、凤凰等县独立,并约定交战双方商订停战和约,还办理各项救灾恤民事宜。4月,熊希龄电请南北双方订立停战条例,并再向袁呈请辞职,5月还劝袁"速定退位之计"。6月袁世凯气绝身亡,他才返回北京,请求恢复民元约法。翌年2月,熊先后任平政院院长、政务评议会评议员。之后,他萌生退意,"决志隐退",住在天津英租界奉母颐养。

决心退出政坛后的熊希龄，仍然忧心国事，眷念桑梓和民生，把他的后半生献给慈善教育事业。1917年秋他任京畿水灾河工善后事宜处督办，尽力办理赈务和河工；在北京创设慈幼局二所，收容无家可归的老幼。翌年10月在北京香山创办香山慈幼院，自任院长。与此同时，还创设湖南义赈会、临时妇孺救济会、婴儿教保院、北洋平民工读学校、长沙平民大学、兑泽学校等等。当时北洋军阀混战开始，他曾任平和期成会会长，调和南北相持的政局；与张謇等组织北京国民外交协会，主张废除不平等条约，收回租界，废除临时裁判权；斡旋南北和议。

熊希龄在慈善教育事业方面的成绩卓越，社会地位显著，曾任北京老弱临时救济会名誉理事长、顺直水利委员会委员长、北五省协济会副会长、中华慈善团体全国联合会临时正主任、天津红十字会名誉会董、北平红十字会会长；又任中华教育改进社董事长、中美协进社社长、协约国国民协会会长、教育基金委员会委员、全国赈务委员会委员等近二十个职务。所办慈善教育事业最驰名的是北京香山慈幼院。

北京香山慈幼院，不单是个慈善机构，而且是个教育机构。熊希龄主张教育贫富均平，尤注重幼儿教育，把慈善事业和教育结合，使家庭、社会、学校结成一体，同时还将普通教育和实业教育结合起来。设有幼稚园、小学、男中学、女师范、中等职业班，以及图书馆、理化馆、美术馆，还有鞋厂、铜厂、石工厂、化工厂、印刷厂、商店、农业试验场等各种工场，实行学与工结合；在教育内容上，除知识教育外，还注重人格和爱国主义教育，社会生活能力的培养，有学生一千六百余人。熊希龄是民国著名的社会慈善事业教育家。

熊希龄一生爱国爱乡始终如一，在其晚年，爱国热忱更值得称道。1925年五卅运动中，他在北京发起组织"沪案失业同胞救恤会"，并参加集会游行追悼死难同胞。翌年12月与孙宝琦等联名通电，呼吁召开国民会议"共定国是"。"九一八"事变后，他动员香山慈幼院的学生组织义勇军抗日；同时与朱庆澜等组织中华民国国难救济会，上海湖南人国难救济会；并呼吁张学良、冯玉祥等将领坚持抗日，积极为抗日救亡而奔走，被聘为国民救国会指导委员。上海"一二八"抗战时，他致电蒋光鼐、蔡廷锴等支持抗日；在上海组织"卫国阵亡将士遗族抚恤会"，进行善后事宜；在香山慈幼院进行抗日救亡总动员，组织抗日义勇队，并赴南京敦促国民党要人抗日；还将自己的全部家产捐给社会慈善事业，次第在平、津、湘三地举办十二项慈善事业。热河长城抗战时，熊希龄亲临前线视察，组织救护队救死扶伤。

1937年2月，熊希龄以世界红十字会中国分会会长身份前往爪哇出席国际禁贩妇孺会议，会后至青岛筹办婴儿园，并往来于京沪间着手推广其慈善事业计划。上海"八一三"淞沪抗战爆发后，他主张长期抗战，在上海与红十字会共同设临时医院四处，难民收容所八所，还设街童教育社救济儿童，积极救死扶伤。上海沦陷后，他转至香港。

1937年12月25日，一生爱国利民的著名爱国慈善事业教育家熊希龄，患脑溢血病逝于香港。

## 主要参考资料

周秋光：《熊希龄集》上、中、下三册，湖南出版社1996年版。

周秋光：《熊希龄传》，湖南师范大学出版社1996年版。

杨大辛等主编：《北洋政府总统与总理》，南开大学出版社1989年版，第250—262页。

关瑞晋：《解放前的北京香山慈幼院》，中国人民政治协商会议全国委员会文史资料研究委员会编《文史资料选辑》第31辑，中华书局1962年版，第155—166页。

# 虚　云

王学庄

虚云是民国年间有名的大和尚，习禅苦行，以长于整顿佛教丛林、重兴名刹著称。

虚云原籍湖南湘乡，1871年9月14日（清同治十年七月三十日）[①]生于福建泉州。其父肖玉堂曾任泉州知府，卸任后流寓该地。虚云是个独生子，兼祧两房，备受溺爱，很早就娶了两个妻子。1891年（清光绪十七年）[②]，他突然离家，跑到福州鼓山涌泉寺剃度，拜妙莲和尚为师。次年，被其父侦知，勒令归家。过了一年，他又逃回寺中，从此脱离了家庭。他刚出家时，法名古岩，字德清，后来才改叫虚云，别署幻游。

虚云在鼓山修头陀苦行，静坐念佛三年余，然后离寺云游。他先在浙江、江苏、安徽一带的名山大寺参禅听经，在江宁会见过著名的佛学家杨仁山居士。1897年，他返居扬州高旻寺。1898年，到镇江焦山寺听经，随后往安徽铜官山结茅安居。不久，他启程北上参禅，计划经泰

---

山赴五台,然后再折往终南山。1900 年抵北京,恰遇义和团运动爆发,往五台通路被阻。八国联军进攻北京,虚云随清朝帝后的逃亡队伍西行,出长城,赴陕西,途中结识了不少王公大臣。抵西安后,他往终南山结茅,改名虚云。

1902 年,虚云离终南山前往四川峨眉山,并去西藏。因见西藏教规不同,折至云南鸡足山。鸡足山历史上是佛教重地,这时只剩下破烂子孙庙十余处。各庙不容外来和尚挂单,虚云无处落脚。1903 年,大理提督张松林邀请虚云往大理崇圣寺讲经。虚云不愿留居城内,张便教宾川知县在鸡足山钵盂峰找了一座破院供他安身。从此,虚云就在各式各样的反动统治者直接庇护下进行宗教活动。他将这座破院改成迎祥寺,接纳四方僧众,募捐兴修寺院,至次年春,来求戒者达七百人之多。1904 年,虚云出国前往暹罗、南洋讲经募款,并往台湾、日本参观佛教。途经吉隆坡时,得滇中来信,说官府因兴办新政,遍提寺产,请其设法挽救。虚云回到上海,便请寄禅(敬安)和尚一同赴北京上诉。1906 年,他得当年结识的权贵们的支持,获得一通上谕,"着各该督抚饬令地方官,凡有大小寺院及一切僧众产业,一律由地方官保护"①。虚云还在京活动为云南寺院请龙藏(清朝内务府刊印的佛经)。经肃亲王善耆等发起奏请,清廷于同年夏降旨将迎祥寺赐名"护国祝圣禅寺",虚云赐号"佛慈洪法大师",颁赐龙藏及各种佛教用具。清廷的青睐,使虚云陡然身价百倍。

1911 年,辛亥革命爆发,贪酷的宾川知县张某被起义民众围攻,虚云玩弄阴谋,将张救出。次年,民国建立,清室退位,出现逐僧毁寺风潮。滇军师长李根源亲自督军上山,预备逐僧毁寺,指名捉拿虚云。虚云只身往见李根源。李根源责问:"佛教何用?"虚云答道:"自古立国皆以政教并化,政能治身而不能治心,惟教能治心;心为万物之本,本得其

---

①　鼓山侍者:《虚云禅师事迹纲略》,理真居士编《虚云禅师事略》,大雄书局1942 年初版,第 1—29 页。

正,何身之不治?"他非常明白宗教对于统治者的功用,几经辩驳,终于折服了李根源。同年,他赴沪与寄禅等协商,将寄禅等倡设的中国佛教会,重订章则,改为中国佛教总会。因政府的更迭,他在南京见过孙中山后,又赶赴北京去见袁世凯。回滇后,组织滇、黔两省佛教总会滇藏支部。在新的"大护法"保护下,祝圣寺的香火依然十分兴旺。

1920年春,虚云应云南督军唐继尧邀请,往昆明主持水陆道场,唐全家皈依佛教。这种水陆道场,在八年间启建了九次。他还应唐邀请,重兴昆明西山云栖寺,大兴土木。虚云按照古碑记载的庙产数字,由唐出告示,用低价将数百亩田地及方圆四十里的山场勒赎归寺,引起民众怨愤。为此,他在财产到手后,又举办慈善事业来笼络民众。

1929年冬,南京国民党政府闽籍官僚林森、杨树庄、方声涛等和福州涌泉寺僧众,邀请虚云赴闽任该寺住持。虚云崇奉唐代高僧怀海的《百丈清规》,在所住持的寺院内,均按此建立僧团制度。他到鼓山后,竭力革除旧有陋规,实行十方丛林制,这种做法虽遭受该寺上层僧众的抵抗,但吸引了四方大批僧众。1931年,在涌泉寺设立佛学院,以省主席杨树庄为名誉院长,虚云自任院长,训练年青的僧徒。杨树庄之母拜虚云为师,杨及闽省官僚便成了虚云的"大护法"。涌泉寺藏有大批宋明以来经版,虚云聘请观本和尚前往整理,编成《鼓山经藏目录记》。1933年冬,十九路军在福建发动反蒋事变,要求抗日。福建人民政府主席李济深时常到鼓山听禅或躲避空袭,虚云亦与李结为友好。

1934年夏,国民党广东西北区绥靖专员李汉魂派人邀请虚云去曲江住持南华寺。南华寺最初是禅宗六祖慧能的道场,此时已成了一座破败不堪的子孙庙。虚云提出四个条件,其第四条为"所有出入赀财、清理产业、交涉诉讼等事,概由施主负责"①。这条要求概括了他多年

---

①　虚云:《重兴曹溪六祖道场记》,《圆音月刊》第1期(1947年),第42—49页;亦见岑学吕编著:《虚云法师年谱》,题作《重兴曹溪南华寺记》,宗教文化出版社1995年版,第94—104页。

来"弘法"的经验，即依仗反动统治者的权势、资财扩张佛教势力。李应允后，他立即扶病到粤北观察情况，当面向李索取"数十万金"。1935年秋，虚云正式由鼓山到南华寺主持重建。他用警察驱逐了住在庙内的贫民，亲自监督工匠兴修大小殿堂楼阁，在十余年内，共建成房屋三百余间，装塑佛像七百多尊，能容一二百僧众常住。由于工匠们辛勤劳作，精心制造，改建后的南华寺颇为壮观，重新成了广东首屈一指的佛教圣地。此外，虚云还按照旧日该寺以周围四天王岭为界的记载，请当局派人履勘划界，将界内"寺产"无契没收，有契贱赎。收回无尽庵时，驱逐住户，致使二十余户贫农无家可归。其徒众荷枪向佃户收租，租谷由1935年的二十担激增至1939年的数百担。李汉魂也在寺边修建了洋房别墅。

南华寺自虚云来到后，达官贵人不绝于道。不久，即举行千佛大戒，受戒者数百人，吸引了广州及港澳的大批显要富豪前往观礼。此后，每年举行一次，直至日本军队占领韶关，仍未停止。1942年11月，国民政府主席林森在重庆发起"护国息灾大悲法会"，派屈映光等赴粤迎接虚云前往主持。虚云乘车经湘、桂、黔抵渝，主持法会四十九天。他在法会上赞美国民党反动统治，说什么"四方共乐无为化，同颂尧天舜德明"①。虚云离渝前，蒋介石亲自设宴招待，由林森等作陪。

1943年，虚云移居广东乳源云门寺，以本焕为南华寺住持，继续控制着该寺实权。本焕在山西五台山当和尚时，充当汉奸，遗有血债，住持该寺后，成为地方一霸。

1946年，虚云又应广东当局邀请到广州举行超度抗日阵亡将士法会，再度轰动广州、港澳。当时，广州六榕寺住持铁禅因汉奸罪入狱，虚云上书当局请求保释铁禅，并想乘机谋充该寺住持，但终因佛教内部的派系矛盾，受到当地部分僧众反对，未能成功。

---

① 虚云：《在重庆狮子山慈云寺上堂开示》，《虚云老和尚法汇》，黄山书社2005年版，第110页。

1947年夏,宗教界一些人根据太虚（中华佛教会主持）生前的提议,在上海组成中国宗教徒和平建国大同盟,虚云被推为该盟中央监察委员。同年,蒋介石为南华寺《同戒录》题词"丕振颓风"①,表彰虚云等用佛教麻醉人民的功绩。

1948年冬,虚云收美国女子詹宁士为归依徒,法名宽宏。

1949年秋,广东解放。人民政府严遵中央制定的宗教政策,予虚云以礼待。

虚云对在云门、南华地区进行的民主改革,暗加抵制。1952年,南华寺本焕等因反革命罪被公安机关依法逮捕,虚云曾为之叫屈。同年,虚云应邀离粤赴上海参加和平法会,他的爱国表现受到了欢迎。冬,应邀赴北京参加发起中国佛教会会议。1953年夏,在北京广济寺举行了中国佛教会成立会。虚云被推为名誉会长之一。人民政府的争取和团结,给了虚云摆脱同华南残余旧势力瓜葛、从事正常宗教活动的便利条件。虚云旧友李济深劝他留在北方,但是他不愿意。同年,他应邀前往江西永修真如寺当住持,主持复兴古刹。

1959年10月13日,虚云因患噎膈慢性消化不良症在真如寺去世。

---

① 《勅建曹溪宝林山南华寺同戒录》（丁亥）。

# 徐　悲　鸿

李仲明

徐悲鸿是中国近代对中国画由传统型向现代型转变作出重大贡献的艺术大师。1895年7月19日（清光绪二十一年闰五月十一日）生于江苏宜兴县屺亭桥乡。其父徐达章（1869—1914）是一位自学成才的贫苦画师，擅画人物、花卉，能诗，兼善榜书、篆刻。除授课外，还经营三亩瓜田，勉强维持一家生活。

徐悲鸿六岁时在父亲指导下开始读书，渐渐喜欢绘画；九岁时开始随父亲学画，每天临摹吴友如的石印人物画，并练习写生、着色；十三岁时随父亲辗转于邻近各县村庄卖字画以维持生计，这使他更多地了解民间的疾苦；十六岁那年，武昌起义爆发，清朝被推翻了，建立了中华民国。十七岁的徐悲鸿于1912年（民国元年）到上海卖画，见到一些西方艺术大师绘画的复制品，耳目一新，产生了去欧洲学习西画的愿望。十九岁时父亲病故，徐悲鸿只得在和桥镇彭城中学、始齐女子学校和宜兴女子学校三校担任图画课教学，以维持全家生活。女校的国文教师张祖芬鼓励他："人不可无傲骨，但不可有傲气。"认为他"盛年英锐，岂宜居此"①。

1915年，二十岁的徐悲鸿再赴上海，但求职艰难。他一面坚持作画学习，一面寻找机会工作，有时困难到一天只吃蒸饼一块，有时终日挨饿，仍坚持作画，曾投稿给岭南画派画家高奇峰，高十分赞赏，认为徐

---

①　李松编著：《徐悲鸿年谱》，人民美术出版社1985年版，第9页。

悲鸿画的马"虽古之韩干,无以过也",并出版了他的作品,使他解决了学习、生活的困难①。

1917年5月,在犹太富商哈同秘书姬觉弥资助下,徐悲鸿与蒋碧微一起赴日本东京,研究美术;同年,两人结为夫妇。翌年,徐悲鸿认识了蔡元培,蔡邀请其任北京大学"画法研究会"导师。1919年3月,徐悲鸿赴欧洲留学,1920年春入法国巴黎美术学校学习;同年6月,他在蔡元培主编的《绘学杂志》上发表《中国画改良论》,文中指出由于"守旧",使"中国画学之颓败,至今日已极矣",提出"古法之佳者守之,垂绝者继之,不佳者改之,未足者增之,西方画之可采入者融之"。提倡写实,反对抄袭,并提出:"改之方法:学习、物质(绘画工具)、破除派别。"②徐悲鸿留欧八载,遍历英、法、德、意、比利时、瑞士等国,创作出油画代表作品《老妇》、《持棍老人》、《抚猫》、《自画像》、《箫声》、《黄震之作》等,及《男人体》、《女人体》等习作。徐悲鸿既精通中国的传统绘画,又刻苦研究西方绘画技巧、规律,融会贯通中西艺术,成为会通中西、改革中国传统绘画的首创者。

1928年徐悲鸿回国,1930年完成油画《田横五百士》。这幅重要的油画巨作寓意深刻,意在借歌颂古人威武不屈的气节,激励国人不畏强暴势力,抵御日本军国主义的侵略。1928年7月,徐悲鸿应福建省教育厅厅长黄孟圭邀请去福州过暑假,并请他画"五三"惨案中被日军杀害的蔡公时烈士油画像。徐悲鸿在讲学、访友之余,不顾炎热,精心作画,在约一点八乘以三点五米的草图上,"徐先生用巧妙的方法构图。我见他画的素描草图上面,蔡公时的背影面对两个日本宪兵,地上翻倒着一个箱,前景画一张长桌"③,塑造了蔡公时烈士大义凛然、威武不屈的光辉形象。

---

① 李松编著:《徐悲鸿年谱》,第15页。

② 李松编著:《徐悲鸿年谱》,第25页。

③ 王临乙:《亲自经历的几件事》,中国人民政治协商会议全国委员会文史资料研究委员会编《徐悲鸿》(回忆徐悲鸿专辑),文史资料出版社1983年版,第46页。

　　1931年,"九一八"事变日军侵占中国东北后,徐悲鸿创作了《九方皋》、《傒我后》等油画巨作,其中《九方皋》中的黑马,徐悲鸿为它画上了缰辔,这在他以前的创作中是很少见的,有人问他为何如此处理? 他说:"马也和人一样,愿为知已者用,不愿为昏庸者制。"①体现了他在民族危亡之际,盼望政府重视人才,拯救祖国的赤诚之心。30年代初,徐悲鸿与田汉、欧阳予倩在上海"南国社"共事,田汉写剧本《械斗》,表现"兄弟阋于墙,外御其侮",但上演情况不佳,观众较少。徐悲鸿见状,写文章给田汉打气,文称:"垂死之病夫,偏有强烈之呼吸;消沉之民族,乃有田汉之呼声。其音猛烈雄壮,闻其节调,当知此人之必不死,此民族之必不亡。"②

　　1932年上海"一二八"事变爆发,驻沪十九路军奋勇抗日,得到上海民众的支持,但因国民政府采取不抵抗政策,十九路军被迫撤退。徐悲鸿激于爱国热情,创作中国画《雄鸡》,并题:"雄鸡一声天下白——十九路健儿奋杀敌,振垂毙之民族,图以美之。"同时期创作的中国画还有《独立》(马)、《沉吟》,反映他忧国忧民的爱国热忱,后者题诗:"天地何时燬,苍然历古今,平生飞动意,对此一沉吟。壬申危亡之际。悲鸿。"③1936年春,徐悲鸿愤于国民党的丧权辱国,拒绝为蒋介石画像,并在《新民晚报》发表评论蒋介石礼义廉耻诠注的文章,文曰:"何谓蒋先生的礼义廉耻? 礼者,来而无往,非礼也,日本既来中国,双手奉送东三省,此之谓礼也。义,不抗日,捐廉(上海方言钱与廉同音)买飞机,平西南。阿拉(我)不抗日,你抗日,你就是无耻。"1936年两广事件和平解决,徐悲鸿在为他举行的欢迎会上畅谈广西之行的印象:广西省政府的墙壁上写的是"民耻教战",而不是什么"不抵抗政策"④。

---

　　① 郑一奇:《融会中西的杰出艺术家徐悲鸿》,宋嘉沛主编《民国著名人物传》第4卷,中国青年出版社1997年版,第527页。

　　② 冯法禩:《一代巨匠　艺坛师表》,《徐悲鸿》,第38页。

　　③ 李松编著:《徐悲鸿年谱》,第58页。

　　④ 冯法禩:《一代巨匠　艺坛师表》,《徐悲鸿》,第38页。

1937年"七七"事变后,全面抗战开始,徐悲鸿从南京去桂林,后内迁重庆。入蜀途中,徐悲鸿眼见劳动人民的艰苦生活,创作《巴人汲水》《贫妇》等,曾在《巴人汲水》上题:"忍看巴人惯担挑,汲登百丈路迢迢;盘中粒粒皆辛苦,辛苦还添血汗熬。廿六年冬,随中央大学入蜀,即写所见。悲鸿。"[①]

1938年至1941年,徐悲鸿应印度诗人泰戈尔之邀,远去印度,在印度、新加坡等地,多次举办画展,并将卖画所得,全部捐献给祖国,支援抗战。他创作了《九歌》《群马图》《大士像》等名作。1940年,他在印度完成了中国画巨作《愚公移山》,深刻表达祖国人民在民族危难中,坚持斗争,夺取最后胜利的坚定信念与顽强意志。徐悲鸿侨居印度时,为泰戈尔画像。在新加坡,徐悲鸿又与诗人郁达夫交往频繁,郁达夫曾为徐悲鸿的画作题诗:"花中巢许耐寒枝,香满罗浮小雪时;各记兴亡家国恨,悲鸿作画我题诗。一九四〇年作于新加坡,郁达夫《题悲鸿画梅》。"[②]

1942年,徐悲鸿回国,继续任教于中央大学,并在重庆磐溪筹备成立中国美术学院。在这段日子里,徐悲鸿过着艰苦的生活,房屋透风,点煤油灯,吃发了霉的"平价米"。1944年,他患了高血压和慢性肾炎。1945年2月,重庆文化界以郭沫若为首,掀起争取民主的签名运动,呼吁取消特务组织,废除国民党一党独裁,建立民主联合政府。徐悲鸿毅然在《文化界对时局进言》上签名,受到国民党特务的威胁恐吓,他坚定地表示:"人在曹,心在汉,我签的名,我负责到底。"[③]

抗日战争胜利后第二年,徐悲鸿离重庆北上,出任北平艺专校长,途经上海时,见到周恩来、郭沫若。周恩来鼓励徐悲鸿办好北平艺专,"为人民培养一批有能力的美术工作者"。北平艺专复校后,徐悲鸿约

① 李松编著:《徐悲鸿年谱》,第68页。
② 李松编著:《徐悲鸿年谱》,第79页。
③ 李松编著:《徐悲鸿年谱》,第90页。

请了一批进步的、有成就的教师任教,规定国画、油画、雕塑、图案、陶瓷各系都要学习两年素描,以掌握写生能力,教导学生:"画画要诚实,要脏,不要净;要方,不要圆;要笨,不要巧。"①

1947年10月初,国民党文化运动委员会领导的"北平市美术协会"指责徐悲鸿"摧残国画",艺专国画组三位教授也提出罢教。10月15日,徐悲鸿召开记者招待会,并发表书面谈话《新国画建立之步骤》,指出"建立新中国画既非改良,亦非中西合璧,仅直接师法造化而已"。11月28日,他又发表《当前中国之艺术问题》,提出:"艺术家应与科学家同样有求真的精神","若此时再不振奋,起而师法造化,寻求真理,则中国虽不亡,而艺术必亡"。②

1948年年底,国民政府教育部打电报,派了专机要接徐悲鸿去南京,徐不为所动,继续团结北平艺专师生员工,保护学校,拒绝南迁。在傅作义召开的最后一次院校长会议上,当提出何去何从的问题时,会场沉寂无声,徐悲鸿第一个发言,率先声明不能走,要留在北平迎接解放,并请傅作义将军考虑保护北平这座文化古城和人民生命财产安全。

1949年2月,北平和平解放。徐悲鸿兴奋地写诗赞颂:"山河百战归民主,铲尽崎岖大道平。"同年4月,徐悲鸿出席在布拉格举行的第一届保卫世界和平大会。

新中国成立后,徐悲鸿担任全国美术工作者协会主席、中央美术学院院长等职;创作了《慰劳》、《毛主席在人民中》(画稿,部分)、《奔马》等画作。

1953年9月26日,徐悲鸿因病逝世。1954年10月,徐悲鸿纪念馆建成。徐悲鸿的学生主要有吴作人、蒋兆和、李苦禅、韦江凡、傅抱石、吕斯百、王临乙、尹瘦石、冯法祀、艾中信、刘勃舒等。

---

① 曾善庆:《终生难忘的情谊》,《徐悲鸿年谱》,第81页。
② 李松编著:《徐悲鸿年谱》,第100页。

# 徐 恩 曾

刘敬坤

徐恩曾,字可均。1898年(清光绪二十四年)出生于浙江吴兴双林镇。徐父经营商业并兼出租土地,早亡。徐与陈果夫、陈立夫为远房表兄弟。徐有兄弟三人和一个姐姐,由在北京任职的长兄徐恩源供给两个兄弟读书。徐恩曾幼读私塾,后入本镇小学,1913年高小毕业,至吴兴考入省立第三中学。徐记忆力强,读书用功,1917年夏,中学毕业后,考入上海工业专门学校(由南洋公学改称)电机工程科。1922年夏,徐在上海交通大学(由上海工专改称)毕业,自费至美国入西屋工厂实习,后入卡奈奇工学院读工厂管理。1924年秋,徐与陈立夫在旧金山国民党驻美总支部同时加入国民党。1925年,徐获硕士学位,同年秋回国,在上海市自来水厂任工程师。

1927年4月,南京国民政府建立后,徐恩曾至国民党江苏省党部工作。1929年2月,南京中央广播电台筹建时,徐恩曾参加筹建工作,并建议在上海真如筹建国际广播电台,在上海举办无线电人员训练班,自荐为训练班负责人。同年夏,无线电训练班招收学员,中共地下党员钱壮飞考入该班,以同乡关系为徐所赏识。

同年,徐恩曾经陈果夫、陈立夫兄弟援引,在国民党中央党部秘书处任总务科长。徐在总务工作中建立严格有序的文书档案管理制度,为中央党部安装电话总机,以方便对内外的联系;并编制一套难以破译的密电码,使保密功能大为增强。在此期间,徐了解到党务调查科职责重大,甚受领袖重视,乃积极谋求向该科问津。同年底,调查科主任叶秀峰因与陈立夫发生龃龉,陈遂以徐恩曾暂代。1930年春,叶秀峰调任中央政治会议秘书,徐恩曾遂于12月改任中央组织部党务调查科主任。

党务调查科于1928年2月初成立时,只有工作人员十多人,科内设采访与整理两股;股设总干事一人,干事、助理干事若干人。徐恩曾接任后,任命有秘密工作经验并被誉为“俄国通”的张冲为采访股总干事。为了加强对中共的斗争,采访股下增设了一个特务组,负责对中共活动的调查研究、密谋策划与采取行动等。此外,张冲自编特工教材,开办特工训练班以培养骨干;并向一些中心城市派驻特派员,在省城及特别市、各铁路局设立特务室,以加强对中共地下组织的侦破。

当特工机构基本上建立起来后,为便于开展工作,徐恩曾把调查科的活动从南京丁家桥中央党部移往中山东路紧邻中央饭店的一幢楼内,悬挂“正元实业社”的招牌作为掩护;又把在中央党部总务科的得力助手钱壮飞调往该科担任秘书,代徐坐镇;调查科的函件及科内事务,悉委钱处理。钱壮飞由此为中共特科人员的渗入及获取情报提供了条件。

徐恩曾又增设秘密电台,积极扩大工作范围。在南京设总台,在上海、武汉、北平、天津等地设分台,随时取得联系。调查科还与首都警察厅合作,利用该厅督察处的名义,借检查户口为名,将认为有共产党员嫌疑或进步人士加以拘捕,解送宪兵司令部关押。党务调查科此时已形成以陈立夫、徐恩曾、叶秀峰、张冲等人组成的领导核心,遇有重大决策时,陈果夫也应邀参加。

1931年4月25日,中共中央保卫局长顾顺章被捕叛变,钱壮飞侦知此事后,及时机智地赶往上海经李克农转告周恩来,使中共中央机关避免了一场重大灾难。为了掩盖录用钱壮飞失察之责,徐恩曾串通陈立夫严密封锁此事,并紧紧控制叛徒顾顺章,使之在南京军人监狱中指认出恽代英。当蒋介石得知中共要员被捕的报告后,对调查科的工作更为重视,召见徐恩曾时给以鼓励说:“有共无我,有我无共,必须放手大干,只求确有实效。"①并批给十万元奖金。

　　1932 年 3 月,中华民族复兴社特务处成立后,为了与该处展开竞争,经陈果夫、陈立夫、徐恩曾、叶秀峰、张冲等人商定,随即成立一个没有正式编制的"特务工作总部"(简称"特工总部"),由徐恩曾任特工总部主任,办公地址移设南京道署街(今瞻园路)132 号瞻园。特工总部成立后,经过多次调整,将原来仅具初级特务组织形式的党务调查科,发展成为现代规模的特工组织。特工总部的核心部门为书记室,下设组织、指导、审理、行动四组。凡总部所属各地的组织、人事及对中共和进步人士的侦查、破坏、逮捕、关押以至杀害,均由书记室研究决定,交具体部门去执行。除书记室之外,总部还设有训练、情报、总务三科,负责特工人员培训,指导下属各站、室对情报的收集整理和利用。此外,徐恩曾还在总部内设立了咨询性的设计委员会、督察室和通讯总台,把对建立特工总部起过重要作用的张冲调任设计委员会主任。张冲知道徐的后台是陈家兄弟,自己难以与之争雄,此后逐渐脱离特工总部。1936 年西安事变后,张冲调任与中共谈判代表,他在谈判中对中共谋求与国民党合作抗日的诚意有所了解,力主两党合作抗日。此后几年,张冲与周恩来建立了不同寻常的友谊。

　　此时的特工总部,除边远的新疆和西藏以及为地方势力控制的广西、云南、山西外,在各省和各铁路管理局都建立了特务室,在南京、上海等直辖市则称之为区。区和室都是秘密机构,对外则以肃反专员或特派员的名义进行活动。各省特务室设主任一人,秘书一人,下设总务、情报、组织、行动四科,较小省份的特务室不设行动科。特工总部在初成立时,本部仅有工作人员五十人左右,到 1937 年抗战爆发时,已增至三四百人之多。

　　特工总部成立后,忠实奉行国民党对共产党所采取的镇压政策,仅

---

①　中国人民政治协商会议江苏省委员会文史资料研究委员会编:《中统内幕》,江苏古籍出版社 1987 年版,第 13 页。

1932 年 12 月至 1933 年 7 月，由特工总部派人或经由首都卫戍司令部逮捕和杀害的共产党员即有近百人之多。中共中央自上海迁往江西苏区后，特工总部对中共上海中央局进行过三次重大的破坏。徐恩曾宣称："上海的共产党组织已全部扑灭。"特工总部破坏共产党的另一重要手法，是插手各地高等法院管辖的反省院或感化院，由该部派员担任院长，以加强对被拘押人员的"感化自新"。国共第二次合作后，1938 年 1 月 1 日，国民政府下令撤裁各地的反省院。

徐恩曾在《暗斗》一书中说，特工总部破坏了大量的中共地下组织，拘捕、杀害了大批的共产党人和进步人士。他认为特工总部是国民党与共产党作斗争的主要力量。

1934 年 12 月，国民党四届五中全会决定调整中央党部的组织机构，党务调查科升格为党务调查处，不久调濮孟九任处长。这时，徐恩曾只任特工总部主任。特工总部为了夺取情报，与中华民族复兴社特务处之间在邮电检查领域里展开激烈的争夺，竟闹到双方动武的地步。1935 年 5 月 4 日，蒋介石下令成立军事委员会调查统计局，派国民党中央组织委员会主任（即组织部长）陈立夫为兼任局长，派首都警察厅长陈焯为兼任副局长。局内下设三个处：第一处为党政处，即特工总部的全班人马与业务范围，由徐恩曾任处长；第二处为军警处，即复兴社特务处的全班人马与业务范围，由戴笠任处长；新成立的第三处为邮检处，主管邮电检查业务，由局本部秘书丁默邨兼任处长，后改由金斌担任。

1935 年 11 月，在国民党第五次全国代表大会上，徐恩曾当选为中央执行委员。1937 年 8 月，军委会改组为大本营，下设七个部，陈立夫任第六部部长，主管党务、特工及民众动员组训事宜。徐恩曾任第六部第四组组长、中将军衔，戴笠任第六部第五组组长、少将军衔。1938 年 3 月，在国民党召开的临时全国代表大会上，蒋介石宣布，对特工体制进行重大的改组。原军委会调查统计局第二处，升格为军委会调查统计局，简称军统局或军统；原军委会调查统计局第一处即党政处，归属国民党中央执行委员会,成立国民党中央执行委员会调查统计局,简称中统局或中统,由国民党中央党部秘书长兼任局长,徐恩曾任副局长,负实际责任。中统局在国民党中央党部中相当于部级单位。1938年8月,中统局在武汉成立,不久大队人马分三路撤往重庆。

抗战期间,中统局的主要活动是作两条战线上的斗争:一条是以日伪为主要工作对象,开展防(汉)奸防谍的活动;一条是以中共为主要工作对象,开展反共防共活动。但徐恩曾一再在局内强调:"反共,消灭共产党,是我们的历史任务","抗日是我们临时的次要的任务;反共是我们长期的基本的第一位的任务"①。实行两线斗争,但又侧重在反共防共方面。中统局初设三组、一处、一室的办公机构。此后,中统局又新设统计处、经济调查处与秘书室、人事室、机要室、会计室、专员室、资料室以及训练委员会、纪律审查委员会、侨务委员会(后改称侨务小组)、考绩委员会、党员调查网建立委员会。中统局还建立名为"生庐"的秘密机构,由徐恩曾与顾建中亲自掌握,成员大多是国民党各省党部委员转来的高级特工人员,专门研究与策划对付共产党的活动。

中统局成立后,原来特工总部所属各省市的肃反专员与特务室即行撤销,成立以原特务室为基础的省调查统计室。省室在所属各县设调查组或派出调查员,在重要的县城设立县调查统计室,其负责人称调查专员。重庆因系抗战时的陪都,中统局特设重庆实验区,在兰州则建立了西北区。中统局派遣人员进入司法行政部法官训练所学习后,分派到各省法院任职。中统局曾与英国情报机关在抗战时实行合作,在缅甸、新加坡以及留在印度的华籍海员中建立三个工作队,但均未获得合作成果。

中统局的组织十分庞大,而着重在基层的扩展与渗透;国民政府的各级机关以及文化教育部门和民众团体,都属于中统局的活动范围,都有中统局发展的"蚯蚓"。抗战时期,中统局自各大学和国立中学的学

---

① 柴夫:《中统兴亡录》,中国文史出版社1989年版,第143页。

生中吸收了不少新的成员。据1941年中统局人事科统计,在该局领取薪水的职业特工人员即达一万三千二百七十人。而由该局掌握的五类人员,即调查工作人员、党员调查网成员、通讯员和外围分子总数则有十万人之多。

1939年1月,在国民党五届五中全会上,蒋介石提出:"对中共不好像十五六年(指1926年、1927年)那样,而应采取不打它,但也不迁就它,现在对它要严正——管束——保育。现在要溶共——不是容共。"国民党遂对中共采取"溶共、防共、限共"的基本方针。同年1月23日,国民党秘密设置防共委员会,制定《限制异党活动办法》,中统局的工作中心遂即由原来的两线斗争全面转移到反共的方面。

《限制异党活动办法》是抗战时期国民党策划和进行反共活动的纲领性文件。根据《限制异党活动办法》又衍生出《共党问题处置办法》、《异党问题处置办法》、《处理异党实施办法》、《陕、甘两省防止异党活动办法》、《沦陷区防范共党活动办法草案》、《运用保甲组织防止异党活动办法》等系列文件,主要由中统局起草定稿后,经蒋介石审定批准,由国民党中央党部秘书处印发。徐恩曾强调称:"制裁共产党,要运用民众方式,党政机关避免直接出面,尤其避免党派斗争之痕迹。"要求由"政府秘密策动","地方务求严密,中央可示宽大"。

1942年4月,吴铁城担任国民党中央党部秘书长后,以加强交通部的特工活动为由,与陈果夫共同保荐徐恩曾任交通部政务次长。在徐兼任交通部政务次长时,曾批准在重庆九龙坡为交通大学盖了一片砖木结构的校舍,使交通大学于1942年正式迁校重庆,并开始在渝招收首届新生。这一举措,可能是徐某一生中所行的唯一善政。

1944年末,世界反法西斯战争已接近尾声,蒋介石要中央党部秘书长吴铁城等人共同草拟战后复员计划,吴即要徐恩曾代为草拟。徐与中统局的张国栋等人商量后,认为战后的复员方案应强调和平统一建国,并且"只有在统一的前提下,才能和平,才能建国"。因此,"首先是政令、军令的统一。要求共产党交出陕甘宁边区和其他抗日根据地的军权和政权;其次为财政、税收的统一,废止边区银行和钞票"等。徐恩曾提出的这个战后复员方案的统一前提,成为抗战胜利以后国民党在国共两党谈判中所一贯坚持的方针。

徐自从当上交通部政务次长后,便积极谋求向从政的路上去发展,针对大后方通货膨胀与物价飞涨情况,遂与中统局的赵毓麟草成《稳定经济的紧急措施》及《加强管理物价的方案》,主张改发行纸币为发行物价证券,国家改征税为征实;对公教人员及官兵一律改薪饷为折实的物价证券。徐恩曾把《措施》及《方案》呈送到蒋介石那里,蒋初看过方案之后,还当面夸赞徐的方案"不无见地"。等到蒋介石拿给吴鼎昌看后,吴当即指出,"大后方经济危机的关键所在是生产不继,求大于供,实物远远不能达到实际最低限度的需要";并指出此案不可行,暗示徐恩曾的目的是在"猎官"。自此以后,蒋介石对徐恩曾开始怀有不信任感。1944年4月,日军发动豫南会战时,蒋介石为了判断日军的战略动向,召集各特工机构负责人汇报,徐恩曾因忙于猎官,对此竟无材料,蒋介石当场对徐严词斥责,要徐集中精力,好好抓情报工作。1944年某日,重庆上清寺国民党中央党部内贴出"总裁独裁,中正不正"的标语,蒋介石命徐恩曾查了许久也一无所获,斥责徐"有忝职守"。对于中共机关报《新华日报》能在重庆广泛发行的责任,蒋介石也算到徐恩曾头上,说徐"无能"。加之徐与军统局戴笠的矛盾日益加剧,连续查出中统局人员两次私运假钞案,复有徐的前妻王书青在成都走私国家战略物资,扰乱后方市场,1945年1月,俞飞鹏接替曾养甫任交通部长,沈怡继徐恩曾任政务次长。同年1月30日,蒋介石下手令"免去徐恩曾本兼各职,永不录用",不许徐参与政治活动。自此,徐恩曾足不出户,在家闭门思过一月有余,对前来探视的老部下说,"自古大特务都是不得好死的",庆幸自己的脑袋尚在脖子上。

抗战胜利后,徐恩曾举家迁回上海,住霞飞路逸园新村七号,广泛展开社会活动,成为沪上的一个交际中心。徐在上海黄浦滩的麦加利银行楼上租了一间办公室,挂出中国农垦机械公司的招牌,向中国农民银行取得大宗贷款,在投机生意中大发其财。徐又在上海组织中国打捞公司与台安轮船公司,并获得向浙赣铁路上海枕木公司供应枕木的业务,从中牟取厚利。在 1946 年至 1949 年间,徐在上海多方钻营,浸浸乎跻身于上海经济闻人之列。

1947 年,徐恩曾由中国工程师学会分得的名额中当选"制宪国民大会"与"行宪国民大会"代表。1949 年春,徐与其妻费侠列名上海各界民众紧急动员委员会委员。3 月,迁至台湾,仍继续经商。

徐晚年得健忘症,遇到故旧老友均不认识。1985 年,徐在台病逝。

# 徐 寄 庼

朱镇华

徐寄庼原姓陈,名冕,字寄庼,以字行。浙江永嘉人。1882 年 2 月 20 日(清光绪八年正月初三)生。其父陈瀛士曾在县衙门任职,为人重情义,因执友徐某无子,应允以长子寄庼出嗣,改为徐姓。

徐寄庼幼年入塾启蒙,继而就读于浙江杭州高等师范学堂。1898 年毕业后东渡日本,入东京同文书院,毕业后再入日本山口高等商业学校深造,与李铭、陈朵如、钱新之等同学。

1905 年秋,徐寄庼学成归国,即随同温州著名经学家孙诒让创设温州学务总处,孙任总理,徐任管理部副主任。1908 年初,又协同孙筹建温州师范学堂,孙任校长,徐任监学,总理全校教务、任免教员及安排学科等。

徐寄庼在温州办学数年,深感所学非所用,不能为中国富强作出贡献,决心开拓新的事业。1911 年他到上海,与留日同学黄溯初将《时事报》与《舆论日报》合并改组,创办《时事新报》。1914 年,徐寄庼出任兰溪中国银行支行经理,翌年转任九江中国银行支行经理。1916 年 4 月,被迫取消帝制的袁世凯为筹措军饷,有合并中国、交通两银行,集中现金或发行不兑换券之议,引发挤兑风潮。5 月,北洋政府国务院下令中国、交通两银行停止兑现,徐深知停兑之举直接关系人民生活和金融稳定,乃仿上海中国银行抗命立场,设法维持兑换,稳定市面。不久,徐离开九江中国银行返回上海。

徐寄庼到上海后,与张嘉璈等人共同创办了后为银行公会机关报的《银行周报》。该报对全国金融业的信息交流和业务发展起了较大促进作用。不久，社务主持人张嘉璈赴北京，就任中国银行副总裁，徐寄庼接任社务主持人之职。随着中国银行业务实力的增强和《银行周报》社会声誉的提高，徐的社会地位也相应提高。

1917年初，徐寄庼由盛竹书延揽，入上海浙江兴业银行，开始了在该行长达三十五年的服务，先任副经理职，不久升任协理、常务董事。他处事谨慎，对发展浙江兴业银行提出了许多重要见解，如同工商业各界广泛发生联系，稳健地从事放款，在经济重镇增设分支行等。1922年，他主持总司库时，主张发行钞票准备金十足，其他银行发行的钞票均以现金四成、证券六成做准备，而浙江兴业银行发行钞票的准备金百分之一百为现金，社会信誉大增。

徐寄庼在社会活动方面也十分努力。1931年12月，国民政府改组，孙科出任行政院长，中央银行总裁宋子文、副总裁陈行相继辞职，徐寄庼以"好好先生"的为人，于1932年1月6日被任为中央银行常务理事、副总裁兼代总裁。他就职后，虽致力于安定金融、维持债信，但终因孙科内阁财政困难，政治、军事又毫无办法，迅即垮台，由汪精卫出任行政院长。2月12日，宋子文重新兼任中央银行总裁，徐的副总裁兼代总裁职务被免去，只保留监事的虚衔。

其时，日军侵犯上海之"一二八"事变发生，十九路军在上海人民的支援下英勇抗御。徐寄庼除参加地方维持会工作外，并任劝募救国基金委员会委员。1933年，他协同金融界同人办理上海银行联合准备委员会，创立票据交换所，上海银行同业间票据的交换，从此不再需要互相派人递交了。

1937年8月，淞沪抗战全面展开，徐寄庼先后担任上海市商会常务理事、公共租界华人纳税委员会副主席、抗敌后援会委员、筹募救国公债委员会委员等职，主持上海市商会工作，团结工商界爱国人士。1939年，汪精卫叛国潜至上海，与日本秘密谈判签订卖国密约——《日华新关系调整要纲》，原任外交部亚洲司司长的高宗武受汪精卫指派，始终参与其事。徐寄庼以往与高宗武往返甚密，闻悉后晓以民族大义，反复劝导高幡然反正。他还与在香港的杜月笙取得联系，电杜向蒋介石汇报。经过多方面的工作，高宗武于1940年1月3日脱离汪精卫集团，秘密离沪前往香港，于1月22日在香港《大公报》揭露汪精卫一伙投靠日本帝国主义的《日华新关系调整要纲》和"附件"，以及秘密谈判的经过。

1941年3月，徐寄庼秘密移居香港。香港沦陷，他匿名隐居。1942年春，徐因病秘密返沪。到上海后，日军胁迫他出山主持上海银行公会和上海总商会工作。徐卧床称病不起，力拒伪职，对敌伪之威胁利诱始终不为所动；另一方面他秘密与重庆国民政府派驻在沪从事地下工作的蒋伯诚以及杜月笙、吴开先、王先青诸人取得联系。徐参与秘密研讨上海的工商业情况，以尽量争取少遭日伪的破坏。汪伪政府为了解决财政困难，开征营业所得税，他和项叔翔联络浙江实业银行等银行的负责人，与立信会计事务所李文杰共同筹商对策，确定在会计处理上隐匿所得的办法，抗征巨额所得税。1943年下半年，中共地下组织发起组设"上海工商职员贷金处"，用以救济贫困职工和资助进步青年去苏北参加革命，徐积极参与，代表浙江兴业银行承担部分基金，对"贷金处"的活动热情支持。后来有人赞誉他为"金融界之莲花"，身陷敌境出污泥而不染。1944年底，他出任浙江兴业银行董事长，勉力经营。

1945年8月，日本投降，徐寄庼以国民政府特派员身份，接收伪上海市商会及银行公会。1946年，被选为上海市商会理事长、上海银行公会常务理事、上海临时参议会议长、上海第一届参议会副议长。他还兼任国民政府最高经济委员会、经济计划委员会、苏浙皖处理敌伪产业审议委员会、逆产处理委员会、输出入管理委员会等机构的委员，和"民国三十六年美金公债、库券募销委员会"副主任委员，并兼任中央银行监事，中国银行、上海市银行、浙江实业银行等董事，中国垦业银行、中国农工银行、上海商报出版社等常务董事，上海信托公司、泰山保险公司、温州商业银行、瓯海实业银行等董事长，全国红十字会、上海地方协会和其他慈善救济等机构的理事,大夏大学、沪江大学等学校的校董。

1947年8月,徐寄庼对国民政府财政部禁止票据"当日抵现"的决定大胆陈述反对意见,指出在工商业资金普遍缺乏,市面利率高昂之今日,尤有票据当日抵现的需要,否则裨益绝鲜,为害滋多。他列举禁止"当日抵现"的七点弊端,指出不能为减少不稳健之信用扩张而因噎废食。他担任浙江兴业银行董事长后,积极会同总经理项叔翔采取办法,渡过了困难时期。徐寄庼对国民党发动内战十分不满,常感叹说:"内战不能打,老百姓太苦啊!"[1]1948年,国民党政府"改革币制",发行"金圆券"。徐指出:"从币制史角度讲,是一种历史的倒退;从具体的做法检查,是很背民心的。"[2]

1949年5月,上海解放前夕,蒋介石约徐寄庼到吴淞口外复兴岛海军基地,鼓动他随同逃往台湾。徐以年近七十身体行动不便等为辞,加以拒绝。上海解放后,徐寄庼虽因患严重气喘和高血压病,行动很不方便,但仍勤于职事,为恢复和发展工商业生产贡献力量。他因病曾几次申请辞去浙江兴业银行董事长之职,均被慰留,直至1952年底,全上海的私营金融业走上全行业公私合营,始摆脱浙江兴业银行职务。

徐寄庼好学不倦,勤于思考,平素余暇除读书之外,别无偏好。他经常告诫同行、朋友应多读有益的书报。从事银行工作,倘使不明世界经济形势,不懂得国内经济情况,对于自己的职责就很容易疏忽。徐著有《最近上海金融史》、《日中字典》和《近代泉币拓本》等书。《近代泉币拓本》当时只印二三十本,分赠国内各大图书馆及美、英、法、德、日图书馆,现在已成为稀有的版本。徐生活也一向简朴,不重视个人资产的积蓄,平日以"勤俭忠诚"四字律己。病危之际,还不忘叮嘱家属注意节俭。

---

① 方孟仁:《党在金融界活动的作用》,《旧上海金融业党史资料》,上海金融业党史办编(油印件)。

② 《浙江兴业银行档案·访问记录卷》,中国人民银行上海分行档案科藏。

1956 年 12 月 25 日,徐寄廎在上海病逝。

## 主要参考资料

《浙江兴业银行档案》,中国人民银行上海分行档案科藏。

《银行周报》。

《徐天锡回忆资料》(未刊稿)。

# 徐 镜 心

卫香鹏

徐镜心,原名文衡,字子鉴。1874 年 12 月 10 日(清同治十三年十一月初二)出生于山东黄县①。童年入私塾,聪明好学。他兴趣广泛,也爱音乐,十三岁时常于学习之余,到镇河寺跟僧人学吹笛和箫等。稍长,泛览兵法、宗教诸书,对陆王之学尤为嗜爱。二十岁为邑诸生。他目击甲午、庚子两役,"慨然于清政窳败,革命思想潜萌于中"②。1901 年,徐肄业于烟台毓材学堂,次年转入济南高等学堂,1903 年赴日本,入早稻田大学法科学习。

徐镜心在日本学习,受到资产阶级民主革命思潮影响,逐渐产生反清革命思想。1905 年 8 月,孙中山在东京组织同盟会,他率先加入,并被举为山东分会首任会长。是年底,在反对日本文部省颁布"取缔清韩留学生规则"斗争中,一部分留学生愤然罢课归国,徐镜心偕谢鸿焘等回到山东烟台。他以倡导革命为己任,设立同盟会机关部,积极传播资产阶级民主革命思想。为筹措革命经费,他曾亲自向山东掖县留日同学邱丕振的父亲宣传"毁家纾难"的道理,说:"清室权贵,招权纳贿,国已不国,必致外人瓜分之祸。国若不存,家产何有? 尊府拥有厚资,曷

---

① 《徐氏家谱》第二卷(之二),第 23 页。

② 黄季陆主编:《革命人物志》第 3 集,台北"中央文物供应社"1969 年版,第 426—429 页。

不毁家纾难,组织革命基础。"①邱父受感动,即捐资两万元。为了唤醒民众,扩大影响,徐还劝说谢鸿焘出资在烟台西郊通绅冈创办东牟公学,聘同盟会员担任教员,借教育宣传革命。随后,又联络高密的刘冠三组织相州中学,与王学锦、徐文炳创设师范班于育英学堂。由于徐镜心等广事联络,同盟会在山东迅速发展。

为了发展革命力量,徐镜心于1907年前往奉天,一度任《盛京时报》主笔。他又与张继等人结伴潜赴东北各地,宣传革命,结纳豪杰,先后发展同盟会员三百余人。不久,事为东三省总督徐世昌所闻,下令缉捕,于是潜往吉林,在省城高等小学任教员以为掩护。是年,宋教仁与白逾桓等到东北策动"马贼"举事,他与宋取得联系,在省城创办一木植公司,作为秘密联络机关。后谋泄事发,同志数人被捕,徐镜心幸得走脱,往见当时担任延吉边务帮办的吴禄贞,在吴的掩护下,任督办处垦务委员。1910年秋,因母病回到家乡。

徐镜心返黄县后,初与本县邹斌元、王学锦、李梦庚等人组织县农会,担任会董。次年夏,在济南与刘冠三、王厚庵创立戏曲改良社以为掩护,从事革命宣传和联络活动。

辛亥武昌起义爆发,徐镜心得知消息后,便与丁惟汾、谢鸿焘等谋划响应。他们借游大明湖为名,在古历亭开秘密会,商议响应办法,决议召集各界在谘议局开会,强迫山东巡抚孙宝琦宣布独立。② 会后,事为地方士绅、立宪派所悉,他们认为徐镜心"峻急",听说徐将担任各界联合会会长,竟群起反对。徐镜心闻此情况,不愿因一己之故而牵动大局,决定与党人杨岘庄南下,同沪军都督陈其美取得联系,相约南北互为策应。不久,徐镜心前往奉天,参与革命党人商震、程起陆等在辽阳

① 孙丹林:《山东辛亥革命之经过》,中国人民政治协商会议全国委员会文史资料研究委员会编《辛亥革命回忆录》(五),中华书局1963年版,第325页。

② 黄季陆主编:《革命人物志》第3集,台北"中央文物供应社"1969年版,第426—429页。

发动的起义。

　　徐镜心南下后,革命党人丁惟汾、谢鸿焘等联络各界人士和清军第五镇中支持独立的官兵,于 11 月 13 日在济南召开各界联合大会,迫使巡抚孙宝琦宣布山东独立。这时袁世凯已到京组阁,立即派其爪牙张广建、吴炳湘赴济南,策动取消山东独立,以稳定北方局势。第五镇的标统吴鼎元、张树元等人均是袁的旧部,这帮人经策动就立即转向反动,要求取消独立。11 月 24 日,孙宝琦又宣布取消山东独立。于是,徐镜心决心以武力光复山东,他到烟台组织"共和急进会"①,自任会长,宣布以"巩固山东革命之实力,与满洲同志相呼应,以为南方之声援"为目的②。并设立民政、军事、宣传、交通等部门,他兼任民政部长。随后,徐镜心派崔士杰、徐镜古去蓬莱、黄县筹款,本人则去大连组织民军。1912 年 1 月 15 日,徐镜心率领由共和急进会员和关东绿林军五百余人组成的民军袭占登州(今蓬莱),次日又攻克黄县,组成山东军政府,推连承基为鲁军司令,徐镜心任总务部长,军政府着手筹措款项,加紧战备,准备进军济南。

　　山东军政府成立后,袁世凯令青州总兵叶长胜率左路巡防营,向黄县民军发动进攻,连承基、徐镜心亲自指挥民军与之激战三昼夜,始将清军击退。随后得到沪军北伐先锋队司令刘基炎部的支援,声势复振。对于清军对山东革命党人的镇压,徐再接再厉,坚持斗争。南京临时政府成立后,曾任胡瑛为鲁军都督,驻节烟台,因缺乏实力,清军复乘军政府内部改组之际再攻黄县。徐镜心不辞艰危,亲率士兵至前线侦探敌情并指挥迎敌,后终因民军势单力孤,黄县于 2 月 14 日失陷,徐镜心前往烟台。

　　南北议和告成后,山东战事不久也随之结束。徐镜心认为"驱除鞑虏、建立民国"的任务已经告成,目下应致力于民生主义,为实现"平均

---

① "共和急进会"又名"北方革命急进会",总部初设于烟台,后移往大连。
② 《时报》1912 年 1 月 3 日。

地权"移民关外垦殖,便发起成立"山东垦殖协会";为谋渔航事业之发展,又创立"泺口河船协会"①。其间,山东都督周自齐曾以济南道一职相笼络,为徐所拒绝。徐镜心对议会政治抱有希望,积极参加政党活动。8月,同盟会改组为国民党,徐镜心任山东支部理事。同年冬,当选为参议院议员。1913年任国会宪法起草委员会候补委员。

随着袁世凯加强专制独裁,徐镜心对袁日益不满。他曾当面对袁说:"总统者,公仆也;国民者,共主也。仆无自己意志,以主人意志为意志,仆无自己行动,以主人行动为行动。总统能为此,则中国治,否则中国乱。治则全国之休,乱亦非总统之福也。"②袁世凯听后大为惊讶,说:"昔闻子鉴,今见子鉴矣。"③随后袁派心腹对徐进行笼络,表示拟任以甘肃都督,遭到拒绝。"宋案"发生后,4月,袁世凯与英、法、德、日、俄五国银行团签订《善后借款合同》,徐镜心即发表《袁政府违法借款之铁证宣言》,公开提出对袁世凯实行弹劾。他说:"袁氏借款不经国会议决,是为违背法律","不弹劾袁氏,无以谢中华全国"④。此时,徐镜心还与南方的胡汉民、李烈钧、柏文蔚三都督暗中联络,密谋讨袁⑤。

袁世凯以武力镇压了革命党人的"二次革命"后,为谋帝制自为,首先向《临时约法》开刀,提出增修《临时约法》。他授意法律顾问日人有贺长雄抛出《共和宪法持久策》一文,对宪法起草委员会及《天坛宪法草案》大加攻击,为自己在宪法中争夺权限。徐镜心于是在《顺天时报》上发表《驳有贺长雄共和宪法持久策》,文章说:"蔑视国会,即为蔑视国

---

①　孙丹林:《山东辛亥革命之经过》,中国人民政治协商会议全国委员会文史资料研究委员会编《辛亥革命回忆录》(五),中华书局1963年版,第325页。

②　黄季陆主编:《革命人物志》第3集,台北"中央文物供应社"1969年版,第426—429页。

③　黄季陆主编:《革命人物志》第3集,第426—429页。

④　萧继宗主编:《革命文献》第43集,第343页。

⑤　孙丹林:《山东辛亥革命之经过》,中国人民政治协商会议全国委员会文史资料研究委员会编《辛亥革命回忆录》(五),中华书局1963年版,第325页。

民。蔑视宪法起草委员会,即为蔑视国会。蔑视国民与国会,即为蔑视国家,即为共和之蟊贼,即为国民之罪人。"①

　　11 月 4 日,袁世凯下令解散国民党,徐镜心等国民党籍议员被迫缴出议员证书。袁对徐早就怀恨在心,此时更派密探侦察其行动,后竟下令缉拿。1914 年 3 月 14 日,徐镜心在《顺天时报》馆被捕。在狱中,袁世凯指使京畿军政执法处长陆建章对他百般利诱,继以非刑拷打,但徐坚贞不屈。4 月 14 日,徐镜心被袁政府杀害于北京②。

　　①　中国史学会济南分会编:《山东近代史资料》第 2 分册,山东人民出版社1958 年版,第 329 页。

　　②　黄季陆主编:《革命人物志》第 3 集,台北"中央文物供应社"1969 年版,第425 页。

# 徐　堪

马宣伟

徐堪,原名代堪,字可亭。1888年1月1日(清光绪十三年十一月十八日)生。四川三台人。父徐奋卿系秀才,在家乡教书为业。徐堪自幼随父读书。1904年应岁考,得中秀才。

1906年春,成都通省师范学堂招生,规定报考者应为举人、贡生、秀才、监生。徐堪应考,取第八名。入学后,常与同学议论国家大事,对清廷腐败无能、丧权辱国十分不满;同时经常阅读《新民丛报》、《民报》、《浙江潮》及《革命军》等书刊,思想逐渐倾向革命。1907年,黄复生、夏之时奉孙中山之命从日本回川,在成都成立同盟会四川支部。徐堪经同学卢师谛等介绍,加入同盟会。同年9月,成都的同盟会支部拟在农历十月初十全城文武官员齐集万寿宫庆贺慈禧寿辰时,组织武装起义,占领省城。徐堪参与密谋,并领到手枪一支。不幸计划泄漏,清政府四门戒严捉拿革命党人。徐堪和三位同学步行逃往陕西,又辗转到武汉,入武昌工艺厂当学徒作掩护。1908年冬,徐堪接同盟会总部指示:以武汉起事尚待多时,着先各自散归。他长途跋涉返川,1910年初考入四川高等警官学堂。

1911年夏,四川保路运动兴起,同盟会党人借保路推进革命活动。徐堪率警官学堂及陆军学校学生十余人,赴川北一带策动民军起义。途中得知蜀军政府已于11月22日在重庆成立,急忙率队赶到重庆,被委为蜀军第四标标统。1912年3月,调任夔州关监督。清代夔关监督由夔州知府兼任,每年交征解银十六万两,超额归监督私有;连同其他收入,每年所得不下十万两,是个肥缺。徐堪任监督后,大力整顿夔关制度,做到点滴归公,当年征解银达四十万两。

1913年8月5日,熊克武、杨庶堪响应孙中山"二次革命"的号召,在重庆通电讨袁。讨袁失败后,四川督军胡景伊下令通缉革命党人,谓徐堪"并与逆党勾结最密,卷劫公款甚巨"①。徐逃亡上海,将原名徐代堪改为徐堪。

徐堪在上海继续积极参加护国战争及护法斗争,并常回川活动。1918年任川滇黔靖国军援鄂第一路总司令部军需处长兼江北县长。1919年被四川补选为国会议员。1921年4月,他在广州参加非常国会,参与选举孙中山为非常大总统。1922年,国会在北京复会,徐堪来到北京,但众议院议长吴景濂勾结直系军阀,宣布补选议员不得出席,徐堪便跟随胡汉民、谢持、邹鲁留在北方组织国民党党部。1924年,北京政变后,他任北京政府农工部商品陈列所所长。1925年11月,邹鲁、谢持等人在北京西山非法召开"国民党一届四中全会",徐堪追随谢持、邹鲁等人,将商品陈列所作为西山会议成员的活动场所。

1927年4月,蒋介石在南京成立国民政府,徐堪离北京南下,初任上海交易所监理官,后改任金融管理局副局长,负责管理上海金融。1928年,宋子文出任财政部长后,改金融管理局为钱币司,徐堪初任副司长,12月任司长。他秉承宋子文的意旨办事,取得宋的信任。1933年,孔祥熙继任财政部长,徐堪又兼任公债司司长;1935年5月,升任财政部政务次长兼钱币司长,1939年又兼任四联总处秘书长。徐堪在财政部十余年中,全力执行蒋介石和宋子文、孔祥熙的财政措施,一再出谋献策,事必躬亲力行,深得宋、孔信赖。

徐堪在财政部任职期间,为国民党政府做了四件事:一、确立中央银行的金融统治地位。中央银行成立后,名义上"为国家之最高金融机

---

①　周开庆编著:《民国川事纪要》,台北四川文献研究社1974年版,第92页。

关,负有协助政府统一币制调节金融之重责"①,然而商办的中国银行、交通银行先是利用金融力量阻挠中央银行开业,"继则提出中央银行发行之兑换券,全国不得超过四千万元;银行同业每日收到之中央银行兑换券须当日轧现;以及中央银行理监事名额与监事会主席人名等种种限制与要求,非财政部完全应允与实行,中央银行不得开业"②。在中、交两行多方扼制下,财政部长兼中央银行总裁宋子文因无法解决庞大的财政赤字而被迫辞职。孔祥熙继任财政部长后,徐堪献策对中央、中国、交通三行增资:中央银行由二千万元增扩为一亿元,确立其金融统治地位;对中国、交通两行则增加官股,使他们不能为所欲为。二、变中国、交通两行商办为官办。徐堪提出的改组中国、交通两行的方案,使中央、中国、交通三行"三位一体,在同一战线上为国家奋斗"③。1935年春,在国民党中央政治会议上通过上述方案时,遭到行政院长汪精卫等人的反对。徐堪多方搜集资料,写成会议辩论稿送交孔祥熙,再次开会时,由孔对汪等的反对意见逐一予以驳斥,又经蒋介石出面,改组金融案方得通过。从此,中国、交通两行改归"国营",纳入国民政府的财政金融系统。三、改革、统一币制。清末和民国以来币制混乱,除中央政府铸造银元外,各省也造了一部分成色不一的银元、铜元,并发行纸币。徐堪针对币制混乱情况,起草全国统一币制方案,于1935年11月4日由国民政府下令实行法币政策,为国民政府稳定和统一全国财政金融起了很大作用。四、改革公债的发行。1936年,国民政府采纳徐堪的建议,改革公债的发行,先后发行"统一公债"十四亿六千万元、"复兴公债"三亿四千万元,为国民政府减缓旧债的还本付息困难并筹集到大笔款项。

---

①　徐堪:《中交两行增资改组案经过》,周开庆编《徐可亭先生文存》,台北徐可亭先生文存编印委员会 1970 年版,第 1—2 页。

②　徐堪:《中交两行增资改组案经过》,周开庆编《徐可亭先生文存》,第 1—2 页。

③　徐堪:《财政上的四大建树》,周开庆编《徐可亭先生文存》,第 4 页。

徐堪在为国民政府财政金融改革方面立了大功,1935年11月,被选为国民党第五届中央执行委员,又兼任中央政治会议财政专门委员会主任委员。1941年5月,徐堪任行政院粮食部部长。他提出征实、征购、征借的"三征"政策,从广大农民手中强行征取粮食。1946年11月,他调离粮食部,任国民政府主计长。他在南京搞了一个"四川建设协会",企图在西南建立起经济势力。

1948年8月19日,蒋介石颁布《财政经济紧急处分令》,发行金圆券限期收兑金、银、外币。9月6日,徐堪奉派考察四川、云南、湖南、湖北等省"财政经济紧急处分令执行情形"[①]。由于金圆券迅速贬值形同废纸,他向蒋介石献策发行"银圆券",以挽救金圆券全面崩溃的命运。11月,蒋介石任命徐堪接替王云五为行政院政务委员兼财政部长,不久徐又兼中央银行总裁。1949年7月,他在广州主持发行银圆券,结果仍然是很快地变成废纸。

1949年10月,广州解放前夕,徐堪前往香港,不久去美国。由于他多年积聚的财产皆被子女瓜分,遂于1959年只身一人到台湾定居,任国民党中央评议委员、"国民大会"宪政研讨会常务委员。1969年7月29日,徐堪病逝台湾。

---

① 　周开庆编著:《民国川事纪要》,台北四川文献研究社1974年版,第395页。

# 徐　谦

蔡静仪

　　徐谦,字季龙,教名乔治,晚年自署黄山樵客。安徽歙县人。1871
年 6 月 15 日(清同治十年四月二十八日)生。他的家庭是当地的望族,
所谓世代书香之家。他四岁丧父,在母亲抚育下成人,从小刻苦习读经
史,兼涉西学。1902 年乡试中举,1904 年中进士,入译学馆攻读。1905
年译学馆并入京师大学堂,他在仕学馆学法律、政治。1907 年任翰林
院编修,旋任法部参事,主持制定法律,曾拟订司法制度改革条例。
1908 年任京师审判厅长,一年中处理积案千余件,深得好评,升任京师
高等检察长。1910 年,他和奉天高等审判厅长许世英代表中国去华盛
顿出席改良监狱的第八届国际会议,赴美途中曾到莫斯科、柏林、罗马、
巴黎、伦敦考察各国司法制度。

　　1911 年,徐谦回国时,武昌起义已爆发,他辞去京师高等检察长
职。同年底他和许世英等发起组织国民共进会,以该会名义发表《共和
联邦折中制商榷书》,主张在中国成立"联邦共和国",立法、司法集中于
中央,行政分权于地方。1912 年 3 月,徐谦出任唐绍仪内阁的司法部
次长。6 月,由于袁世凯破坏《临时约法》中关于总统颁布命令须经内
阁副署的规定,唐绍仪愤然去职,徐亦与其他同盟会阁员一起辞职。8
月,国民共进会与同盟会及其他几个小团体联合组成国民党,徐谦被举
为党本部参议。1913 年 3 月 20 日,宋教仁被袁世凯派人刺杀,徐谦于
4 月 27 日在《民权报》上发表《布告国民》一文,号召武装反袁。"二次
革命"失败后,他意态消沉,回上海当律师。1916 年 6 月袁世凯死

去,9月,徐谦到北京任段祺瑞内阁司法部次长,并于此时在基督教圣公会受洗入教。他说自己入教是为了救国,后来曾发起建立全国基督教救国会。

1917年7月,孙中山以维护《临时约法》为号召,南下广州,徐谦偕同前往,为大元帅府秘书长。1918年4月,孙中山为旧桂系军阀排挤,离粤赴沪,委派徐谦为代表,参加军政府政务会议,被桂系控制的军政府任命为司法部长。1919年1月,孙中山派徐谦和陈友仁以南方代表顾问身份出席巴黎和会。他们反对和会对山东问题的处理,不同意在巴黎和约上签字。徐谦回国后,因对把持军政府的岑春煊不满而未回广州,去天津任天主教创办的《益世报》主编。

1920年7月,直皖战争爆发前夕,北洋政府第十六混成旅旅长兼湘西镇守使冯玉祥率部队由湖南常德进驻汉口,反对段祺瑞的武力统一政策,呼吁南北"早息内争"。孙中山命徐谦和钮永键去汉口和冯玉祥会晤,争取冯一致行动。据冯说,此次会见使他很赞成孙中山的革命主张。嗣后,徐谦成为孙、冯之间的联络人,常常往来于冯玉祥军中。

1921年4月,广州国会开非常会议,举孙中山为非常大总统,徐谦任大理院院长。1922年8月,由于陈炯明叛变,孙中山离广州赴上海,徐谦也随往。1923年2月,陈炯明兵败下台,孙中山再回广州组织大元帅大本营,命徐谦、胡汉民、汪精卫等为驻沪代表,参加南北和议。议和失败后,徐谦回广州,任岭南大学文学系主任。这一年,徐多次奉孙中山之命,与冯玉祥洽商联络反直。

1924年1月,中国国民党在广州召开第一次全国代表大会,确立了孙中山提出的"联俄、联共、扶助农工"三大政策,徐谦表示积极赞成。同年10月,冯玉祥在第二次直奉战争中回师北京,发动政变,囚禁贿选总统曹锟,邀请孙中山北上商讨国是。徐谦曾以个人名义发表通电,赞扬冯"见义勇为",主张解散非法国会,召集和平会议,从各省农工商学团体及全国孚众望而有功于民国的人士中遴选委员,并认为"前清废帝

中华民国史  人物传

乃系民国乱犯,应治以国法"①。10 月 26 日,冯玉祥邀请徐谦到北京,参加国事会议。旋被任为俄文法政专门学校校长②及中俄庚款委员会主席。当时,李大钊是国民党中央执行委员并主持国民党北京执行部的工作,徐谦在李大钊领导下,积极参加 1925 年的国民会议运动及"五卅"反帝运动。他还帮助冯玉祥在北京创办今是学校,收容因参加五卅运动而被开除的大中学生,并从中选拔学生到冯玉祥的部队中去建立国民军政治部。

　　1925 年 7 月 1 日,国民政府在广州成立,徐谦被选为政府委员,兼管司法行政。他去广州前,参加 7 月 18 日在北京天安门举行的国民大会,反对英、日等帝国主义屠杀我国人民,被大会推举为执行主席之一。

　　1926 年 1 月,国民党在广州举行第二次全国代表大会,徐谦当选为中央执行委员。不久,又任国民党北京执行部主任。在京津一带的反日示威运动大会上,他多次发表演说,揭露日本帝国主义出兵援助张作霖进攻国民军的行为。同年 3 月 18 日,他主持北京各界在天安门召开的国民大会,反对日舰进攻大沽口,驳斥八国最后通牒。段祺瑞下令镇压请愿群众,发生"三一八"流血惨案,并下令通缉李大钊、徐谦等人,诬说他们"假借共产学说,啸聚群众,屡肇事端"③。这时,冯玉祥因遭奉直联合反对而下野,启程去苏联考察。徐谦接受苏联顾问鲍罗廷(Mikhail Markovich Borodin)的建议,为了争取冯玉祥,与其同行,途中一再劝说冯玉祥加入国民党。冯受徐谦及其他各方面影响,于 4 月底由徐介绍加入国民党。8 月,徐回广州,当时北伐已开始,他正式担任国民政府司法行政委员会主席职。10 月,国民党中央在广州召开中央执监委员和各省区党部代表联席会议,讨论国民政府政纲及加强中央和地方政府事宜,徐谦为会议主席团五成员之一。

---

① 《申报》1924 年 10 月 26 日。
② 俄文法政专门学校于 1925 年 3 月 7 日改名为中俄大学,徐谦任校长。
③ 《政府公报》第 3570 号。

　　11 月 8 日,国民党中央政治会议决定迁都武汉。鲍罗廷、徐谦及一部分国民政府委员先去武汉,筹备迁都事宜。然而,北伐军占领南昌后,蒋介石在那里安下北伐军总司令部,与当时的革命中心武汉相对抗。蒋为了独揽党政军大权,执意迁都南昌,于是发生了迁都问题的争执。12 月 13 日,武汉组成了国民党中央执行委员和国民政府委员临时联席会议,作为临时党政最高权力机构,徐谦被推为临时联席会议主席,同共产党人和国民党左派一起,开展了反对以蒋介石为首的国民党新右派的斗争。1927 年 1 月 3 日,英国水兵在汉口登陆,我国群众起而抗击,声势极大。徐谦前往发表演说,支持我国人民争取收回租界的正义要求。3 月 10 日,国民党中央在汉口召开二届三次全体会议,由于共产党人和国民党左派的努力,会议通过了有利于制止蒋介石独裁的决议,徐谦被选为国民党中央常委、中央政治委员会委员、军事委员会主席团成员、国民政府常委。4 月 2 日,蒋介石指使吴稚晖、张静江等在上海举行国民党中央监察委员会紧急会议,通过《清查共产党呈文》,徐谦被列入看管监视的名单之中。

　　4 月 19 日,武汉政府出师河南,继续北伐,6 月 1 日与冯玉祥的国民军会师郑州。6 月 10 日至 13 日,徐谦和汪精卫、孙科、顾孟馀等武汉政府领导人到郑州和冯玉祥会谈,决定将河南全省及陕、甘两省让作冯军防地,任冯为河南省政府主席,并组织开封政治分会,由冯玉祥任主席,而徐谦为委员,负责党务。

　　徐谦对工农运动的看法,早在武汉政府初建时期就同共产党人及其他国民党左派发生过分歧。他反对分配土地和惩治反革命,指责农民运动过火,并开始对共产党和鲍罗廷产生不满。郑州会议期间,他又对冯玉祥指陈共产党"残暴",鲍罗廷"专横",武汉"秩序混乱"等等,建议冯出面要求驱逐鲍罗廷。这对冯起了一定的作用,使他终于通电武汉国民政府立促鲍罗廷回国。郑州会议后,徐谦以筹备开封政治分会及河南省立大学而不再回武汉了。7 月初,武汉街头曾出现"徐谦右倾"等标语。7 月以后,冯玉祥在其军中及他所控制的地区逐步进行

"清党"，《清党章程》是由徐谦亲手制订的。7月15日，武汉汪精卫集团公开"清党"反共，宁汉趋向合流。在南京国民党中央执监委员联席会议召开的临时会议上，徐谦竟意外地被认为有"附共嫌疑"。一时报刊均对他进行指责和评论。他由河南鸡公山跑到上海，11月17日，公开声明退出政治活动。不久他迁往香港，定居九龙。

1933年11月，李济深、陈铭枢等发动组织福建人民政府，主张反蒋抗日，徐谦参加了在香港召开的筹备会议，并赴闽参加了在福州召开的中国人民临时代表大会，当选为委员。福建人民政府成立后，被任为最高法院院长。次年1月，福建人民政府失败，他又去香港。1937年7月，抗日战争爆发，徐谦从香港到南京，后到武汉、重庆，担任国防委员会委员，但这是一个闲职。1939年10月，他去香港治病，于1940年9月26日在港病逝。

徐谦的著作有《民约总论》、《刑法丛编》、《劳资合一》、《诗词学》、《笔法荟谈》、《徐季龙先生遗诗》等。

## 主要参考资料

《共和联邦折中制商榷书》，收入戴季陶《中华民国与联邦组织》1917年第3版。

中国第二历史档案馆编：《冯玉祥日记》，江苏古籍出版社1992年版。

《徐季龙先生哀荣录》。

蒋永敬：《鲍罗廷与武汉政权》，中国学术著作奖助委员会1963年版。

# 徐 荣 廷

徐凯希

徐荣廷，原名笃论。1857 年(清咸丰七年)出生于湖北武昌南乡一个渔民家庭。幼年家贫，无力延师，与其父打鱼为生。稍长，经同乡介绍，到汉口药材行作学徒，满师后留在店中，经常陪店主到外省采购药材，积累了一定经验，数年后自立门户，经营药材，兼作杂货生意。

1897 年，徐荣廷到汉口川帮德厚荣号作跑街。该号经营长江沿线的百货、棉纱、桐油、药材生意，财力雄厚，在湖南长沙、常德等地设有分庄。徐因熟谙业务，不久被派往常德分庄任管事。以同乡关系与暂驻常德的黎元洪相识，结为金兰之交，曾代黎筹垫军饷。两年后，徐荣廷升任汉口总号副管事，回到汉口。

1909 年，湖北人民掀起拒款保路运动，迫使清廷邮传部同意鄂省铁路自办。1910 年，"商办粤汉、川汉铁路公司"在汉口正式成立，徐荣廷、夏寿康等被推选为查账人①，广泛动员商界认购股款，思想逐渐倾向革命。

1911 年，武昌起义爆发，汉口光复，徐荣廷率永济消防会成员张旗提灯整队欢迎革命军。应汉口商务总会要求，负责坐办干粮，供给军需。清军反攻汉口，会员星散，"惟徐荣廷等坚忍支持"②。会所及善堂

① 《京津时报》庚戌(1910 年)八月十九日。
② 中国人民政治协商会议湖北省暨武汉市委员会编：《湖北革命实录馆：武昌起义档案资料选编》上卷，湖北人民出版社 1981 年版，第 260 页。

因而被清军故意炸毁。

1912年,徐荣廷当选为武昌总商会会长,参加军政府理财部,募集军饷十万余两,深得黎元洪赞许。不久,被委任为湖北官钱局总办,聘为都督府谘议,有"政治商人"之称。同年,原承租湖北布、纱、丝、麻四局的应昌、大维两公司,均以租期未满,一再向军政府要求继续租办,争执不已。黎元洪断然取消两公司的租约,令商界巨子集议于汉口商务总会,"公议招商承办"①,徐乃辞去官钱局总办职务,以德厚荣号为基础,要求承办四局,获黎批准。徐荣廷一面与应昌公司订约合作,折价收买其所存花纱机物料,一面邀请德厚荣号大股东刘象羲等,组成楚兴股份有限公司,由刘象羲、刘歆生、毛树棠、蒋沛霖、周星棠、徐荣廷等十三人组成董事会,公推刘象羲为总理,徐荣廷任总经理,总管厂务。徐提名苏汰余管理文牍、财务,张松樵管理纱局,是为裕大华纺织集团三巨头结合之始。

楚兴公司原计划招股一百三十万两,先收六成,实收七十八万两;加上应昌公司以存厂花纱及机物料作价所剩十万两加入股份,实际股金为八十八万两。1913年正式起租,每年租金十一万两,租期定为十年②。徐荣廷大力整顿内部管理机构,裁汰老弱,剔除冗员,加强对生产部门的管理,注意改进技术,培训人员,增设检验环节,使棉纱质量有明显提高,生产很快大有起色。

1914年,第一次世界大战爆发,进口棉纱、棉布几乎绝迹,棉花出口急剧减少,国内市场出现花贱纱贵局面。徐荣廷全力组织生产,采取添招新工,增开夜班,实行职工分红,利用麻局织机改织纱布等措施,加快生产速度。建立楚新煤号,营运煤炭,以保证燃料供应。同时,他借楚兴公司独家经营,产品在省内销售概免税厘,行销省外,仅须在江汉关完纳正税的优越条件,积极开拓川、湘、陕、甘市场,扩大影响,棉纱供

---

① 《湖北纱布丝麻四局之风潮详志》,《时报》1913年2月21日。

② 《湖北实业月刊》第1卷第7号(1924年5月)。

不应求,开办不到十年,楚兴公司获利一千一百余万两①。徐个人拥有资本已达二百余万两,成为武汉实业界巨子。

楚兴公司连年盈利,引起各方垂涎。十年之中,或要取消承租,或要增加租金,争夺承租权纠纷不断。大维公司总经理刘伯森,为此曾通过农商总长张謇,由总统府下令湖北省督,责令楚兴公司移交。徐荣廷依靠黎元洪支持,并借都督府咨议身份,与后任湖北督军段芝贵、王占元联为至好,始保承租权未动摇。直皖战争之后,湖北退伍军官将军团势力日渐抬头,极力怂恿新任督军萧耀南,下令楚兴公司提前结束租期。萧为回报将军团助其上台所尽之力,发文勒令楚兴结束。徐荣廷在军阀的压力下,在1922年租约满期前三个月,将四局承租权交给将军团组成的楚安公司,价值二十余万元的机上棉纱和各种机物料,也被将军团一并夺去,拒不作价偿还②。

徐荣廷深感没有自己的独立企业,很难在实业界立足,从承租四局后期起,他就着手培养纺织人才,为自办纱厂做准备。1918年,徐荣廷创办楚兴纺织学校,聘请湖北实业厅技正、留日学生石凤翔为校长。1919年,徐荣廷与张松樵、苏汰余等抽出历年红利,邀约汉口棉纱行商孙志堂、许勉之等,集资一百五十六万两,创办"裕华纺织有限股份公司"。由徐经手代向湖北官钱局购得武昌上新河地基。因地势过低,填土四万八千立方,又从汉阳铁厂运来铁渣三万余立方填筑厂基,修补沿江驳岸。修建裕华铁桥一座,以利运输。由汉口汉盛协营造厂建造厂房、仓库及宿舍工程。1921年底全部完工,1922年3月,裕华纱厂正式开工,计有纱锭三万枚,布机四百台,以徐荣廷为董事长,张松樵任经理。徐荣廷在兴建裕华纱厂的同时,又从楚兴公司历年积累中抽出二百一十万两,准备在武昌创办大兴纱厂。1921年,徐聘请上海华丰纱

① 《黄师让回忆录》(未刊稿)1962年10月。
② 贺衡夫:《记湖北将军团》,中国人民政治协商会议全国委员会文史资料研究委员会编《辛亥革命回忆录》(六),中华书局1963年版,第515页。

厂经理张英甫前往主持。张赴华北等地考察后,认为石家庄地处河北产棉中心,附近手工纺织盛行,京汉、正太两铁路相交于此,交通便利,原煤价廉,提出以在石家庄设厂为宜。徐采纳张的建议,改建新厂于石家庄,定名为大兴纺织股份有限公司,由徐荣廷任总经理,张英甫为经理。1922年2月破土兴建,昼夜施工,当年10月落成,安装纱锭二万枚。

裕华、大兴两厂相继投产,正值欧战结束,日纱倾销中国,纱布销售形势日见严峻。徐荣廷分析市场形势,决定量力而行,稳步扩充生产规模,确定注重产品质量,面向初级市场方针。生产棉纱以十支和十六支纱为主,棉布则以十七磅"万年青"及"赛马"、"山鹿"牌居多。

徐荣廷在裕华、大兴两厂的投资居各股东之首,但在处理企业盈利时,坚持多积少分,以增加自有资本。他力主扩大资本来源,大量吸收内部存款,鼓励公司各级职员将余款存入公司账面。凭借雄厚财力,裕华、大兴两厂大量购储廉价原棉,以保证棉纱质量持续稳定,生产成本降低,使市场竞争能力显著提高。在外资压迫和军阀混战局面中,克服汇兑艰难、捐税繁重等困难,企业仍然有所发展。投产四年,裕华、大兴各盈利二百余万元,纱锭和布机分别增加了一万六千枚和四百九十六台。

武汉国民政府时期,徐荣廷看到劳资纠纷日益增多、裕华纱厂生产每况愈下,便与张松樵联袂赴沪,厂务交由苏汰余代理。1927年冬,徐因年事已高,精力不济,辞去裕华公司总经理,改行董事长负责制,由苏汰余继任。1928年,徐荣廷因患眼疾,双目几乎失明,不再过问具体业务,但有关裕华、大兴两厂经营大计等重要问题,仍秉承他的意见去处理。

1931年冬,为解决厂用燃料货次价高问题,徐荣廷在苏汰余、黄师让陪同下,前往大冶石灰窑利华煤矿勘察,洽谈投资扩建事宜,决定由裕华、大兴两公司主要股东投资一百二十万元,作为扩大生产和更新设备之用。仍沿用利华煤矿公司旧名,设董事会及总公司于汉口,以黄师让为总经理,设办事处于石灰窑。回汉后,徐即调派干员,监督扩建事宜。经改换动力设备,架设空中运输索道,利华公司原煤日产量自一百余吨,猛增至四百余吨。由于成本下降,公司扭亏为盈,先后收买兴华、德和、福东三矿,所出煤炭不仅行销武汉,同时下运九江、芜湖、南京、上海、福州、厦门等地。

1933 年,徐荣廷辞去大兴公司总经理职务,公推苏汰余继任。1934 年,由于日本棉纱在华北等地大量倾销,夺走市场,华商纱厂经营相继出现危机。大兴厂首当其冲,产品严重滞销,为谋出路,一度准备卖厂。一向销售良好的裕华纱厂,也开始出现滞销,积压棉纱多时达一千余件,资金周转日感困难。徐荣廷曾亲自致函张学良,请其准饬军需部门,购买大兴纱厂所存棉毯①。

1936 年 7 月,年近八旬的徐荣廷,邀请裕华、大兴两公司大股东,前来汉口集议,决定各投资一百二十五万元,组成大华纺织公司,在西安大兴二厂基础上,开办大华纱厂。由于独占西北销售市场,原棉价格低廉,取给方便,大华纱厂开工不及半年,已获利二十余万元②。

1938 年武汉沦陷前夕,徐荣廷随裕大华公司迁往重庆,抗战胜利后回到武汉。1947 年,他筹资六十万元创办私立江汉纺织专科学校于武昌,专事培养纺织工业高级人才,他自任董事长,裕大华公司总经理石凤翔为校长。

作为裕大华纺织资本集团的创始人,徐荣廷还参与创办华年进出口公司和永利银行,投资于山东中兴煤矿、川康毛纺织厂、重庆庆华染料厂、上海庆华染料厂、民生公司等工矿运输企业。至 1949 年,裕大华纺织集团资本总额已达银币五千万元,成为国内著名的民族资本企业集团。

徐荣廷一贯关心国事,热心参加各种社会活动,历任汉口商务总会

---

① 《大兴纺织公司档案》,《裕大华纺织资本集团史料》编辑组编辑《裕大华纺织资本集团史料》,湖北人民出版社 1984 年版,第 177 页。

② 《大华营业报告书》1936 年。

第三、五届议董,汉口总商会第七、八、九届特别会董及湖北实业协会会长。当袁世凯承认日本提出的"二十一条"时,徐荣廷发动武汉商界同仁一致反对。为提倡国货,抵制日货,他带头清仓烧毁日货,组织商界举行示威游行,年近六旬,鬓发斑白,仍持旗走在队伍最前面。五四运动爆发,徐荣廷发动武昌商界一致罢市,声援学生的爱国行动,为武汉"六一一"惨案死难学生举行隆重的追悼会。1922年,徐荣廷利用欧战后日元汇价低落的时机,筹措款项,为汉口既济水电公司还清了积欠日商债务,并始终反对日本吞并大冶象鼻山铁矿的阴谋。

1949年1月,徐荣廷因病在汉口去世。

# 徐　润

江绍贞

　　徐润，字润立，号雨之，别号愚斋。广东香山（今中山市）人。1838年12月14日（清道光十八年十月二十八日）生。其父徐宝亭，曾任清政府军官，参加过镇压太平天国运动，其伯、叔都是外国洋行的买办。

　　徐润七岁在家中延师就读，十四岁时由在英商颠地（Lancelot Dent）洋行当买办的叔父徐荣村把他带到上海转赴苏州读书。由于口音隔阂，不数月辍学折回上海，由伯父徐钰亭（上海英商宝顺洋行买办）介绍到宝顺洋行当学徒。入行后，拜买办曾寄圃为师，开初学习丝茶业务，后来由帮理账务升任主账。1859年，他与曾寄圃合开绍祥字号，为洋行兜揽丝、茶和棉花生意。次年在浙江温州自开润立生茶号，大获其利。以后又在江西上饶之河口、宁州（今修水）等地与人合开茶号。

　　1861年，曾寄圃病故，徐润继曾为宝顺洋行的副买办，同时在上海与人合开宝源、立顺兴、川汉各货号，经营丝、茶、麻、烟叶以及鸦片。1864年投资钱庄、布庄。他在广泛投资商业的同时，还先后报捐了光禄寺署正、员外郎等官职。1866年李鸿章调淮军到浙江、福建镇压捻军时，徐润因帮助转运饷械，受到李鸿章的赏识，经向清政府保奏加四品衔。

　　1868年，宝顺洋行股东拆股，徐润离开宝顺洋行，自开宝源祥茶栈。除其原在河口、宁州开设之茶号照旧经营外，又在江西漫江、湖北羊楼洞、崇阳、湖南湘潭等处增设茶号。他先后担任上海茶叶公所、丝业公所、洋药局和仁济医院等处的董事，并掌握了广东旅沪商人组织的广肇公所财务权。

1872年,李鸿章创办上海轮船招商总局,次年,徐润与盛宣怀同被李鸿章委派为招商局会办。徐在招商局先后投资四十八万两,又为招商局招徕各亲友入股不下五六十万两①,被推为商董,成为招商局较有实权的人物。1876年,他与招商局总办唐廷枢等人集股创办仁和水险公司,后又开办济和水火险公司,共投资十五万银两,为我国自办保险事业之始,之后他们将这两公司转让给招商局经营。1877年,美商旗昌轮船公司急欲将一批旧轮船和在上海、天津、宁波各处的栈房、码头拍卖,徐润代表招商局以二百二十万两收买下来。徐润自认为其值不止此数,占了便宜,但后来刘坤一参奏此事,说他等于以新制原价承受,吃了大亏,且当时旗昌公司即将倒歇,股票下跌甚剧,而招商局此举,反使其股票猛涨,让美商获得大利。不过,这件事却受到李鸿章的庇护,称之为"利权可渐收回","大局转移,在此一举"②,并称徐润是"殷实明干"的人才。1878年,湖广总督李瀚章以徐润办理漕粮海运出力为由,向清政府保奏加二品衔,两年后又经李鸿章保奏,以道员本班尽先补用。

1877年,徐润伙同唐廷枢用局款投资安徽池州煤矿,为股东之一。1881年,徐被委任兼办开平矿务局会办,次年徐润得到李鸿章的支持,在池州矿附近招股兴办贵池煤矿,想借此吞并池州矿。但贵池煤矿由于招股未足而停办,吞并池州矿之目的也未达到。

1882年,徐润与其从弟徐宏甫等集股在上海创办同文书局,仿效英商所办点石斋石印图书,十余年印书多种,到1898年停办。

徐润在经办上述各业的同时,还大搞房地产经营。他在上海购地产三千余亩,建房数千间,用银二百二十余万两,年收房产租金可达十

① 《徐愚斋自叙年谱》,香山徐氏校印(宣统二年),第83、86、87页。
② 《李鸿章致唐景星、徐雨之两观察手谕》,中国史学会主编《中国近代史资料丛刊·洋务运动》(六),上海人民出版社1961年版,第90页。

二万余两。1883年,中法战争影响上海,市场发生混乱,徐润所搞房地产投机失败,几乎破产。由于欠招商局款十六万二千余两,徐润被盛宣怀以"贻公营私,亏欠局款",向李鸿章具禀,将其革职。

徐润自被参革离局后,一段时间内(约六七年)很失意,曾借资二十余万两经营茶叶。1888年,受台湾巡抚刘铭传邀赴台湾办基隆煤矿,因水土不服而折回。1890年,还清招商局欠款,经李鸿章奏请准予开复,由粤督李瀚章委他会办香山县天华银矿,亦因招股不足而停办。此后接连由北洋大臣李鸿章、王文韶委派办理开平局林西矿,热河承平银矿,建平、永平等处金矿,还在天津、塘沽一带购地造房开办广益房产公司,在锦州大凌河与人合办天一垦务公司。1898年,徐被新任直隶总督兼北洋大臣荣禄撤去永平矿的职务。1902年,他在上海与人合资收买云章衫袜厂,改名为景纶衫袜厂,聘用在奥商洋行当买办的汪少云任经理。

1903年,徐润被北洋大臣袁世凯派回招商局重任会办,次年充上海商务总会协理。1906年12月,招商局总办杨士琦调京,袁世凯又委徐代理总办。这时招商局已为盛宣怀所把持,袁世凯想依靠徐润,从盛宣怀手里夺回招商局的控制权。徐润拉拢一些香港股东站在自己一边,很想替袁出力,但到职未久又被袁世凯怀疑,1907年5月,袁解除了徐润代理总办的职务。

徐润被解职后,1908年将景纶衫袜厂的外股收买,成为独资企业,自任经理,增添资本,扩充设备。1911年2月,徐润在上海病故。后景纶厂由其子孙经营,在民国时期一直开办,为上海几家较大的衫袜厂之一。

# 徐 绍 桢

徐亚玲

徐绍桢,字固卿,广东番禺人。祖籍浙江钱塘(今杭州)。生于1861年6月30日(清咸丰十一年五月二十三日)。其父徐灏,字子远,为广东名幕,曾历任广西庆远知府、道员,兼娴经术。徐绍桢幼承家学,刻苦自励,学汉宋儒学,后求经世致用之学,尤其是军事学,精研熟记各种战术、各国军事制度、军事历史与各种兵器的性能和使用方法,希望以此报效国家,确立了"尧舜事功,孔孟学术"的远大抱负,常说:"大丈夫患不得志于时耳!"①1880年,其父去世,家道中落。徐绍桢师从姐夫朱香溪学习刑名,并由朱香溪引荐到广西柳州府怀远县谋职,开始了早年的游幕生涯。后又先后在昭平、平南、苍梧、肇庆游幕。

1894年,徐绍桢参加广东乡试中举,此后广西梧州府、桂林藩府先后邀约入幕,助政颇有业绩。江西巡抚李兴锐赏识徐绍桢的才干,特邀他到江西辅政。1900年,徐绍桢到江西后,正值反洋教运动兴起,烧教堂、杀教民的事件屡屡发生,他奉命查办教案,深入各地进行调查,不到三个月,便将各案查清了结。他还应邀在课吏堂、讲武堂向各级官员、将校讲解文武之道,被李兴锐誉为难得的"儒将"②,得以升为江西道

---

① 徐绍桢:《学寿堂文集》,见陈正卿、徐家阜编校《徐绍桢集》,四川师范大学出版社1991年版,第19页。

② 徐承庶等:《徐绍桢行述》,卞孝萱、唐文权编《辛亥人物碑传》,团结出版社1991年版,第275页。

员,统领江西常备军,总领营务处。嗣后又随李兴锐先后任广东常备军统领、福建武备学堂总办、江苏候补道等职。

1903年,清廷成立练兵处,推广常备兵制,令各省普练新军。1904年,徐绍桢奉两江总督李兴锐之命赴日本考察军事,年内回国,随即被李委任为两江兵备处总办,负责编练陆军新军第九镇。本着为国效命的夙愿,徐绍桢亲手编制新军章程、制度,又奏请裁汰绿营旧兵,实行征兵制度,招募有文化的朴实贫寒子弟入伍。一时豪杰之士纷纷应征,徐在新军中容纳了不少贤能义士,革命党人赵声、柏文蔚、冷遹、倪映典、陶骏保、林之夏等均在其列。1905年,新军第九镇正式成立,徐绍桢被任命为统制,下辖新军第十七、十八两协,包括第三十三、三十四、三十五、三十六四标及马队一标、炮队一标、工程队一营、辎重队一营、宪兵队三营,共约万人。第九镇司令部、第十七协、马队第九标、工程队第九营、辎重队第九营及军乐队等均驻南京城内,第十八协司令部及所辖第三十五标驻镇江,第三十六标驻江阴。徐绍桢在军中广泛宣扬儒家学说,颁发明儒吕坤《呻吟语》,各将校人手一册,务使确立为国效命的爱国思想。在他的严格训练下,第九镇威武雄壮,成为名闻遐迩的"南洋劲旅"。

1905年,各革命团体纷纷成立,革命形势高涨,清政府为缓和这种紧张局面,宣布"预备立宪",可没有具体行动,这使徐绍桢十分失望,转而同情革命,"常痛国事积弱,根本解决非革命不可"[①]。当时,革命党人柏文蔚、赵声、冷遹、倪映典等在军中宣传反清思想,从事革命活动,徐绍桢虽时有所闻,然未加追究。当两江总督端方侦知赵声等人的异举,欲加迫害时,徐绍桢则尽力为之掩饰。由于徐绍桢的纵容和革命党人的组织宣传,新军第九镇兵士"皆知祖国之仇,恨异族窃据"[②],反清

---

① 茅乃登、茅乃封:《江浙联军光复南京》,扬州师范学院历史系编《辛亥革命江苏地区史料》,江苏人民出版社1961年版,第385页。

② 《赵烈士事略》,《辛亥革命江苏地区史料》,第89页。

革命思想与日俱增。

　　这时与新军第九镇同驻南京的,还有张勋统率的江防营七千人、督署卫队和旗营三千多人。新军装备精良,思想激进,旧军则以正统自居,思想保守。因此,新旧两军经常互相敌视,彼此隔阂,"如同冰炭"①。

　　1908 年,徐绍桢被简授江南苏松镇总兵、护理江北提督,兼新军第九镇统制,1911 年 3 月加授副都统衔。

　　1911 年 10 月 10 日,武昌起义爆发,新军第九镇中的革命志士也跃跃欲试。这立即引起两江总督张人骏的疑忌,从 10 月 16 日起陆续将江防营由浦口调入南京城内,以防不测。面对这种形势,徐绍桢心情沉重,为确保安全,从 12 月 13 日起,他先后到各标、营发表演说,讲解"忠君爱国"②,劝说部属一定要稳重,不可草率行事。10 月 23 日,柏文蔚到军中策反起义,动员徐绍桢反正,徐从容陈词道:"光复大义,所以救民,非所以贼民,弹轰刃接,狭巷相搏,幸而胜,民室墟矣!不幸而败,何以为继? ……与其轻率偾事,毋宁待机而动。"③随后他一面暗中派人到湖北、上海打听消息,同时又与部属准备出师计划。对此,张人骏似有所觉,10 月下旬下令南京戒严,大肆搜捕革命党人,并秘密召见徐绍桢,宣布对新军第九镇进行搜捕。徐绍桢为掩护第九镇中的革命党人,不使张人骏逞凶,立即加以阻止,并指出如此必导致军心动摇,反而激起事变,使张人骏不敢轻举妄动。为了防止新军起义,张人骏又派布政使樊增祥在镇司令部宴请第九镇官兵以示"安抚",并招募饥民二千五百人,编为十营,日夜巡逻,在狮子山、北极阁及署内架起大炮,对

　　①　徐鹏:《辛亥革命在南京》,中国人民政治协商会议江苏省委员会文史资料研究委员会编《江苏文史资料选辑》第 7 辑,江苏人民出版社 1981 年版,第 117 页。

　　②　《南京新军起义记》,《辛亥革命江苏地区史料》,江苏人民出版社 1981 年版,第 379 页。

　　③　茅乃登、茅乃封:《江浙联军光复南京》,扬州师范学院历史系编《辛亥革命江苏地区史料》,第 385 页、388 页。

准第三十三标驻地,还在三叉河要道口架起大炮对准工、辎两营,防范森严,如临大敌。这时,新军人均只有五发子弹,徐绍桢要求张人骏发放弹药,张非但不发,反而从新军收回六门大炮和六门机关枪,而给江防营、督署卫队却人均补充五百发子弹。张人骏如此冥顽不化,新军将士愤慨异常。徐绍桢担心在城内与旧军如此对峙下去于新军不利,10月30日,以出秋操为名率新军移驻距城六十五里的秣陵镇。新军出城后,张人骏拒发弹饷,派遣密探严密监视,又指使江防营对新军日夜挑衅,甚至派人行刺徐绍桢。徐绍桢忍无可忍,决心起义,遂派柏文蔚到上海购运弹药。

这时,传来上海光复,苏州、浙江、镇江同时独立的消息,又得知张勋将分兵进攻镇江,黄兴督师失利,情况紧急,尽管上海的弹药尚未运到,徐绍桢仍决定于11月8日起义,进攻南京。11月8日黎明,新军兵分三路出击,以步兵第三十六标第三营、马队第九标第一营为右路纵队,由朱元岳指挥,经曹家桥进攻通济门;以步兵第三十三标第三营、马队第九标第三营为左路纵队,由傅鑫指挥,经铁心桥、安德门,进攻汉西门;余为中央纵队,由沈同午指挥,经姑娘桥、花神庙进攻雨花台。新军英勇奋战,但遭到张勋江防营的猛烈抵抗,拼杀两昼夜,终因仓促行事,弹药告罄而败,于10日晨乘大雾撤往镇江。

新军退往镇江后编入镇军,归柏文蔚统率,徐绍桢则亲赴苏州、上海求援,谋求会攻南京。11日,上海、江苏、浙江各界商定组织江浙联军会攻南京,公推徐绍桢为总司令。徐绍桢慨然受命,13日在镇江金鸡岭洋务局设立联军司令部,以陶骏保为参谋长,史久光、于右任、范光启、伍崇仁等为顾问,孙毓筠为军事参议,在上海设立总兵站。随后镇军、浙军、苏军、淞军、沪军先锋队等参战各军陆续集中镇江,总兵力达两万人。11月21日,联军司令部拟定作战计划,决定兵分三路攻取南京:中路浙军由麒麟门进占紫金山,南攻朝阳门,镇军由紫金山北攻天堡城、太平门;南路苏军攻雨花台、聚宝门;北路淞军攻乌龙山、幕府山;另派柏文蔚率领镇军二支队和扬军从江北攻浦口,迎击逃窜的清军。

次日，各军开始分头出击。24日夜淞军巧取乌龙山，25日晨占领幕府山。各路联军士气倍增，越战越勇，激战五昼夜，攻占了城外各阵地。接着进攻紫金山制高点天堡城。徐绍桢亲临前线督战，将士们血战一昼夜，终于在12月1日黎明攻克。次日，联军乘胜占领南京。

南京光复后，徐绍桢立即致电各省军政府，表示攻取南京"皆群力所致，桢无丝毫之力，善后诸务极繁，务求诸公推举都督，以图长治久安"①。各界公推程德全为江苏都督移驻南京，又推举徐绍桢为北伐江浙联军总司令，挥师北伐（后因南北议和，北伐之议作罢）。1912年1月1日，中华民国成立，孙中山就任临时大总统。为整饬战乱后的南京秩序，孙中山任命徐绍桢为南京卫戍司令。徐绍桢受命后立即上任，颁行军律，对扰乱治安违反军律者严加惩处，从而使南京秩序井然。

1912年3月，南北谈判告成，孙中山辞职，袁世凯攫取了临时大总统职务。袁曾先后委任徐绍桢为陆军参谋总长、仓场总督等职，然徐绍桢不愿与袁为伍，均借口推辞，只担任一些顾问、参政之类的闲职以示应付。1915年6月，袁世凯为笼络外蒙古上层贵族，防止分裂，派徐绍桢、荣勋为册封专使，赴蒙古册封哲布尊丹巴呼图克图为外蒙古博克多哲布尊丹巴呼图克图汗。对此保全祖国边疆之举，徐绍桢慨然受命，准备赴任。不料，袁组织"筹安会"公开鼓吹复辟帝制，徐绍桢对袁破坏共和、复辟帝制深恶痛绝，乃毅然交还册印辞职，没有成行。袁因此对徐怀恨在心，以保卫为名在徐绍桢门前派了岗哨，监视他的行动。徐绍桢则闭门韬晦，每日以诗酒自娱。1916年6月袁世凯死后，徐绍桢在黎元洪政府中仍任顾问。1917年7月，张勋复辟，徐绍桢为躲避张勋迫害，逃亡日本神户隐居。

张勋复辟失败后，皖系军阀段祺瑞把持北京政府，拒绝恢复《临时约法》和国会。徐绍桢"默观时局，心知其难"，仍抱定"在父母之邦，能

---

① 《致各省军政府联军已攻占南京望推都督电》，《申报》1911年12月5日。

尽一分之心亦不可自爱"①。1917年10月,应孙中山之邀,由日回粤,参加护法战争,举兵讨伐段祺瑞,1918年3月23日,孙中山任命徐为广州卫戍总司令,后兼陆军练兵处督办。5月,孙中山受西南军阀的排挤被迫辞职,徐绍桢亦辞职随孙中山赴沪。他多次致电南北政府和各省各方呼吁和平统一。

1920年6月17日,为讨伐把持军政府、破坏国会的桂系军阀,孙中山派徐绍桢为两广讨贼军总司令,率兵出击广州,揭开讨桂战争序幕。桂军被逐回广西后,孙中山回广州重组军政府,于1921年5月就任中华民国非常大总统,任命徐绍桢为总统府参军长。1922年6月,陈炯明叛变,徐绍桢不遗余力,多方奔走,组织军力进行讨伐。1923年2月,孙中山在广州设立大元帅府,任命徐绍桢为广东省省长,5月,调任大本营内政部长。徐绍桢制定了一系列有关教育、卫生、出版、国籍等政策,使军政府内政走上正轨。1924年1月,徐因年老体弱而辞去内政部长职。1925年3月12日,孙中山在北京病逝,徐悲痛不已,立即赴京协助治丧,后回上海定居。

自孙中山逝世后,徐绍桢很少过问政事,潜心著述,著有《共和述义》、《四书质疑》、《孝经质疑》、《三国志质疑》、《勾股通义》、《丙寅、丁卯、戊辰、己巳、庚午日记》等,后家人将其所著编入《徐绍桢集》。

1932年1月,经孙科提名,徐绍桢被任为南京国民政府委员,继而被聘为国难会议会员。1936年9月13日,徐绍桢因病医治无效,逝于上海家中。次年,被南京国民政府公葬于当年光复南京时江浙联军司令部驻地麒麟门外小白龙山。

---

① 《学寿堂日记》,《徐绍桢集》,四川师范大学出版社1991年版,第89页。

# 徐 世 昌

李宗一

徐世昌，字卜五，号菊人，又号弢斋。原籍天津。1855 年 10 月 23 日（清咸丰五年九月十三日）生于河南汲县。他的祖父做过河南中河通判，父亲为候选县主簿。他两岁时随家迁到开封，六岁入私塾读书。次年丧父，家境败落。成年后，他历就沁阳、太康、淮宁诸县署文书或家馆教师①。

1879 年，徐世昌在淮宁县认识袁世凯，结为兄弟。他受袁资助，北上应试。1882 年考中举人，1886 年中进士，为翰林院庶吉士。1889 年散馆，授职编修，先后兼充国史馆协修、武英殿协修、甲午科直省乡试磨勘官。1895 年，袁世凯在天津小站创练"新建陆军"。1897 年 12 月，经袁奏请徐以翰林兼管袁军营务处，往来北京、天津间，为袁的重要谋士；同时袁的爪牙如张勋之流，羡慕翰林之名，多投帖拜徐为师，因此徐和他们也结成深厚的关系。1900 年 8 月，帝国主义八国联军侵入北京，徐世昌随西太后逃到西安。次年 6 月 9 日经山东巡抚袁世凯保荐，徐被西太后召见，以编修升为国子监司业。1903 年 10 月，为商部左丞，12 月练兵处成立，由于袁世凯（时任直隶总督）再次奏保，徐以内阁学士候补加副都统衔，任练兵处提调。1904 年署兵部左侍郎，次年初以兵部侍郎兼会办练兵事宜，同时授军机大臣、督办政务大臣，9 月调任巡警部尚书。1906 年 11 月，巡警部改名民政部，仍任尚书。不久奉命

---

① 徐世昌：《续修天津徐氏家谱》下册，养喜堂 1908 年印本，第 72 页。

偕同载振赴东北考察政治。12月底回到北京,上《密陈通筹东三省全局折》,主张把东三省改为行省,设总督一员,"举三省全部应办之事悉以委之"①。

1907年4月,东北改设行省。徐重贿庆亲王奕劻,并通过袁世凯的举荐,得为"钦差大臣东三省总督兼管三省将军事务",权势在各省督抚之上。他用奉天巡抚唐绍仪办理东北"外交",在"抵制日俄"的名义下极力主张多"开商埠","聘用洋员","借国债",引进美英势力②。同时他也为日、俄势力效力,如1907年日本攫取了吉长铁路借款权。7月,吉林各界代表成立保路会,赴奉天请愿,要求废除有关吉长路各约,徐世昌答复说"约章炳如指日,万难取消",公然允许日本动工修建③。他以推行所谓"新政"为名,加征捐税,"或新创名目,或增高旧率,涓滴不漏,聚敛称能"④。因此激起人民不断反抗。为了镇压人民,他以"无兵殆不可以言治"为由⑤,奏请把北洋军第三镇和由二、四、五、六各镇内拨编两混成协调到关外。又仿照袁世凯在直隶的办法,创立督练处,训练新旧各军。另外还增设官僚机构,以周树模、钱能训为左右参赞,成立"巡警"、"劝业"道,以巩固清朝在东北地区的统治。

1908年11月,宣统继位,摄政王载沣当权。次年1月袁世凯被罢官,徐因与袁关系密切也受到牵连。但他施展官僚手腕,用奉天公款和枪械向亲贵行贿,取得载沣信任。1909年2月内召为邮传部尚书兼津浦铁路大臣。次年8月清廷召盛宣怀回邮传部,徐复为军机大臣,9月清廷又授徐为体仁阁大学士。1911年5月,清廷裁军机处,改设皇族内阁,奕劻为总理大臣,徐为协理大臣。

1911年10月,辛亥革命爆发,徐世昌力主起用袁世凯,扼杀革命。

---

①　徐世昌:《退耕堂政书》第7卷,1914年版,第14页。

②　徐世昌:《退耕堂政书》第10卷,第14页;第33卷,第8页,1914年版。

③　《盛京时报》1908年9月24日、12月24日。

④　《辽宁义勇军檄文》,《民报》第20号(1908年)。

⑤　徐世昌:《东三省政略》第4卷,1911年版,第1页。

他赴彰德与袁密谋,代袁向清廷要求权力。11月,袁至北京组织责任内阁,夺得清廷的军政大权。徐退出内阁,专任军咨大臣,加太保衔。他表面上站在清廷一边,实际上仍暗中参与袁的机密,在袁逼迫宣统退位的过程中,扮演内线角色。1912年3月,袁窃据民国总统后,他托言"国变忧愤,力辞太保"[1],避至青岛,以掩饰其观望政治形势的本意。

当袁世凯镇压了以孙中山为首的革命民主力量并解散国会以后,徐接受袁的邀请,于1914年5月出任国务卿,充当帮凶,被人称为"相国"。1915年,袁公开推行帝制后,老奸巨猾的徐世昌窥测出袁氏称帝,可能会引起政局动荡的危险,即于10月要求辞职。当袁劝他赞助时,他说:"举大事不可不稍留回旋之余地,若使亲厚悉入局中,万一事机不顺,无人以局外人资格发言为谋转圜矣,某当此时而求去,非为自身计也。"[2]随即退居河南辉县水竹村。袁称帝后,封他为"嵩山四友"之一,特许不称臣,不跪拜。由于全国人民的激烈反对,1916年3月袁被迫取消帝制,恢复"中华民国"年号,起用徐为国务卿。他果然为袁效力,依照袁的旨意要求护国军停战议和;但他的要求遭到拒绝,仅一个月即下台。下台前,他力荐段祺瑞为国务卿。6月袁病危,托以家事。袁死后,徐世昌虽有觊觎总统地位、继承反动事业之野心,但实力不足,乃故意表示淡泊,又回水竹村,自称"水竹村人"、"退耕老人",等待时机。

1916年11月,徐世昌以北洋元老的资格应邀到京,调解总统黎元洪和总理段祺瑞之间的权力之争,事后移居天津。他看到北洋军阀内部争斗的反复,认为有机可乘,曾一度图谋通过拥宣统复辟,由自己掌握北京政府实权。为此,1917年1月,他派人赴日本,试探日本政府对清室复辟的态度,又和复辟派张勋等人秘密串联。5月,黎、段之间的斗争因"参战"问题达到高潮,黎下令免段职后,拟以徐继任总理;段的党羽则计划在天津组织政府,推举徐为大元帅;徐都没敢接受。6月,

---

① 沃丘仲子:《徐世昌》,上海崇文书局1918年版,第23页。
② 徐一士:《谈徐世昌》,《越风》第4期(1936年1月)。

张勋以调解黎、段冲突为名,带兵到天津,劝徐出山。当时,徐已得到日本政府全力支持段、并不赞成清室复辟的消息,乃幡然变计,力劝张勋暂时放弃复辟计划。7月1日,张勋在北京悍然发动复辟。徐被任为弼德院院长,托故未就职。张勋复辟失败后,徐始入京,向各方面活动,为清室和张勋开脱罪责,竭力主张维持对清室的"优待条件"。

　　1917年8月,直系军阀首领冯国璋任总统,直皖两系军阀之间矛盾激化,徐世昌又以"调和者"自居。1918年10月,冯国璋任满下台,皖系首领段祺瑞指使其控制下的安福国会"选举"徐为总统,因徐是文人,易操纵。同时,为缓和直皖矛盾,段也辞去总理职务,而由幕后操纵一切。徐出任"总统"时,第一次世界大战结束,美、英等各国先后向北京政府和广东护法政府分别提出停战议和的"劝告"。因此,他上台后,极力标榜"偃武修文",以文治总统自命。11月,下令对南方停战。次年2月,又召开南北军阀分赃的"议和会议"①,千方百计地企图取得广州护法政府对其地位的承认,但南方政府认为"安福国会"的选举是违法的,根本不承认他为总统。

　　1919年,在巴黎和会上中国外交失败的消息传到北京,反帝反封建的五四运动就像火山一样爆发了。起初,徐认为对巴黎和约"应行签字"②,并下令逮捕游行示威学生,公开褒扬卖国贼曹汝霖、章宗祥、陆宗舆"体国公诚"③,因此更加激起全国人民的义愤。后来,在群众运动的压力下,他被迫免曹、章、陆职,并使其亲信钱能训辞去国务总理,以缓和全国舆论的攻击。

　　这时,新文化运动高涨,尊孔复古分子极为惊慌。徐世昌适应保守派的需要,于1919年10月下令举行秋丁祭孔,又支持其亲信张凤台等

　　①　中国科学院近代史研究所:《一九一九年南北议和资料》,中华书局1962年版,第313页。
　　②　中国科学院近代史研究所:《五四爱国运动资料》,科学出版社1959年版,第38页。
　　③　中国科学院近代史研究所:《五四爱国运动资料》,第267页。

人于 1920 年 5 月创办"四存学会";次年 4 月发行《四存月刊》。在这个刊物上,他发表《弢斋述学》等文章,攻击新文化运动,鼓吹尊孔读经,妄想"转移风气",阻挡革命潮流①。

在北洋军阀各派系之间,徐世昌一直以"调和者"的面目出现,而实际则效法袁世凯的故伎,操纵派系斗争以维持自己的权位。当段祺瑞控制北京政府时,他支持段的亲信靳云鹏当总理,反对段的另一个爪牙徐树铮;同时又勾结奉系张作霖和直系曹锟,企图打破皖系对政府的垄断。1920 年,直皖战争中皖系失败,奉直两系控制了北京,他又转而把自己的权位寄托在奉直两系的争斗上。但到 1922 年第一次直奉战后,张作霖败退关外,各系军阀的均势被打破,北京政府成了直系的囊中物,他就成了曹锟攫取最高统治地位的障碍。

1922 年 6 月,曹锟、吴佩孚以恢复旧国会和黎元洪复任总统为名,逼徐世昌下台;1 日,旧国会众议院议长吴景濂等秉承曹、吴意旨,通电揭发了徐的"种种罪恶",宣布他为"伪总统"②。这个善于玩弄阴谋权术的老官僚智拙计穷,于 2 日称"衰病"辞职,溜回天津英租界私宅。

徐世昌用做官搜括的金钱,在辉县、青岛、天津各地购置大片地产。晚年,借助僚友门客编撰书籍二十余种③。1937 年 7 月,日本帝国主义全面侵华,华北沦陷后日酋板垣、土肥原等曾拉徐下水充当汉奸,徐以年老多病拒绝,保持了晚节。1939 年 6 月 6 日,徐病故于天津。

---

① 《徐大总统四存学会第一年纪念会训词》,《四存月刊》第 4 期(1921 年 7 月)。

② 《通告全国宣布徐氏罪状由国会行使职权再由合法大总统依法组织政府东电》,《民国日报》1922 年 6 月 3 日。

③ 如《清儒学案》、《大清畿辅先哲传》、《颜李丛书》、《水竹村人诗集》等。此外,其奏议函牍多收入《东三省政略》、《退耕堂政书》。

# 徐 树 铮

李宗一

徐树铮,字又铮。江苏萧县人。生于 1880 年 11 月 11 日(清光绪六年十月初九)。他的父亲徐忠清是拔贡生,一生以教书为业①。

1892 年,徐树铮十二岁时中了秀才,十七岁到南京考举人,没有考中。1901 年冬,他到济南上书山东巡抚袁世凯,企图由此谋取出路,不成功,却无意中结识了段祺瑞,受其赏识,当了书记官,从此成为段的亲信人物。1905 年,由段保送去日本士官学校,两年后以第七期步兵科毕业。回国时,年方二十七岁,入段幕府,赞襄帷幄,少年"得志",十分自豪。先后任第六镇军事参议,第一军总参谋②。

民国建立以后,1912 年 3 月,段祺瑞为陆军部总长,派徐树铮任陆军部军学处处长,9 月调任军马司司长兼管总务厅事。11 月,创办《平报》,由臧荫松主编,吹捧段祺瑞,宣扬段的政治观点,被人称为"陆军部机关报"。1914 年升为陆军部次长。同年在北京创办正志中学,自任校长,聘请林纾等人为教员,提倡古文。1915 年袁世凯阴谋称帝,他力劝段祺瑞抵制帝制。6 月段以"病"辞职,徐也被免职。

1916 年袁世凯败亡后,黎元洪继任总统;段祺瑞任国务总理,依靠日本支持掌握北京政府实权,徐树铮为国务院秘书长。不久,黎元洪受美国策动,和段发生权力之争。段遂少入总统府,专由徐树铮持稿入府

① 徐树铮:《先考妣事略》,《视昔轩遗稿》第2卷,北京文楷斋1931年版,第1页。
② 段祺瑞:《陆军上将远威将军徐君神道碑》,《视昔轩遗稿》,附录。

要求盖印；徐依仗段的奥援，意态倨傲，因政见不合，迭与黎争吵。加以徐在国务会议上恃势越权，多所主张，为内务总长孙洪伊所反对；于是黎、孙结合以抗段、徐，势如水火；后经徐世昌调解，11 月 20 日徐树铮和孙洪伊同时被免职。

1917 年春，黎、段之间的矛盾更加尖锐，徐树铮代表段到徐州，极力煽动张勋反黎。5 月，黎下令免段职，徐即以同意清朝复辟为诱饵，策动张勋于 7 月 1 日把黎元洪赶下台。事后，他又以"讨逆军"总部参赞的名义，追随段讨平了张勋复辟。接着，直系军阀首领冯国璋继任总统，皖系军阀首领段祺瑞仍以国务总理的名义掌握北京政府。8 月徐又被任为陆军部次长。当时，孙中山联合西南地方军阀在广州组成护法军政府，反对北洋军阀。徐极力推行段的"武力统一"政策，派兵攻入湖南，妄图一举消灭护法运动。但是，冯国璋也以英、美帝国主义为背景，主张所谓"和平统一"，暗中指示前方的直系军队消极退守。段和徐不得不于 11 月辞职。

徐树铮依靠日本帝国主义的扶植，在当时的政局中纵横捭阖。他于 1918 年初到奉天勾结张作霖，自任奉军副司令，随奉军入关，压迫冯国璋同意对南方护法军作战①。3 月，冯国璋被迫再任命段祺瑞为国务总理。徐和王揖唐等人组织"安福俱乐部"，收买政客，操纵选举，包办新国会，把持北京政府。徐又谋杀了在直系中策划主和的陆建章，拉拢直系军阀曹锟，进攻南方。段祺瑞的重大措施，大半出于他的策划，因有"小扇子军师"之称。

1918 年 9 月，因徐树铮挪用奉军军饷，张作霖解除了他的奉军副司令职务。段祺瑞随即任命他为参战处的参谋长兼西北国防筹备处处长。他与日本代表斋藤秘密签订《中日陆军共同防敌军事协定实施之详细协定》，又用"参战借款"两千万日元从日本购买武器，延聘教官，编

---

① 中国科学院近代史研究所资料编辑组编：《徐树铮电稿》，中华书局 1963 年版，第 2 页。

练"参战军",组成段祺瑞的嫡系部队。10月,冯国璋任期届满,徐世昌由皖系支持,出任总统。11月,徐树铮被授陆军上将衔,派赴日本观操。在东京,他与日本当局秘密谈判,图谋出卖东三省的权利,换取日本对皖系更多的支持,没有得逞。12月16日回国。

1919年2月5日,他与日本陆军代表乙东彦在北京签订延长军事协定的协约。五四运动爆发后,他极力主张镇压学生运动和在巴黎和约上签字。6月,"参战军"改称"边防军",他被任为西北筹边使兼西北边防军总司令,在外蒙古声明取消"自治"后,又兼任外蒙善后督办,并以外蒙活佛册封专使名义,于1920年元旦在库伦主持册封活佛典礼。

徐树铮亲日卖国的行为不断激起全国人民反对。1920年夏,亲英、美的直系军阀曹锟、吴佩孚乘机通电攻击徐"祸国殃民"、"卖国媚外",要求"免徐树铮各职"①,并率领军队逼近北京。6月,徐由库伦回到北京,极力主战。7月4日,徐世昌被直系逼迫,下令免去他西北筹边使等职务。段祺瑞立即组成"定国军"准备向直系迎战,派徐树铮为总参谋长。徐指挥"边防军"第二旅沿京津铁路南下,与曹锟的部队战于杨村。17日,皖系军队一败涂地。段祺瑞通电辞职,徐树铮避匿日本使馆。北京政府下令解散"安福俱乐部",通缉徐树铮等首要分子。11月,他在日本人的保护下逃到上海公共租界。

1921年,徐树铮著《建国诠真》,宣扬他的政见。

次年1月,他代表段祺瑞赴广西见孙中山,又与张作霖联系,策划孙、张、段三方面的军事联盟,共同反对直系。10月,他潜赴福建延平,联络皖系余部第二十四混成旅旅长王永泉,按照《建国诠真》组成"建国军政制置府",自任总领。又联络许崇智的粤军,赶走倒向直系的福建督军李厚基,17日移住福州。不久,王永泉也倾向直系,借口"闽人自治",强迫他于11月2日返回上海。1924年10月,趁江浙战争爆发的时机,他招集在浙、沪一带的皖系残余队伍,自称"浙沪联军总司令",妄

---

①　张一麐:《直皖秘史》,上海世界书局1920年版,第29—30页。

图东山再起。但是,由于英国人不允许他在上海公共租界活动,被迫于11月出国"游历"。

　　第二次直奉战争后,段祺瑞被张作霖和冯玉祥推为北京政府临时执政,1925年1月,派徐树铮为"考察欧美日本各国政治专使"。当时,他正在巴黎,即组成考察团,先后到法、英、瑞士、意大利、德、苏联、波兰、捷克、比利时、荷兰、美、日本等国考察,12月11日回到上海。这时广东革命政府已经成立,冯玉祥也倾向革命,徐树铮遂鼓吹皖、直、奉三系军阀联合以对付广东革命政府。23日徐树铮到北京见段祺瑞,29日离京赴上海。冯玉祥对徐树铮谋杀对自己有知遇之恩的内姑丈陆建章早已怀恨在心,加之当时政治冲突又趋尖锐,遂密令部下,于30日晨当徐乘火车到廊坊车站时,把他逮捕枪毙。

# 徐　庭　瑶

戚厚杰

徐庭瑶,字月祥,安徽无为人。生于 1892 年 10 月 20 日(清光绪十八年八月三十日)。徐幼年在家乡读私塾,十四岁入芜湖皖江中学,毕业后考入武昌陆军第二预备学校,两年后毕业。1915 年,考入保定陆军军官学校第三期,被编入步兵科第四连,与白崇禧、黄绍竑等同期同科。

徐庭瑶保定军校毕业之时,正值北洋军阀混战时期,乃回乡在励志小学任算术教员。徐感到在乡执教虽能维持生活,但难以发展,于是投倪嗣冲安武军,被分配在第三路第四营为见习官。1919 年,徐所在部队由倪嗣冲之侄倪毓棻率领,随张敬尧、吴佩孚援湘,徐被提升为连长。徐看不惯倪部腐败和军纪松弛,经保定军校毕业同学介绍,只身前往广东,投入许崇智粤军,在第一旅任连长,1925 年春,粤军与黄埔军校教导团进行东征,徐因功升任营长。同年 9 月蒋介石逼走许崇智,将许部编为第一军第三师,徐庭瑶任该师第八团团附,不久参加第二次东征,在攻克惠州战役中立功,后升任团长。

1926 年 7 月,北伐战争开始,9 月,第三师在何应钦率领下,编属东路军向福建方向进军。徐庭瑶团在进攻永定、松口等战役中英勇顽强。攻占福建后,张贞独立团扩编成独立第四师,徐庭瑶升任该师副师长。1927 年初,东路军由闽入浙,徐调任第二师副师长,参加江、浙境内的北伐作战。8 月,参加龙潭对孙传芳的作战。9 月底,第二师师长刘峙升任军长,徐继刘任师长。

　　1928年春,徐庭瑶率部参加对奉系的北伐。攻占济南后发生了日本侵略军制造的"五三"惨案,事后徐奉命率部戍守济南。7月,蒋介石对所属部队实行编遣,第二师缩编为第一师第一旅,徐庭瑶改任旅长。

　　1929年春,以编遣会议为导火线,爆发了各军事实力派之间的混战,徐庭瑶部在蒋介石指挥下力战各反蒋派系。1930年春,中原大战爆发,第一师师长刘峙任第一军团总指挥,徐代理师长职,在陇海线上同冯玉祥部作战中负伤。同年底,徐调任第四师师长。第四师原为教导二师,以中央军校武汉分校教职员为基干编成,装备精良,机械化程度高。时杜聿明在该师任团长,徐将杜倚为得力骨干,对杜倍加器重,为尔后两人的合作打下了基础。

　　1931年7月,蒋介石发动第三次"围剿"工农红军的战争,将第四师调往湖北。徐庭瑶指挥该师第十二旅向湖北应城的红军根据地进攻,结果该旅被歼,旅长张联华被活捉,徐受到蒋介石的训斥。1932年夏,徐任豫鄂皖三省"剿匪"军右路军第一纵队指挥官,率部开往大别山地区,"围剿"鄂豫皖边区的红军,被红军击退。正当部队溃退之时,杜聿明率部赶到,在徐指挥下全力反攻,攻入霍邱。几年征讨,徐看到江北几省赤地千里,哀鸿遍野,于是写成《订定田赋减租与免除杂捐办法》,呈交南京国民政府,希望能公布实施。不久,蒋介石将徐部调到蚌埠,徐兼任蚌埠警备司令。

　　1931年日本帝国主义发动"九一八"事变,侵占我国东北后,又觊觎华北,于1933年1月侵占山海关,后继续进犯热河,随即分兵攻击长城各口。全国人民极为悲愤,当地守军奋起抗击。南京国民政府为应付民众的舆论,以第二、第二十五、第八十三师编成第十七军,任命徐庭瑶为军长,调到北京密云参加长城抗战。在战斗中,徐曾代理第八军团总指挥职。虽然抗日将士奋勇杀敌,重创侵略军,但得不到增援。由于蒋介石奉行"攘外必先安内"政策,将主要兵力集中在"剿共"战场,长城一线的敌我力量过分悬殊,加上采取单纯防御的战术,继古北口失陷后,将军楼、八道楼子和南天门阵地接连丢失。5月,徐列名军事委员会北平分会委员,参与何应钦、黄郛等人主持的签署《塘沽协定》事。

徐庭瑶进一步得到蒋介石的信任和重用,于1934年被任命为军事委员会委员长保定行营主任,协助何应钦镇守北方。徐曾根据长城抗战中中日军队装备悬殊的情况,上书蒋介石建议组建机械化部队,建立专科军校培训人才,以提高军队装备水平和军事素质。5月,徐庭瑶与交通部次长俞飞鹏率领军事委员会和交通部联合组成的军事交通考察团,前往意大利、德国、比利时、英国、美国等国考察军事交通情况,历时九个月,于1935年3月回国。他将考察观感及对军事装备、军事教育的建议撰写了数十万言,呈送蒋介石,又在中央军校等单位作考察报告,倡议吸收外国的经验,建立快速机动部队。5月,徐被任命为训练总监部交通兵监兼通信兵监,同时兼任通信兵学校和交通兵学校的筹备处主任,筹备两军校成立事宜。

此后,徐庭瑶以主要精力投入于机械化部队的人才培训工作。10月,辎重兵学校和交通兵学校筹备处合并,成立交辎学校,蒋介石兼任校长,徐庭瑶任教育长,实际负责该校的教育行政责任。他调第二十五师副师长杜聿明担任学员队队长,还从国外进口一批新式的汽车、装甲车和有关教育、训练器材,教育训练走上正轨。同时,徐又积极筹备通信兵学校,罗致技术人才,派人到国外购买通信器材。1936年8月,该校筹备就绪,于9月1日正式开学,蒋介石兼任校长,徐兼任教育长。

1936年12月12日西安事变发生,蒋介石被扣,何应钦在南京主持军事委员会,举兵讨伐张学良、杨虎城,任命徐庭瑶为讨逆军前敌总指挥。由于南京政府内意见不一,加上事变很快和平解决,何应钦的军事讨伐化成泡影,徐的总指挥职也很快结束。

1937年春,徐庭瑶奉蒋介石之命,以交辎学校战车营和交通兵二团的装甲汽车队等单位合并改编为陆军装甲兵团。在徐的推荐下,蒋介石委杜聿明为团长。

抗日战争爆发后,交辎学校和通信兵学校教职员工和在校学生及装甲兵团一部由徐庭瑶率领向湖南转移。此时,交辎学校的交通、辎重两个兵科扩编成机械化兵学校和辎重兵学校,徐庭瑶兼任机械化兵学校教育长。

1938年11月,军事委员会将由装甲兵团改编而成的第二○○师为基干,扩编成立新编第十一军,委徐庭瑶为军长。该军是国民党军队中当时唯一的机械化军队。1939年夏,日军侵占南宁,第五(新编第十一军改)、第九十九军奉命编成第三十八集团军,徐庭瑶为总司令,参加桂南会战。会战后徐仍回机械化兵学校。为免遭日军飞机轰炸,徐将机械化兵学校所属分散配置,战车机械工程研究班设在广西全县,战车工厂筹备处设于贵州威宁。1943年6月,为解决机械化部队技术问题,徐庭瑶报请军事委员会批准,成立工程学院,甄选机械化兵学校毕业的优秀学员予以深造。此后,徐相继将校属试验队、驾驶兵教育团改为练习团和战车兵教育团,将毕业学员充实装甲兵部队。1944年2月,徐专任军训部机械兵监。1946年底徐任国防部所属科学委员会主任委员。

1948年春,徐庭瑶被任命为装甲兵司令,所属装甲兵配属各"剿匪总司令部",徐是有职无兵的司令。1949年春,国民党军队溃败,蒋介石下令把装甲兵部队撤到金门、台湾,以备负隅顽抗。徐于1950年调任"东南军政长官公署"副长官。此时大陆已完全解放,该公署徒有虚名,与台湾军政机构重复,乃被撤销。徐改任"总统府战略顾问",1952年10月正式退役。

徐庭瑶爱好读书,戎马之余注重撰著,曾著有《干部必携》、《步兵操典草案之研究》。他对国画、篆刻、金石、考据等都有兴趣,收藏甚丰。1971年6月,他将所藏各种版本藏书数千卷赠送台北"故宫博物院"。

徐庭瑶于1974年12月16日病逝,葬于台北阳明山。

## 主要参考资料

黄杰编纂:《徐庭瑶将军纪念集》,(台北)徐庭瑶将军纪念集编纂委员会1975年版。

《徐代表庭瑶传略》，台湾版。

《装甲兵的编成和沿革》，中国第二历史档案馆藏。

《交辎学校的开办和教育概况》。

《昆仑关会战》，国民政府军事委员会档案，中国第二历史档案
馆藏。

# 徐　锡　麟

闻少华

徐锡麟，字伯荪。浙江绍兴东浦村人。生于 1873 年 12 月 17 日（清同治十二年十月二十八日）。徐家经营商业，富有资产①。父徐凤鸣字梅生，为人保守。徐锡麟幼年受父管束，常遭痛斥。十二岁时曾负气跑到钱塘当和尚，经家人找回，二十一岁为诸生。

1901 年，徐锡麟被绍兴府学堂聘为教师，后提升为副监督。1903 年，在其父的严命下应乡试，名列副榜。当时国内不少知识青年受民族危机的刺激，多倾向革命，喜谈"新学"，卑视科举，徐也受到感染。就在这一年，他获得机会以参观大阪博览会名义赴日本，到东京游览。适逢东京浙江学生正在开会讨论营救因宣传反满革命入狱的章炳麟，他积极参加，出钱相助，因而结识了陶成章、龚宝铨等人。那时留日学生界因帝俄侵占我东三省的问题，组织拒俄义勇队。徐受这一运动的影响，愤清廷无能，萌发了反清的革命思想。

回国后，他创建"热诚蒙学"于东浦，提倡军训；又在绍兴创设书局，传播新译书报，宣传反清革命。他每听到有关沙俄在东北的暴行，即为之恸哭，常画沙俄侵略者的像为靶子，以短铳射击。他的行动吓坏了他那个保守的父亲，因此被赶出来，与父分居。

1904 年，徐到上海爱国女校访蔡元培，这时陶成章也恰在上海，经

---

①　徐父梅生在绍兴"开生绸庄、泰生油烛栈两铺……约计徐家产业：共值十五万元"。见毕志社编《中国革命党大首领徐锡麟》，新小说社版，第 90—91 页。

陶介绍遂加入了光复会。他得知陶过去和浙江会党联络的情况,非常高兴。翌年 2 月,徐和他的几个学生游历了诸暨、嵊县、东阳和义乌等地,交结了些他称为"奇才力士"的会党成员。回来后他对人讲:"涉历四县,得俊民数十,知中国可为也。"[①]

1905 年,徐在绍兴创立体育会,招各校青年数百人,学习射击术。有光复会会员自上海来,建议用"劫钱庄"的办法来筹措军费,徐得到富商许仲卿的帮助,筹款到上海购买后膛九响枪五十杆、子弹二万粒、声言是供体育会学生体操实习用,公开运到绍兴。然后与平阳党首领竺绍康商议,约集党中强有力者二十人到绍兴,准备执行上述筹集起义军费的计划。后因不易进行,乃与陶成章、龚宝铨密议,设立一所学校,以容纳招来的会党成员并贮藏购到的枪支、子弹;学校既立,定名为大通学校。徐又想借开学典礼之机,杀掉邀集来校参加典礼的大小清吏,即行起义。他要陶成章通知各府会党同时响应,陶认为时机不成熟,此议作罢。大通学校于 1905 年 9 月 23 日正式开学,改称大通师范学校,设体育专修科。陶成章、龚宝铨招金、处、绍三府所属各县会党头目来校受兵操训练。大通学校规定,凡入校学生都是光复会会员,卒业后也仍受学校领导人统辖和节制。大通师范学校是一所准备革命的特殊学校,也是革命的联络机关。同年春,徐介绍秋瑾加入光复会。

与创立大通学校同时,陶成章提议党人捐官学习陆军,学成后打进清朝军事系统,掌握军权,以谋"中央革命"。徐极表赞成,经过他表叔原湖南巡抚俞廉三的推荐,花银三千,被批准送日本学习陆军。这一年冬天,他偕妻子王振汉、友人陈伯平、马宗汉等去日本,先后欲进陆军联队、振武学校,均因眼患近视不合格被拒。又欲入陆军经理学校或警政学校,也未如愿。1906 年春自日回国,北游京师及辽、吉,察看形势。当年冬,捐了一个道员,分发到安庆,经俞廉三推荐,加上他办事精明干

① 章炳麟:《徐锡麟、陈伯平、马宗汉传》,中国史学会主编《中国近代史资料丛刊·辛亥革命》(三),上海人民出版社 1957 年版,第 178 页。

练,得到安徽巡抚恩铭的重用,先任武备学校副总办,继任警察处会办。第二年又任巡警学堂堂长,接着又任陆军小学(原武备学堂改名)监督。徐利用其身份,广事交游,和兵备处提调胡维栋、马营排长常桓芳、督练公所学员龚振鹏等过从尤密,准备起义时引为奥援。他白天亲自督课,晚上和将士们饮宴,在学员中声望日高,与学员关系日益密切。

先是,徐赴安徽候补时,大通学校事交由秋瑾主持,并有浙、皖同时起事之约。此后,党人陈伯平往来于安徽、浙江和江西之间,贯通声气,并运动会党。

在安庆起义前,上海侦探捕获党人叶仰高,押送南京。经两江总督端方酷刑严讯,叶仰高叛变,将所知同党供出,幸所供是党人别名或暗号。端方将名单电告恩铭,嘱其拿办。恩铭接电,召徐锡麟计议,不知名单中也包括徐锡麟。徐担心事已泄露,与陈伯平、马宗汉计议,决计速杀恩铭。徐原定7月8日乘巡警学堂毕业生举行典礼之机,将省府官员一网打尽,并已通知外地会党前来支援。但恩铭因这天有他事,命将典礼提前两天举行,因此外地会党未能赶来。

7月6日一早,徐锡麟同陈伯平、马宗汉到巡警学堂,召集学生演说,徐激励学生"不忘救国"[①]。语意虽甚激昂,可是学生们并不了解他的用意所在。上午八时,恩铭及文武官吏陆续到警校礼堂。徐抢上前向恩铭行举手礼,大声说:"回大帅,今日有革命党起事。"恩铭方惊愕,陈伯平即上前向恩铭投一炸弹,未爆发。徐随即从靴统内拔出两支手枪,射向恩铭,因近视,恐不中,只得连续发射。恩铭身中七枪,由部下狼狈背走。一时文武官吏纷纷逃出。惟奸吏顾松被马宗汉捉住,徐立杀之廊下。徐回到礼堂,命令学生到军械所开库取枪支子弹,均不适用。从警校逃走之藩司冯煦、臬司毓朗等清廷官员立即组织清军进攻军械所,并悬赏缉拿徐锡麟等。经过近四小时的激烈战斗,陈伯平战

---

① 陶成章:《浙案纪略》,中国史学会主编《中国近代史资料丛刊·辛亥革命》(三),上海人民出版社1957年版,第38页。

死,徐锡麟、马宗汉不幸被俘。

接着,冯煦、毓朗等组织审讯,要徐锡麟写口供,他挥笔直书说:"蓄志排满已十余年矣,今日始达目的。本拟杀恩铭后,再杀端方、铁良、良弼,为汉人复仇……"还说:"革命党本多,在安庆实我一人……不可拖累无辜。""尔等杀我好了,将我心剖了,两手两足断了,全身碎了,均可,不可冤杀学生。"①

恩铭被刺后当天死去。端方致电冯煦立即处死徐锡麟,安庆司道等清吏并决定将徐斩首后剖腹剜心祭恩铭。徐锡麟于 1907 年 7 月 6 日晚在安庆抚院门前慷慨就义。

---

①　陶成章:《浙案纪略》,中国史学会主编《中国近代史资料丛刊·辛亥革命》(三),第 80—81 页;又见邹鲁《中国国民党史稿》第 3 册,商务印书馆 1947 年版,第728—729 页。

# 徐 新 六

汪仁泽

徐新六,字振飞。1890年(清光绪十六年)出生在浙江杭州。祖籍浙江余杭。父亲徐珂,晚清举人,国学名儒,南社社员,曾任上海商务印书馆编译所所长。徐新六幼年时在私塾读书,后进杭州养正学堂求学,1902年入上海徐家汇南洋公学(交通大学前身)。1908年毕业后,考取浙江省公费留学生赴英,进伯明翰大学学习冶金专业四年,获得学士学位。1912年又在英国维多利亚大学攻读经济学,次年获得商学士学位。再至法国,入巴黎国立政治学院,学习国家财政学一年。1914年回国,参加北京政府的高等文官考试,以第一名被录取,分派在财政部任佥事,并兼任北京大学教授。

徐新六幼年即闻康、梁之名,稍长与梁启超结识。1917年7月,段祺瑞组阁,梁启超任财政总长,徐任财政部秘书,曾两次协助梁向日本商借贷款。11月,梁启超因在四川内战问题上与段祺瑞意见相左而辞职,徐也随之离开了财政部,进中国银行先任金库监事,后任北京分行协理。其间曾一度任汉冶萍煤铁厂矿公司总会计。

1918年底,梁启超以巴黎和会中国代表团会外顾问的半官方身份赴欧洲考察,邀徐新六、张君劢、蒋百里、丁文江等作为随员同行。1919年到达巴黎时,适值巴黎和会召开,徐被委为巴黎和会赔款委员会中国代表和中国代表团的专门委员。

1920年3月,徐新六随同梁启超回国,在上海经营新通贸易公司。次年应浙江兴业银行总行之聘,任该行董事会秘书。该行是旧中国主要商业银行之一,其时除经营一般商业银行的存放款及储蓄业务外,并发行银元券,办理外汇,经营仓库等业务。徐新六的才干深为该行董事长兼总经理叶揆初所赏识,1923 年徐任该行副总经理,1925 年起升任常务董事兼总经理。

徐新六主持浙江兴业银行后,积极以新的管理方法改进经营,推动和促进了该行业务的发展。对外通过代理汇兑、合放贷款、互相开户和清算票据等业务,使浙江兴业银行与浙江实业银行(后改称浙江第一商业银行)、上海商业储蓄银行、新华信托储蓄银行建立了密切的联系,形成旧中国南方的一个强有力的金融集团,被称为"南四行"。同时,对内部也进行整顿,延揽人才。他用人一秉公开,采取考试制度,选拔富有朝气、懂得新型管理的人员担任各分支行、部门的负责人。对原有在职人员给予业务技术训练的机会,提高工作效率,逐步淘汰老弱冗员,精简机构。浙江兴业银行由于叶揆初、徐新六的精心擘划,经营得法,信用昭著,1921 年到 1927 年间的存款总额,在各商业银行中一直处于领先地位;1926 年底的定、活期存款共达三千三百一十二万余元①。放款方面,他一改留学时发展经济、振兴中华的初衷,着眼于扶助我国民族工商业,1926 年,该行对轻重工业的放款达三百三十一万五千元,约是 1919 年六十七万元的五倍。尤其对因日、英纱厂竞争而陷于困境的纺织业,大量增加放款,1926 年款额达二百七十二万元,是 1919 年二十四万元的十多倍。

1927 年后,上海市面一度不景气,工商业对货币资本的需求减弱。浙江兴业银行在徐新六主持下,除了继续对民族工业,如刘鸿生所办大中华火柴公司、上海水泥公司等企业大量放款外,又另谋出路②。它增

① 摘自浙江兴业银行 1927 年资产负债表。活期存款为 1246.9 万元,定期存款为 2065.2 万元。

② 1935 年大中华火柴公司因上年起政府增加火柴统税,而日产火柴大量走私来华,造成成本激增,销路锐减,亏损达 90 多万元。刘鸿生向中国银行请求贷款遭拒,转向徐新六恳商后,得浙江兴业银行贷款,始渡过难关。

设"经营国外证券委员会",调集资金,委托外商银行购入北洋政府期间在国外发行的以外币为单位、由关税和盐税作担保的"中法美金五厘公债"、"日金九六公债"券,以及外国企业的股票。到 1930 年,该行有价证券的投资额高达一千四百九十三万余元,占全部资金的百分之十四。此外又成立地产信托部,徐新六延聘黄延芳任该部经理,经营第一年即盈余百余万元。以后由于地价的不断上涨,获利更厚,1931 年年终存款总额在全国同业中居第四位。但是 1932 年"一二八"事变发生,沪地受到战争影响,市面萧条,地产市场一蹶不振,价格一落千丈。1934 年初,浙江兴业银行账面上,尚有价值八百七十余万元的房地产乏人问津。徐新六通过董事会作出决议:"与其产业荒置坐耗利息,不若赶快施工建筑,收取相当之孳息为得计。"①于是破土造屋,先后在施高脱路(今山阴路)、霞飞路(今淮海中路)、狄思威路(今溧阳路)等建造了"兴业坊"、"兴业里"、"浙兴里",以出租房屋收取房租,弥补投资收益。同时,在徐新六的筹划下,浙江兴业银行在江苏无锡、常熟、苏州、新浦,浙江湖州,河南陕县、信阳、驻马店,安徽蚌埠等地,增设分支机构和办事处,扩大了金融网和投放范围。1932 年,徐新六又以浙江兴业银行名义,与美商斯达莱公司合组泰山保险公司,投资一百万元,徐兼任保险公司常务董事。

随着浙江兴业银行业务的发展,徐新六的社会地位逐渐提高。1927 年 12 月当选为上海公共租界纳税华人会的执行委员,1929 年被聘为上海公共租界工部局华董。徐还任复旦大学校董(曾一度兼任校长),时事新报、大晚报馆、申报电讯社董事长、交通银行、中国企业银行、中国建设银公司、大陆报、上海毛绒纺织公司、中华教育文化基金董事会等十余个单位的董事,以及上海市商会商务委员会委员、公断委员会委员及公债基金保管委员会主任委员、中国太平洋国际学会副委员

————————

① 上海"公共租界"历年地价上升的统计:以 1903 年每亩平均价格指数为 100,1924 年为 352,1927 年为 405,1930 年高达 584。

长、银行学会常务理事等职。1936年,宋子文系官僚资本投资成立"中国棉业公司",宋自任董事长,聘徐任常务董事。徐勤于治事,注重实干,作风平易近人,每日在银行午膳,与行员同桌同食,不求特殊①。

南京国民政府自成立以后,曾多次拟委徐新六以财政金融方面的官职,徐皆婉拒,但政府当局每遇有重大的财政经济问题时,常向徐咨询。1935年10月,国民政府组织金融、工商界头面人物赴日考察,徐为代表团成员之一。同年11月,国民政府在实施"法币"改革这一重大决策前,曾征询徐的意见。徐草拟的币制改革方案,后来在实行"改革"时被采纳甚多。

1937年抗战爆发,11月上海沦陷,租界成为"孤岛"。徐新六和上海银行公会理事长、浙江实业银行总经理李铭,同时受国民政府财政部指派,以民间金融界身份,负责维持上海租界内的金融事业。1938年8月,国民政府组织代表团,赴美国商谈借款事宜,电邀在香港的徐新六参加。8月24日,徐新六与中南银行总经理胡筠相偕搭飞机从香港起飞,拟赴桂林再转重庆。日本军部获得情报,误以为是孙科座机,即派日本军用飞机截击。结果在广东上空被击落,机坠人亡,国民政府给予阵亡烈士称号。噩耗传来,上海各界团体和租界当局于28日下半旗志哀。徐遗有《币法考》等著作。

① 中国人民银行上海市分行金融研究室编印:《一家典型的民族资本银行——浙江兴业银行简史》,1978年12月油印本。

# 徐 永 昌

汪仁泽

徐永昌,字次辰。1887年12月15日(清光绪十三年十一月初一)生于山西崞县。其父徐庆,初务农,后至大同经商。徐永昌七岁起在私塾读书,十四岁时父母相继病故,生活无着,投役于一旅店。后被清军武卫左军某营书记官徐椿龄带入军营充当杂差,备尝艰辛。1906年,徐正式列名毅军军籍,生活始较安定,业余发愤自学文化。1908年,徐考入武卫左军随营学堂,三年毕业,成绩优异,派任左军左路前营副哨长,驻北京琉璃河。

1911年武昌起义后,京师震动。左军左路前营奉命派赴大同镇压革命党人,徐永昌不愿回乡作战,留京改任毅军新兵营哨长,不久进入陆军部所设将校讲习所学习。1913年冬,学习期满,成绩出众。为求继续深造,先后辞去所派连长、团附等职,于次年考入陆军大学为第四期学员。1916年春,曾辍学赴沪转鲁,参加居正等人组织的反对袁世凯称帝的活动。6月,袁死后,重回陆大学习,是年冬以名列第一的成绩卒业。他与孙岳、续桐溪等人交谊甚厚,辞去外调的任命,留北京任陆军训练监编辑官。

1917年冬,孙岳创办直隶军官教育团于廊坊(后迁保定),邀徐永昌任教官主持教学工作。其中不少学员后来成为孙岳的国民军第三军的骨干。1920年7月,孙岳组成直隶保卫团,徐任营长。不久孙任直系第十五混成旅旅长,徐任参谋长。1922年直奉战起,孙岳任直军西路军司令,派徐督队作战。嗣后,徐调任第十五混成旅第二团团长。

1924 年 5 月调任该旅第一团团长,驻河北定县。

1924 年 10 月,冯玉祥与孙岳、胡景翼在北京发动政变,组成国民军,孙岳就任国民军副总司令兼第三军军长,徐永昌升任第三军第一混成旅旅长,驻保定。1925 年 1 月,孙岳被委为陕豫甘剿匪总司令,任徐永昌为第三军第一路总指挥,率部从保定南下,经潼关,7 月抵达渭南,遇新任陕西督军吴新田的北洋军第七师在临潼一带布防抗阻。徐以所部多为新兵,且后无退路,乃决死猛攻,速战而胜,进据西安。8 月,孙岳兼任陕西督办,徐升任第一师师长兼陕西警备司令。11 月,国民军暗中策动奉系将领郭松龄反戈倒奉,孙岳命徐永昌率部经郑州直入保定,猛扑任丘、大城,与张之江部会师天津。孙岳遂于 12 月任直隶督办兼省长,徐率部驻盐山、沧州。

1926 年 1 月,李景林与张宗昌合组直鲁联军反攻国民军。3 月,各系军阀反对国民军的大联合形成,国民军四面受敌,于 21 日退出天津,退守北京附近。徐永昌率所部出居庸关,退集包头。时孙岳病,委徐代理第三军军长职,率部移驻五原。9 月,冯玉祥由苏联回五原誓师。徐反对冯聘请苏联军事顾问,返归包头,旋赴山西访阎锡山,受到礼遇。11 月,冯玉祥率部进陕,徐则率第三军从榆林间道入晋,被阎锡山以客军名义留驻汾阳、榆次一带。

1927 年 6 月,阎锡山自任国民革命军北方总司令,9 月对奉系作战。徐永昌部被编为南路军,计划自井陉取石家庄再攻保定,但被奉系戢翼翘部夺取定县受阻,遂退集获鹿、平山,构筑工事,固守井陉山地。10 月,徐部阻击奉军于井陉一带,使其无法南下。

1928 年 2 月,阎锡山就任国民革命军第三集团军总司令,委徐永昌为第十二军司令、右路军总指挥。5 月,徐率部与第四集团军南路军配合反攻奉军,出石家庄循京汉路北上,5 月底攻克保定。此时孙岳病逝,徐辞去第三军代理军长之职,将该部移交阎锡山,正式归阎统率。6 月,徐永昌受国民政府委派为河北省政府委员,协助该省主席商震处理省务。10 月 12 日,绥远设省,徐出任省政府主席。1929 年 8 月 10 日,徐调任河北省政府主席。

1930年4月,蒋介石与阎锡山、冯玉祥矛盾激化,战事一触即发。徐永昌曾奔走各方劝说息争无效。5月中原大战爆发,阎锡山任命鹿钟麟为前敌总司令,徐永昌为副总司令兼陇海路总指挥。鹿、徐率部东进,在考城、兰封一带与蒋军对峙。9月18日,张学良发出"拥蒋"通电,战局急转直下。徐永昌与杨爱源率领阎部晋绥残军退入山西境内,被阎任命为晋绥警备总司令部司令。阎于下野前委托徐、杨共同主持晋绥军政。张学良主持办理晋绥善后事宜,将晋绥十四个军缩编为四个军。1931年1月,徐永昌任缩编后的第三十三军军长、山西省政府副主席。

"九一八"事变后,阎、蒋重新合流,在此契机下,1931年10月,徐永昌被南京任命为山西省政府主席。徐懂得山西是阎锡山的地盘,自己又非阎系,故任省主席后韬光养晦。每届省府例会,徐纵然出席,亦任凭阎派诸厅委自行其是,以避疑忌。即使如此,徐仍不能久假省主席名义,1933年因"肺疾操劳"被"照顾"而免去省主席职,由阎之亲信赵戴文继任。徐仅留下第三十三军军长空衔,从此也未到过司令部视事。

1934年7月,徐永昌受蒋介石电召,至江西反共前线视察。次年春,徐献策组织参谋团入陕指挥反共军事并监督省政,为蒋所采纳。此时日本侵华势力日渐南侵,华北局势严峻,徐劝说各派军政人士共同维持国民党政权,拥护蒋介石;同时拟就对日外交和军事方面的意见向蒋进言,言词恳切,得到蒋的赏识,蒋在复电中有所谓"一鞭一条痕,针针见血"等语。

徐永昌与蒋介石的关系日趋密切,阎锡山对之颇具戒心。1936年5月,在阎的暗示下,徐被迫辞去第三十三军军长职务。6月,阎复畀徐以山西清乡督办的空衔,徐以病辞,随即以就医为名离晋去南京。阎一面假意挽留,一面电请蒋予以重任。1937年3月,蒋宣布由徐任军事委员会办公厅主任职。

"七七"事变发生后,徐永昌被委为保定行营主任,协同指挥第一战区抗日军事。1938年1月,蒋介石改组军事委员会,下设军令、军政、军训、政治四部,任徐为军令部部长,主管作战参谋、对敌情报及审定各战区作战大纲等工作,直至抗日战争结束。

1945年8月,日本无条件投降。徐永昌被任命为中国全权代表,参加盟国9月2日在日本东京湾美舰"密苏里号"上举行的受降仪式,代表中国政府与苏、美、英、荷等国代表共同签署了受降书。

1946年6月,徐永昌被国民政府任命为陆军大学校长。1948年12月22日孙科接任行政院院长,委徐为国防部长。

1949年1月,北平和平解放时机日趋成熟。1月21日,徐永昌以蒋介石私人代表名义,携带蒋的亲笔长函,飞抵北平面见傅作义,要傅部分海陆两路南撤青岛,遭傅拒绝,徐悻悻而返。7月29日,国民党绥远驻军酝酿起义之际,徐永昌再度奉命与国民党空军总司令王叔铭飞往绥远临河陕坝镇游说,约见绥远省政府主席董其武等人,力图劝说董将主力西撤,联合马鸿逵、马步芳负隅顽抗,复遭董等拒绝。8月,傅作义为促成绥远和平起义,前往包头。9月15日,徐永昌第三次携带蒋介石、李宗仁、阎锡山三人的亲笔信前往包头游说,力图对起义作最后阻拦,并邀傅作义南下,又遭傅回绝。徐见无法回去复命,竟装病赖着不走。傅等识破诡计,晓以民族大义,要徐领衔一起参加起义。徐只得于9月19日绥远宣布起义的当天早晨失败而归。徐回广州后不久,即仓促率领陆军大学学员撤往台北。1951年陆军大学在台改制,徐交卸校长职务。

1952年,徐永昌在台湾被蒋介石任为"总统府资政"。1954年11月被委为"光复大陆设计研究委员会"副主任委员。1959年7月12日病殁于台北。

## 主要参考资料

徐永昌纪念集编辑小组辑:《徐永昌先生纪念集》,台北1962年版。

吴相湘:《民国百人传》(二),台北传记文学出版社 1971 年版,第293—300 页。

山西省政协文史资料研究委员会编:《阎锡山统治山西史实》,山西人民出版社 1981 年版。

中国人民政治协商会议全国委员会文史资料研究委员会编:《文史资料选辑》第 20 辑,中华书局 1960 年版。

中国人民政治协商会议全国委员会文史资料研究委员会编:《文史资料选辑》第 68 辑,中华书局 1980 年版。

中国人民政治协商会议全国委员会文史资料研究委员会编:《文史资料选辑》第 69 辑,中华书局 1980 年版。

# 徐 志 摩

孙玉石

徐志摩,原名徐章垿,初字槱森,小字又申。1897年1月15日(清光绪二十二年十二月十三日)生于浙江海宁。父徐申如,清候选中书科中书,与南通张謇友善,曾因兴办实业,蜚声浙江。

徐志摩四岁入家塾读书。1907年,十岁时进海宁县硖石镇开智学堂读小学,1909年冬毕业。第二年春,入杭州府中学堂求学,与郁达夫为同班学友。1913年,学校更名为杭州一中,徐志摩继续在该校就学,并在校刊《友声》上先后发表《论小说与社会之关系》、《镭锭与地球之历史》,介绍自然科学知识,提倡用小说"改良社会"。

1915年夏,徐志摩中学毕业后,考入北京大学预科。不久辍学,改入上海沪江大学,12月又转入天津北洋大学预科。1916年秋天,重入北京大学法科政治学门。1918年8月,赴美入克拉克大学社会学系学习。此时始更名为徐志摩。出国时,他曾于太平洋舟中撰文,分致亲友,慷慨陈词,表示在此"内忧外患,志士贾兴"之时,要"益自奋勉",以负起青年人"拨乱反正,雪耻振威"①的责任。1919年五四运动爆发时,他甚为关切,后来曾回忆说,当时得到消息后,"曾经'感情激发不能自已'过","国内青年的爱国运动在我胸中激起了同样的爱国热"②。6

---

① 1918年8月14日徐志摩启行赴美一节,陈从周编《徐志摩年谱》,上海书店1981年影印本,第11页。

② 1928年5月3日日记,《徐志摩年谱》,第73页。

月,他在克拉克大学毕业,获一等荣誉奖。9月,入纽约哥伦比亚大学研究院学政治,于第二年9月获硕士学位。此时,他热心于政治经济和自然科学,在二十四岁以前,对于"诗的兴味"远不如"对于相对论或民约论的兴味"①。

1920年9月,徐志摩为从罗素就学,"摆脱了哥伦比亚大学博士衔的引诱"②,离美赴英,入伦敦剑桥大学为研究生,仍习政治学。剑桥大学两年的英国教育和生活,留给他很深的影响。他说:"我的眼是康桥教我睁的,我的求知欲是康桥给我拨动的,我的自我的意识,是康桥给我胚胎的。"③这时,他的"求学兴味益深","尤喜与英国名士交接,得益倍蓰"④。两年内他先后结识拜访了文学家威尔斯、狄更生、曼殊斐尔等人。在英国19世纪浪漫主义诗歌及其他西洋文学的熏陶下,他从1921年起开始了新诗创作。1922年10月,他离开英国回到上海。12月底,开始在胡适等主办的《努力周报》上发表新诗。

1923年1月,蔡元培因对教育总长彭允彝"蹂躏人权、献媚军阀"不满,辞去北大校长职务,并发表宣言,主张对北洋军阀政府取"不合作主义",因而酿成学生要求驱逐彭总长的风潮。月底,徐志摩在《努力周报》上发表《就使打破了头,也还要保持我灵魂的自由》一文,谴责"卑污苟且的社会政治",对蔡元培"不忍为同流合污之苟安"的态度表示赞赏,说谣传和政府"总不能掩没这风潮里面一点子理想的火星","我们应该积极同情这番拿人格头颅去撞开地狱门的精神!"⑤1922年底到1923年初,徐志摩与胡适、陈西滢、丁西林等人在北京组织了早期的新月社。

1924年4月,印度诗人泰戈尔来中国,徐志摩代表北方学界前往

① 《猛虎集》序文,新月书店1931年8月初版。
② 《我所知道的康桥》,《晨报副刊》1926年1月16日。
③ 《吸烟与文化》,《晨报副刊》1926年1月14日。
④ 《徐志摩家书》,《徐志摩年谱》,第19页。
⑤ 《努力周报》第39期。

上海欢迎,然后陪同北上。泰戈尔来华前,徐志摩曾撰文说:"我们所以加倍的欢迎泰戈尔来华",是因为泰戈尔"高超和谐的人格"可以"开发我们原来淤塞的心灵泉源","纠正现在狂放恣纵的反常行为",把人们引导入"完全的梦境"①,表现了徐志摩的世界观与泰戈尔哲学之间的默契和一致。6月,他随泰戈尔赴日本,暑期中返国。1924年夏,徐志摩被任为北京大学教授。12月,他与胡适、陈西滢、高一涵、王世杰、唐有壬等创办《现代评论》周刊。在五卅运动、女师大风潮和"三一八"惨案等爱国反帝斗争中,表现了与进步文化运动相对立的倾向,被称为"现代评论派"。1924年底,徐志摩第一本诗集《志摩的诗》出版。这时候的徐志摩,不满军阀混战以及民生涂炭的黑暗现实,向往和追求英美式的资产阶级共和国的政治理想。在散文诗《婴儿》中,他用"在生产床上受罪"的产妇象征苦难的中华民族,用"美丽的婴儿"象征他理想中的"新政治"。他后来解释说:"我们不能不想望这苦痛的现在只是准备着一个更光荣的将来,我们要盼望一个洁白的肥胖的婴儿出世!"②诗集中有些作品流露出他从人道主义出发的对城市下层人民生活境遇的同情,有些诗篇表现了他对"暴力侵凌着人道,黑暗践踏着光明"③的黑暗现实的怨诉;更多的作品是在对自然与爱情的吟咏中袒露了他的诗人的情怀。

徐志摩的世界观驱使他向右滑动,但他的感情又常容易"无关闸的泛滥",很不稳定,一会儿上升,一会儿下沉。1924年10月,苏联大使馆举行升旗典礼,徐志摩参加后曾在一次演说中说,那旗帜的"红色是一个伟大的象征","不仅表示俄国民族流血的成绩,却也为人类立下了一个勇敢尝试的榜样。"④1925年3月,他经西伯利亚往欧洲,到德、

---

①　《泰戈尔来华》,《小说月报》第14卷第9号《泰戈尔号》(上)。
②　《落叶》,北新书局1926年6月版,第18、19页。
③　《毒药》,《志摩的诗》,新月书店1931年第4版。
④　《落叶》,北新书局1926年6月版。

意、法诸国漫游,7月返国。出国途经苏联时,听《伏尔加船夫曲》"表现俄国民族伟大沉默的悲哀"有感,作《庐山石工歌》。他看到苏联国内战后的困难状况,又产生了对苏联革命的误解和恐惧。

同年10月1日起,《晨报副刊》由徐志摩担任主编。这一年里,他写了诗集《翡冷翠的一夜》和散文集《巴黎的鳞爪》、《自剖》、《落叶》中的大部分作品。这一年是他创作收获最多的一年。

1926年1月,徐志摩看到陈毅为纪念列宁逝世两周年所作《纪念列宁》报告的油印稿之后,马上在《晨报副刊》上发表了他的《列宁忌日——谈革命》一文,暴露了他的反马克思主义和反中国共产党的立场。他说:"我信德谟克拉西的意义只是普遍的个人主义",不希望马克思列宁主义"传布",因为"我怕他"。他认为"共产革命"是"盲从一种根据不完全靠得住的学理","在幻想中想望一个永远不可能的境界"。他鼓动青年"不要轻易讴歌俄国革命",因为"俄国革命是人类史上最惨刻苦痛的一件事实"①。充分说明徐志摩向往的是"英美式的资产阶级德谟克拉西"②。

同年4月1日,徐志摩与闻一多、饶孟侃、朱湘、刘梦苇、于赓虞、蹇先艾等人创办《晨报副刊》的《诗镌》,由徐志摩主编。第一期为"三月十八血案专号",载有闻一多的论文《文艺与爱国——纪念三月十八》和徐志摩的诗《梅雪争春》。徐志摩在这首诗以及同时发表在《晨报副刊》的文章中,反对军阀制造的"空前的血案",断言只要实行他"理想中的革命","这回羔羊的血就不会是白涂的"③。《诗镌》对提倡格律诗起过积极影响,但有不少作品流于形式主义。6月10日出至第十一期停刊。

1927年春,徐志摩在沪与胡适、邵洵美等筹办新月书店。5月,散文集《自剖》由新月书店出版。6月,开始筹办《新月》月刊。秋天,徐志

---

① 《晨报副刊》1926年1月21日。
② 茅盾:《徐志摩论》,《现代》第2卷第4期。
③ 《自剖》,《晨报副刊》1926年4月3日。

摩应聘任上海光华大学教授,并兼东吴大学法学院教授。9月,新月书店印行了他的第二部诗集《翡冷翠的一夜》。他称这部诗集是自己"生活上的又一个较大的波折的留痕"①。随着他思想上的趋向消极,他这部诗集除少数几篇以外,"几乎完全是颓唐失望的叹息"②。这些诗篇和他的散文一起,确实可以说是"中国布尔乔亚心境最忠实的反映"③。

　　1928年3月10日,《新月》月刊创刊号出版。这时,围绕《新月》杂志,形成了一个代表右翼资产阶级利益的文化社团——"新月派"。徐志摩在他执笔的代发刊辞《新月的态度》中,认为无产阶级文学运动造成了文艺的"荒歉"和"混乱",提出了"要从恶浊的底里,解放圣洁的泉源,要从时代的破烂里,规复人生的尊严"。《新月》月刊先后发表了梁实秋的《文学与革命》、《文学是有阶级性的吗?》和胡适的《人权与约法》,罗隆基的《论中国的共产》等文章,表明新月派反对无产阶级革命文学的倾向,因而受到了以鲁迅为代表的革命文艺阵营的揭露和批判。

　　1929年,徐志摩在上海光华大学及南京中央大学英文系授课,并兼任中华书局编辑。5月,小说集《轮盘》由中华书局出版。1930年,任中英文化基金委员会委员,被选为英国诗社社员。秋天,辞去南京中央大学授课事。12月,辞光华大学教职,应胡适邀请,到北京大学任教。

　　1931年1月,徐志摩主编的《诗刊》出版。3月,参加创立笔会中国分会,并被推选为理事。8月,第三本诗集《猛虎集》由新月书店印行。其中收集了他1927年到1930年的作品。他这时已经是"一个曾经有单纯信仰的流入怀疑的颓废"的诗人,不仅生活"到了枯窘的深处,跟着诗的产量也尽'向瘦小里耗'"④。其中有些诗表现了明显的颓废绝望

① 《猛虎集》序文,新月书店1931年8月初版。
② 茅盾:《徐志摩论》,《现代》第2卷第4期。
③ 茅盾:《徐志摩论》,《现代》第2卷第4期。
④ 《猛虎集》序文,新月书店1931年8月初版。

情绪。如在《秋虫》里,他攻击包括革命理论在内的"主义"说"花尽着开可结不成果,思想被主义奸污得苦"。在《西窗》里更加露骨地咒骂革命文学倡导者们是"借用普罗列塔里亚的瓢匙在彼此请呀请的舀着喝"青年们"滚沸过的心血";他反复低吟着"我不知道风是在那一个方向吹——我是在梦中,黯淡是梦里的光辉"这样绝望的调子。

1931 年起,徐志摩的思想稍有转机。他看到了"劳苦社会的光与影","千百万人"在水灾和饥饿中"叫救命"①,曾表示要彻底改变生活。他翻译了反对法西斯主义的英国独幕剧《墨梭林尼的中饭》;发表了同情"左联"烈士的小说《珰女士》②,并在"左联"杂志《北斗》上发表诗作。

1931 年 11 月 19 日,徐志摩由南京乘飞机返回北平途中,因飞机失事遇难。

徐志摩的著作还有:诗集《云游》,散文《秋》,剧本《卞昆冈》(与陆小曼合作),《爱眉小札》,《志摩日记》;翻译《涡提孩》、《曼殊斐尔短篇小说集》、《赣第德》、《玛丽玛丽》(与沈性仁合译)等。

---

① 《猛虎集》序文,新月书店 1931 年 8 月初版。
② 《新月》(月刊)第 3 卷第 11 期。

# 徐 宗 汉

郭 烙

徐宗汉,名佩萱。广东香山(今中山市)人。1876 年(清光绪二年)出生于茶商家庭。少时随父在上海家塾读书,十八岁时,由父母做主,嫁两广总督署洋务委员李庆春之次子李晋一为妻。李晋一曾跟兴中会会员陈少白的一个同学学习英文,间接受陈影响,思想较进步。结婚数年后,李晋一病逝,遗有一子一女。

徐宗汉为人豪爽,与广州著名女医师张竹君交谊甚笃,经张介绍受洗礼入基督教。张在广州创办提福医院、南福医院及育贤女学校,徐宗汉变卖首饰妆奁相助。

1907 年,徐宗汉应执教于南洋槟榔屿的二姊徐佩瑶函邀,赴槟榔屿。这时槟榔屿刚成立同盟会分会,徐宗汉听到革命志士的宣传,热烈赞成,遂加入同盟会,此后即从事革命活动。她帮助吴世荣、黄金庆、陈新政等在南洋发展党务。翌年秋,徐宗汉经香港同盟会分会派遣回粤,与高剑父、潘达微等在广州组织同盟会分机关,设守真阁裱画店为掩护,进行革命活动。1909 年秋冬间,同盟会准备在广州举事,派徐宗汉等人去香港秘密运回炸药、子弹装在行李箱中,运到广州,别的人提心吊胆,坐卧不宁,而徐却态度安闲,怡然入睡。1910 年 2 月,在同盟会的领导下,倪映典准备发动广州新军起义,徐宗汉担任联络工作,设机关于广州高第街宜安里,准备当新军起义时,由她分头纵火,以扰乱清吏的耳目。由于清廷采取了预防措施,而起义士兵又仓促提前发动,使这次起义归于失败。徐宗汉在失败后逃亡香港。

　　半年之后,孙中山、黄兴、赵声等多次集议,决定在广州再行举义,为此,1911年1月,由黄兴、赵声等在香港设立统筹部。徐宗汉积极参加这次起义的准备工作,她在香港摆花街机关制造炸弹。临举事时又将机关迁至广州溪峡,她负责将枪械弹药从香港秘密运进广州的任务。她伪装成颜料行的主妇,把军火装在颜料罐中,并在储藏处的门口贴大红对联,装饰成屋内正在办喜事的样子以迷惑敌人,起义前夕,她将枪械弹药发给"选锋"(即敢死队)同志。4月27日起义(即通常所说黄花岗之役)发动,很快失败,总指挥黄兴负伤,于当天夜里脱险退至溪峡机关,徐宗汉为之裹伤,隐匿于机关。黄兴眼看起义失败,同志牺牲惨重,一时欲投河自尽,被徐宗汉劝阻。三天后,徐宗汉亲自护送黄兴乘轮船脱险至香港,住入雅丽医院动手术。照例动手术之前,必须有亲属签名负责,徐宗汉就冒充为黄兴的妻子签了名。在黄兴疗伤期间,徐宗汉对黄关怀备至,待黄兴伤愈出院后,他们便结成革命伴侣。黄花岗之役的失败,使黄兴痛不欲生,曾想亲自暗杀几员广州大吏,拼一死以谢死难烈士。孙中山等革命同志坚决劝阻,徐宗汉亦百般劝慰,使黄重振精神,筹划革命事业。

　　辛亥革命爆发后,黄兴自港经沪转鄂,主持革命事宜,徐宗汉随行。当他们自沪赴鄂时,长江沿岸各口清吏搜查极严,无法通过。徐宗汉求助于在沪开设医院的好友张竹君,张竹君发起组织由中外人士参加的红十字会救伤队,开赴武汉战地救护,黄兴与徐宗汉乔装成救护队成员,混迹其间,得以顺利到达武汉。黄兴担任战时民军总司令,指挥抗击清军。徐宗汉则投入救护伤兵的工作,日夜忙碌。当汉阳弃守时,清军封江,徐宗汉与张竹君则以红十字会的一只渡船,护送黄兴渡到武昌江岸脱险。

　　1912年1月,中华民国临时政府在南京成立,黄兴任陆军总长。2月间南北议和告成,广东北伐军姚雨平部从徐州前线回南京时,带回战时难童二百多人,黄兴通知陆军部副官处觅民房收容,成立南京贫儿教养院,由徐宗汉负责教养院的工作。从此,徐宗汉把贫儿教养工作当作自己毕生的事业。1913年"二次革命"失败后,徐宗汉随黄兴流亡日本、美国,从事反袁活动。

1916年6月,在全国讨袁护国高潮中,徐宗汉随黄兴自美经日抵沪,10月31日黄兴在上海病逝。徐宗汉悲痛之余,息影沪滨,抚育遗孤。

五四爱国运动中,徐宗汉激于救亡图存的爱国热情,又振奋精神,与上海博文女校校长李果等共同发起成立上海女界联合会,徐为该会负责人之一,领导上海妇女投身爱国运动。当刘清扬等代表天津各界联合会到上海呼吁发起成立全国各界联合会时,徐宗汉热烈赞助。她作为上海各界联合会的代表之一,参加筹备全国各界联合会的工作,并任全国各界联合会的常务理事。她慷慨捐献经费给当时各爱国团体。五四运动后,许多青年想赴法国勤工俭学,但缺乏路费,徐宗汉热情资助这些青年,使其成行。她既要支持爱国运动,又要资助青年求学,一年之间已囊中金尽,自己的生活反陷于窘困到不得不出卖住房的境地。

1921年,苏俄发生灾荒,上海成立俄灾赈济会,徐宗汉担任该会演讲部主任,到各地各团体去演讲,呼吁大家捐款,救济苏俄灾民。

1927年,北伐军到达南京后,徐宗汉回到她于1912年创办的南京贫儿教养院。她竭力整顿,使数百贫儿得到温饱,孩子们在此学习文化,兼学编织、园艺等知识。她还在安徽创办一所农场,作为贫儿劳动的场所。

1931年,徐宗汉为征集贫儿教养院经费,赴美国募捐。迨"九一八"事变爆发,她立刻改变为贫儿教养院募捐的初衷,转而为东北义勇军募捐,为收复东北三省而奔走呼号。

抗日战争开始后,她带领一部分贫儿出国,流亡到暹逻,一方面为贫儿募捐,一方面宣传抗日救国的道理,呼吁侨胞支援祖国的抗日战争。徐宗汉从泰国回国后,在云南大理鸡山创设贫儿院,但因经费困难,不久就停办了。她把那些流亡的贫儿转送至安徽贫儿院农场,自己于1940年春到重庆。这时她年逾花甲,忧时愤世渐转为消极超世,静修打坐，苦度光阴。1944年3月8日，徐因肝病咳血病逝于重庆。

## 主要参考资料

[美]薛君度著，杨慎之译：《黄兴与中国革命》，湖南人民出版社1980年版。

《记女斗士徐宗汉》，见许金城辑《民国野史》，《近代中国史料丛刊》第98辑，台北文海出版社1973年影印本。

《黄兴在革命中恋爱》，见许金城辑《民国野史》，《近代中国史料丛刊》第98辑，台北文海出版社1973年影印本。

冯自由：《徐宗汉女士事略》，《革命逸史》第3集，中华书局1981年版。

《记黄克强夫人》，重庆《中央日报》1944年3月13日第3版。

冯自由：《庚戌新正广州新军反正记》，《革命逸史》初集，中华书局1981年版。

黄一欧：《辛亥革命杂记》，中国人民政治协商会议湖南省委员会文史资料研究委员会编《湖南文史资料选辑》第10辑，湖南人民出版社1978年版。

穆云：《敬悼徐宗汉先生》，《现代妇女》第3卷第4期（1944年4月）。

刘清扬：《纪念"五四"忆徐宗汉先生》，《现代妇女》第3卷第5期（1944年5月）。

邹鲁：《中国同盟会》，《中国国民党史稿》第一篇，商务印书馆1947年上海版。

# 许 崇 智

严如平

许崇智,字汝为,广东番禺人,1887 年 10 月 26 日(清光绪十三年九月初十)生。祖父许应鲲、父许炳衡均署朝议大夫,福建补用通判。许崇智三岁丧母,八岁丧父,靠叔伯婶母抚养成长。1899 年,许崇智得到任闽浙总督的本族祖父许应骙的照拂,入福建马尾船政学堂就读。一年后,又在许应骙帮助下东渡日本留学,先在成城学校陆军科学习,1902 年升入日本士官学校第三期步兵科。毕业归国后,任福建武备学堂教习,不久升任福建讲武堂教习。许"于教授学术之余,灌输各学生以革命思想及理论"①。其后,许调任第十镇第四十标统带,继又擢升为该镇第二十协统领。许崇智少年得志,骄矜阔绰,时人称他为"贵公子"。

1911 年,福建同盟会支部为发展革命力量,派彭寿松等人组织"军警特别同盟会",广泛吸收新军第十镇官兵入会,许崇智也在这时加入②。10 月,武昌起义声震全国,彭寿松等酝酿在福州起义,于 11 月 8 日集合新军宣布起义。许崇智于当日被推举为起义军前敌总指挥。9 日拂晓,许指挥起义军对"旗界"发起攻击,炮兵轰击将军署及旗兵营,

① 邹鲁:《中国国民党史稿》第三篇《光复之役》,中华书局 1960 年版。

② 李新主编:《中华民国史》第一编《中华民国的创立》下册,中华书局 1982 年版,第 384 页。有些撰述称许于 1905 年同盟会在日本东京成立时加入,但查阅《同盟会成立初期(乙巳、丙午两年,即 1905、1906 年)之会员名册》(《革命文献》第二辑,第 18—77 页)未见其名,亦未发现许在 1911 年前有从事同盟会活动之史料。

10 日福州光复。许在此役中显露了军事指挥才能。

福建军政府于 11 月 11 日正式成立,孙道仁为都督,许崇智初被举为福建海陆军总司令,后为福建第一师师长。1912 年 1 月,中华民国临时政府成立,福建第一师统一编为民国陆军第十四师,许仍任师长。接着,许以福建北伐军总司令名义率部北上,冒雨雪载道之苦,经上海至烟台;因南北和议告成,遂班师回闽。袁世凯继孙中山任大总统后岑春煊举兵入闽,同时电召许崇智入京,欲予收买。许崇智离京后,经日本到上海谒见孙中山,对袁世凯杀害宋教仁和善后大借款等行径表示愤慨,得孙面授机宜,于 1913 年 4 月回到福州筹谋反袁。

孙中山领导的"二次革命"于 7 月爆发,江西、江苏、安徽、广东等省相继宣布独立。袁世凯派人到闽,拉许崇智举兵从福建进袭江西和南京。许拒之。他响应"二次革命",和刘通等老同盟会员迫使孙道仁于 7 月 19 日通电宣布福建独立,自任福建讨袁军总司令;但是孙道仁不肯得罪袁世凯,多方阻挠讨袁军出师援赣。许发讨袁通电,并吁请湖北黎元洪、浙江朱瑞、四川胡景伊共同反袁。7 月下旬,江西李烈钧战败,其他几个省的讨袁战事也先后失利。许崇智迫于形势于 8 月 8 日出走上海,不久东渡日本。1914 年 7 月,参加孙中山重新组建的中华革命党,被举为军务部长。翌年,奉孙中山之命两次去南洋各地开展党务活动,为反袁斗争筹集军费。12 月回国,至山东任中华革命军东北军参谋长兼前敌总指挥,辅佐居正举兵讨袁,设总司令部于青岛。1916 年 2 月,许指挥东北军所部沿胶济路西进,未及三月,光复县城十余座。5 月,被举为东北军代总司令。6 月,袁世凯暴卒,讨袁护国之战结束。许崇智返回上海,继续担任中华革命党总部军务部长职,与副部长邓铿等在军事上辅佐孙中山。其时许与蒋介石结交,曾先后联同张静江、吴忠信两次与蒋结拜为把兄弟。

1917 年 7 月,孙中山南下广东揭橥护法,许崇智追随赴粤。9 月,护法军政府成立,孙就任海陆军大元帅,许任大元帅府参军长,不久又兼署陆军总长。12 月,孙中山以省防军二十个营为基础成立援闽粤军,以陈炯明为总司令,许崇智任第二支队司令。援闽粤军经过潮梅整训、扩充,于翌年5月在粤、闽边界分三路向北洋军阀控制的福建进军。许崇智率第二支队为左翼,向闽西南上杭、武平进发,复派一部驰援中路攻克永定,乘胜前进,地方军队和民军亦纷纷归附。援闽粤军在战斗中扩大至两万多人,改编为两个军,陈炯明以总司令兼第一军军长,辖五个支队驻漳州;许崇智任第二军军长,辖四个支队驻汀州。

1920年8月,孙中山命援闽粤军回师广东讨伐桂系军阀。许崇智指挥所部先对驻闽南的浙军陈肇英师及福建地方军队张贞部加以扫荡,以解除回师广东时的后顾之忧。8月16日,粤军分三路回师,许崇智为右翼总指挥,率第二军沿上杭、永定之线前进,连克大埔、蕉岭、梅县、兴宁,直至河源。10月28日,粤军克复广州,驱逐了岑春煊、陆荣廷等桂系势力。

1921年5月,孙中山在广州当选非常大总统后,决定出兵广西继续讨伐桂系军阀,许崇智奉命率第二军为右路,沿四会、广宁之线向贺县进发,直取桂林。孙中山于1922年4月改设大本营于韶关,决定取道江西北伐。许崇智率部向江西进发,于6月13日攻克赣州,又进至吉安,直指南昌。

6月16日,陈炯明在广州发动武装叛乱,炮轰总统府,孙中山避登永丰舰,许崇智遂率第二军及李福林、朱培德部回师,在韶关至翁源一带与叛军激战。由于梁鸿楷率第一师突然脱离北伐军退往东江河源,陈修爵、谢毅两团又倒戈加入叛军,许崇智及李福林部苦战多日,弹尽援绝,被迫后撤,退入赣南瑞金。9月初,许率领所部联合皖系驻闽之混成旅王永泉部,以突袭方式从建瓯和南平同向福州攻击前进,驱逐李厚基。10月13日,许崇智率部进入福州,占领福建,部队又扩充至两万多人。许被孙中山委为东路讨贼军总司令,所部分编为三军十二个旅,以黄大伟为第一军军长,许自兼第二军军长,李福林为第三军军长,蒋介石为第二军参谋长。惟许治军不严,对部属将领宽纵过度,自己又沉溺于酒色,嗜吸鸦片,故军纪日渐松弛。1923年春,许崇智奉孙中山命率东路讨贼军回师广东,5月,自潮梅向广州前进时,突遭陈炯明叛军洪兆麟、林虎两部拦腰截击,在揭阳、兴宁一带仓促应战,损失惨重。许崇智只身逃脱,于博罗收集残部,不足万人。8月,陈炯明部攻击博罗,许紧闭城门固守待援,被围十余日;后得李济深第一师相援,始推进至河源,但与陈炯明军相持不下。直至11月,经湘、豫军增援反攻,才把陈军击退,辗转到达广州。

1924年1月,许崇智出席孙中山在广州召开的国民党第一次全国代表大会,对于确立"联俄、联共、扶助农工"三大政策和改组国民党的决议表示拥护,被选为候补中央监察委员;在一中全会上被任命为中央执行委员会军事部长。大会后,孙中山着手整顿军队,把广东军队统一改编为建国粤军,辖四个军,许崇智被委为建国粤军总司令兼第二军军长,蒋介石为参谋长。

为了消灭盘踞在东江的陈炯明叛军,1925年1月,广州大本营决定东征讨伐,许崇智指挥粤军张民达第二师、许济第七独立旅和第十六独立团计七千五百人,以及蒋介石率领的黄埔军校两教导团(约二千五百人)为右路,沿广九路出击,进占平湖、深圳,控制广九路全线。许率主力东进,躬冒矢石,将士奋勇作战,2月14日克淡水,21日占平山,接着攻克三多祝和海丰,在鲤鱼湖附近击溃洪兆麟部李云复师,入普宁城,进占揭阳,控制潮汕地区。3月,在棉湖、河婆与林虎部激战,进占五华后又在兴宁击溃了林虎部的最后抵抗,3月下旬占领梅县,底定粤东。6月初,桂军刘震寰、滇军杨希闵在广州叛变,许崇智率东征军在广九路沿线及广州龙眼洞、石牌郊区作战,得工农民众协助,全歼滇、桂叛军,返回广州。

粤军底定粤东之时,许崇智驻汕头、嗜酒色宴乐,又体弱多病,军中诸事多委诸参谋长蒋介石办理。许崇智对蒋介石十分宠信,4月间曾对诸将领说:"服从许总司令,就要服从蒋参谋长,许总司令就是蒋参谋长,蒋参谋长就是许总司令。以后由许崇智名义签署的命令,下面盖的是许崇智的图章或是蒋介石的印章一样有效。"①惟粤军许多将领对许如此宠蒋颇不以为然。

1925年3月孙中山逝世后,实行合议制的国民政府于7月1日在广州正式成立,许崇智为国民政府常务委员兼军事部长,并任广东省政府主席兼军事厅长,声势显赫。8月20日,国民党左派领袖廖仲恺被刺,国民党中央指定汪精卫、许崇智、蒋介石三人组成特别委员会,授予政治、军事及警察全权,控制局势。9月5日又特授许崇智以监督广东境内中央及地方财政全权。此时蒋介石在汪精卫的支持下,在查处廖案中拘捕了粤军第一军军长梁鸿楷、第一警备司令梁士锋等八人,梁鸿楷、梁士锋等所属部队均被包围缴械。接着,蒋介石向许崇智提出:粤军很多将领牵涉廖案,粤军已不可靠,为安全计,改派黄埔学生军负责许之警卫。9月中旬,许崇智发觉自己实际上已遭蒋介石软禁后,拟调许济、莫雄两支粤军精锐部队到广州来维护自己的地位,但蒋介石于18日深夜派出黄埔学生军和第一军抢占要地,控制广州。19日,蒋在广州财政会议上又拘捕了许崇智的亲信,并于当夜派黄埔学生军包围许的住处东山公馆。20日凌晨2时,蒋派人送亲笔函致许,历数许之过错后威逼他"毅然独断,保全名节","不如暂离粤境,期以三月,师出长江,还归坐镇,恢复令名"②。许崇智异常惊讶,电话问汪精卫又得不到支持,于当日深夜11时,在陈铭枢带领的一支队伍"护送"下悄然离穗。国民政府军事部长职由谭延闿署理,粤军总司令部则由蒋介石一手收束,所属部队被改编,许济、莫雄等部则被包围缴械,许的军权完全落入蒋介石手中。

许崇智到上海后住于英租界,凭着蒋介石许诺他三个月后回粤的

①　莫雄:《由同盟会到蒋政权四十年政治亲历散记》,中国人民政治协商会议广东省委员会文史资料研究委员会编《广东文史资料》第8辑,1963年。
②　中央陆军军官学校辑:《中央陆军军官学校史稿》第五篇,1936年版,第23—24页。

那封信,不断向蒋索取款项。他对邹鲁、张继、居正、谢持等人筹划召开西山会议表示支持,只因为一心等待届期回粤,没有公开露面活动。张继等西山会议派于1926年春在上海召开的"国民党第二次全国代表大会"上,选许崇智为中央执行委员。

1927年4月,蒋介石发动"四一二"政变后于南京另立国民政府,7月,汪精卫又在武汉反共,与上海的西山会议派形成鼎足之势。8月,许崇智派代表去武汉与汪商谈合作。9月初,许偕张继在上海与汪直接晤谈,提出合宁、汉、沪三个中央党部于一体的主张。许出席9月11日至13日三方中委谈话会,会议决定共推三十二人组成中央特别委员会,许崇智被上海方面举为委员,主持党务工作。但因蒋介石、汪精卫都没有获取到大权而竭力反对,这个特别委员会旋即夭折。许眼看重掌军政大权的幻想已成泡影,对蒋介石满腹怨恨,向人表示要揭蒋介石在粤"逼宫"的阴谋。蒋介石担心许披露自己的亲笔信,几次派张静江来索要,许托言已遗失,实际上摄影复印多份,分地保管,以防不测。后经居正、戴季陶、吴稚晖等人周旋疏通,许崇智出洋"考察欧美日本党务",蒋介石送给旅费三十万元。许偕邹鲁、程天固等出访,在檀香山、纽约、芝加哥、柏林、巴黎、伦敦等地,以国民党元老的姿态发表演说,多有非议蒋介石之词。从欧美回国后仍住上海,蒋介石给予国民政府委员和监察院副院长的虚职,许只领薪俸,未去南京就任。

在国民党各派力量反对蒋介石独裁统治的争斗中,许崇智常常是被策动、争取的重要对象。1929年冬,唐生智发动反蒋,许崇智于12月6日通电蒋介石,劝其"引咎自劾","洁身以安国"①。蒋介石十分恼怒,于20日以"阴谋反动,危害党国"的罪名对许加以通缉②。1930年7月,汪精卫联合反蒋各派在北平组成"中国国民党中央党部扩大会议",许被列名为七名常务委员之一。1931年2月,蒋介石将胡汉民软

①　《国闻周报》第6卷第49期。

②　《国闻周报》第6卷第49期。

禁于南京汤山,加胡罪以"勾结汝为,运动军队,包庇陈、温反对约法,破坏行政"①。反蒋派系及粤、桂军事首领集合广州,于 5 月组成"中国国民党中央执监委员非常会议",又组织"国民政府",许崇智被迎去广州。他是"非常会议"当然委员,还被推举为"国民政府"委员和军事委员会常委。

"九一八"事变后,宁、粤双方被迫统一。许崇智在广州召开的国民党第四次全国代表大会上被选为中央监察委员。在以后蒋介石召开的第五、第六次国民党全国代表大会上,他都列名为中央监察委员。在蒋介石第二次下野后的 1931 年 12 月,许崇智又被列名为国民政府委员;1935 年 12 月被重新任命为监察院副院长,但都是徒具虚名,没有实权。他仍然拿着蒋介石的接济,在上海常出入舞厅、妓院、跑狗场、回力球场;兼做投机买卖,出入交易所倒卖棉纱等。

1937 年抗日战争爆发后,许崇智于 1939 年夏秋间离沪赴香港。太平洋战争爆发后香港被日军攻陷,许崇智避居于一私人佛堂,乔装成修行的和尚,后被附敌分子告密而遭日本宪兵拘捕,囚禁于香港大酒店。蒋介石闻讯后,即宣布许"辞免"国民政府委员及监察院副院长之职务。驻港日军少将酒井隆力笼络许崇智,三个月后释放了他。早年在日本士官学校与许崇智同学的矶谷廉介担任驻港总督后,一再施展诱降伎俩,帮助他开办宏丰公司赚钱,还想要他出任汪伪南京政府要职。但许坚持了民族爱国立场,加以拒绝。1944 年,美国空军轰炸香港,矶谷离职,许崇智转移到澳门居住。

抗日战争胜利后,许崇智于 1945 年底从澳门到广州,不久回到上海。1946 年 5 月,他应邀到南京参加"还都大典",蒋介石并未予以恢复监察院副院长职,更未委以重任,他大失所望,数天后返回上海。他

---

　　① 《国闻周报》第 8 卷第 7 期;蒋介石:《致胡汉民函》(1931 年 2 月 28 日),胡汉民:《革命过程中之几件史实》,《三民主义月刊》第 2 卷第 6 期,见《近代史资料》第 52 期(1983 年第 2 期),第 50 页。"汝为"即许崇智,"陈、温"指陈群、温建刚。

与居正、吴铁城、戴季陶、吴稚晖等人开办成功贸易公司,设总公司于台北,专事台湾与大陆间的商业贸易。是年秋,许迁居香港。1947年4月蒋介石将许列名为国民政府顾问;1948年5月又将许聘为总统府资政。这些虚衔,许皆未予置理。

蒋介石从大陆撤退去台湾后,于1950年复"总统"职,聘许崇智为"总统府资政",定期拨给许一笔款项。许崇智打算在香港成立一个"第三路线"的组织,曾草拟组织章程,四处活动,希望大家拥戴他做这个组织的首领,但得不到什么人的有力支持,后来也就无声无息了。

1965年1月25日,许崇智因冠心病在香港去世。

# 许 德 珩

刘秋阳

　　许德珩,字楚生、楚僧,别名础。江西九江人。1890 年 10 月 17 日(清光绪十六年九月初四)生。父亲许鸿胪曾参加府试,补为廪生;在九江同文书院任教时,方志敏是他的学生。

　　许德珩六岁在家馆读书,后入私塾。1908 年考入九江中学堂就读,经老师杨秉笙、王恒介绍加入中国同盟会。1911 年辛亥革命爆发,九江光复,他投笔从戎,任九江都督府秘书处秘书。1913 年春回九江中学堂继续读书。"二次革命"爆发后,许德珩再次投笔从戎,参加江西都督李烈钧领导的湖口讨袁之役。失败后,为躲避搜捕,只身到上海求学。1914 年考入吴淞中国公学,因学费昂贵,一年半后辍学。

　　1915 年秋,许德珩考入北京大学,先读英文,后转国文学门,曾师从陈独秀、李大钊,深受其影响。在校时,他结识了邓中夏等人。1918 年 5 月,北京段祺瑞政府与日本签订《共同防敌军事协定》,允许日本驻兵东北,出卖中国领土和军事主权,引起北京各大学学生的反对,许德珩参加了请愿活动,并被推为代表之一向总统徐世昌上交请愿书。6 月,经李大钊介绍加入少年中国学会,还参与发起组织学生救国会。7 月,受学生救国会委派南下联络,先后到达天津、济南、武汉、九江、南京、上海等地,结识了张太雷、马千里、恽代英、林伯渠、邵力子、史量才等人。10 月,参加爱国杂志《国民》的创办工作,任编辑委员会委员。

　　1919 年初,许德珩与北大进步同学一起组织工人夜校,帮助学校工友读书识字,还与邓中夏一起发起成立北京大学平民教育讲演团,经常走上街头,深入海淀、卢沟桥、长辛店等地,向工人、农民宣讲革命道理。五四运动期间,他是运动的发起、组织、宣传者之一,负责起草《五四宣言》,参加了火烧赵家楼、痛打卖国贼的行动,后被捕入狱。6月16日,在上海参加了全国学联成立大会,任《全国学联日刊》总编辑。

许德珩于1919年秋从北京大学毕业,12月赴法勤工俭学,就读于巴黎大学文学院社会学系。在法期间,结识了蔡和森、向警予、陈毅、徐特立等人,参加过旅法中国学生的爱国斗争。1927年初回国,任教于广东中山大学,讲授社会学、社会主义史。4月,应恽代英之邀,到武汉任中央军事政治学校政治教官,同时还在武汉第四中山大学讲授社会学。7月,汪精卫"分共"后,他掩护和资送不少共产党人离开武汉。12月,在上海参加了中国共产党领导的中国社会科学家联盟,还和邓初民、劳君展等组织"本社",意为不忘本、恪守三大政策,谋求与共产党合作。1929年底,任上海暨南大学历史社会学系教授兼系主任,讲授唯物辩证法和历史唯物论。1930年初,翻译出版马克思的《哲学之贫困》,这是该书的第一个中文译本。1931年7月,应聘北平师大历史社会学系教授及主任,并兼北大法学院教授。"九一八"事变后,许德珩积极参加抗日救亡活动,曾到东北大学等处演讲,反对日本帝国主义侵略,痛斥国民党当局的不抵抗政策。1932年12月,被国民党军队宪兵三团逮捕,后经宋庆龄领导的中国民权保障同盟营救获释。出狱后,许参加了中国民权保障同盟,任北平分会执行委员。

1935年秋,许德珩看到中共中央的《八一宣言》——《为抗日救国告全体同胞书》,兴奋异常,冒着被解聘和坐牢的风险,积极宣传抗日救亡。他与杨秀峰、马叙伦等发起组织北平文化救国会,积极参加"一二九"运动,同学生一起游行示威,并在清华大学演讲,抨击国民党当局。1936年夏,被北大解聘,旋任教于北平大学法商学院。

许德珩在北平大学任教期间,结识了中共北方局代表徐冰。1936年冬,他从徐冰介绍中了解到延安缺乏日用品和粮食,和夫人劳君展表示要"买些日用品和食物给毛主席送去"①。随后,劳君展立即买了三十双布鞋、十二块怀表和十几只火腿,委托转送给毛泽东。11月2日,毛写信致谢,说:"我们与你们之间,精神上是完全一致的。"②

抗日战争爆发后,许德珩离开北平,经武汉转赴南京,任国民政府军事委员会第六部设计委员。南京沦陷后,又经武汉回江西,从事抗日救亡活动。1938年7月,他被推选为国民参政会参政员。1939年9月,任教于重庆璧山社会教育学院,讲授唯物史观、社会学。1941年初,参加了中国民主政团同盟的筹备工作,并任政团同盟联络部副部长。1944年底,许德珩与一部分文教、科学技术界人士在重庆发起组织"民主科学座谈会",以聚餐形式讨论民主与抗战问题,呼吁"团结民主,抗战到底,发扬'五四'反帝反封建精神,为实现人民民主与发展人民科学而奋斗"。

1945年8月抗战胜利后,毛泽东赴重庆与国民党当局谈判,曾在红岩约请许德珩共餐。毛泽东对许等组织民主科学座谈会十分赞赏,勉励他把座谈会发展成一个永久性政治组织。9月3日,民主科学座谈会召开庆祝抗战胜利纪念大会,决定将民主科学座谈会改名九三座谈会。1946年5月4日,九三学社正式成立,许德珩被推为理事,主持社务活动。

许德珩1946年从重庆回北平,任北京大学教授,积极支持学生民主爱国运动。11月,国民党当局召开国民大会,许发表谈话指出:"此次国大断然召开,政局前途不堪想象,是以深感个人责任之大,故若非各方协商一致,我个人不拟赴京。"③1947年,在参加反饥饿、反内战、反迫害运动后,他就转入秘密斗争。

---

①　许德珩:《为了民主与科学》,中国青年出版社1987年版,第218页。

②　许德珩:《为了民主与科学》,第219页。

③　孙承佩:《百年风雨、伟大追求——缅怀许德珩同志》,《人民日报》1990年3月15日。

1949年1月,许德珩和北平其他文化界民主人士联名拥护毛泽东的八项和谈主张。同时,与其他九三学社负责人一起在《新民报》上发表宣言,拥护中共召开新政协的倡议。3月25日,中共领导人毛泽东、周恩来、刘少奇等到达北平后,次日邀请许等共餐。席间,周恩来对他说:"这几年你辛苦了,一别两年多,你所做的事,我们都知道。"①

9月,许德珩出席中国人民政治协商会议。中华人民共和国成立后,历任政务院法制委员会副主任委员、第一届全国人大常务委员会委员、水产部部长、全国政协第四届副主席、第六届全国人大副委员长。他是九三学社的主要创始人和领导人,历任第一至第六届主席。1979年4月,他加入中国共产党。

1990年2月8日,许德珩因病于北京逝世。

---

① 许德珩:《为了民主与科学》,第291页。

# 许 地 山

徐斯年

　　许地山,名赞堃,号地山,笔名落华生。福建龙溪人①。1893 年 2 月 14 日(清光绪十八年十二月二十八日)出生于台湾省南府城一个爱国者的家庭。他的父亲许南英,号蕴白,进士出身,当时任台湾筹防局团练局统领。许地山两岁时,爆发了中日甲午战争。1895 年清政府将台湾割让给日本,台湾人民奋起反抗日军来犯,许南英随刘永福扼守台南,坚持民族大义,投入抗日斗争。失败后,抛弃全部财产,举家迁回大陆,在福建龙溪落户,过着清贫的生活。

　　许地山的父亲回大陆后,在广东做过几任知县。幼年的许地山从 1897 年至 1910 年,大部分时间随家住在广州。他四岁发蒙入私塾。十三岁入广东韶舞讲习所。十四岁改入随宦中学堂,1910 年 10 月毕业。其父从亲身经历中看到清政府的腐败,转而同情革命。大哥许赞书参加了孙中山领导的同盟会,这些都对许地山的青少年时代有着积极的影响。加以往来华侨的熏染和革命党的宣传,早在辛亥革命前三四年,他就剪了辫子。他父亲虽以为"文明不能专从外表上讲",然而不久自己也学儿子的样,剪去了辫子,以至当他们搬到乡下居住时,都被当地人称为"剪辫仔"和"革命仔"了。在这样的环境下成长起来的许地山,从小接触到较多的民族主义、民主主义思想和西方文化。在学习方

---

　　① 许地山祖籍广东揭阳,明代即迁居台湾,至其父许南英已历九世。许南英回到大陆后,因清政府不准内渡官吏保留台湾籍贯,所以才落籍于福建龙溪。

面,他除了正课之外,酷爱音乐,熟悉音律,善弹琵琶。广东的民间歌曲"粤讴"他不仅会唱,而且能编,这对于他后来的小说、诗歌创作都有影响。

1911 年,由于父亲赋闲,家境更加贫困。十九岁的许地山开始自谋生活,任福建省立第二师范教员。1913 年赴缅甸仰光,任华侨所办中华学校教员。1915 年底归国,次年任教于福建漳州华英中学。1917 年又回福建二师任教,并兼附小主理。同年暑期,考入燕京大学文学院。在北京,他迎来了“五四”风暴,形成了平民主义和人道主义的基本思想,投身于反对封建礼教、争取民主自由的新文化运动。1920 年毕业,得文学士学位,转入燕大神学院研究宗教。同时,与好友瞿秋白、郑振铎等合力创办《新社会旬刊》,宣传社会革命和反帝反封建。又与沈雁冰、郑振铎、王统照、叶绍钧等发起成立文学研究会,并遵循该会“文艺为人生”的宗旨,开始创作一些短篇小说。1921 年 1 月,许地山在《小说月报》第 12 卷第 1 期发表处女作《命命鸟》。它的反封建的主题思想和独特的艺术风格,当即引起了人们的重视。同年,他还创作发表了《商人妇》、《换巢鸾凤》和《黄昏后》。

1922 年,许地山在燕京大学神学院毕业,得神学士学位,留任该校助理并在平民大学兼课。同年出版散文集《空山灵雨》,共收散文四十四篇。次年,留学美国哥伦比亚大学研究院哲学系,研究宗教史和宗教比较学。1924 年,取得文学硕士学位后,转赴英国伦敦,入牛津大学研究院,研究宗教史、印度哲学、梵文及民俗学等。在英国结识老舍,鼓励老舍写出长篇小说《老张的哲学》,并介绍发表于《小说月报》,后来二人成为挚友。1926 年 10 月得牛津文学学士学位后回国,途经印度,留在罗奈城印度大学研习梵文及佛学。1927 年回到北京,任燕京大学文学院助教。这几年间,他创作了《缀网劳蛛》、《海角底孤星》、《醍醐天女》、《枯杨生花》、《海世间》、《慕》等小说、散文。许地山的前期创作大都充满异域情调,富有浪漫色彩,但并不脱离现实。它们较深刻地反映了半封建半殖民地中国社会的黑暗,表达了人们对这种现实的不满,顽强地探究人生的价值及其根本目的;但是,它们又笼罩着相当浓厚的宗教哲学气息,情调比较低回,反映出一种怀疑主义以至虚无主义的思想。

《缀网劳蛛》是许地山的前期代表作。作品中的女主人公经历了一系列不幸遭遇,却决不肯向命运低头;然而她又对生活中的善与恶、美与丑、幸与不幸,一概采取容忍的态度。她自比为蜘蛛,"把一切有毒无毒的昆虫吃入肚里",吐出生命之丝,不断补缀着残破的命运之网。这种人生观,对于当时青年中存在的悲观绝望、烦闷轻生的思想有着一定的针砭作用,然而又包含着宿命论的、"独善其身"思想的消极因素。茅盾曾经指出,《缀网劳蛛》"是'五四'落潮期一班青年苦苦地寻求人生意义寻到疲倦了时,于是从易卜生主义的'不全则宁无'回到折中主义的思想的反映"①。许地山的所有作品,都贯串着对于"人生理想"的探求,但是他前期作品中的"人生理想"是朦胧的,矛盾的。这反映了正直的知识分子在那个时代的愤激和苦闷。1927年的"四一二"政变,把中国人民推进了血海。"中国向何处去"这个严肃的问题,更加尖锐地提到了每一个正直的、有良心的中国人的面前。作为一个热爱祖国、关心民族命运的作家,许地山通过他后来的作品,对此作出了自己的回答。

1928年,他被擢升为燕京大学文学院、宗教学院副教授,并在北京大学、清华大学分别兼授印度哲学和人类学。1930年,升任燕京大学教授。1933年,应广州中山大学之邀,前往讲学,特意与夫人周俟松绕道台湾,探望久别的故乡和亲友。台湾山水的明丽秀媚和台湾人民在日本统治下的苦难生活,都给许地山留下了深刻的印象。他向亲友介绍抗日形势,表达了收复台湾、统一祖国的信念和期望。在中山大学讲学时,他极力反对某些人提倡"中学读经"的主张,坚持"五四"的科学、民主精神。同年12月赴印度,在印度大学继续研究印度宗教及梵文。次年年底回到北京。这一时期,许地山除了潜心于宗教史、民俗学的研究,完成了《云笈七籤校异》、《中国道教史》上卷等学术著作外,同时写

---

① 茅盾:《落华生论》,《文学》月刊第3卷第4期(1934年10月)。

作了《在费总理底客厅里》、《三博士》、《无忧花》、《女儿心》、《归途》、《东野先生》、《人非人》、《解放者》、《春桃》等短篇小说。与前期创作相比,这些作品有着更加开阔的视野,更为鲜明的倾向性。冷静的现实主义的剖析取代了浪漫主义的构思和哲理问题的探索,语言更加通俗、冷峭。《在费总理底客厅里》惟妙惟肖地勾画出一个地主兼资本家的丑恶嘴脸,揭穿了国民党右派所标榜的"民生主义"的虚伪。《三博士》讽刺留学生中的败类,暴露了教育界和官场的腐败。《东野先生》、《人非人》、《解放者》尖锐地触及时事,抨击了国民党反动派对革命的背叛,直接间接地反映了中国共产党人及其他革命者的斗争和牺牲。

1935年,燕京大学教务长司徒雷登排挤进步教授,解聘许地山。他于是应香港大学聘,南下香港,就任该校中文学院主任教授。当时的香港大学,曾被鲁迅称为"十足奴隶式教育的学校"①,直到1934年,它的国文课还是只讲四书五经、唐宋八大家和桐城古文。许地山到任后,对文科进行大刀阔斧的改革,设立了文学、史学、哲学三系,革新了教学的内容。他还积极从事社会文化活动,担任过香港中英文化协会主席、中华全国文艺界抗敌协会香港分会常务理事、新文字会理事及香港中小学教员暑期讨论班主任委员等职务。瞿秋白于1935年被捕时,他曾邀集友好,多方营救。抗日战争爆发后,他参加中国共产党领导的统一战线,投身于抗日救亡、争取民族解放和人民民主的斗争。他奔波于香港、九龙,在群众集会上发表演说,先后在报刊上发表《造成伟大民族底条件》、《国庆日所立底愿望》、《七七感言》、《中国思想中对于战争底态度》等杂文,宣传抗战、民主,反对投降、独裁,还经常不辞辛劳地为救亡青年上补习课。

在文艺思想方面,这时的许地山明确地批判了以"我"为中心的"怡

---

① 鲁迅:《集外集拾遗·两封通信(复魏猛克)》,《鲁迅全集》第7卷,人民文学出版社1958年版,第639页。

情文学",提倡坚实的"群众文学"。他指出,处在"正义公理所维持的理想人生已陷入危险境地"的时势中,富翁贵人可以不要祖国,而人民群众则一旦亡国必成马牛。所以,大众需要的,不是那"行云流水,没弦琴,无孔笛"的文艺,而是那"对于人生间种种不平所发出底轰天雷",即"带汗臭"、"带弹腥"的"群众文艺"。它的任务在于"切实地描写群众",陶冶出我们民族"坚如金刚底民族性"①。

这一时期,他写有短篇小说《铁鱼底鳃》,书信体散文《无法投递之邮件》、《危巢坠简》,剧本《女国士》等。《铁鱼底鳃》以抗日战争为背景,描写一位胸怀救国大志的兵工专家,在国民党政府的统治下献身无路,救国无门,终于在离乱中丢失了兵工新发明的资料和成果,结束了自己的生命。许地山通过主人公的口,喊出了人民要求坚持抗战的意志,表达了坚强的民族自信心:"越逃,灾难越发随在后头;若回转去,站住了,什么都可以抵挡得住!"②许地山认清了争民主和反侵略的相互依存的关系,坚信中华民族只有将民族革命和民主革命进行到底才能求得自身的解放,只有在这个斗争的熔炉中才能锻炼出全新的民族性格。他对于"人生理想"的探求,终于和革命斗争的现实密切地结合起来了。这标志着他的思想和创作的发展,达到了一个新的高度。

国民党反动势力曾想笼络许地山。抗战前期,他们的驻港官员请他赴会、撰文,均遭拒绝。反动派于是扬言要加害于他,许地山大义凛然地对家人说:"我偏要活,活得还要更好些。"③1941年皖南事变发生,他当即与张一麐联名致电蒋介石,呼吁团结、和平,抗战到底。然而他竟未能看到抗战的胜利、人民的解放、祖国的新生。1941年8月4日,疾病夺去了许地山的生命,终年四十九岁。

---

① 许地山:《〈硬汉〉序》,《杂感集》,商务印书馆1946年版,第60、61页。
② 许地山:《铁鱼底鳃》,《许地山选集》下卷,人民文学出版社1958年版,第176页。
③ 周俟松:《许地山传略》,《许地山选集》下卷,人民文学出版社1958年版,第328页。

　　许地山的作品,生前汇集出版的有小说散文集《缀网劳蛛》、《解放者》、《无法投递之邮件》,散文集《空山灵雨》。逝世后,他的夫人周俟松搜集遗作,编辑出版了《杂感集》和《危巢坠简》。1951年,开明书店出版了一卷本《许地山选集》。1958年,人民文学出版社又出版了两卷本《许地山选集》。

# 许　鼎　霖

熊尚厚

许鼎霖,字九香。祖籍江苏海州。1857年(清咸丰七年)出生于赣榆县。他的父亲许恩普为当地绅士。许鼎霖幼年入私塾读书,十四岁那年,父亲遭当地官吏诬陷下狱。1882年,他去南京参加乡试中举,之后借助同期参加乡试友人的力量,替父申冤,使其父得释出狱。

1893年2月,许鼎霖随清政府驻美国兼秘鲁公使杨儒出国,任驻秘鲁领事。1897年回国,在安徽先后任庐州、凤阳等地知县。1899年冬,他在任大通货厘局兼保甲局委员时,侦得自立军党人秦力山等举义,立即分派局勇前往镇压,逮捕党人七名严刑审讯。次年底,聂缉椝任安徽巡抚,对许十分赏识,保荐他得安徽候补道衔,署理芜湖道篆,其后又任芜湖商务局总办。1902年5月,他会同芜湖巡警局增募警勇三百人,改设巡警总局。年底,又与道台吕韵生制定警察章程,试办巡警,并创设习艺所。1903年秋,浙江发生宁海教案,10月聂缉椝调任浙江巡抚,许鼎霖亦随任浙江洋务局总办。11月,他被派往办理宁海教案,与法国天主教主教赵保禄(Paul Marie Reynaud)磋商解决条件。次年7月,经清政府批准严惩反教首领,将宁海县令充军,并赔偿教堂银十五万两,给被杀教士立碑道歉结案。

许鼎霖在皖、浙两省做官期间,在聂缉椝庇护下积储钱财颇多。在当时新式企业利润的刺激,及"设厂自救"的社会舆论激励下,决定投资实业。1904年8月,在江苏徐州与张謇等开办耀徐玻璃公司,资本银八十万两,他任总理。次年10月,与英商福斯德订立合同,开始筹建厂房、购置机器,聘福斯德任工程师。1906 年 2 月,该公司获清政府商部批准专利十年,1908 年 5 月正式生产出货。嗣因发生争执,福斯德突然撕毁合同,私自撤走机器,带走英国工匠,使生产停顿。后虽经英国领事从中调解,派回数人指导开工,终因质量低劣,无法正常生产,许鼎霖只好改聘澳洲人维斯罗为工程师,更换设备。1909 年始大规模生产,日产玻璃七千块,品类五十余种,产品曾在南洋劝业会和巴拿马万国博览会得奖。其后,因经营管理不善亏蚀,1911 年秋破产歇业。

在开办耀徐玻璃公司的同时,许鼎霖与严信厚等在海州创办海丰面粉公司,官商合办,资本三十万银元,许任经理。1908 年获利四万五千九百两(官利八厘除外),营业甚为发达。1910 年 4 月,当地发生饥荒,该厂被饥民捣毁。

许鼎霖和严信厚等还于 1905 年 6 月集资四十二万元,在赣榆创办赣丰机器油饼厂(榨油),雇英人管理机器,获商部批准专利权五年,许任经理,开办后颇能获利。

此外,在 1904 年至 1907 年间,许鼎霖还与张謇、严信厚等合伙经营镇江开成铅笔罐厂、赣榆海赣垦牧公司、上海同利机器纺织洋线麻袋公司、上海大达外江轮船公司,并投资北京溥利呢革厂、景德镇江西瓷业公司等企业。

许鼎霖以封建官僚改营工业,受到清政府的支持和保护,数年间发起创办或投资如上的许多企业,成了清末著名大实业家。因此,清政府1908 年 1 月赏给他正二品封典,以奖其创办实业之功。

1905 年 9 月,许鼎霖与恽祖祁、王清穆等联合教育界人士,在上海发起组设江苏学会,他任会董兼经济部干事。次年江苏学会改组,更名江苏教育总会①,他又任干事员(1909 年任副会长)。该组织以教育救国为宗旨,从事社会改良运动。

---

　　①　江苏教育总会,会长先由张謇、唐文治等担任,1912 年后由黄炎培、沈恩孚等主持会务,1927 年停办。

　　1906年9月,清廷宣布预备立宪后,各地立宪派纷纷发起组织立宪团体。许鼎霖在创办工业活动中,与张謇关系密切,两人常在一起参与社会政治活动,是立宪派的重要活动分子。是年12月,许鼎霖同张謇等一起,联络江苏、浙江、福建的立宪派,在上海组织预备立宪公会,许任本部事务所会董。1907年9月,清廷公布将设资政院,10月又通饬各省督抚筹设谘议局,各府县设议事会。许鼎霖和其他立宪派分子一样,对清政府愈加依赖。当时苏、浙群众反对清政府借外债筹筑沪杭甬铁路的斗争正在进行,许与王清穆等被指充代表去北京,但他们完全屈从于清政府的旨意,接受御史江春霖提出的部借部还方案(即由邮传部借,邮传部还),翌年春承认沪杭甬铁路借款条约,使苏、浙铁路拒款运动受挫。

　　1908年春,西太后害怕实行立宪,欲将预备立宪的上谕借故拖延。立宪党人纷纷发起请愿运动予以对抗,许鼎霖与张謇等即以预备立宪公会名义,致书湖南宪政公会、湖北宪政公会、广东自治会及豫、皖、直、鲁、川、黔等省立宪派,相约各派代表集合北京,向都察院递交《呈请速开国会书》。同年8月和9月,清政府宣布《九年预备立宪逐年推行筹备事宜谕》,公布《宪法大纲》二十三条。许对这次请愿感到安慰,认为总算取得一定成果。同年11月,光绪帝和西太后先后死去,溥仪嗣位,以醇亲王载沣摄政。1909年3月6日,清政府颁布《重申实行预备立宪谕》,宣示“决心”立宪。同年秋,各省谘议局纷纷成立,许鼎霖与张謇于9月筹办江苏谘议局,许任总会办,10月又任学务特审员及审议会议长。各地立宪党人因得到法定集会机关,更加活跃起来。是年冬,张謇以江苏谘议局名义通电,请求清政府1911年召开国会,设立责任内阁;并派人分赴各省游说,联络全国十六省谘议局,各派代表三人在上海组成“国会请愿同志会”,进行请愿运动。许鼎霖积极支持这一运动。

　　1910年9月,清廷成立资政院,许鼎霖被钦选为议员,任专任股第二股长兼审查各省谘议局关系事件特任股员。当时“国会请愿同志会”及各省商会、海外华侨等代表,正在北京举行第三次请愿,向资政院上

书提议速开国会,设立责任内阁,许在资政院内极力支持。11 月 21
日,资政院召开第一次常年会第二十八号会议,立宪派为了缓和人民对
清廷的不满,提出所谓"军机弹劾案",要求组织内阁。部分议员表示如
果不达目的,便决心解散资政院。许在会上表示异议说:"现在中国正
在危险的时候,若我们对于弹劾军机大臣就存一个解散的决心,于实际
上是很危险的。何以见之? 现在一般人民有立宪国的意气,并无立宪
国民的程度,一经解散人民的代表,即是弃绝人民,恐怕革命党、哥老会
乘此机会煽惑民心,暴动起来就不得了。"①同月 29 日,在宪政实进会
开会时,他又表示"反对共和政体"、"反对不以兵力平内乱"②,充分暴
露了他害怕革命、热心保皇的立场。

　　1911 年初,许鼎霖被东三省总督赵尔巽任命为本溪湖煤铁公司督
办,10 月改任盐政监督。武昌首义后,沈阳学生联合各界,于 11 月 2
日组织奉天"国民保安会",推赵尔巽为会长,许任奉天交涉使。奉天
"国民保安公会"在赵尔巽把持下,暗中利用张作霖以武力镇压革命党。
许顽固地站在赵尔巽等一边,表示与清王朝共生死,大谈"君主立宪是
救世良方",反对革命,谓"共和政体实毒害人心"③,反对建立民主共和
政体。12 月 17 日,他经赵尔巽推荐,随唐绍仪代表清政府到上海议
和。在开议中途返回北京向袁世凯报告,力言民军方面枪械不足,可用
武力将革命镇压下去;并谓唐绍仪妥协,不足胜任总代表职④。在沈阳
旅奉十三省联合会上,他说:"轻言共和","难免不遭内乱",将会"亡国
灭种","瓜分之祸必不能免"⑤。1912 年 1 月,许鼎霖还担任了几天资
政院总裁。

　　① 　宣统二年第一次常年会资政院会议速记录(第二十八至二十九号),第 11—
12 页。
　　② 　上海《民立报》1911 年 12 月 8 日。
　　③ 　上海《民立报》1912 年 1 月 17 日。
　　④ 　杨玉如:《辛亥革命先著记》,科学出版社 1958 年版。
　　⑤ 　上海《民立报》1912 年 1 月 3 日。

南京临时政府成立后,2月12日,清帝被迫下诏退位,许只好另谋出路加入国民党。1913年2月,在国民党议员的支持下,他被举为江苏省议会议长。不久,袁世凯公开镇压革命党人,制造了著名的宋教仁被杀案,国民党人遭到打击时,许见势不妙,辞去了江苏省议会议长职。

1913年11月,袁世凯下令解散国民党,篡改民元约法,设政治会议为其御用工具。许鼎霖得张謇的举荐,被袁指定为江苏省特派议员。次年2月,袁下令停办各省地方自治会,解散各省议会,并打算成立所谓造法机关——约法会议,许被指定为政治会议审查员,参与拟具约法会议组织条例草案。3月,约法会议成立,他任该会议员。9月,任江北苇荡营督办,前往主持垦务。1915年改任江苏、安徽赈务督办。

1915年10月15日,许鼎霖病逝于上海。

# 许 冠 群

谈玉林

许冠群，名超，以字行。1899年12月25日（清光绪二十五年十一月二十三日）生于江苏武进县城内双桂坊。父许广澄，字孚康，常州汇丰钱庄经理。许冠群童年跟随谢伯远和曾熙读书。1918年去上海，在三新纱厂任会计员。晚上进外人开办的上海商科大学，毕业后在上海挂牌执行会计师业务。

五四运动爆发后，人民群众抵制日货情绪高涨，许冠群与陈蝶仙曾共商制造国货蚊香，以抵制日货"野猪牌"蚊香。后许与友人集资六百元，设"新农除虫菊公司"，雇工在常州试种蚊香原料除虫菊。1923年冬在沪试磨制除虫菊粉，由于获得率低，未能成功。翌年，许改做化妆品生意，试制"艳秋霜"雪花膏、花露水、生发油等，亦无发展。

当时日商三昌洋行跑街赵汝调，系日本千叶大学药科毕业，在戒烟运动影响下，赵向许提议以印度红土为主要原料做戒烟丸。1926年5月，由许冠群、赵汝调和赵的内弟屠焕生三人，合伙凑集银元一千元[1]，在上海成立"新亚化学制药公司"（简称新亚药厂），雇用一个职员和一两个工人，生产"戒烟丸"。不久，改生产"人寿水"（即星牌十滴水）。这是许冠群正式从事制药业的发端。

1927年，许冠群联络亲戚顾厚夫等向新亚药厂投资，股本增至一

---

[1] 许冠群：《新亚药厂三十年的回顾》，1964年版。

万元①,并把公司迁至白克路(现凤阳路)二十四号,职工增加到十五人。并将企业改组为股份有限公司,公推当时任南京国民政府财政部关务署长的吴葆之为主席董事,许自任常务董事兼总经理。开始制造注射用水,第一只产品是"灭菌蒸馏水",是为新亚药厂自制针剂之始。

1928年"五三"济南惨案发生,抵制日货运动遍及全国,新亚产品销路因而打开。此时,新亚兼出之"孔雀牌"化妆品,曾在小吕宋国货商品展览会上参加陈列,并开始进入南洋一带市场。

注射用水所用的"安瓿",必须用硬质中性玻璃,当时从国外进口,破损甚大,成本加重。1930年6月,许冠群聘请日人田之助为顾问技师,试制中性硬质玻璃。9月,租赁麦根路(今淮安路)七百一十四号,设立较完整的制药厂,从事制造各种针剂和成药,复增设玻璃工厂,正式制造中性"安瓿"、注射针筒、玻璃仪器等;同时将白克路原址改为发行所,资本增至五万元②。1931年2月起,许冠群将化妆品业务收缩,专扩充药品业务及玻璃工厂,任赵汝调为制药厂厂长。8月起,其父许广澄担任了新亚药厂主席董事(后改称董事长)。

"九一八"事变后,抗日救国运动兴起,日本药品受到国人的坚决抵制。新亚药厂出品的针剂、片剂和针筒销路因而突飞猛进,1932年夏秋两季营业更趋旺盛③。许冠群于是在新亚原有基础上大加扩充,增设了药片、药丸制造部和软膏、浸膏等工厂。1933年4月,新亚药厂资本总额增加至二十五万元,职工人数增至一百多人④。

许冠群为解决新亚药厂的原料来源和产品出路问题,竭力联络华美、五洲等几家大型药房作为依靠力量。华美药房在新亚初创时,就贷给流动资金四千元,后来转为投资;五洲药房除投资外,并供应新亚制

①　许冠群:《新亚药厂三十年的回顾》,1964年版。
②　《工商史料》第二集,上海机联会1936年版。
③　许冠群:《新亚药厂三十年的回顾》,1964年版。
④　《新医药杂志》1932年12月创刊号。

药原料。华美、五洲从新亚药厂进货,在一般按定价六折的批发价之外,并有再打八折九扣的优惠,新亚仍有百分之一百三十的利润可得①。

为了给新亚做宣传,许冠群自1929年起,每年印发《星牌良药集》。1932年12月,以"新医药刊社"名义,出版《新医药杂志》,以沟通各地医药情报,因此很受外埠医师的欢迎,每期发行量两万册以上。1938年许聘请中医师丁福保为总编辑,出版《国药新声》。1939年聘请潘仰尧等为编辑,出版发行《健康家庭月刊》。

1933年,许冠群召集新亚、信谊、五洲、中法、海普、余氏、民生七家同业,发起组织"上海市制药厂业同业公会",许冠群当选为第一届主席委员。在此前后,许还任上海市商会执行委员、上海市化妆品业同业公会常务委员、上海市和全国新药业同业公会执行委员以及国民经济建设运动委员会委员等多项兼职。

1936年,新亚营业额已达一百万元以上,资本增加到五十万元,职工人数增至四百余人,成为上海的一家大型药厂②。除上海新闸路设总公司外,广州、北平两处设有分公司,国内一些大城市设有办事处十四处;另在新加坡、吉隆坡、槟城、马尼拉、怡保、马六甲、仰光、雅加达、爪哇、海防、西贡、曼谷等处设有发行所,派专人进行宣传和推销。

1936年,许冠群和赵汝调通过国民政府驻日大使许世英的介绍,东渡日本参观了设备先进的"武田"、"盐野义"等制药厂。从日本归来后,许曾有在林肯路(今天山路)购地筹建新厂的计划。先是年初许已在沪设立"新亚化学药物研究所",至此聘请了东京帝大药物学博士曾广方为所长,研究制造有机合成砒素剂"新消梅素"(即"606")。

1937年抗日战争全面爆发,日本侵略军占领上海,许在林肯路的

---

① 根据原华美药房账载材料和合同依据及1936年《五洲药房三十周年纪念刊》,第128页。

② 《制药业同业公会会员厂历史沿革》,上海市工商联1948年。

建厂计划停顿。上海人口骤增到四百五十万人,军、民用药品需要量增加。许于是设立新亚卫生材料厂,聘请曹时玉为厂长,专门制造橡皮膏、橡皮手套、血压计和药棉、纱布等产品。1938 年 4 月 1 日,又设立新亚血清厂,聘请美国哈佛大学细菌学专家程慕颐为厂长,研究制造血清、牛痘疫苗及其他生物学细菌制剂。新亚产品除供应本市外,并曾以红十字急救包十万只,运经香港转供内地。

1938 年 10 月,为争取西南市场,成立了香港新亚药厂,资本为港币十万元,许自任董事长,以其弟许冠英为厂长。这时上海的资本额从 1936 年的五十万元增加到 1940 年的三百万元。1940 年 3 月,许冠群购进新闸路 1044 号辛家花园楼房十八幢,作为新亚总公司的新址。1941 年,许又设生物研究所,聘请美国哈佛大学细菌学博士、雷士德医学研究所细菌部主任余贺为所长,研制防痨特效剂及新亚青霉素等产品。

太平洋战争爆发后,日本军队进占租界,上海与外洋的交通完全断绝,欧美原料及药品不能输入,再加战时通货膨胀,币值渐趋低落,社会游资争谋出路,出现了各方大量囤积商品的投机之风。许冠群为了适应投机市场的需要,采取了不断增资的办法,从 1941 年至 1943 年连续增资三次,达到伪中储券一亿二千万元,为 1940 年的四十倍[1]。增资以后,他先创办了一个新亚建业公司,作为新亚企业集团投机的中心机构,将新亚药厂、新亚联合地产公司等企业置于它的管理之下;另外又与蔡声白等组织成立"中国股票公司",从事股票投机买卖牟取暴利。

许冠群获利以后,即向业外发展,经其创办或投资合作的厂商,共达三十五家之多,成为一个范围庞大、机构复杂、托拉斯式的新亚企业集团。这个集团大体分为五大类型:金融投资、地产业十二家;化工制药、食品业九家;棉纺织、印染业七家;印刷、造纸业四家;金属制品、贩卖业三家。新亚建业公司是总枢纽,许自任董事长兼总经理,并任中国

---

[1]　许冠群:《新亚药厂三十年的回顾》,1964 年版。

工业银行等单位的董事长或总经理,达到了全盛时期,

1942年,日本侵略者在上海成立"商业统制会"(简称"商统会"),控制和搜刮战略物资。在汉奸梅思平的撮合下,许冠群担任了"商统会"的理事①。新亚药厂替日本加工制造药品,新亚酵素厂生产的酒精,全部由日本人包去。1943年底,新亚建业公司和国华投资两家各出资一半,盘进三友实业社杭州染织厂,改名为杭州第一纱厂,许任该厂董事长,国华公司派张文魁担任该厂总经理。

1945年8月抗日战争胜利后,许冠群怕被检举为汉奸,于11月间抽走了一部分资金去香港。到港以后,与弟许冠英共同掌握香港新亚药厂,还另办了香港中国工业银行和香港新亚联合地产公司。但经营并无起色,在一次对韩国的进出口贸易中受到严重亏损,一蹶不振。

中华人民共和国成立后,在爱国民主人士章士钊的启发和在港亲友的劝助下,许冠群于1950年9月怀着对新中国半信半疑的心情,从香港回到了上海,当时上海新亚药厂董事长已是吴蕴初。吴把董事长一职让出仍由许冠群担任,同时让他担任杭州纱厂总经理。在中国共产党的团结、教育、改造政策下,许冠群当上了浙江省政协委员和杭州市人民代表。他在杭州还筹办了一家华侨饭店,动员侨胞在国内投资;并在沪、杭两地捐款办学,为培养人才作出过贡献。

1972年5月7日,许冠群患癌症在沪去世。

---

① 《上海工商名录》,"全国商业统制总会一览",《申报》,1945年版。

# 许 广 平

张小曼

许广平,笔名景宋。广东番禺人。1898 年 2 月 12 日(清光绪二十四年正月二十二日)出生在广州一个败落的官僚家庭里。她的父亲许炳瑶是庶出,在家庭中处于受歧视的地位。母亲是一个澳门华侨的女儿。许广平生下刚三天,就被父亲许配给了一个姓马的劣绅家。

许广平性格倔强,八岁那年,母亲要给她缠足,她大哭反抗,终于迫使母亲妥协。她上家塾时,父亲只让老师教她用土话读书,她的哥哥则可用官话读书。对这种男女不平等的待遇,她进行了反抗,父亲只好应允她和哥哥一样用官话读书。她十二三岁时,就明确向家人表示对包办婚姻的不满。

1911 年 9 月,许广平的母亲去世。辛亥革命爆发后,她的全家搬到澳门,许广平由大哥许崇禧照顾。许崇禧是留日学生,常向她宣传民主革命思想。在大哥的影响下,许广平阅读资产阶级革命派在广东主办的《平民报》,产生了为国家、为民族出力的愿望。她还购阅宣传妇女解放的周刊《妇女报》,深受其影响。许广平在《两地书》中曾追忆到:"因为渴慕新书,往往与小妹同走十余里至城外购取,以不得为憾。"又好读"扶弱图强等故事,遂更幻想学得剑术,以除尽天下不平事"。

1917 年,许广平的父亲病故,她二哥从北京回广州奔丧,帮助她解除了包办婚约,她随即同二哥到北京。后又投奔在天津的姑母,考入天津的直隶省立第一女子师范学校预科。第二年升入本科,因成绩优异获得公费。

　　1919 年"五四"爱国运动在北京爆发。消息传到天津,许广平立刻投身到如火如荼的反帝反封建运动中。她是天津女界爱国同志会会刊——《醒世周刊》的编者之一,曾发表许多关于妇女问题的意见。10 月 10 日,天津警察厅长杨以德派遣保安总队的大批武装警察、马队,驱散在南开广场举行市民大会的一万名群众,许广平和女同学们用旗杆做武器,站在与军警搏斗的最前列,并勇敢地包围了警察厅,愤怒声讨杨以德的罪行,一直坚持到第二天黎明。

　　1920 年 5 月 7 日,许广平又与同学们一起,不顾校方阻拦,冲出校门,参加"五七"国耻纪念大会,校方竟将她们全部开除。许广平和同学们团结一致,在家长和社会进步舆论支持下,坚持斗争一星期,终于迫使校方收回了开除牌示。

　　1922 年,许广平从直隶第一女师毕业。1923 年考入国立北京女子高等师范学校国文系。1924 年 11 月,为了反抗校长杨荫榆推行的奴化教育,北京女师大①学生爆发了驱杨运动。开始许广平因不明真相,唯恐被人利用,没有直接参与。次年 3 月 11 日,她以"受教的一个小学生"的身份,第一次给教过她两年书的老师鲁迅写信,请求给她以"真切的明白的指引"②。鲁迅当天就热情地给许广平写了回信,希望她用"壕堑战"的方式,跟旧社会进行战斗。从此,许广平经常给鲁迅写信,有时还登门谒见,向鲁迅求教。在鲁迅的教育和启发下,她的思想不断提高。当女师大学生运动一度处于低潮的情况下,她以学生会总干事的身份挺身而出,成为运动的骨干,曾与刘和珍等携手并肩战斗,并写下了大量揭露和批判段祺瑞政府黑暗统治的战斗檄文。这时,许广平还热忱支持鲁迅的创作和研究工作,经常帮助鲁迅校对和抄写稿件,并

---

　　①　国立北京女子高等师范学校于 1924 年 5 月 1 日改名为国立北京女子师范大学。

　　②　鲁迅、景宋著:《两地书》,人民文学出版社 1952 年 11 月北京重印第 1 版,第 15 页。

积极为鲁迅创办的《莽原》周刊撰稿。当北洋政府及其在教育界的代理人残酷迫害女师大的进步学生时,鲁迅挺身而出,支持和保护了学生。这一切,使得许广平和鲁迅之间的思想感情日益接近,产生了爱。1925年10月12日,许广平以"平林"的笔名,在鲁迅主编的《国民新报》副刊乙刊上发表了《同行者》一文,歌颂鲁迅"以热烈的爱、伟大的工作给人类以光和力,使将来的世界璀璨而辉煌",并表示她将不畏惧"人世间的冷漠、压迫",不畏惧旧社会卫道者的猛烈袭击,与鲁迅携手同行,"一心一意地向着爱的方向奔驰"①。

1926年8月,鲁迅离开北京赴厦门大学任教,许广平同车南下,到广州的广东省立女子师范学校任训育主任。1927年1月,鲁迅也到了广州,担任广州中山大学教务主任兼文学系主任,许广平任他的助教。2月18、19两日,许广平曾随鲁迅到香港。鲁迅在港作《无声之中国》、《老调子已经唱完》的演讲,深刻地阐述了尊孔读经与崇洋卖国之间的内在联系。许广平为他把绍兴官话翻译成广东话,增强了这两次讲演的效果。4月15日,蒋介石制造的"四一二"政变的血迹未干,广州的反动派又进行了大屠杀。腥风血雨笼罩了广州城,鲁迅愤而辞去了中山大学的职务,10月3日,与许广平抵达上海。

鲁迅这时决定停止教学活动,专心从事创作。许广平也希望能独立地服务于社会。鲁迅很为难地说:"这样我的生活又要改变了,又要恢复到以前一个人干的生活中去了。"②这话深深打动了许广平。她认识到,在残酷、艰苦的斗争中,鲁迅不能缺少自己的支持和帮助,于是毅然决定不出去工作了。此后十年中,许广平追随着鲁迅在反动当局的文化"围剿"中,过着半地下状态的生活。为了使鲁迅能把全部精力都放在工作上,她不但精心照料鲁迅的饮食起居,还要替鲁迅购买书籍,

---

① 漱渝:《携手共艰危》,《南开大学学报》1978年第1、2期,转引自马蹄疾辑录《许广平忆鲁迅》,广东人民出版社1979年版,第734页。

② 许广平:《我又一次当学生》,《鲁迅回忆录》,作家出版社1961年版,第80页。

抄写稿件,查找有关资料,与鲁迅共同校对译著等。鲁迅的文章写成后,许广平也往往是第一个热忱的读者。由于得到许广平这样的支持,鲁迅后期十年的著作成绩,竟超过了以前的二十年①。为了纪念许广平付出的默默无闻的辛勤劳动,鲁迅发表自己的译作时,有时特意用"许霞"、"许遐"的笔名。他还时常对许广平说:"我要好好地替中国做点事,才对得起你。"②

在连年的白色恐怖和兵燹战祸中,许广平都坚定地与鲁迅在一起,共同度过那些艰难的岁月。1930年,鲁迅因发起中国自由运动大同盟和参加"左联"成立大会,被国民党浙江省党部呈请通缉。1931年,柔石等"左联"五烈士被反动当局屠杀后,鲁迅的处境也很危险。1932年,日本侵略军在上海发动"一二八"侵略战争,鲁迅的寓所处于枪弹的威胁之下。1933年6月,国民党特务在暗杀了民权保障同盟总干事杨杏佛之后,又散布将暗杀鲁迅的风声。同年8月,作为鲁迅公开联络点的内山书店,有两名中国职员突然被警察局拘留,鲁迅的安全受到威胁。在这些危急的时刻,许广平多次陪同鲁迅外出避难,跟鲁迅步步相随。"十年携手共艰危,以沫相濡亦可哀。聊借画图怡倦眼,此中甘苦两心知。"鲁迅的这首诗,反映了他们之间患难与共的革命情谊。

1936年10月19日,鲁迅不幸与世长辞。许广平决心完成鲁迅的未竟之业。1937年1月,她发出了《为征集鲁迅先生书信启事》,呼吁收藏鲁迅书信的国内外人士捐赠或借录鲁迅的书信手稿,以便"整理成册,公布大众"。她又将鲁迅1934年至1936年的杂文十三篇编成《夜记》,于同年4月出版。6月,又以三闲书屋名义自费出版了《鲁迅书简》的影印

---

① 许广平:《因校对〈三十年集〉引起的话旧》,《关于鲁迅的生活》,人民文学出版社1954年版。

② 许广平:《鲁迅和青年们》,《文艺阵地》第2卷第1期(1938年10月16日),转引自《许广平忆鲁迅》,人民文学出版社1954年版,第254页。

本。7月,她编辑出版了《且介亭杂文末编》。

1937年11月12日,上海沦陷于日本帝国主义。这时左翼文艺工作者纷纷离沪。许广平为了保护鲁迅的全部遗稿及其他遗物,留在上海未走,并投入了紧张的出版工作。1938年4月,她编成了《集外集拾遗》。6月,她按《壁下译丛》体例,辑成《译丛补》。同年8月,由胡愈之发起,许广平、郑振铎等二十人组成的"复社",以"鲁迅纪念委员会"的名义,在中国共产党的领导和资助下,编辑出版了六百万字的《鲁迅全集》(二十卷本),其中收入了不少鲁迅的未刊稿和业已绝版的译著。全集编成仅用了三个月的时间,而且错字比当时出版的任何书籍都少,创造了当时中国出版界的奇迹。这套全集,为后来的鲁迅研究工作奠定了坚实的基础。

同时,许广平大无畏地投入了抗日斗争。她积极为抗日将士募捐日用品、药物和其他慰劳品,还节衣缩食买了一百支手电筒,托人带给跟日军浴血奋战的八路军。此外,许广平还热情地为《上海妇女》、《妇女界》、《上海周报》、《鲁迅风》、《中苏文化》、《文艺新潮》及《申报》副刊《自由谈》、《文汇报》副刊《世纪风》等等报纸杂志撰稿,并发表了大量纪念鲁迅的文章,以打破日本帝国主义的奴化宣传。

为了减轻读者的负担,许广平借款刊印了《鲁迅三十年集》,内收鲁迅1906年至1936年的著作二十九种,计三十册,分三大函(不包括译作),售价比《鲁迅全集》低。

1941年12月8日,日本帝国主义发动了太平洋战争,同时占领了上海的租界。为了寻找上海抗日知识分子和出版家的线索,日本宪兵于12月15日清晨逮捕了许广平,妄图从她身上打开缺口。敌人对她采用了拷打、电刑等种种手段进行逼供。面对这些难以忍受的折磨,许广平大义凛然,坚贞不屈,以伟大的自我牺牲精神,保全了革命团体和无数的朋友。日军一无所获,1942年3月1日不得不将许广平释放。郑振铎在《记几个遭难的朋友们》一文中写道:"她出狱后,双腿已不良于行,头发白了许多。她是怎样的拼着牺牲了自己的生命来保护同伴们！这是一个典型的中华民族的女战士和女英雄。"①

1944 年秋,许广平将已经征集到的鲁迅书信手稿和抄件八百余封整理好后,分藏数处,1946 年 10 月,在中国共产党的关怀、资助下,出版了《鲁迅书简》。接着许广平又秘密北上,整理鲁迅北平故居的手稿和藏书,并会见了中共驻平办事处的叶剑英等人。在中共地下党的帮助下,许广平请律师将鲁迅的书籍加封加锁,使之完整地保存到解放。

1947 年,许广平担任上海妇女联谊会主席,积极为《民主》周刊等撰稿。这时,她与上海学联的中共地下党组织保持了密切的接触,不仅对学生们"反饥饿、反内战、反迫害"的运动表示道义上的声援,而且还多次慨然捐款。她在《我的呼喊》一文中,愤然质问蒋介石和国民党当局:"许多军队,在对日寇的抗战中望风而逃的,这回反而非常勇敢地在打自己的同胞了。难道养精蓄锐,为的是今天一役？国家亡在异族手里不要紧,让自己兄弟、亲戚、朋友来共管国事倒不愿意？"②

1948 年 10 月,许广平在中共地下党的安排下,经香港秘密转入解放区,受到李富春、蔡畅等人的盛情接待。

1949 年 9 月,在第一届全国政治协商会议上,许广平当选为全国政协委员。10 月 19 日,被中央人民政府任命为政务院副秘书长。从1954 年第一届全国人民代表大会召开以来,她一直担任人大常委会委员。此外,她还担任全国妇联副主席、民盟中央常委、妇委会主任、民主促进会副主席等职。

解放后不久,许广平把鲁迅著作的出版权上交给国家出版总署,还

①　郑振铎:《蛰居散记》,上海出版公司 1951 年版。
②　许广平:《我的呼喊》,《民主》第 6 期(1945 年 11 月 17 日)。

将鲁迅的全部书籍、手稿及其他遗物捐赠国家有关部门①。1959 年 10 月,她完成了将近十万字的《鲁迅回忆录》。1960 年 10 月,许广平加入了中国共产党,实现了她长久以来的宿愿。

1968 年 3 月 3 日,许广平因病在北京逝世。

---

① 陈漱渝:《鲁迅的夫人和战友——纪念许广平同志》,《中国妇女》1980 年第 10 期。

# 许 世 英

郑则民

许世英,字俊人、静仁。1873 年 9 月 10 日(清同治十二年七月十九日)生于安徽秋浦(今东至县)中乡兆吉山许村的一个比较富裕的耕读人家。父许玉堂受过旧式教育,注重伦理道德,结交乡绅名流。

许世英六岁入本村私塾,十一岁时往长江北岸望江县童问渠门下寄馆读书,打下了较好的旧学基础。1891 年中秀才,其后曾两次参加乡试,均落第。1897 年考取拔贡。同年进北京参加礼部选官考试,成绩列为第一等,次年任刑部广西司副主稿、主稿。后转任直隶司主稿。

1900 年春,许世英得到同乡四川布政使周馥的邀请,告假离京赴川。当他于 6 月到达成都后,周馥却劝说他乘义和团发生后局势动荡朝廷用人之时,返回京城,争取个人升官的机会。许世英在归途中得悉八国联军攻陷北京,慈禧和光绪已出走。10 月,许赶到西安,受命办理刑部直隶司和四川司的积案。1902 年回京后升任刑部六品主事。

1905 年 10 月,清政府新设巡警部门,北京外城巡警总厅厅丞朱启钤推荐他任该厅行政处佥事。1906 年年终考核时,列为京察一等,获得以四品任用的资格,受到慈禧、光绪的召见。

1907 年 4 月,徐世昌出任东三省总督,特调许世英同往东北筹建司法机构,次年任奉天高等审判厅厅丞。在应酬交际中,结识了日本驻奉天领事广田弘毅和副领事有田八郎。

1910 年春,许世英和徐谦等受清政府派遣往欧美考察司法和监狱,经过俄、德、法、意、比、荷、瑞、奥等九国,随后到美国参加在华盛顿召开的第八届世界监狱改良大会。1911年春回国。11月,正当武昌起义爆发不久,许奉调往山西任提法使。为配合袁世凯逼宫的需要,许世英和山西巡抚张锡銮联名呼吁清朝皇帝退位。

1912年5月,许世英得张锡銮的推荐,被袁世凯任命为大理院院长,7月入陆徵祥内阁任司法总长,9月继任赵秉钧内阁司法总长。当民国初年出现政党林立局面时,许世英、徐谦、陈锦涛等发起组织国民共进会,成为该会的骨干人物。1912年8月,国民共进会等三个小政党和同盟会合并组成国民党①。

1913年3月,宋教仁被袁世凯、赵秉钧派人刺杀于上海,黄兴等人提出组织专门处理宋案的特别法庭。许世英在袁世凯授意下,以司法总长身份,用"不合编制"为借口,加以阻挠。4月26日,江苏都督程德全和民政长应德闳在黄兴等强烈要求下,将有关宋案的证据公布,使袁、赵的杀人罪行难以掩盖。许世英再次出面通电"力争法权",否认地方长官有宣布宋案证据的权利,受到革命派的抨击。他们认为许世英是赵秉钧内阁的成员,应当一起辞职,没有高谈法律的资格。黄兴在电文中指出:"惟司法总长侧身国务院中,其总理至为案中要犯,于此抗颜弄法,似可不必。"②7月,赵秉钧辞职,陆军总长段祺瑞代理总理,许仍留任司法总长。袁世凯在镇压了"二次革命"后,派熊希龄组织新内阁,许世英辞去总长职,10月经张锡銮推荐任奉天民政长。这时段祺瑞有意结交许世英,在他出关任职之前,特邀至天津段宅,结拜为"盟兄弟"。他们同为安徽人,这次拜盟,与日后政治上的紧密结合有相当的关系。

1914年春,袁世凯为了铺平复辟封建帝制的道路,策划增修《中华民国约法》,许被调入京充当约法审查员③。同年5月3日出任福建省

①　中国史学会主编:《中国近代史资料丛刊·辛亥革命》(八),上海人民出版社1957年版,第585—588页。

②　湖南省社会科学院编:《黄兴集》,中华书局1981年版,第320页。

③　白蕉编著:《袁世凯与中华民国》,人文月刊社1936年版,第119、138页。

民政长,不久改称巡按使。按照袁世凯的命令,许世英曾于 1915 年 5 月下旬至 7 月上旬乘船巡视福建沿海之马尾、沙埕港、马祖、厦门和金门等处①。后因与扩军使李厚基不合,于次年 4 月辞职。

1916 年袁世凯死后,黎元洪继任总统,段祺瑞任国务院总理,掌握军政实权。6 月 30 日,许世英任内务总长,7 月改任交通总长,从此他成为皖段的智囊人物。1917 年,在府院之争中,许世英站在段祺瑞一边。5 月 3 日,黎元洪责成查处津浦铁路租车、购车受贿案,翌日京师高等检察厅逮捕了许世英,旋以没有犯罪的证据,许被宣告无罪,随后许辞去了交通总长的职务。1918 年许世英任安福国会参议员及中意合办的华意银行总裁。

1921 年 9 月,许世英出任安徽省长,次年 11 月受命署理汪大燮内阁司法总长,但尚未到任汪阁便已倒台,仍留省长原任。1923 年初,许世英因坚持裁撤安武军,同安徽督理马联甲发生冲突,被迫卸去安徽省长职。2 月,经黎元洪任命为航空署督办。11 月曹锟贿选总统后,许被免职。

直系军阀曹锟、吴佩孚控制北京政权后,同样极不得人心,皖系军阀企图乘机再起。1924 年秋,段祺瑞派许世英南下广东,联络孙中山反对直系统治。10 月初,孙中山在韶关接见了许世英,听取关于共讨曹、吴的意见。

1924 年 10 月下旬,冯玉祥发动北京政变,直系政权迅速崩溃。孙中山应冯玉祥电邀北上商讨组织政府,段祺瑞和张作霖也虚伪地表示赞同;但在孙中山北上途中,段祺瑞已当上了"中华民国临时政府执政"。段宣称"外崇国信",表示尊重此前历届政府同帝国主义订立的不平等条约。孙中山到达天津后肝病发作,12 月 18 日在病榻上接见段祺瑞的代表许世英等,怒斥段祺瑞政府的错误主张,质问他们:"我在外面要废除那些不平等条约,你们在北京偏偏要尊重那些不平等条约,这

_____

① 许世英:《闽海巡记》,1915 年第 9 版。

是什么道理呢？你们要升官发财,怕那些外国人,要尊重他们,为什么还来欢迎我呢?"①

12月24日,段祺瑞公布《善后会议条例》,随后任命许世英为筹委会秘书长,主持会议准备工作。1925年2月1日,善后会议在北京开场,许世英担任秘书长。参加善后会议的有北洋军阀统治下的各省、特别区的军政首领或其代表,西南各省军阀也派代表参加,此外聘请了一些政客、文人。孙中山和国民党中央执行委员会早就通电拒绝参加。善后会议至4月21日结束,花费了一百一十五万大洋②,但并未达到巩固段祺瑞统治的预期目的。5月1日,段祺瑞公布《国民代表会议筹备处条例》,3日,派许世英负责会议的筹备工作。

"五卅"惨案以后,全国反帝斗争高涨,唯军阀和帝国主义之命是从的临时执政府,更被民众厌恶。段祺瑞为了逃避集矢于一身的困境,于1925年11月下旬派黄郛、许世英去张家口与冯玉祥商讨改组临时执政府事宜。12月26日,公布修改临时执政府官制,添设国务总理,任命许世英为总理。许世英在组阁时,企图任用一些接近冯玉祥和国民党的人员,以稳住段祺瑞的统治,决定任命王正廷为外交总长、陈锦涛为财政总长、于右任为内务总长、贾德耀为陆军总长。但是国民党人于右任等因提出的条件没有得到满足拒绝就职,段派内部也有人对许世英表示不满,迫得他一度避居使馆区不愿就职。此时正逢年关,段政府财政吃紧,1926年1月18日段令许兼署财政总长,21日又令他兼署盐务署督办,设法筹款。许世英尽力搜罗款项,帮助段祺瑞渡过了年关。2月15日,许提出辞呈,段准其请假,由贾德耀代理内阁总理。5月13日,段祺瑞下台,许陪同段回天津,不久赴上海。

---

① 黄昌谷:《孙中山先生北上与逝世后详情》,上海民智书局1926年版,第15页。

② 许世英:《善后会议经过情形略述》,章伯锋、李宗一主编《北洋军阀》第五卷,武汉出版社1990年版。

　　1926年秋,北伐战争不断取得胜利,吴佩孚主力被迅速击溃,孙传芳势力也遭到打击。这时许世英在上海参与组织反对孙传芳的苏浙皖联合会,历数孙传芳的罪状,主张地方自治。翌年初,许世英等人受到孙传芳的通缉,他避往香港,孙传芳失败后方才回沪。

　　许世英闲住上海时,曾参与救济灾民的工作。1928年10月,南京国民政府任命许为赈务委员会委员长,主持全国社会救济事业长达八年之久。其间1929年河北、山东等省遭受大旱灾,1931年,长江、淮河发生大水灾,"九一八"事变后,全国各种灾害更是连续不断,灾民无数。许世英曾亲往灾区进行赈济工作,他提出:"救灾如救火,救人须救彻,查灾要查明,放赈要放洁。"①并慨叹灾区之悲惨情况:"床下鱼儿帐上蛙,阶前艇子室中车。更怜草舍沉沦尽,不见流亡不见家。"②但由于国民政府只顾反共祸国,不管人民的死活,许世英主持的救灾工作只是杯水车薪,治标不敷,治本更无从谈起。

　　1936年,日本少壮派军人发动了"二二六"事变,广田弘毅任首相兼外务大臣,有田八郎任日本驻华大使,他们都是许世英以往的老相识。蒋介石集团为了贯彻对外退让、对内镇压的反动方针,企图借助许的这种关系,与日本搞妥协,当年2月特命许世英为驻日本大使。许世英到达日本后,与广田等会见,彼此除寒暄叙旧之外,实际上并不能发挥外交作用。1937年"卢沟桥事变"后,当日本侵略者感到原定三个月结束全部对华军事的狂妄计划无法实现之后,通过德国驻华大使陶德曼(Oskar P. Trautmann),向国民政府提出"议和"条件。许世英受命在东京同德国人密谈。直到南京陷落,德国人宣告调停失败,日本政府宣布"不以国民政府为对手","实则等于断绝国交"③,在日本召回驻华大使后,许世英始获国民政府外交部准许,在1938年1月20日离开东

---

　　①　许世英:《水灾咏事》1931年。

　　②　许世英:《咏事》1935年。

　　③　许世英:《雪楼记事》1938年1月。

京回国。

许世英经香港到达武汉,接着随国民政府迁往重庆,再次主持全国赈灾委员会的工作。1938 年 12 月,受派为中央救济准备金保管委员会委员长。

抗战胜利后,许回到南京。1947 年 4 月,任国民政府行政院政务委员兼蒙藏委员会委员长,至 1948 年卸职,不久赴香港。1950 年夏到台湾,任蒋介石"总统府资政"。1964 年 10 月 13 日许世英在台北病故。

# 许 雪 湫

杨天石

许雪湫(一作雪秋),原名有若。广东潮州海阳(今潮安县)人。1875 年(清光绪元年)生。其父为新加坡华侨富商。雪湫年轻时,随父住在新加坡。其父死后,获得大量遗产,曾出钱向清政府捐过一个候补道的官衔。他懂武术,精技击,丈把高的墙可以一跃而上,又任侠好客,挥金如土,和江湖会党广有联系,因此被称为"小孟尝"。1902—1903年间,结识了到南洋鼓吹革命的福州人黄乃裳,非常倾慕,立志"逐满兴华"。1904 年秋,邀黄乃裳、陈宏生等归国。10 月 27 日,与黄、陈及吴金铭、李杏坡等在宏安乡故宅集会,立坛歃血,相约招集同志,筹饷举事。经过几个月的经营,结识潮州府属各县三合会头目余丑、余通、陈涌波等数十人。1905 年 2 月 15 日晚议定,以许雪湫为革命军司令,陈宏生为闽粤度支部长,吴金铭为参谋长,同时议定了联络学界、会党和各省同志的人选,并拟派陈宏生赴福州,联络黄乃裳,发动闽省响应。当时,潮汕铁路正在建筑中,许雪湫以承办铁路工程为名,派余丑、余通、陈涌波为工头,召集会党七百名为工人,又由吴金铭以绅士名义呈请清政府地方当局,在海阳上七都祠招募团练四百名,均以会党充任;约定 4 月 19 日同时举事。但因李杏坡用人不慎,走漏消息,李被捕牺牲。不久,又有人告发许雪湫为革命党首领,清吏派员密查。在这一危急情况下,许雪湫身怀手枪,单身到潮州衙门,侃侃自辩。清吏和许是旧识,又因他是地方大绅,没有深究。

初次举事失败后,许雪湫重赴南洋,准备筹款再举。1906 年,孙中山自日本至新加坡,通过张永福介绍,许和孙中山相识,加入同盟会,被委任为中华国民军东军都督,主持岭东一带军务。不久,许即回到国内,散发以鹰球为图案的票布,招揽会党。同年冬,偕余丑、余通、陈涌波等到香港,向冯自由表示,筹划已渐次成熟,要求致电东京,请孙中山派人回国相助。孙中山接电,派出乔义生、方汉成、方瑞麟、李思唐、方次石及日人萱野长知、池亨吉等到港,就近协助。其后,许雪湫即在宏安乡自宅召集会议,定期1907年2月19日(正月初七)分头大举。一路由薛金福偕乔义生、李思唐等往饶平县浮山墟布置,进攻潮州;一路由方汉成、方次石等往黄冈发动,拟攻汕头,许雪湫则偕方瑞麟、谢良牧等三百人埋伏于潮州城边,另有六十人预伏城内,以为内应。届期,饶平一路因将"四时齐兵"误听为"十时",未能集合①;许在潮州东门外一直等到天亮,不见队伍开到,只得命令各部分散待命。数日后,薛金福等被捕杀。许雪湫即委托陈宏生处理善后,自己赶赴香港,向冯自由等报告起事中变情形。冯自由电告孙中山后,孙中山复电称:此后起义须与惠州及钦州、廉州义师同时并举,以便牵制清军,万勿孟浪从事,致伤元气。于是,许即留在香港等候消息。

　5月初旬(农历三月下旬),余丑、陈涌波到港,报告有会党二人为清吏捕去,当地同志极为愤激,要求立即举事营救。许雪湫跃跃欲动,冯自由、胡汉民均劝其静候孙中山命令,并命余、陈二人返黄冈制止。5月22日(四月十一日),余丑、陈涌波等在黄冈提前发动起义,占领全镇。24日,许在香港得到确讯,即于次日率同志十余人赶赴汕头,与乔义生、萱野长知等研究,计划发动丰顺、揭阳、惠阳等县会党响应。27日,黄冈起义军失败。许等极端懊丧之余,计议炸毁清水师提督李准的运兵轮船,因戒备严密,未能下手。返回香港后,许一面设立机关,召集

---

　①　关于浮山一路未能集合的原因,说法不一。刘七辉等《潮州黄冈革命事实》认为是由于"丘松、薛金福等机谋不密";冯自由《革命逸史》(中华书局1981年版)认为是由于"风雨大作,旋聚旋散","无法集合"。此据许雪湫《致孙中山电》,见张永福编《南洋与创立民国》(中华书局1933年版)。

同志,一面派人潜返内地,准备再次起义。

为了了解黄冈起义的有关情况,孙中山电召许雪湫到河内报告。在见到孙中山的时候,许表示,土炮不敌洋枪,因此失败。如能从外国购买新式军械,运至惠州汕尾洋面,他可以预雇大船数十艘在彼接应,随即可在海陆丰沿岸大举发难。孙中山赞同许雪湫的主张,即派萱野长知回日本购械。10月8日,同盟会香港机关得到萱野的电报:船械五日可到。许遂于9日赶赴汕尾,但在登轮时,发现有清碣石镇总兵吴祥达的侦探在船,许登岸折回,因此,延误了一日。1月13日,萱野的运械船幸运丸号驶抵汕尾洋面,未见接应船只。等待多时,许才乘一小船前来探问。萱野责备许筹备不善,许答应数小时后大船必来,匆匆离去。由于准备起义,汕尾附近聚集了大量会党,早已风声四播,又由于日轮停泊时,沿岸观者无数,这样,就使得清兵加强了戒备。吴祥达派所属兵轮驶近日轮侦查。幸运丸号原是三井洋行包租的运煤船,船主遂不听萱野将船暂移别处的建议,径自将船开往香港。不久,粤督又照会香港政府,要求扣留该轮。日本领事得讯后,命该轮启碇返日。

此次事败,许雪湫受到各方责备。胡汉民曾将当时布置计划详情写了一份万余言的报告书,指责许"妄言无实,不负责任"①。从此,胡汉民对许的印象就一直很坏。雪湫初住香港,后来流亡南洋。因家产被清政府抄没,靠卖药为生。当时,孙中山的武装起义重点已转向广东西部的钦、廉地区和广西、云南等地,无力协助许雪湫再举。黄冈起义失败后,有二三百人随许逃亡,同盟会在安排这些人的生活出路上也发生困难。这一切,使得许逐渐对孙中山和同盟会产生失望情绪。1908年秋,陶成章到南洋,因在筹款中得不到孙中山的充分支持,加上前此已经存在的思想、策略等方面的分歧,便在南洋另立光复会,与以胡汉民为代表的同盟会南洋支部分庭抗礼。许同情陶成章,参加光复会,并

---

① 《胡汉民自传》,罗家伦主编《革命文献》第3辑,台北"中央文物供应社"1984年版。

带进了一批潮州、嘉应人,光复会的势力因之一振。

1911年武昌起义后,许雪湫偕陈宏生、陈涌波等回到潮州,招兵数百人,组织南路进行军,收复饶平、海阳、惠来诸县。当时,广东各地类似的民军很多,它们大都各树一帜,派捐派饷,不相统属。仅潮汕地区就有十三个司令,雪湫是其中之一。1912年初,驻守惠州的岭东镇守府司令林激真觊觎富饶的汕头地区,以"就饷"为名,企图率兵入汕,受到汕头商会会长赖礼园等人的反对。3月,林军攻占汕头,纵兵抢掠。许雪湫支持林激真,曾带兵抄抢赖礼园家,勒索兵饷①。事后,赖向广东省方提出控告,同时,士绅巨贾等亦以地方秩序日益混乱为名,向各方奔走呼吁。4月,广东都督陈炯明派清降将吴祥达率兵进驻汕头。5月初,新任广东都督胡汉民下令遣散广东各地民军。同月,吴祥达于深夜包围许雪湫设在汕头道署的司令部,将许部缴械,并逮捕许雪湫。12日,奉广东警卫军总司令陈炯明令,将许雪湫枪杀②。

**主要参考资料**

冯自由:《东军都督许雪湫》,《革命逸史》第2集。

伯璜:《司令许雪湫传》,原载汕头《大岭东日报》,中国第二历史档案馆藏抄件。

唯心:《许雪湫烈士事略》,原载汕头《大岭东日报》,中国第二历史档案馆藏抄件。

许无畏:《〈革命烈士许雪湫传记〉后序》,《革命烈士许雪湫传记》,1962年新加坡许氏自印本。

张酃村:《潮汕光复回忆》,中国人民政治协商会议广东省委员会文史资料研究委员会编《广东辛亥革命史料》,广东人民出版社1962年版。

① 《林激真乱潮实纪》,《神州日报》1912年4月3日。
② 《香港专电》,《神州日报》1912年5月14日。

# 许 云 樵

陈 民

　　许云樵,本名钰,号梦飞,别号希夷室主。祖籍江苏无锡。1905 年(清光绪三十一年)出生于苏州。父母早故,赖外祖母抚育成人。他得亲友资助,于 20 世纪 20 年代先后肄业于苏州东吴大学和上海中国公学大学部,因经济不继,中途辍学。他刻苦好学,对史地尤感兴趣,曾先后在《东方杂志》、《教育杂志》等刊物上发表了几篇有关暹罗的文章。

　　1931 年,许云樵得到商务印书馆交际主任黄警顽的热心介绍,只身南渡新加坡;又经友人介绍,转往马来半岛柔佛州的新山宽柔学校担任教务主任。一年后,又返回新加坡,在静方女子师范学校任教。他南渡时即矢志于南洋史地的研究。1932 年 5 月,他在《星洲日报》副刊《南洋文化》发表了《大泥考》。

　　1933 年冬,许云樵应友人吴学濂的邀约,往暹罗南部北大年的中华学校主持校务。三年后,因暹罗政府强迫华侨学校改授暹文,遂辞去中华学校职务,改往曼谷国立商科学院讲授英文。在暹罗期间,他于教学之余,潜心研究北大年历史,阅读了数百种中外图书,结合进行调查访问,考证有关史料,于 1940 年底撰成《北大年史》①一书,纠正中国古籍把北大年(古称"大泥")与渤泥牵合之误。这是他研究南洋史的代表

---

　　①　《北大年史》正式出版日期为 1946 年 12 月。许云樵在著者附言中声明:"本书脱稿于 1940 年冬,后以风云日急,未能付梓。星洲陷落,余挟稿迁避者再……迨日寇屈伏,乃取出整理补充之。"

作。他在该书自序中写道:"顾其史料散在中外载籍数百种内,裒辑既需时日,考证尤费功夫,只字不解,则遍翻群书,一名有疑,竟商讨多日,事再倍而功不及半,稿数易而心犹未释。"①足见他严谨的治学态度。在这期间,他还将暹罗郎苇吉怀根所著《世界史纲·暹罗史》中关于暹王郑信部分译成中文并加附注,以《暹罗王郑昭传》为书名问世②。

1938年,许云樵辞去曼谷教职,把长子留在暹罗岳母家,自己携眷回到新加坡,应聘于《星洲日报》社,与张礼千、姚楠合编《星洲日报》十周年纪念刊《星洲十年》。1940年春,又联络《星洲日报》同事关楚璞、郁达夫(当时任该报副刊主编)、张礼千、姚楠,以及槟榔屿的刘士木、上海的李长傅等,共同发起创办"中国南洋学会"。这是我国学者在海外最早成立的研究东南亚的学术团体,许云樵为学会理事兼会刊《南洋学报》主编。他主编学报长达十八年,自己撰写的中英文论文有六十多篇。《南洋学报》从1941年创刊至今已有六十多年的历史,不少中外著名学者为该刊撰文,这是许云樵对东南亚研究的一大贡献。

1941年初,许云樵辞离《星洲日报》社,转任中正中学高中部教师。1942年,日本侵占新加坡,他冒着生命危险,把南洋学会的文件、学报及图书,密藏在住所天花板的暗格里。为了逃匿战祸于乱世,他改行与友人合营土产进出口生意。正如他在《学贾即事》一诗中所自述的:"浩劫余生僻地藏,烽火未熄少糇粮。笔耕贾祸非长策,货殖应堪隐伪装。"③

1945年9月,星马光复。许云樵即与友人合作创办"华侨出版社",编辑出版《华侨生活》、《华侨经济》等周刊,以及《马来亚人民抗日军》等书籍。1946年,受聘于南洋书局,主编《南洋杂志》(月刊,后改为

① 许云樵:《北大年史·自序》,[新加坡]南洋编译所1946年12月版。
② 许云樵译注:《暹罗王郑昭传》,商务印书馆1936年2月初版;1955年3月,中华书局用商务原版重印。
③ 魏维贤主编:《南洋学报》第37卷第1、2期合刊,新加坡南洋学会1982年版,第5页。

双月刊)和《马来亚少年》(半月刊)。

1949年,许云樵辞去南洋书局职务,与友人合资创办"新加坡印铁厂"。此为星马战后新兴工业之一,但由于人事关系,加以经营不善,结果亏损歇业,数年积蓄尽付东流。其时,他曾为《南洋年鉴》撰写《华侨篇》,约四十万字。

1957年,许云樵应新加坡南洋大学之聘,任史地系副教授兼南洋研究室主任。六年后,任满离职,自办"东南亚研究所",并出版所刊《东南亚研究》,积极培养新一代学者。在南洋大学执教期间,曾于1959年率领该校史地系毕业生赴印度进行旅行考察,受到印度总统波罗刹博士和总理尼赫鲁的接见,回新加坡后著有《天竺散记》一书。

1964年,许云樵应聘任新加坡义安学院院长室秘书兼史地教授,还负责编辑院刊。1968年因车祸,折股断腕,而义安学院又迁址改办为工艺学院,他遂宣告退休,时年六十三岁。1970年春伤愈,应南洋大学校长黄丽松之约,汇辑《清实录》中有关南洋的史料,加以注释并编索引。由于日夜伏案,年迈力衰之躯不胜负担,以致左眼失明(经手术后略有好转),耳聋重听,终于不支而长卧病床。他平生酷爱图书,节衣缩食,购置中外图书三万多册,其中以东南亚文献为多。他曾选择其中有关南洋的书籍,写出书评,题为《南洋文献叙录长编》,为研究东南亚者提供方便。晚年贫病交迫,得不到应有的照顾,面对重利轻义的社会,只能自叹"读破十万卷,不及贩夫优",①终于忍痛出卖其全部藏书。

许云樵长期从事南洋史地研究,著作甚丰,蜚声国际。1940年后,曾被选为英皇家亚洲学会马来亚分会副会长,历数届;又连任中国学会副会长。世界上有关东南亚史地的国际性学术会议,多邀请他参加。

许云樵不仅为南洋问题研究专家,他在学术上的贡献是多方面的。他中文根底深厚,擅诗文,有《希夷室诗文集》、《文心雕虫集》等行世。

---

① 许云樵:《庚戌左目眇就医有感》,转引自《南洋学报》第37卷第1、2期合刊,第9页。

他精通英文,能用英文写作,也掌握泰文和马来文。他于中医药物方面也颇有研究,编有《传统中药展览目录》(中英文对照)、《马来验方新编》等,新加坡中医学术研究院聘他为终身名誉顾问。

许云樵的主要著作除《北大年史》外,还有《马来纪年》、《南洋史》(上册)、《马来亚史》(上下册)、《马来亚近代史》等。

1981 年 11 月 17 日,许云樵在新加坡病故。

# 续 范 亭

田为本

续范亭,名培模,字范亭,号恕人。1893年11月27日(清光绪十九年十月二十日)生。山西崞县西社村(今划归定襄县)人。父亲务农。续范亭高小毕业后,于1910年春入太原陆军小学,随即在族兄续西峰①的引导下加入同盟会。

1911年10月武昌起义后,山西新军响应革命,组成军政府,陆军小学学生编为学生军;11月初,续范亭随续西峰回乡组织忻(州)代(州)宁(武)公团,训练人马,计划进攻大同。续范亭先任公团总部亲随副官,负责传布命令和联络事项;后任远征队队长。11月29日,他奉续西峰密令,率领一支仅由二十人组成的队伍,从繁峙间道奇袭大同,在城内同盟会会员策应配合下攻入城关,从而成为公团进占这座重镇的先锋。

辛亥革命后,阎锡山任山西都督,于1912年将忻代宁公团强行解散,并对续范亭加以排斥,续遂赴直隶入清河陆军第一预备学校继续学习军事。1914年,他因参加倒袁(世凯)反阎(锡山)活动,遭到通缉,乃离校去陕西华阴县,与陕西胡景翼、山西续西峰、河北孙岳、甘肃邓宝珊等聚会于华山下的杨家花园,共同策划讨袁,时人称为"华山聚义"②。

---

① 续西峰,原名桐溪,是1905年同盟会在东京成立时,写信申请加盟的早期会员之一。"华山聚义"之际,他系广东军政府任命的陕西省划界议和专使,并曾亲赴日本面见孙中山,商讨革命行动。

② 张淑琳:《续西峰先生事略》,中国人民政治协商会议全国委员会文史资料研究委员会编《辛亥革命回忆录》(五),中华书局1963年版。

1916年,袁世凯称帝后,"华山聚义"的成员组织了护国队伍,从陕西夜渡黄河攻袭山西,一度攻下荣河、猗氏、万泉等县;但进军到虞乡时遭到晋军的夜袭,队伍失散,续范亭被迫进入中条山中,历尽艰辛,后暗渡黄河,重返陕西。6月,袁世凯死后,续范亭随续西峰到北京活动,后进入直隶漕河军官教导团,一面攻读,一面任教。其间曾返乡探亲,因又遭到阎锡山通缉,再度奔赴陕西。1918年,陕西靖国军兴起,胡景翼在三原举义,续范亭参加靖国军,随胡与北洋皖系党羽陈树藩、刘镇华部队作战,也曾在杨虎城所在部队襄赞军事,并为胡景翼和孙岳两部奔走于北京、保定、天津、洛阳之间,进行对外联络工作。

1920年,直系军阀控制了北京政府,为了对奉系作战,直系军阀力图分化与收编靖国军。靖国军也因连年战争,疲惫不堪,又受到入陕直军的威胁,各部均图自谋出路。1921年胡景翼部接受改编并进驻京汉线。此后,续范亭就到京、津及察、绥、冀、鲁各地,联络能够参与反北洋军阀的地方武装,准备待机再起。1922年他因四处奔波,积劳吐血,在北京养病年余。1924年,冯玉祥发动北京政变后,冯玉祥、孙岳、胡景翼各部组成国民联军,续范亭出任第三军第二混成支队参谋长;次年任第三军第六混成旅旅长。1926年4月奉军入据北京后,续范亭率部退守南口。力主攻晋,自任前锋,一度攻克广灵、灵丘,后因敌众己寡,援军不至,遂率部撤至五原。9月,冯玉祥自苏联归来,在五原誓师。续率部与冯部会合援陕。其后因宿疾复发,在三原休养年余。1927年,续在西安受冯玉祥委托担任国民联军军事政治学校校长。次年回乡探亲,继则闲居北京几年。1932年,他应西安绥靖公署主任杨虎城之约,与邓宝珊共赴兰州。续出任西安绥靖公署驻甘肃行署参谋长、陆军新编第一军参谋长,后改任中将总参议。

日本帝国主义自"九一八"事变后步步进逼,华北又面临沦亡的危机,时任第一军中将总参议的续范亭悲愤异常,起而奔走呼号。1935年11月初,他从兰州到西安找杨虎城面谈抗日救国问题,旋即经太原、北平赴南京。恰值国民党召开第五次全国代表大会前夕,续范亭与原靖国军老友于右任共向国民党中央陈述抗日救国大计,但事与愿违,蒋介石拒不"纳谏",坚持"先安内而后攘外"的反动方针①。续范亭在极度苦闷中谒中山陵,并赋《哭陵》一诗,抒发自己的悲愤:"战死无将军,可耻此为最;腼颜事仇敌,瓦全安足贵?"②他日夜忧国忧民,遂萌绝念,决以一死惊醒国人,竟于12月26日下午5时在中山陵祭堂前用短剑剖腹自杀,幸被汽车司机及时发现遇救。自杀前他曾写下一份《告民众书》,有"余今已绝望,故捐此躯,愿同胞精诚团结,奋起杀敌"③等语。他还留下了五首绝命诗,其一是:"赤膊条条任去留,丈夫于世何所求?窃恐民意摧残尽,愿把身躯易自由。"④他的这一行动,使国民党当局十分震惊,慌忙封锁消息,但消息毕竟还是传开了,许多友人和爱国人士纷纷来电来函慰问。在他住院期间,张学良亲至访晤,杨虎城、冯玉祥、于右任等都派代表前来探望。旅日侨胞也写信给他,表示对他的钦敬。

　　续范亭自戕遇救,伤愈出院后,往苏州、杭州、无锡等地去疗养。在此期间,他已决心与国民党决裂,但今后方向是什么? 他曾表示:"今后或出家为僧,或投奔共产党。"他曾拜访过苏州报国寺的印光大师,一度热心研究佛学,但结果是从中寻不到救国之途。他在杭州西湖疗养期间,读了一些社会科学的书,由此而接受了一些马克思列宁主义的观点,逐渐认清了国民党当局的反动本质,对于如何实现自己救国救民的夙愿,开始有了新的认识。之后,绥东抗战的消息传来,他心情激动,赋诗以明志:"故人血战风沙里,愧踱苏堤第一桥。"他在健康情况逐渐好转后,得杨虎城之邀,于1936年11月经郑州、洛阳前往大西北。

--------

①　黄既:《回忆续范亭同志》,《中国青年》1948年12月号。
②　南新宙:《续范亭的故事》,上海文艺出版社1960年版。
③　南京《中央日报》1935年12月30日。
④　《东方杂志》第33卷第3号,1936年2月。

12月初,续范亭来到西安,不久发生了震惊中外的西安事变,他协助张学良、杨虎城争取冯玉祥旧属冯钦哉部和进行联络工作。这时他遇到老友南汉宸,通过南的介绍,拜访了中共代表团团长周恩来。经过这些接触,他受到很大的启发,对共产党的团结抗日政策有了深刻的领会。1937年初,他作为杨虎城的代表,回到阔别多年的山西,一到太原,就和共产党组织取得了联系,在党的领导下,开展团结抗日工作。7月,抗日战争爆发后,由于他在山西威望很高,阎锡山任命他为第二战区高级参谋,借以号召晋绥地区的上层人士。9月,续范亭亲往平型关前线视察,曾当着阎锡山的面指责其亲信郭宗汾避战观战,违反了与八路军分兵合击的作战计划。

续范亭从平型关回到太原前,山西各阶层的抗日统一战线组织——第二战区民族革命战争战地总动员委员会已经成立,公推他为主任委员。他尽管病体羸弱,仍以炽烈的热情与共产党合作,全力以赴地策划发展动委会组织,建立动委会直辖的抗日武装,广泛开展群众运动和游击战争。动委会武装在敌后蓬勃发展,活跃于晋西北二十九个县,全在阎锡山意料之外。阎对此惊恐不安,下令动委会只准在岢岚、五寨、神池、河曲、保德五县活动,并不得发展抗日武装;已有的十个支队改编为三个支队,在岢岚成立第二区保安司令部,任命续范亭为保安司令。

1939年初,阎锡山在陕西省宜川县召集秋林会议,散布"中日不议而和,国共不宣而战"的谬论。续范亭在会上朗读孙中山遗嘱,义正词严地批驳阎锡山及其同伙的荒谬论调。阎锡山曾对其核心组织"民族革命同志会"的骨干分子说:"续范亭是背上棺材抗战的,我们不能背上棺材抗战。"秋林会议以后,续范亭绕道延安返回晋西北,专程向中共中央反映了阎锡山的反共阴谋和晋西北抗战情况。此后,山西局势急遽逆转。3月,阎锡山悍然下令解散动委会,取消第二区保安司令部,原辖各支队改为陆军暂编第一师,续范亭改任师长,阎锡山还派自己的亲信担任参谋长,并取消了续部的供应基地。但续范亭坚毅地说:"只要我续范亭不死,我还是要抗战到底!"①当年秋,阎锡山电令续范亭攻打日军占领的五寨县城。这时续范亭身边仅有一营兵力,而五寨县城内却盘踞着大批装备精良的日伪军,但他在共产党组织和抗日军民支持下以寡敌众,用两个连迅即歼灭了从五寨县城出动的日本侵略军。

当年12月初,阎锡山发动了震动全国的"十二月政变"。其部署是先令其旧军在晋西、晋东南攻打新军,与此同时,又在晋西北令其骑兵司令赵承绶召集各地旧军,举行临县军事会议策划反共。赵承绶是续范亭二十多年的老友,认为续这样的老国民党员不会得到共产党的真正信任,仍让续参加了这次十分机密的会议。会上赵承绶传达了阎锡山的命令:要在"饿死八路军,困死八路军,拖死八路军"的方针下,进一步消灭八路军一二○师三五八旅彭绍辉部,消灭地方抗日武装,控制晋西北,把共产党的抗日武装一网打尽。续范亭在会上不动声色,会中即借口外出,策马飞奔岚县向中共晋西北边区党委作了详尽报告。

彭绍辉三五八旅当时比较分散,不足以应付阎锡山的进攻。续范亭当即决定把自己的暂一师开上去阻击阎军,帮助三五八旅布置集结。暂一师、三五八旅和决死四纵队抢先占领临县、方山、岚县交界处的军事要地赤尖岭,并召开军事会议,商定了作战方案,成立了山西新军临时总指挥部,由续范亭任临时总指挥。此后,原在晋西南的八路军陈(士榘)林(枫)支队和决死二纵队、政卫二○九旅也都向赤尖岭靠拢。从1940年元旦开始,在续范亭与各方协同指挥下,新军英勇作战,终于在1月14日攻克赵承绶司令部所在地临县。这次胜利有力地配合了晋东南和中条山地区八路军各部的战斗,取得了粉碎阎锡山十二月政变、打退第一次反共高潮的重大胜利。

————————

① 南新宙:《抗战初期的续范亭同志》,《红旗飘飘》第5集,中国青年出版社1957年版。

临县战役胜利结束后,1月16日,山西新军总指挥部正式宣告成立,续范亭连任总指挥。不久,贺龙率一二〇师主力部队自冀中返回,和新军胜利会师,巩固和发展了晋西北抗日根据地。2月,晋西北边区行政公署在兴县成立,续范亭被推选为行署主任,并被延安总部任命为晋西北军区副司令员。同时,山西新军也正式编入八路军的战斗行列。

1941年5月,续范亭因戎马辛劳,痼疾复发,病情严重,从晋西北转到延安治疗休养,受到中共中央的关怀照顾。从此,续范亭长期生活在延安,经历了整风运动、大生产运动和党的"七大"。他积极学习马列主义和毛泽东思想,使自己从一个民主主义革命者转化成为无产阶级的战士。他经过几十年的摸索,终于找到了革命道路。他参加了延安的怀安诗社,经常与朱德、叶剑英及董必武、林伯渠、谢觉哉等互相唱和,写下了许多诗篇,后结集为《延水集》和《南泥杂咏》。

1942年和1945年,续范亭先后两次被晋绥边区参议会推选为行署主任,1945年还被推选为中国人民解放区人民代表会议筹备委员会副主任委员。但在这期间他因疾病缠身,已不能重返前线,实地担任日常领导工作。不过,他对晋绥边区的工作和人民生活仍时时关怀,每当形势变化的时刻,虽伏枕咯血,犹振笔疾书,发表了许多战斗檄文。1944年8月,他在病床上口述了著名的《寄山西土皇帝阎锡山的一封五千言书》,揭露阎锡山祸国殃民、破坏团结抗战的罪行,并晓以大义,劝其悬崖勒马。1946年11月,胡宗南将要进攻陕甘宁边区时,续范亭从延安转移到晋绥边区的临县。1947年1月,他的病势不断恶化,但看到阎锡山伙同胡宗南进犯解放区,仍愤然发表了《号召山西人民推翻万恶无耻军阀阎锡山》的战斗新篇章。他晚年的文章后结集为《诤声》①。

---

① 续范亭1921年至1936年的诗结集为《湖山集》,1941年至1947年的诗结集为《延水集》和《南泥杂咏》,1943年至1947年的文章结集为《诤声》,均辑入《续范亭诗文集》一书,上海人民出版社1958年版。

1947年9月12日,续范亭终因病情恶化,医治无效,在临县逝世。病危之际,他致书中共中央,申请入党。13日,中共中央复电宣布:接受范亭同志的要求,追认为中国共产党正式党员。对续范亭的逝世,晋绥边区党政军民同声哀悼;毛泽东还亲书挽词,盛赞续范亭"有云水襟怀,有松柏气节"。

# 宣 铁 吾

朱佩禧

宣铁吾,字惕我,又名蒋石如。1897 年 10 月 13 日(清光绪二十三年九月十八日)出生于浙江诸暨枫桥杜家坞村①。家境清寒,青少年时代就自谋出路,在杭州、绍兴做排字工人,期间曾任浙江省绍兴"国耻图雪会"干事、杭州印刷工人俱乐部执行委员长、杭州青年协作会委员等。1921 年中国共产党成立后,宣铁吾与陈兆龙、宣中华等共产党人过从甚密,曾加入社会主义青年团。1923 年到广州,入陆海军大元帅府卫士队任卫士。1924 年 1 月由沈定一(国民党浙江省党部主任)、倪忧天(杭州文化印书局经理)介绍加入国民党。同年春由胡公冕、徐树桐保荐报考黄埔军校。1924 年 4 月,考入黄埔陆军军官学校第一期,编在学生第三队,成为国民党右派组织"孙文主义学会"骨干分子。毕业后,宣铁吾在黄埔军校教导团和国民革命军中任排长、连长、营长、团长,参加过东征和北伐。

1927 年秋,蒋介石下野后,他也随之离开军职,在青岛市土地局担任第四科科长。1928 年初,蒋介石复职后,又从青岛回南京。1928 年 1 月,蒋介石在杭州办军官训练班,收容黄埔军校第六、七期学生进行训练,宣铁吾任第三大队大队长。同年冬,任中央军校办公厅上校科长、国民政府警卫团团长。1932 年"一二八"淞沪抗战爆发,宣铁吾任八十八师参谋长,参加对日作战,并在战后获国民政府颁发的陆海空军

---

① 一说 1896 年生。

甲种一等奖章。3月，宣铁吾与康泽、邓文仪等发起组织复兴社，任复兴社中央干事会干事。1934年，蒋介石提升其为侍从室参谋、少将侍卫长等职。1934年在浙闽边与红军作战，获国民政府颁给的一等三级国花奖章。同年，宣铁吾由侍由室调任浙江省保安处副处长。1935年，宣铁吾接俞济时任浙江保安处处长，并一直任职至1943年。这一期间，宣除本职外，还兼杭州戒严司令、浙江防守司令、金(华)兰(溪)警备司令、浙江省保安司令、绍兴戒严司令、浙江抗敌自卫团副总司令、浙江省兵役司令、陆军第十预备师师长等职务①。

　　浙江是蒋介石的老家，国民党统治的手段也比较高明，设立了一整套组织体系。宣铁吾在浙江保安处长任上，对境内的中共武装采取"七分政治，三分军事"的策略。在政治方面，分批分期举办各种各样的训练班，以充实其所谓的"革命骨干力量"，如举办以加强"民众自卫"为中心的保甲人员训练班、保甲通讯训练班，并在各县成立训练所。宣铁吾提出"管教为手段，以自卫为中心，以养为目的"的基层政治训练纲领，并由此在地方党政行政机构中建立起一套较完整的情报网。三青团浙江支团成立后，为掌握知识分子和青年，宣铁吾又组织小学校长、图书馆长、小学教师暑期训练班。在军事方面，宣铁吾积极扩充编练地方团队，以加强其所谓的"清匪安民的地方实力"，在1935年编成十五个直属的保安大队。同时通过在职军官训练班、军训教官训练班、铁卫总队训练班等短期训练班，建立起自己的势力。这一系列的活动，使宣铁吾成为当时浙江省内强有力的实权人物。1939年春，宣铁吾任第九十一军军长兼钱塘江南岸守备指挥官，担任钱塘江南岸、萧山、绍兴及富春江南岸一带的防御任务。

　　由于军统局副局长戴笠查处行政院副院长兼财政部长孔祥熙的机要助理林世良的走私案，引起孔祥熙的不满。1943年7月，蒋介石调宣铁吾接替戴笠，任财政部缉私署署长。宣上任后，对缉私处进行精

---

　　①　《陆军中将淞沪警备司令宣铁吾氏履历》，《美》第11期，1948年2月。

简,排斥军统人员,撤销戴笠所派的各省缉私处长。至1945年1月更提出裁撤缉私署,将其划归海关、税务、盐务等相关部门,获行政院的批准。宣铁吾奉调陆军大学甲级将官班受训。

1945年8月,日本投降,抗日战争胜利,蒋介石任命宣铁吾为上海市警察局局长。上海经历抗战的变乱,秩序破坏严重,物价高涨,失业者充斥社会,如何维持治安是宣铁吾上任后的一大难题。三个多月后,宣铁吾坦承"中国自从开始办理警察,一直到现在,可以说:没有办好过",其在上海"所应急切从事的工作""以防范和逮捕盗匪为首要"①。到任后一个月盗劫案由一百四十余件降至八十余件,后反弹至百余件,说明上海形势的复杂以及宣铁吾的决心,而对著名资本家荣德生案的解决更显示了其能力和手腕②。此外,宣铁吾在上海"禁绝烟毒",发布禁烟令,雷厉风行。

为防止不良分子危害社会,加强警员效率和保障治安,宣铁吾提出确保沪郊治安的七点办法③,招收优秀青年进警局以提高警察队伍素质,实施"警管区"制,并在《新闻报》、《申报》上发文进行宣传④。所谓的"警管区"实际上指的是每一个警察负责一定区域,该警察主要职责是经常前往所辖各户访问一切,包括调查户口、市民职业等,对受徒刑者之执行或宣告缓刑者、素行不正者、收入不敷者、来往顾客人等加以查察。但"警管区"制度引起了严景耀、萧思明、邱去耳和傅雷等民主人士在报纸上的言论抨击,认为这是妨碍人民居住自由与身体安全的权利。为了缓和舆论压力和收复民心,1946年6月,宣铁吾先宣布解除自敌伪时期每晚戒严的禁令,不久又宣布中止了"警管区"制。当时上

---

① 《申报元旦增刊》,《申报》1946年1月1日。
② 《警察局宣局长解释设置"警管区"制》,《申报》1946年5月12日。
③ 《确保沪郊各县治安,举行十县警备会议》,《申报》1947年5月10日。
④ 《论警管区与住居自由;反对访问争取民主》,D2—0—400—11,1946年5月18日,上海市档案馆藏。

海各报对这位警察局长毁誉不一①。可是,蒋介石对于宣铁吾十分放心,尽管宣铁吾多次提出辞职不干,蒋介石不仅电话安慰,而且在1946年5月令宣铁吾兼任淞沪警备司令以及中训团上海分团主任,宣成为炙手可热的实力派人物②。

宣铁吾在上海还进行肃清汉奸活动,比较著名的就是上海新新公司总经理"李泽汉奸案"。宣铁吾以上海新新公司职工检举总经理李泽为契机,借"伸张正义"之名将戴笠力图包庇的李泽逮捕。

由于物价飞涨,人民难以维持生计,上海学潮、工潮涌动,宣铁吾强行镇压,拘捕不少学生、工人,并遵循《维持社会秩序临时办法》六条应对风潮,分别处置:关于学生方面,由教育局负责处理;工人方面,由社会局负责处理;治安机关则予助力,如有奸宄从中策动,决予逮捕法办③。1947年6月,宣铁吾专任淞沪警备部司令,俞叔平任上海警察局长。同月,上海五千名大中学生发动"反饥饿、反内战、反迫害"运动,上海市警察局局长俞叔平更是逮捕学生五十余名,引起国内外舆论的谴责,最终上海市市长吴国桢和淞沪警备司令宣铁吾不得不宣布释放学生。1948年1月,又镇压同济大学学生发起的争民主反迫害的"一二九"运动,拘捕学生一百多名,打伤学生六十多名。而对工潮的镇压终于在1948年2月引发生"申九惨案",淞沪警备司令宣铁吾、市警察局长俞叔平出动一千多名军警,使用装甲车、催泪弹,冲入厂内,强迫工人离厂,打死工人三名,打伤百余人,逮捕二百多人。

针对上海物价飞涨、投机现象严重和囤积盛行的现状,宣铁吾向市长吴国桢提出应对措施,要求对粮食、纱布实行公营,避免中间商剥削,以杜绝垄断囤积,分区普遍检查囤积货物,发布经济戡乱办法等④。宣

---

① 《宣铁吾收复民心》,《海燕》第15期,1946年6月。
② 《宣警局长辞职不准,将兼任警备司令》,《申报》1946年5月25日。
③ 《奸宄策动阴谋　决予逮捕法办》,《申报》1947年5月10日。
④ 《非常时期采取非常手段,全力侦查不法商人》、《宣司令向吴市长提意见书》,分别见《申报》1947年10月17日、10月15日。

铁吾还设立监察团，自任团长。监察团的查账人员到一些银行、钱庄进行调查，要求他们交出账册，如拒绝交出账簿者，可予拘办①。宣铁吾提出"专打老虎，不拍苍蝇"，意思是对付那些非法的商人，不苛扰正当的商人。但是，宣铁吾以警告投机商人的方式，来设法抑平物价，并没有达到预期的效果②。

　　1948 年，蒋介石派蒋经国为上海市经济督导委员，希望在全国的经济中心上海限制住物价，从而促使全国各地物价趋于稳定。宣铁吾对蒋经国的工作积极配合，先后查办了一些重大案件，如以"非法囤积稻米"的罪名逮捕杜月笙的总管、上海豆米同业公会会长万墨林，以"扰乱上海市场经济秩序罪"将杜月笙的公子杜维屏投入狱中③，将控制场外股票、金钞黑市交易的"杨家将"杨长和、杨长仙和杨长庚三人实行逮捕，枪决敲诈勒索、恶名昭著的淞沪警备司令部稽查处经济科长张亚民及第六稽查队长戚再玉，拘讯孔祥熙的大公子孔令侃。但因宋美龄的干预，对孔令侃的"扬子公司"查封不了了之。最终导致蒋经国"打虎"行动草草结束，沦为"打虎不成，只打了几只苍蝇"的结局。万墨林交保就医，入狱的"杨家将"、杜维屏等最后都被保释出来，上海物价重新飞涨，限价政策失败，宣铁吾也因得罪了孔、宋二家族地位不保，当时的报纸风传宣铁吾将离职的消息④。

　　1948 年 12 月 1 日，宣铁吾离开淞沪警备司令（由第三方面军汤恩伯的部下陈大庆接任，直至 1949 年 5 月 22 日上海解放），调防衢州绥

---

　　①　《专打老虎，不拍苍蝇——监察团工作人员会议，宣团长指示两项原则》，《申报》1947 年 2 月 21 日。

　　②　《宣司令昨发表谈话，警告沪投机商人，警政部经济检察人员已出动工作》，《申报》1947 年 4 月 6 日。

　　③　郑重为著，沈立行整理：《宣铁吾同杜月笙上海斗法的内情点滴》，《中华文史资料文库》第 6 卷，中国文史出版社 1996 年版，第 197—201 页。

　　④　《淞沪警备司令部副官处关于美国海军参赞斯莱登函为据悉宣铁吾另有新命敬布贺忱并对已往协助之处表示感谢案》（1948 年 9 月 20 日），卷宗号 Q127—8—79，上海市档案馆藏。

靖公署副主任,但宣未就职。1949 年 2 月,宣铁吾任浙江省政府委员,同年任京沪杭警备副总司令、陆军中将。

解放前夕,宣铁吾移居香港。1960 年,他应蒋经国、陈诚之邀去台湾,任南山工商学校常务董事。1964 年 2 月 6 日,病逝于台湾。台湾出版有《黄埔一期宣铁吾将军纪念集》等。

## 主要参考资料

徐范:《宣铁吾生平事迹》,中国人民政治协商会议浙江省诸暨市委员会文史工作委员会编:《诸暨文史资料》第 3 辑,1988 年版。

金华市政协文史资料委员会、金华市委党史研究室编:《抗日战争时期的金华》,《金华文史资料》第 16 辑,2005 年版。

《淞沪警备司令部宣铁吾给行政院物资局证明书证明马保和等 160 是物资局职员,美国经会总署上海署长乔治·罗易(George St. Louis)给警备司令陈大庆关于戒严发新通行证等》(1947 年 11 月—1949 年 5 月),案卷号 Q127—8—294,上海市档案馆藏。

王春英:《战后"经济汉奸"审判:以上海新新公司李泽案为例》,《历史研究》2008 年第 2 期。

# 薛笃弼

张天政　王韦娟

　　薛笃弼,字子良,山西解县人,生于 1892 年(清光绪十八年)。其父薛士选为清代举人,薛笃弼自幼便深受其父的熏陶和影响。早年就读于太原的山西法政学校,并受到孙中山三民主义思想的影响。辛亥革命爆发后,响应号召与同在山西法政学校学习的同学傅作义在太原河东参加起义。不久薛笃弼被任命为山西河津县地方审判厅审判官,兼革命机关报《河东日报》社社长。《河东日报》以宣传革命、提倡民主为宗旨,反对官僚贪污腐化,反对不良的封建习俗和封建礼教,而且还揭露与批评以袁世凯为首的北洋政府的种种弊端。薛笃弼作为社长,不畏强权,公然对当时新官员中存在的贪污腐败行为进行揭露。他还公开批评河东民政长张士秀让女儿去学校时乘坐轿车并带卫士的腐化行为,揭露过张士秀的旧识芮城县知事郭朗清的贪污行为。1912 年 8 月,法政学校复课,薛笃弼回到学校继续学习。适值校长张端创办《山西法政经济日报》,薛笃弼被任命为总编辑。他"白天上课,晚间到报社工作。日报公开披露了阎锡山自独霸山西军政大权后,与袁世凯同恶相济、危害共和的种种罪恶事实,在社会上反响很大"①。但发刊不久就遭到阎锡山的遏制,阎派人摧毁了报馆。

　　此后,薛笃弼前往日本留学两年,专攻法政。学成归来后追随冯玉祥,1914 年出任冯玉祥第十六混成旅秘书长兼军法处长,深得冯的赏

---

①　张博文:《薛笃弼先生二三事》,《沧桑》1998 年第 1 期。

识,此后他便跟随冯玉祥,成为冯的高级幕僚和辅弼。1918年,冯玉祥驻军湖南常德,薛笃弼先任军警联合督察处长,"九月,获三等嘉禾章";1919年7月,任常德县知事,"1920年7月,获二等嘉禾章"。1921年,冯玉祥调驻陕西,薛笃弼先后出任咸阳县长、长安县长。当时正处于北洋军阀的腐败统治下,军阀混战,强权横行,民不聊生。薛笃弼出任县长期间,明察秋毫,为民着想,深得百姓拥戴,被誉为"薛青天"。冯玉祥督陕初期,陕西"财政既失统一,军费无法维持,及余就职,因荐薛笃弼为财政厅长,从事整顿"。首先从整顿金融入手。当时陕西因滥发纸币,纸币价格贬值,每元仅值铜元二十枚。于是冯玉祥命薛笃弼一面准备现金,一面收买纸币,且令清理银行机构,纸币的价格逐渐增高,"不期月间,竟涨至六折以上"。

　　1923年1月,薛笃弼出任北京政府司法部次长;3月,任蒙疆善后委员会委员;5月,暂行兼代国务院秘书长;7月,兼代京师税务监督;11月,"查京师平市官钱局滥发铜元票案",对犯案官员依法进行惩治①。1924年,冯玉祥发动北京政变后,薛笃弼在北京政府任京兆尹,即北京地方行政长官。在任京兆尹期间,薛笃弼召集二十县县长在京兆公署举行"平民教育讲习会";亲赴各地募资并带头捐款,指挥修复了北京钟鼓楼并将鼓楼改为"明耻楼"。还在楼上陈列列强压迫中国签订的不平等条约文件以及有关资料和照片,以激发广大国人的爱国情怀,深为各界人士所推崇。他还将安定门外的地坛开辟为"京兆公园",建立"五族亭"象征五族共和,以激励各族人民加强团结,振兴中华。薛笃弼在北京政府任职期间注意发动群众,检举贪官污吏,取消苛捐杂税,以解民困。他对工作认真负责,每周一召集公务员,检查工作;而且编写"爱民歌"勉励大家爱国守法,戒烟戒赌,扭转社会风气②。1925年10月,段

---

① 刘绍唐主编:《民国人物小传》第三册,台北传记文学出版社1980年版,第352页。

② 周山仁:《民国廉吏薛笃弼》,《发展导报》2004年8月17日。

祺瑞政府任薛笃弼为甘肃省省长①,辅佐刘郁芬(甘肃军务督办)治理甘肃,该时期他为国民军筹措军费等事出力不少。北伐战争开始后,冯玉祥在内蒙古五原誓师,将其军队改名国民联军参加北伐战争,薛笃弼被任命为国民联军总司令部财政委员会委员长。1927年,随冯玉祥军队入河南,参加武汉国民政府的二次北伐。冯玉祥在督豫期间,知人善用,又"荐薛笃弼为财政厅长,令其着手整顿,力除积弊"②。当时的河南财政赤字严重,军费无着落,历年积亏严重。薛笃弼任职期间不但整顿金融,限制纸币的流通量,而且还创办财政养成所,训练财政专门人员。在任河南财政厅长期间,薛笃弼还兼任河南省政府委员以及国民党开封政治分会委员。

国民革命失败后,建立了以蒋介石为首的南京国民政府。于是应蒋介石之请,冯玉祥向蒋推荐薛笃弼出任内政部长。1928年,南京国民政府发起废除旧历运动,呼吁推行国历。5月7日,薛笃弼向国民政府提交《实行废除旧历普用国历案》,认为中国要与世界接轨,必须改革旧有阴阳历。他强调:"非废除旧历无以普用国历,而厉行国历,非详订办法,将各界关于利用阴历之习惯一律改正,并于预制历书之先,将办法提前公布,切实宣传,实不足收推行尽利之效。"③不但如此,内政部还草拟了《普用国历办法八条》。从1928年底开始,国民政府按照以上原则和办法,开展了大规模的废除旧历运动,取得了一定的效果。任内政部长期间,薛笃弼还严厉打击一切宗教迷信活动,查禁道院及悟善社等迷信机关。他在致国民政府秘书处的复函中说,道院、同善社、悟善

①　中国人民政治协商会议甘肃省委员会文史资料研究委员会编:《甘肃文史资料选辑》(甘肃解放前五十年大事记),第10辑,甘肃人民出版社1981年版,第93页。
②　冯玉祥著:《冯玉祥自传》,军事科学出版社1988年版,第141页。
③　《内政部致国民政府呈》(1928年5月7日),见中国第二历史档案馆编《中华民国史档案资料汇编》第五辑第一编"文化"(一),江苏古籍出版社1994年版,第424页。

社等机关"查事涉宣传迷信,壅蔽民智,阻碍进化,自应查禁,以遏乱源"①。他要求将查禁的迷信机关财产用于慈善公益事业。

另外,曾有传闻薛笃弼将有寺庙改办学校的提案,遭到了佛教会的抗议,薛笃弼对此进行了解释。他说:"来电所称改僧寺为学校及薄于佛教云云,此等传闻殊属离奇。笃弼鉴于吾国国势之不振,以为信仰佛教故属国民自由,唯不应仅为僧侣博衣食之资,及为少数信徒精神所寄托,应将我佛博爱平等坚苦卓绝之精神发扬光大,使社会人类均得受其指导,蒙其利益,即具有感化人心,转移风气,改良社会,改造国家之效用,方不愧为真正佛教之信徒。"薛笃弼非常欣赏基督教舍身救世之精神,在所到之处或设学校,或设医院,扶助弱小民族,他认为佛教缺乏此种为民的救世精神。他对佛教者提出了两点希望:首先是整顿佛教,改良佛教之责任,"以拯救中国民族,挽回中国国权,免除远东战祸,促进世界和平为己任"②。其次希望佛教不应仅为消极之信仰,应努力做积极之工作,例如兴办各种学校、平民图书馆、平民医院、平民工场等,这样才能行我佛救济众生之旨,有益于国计民生。

1928年10月,薛笃弼出任卫生部长;1929年1月兼任黄河水利委员会委员。1929年,国民政府的"废止中医案"引发了第二次中西医之争。2月,留日西医余云岫在中央卫生会议上提出《废除旧医以扫医学卫生障碍案》,会议还讨论通过了关于废止中医案——《规定旧医登记案原则》③。这一举动遭到了中医界和全国各界的强烈抗责,还在上海召开全国医药团体代表大会,要求政府立即取消议案。针对中西医之争,时

① 《内政部关于查禁道院及悟善社等迷信机关致国民政府秘书处复函》(1928年10月9日),见《中华民国史档案资料汇编》第五辑第一编"文化"(一),第491页。

② 《内政部长薛笃弼致佛教会复函稿》(1928年4月18日),见《中华民国史档案资料汇编》第五辑第一编"文化"(二),第1071—1072页。

③ 金宝善:《旧中国的西医派别与卫生事业的演变》,见中国人民政治协商会议全国委员会文史资料研究委员会编《文史资料选辑》第35辑,文史资料出版社1989年版,第133页。

任卫生部长的薛笃弼一贯主张中西医并进，他明确表态："我深信，对中医药之限制，并非政治势力所能收效，本良心主张，对中医药这一宝贵国粹，断不能偏视。"①他声明中医不可废，但要科学化，最终国民政府决定撤销一切禁锢中医的法令。这次中西医之争直接关系到中医的存亡，在薛笃弼的调和下，算是得到了妥善解决，挽救了中医的命运。

薛笃弼在南京政府中任职，同时也是冯系人物。当时冯玉祥掌握着西北的军权，为了能够扩大局面，加强其在西北地区的统治，通过薛笃弼向南京政府提出甘肃省分治案，以宁、青距离甘肃省省城太远，交通不便，不易发展为由提出新设宁夏、青海两行省的提案。国民党中央政治会议在1928年9月5日举行的第153次会议上通过了这一提案②。这个方案将甘肃省所管辖的宁夏和青海两道从该省划出，分别设立宁夏省和青海省。在任内政部长和卫生部长期间，薛笃弼被派赴陕西、甘肃视察灾情。1929年3月，薛笃弼到甘肃平凉视察灾情，他在致刘郁芬电中说："平凉迭遭兵匪，庐舍荡然，釜罄如洗，草根树皮，挖掘殆尽，死亡之余，或卧疾不起，或赤身无衣，此种奇灾，历所未有。甘肃全省灾区殆遍，而兰山、渭川、西宁、宁夏各区，痛苦较平凉尤甚。"同年12月，薛笃弼又作为卫生部长来甘肃检查灾情，拨款举办"以工贷赈"③。

薛笃弼在南京政府任职期间工作认真，事必躬亲，这一时期南京政府的内政也起色不少。蒋介石曾亲自致电薛笃弼："迩闻内政日有起色，不胜欣慰。"④从1929年开始，薛笃弼当选为国民党第三、四、五届中央候

① 茂清：《1929：中医药界大请愿》，见《文史精华》1997年第3期。
② 青海省志编纂委员会编：《青海历史纪要》，青海人民出版社1980年版，第115页。
③ 中国人民政治协商会议甘肃省委员会文史资料研究委员会编：《甘肃文史资料选辑》第10辑，甘肃人民出版社1981年版，第116、120页。
④ 《蒋总司令致薛笃弼部长指示北伐成功之内政要务电——民国十七年五月二十三日》，见秦孝仪主编《中华民国重要史料初编——对日抗战时期·绪编》(三)，国民党党史委员会1981年版，第398页。

补执行委员和第六届中央执行委员。他坚持清廉自守,其同学傅作义和冯玉祥的夫人李德全都曾高度评价他是一位奉公守法、两袖清风的好官。他常说:"万分廉洁,只是小善,一点贪污,便是大恶。"①薛笃弼坚决反对其父曾因其无子而要求薛笃弼纳妾,虽然薛笃弼非常孝顺,但在此事上仍坚持原则,反对违背男女平等的婚姻,拒绝纳妾。

随着南京国民政府统治全国,蒋介石与冯玉祥、阎锡山、桂系各派军阀在地盘分配、军队派遣等方面发生矛盾,于是冯、阎、桂联合起来同蒋介石进行争斗。在冯反蒋后,作为冯玉祥的幕僚和辅弼,薛笃弼被开除国民党党籍并受到南京政府的通缉。于是他暂时逃亡日本,后来又秘密回到山西。1931年"九一八"事变爆发,薛笃弼从山西回到南京任国民党政府委员。对于日本的侵略,蒋介石下令采取不抵抗政策,薛笃弼十分愤慨,他坚决主张抵抗。1933年1月,薛笃弼辞去南京国民政府委员之职,在上海开设法律事务所,伸张正义,不畏权势,为无辜者和爱国青年保释。1937年,抗日战争爆发,不久上海沦陷,日军及汪伪军大肆地拉拢甚至迫害政要人物。薛笃弼坚决不愿投敌卖国,他改名为"许义生"(取其音近薛先生),装扮成普通商人模样,乘船到达香港。后又应蒋介石的邀请前往重庆,1941年7月出任行政院全国水利委员会主任委员。在抗战期间,薛笃弼提出水利建设要为抗战服务的主张。1944年1月获"二等景星勋章"②。1946年6月任水利委员会委员长,1947年水利委员会改为水利部,隶属于行政院,仍由薛笃弼任部长。任职期间,他致力于水利设施、水利机构的建设,并且注重培养水利建设人才,多次组织召开中国水利学会。到1948年12月因行政院改组而辞职,继而被任命为南京政府国策顾问。

全国解放在即,国民政府官员纷纷撤离。薛笃弼辞去了职务,到上海当律师。1949年3月间,李宗仁曾专程到上海马斯南路(今上海思

①　周山仁:《民国廉吏薛笃弼》,《发展导报》2004年8月17日。
②　刘绍唐主编:《民国人物小传》(第三册),第353页。

南路)薛家看望,拟邀其出任行政院副院长,但遭到薛笃弼之婉辞。上海解放前夕,国民党高级将领陈诚又亲自来薛家邀请薛笃弼同往台湾,又遭薛笃弼的婉拒。

　　新中国成立以后,中共中央特别注意团结党内外一切爱国人士,薛笃弼作为一名原国民党政府资深的政界人士,在解放前夕拒绝了国民党的邀请,坚持留在大陆,是爱国人士的典型代表。在 1954 年人民政协第二届全国委员会召开前夕,毛泽东在党内外人士座谈会的讲话中提到了薛笃弼。1955 年,薛笃弼参加了民革并担任民革上海市委副主席,后又任上海市政协常委。1956 年 1 月,薛笃弼担任全国政协委员。在 1956 年 1 月政协第二届全国委员会第二次会议期间,薛笃弼作为特邀委员参加。开幕式结束聚餐时,薛笃弼被安排与毛泽东、周恩来等国家领导人同席。言谈中,薛笃弼谈及他在国民政府中历任要职,不胜愧疚。毛泽东亲切地说:"你是冯玉祥将军郑重推荐给蒋介石的,是国民党政府里难得的清廉官吏,你的为政、处世和做人,我都深知。现在真是野有遗贤,埋没人才啊!"①薛笃弼深受感动,他感谢党和毛主席的知遇之恩,表示今后愿为中国的发展事业继续尽绵薄之力。此后薛笃弼先后任上海市委员会常务委员、政协第二、三、四届全国委员会委员、"上海法学会"理事、"上海律师协会"副主任等职。

　　薛笃弼晚年坚决拥护中国共产党的领导,积极参加各项政治活动,坦陈己见。另外薛笃弼还著文宣传爱国思想,介绍新中国建设取得的成就。他根据自己的平生经历写了许多回忆性文章,例如回忆辛亥革命的《太原起义和河东光复的片段回忆》,根据自己做冯玉祥幕僚的经历写了《冯玉祥生平》。薛笃弼还积极参加促进祖国统一的活动,希望中国日益繁荣富强。

　　1973 年 7 月 9 日,薛笃弼因病在上海逝世。

---

　　① 殷之俊:《毛泽东与薛笃弼》,《团结报》2002 年 6 月 8 日。

# 薛　觉　先

张　洁

　　薛觉先,原名作梅,别号平海,后改为平恺。觉先是他投身舞台后的艺名。广东顺德龙江人。1903年4月6日(清光绪二十九年三月初九)出生于香港。父亲薛恩甫是个秀才,早年曾充幕僚,后退居香港设堂讲学。

　　薛觉先的母亲喜爱粤剧,他从小经常跟母亲看戏,看后就咿哑学唱。还常常偷偷出门,站在戏院门边或爬上戏院窗口看戏。戏院的人逐渐熟识了这个"小戏迷",遂不收门票放他进去。他对粤剧的兴趣,也就与日俱增。他十岁左右的时候,香港青年会的"青年话剧团"吸收他参加话剧演出,担任主要童角,是他最初尝试舞台生活。

　　薛觉先自幼随父读书,很勤奋。稍长入香港圣保罗英文书院学习。不久,父亲去世,家计无着落,只得退学谋生。初随人沿街卖药,后又受雇于九龙英商经营的绍昌皮厂,寄人篱下,备受折磨。

　　1919年五四运动发生时,薛觉先十六岁,受到爱国热潮的影响,用"佛岸少年"的笔名向香港报刊投稿,宣传反日救国。他参加了广州、香港的反帝爱国游行示威,散发传单,发表讲演,遭到了香港英国当局拘捕,数日后获释。这时,他认识到爱国教育的重要,更感到失学的痛苦,就和几个青年朋友在香港开设了一所"平民进化学校",以帮助失学青年,自任教师,讲授国语。

　　1921年,薛觉先十八岁的时候,通过姐夫新少华(粤剧演员)的关系,进入香港"环球乐"粤剧团学艺,很有收获。后跟随著名演员朱次伯上台跑龙套。当年,"环球乐"每次演出之前,照例必先演一出"文明新戏"。自此,演新戏的任务,多半落到薛的身上,而且多是由他自编自演的。于是,薛觉先的名字很快为观众所熟悉了。后来,朱次伯在广州被刺身死,"环球乐"解体,薛被香港"人寿年"剧团聘为丑生,并被该团名演员千里驹收为徒弟。薛在唱腔、动作上模仿朱次伯,惟妙惟肖,使人看了不禁有朱次伯再生之感。不久,香港"梨园乐"剧团班主靓少华以重金聘他为正印丑生。他在该剧团日演丑生,夜演小生,大得观众好评。一时,誉满粤东和港澳。

那时,一个成名的艺人,往往受到黑社会分子的敲诈勒索,敲诈不遂,会遭到绑架、暗杀。朱次伯就是这样被暗害的。1925年,薛的安全也受到威胁。为安全计,他避往上海,化名章非。不久,组织了一家"非非影片公司",自任经理兼导演,与粤籍女演员唐雪卿合作,分任男女主角,拍成无声片《浪蝶》。薛在沪除从事银幕生活外,用很多时间观摩地方剧种,感到京剧的表演确乎精湛细腻,大有可学习的地方。他以票友的身份结识了许多京剧名艺人,吸收了不少京剧的表演艺术,对京剧的锣鼓、武工以及身段等,也有了深刻的领会,开始认识到粤剧有不少地方必须大加改革。曾说:"今日的戏剧艺术,应该跟着时代同行并进,那才不至落伍而至泯灭。"①

1927年,薛觉先回到广州、香港,重新登台。适值广州"大罗天"剧团改组,他被原班主敦请加入,将"大罗天"改名"觉先声"剧团,由他出任班主,从此,不再受雇于人了。这为他日后革新粤剧提供了方便。

薛主持"觉先声"剧团后,做大胆革新的尝试。首先破除了干扰演出的各种剧场恶习,如场内小贩叫卖,台上"饮场"、更换坐垫等。各种进出台上的闲杂人员,概予禁止。随后,在灯光布景、化装、服装上都进行了重大的改革。在演唱方面,他试增加了些江浙剧的曲调,也吸取了一些京剧的唱腔,特别运用了京剧武场的技艺,开创了粤剧"北派"的场

---

① 觉先悼念集编撰委员会编:《觉先悼念集》,香港1957年版,第15页。

风。此外,在乐器上,他采用了小提琴和一些中低音乐器伴奏,吸收了京剧的锣鼓,使粤剧在音响方面起了显著的变化。

薛觉先的这些大胆改革和创新,使粤剧出现了前所未见的面貌。于是粤剧界竞相仿效,一些年轻演员更是亦步亦趋,以学"薛派"、"薛腔"为荣。但这些改革也难免有些生搬硬套,损伤了粤剧优美传统的地方。后来薛觉先在实践过程中不断总结提炼,既融合了京剧的长处,又保持了粤剧的固有风格,从而获得了观众的认可。

薛觉先主持"觉先声"剧团时,是他的全盛时期,经常一身而扮各种角色,所谓声、色、艺皆有独到之处,因而被称为"粤剧伶王",享有"万能"的声誉。当时英国伦敦"国际哲学科学艺术学会"曾聘他为会员。

薛觉先在带徒传艺上,善于启发、诱导,肯将自己的技艺和经验全部传授给徒弟,毫无保留,同时要求徒弟有所发展。由于他重视奖掖后进,经他手培养出不少的粤剧名演员,成为"薛腔"、"薛派"的发扬人和继承者。他还废除了旧剧界的所谓"师约制"。这种制度实际上是徒弟向师傅递交"卖身契",终身受束缚和剥削。由于废除了这种制度,跟薛学艺的人,都心情舒畅,对他十分爱戴。

1934年,薛觉先带着全家迁居上海,重度银幕生活。他组织了一家"南方影片公司",与"天一影片公司"合作,拍了一部粤语有声影片《白金龙》。这部影片是滑向庸俗和迎合低级趣味的东西,作为一个旧中国的"伶人",他还不可能摆脱那个时代戏剧商业化的局限。

薛觉先在上海时,各种筹款"义演"很多,他对各方要求从不推辞。有一次,有个租界捕房华籍侦探借辞强令他"义演"筹款,实为向他敲诈,他未及时承诺,竟被那些分子撒石灰伤了眼睛,就医八个多月,双目才逐渐复明。

1936年初,薛觉先离沪回港。当时,广州、香港、澳门一带的粤剧团已出现男女合班。薛也组成男女合班,重登舞台。不久,新加坡邵氏兄弟公司邀他到新加坡演出,他组织了一个旅行剧团,于8月到新加坡演出,随后在南洋一带巡回演出三个多月,场场满座,十分轰动。年底回港,除继续演出外,还与人合资经营"南粤影片公司",自任经理兼编导。由于缺乏电影演员,他曾设立"演员训练所",培养电影人才。影片公司筹备就绪后,拟将《西厢记》拍成电影,正从事配景工作,抗日战争爆发,因而搁置下来。

抗战开始后,薛觉先在港选演爱国戏剧多种,宣传抗日。他在《咬碎寒关月》一剧中,自撰一首爱国歌,词曰:"歼彼凶仇,歼彼凶仇,纵苦辛与艰险,勿更忍受;要坚心来图强,共同努力来争斗;人人同心,快快救。国衰弱,本可羞,民赖国佑,国赖民厚,勿再束手,快来为国分忧,誓死奋斗,灭了日寇,快哉! 我国锦绣河山,永保毓秀!"①他还在港多次举行义演,将筹得之款汇回国内,支援抗日。

1941年冬,日军侵占香港,薛未及走避,1942年春节时,被威逼演出一个多月,而内心殊苦。5月初,薛佯称到澳门、广州湾(今湛江市)巡回演出,逃离香港。抵广州湾后,立即登报声明:因受日寇压迫,曾滞留香港,现脱离虎口,回归祖国大陆。日本侵略军见报大怒,派便衣宪兵十余人潜入广州湾,将薛绑架,企图押解回港,幸赖有爱国船员帮助,化装成渔民转入内地。随即带领"觉先声"剧团赴广西玉林、梧州、贵县、桂林、柳州等地演出,所余除伙食开支外,全部捐献,支援抗战。

1945年8月,抗日战争胜利,薛率"觉先声"剧团回到香港,由于操劳过度,健康大不如前,不得不处于半休息状态。

解放以后,1954年春,薛觉先由港回穗,离港时对友人说:"我要将三十多年所学的带回去,献给国家和人民。"②

薛回到广州后,深得政府和人民的信任,曾任全国政协第二届委员会委员、中国民主同盟广州市委员会委员、中国戏剧家协会广州分会副主席、广州粤剧工作团艺术委员会主任委员等职。随着觉悟的提高,他

① 香港《公平报》1937年8月12日。
② 觉先悼念集编撰委员会编:《觉先悼念集》,香港1957年版,第70页,第15页。

对自己走过的艺术道路有了新的认识。虽已年老体衰,仍深入农村,为工农兵群众演出,表现了他对党和人民的深厚感情。

　　1956年10月31日,薛觉先在广州一次演出中患脑溢血,不幸逝世。

# 薛 明 剑

朱复康

薛明剑,初名尊培,后改明剑,亦名民剑。江苏无锡人,1895 年 12 月 8 日(清光绪二十一年十月二十二日)生。其父薛华阁,民国初年曾充炮兵第二团军需长,属冷遹部。四弟薛尊果,后改名孙冶方,著名经济学家。

薛明剑六岁入塾读书,十三岁改入无锡东林学堂。1911 年,报考上海复旦中学堂,因家乡水灾,无力负担学费辍学,乃在本乡德馨小学执教,旋升校长。10 月,武昌起义,不久无锡光复。薛劝乡人破除迷信,倡导焚毁本乡寺庙偶像六处。后投入学生军,开赴镇江等地。

1912 年,薛明剑入无锡县立单级师范传习所进修,毕业后改任寨门经正两等小学教员;旋任无锡县立第六高小教员、青城市立十一小学校长等职。1915 年被选送去上海,入江苏省立体育传习所培训,翌年毕业后,任泰伯第一小学校长,并被推为县立教育研究会主任。他在这期间热心乡村教育,除担任学校教职外,常组织同事分赴各乡宣传普及教育,开展识字运动。他主张革新教育事业,学生在读书之外还应接受新事物,广泛开展有益于身心健康的活动。他经常举办学生成绩展览,举行学生演讲会,率领学生参观展览会,组织学生春、秋季旅行,倡议组织童子军团,举办全县各校联合运动会、文艺观摩会等,颇为地方人士赞许。

1917 年 5 月,黄炎培等人组织"中华职业教育社",薛明剑亦参与活动。他在江苏省教育会学习"职业教育"后,回无锡改就江苏省立女子蚕桑学校教员,又被聘为育蚕试验所事务主任。翌年,薛主持筹建无锡县立公共体育场,10月建成,举办全县联合运动会,受到省教育厅褒奖,并被委为体育场场长。体育场全年经费仅六百元,薛四处筹集,添办各种运动器材,并设宣讲、编辑、卫生、阅览四科,竭力提倡体育事业,唤起民众的重视。

1919年,薛明剑参加了无锡商会组织的实业研究会。他在一次会上独抒己见,谈了对振兴实业的看法,受到工业资本家荣德生的赏识。荣氏在第一次世界大战期间,因欧美各国忙于战争,我国民族工业获得发展,其所办的茂新、福新面粉厂和申新纺织厂都大获其利,扩展生产;此时荣正在无锡筹建申新第三纺织厂,遂邀薛担任该厂总管。

申新三厂是抗战前荣氏企业中规模最大的一个厂,拥有纱锭七万五千多枚,布机一千六百台,职工四千多人。虽然它的开办已在大战结束之后,遭到世界经济危机的袭击,市面上花贵纱贱,有些棉纺厂停工减产甚至倒闭,然而申新三厂生产业务仍然正常发展,年有盈余;在危机过去,市场好转的时候,则不断扩展,业务蒸蒸日上,在申新各厂中名列前茅。薛明剑在该厂任总管直至1937年,十八年间建树甚多。

早期我国纱厂的生产技术大都依赖外国工程师和工匠,申新三厂的发电机也是通过慎昌洋行向美国订购的,由美国工程师白朗和几个工匠到厂安装。这些人不但工资高,还要供给最优等的生活待遇,住特备的花园洋房,吃的面包要每天派专人从上海运到无锡,还备汽艇专供他们游览太湖之用。可是他们的技术并不高明,见到电机间房屋已建成,硬说不合规格,需要重建。与之辩论了几句,则蓄意刁难,提出种种条件。结果试车不灵,全厂势将延迟开工。薛明剑与荣德生商量,决定摆脱外国工匠,另请本国机匠,并访求精通电机的技术人员协助检修,找出毛病,得以顺利发电生产。从此,申新三厂生产技术完全由我国技术人员掌握。

申新三厂开工初期,沿袭旧式的工头制管理,全厂机工(技术工人)及生产技术管理权,皆操在工头手中,检修保养不及时,工人操作困难,生产效率不高。薛明剑力主改革,取消工头制,录用工程师及新职员来掌握生产技术管理大权;并仿照外商纱厂办法,订立奖惩考核制度,实行科学管理。薛的这些改革,引起工头不满,他们煽动工人阻挠、对抗,酿成殴打、驱逐新职员的风潮。薛明剑不为所动,除严厉处置肇事工头外,对受蒙蔽工人则以谈判说服,风潮遂告平息。申新三厂率先取消工头制,提高了生产效率,同业闻风响应。

1924 年 9 月,直系军阀齐燮元与皖系军阀卢永祥爆发江浙之战,奉军乘机南下,无锡地处沪宁铁路要冲,备受溃军劫掠,职工纷纷迁避四乡。薛明剑留厂与部分工人组织保卫团护厂,日夜轮值,以备不虞。时无锡城被围,电厂停顿,薛受地方公团委托,由申新三厂发电,藉以维护居户照明,有裨社会治安。

1926 年,薛明剑东渡日本考察工厂经营管理,认为举办工人教育和生活福利事业对于提高生产效率很有好处,回厂后建议荣德生拨款筹办。申新三厂 1930 年成立"劳工自治区",先办职工医院、消费合作社、女工养成所、职工子弟学校等做试验;以后逐步扩大,先后办单身女工宿舍、工人晨校和夜校、食堂、茶室、剧场、储蓄部、自治法庭以及"尊贤堂"、"功德祠"等等。薛明剑举办这些劳工教育和生活福利设施,其目的原为提高工人劳动生产效率,获取更大的利润;但在客观上则有利于提高工人文化技术水平,工人物质文化生活也得到些许改善,曾被报纸评为"劳动界仅见之成就"。薛因办理"劳工自治区"颇著成效,被中华职业教育社委任为劳工服务部副部长。

薛明剑办事干练,甚为荣氏器重。1934 年,上海申新纺织总公司受世界资本主义经济不景气的影响,资金周转困难,几乎搁浅。国民政府实业部长陈公博乘机提出"整理"方案,企图攫为"国有"。薛衔荣德生之命,利用同乡关系,要求国民党元老吴稚晖出面反对,并联合各地同业及地方团体通电呼吁,申新幸免被吞并。次年,申新七厂因借汇丰银行押款到期,无力偿还,汇丰悍然将价值五百万元以上之全部厂房机器,以二百二十五万元之低价拍卖给日商丰田纱厂,引起上海各界的震怒。在荣氏一筹莫展之下,薛明剑主张从激发群众爱国心理,来反对汇丰这一行径,遂动员组织申新数千职工集会游行,发表宣言提出抗议,号召工商界与外商银行断绝往来,并敦促国民政府予以制止。上海各界也给予声援,报纸连日揭载、谴责汇丰的非法行径。汇丰慑于中国民众力量之可畏,乃解除拍卖,签订押款转期合同,申新七厂赖以保全。

　　薛明剑在申新三厂任职的同时,以积蓄所得,陆续投资创办了一些化学工业、农业和家庭日用品工业的中小工厂。如大中国实业公司,制造药棉、纱布、羊毛织品和骆驼绒等;允利化学工业公司,生产石灰、砖瓦、纸麻筋等建筑材料,并制造碳酸钙、镁、电石、漂粉等;允华工业社种植除虫菊,制造灭蚊香。他还创立无锡蚕种制造场,自任场长。抗战前夕,又与陆费逵等合资组织上海保安实业公司,制造防毒面具及橡皮艇等备战用品。

　　1935年,薛明剑当选为江苏省国货工厂联合会理事长,曾赴青岛、济南、天津等地参观工厂,便道访冯玉祥于泰山,相互甚为敬慕。1937年7月抗战爆发,冯玉祥任第三战区司令长官,设司令部于无锡,委薛任办事处处长。11月,冯调赴第六战区,又委薛为第六战区驻京沪线办事处处长,负责征集十万套军服及各项慰劳品运送前线。

　　无锡沦陷前夕,薛明剑携带亲属流亡至汉口,再溯江而至重庆。薛在渝筹设同心酿造厂制造酱油等,自任经理;又受荣氏委托,兼任由无锡迁川之公协、复兴两机器厂经理。该两厂共设分厂六处,代兵工厂制造地雷及迫击炮引信等军火,颇有成绩。薛还与无锡允利化学工业公司部分股东集资十万元,成立允利实业公司,自任总经理,陆续办起了机器、铁工、化工、面粉、碾米、纺纱、营造、锯木等二十个工厂。公司及诸厂采取合作经营方式,全体职员和大部分工人都有股份,盈利照分;各厂会计独立,盈亏自负。总公司投资于各厂,实际上是一个松散的联合企业。在迁川工厂联合会的产品展览会上,该公司生产的面粉和机械产品,共获得超等和特等奖状六张。当时重庆、桂林等地报刊曾介绍这种特殊经营方式。

薛明剑先于 1936 年当选为国民大会候补代表,1938 年递补为正式代表,1941 年被选为国民参政会参政员,在大会上提出了请政府与人民彻底合作,加强团结,改进统制,安定物价等提案。1945 年继续被选为第四届参政员。

抗战胜利后,薛明剑回到无锡,先后兴办允福面粉厂、允利米厂、允中冰厂、允丰堆栈、允新锯木厂、允固机器厂、允大化工厂、允友联橡胶厂、允慎粉厂等,职工总数约八百人。1946 年 10 月,薛发起组织工业协会,被选为全国工业协会苏南分会第一任理事长。这期间,他又被推选为国民参政会驻会委员、立法委员。1948 年被推为立法院粮政委员会召集人。

薛明剑对于家乡的改进和建设,颇为热心。1946 年,以玉祁、礼社等二镇三乡为"自治实验乡",从教育、实业、水利三方面着手,陆续建立了自治中学、钟瑞图书馆、文熹大礼堂、火力小电厂、芙蓉圩排水工程等,为当地乡民所称颂。

在从事工业和社会活动之外,薛明剑还经常利用空隙时间去学校教课,先后兼任无锡公益工商中学、江苏省立教育学院教职。他曾主持出版过多种刊物:抗战前发刊《无锡杂志》,1935 年参加出版《上海染纺织周刊》,1938 年在重庆编印《江苏乡讯》,1941 年担任民主建国会《国讯》发行人,1942 年任《复苏月刊》发行人。抗战胜利后,又创"工业通讯社"于无锡。他还编印过有关家庭实用和农村副业的小丛书,如养鸡、养兔、养蛙、养鹌鹑、养鸽、种菰、种竹、种苎麻、种月季花等。

薛明剑除其四弟孙冶方早年参加中国共产党外,还有三个女儿参加了新四军或地下党工作。他受到革命思想影响,对共产党地下工作人员颇多掩护,对被捕的革命者更多方营救;还曾购运纱布及医药用品送往解放区。1949 年 1 月,无锡成立人民公私社团联合会,薛被推为召集人之一,组织各厂护厂队伍,迎接解放。

1949 年 5 月,无锡、上海次第解放,薛明剑应邀到上海,协助接收官僚资本工厂事宜。他在上海市工业协会上,提出了工商界对新形势应具的正确态度,并对如何解决原料、运输、工资等问题发表了意见。6月,薛与在沪的前国民党"立法委员"萧觉天、葛敬恩等五十三人联名发表宣言,与国民党断绝关系,诚心诚意接受中国共产党领导。这一通电系薛起草,发表于全国及海外报刊,影响较大。7月,薛以军属身份至北平、沈阳等地探亲,并晤见董必武等领导人。回无锡后被选为无锡市各界人民代表会议代表。1950年,薛移居上海,开设允一文具公司,并任衢州勤业蜡纸厂董事。1956年3月起,任上海文史馆馆员,编写和整理了《中国辞典目录提要》、《上海铁业史料》、《黎元洪年谱》等。

1980年4月12日,薛明剑在上海病逝。

## 主要参考资料

薛明剑:《五五纪年》,1951年油印本;后刊于无锡地方志编纂委员会办公室等编《无锡地方资料汇编》第6—8辑,1986年印行。

《无锡杂志》1946年复刊第1期。

上海社会科学院经济研究所经济史组编:《荣家企业史料》,上海人民出版社1962年版。

薛禹言纂:《薛明剑先生事略》(复印本)。

# 薛　岳

颜　平

薛岳,又名仰岳,字伯陵。广东乐昌人。1896 年 12 月 17 日(清光绪二十二年十一月十三日)生。其父在乡务农。薛岳幼年入塾就读,1907 年春考入黄埔陆军小学学习,同学有邓演达、叶挺等,三年后毕业。薛加入同盟会,随同朱执信等从事革命活动。1914 年他秘密加入中华革命党,与邓铿等在广东进行反袁护国斗争。1915 年春入武昌陆军第二预备学校第二期学习,1917 年结业后又转入保定陆军军官学校第六期学习,与邓演达、张发奎等同学。

其时,孙中山在广州成立护法军政府,高举护法大旗,声讨北洋军阀。薛岳在保定军校学习一年,未等毕业,即回到广东参加粤军,任总司令部上尉参谋,随部前往福建漳州。1920 年,邓铿奉孙中山之命创建粤军第一师,薛岳被邓铿遴选为机枪营营长。翌年 5 月,薛调任孙中山总统府警卫团,与叶挺、张发奎分任第一、二、三营营长。陈炯明于 6 月 16 日凌晨发动叛乱,炮轰和围攻越秀楼总统府。叶挺营坚守总统府前门,薛岳率部固守后门,一再击退叛军的进击。接着保卫宋庆龄突围,叶挺营在前面开路,薛岳率机枪营殿后,护宋安全脱险。事后,薛率部分警卫战士到珠江永丰舰护卫孙中山。不久,薛奉孙中山之命,秘密前往广西梧州,请派兵驰援平叛。8 月,薛被孙中山派往福州许崇智"东路讨贼军"总司令部任中校参谋,旋任第八旅第十六团团长。1923 年 4 月,东路讨贼军回师广东,薛岳率部在潮梅一带与敌作战;5 月 9 日,在往揭阳途中遭敌军袭击,薛指挥全团参与攻夺言岭关战斗,勇猛顽强，回到广州后受到孙中山的接见与嘉奖。翌年，薛岳任粤军第一师少将副师长，旋任师参谋长。1925年9月，粤军一部编为国民革命军第一军第十四师，冯轶裴任师长，薛岳为副师长兼第十四团团长。10月参加了讨伐陈炯明叛军的第二次东征。

1926年7月，北伐战争开始，薛岳调任第一师副师长兼第三团团长。第一师先作为总预备队随总司令部北上，于9月上旬进抵江西战场，声援程潜第六军迎击孙传芳军主力卢香亭部。9月19日，第六军万余人得到南昌工人、学生起义的内应，攻入南昌城，但在孙军反扑下苦守三日而退出。次日第一师奉蒋介石之命协同第六军反攻再次入城，但孙传芳调集卢香亭、郑俊彦、邓如琢三部反扑。双方反复争夺，第六军与第一师合力苦战，反复冲锋七次不能击退敌军，伤亡过半，力竭而撤。第一师师长王柏龄在战斗中畏敌后退而被撤职，薛岳英勇作战而任第一师代师长。10月，薛率第一师协同第六军攻占建昌、修水，继与由鄂入赣的李宗仁第七军取得联络，歼灭孙军陈调元部两个旅；11月初追击孙军过乐化，11月7日，南昌光复，江西底定，薛岳奉命率第一师入浙。1927年2月18日，北伐军攻克杭州，薛岳率部首先入城。嗣后沿沪杭线挺进，经嘉兴到达上海市郊龙华。3月21日，上海工人发动第三次武装起义成功，22日，薛岳应上海总工会代表的要求，不顾北伐军东路前敌总指挥白崇禧的反对与阻挠，率第一师昂然开入上海市区，做起义工人的后盾。

这时，蒋介石加紧反共"清党"步伐，3月末抵达上海后，对薛岳第一师支持上海工人的行动甚为不满，4月2日，勒令第一师解散政治部，并打算将第一师调离上海。薛岳对蒋介石的所作所为十分愤慨，曾到中共中央机关建议把蒋介石作为反革命抓起来，当时共产党的领导人未予同意，而建议薛岳装病以拖延撤离时间。4月5日，第一师被调离上海至苏州，薛岳被解职。

薛岳被蒋介石解职后，愤然南下广东，得到第四军军长李济深关照，任广东新编第二师师长。9月，薛奉命率部前往揭阳、普宁地区，协

同陈济棠、徐景唐部堵截南昌起义后南下的起义军,在汤坑激战后进占
汕头。11月16日,张发奎、黄琪翔在广州发动政变,夺取了李济深在
广东的军政大权,薛岳归附张发奎,所部改编为第四军教导第一师。12
月11日,张太雷、叶挺等发动广州起义,薛指挥所部参与镇压。事后薛
升任第四军副军长,与军长缪培南率部开往东江一带,不料被陈铭枢、
黄绍竑两部东西夹击,损失近半。薛协同缪率余部两万人经江西北上,
通电表示愿意继续参加北伐。1928年4月7日受蒋介石接见后,编入
第一集团军序列。4月中旬,第四军攻击滕县,29日攻克界首后继续向
济南挺进;"五三"惨案后折回界首,改道汶上、东平北渡黄河,于5月
31日进驻德州。北伐奉张结束后,第四军编为第四师,蒋介石任命缪
培南、朱晖日为正、副师长,对薛岳则不容。薛愤恨之余,到九龙闲居。
不久,他参加汪精卫、陈公博等人的反蒋活动,于1929年5月潜至广
州,策动广西俞作柏反蒋。1930年2月,他回广东廉江,重归张发奎之
第四军任职。但第四军6月在北流与蒋光鼐、蔡廷锴部交战中惨败,缩
编为三个团,薛任第三十五团团长。接着在衡阳又遭蒋、蔡一部包围,
苦战突围至广西桂林时,第四军仅剩五六百人。后得李宗仁桂军之补
充,第四军才逐渐恢复建制,薛岳任第十师师长。10月在解围南宁之
战中,薛负伤,战后改任柳州军校校长。1932年1月,他眼看国民党内
部纷争不息,自己难以适应时局,便辞职去九龙再次赋闲。

　　正值壮年的战将薛岳,在蒋介石加紧招兵买马筹谋发动第五次"围
剿"工农红军之时,被召至南京,任命为第五军军长。1933年10月,薛
岳率部至南昌,先任北路军第三路军副总指挥兼第七纵队司令,继任第
一路军代总指挥,1934年1月又改任第六路军总指挥。他执行蒋的命
令顽强作战,4月起在赣南展开攻势,利用工农红军受"左"倾冒险主义
战略指导的失误,以优势兵力步步逼近,先后占领了韶源、上冈、寿华
山、兴国和左龙冈;10月又攻占石城,威胁瑞金。中央红军撤出瑞金开
始长征,薛岳又指挥第六路军跟踪追击。红军入湘后,薛被蒋介石任命
为"追剿军前敌总指挥"。他指挥所部沿湘桂公路实施侧击,与红军激

战七个昼夜。1935年1月，他指挥所部急速开进贵阳及其周围地区。不久即被任命为贵阳绥靖公署主任，并兼第二路军前敌总指挥，统一指挥黔军。他为阻击红军渡江北上入川，指挥所部尾追不舍。红军四次巧渡赤水河，黔军疲于奔命，一再损兵折将，终究不能阻挡红军前进。当薛奉蒋介石之命正加紧调集二十余万兵力准备组织大渡河会战歼灭红军之时，红军主力已兵分两路，突破刘文辉部的防线，从安顺场和泸定桥渡过了大渡河。但薛岳围追堵截红军不遗余力，赢得蒋介石的信任和嘉奖，1937年被任命为滇黔绥靖公署副主任兼贵州省政府主席，不久又兼任第三预备队副司令，成为蒋介石控制西南政局的一员亲信。

抗日战争爆发后，蒋介石调集精锐兵力组织淞沪会战，任命薛岳为第十九集团军总司令，编入左翼军战斗序列。9月，薛指挥所部吴奇伟第四军、叶肇第六十六军、阮肇昌第六十九军、王东原第七十三军、万耀煌第二十五军、周嵒第七十五军、陶峙岳第七十六军及杨森第六军团在刘行、罗店抗御日军。他常至前沿阵地视察督战，镇定自若，不乱阵脚。10月8日，任左翼军中央作战区总指挥，组织所部在蕴藻浜一带坚守半月有余。10月28日，他指挥所部在竹园村与日军反复争夺，敌我双方均伤亡惨重。11月5日，日军增援部队在金山卫登陆，薛率第十九集团军被迫撤离，退保吴福线。

薛岳在淞沪战场的指挥，获得蒋介石的嘉许，11月13日被任命为左翼军总司令，统辖陈诚第十五、罗卓英第十九、刘湘第二十三、张治中第九集团军，负责守卫吴福线；但部署尚未定当，日本侵略军便从茆口、徐六泾口、浒浦口等处登陆，薛被迫指挥所部向锡澄线后撤，又受到日机轰炸，还遇连绵秋雨，道路泥泞，四个集团军几十万部队行动迟缓，拥挤不堪。退到锡澄线时，没有得到新建国防工事的钥匙，以致不能利用这些坚固工事防守阵地，无法在南京外围有效地狙击敌人。

南京失陷后，薛岳升任第三战区前敌总指挥，整顿所属各部，分别派往杭嘉、宁芜一带深入敌后，切断水陆交通，阻滞敌军北上。薛实施"战略守势中取战术攻势"的方针，以正规军防御，以游击队攻击。他从第十九集团军中抽调部分将士组成游击队,任命孔荷宠为总指挥,以绕袭、埋伏、扰乱的战术打击敌人。

1938年5月,日军土肥原第十四师团从菏泽南下,连陷内黄、仪封等地,直指兰封。薛岳奉命调任第一战区第一兵团总司令,统辖俞济时第七十四军、宋希濂第七十一军、李汉魂第六十四军、黄杰第八军,并指挥孙桐萱第三集团军和新编三十八师、八十八师二六四旅,奋力抗御。5月30日又升任第一战区前敌总指挥,指挥第一兵团和张发奎第二兵团的汤恩伯第十三军、商震第三十二军、孙桐萱第十二军及李福霖部,进行兰封会战。薛岳指挥所部英勇作战,先后收复了内黄、野鸡冈等地,又将桂永清第二十七军弃守的兰封夺回,将敌第十四师团围困在三义砦、兴集、罗王砦。此时日军中岛今朝吾第十六师团从鲁西进占归德后赶来增援,使被歼在即的土肥原师团得以苟延残喘。

蒋介石为保卫战略中心要地武汉,特地组建武汉卫戍区,任命薛岳为卫戍区第一兵团总司令,不久改序列为第九战区第一兵团总司令。薛部署第二十五、七十、八、四、六十四、七十四、六十六各军在南浔线正面构成反八字形阵地,8月相继在金官桥、星子、黄老门、瑞昌一带阻击敌军的进犯,将松浦淳六郎第一○六师团阻于马迴岭,在东西孤岭的战斗中将伊在政喜第一○一师团大部歼灭;9月,在麒麟岭全歼铃木联队,在三角兴、金轮峰、南康兴亦歼敌七百余。10月初,薛岳调集优势兵力围歼万家岭之敌第一○六师团和本间雅晴二十七师团,7日发起总攻,至10日全歼木岛一二三联队、池田一四五联队、津田一四九联队及配属部队等达万余人,并俘获三百余人。万家岭之捷被誉为"与平型关、台儿庄鼎足而三"。

武汉会战结束后不久,薛岳升任第九战区司令长官,翌年2月并兼任湖南省主席和国民党湖南省党部主任委员。此时湖南已处于抗战之前线,薛岳以"关系国家民族危难甚巨,吾人应抒发良心血性,与湘省共存亡"之气概,坚决抗御日军侵犯,捍卫祖国神圣领土。他先后指挥1939年9月、1941年9月、1941年12月三次长沙会战,调集优势兵力,采用"后退决战"、"争取外翼"的作战方针,打退日军的疯狂进犯,以反包围战术大量歼灭敌人。他在正面战场的作战指挥中能够采取正确的战略战术,一再击退日军的进犯,并歼灭大量敌人,受到蒋介石的嘉奖、重用和爱国军民的赞誉。

薛岳取得三次长沙会战的胜利,重要原因之一是主政湖南过程中进行了一系列颇有成效的工作。他根据抗战的需要和湘民的愿望,提出"安、便、足"的三字施政方针,即尽力使湖南人民安居、安业、安心,一切要便民、便国、便战,做到民足食、国足兵、人足智。他并依此实施"生、养、教、卫、管、用""六政"建设:"生民之政"是把提高国民身体健康作为第一要政;"养民之政"是发展农业、林业,鼓励开垦湖田,兴修农田水利,准许文职官员租田种地以改善生活;"教民之政"是发展中小学和中等师范、职业教育,以提高民智;"卫民之政"是强化警察组织,严惩汉奸、土匪;"管民之政"是整顿和健全政治组织、社会组织,以唤起民众力行抗战;"用民之政"是严格管理物价,防止奸商、官商囤积居奇哄抬物价。

1944年5月,日本侵略军二十余万人在华中派遣军总司令板垣征四郎指挥下,分三路进犯长沙。薛岳指挥各部节节阻击,消耗敌军有生力量,但敌人终以强大的钳形攻势突破我军防线,于6月19日攻陷长沙,并立即分兵南下。薛岳调集兵力设防于渌水两岸,在衡阳外围迎敌。6月下旬两次击退敌军对衡阳的进攻;7月11日又击退敌军对衡阳的第二次进攻。7月30日敌军在冈村宁次指挥下第三次围攻衡阳,除以重炮轰击外还出动空军狂轰滥炸。薛岳指挥各部实施反包围,并令守城部队"死守——求生——必胜"。驻守衡阳的方先觉第十军和暂编第五十四师在守城一周中伤亡逾半,于8月8日开城降敌。薛岳指挥各部被迫撤至湘赣粤边区,阻止敌军实施打通粤汉路的计划。

1945年8月,日本帝国主义无条件投降,薛岳任南浔线受降司令官,至南昌接受日本侵略军的投降。此后在蒋介石发动的全面内战中,薛岳于1946年任徐州绥靖公署主任,10月发动了进犯鲁南解放区的战役,指挥王长渝整编七十七师和马励武整编二十六师向峄县和枣庄进攻,继后又向解放区"清剿"。翌年5月,薛岳改任国民政府参军长;1948年5月,蒋介石当总统后,薛任总统府参军长。此前,薛岳曾为孙科竞选副总统奔走,南京《救国日报》等揭露孙科拉选票及私生活欠检点事,薛岳等人感到难堪,遂率领百余人前往报社问罪,曾引起舆论界嘲讽。

　　在国民党统治濒临崩溃的1949年2月,薛岳被任命为广东省主席。他以"广东人民大团结"为号召,大量安插粤籍亲信到省政府各部门及市县政府任职;同时扩充武装力量,编成五个师,装备重炮和战车,部署在广州附近和铁路沿线。人民解放军渡过长江后大举南下,广州虽然是国民党政府撤出南京后的"首都",但也是风声鹤唳;吴奇伟率部于5月14日在粤东起义后,薛岳更是乱了阵脚。7月,蒋介石从台湾赶到广州,给薛岳打气壮胆,还号召国民党军队作最后抵抗。然而大势已去,"保卫广东"已成空话,10月14日广州解放。薛岳于10月11日撤往海南岛,凭借琼州海峡部署十万残兵在岛上设立三道防线,自称"伯陵防线","可以固若金汤"。然而人民解放军于1950年4月16日一举渡过琼州海峡,在琼崖纵队和海南人民配合下,以摧枯拉朽之势大举围歼国民党残军,"伯陵防线"不堪一击。5月1日,海南岛完全解放。

　　薛岳从海南岛撤到台湾后不久,被蒋介石任命为"总统府"战略顾问;1958年8月任"行政院"政务委员;1966年5月任国民党"光复大陆设计委员会"主任委员。1998年5月3日,薛岳病逝于台北。

## 主要参考资料

陈训正:《国民革命军战史初稿》,1929年南京版。

薛岳编:《剿匪纪实》,《近代中国史料丛刊续编》第49辑,台北文海出版社1978年版。

中国人民政治协商会议全国委员会文史资料研究委员会《八一三淞沪抗战》编审组编:《八一三淞沪抗战——原国民党将领抗日战争回忆录》,中国文史出版社 1987 年版。

中国人民政治协商会议全国委员会文史资料研究委员会《武汉会战》编审组编:《武汉会战》,中国文史出版社 1989 年版。

中国人民政治协商会议全国委员会文史资料研究委员会《湖南四大会战》编审组编:《湖南四大会战》,中国文史出版社 1995 年版。

中国第二历史档案馆编:《抗日战争正面战场》,江苏古籍出版社 1987 年版。

易祖洛:《我所知道的第九战区司令长官薛岳》,《长沙市北区文史资料》1989 年第 4 辑。

陈红辉:《薛岳轶事》,《乐昌文史资料》1987 年第 4 辑。

文显瑞:《薛岳往事》,《乐昌文史资料》1986 年第 2 辑。

# 荀 慧 生

文 曦

　　荀慧生,本名秉超,又名词,别号留香。1900 年 1 月 5 日(清光绪二十五年十二月初五)生。原籍河南洛阳,姓筒,其祖迁居直隶(今河北)东光县后,改姓荀。父亲荀风鸣务农,家境贫困,1906 年带领全家到天津谋生,制作"线儿香"出售,但仍难维持生活,不得已将荀慧生及其兄慧荣以五十块银元卖给河北梆子班学戏。班主庞启发是著名的老十三旦侯俊山的嫡传弟子,他教徒严厉,生活上虐待徒众,绰号"庞剥皮"。荀慧生进梆子班不久,庞就要他练"蹻工"。"蹻工"是旦角必练的基本功之一,要将木制铜箍的硬蹻绑在两脚上,靠墙而立,以一支香燃尽为准。荀年幼体弱,站立不稳,疼痛得有时晕倒在地。他几次想逃,甚至想死,都被好心的人悄悄地劝阻了。庞强调"夏练三伏,冬练三九",索性要他成天踩着蹻走来走去。但经过这番苦练,他的"蹻工"打下了根基。

　　1908 年冬天,不到九岁的荀慧生随着庞启发第一次在天津登台演出。庞给他取了个艺名叫"白牡丹"。此后,他们跑遍天津、保定一带的农村,搭野台或是赶庙会,随处演唱。1910 年,他随庞到了北京,搭入鸿顺和科班。北京人才荟萃,他在这里向不少名家学戏,《辛安驿》、《花田错》、《小放牛》等戏,都受过老十三旦侯俊山亲自指点。他还与一些著名梆子演员同台演出,大大提高了技艺。这时,他喜爱上了京剧,常常背着庞启发暗自去看、去学。

　　1911 年,荀慧生随庞启发加入北京三乐班(翌年改名正乐班),当时尚小云、赵桐珊(艺名芙蓉草)都在这个班,他们三人被誉为"正乐三艳"。这时荀慧生已开始学唱京剧的西皮、二黄,有时京、梆混演,俗称"两下锅"。荀慧生敏而好学,勤而好问。他成天埋头学艺,反复琢磨,经过这一段苦练,技艺有更大长进。

两年后,荀慧生"倒仓"(即变声期,嗓音变哑),暂时停演养嗓。这期间他结识了一些名流,如画家胡佩衡、王雪涛、于非闇等人,关系颇好,交往甚密。这些名人纷纷出面跟他师父庞启发商量,建议让他正式改唱皮黄。庞无法逼迫"倒仓"的荀慧生登台,只好听从众议。于是荀得以聘请陈桐云为师,学唱昆曲和皮黄。不久,他的嗓音恢复得比以前更为清脆、响亮、柔和圆润,能演一些重头的青衣戏了。到1915年,荀慧生在庞启发这里应当满师出科,但因契约上没有注明起讫年月,庞启发不许他自立,仍只能继续为庞赚钱,直到1917年他才获得人身和经济上的独立自主。从此,他专门演出京剧,经常同台演出的有杨小楼、梅兰芳、余叔岩等。

1919年9月,上海天蟾舞台到北京聘请杨小楼组班"长胜社"赴沪演出。老生为谭小培,青衣为尚小云;刀马旦一角,杨指聘"白牡丹"荀慧生。荀功底深厚,扮演花旦、刀马旦都能把梆子和京剧旦角的表演融于一体,使上海京剧爱好者耳目一新。一时,"三小一白"誉满沪上。荀慧生演出之余投师访友,博采众芳,丰富了自己的上演剧目。三个月后合同期满,杨小楼等北返时,天蟾舞台坚决挽留荀慧生,每月包银高至五千元。荀在上海一演再演,数年不衰,直至1924年始北返。在沪期间,他和沈少安、谢香玉、李桂春、盖叫天等海上名角合演了许多老戏和新戏。他还结交了不少文化界名流,曾拜著名画家吴昌硕为师,习山水画。后来他演《丹青引》时,能在八句慢板唱腔的同时,几分钟挥就一张条幅,观众赞叹不绝。

荀慧生回到北京后,声誉翘起。他崇尚革新,无论唱腔和表演艺术,乃至化妆、舞台布景,都进行了改革。在唱腔上,他发展和丰富了旦角"南梆子"、"四平调"、"汉调"等声腔艺术,说白尽量做到通俗易懂。

在表演艺术上,他赞同王瑶卿熔青衣、花旦、闺门旦、刀马旦于一炉的主张。他还吸收了小生、武生的表演技巧,甚至外国舞蹈的步法,大大丰富了我国古代妇女的艺术形象,从而逐步建立起荀派表演艺术的独特风格。

1927年,北京《顺天时报》举行首届旦角名伶评选,梅兰芳《太真外传》、程砚秋《红拂传》、荀慧生《丹青引》、尚小云《摩登伽女》获选为前四名。从此,"四大名旦"之称蜚声中外。30年代初,荀派逐渐形成。

荀慧生在京剧上的建树卓著。首先,从20年代至40年代,他与剧作家陈墨香、舒舍予、陈水钟等合作,创作、改编、整理昆、梆、皮黄以至地方剧、时装戏等共二百多出,都是能发挥自己特长的。至今广为流传的有荀派六大喜剧、六大悲剧、六大武剧、六大传统剧、六大移植剧、六大跌扑剧。其中《红娘》、《钗头凤》、《红楼二尤》、《杜十娘》、《玉堂春》等,尤为他的拿手好戏。其次,他在化妆上创新,如改革旦角的发式化装、戏装等等。他创造了"坠马式偏凤髻"、"弯月蛾眉",设计了绣花大坎肩、蝶形大云肩、二道裙、三道裙等,从而丰富了中国古代妇女的艺术形象。荀以扮演天真、活泼、热情的少女见长。他扮演的红娘,脍炙人口,"红娘"几乎与他的名字分不开了。

"九一八"事变后,荀慧生激于民族义愤,多次到上海及其他地方义演,筹措经费,慰劳抗日义勇军。1934年3月,伪满洲国成立时,敌伪派人到北平重金礼聘名伶去长春演出,荀慧生毅然拒绝,避往天津。抗日战争时期他在北平。当时,他为了身边一群人的生活,不得不继续演出,但受尽日伪汉奸的欺侮。他气愤之余,1942年竭尽所有开了一家留香饭店,想离开舞台,靠经商谋生,但他不善经营,不久即宣告歇业。

中华人民共和国成立后,荀慧生多次带领剧团到全国各地为工农兵演出。他每到一地,注意观摩富有地方色彩的戏曲,吸取其精华。1950年,他对《红娘》一剧又进行了修改,增加了《琴心》一场,这是从汉剧及京韵大鼓中吸取的营养;创作了《听琴吟》,从而使主要人物的性格更加鲜明。1959年，为了向国庆十周年献礼，他重新整理了《荀灌娘》一剧，表演上兼有花旦、刀马旦和小生的特点，刻画了一个少年有为、智勇双全的巾帼英雄。

荀慧生一生收徒弟甚多。1957年以前举行过正式拜师仪式的弟子有三十六名，其中著名的有童芷苓、李玉茹、吴素秋、赵燕侠、毛世来等。这些人全是带艺投师，各有自己的师承和艺术成就，再经过荀慧生指点，因而兼有了荀派艺术的特色。1963年，荀慧生前往辽宁省教徒演戏，适逢周恩来到沈阳，看了他们两场演出，一场是以荀慧生为主演出的，另一场全是他的弟子演出。周看后对荀说："慧生同志，你要多培养一些学生，让荀派艺术发扬光大。青年们演的不错，可是与老将比起来，就差的远了，主要是基本功不过硬。"荀在周的勉励下，更加用力培养教授艺坛新人。他晚年对京剧现代戏曾给予支持与关注，对京剧《祥林嫂》、《白毛女》、《刘胡兰》提过不少改进意见。在他写的《艺事日记》里，留有这方面的感想记述。

荀慧生曾被选为北京市第一至五届人民代表大会代表、河北省政治协商会议委员，又任中国戏剧家协会艺术委员会副主任委员、北京市文学艺术联合会常务理事、北京市戏曲研究所所长、北京市京剧二团艺术委员会主任、河北省梆子剧院院长、荀慧生京剧团团长等职。

1968年12月26日，荀慧生因心脏病在北京去世。他的论著已出版的有：《荀慧生演剧散论》、《二红表演体系》、《荀慧生演出剧本选集》、《荀慧生唱腔选集》等。

## 主要参考资料

荀慧生：《荀慧生演剧散论》，上海文艺出版社1963年版。

上海文艺出版社编辑：《荀慧生演出剧本选集》，上海文艺出版社1962年版。

《荀慧生艺事日记》（未刊稿）。

# 严　宝　礼

徐铸成

　　严宝礼,1900年1月2日(清光绪二十五年十二月初二)出生于江苏吴江。幼年随嗣父严公辅(字佐治,在江海关任文书)至上海就学。1916年秋,进交通部上海工业专门学校(交通大学前身)读书。1920年时,同乡任传榜任沪宁、沪杭甬铁路局局长,严经嗣姐严蔼徵介绍,辍学入路局,在总稽核室工作,经常被派往沿线各车站查对账目。他秉性颖悟,运算敏捷,经多年业务实践,益工于筹计。时路局设有"同仁会",相当于职工俱乐部,办理储蓄及保险事务,他被推为负责人之一①。

　　30年代初,严宝礼业余创办"上海交通广告公司",主要经营上海市内及铁路沿线路牌广告。广告设计新颖,深受工商界欢迎,业务日益发展。从此,他和各界人士特别是报纸的记者、编辑有所交往。

　　1937年抗战爆发,上海北站陷于火线,沪宁、沪杭甬两线铁路交通中断,路局将大部分职工就地遣散,严宝礼亦在被遣散之列。不久,上海、南京先后沦陷,上海租界当局屈从日本侵略者的要求,规定中国人所办的中文报纸刊登的新闻,事先须送日方检查。一时,《申报》、《大公报》、《时事新报》、《立报》等纷纷宣布自动停刊,以示抵制;《新闻报》、《时报》等虽继续出版,或噤若寒蝉,或态度灰色,远不能满足租界三百万爱国居民的要求。严宝礼激于民族义愤,乃与路局同事余鸿翔、孙志衡等商议,与佛学书局经理沈彬翰、《社会日报》主持人胡雄飞、《新闻

---

　　①　据严宝礼外甥任嘉尧所提供材料。

报》编辑徐耻痕等共同发起，筹集一万元，创刊一宣传抗日救国的报纸。为避免日方检查，决定用洋商名义。经方伯奋联系，征得原上海英文《文汇报》(Mercury)记者英国人克明(H. M. Cumine)同意，用《文汇报》旧名，由克明以发行人兼总主笔名义，向英国驻上海总领事馆注册①。

《文汇报》于1938年1月25日在上海创刊。创办伊始，由于资金短绌，既无机器厂房，又缺排字工人，得原《大公报》(上海版)副经理李子宽的协助，由原《大公报》印刷厂代印，报馆亦设在《大公报》营业部旧址。股东二十余人，互推严宝礼、沈彬翰、胡雄飞、徐耻痕、方伯奋五人为华籍董事，克明、路易·乔治、萨埃门等五人为英籍董事。严兼任经理，实际执行社长职务。他殚精竭虑，全力经营。创刊之初，聘胡惠生为总编辑，柯灵主编副刊，邵伯南为记者，储玉坤主编国际新闻。因资金支绌，《大公报》经理胡政之入股一万元，并介绍徐铸成任主笔，负责言论编辑工作。由于《文汇报》宣传爱国抗日，揭露敌伪罪行及投降派之阴谋，受到读者热烈欢迎；加以编排新颖，文字生动，副刊《世纪风》等多刊载进步作家作品及反映边区、游击区情况的报道，使青年学生及各界市民耳目为之一新。《文汇报》发行日益扩大，半年间由一万二千份增至六万余份，为当时"孤岛"影响最大的报纸。嗣后，又发行晚刊及《文汇年刊》，风靡一时。

《文汇报》创刊后，敌伪视为眼中钉。2月10日，敌伪即向报馆抛掷炸弹，营业员陈桐轩被炸死，还有两人受伤。以后又发生送来死人手臂和毒汁水果以及炸毁机器房等事件。在此重重威胁下，严宝礼毫不畏惧，且与编辑部同事一起通宵达旦地工作，经常留宿在编辑部附近。国民党方面也企图控制《文汇报》，中宣部及孔祥熙、宋子文等先后派其在沪代理人，以投资为名进行收买，严均予拒绝，以保持其民间报纸的本色。

---

① 据严宝礼外甥任嘉尧所提供材料。

当时,上海租界难民麇集,沦陷区不堪受奴化教育之青年学生亦多间道流亡上海。严宝礼在报上发起募捐寒衣代金,分发给难民;同时设置清寒学生奖,资助流亡青年入学,高初中生各五十名。

《文汇报》的抗日爱国宣传报道,振奋了上海民众的爱国热情,增强了他们抗战必胜的信念。敌伪施展收买伎俩竭力加以破坏,英国人克明在敌伪利诱下,时时找严宝礼的碴,指摘他账目不清等等,并逼令严撤换负责编辑言论工作的徐铸成。克明还借口扩充《文汇报》,企图撤换一批人员,攫取编辑部大权,改变《文汇报》的抗日爱国立场。严宝礼与编辑部同仁站在一起,严加抵制,揭露克明的诡计,使敌伪的阴谋未能得逞;但英国驻沪总领事馆仍借故勒令《文汇报》自 1939 年 5 月 19 日起停刊两星期。由于《文汇报》内部对是否复刊意见不一,两星期后未能复刊。

《文汇报》停刊后,严宝礼以经商为掩护,经常往返于上海、屯溪间,名义上担任国民党中宣部东南专员办事处办事员,实际为《文汇报》复刊做种种准备。1945 年 4 月间,他与高季琳、费彝民、储玉坤、袁鸿庆等突然被敌宪兵队逮捕,受到严刑拷打,始终坚贞不屈,后经营救出狱①。

抗日战争胜利后,严宝礼亟谋复刊《文汇报》,惟原来的馆址及器材已被国民党当局接收。严虽获得蒋介石颁发的"胜利勋章",然而宣传抗日救国的《文汇报》却受到国民党当局的歧视,复刊要求被漠然视之。严乃劝说亲友任传榜、虞顺懋等投资,于 1945 年 8 月 19 日重新复刊。《文汇报》复刊之初,任储玉坤、朱云光为总编辑,因内容平平,未能打开局面。1946 年 1 月,严矢志革新,还聘宦乡、陈虞孙任总主笔、副总主笔,马季良(唐纳)任总编辑,孟秋江任采访主任,高季琳(柯灵)主持副刊,使《文汇报》阵容一新。3 月,徐铸成回到《文汇报》。编辑部人员大更动,徐任总主笔,与宦乡、马季良、陈虞孙、高季琳、张锡昌、孟秋江共

①　据当时同时被捕的柯灵、袁鸿庆等人口述及严宝礼生前自述。

同负责。3月29日起,《文汇报》改版革新,鲜明地举起了反内战、反独裁、争民主的旗帜,并商请郭沫若、杜守素、侯外庐、李平心、吴晗、丁瓒、傅彬然等编辑各种周刊。在中国共产党和民主人士的支持下,《文汇报》内容丰富,旗帜鲜明,与国民党当局作针锋相对的斗争,得到广大读者的热烈欢迎,一时成为进步舆论的重要阵地,因而遭到国民党当局的忌恨。他们利用控制配发官价外汇作手段,对《文汇报》施加经济压力。严宝礼坚持抵制,宁以高价购得的黑市外汇购买白报纸,坚持出版。国民党有关方面在国共谈判破裂、公开发动内战和召开"国大"之际,曾三次企图以巨款收买《文汇报》,均被严宝礼与徐铸成等严词拒绝。1947年5月25日,国民党反动当局终于悍然下令将《文汇报》及《联合晚报》、《新民报》三报同时封闭,并非法逮捕三报记者多人①。

　　1948年春,严宝礼全力策应徐铸成去香港筹办《文汇报》,并劝说虞顺懋、任传榜等参与投资,又输送大批职工及印刷设备到香港,一度还去香港参加筹划。香港《文汇报》乃于是年9月9日创刊。其时,旅居香港的李济深、郭沫若、潘汉年、侯外庐、翦伯赞、柳亚子、茅盾、夏衍、马叙伦以及龙云、章乃器、王宽诚等人,均对《文汇报》予以精神或物质的赞助。

　　1949年5月25日上海解放,6月严宝礼率先复刊上海《文汇报》,任管理委员会副主任兼总经理。此后《文汇报》在私营公助、公私合营以及转成社会主义企业的历程中,严均以积极态度接受人民政府的安排。1956年《文汇报》一度停刊,大部职工赴北京参加创办《教师报》,严任管理部主任。同年10月,《文汇报》再度在上海复刊,严任副社长兼总经理。

　　中华人民共和国成立后,严宝礼历任上海各界人民代表会议及上

---

　　①　当时三报停刊,"罪名"是"各该报连续登载妨害军事之消息,及意图颠覆政府,破坏公共秩序之言论与新闻"。见上海《新闻报》1947年5月26日;《三报停刊原因,〈铁报〉所刊不确》。

海市人民代表大会代表,并任中国民主促进会中央候补委员及上海市委委员。

严宝礼1938年1月发起创办上海《文汇报》,1948年8月又创办香港《文汇报》,数十年来,从不计较个人名誉地位,紧跟时代,追求进步,以祖国繁荣富强和新闻事业为重,尽心竭力,鞠躬尽瘁。

1960年11月18日,严宝礼积劳成疾,患黄胆肝硬化不治,在上海病逝。

# 严 独 鹤

陆 诒

　　严独鹤，名桢，字子材。生于1889年10月3日（清光绪十五年九月初九）。浙江桐乡人。他幼年家境清贫，刻苦攻读。十五岁考取秀才，十六岁肄业于上海广方言馆，习英文及数、理、化各学科。十九岁丧父，不得不谋职业赡养全家，初任上海南区小学教师，后赴江西上饶广培中学任英语教师。辛亥革命后回上海，在江南制造局兵工学校任文牍员。一年后到中华书局任英文部编辑，业余时间从事文艺写作。

　　1914年起，严独鹤参加上海《新闻报》工作，前后达三十多年，历任编辑、副刊主编、副总编辑。30年代的《新闻报》日销十五万份，是当时全国发行量最大的报纸之一。该报注重工商界和经济市场的消息，而严将副刊编得比较精彩也是吸引广大读者的一个重要因素。严还二度兼任上海世界书局杂志部总编辑，主编《红》、《红玫瑰》等刊物①。

　　严独鹤主编《新闻报》副刊《快活林》和《新园林》几十年，在工作实践中对文艺副刊进行各项改革，创造了自己的特色：（一）每天发表一篇"谈话"，与广大读者亲切交谈，谈情说理，寓思想教育于潜移默化之中。文字精炼，言之有物，长则六七百字，短则二三百字。"谈话"内容主要议论各种社会现象和社会问题，诸如墨吏横行、贪污成风、毕业即失业等等，常在他笔下有所揭露和批判。也谈论国内外时事，尖锐泼辣，能

---

　　①　北京语言学院《中国文学家辞典》编委会编：《中国文学家辞典》现代第二分册，四川人民出版社1978年版，第438页。

切中时弊。例如1937年7月7日"谈话",题为《十周欢祝》,是一篇庆祝上海市政府成立十周年的纪念文章。他一开头就说:"故意要在一片欢呼声里,来几句败兴的话",接着就指出:"淞沪抗战时的炮声,固然已在香槟酬酢之下消失得不留遗影了,可是断壁尚存,劫灰犹在,还令人能够追忆到当时铁鸟轰炸的惨况,希望大家欢欣鼓舞之余,对于当前的时势还要同时有所警惕!"[①]就在这篇文章发表的当天晚上,卢沟桥响起日军的枪声。(二)重视副刊版面的图文并茂。他经常选刊时事漫画,约请著名漫画家马星驰、杨清磬和丁悚等供稿。他们刻画当年军阀、政客、贪官污吏的丑态,惟妙惟肖,入木三分。(三)他还重视选刊连载小说,以争取长期读者。如张恨水的《啼笑姻缘》和顾明道的《荒江女侠》,都是先在副刊上发表,再写成剧本,拍成电影,受到广大读者的欢迎。

抗战初期,严独鹤曾在报上辟出"抗日同志谈话会"和"救国之声"专栏,号召读者提出抗日救国的切实办法。他自己以笔杆为武器,撰写大量文章,为抗日救亡大声疾呼。他在题为《以德报德》、《活人典当》、《大炮与纸团》等文章中,深刻揭露日本和德国军国主义者的侵略罪行,抨击国民党当局妥协、退让的外交政策。

上海沦为"孤岛"之后,《新闻报》因在名义上改为美商太平洋出版公司经营,又在租界的特殊环境下,报纸还能刊登一部分抗日的消息和言论。敌人曾多次对严独鹤进行诱说,因他不为所动,于是多次给他写恐吓信,甚至在信中装着子弹进行威胁,但他大义凛然,坚持抗日立场,决不屈服。与此同时,他还与《新闻报》同事严谔声等举办对贫寒子弟助学金,帮助一部分经济困难的青年上学,为国家培养人才尽力。

1941年12月太平洋战争爆发,日本侵略军闯进了租界,《新闻报》被敌伪接管,严独鹤毅然辞去报馆职务,创办大经中学,并担任校长。旋因不愿向敌伪登记注册,又愤而将学校停办,宁可赋闲家居,过贫困

---

①　上海《新闻报》1937年7月7日副刊《新园林》。

的生活,保持民族气节。

1945年抗战胜利以后,严独鹤重新回到《新闻报》工作。他原希望政府在战后能体恤人民生活艰苦,恢复生产,努力建设,但国民党当局不久即悍然发动内战,导致生灵涂炭、民怨沸腾,使他大失所望。他在《新园林》上继续发表杂文,批评物价飞涨、民不聊生的现象,揭露了国民党当局的倒行逆施。1948年末,国民政府财政部长徐堪曾亲自登门拜访,要求他"笔下留情",并许以子女可以享用"官费"到国外留学,严独鹤予以严正拒绝。

上海解放后,严独鹤调任新闻图书馆主任,积极参与上海新闻图书馆筹建工作。1956年6月,严担任上海市报刊图书馆副馆长。1958年,上海市报刊图书馆、上海市历史文献图书馆、上海市科技图书馆合并到上海图书馆,他担任上海图书馆副馆长,并主持全国报刊索引编辑及剪报工作。他还热情参加对台广播工作,呼吁海峡两岸同胞早日促成统一大业。

严独鹤于1956年参加中国民主促进会,曾任民进上海市委员会委员及常务委员。他曾任第一、二、三、四、五届上海市人民代表大会代表,上海市文联委员,中国作家协会上海分会理事。自1959年起历任全国政协第三、四届委员。

1968年8月26日,严独鹤病逝于上海。

# 严　复

罗耀九

严复,字几道,初名传初。入船政学堂时改名宗光,字又陵,登仕籍后始改名复,字几道。福建侯官人。生于1854年1月8日(清咸丰三年十二月初十)。祖父与父亲都是当地有名的医生。严复七岁进私塾,十一岁跟从本乡一位老教师黄宗彝读书,通读了"四书"、"五经",并熟悉宋、明理学家的掌故典籍。十四岁时父亲去世,家贫无力继续从师求学,入洋务派新创办的马江船政学堂。1871年毕业,被派在建威、扬武等兵船上实习了五年。曾先后去过新加坡、槟榔屿、日本等许多地方,初步了解了那里的政治制度和风土人情。1877年被派往英国抱穆士德大学院学习,不久转入格林尼次海军大学,学海军两年。两年之中除读书外,还比较广泛地接触了英国社会。这对他的思想发展起了非常重要的作用,使他由一个受传统教育熏陶的青年,变为一个具有西方民主思想的、向西方寻找真理的先进的中国人。

严复留英期间,正是英国资本主义发展的全盛时期。西方的文明与中国的封建制度对比,优劣之势如泾渭分明,使他不能不为之倾心。因而对海军的课程渐渐不感兴趣,将主要精力用于考察西方资本主义先进国家富强的原因,摸索可使中国复兴、强盛的道路。对西方资本主义文化的了解,对资本主义制度的直接接触和观察,为他后来大量介绍西方资本主义学术思想准备了条件。

1879年6月,严复毕业回国。这时,两江总督沈葆桢为了扩充南洋海军,极力收罗人才,把严复留在福州船政学堂任教习。不久,沈葆祯病死。1880年,北洋大臣李鸿章在天津创办北洋水师学堂,调严复任总教习,以道员吴仲翔任总办。吴不懂业务,挂名而已,担负学堂的行政与教学实际责任的是严复。1889年,严复报捐了同知衔,经过海军"保案",免选同知,以知府选用,派为学堂的会办。第二年提升为总办。

严复入水师学堂之初,很想发挥他的才干,为救国图强贡献一份力量,但是在洋务派官僚的把持下,"公事仍是有人掣肘,不得自在施行"①,难以按自己的理想办事。反之,留英的日本同学伊藤博文等人归国后都受重用。日本经过明治维新,日益富强,轻而易举地吞并了清朝的藩属琉球群岛。严复对清政府的昏庸颟顸大为忧虑,常常对人说:"不三十年,藩属且尽,缳我如老牸牛耳。"②1884年,中国在中法战争中失败,严复更不相信洋务派的"新政"设施能够"富国自强",对洋务运动非常不满。李鸿章"患其激烈,不之近也"③,从此一直不受重用。显然,严复的爱国热情与洋务派的妥协卖国路线格格不入。

严复怀才不遇,在李鸿章部下不能实现自己的宏远理想,便想另谋出路。他曾投资数千元与王绶云(慈劭)合股创办河南修武县的煤矿,以发展资本主义企业。他又慕湖广总督张之洞"好贤"之名,想投入张的幕中,"冀或乘时建树"④,大展宏图。他还去参加科举考试,想循正途博取官爵,挤入统治集团的行列。可是这些想法都没有实现。

1895年,中国在中日甲午战争中惨败后,康有为等资产阶级改良派提出"救亡图存"的口号,发起变法维新运动。此时的严复,经济地位已经属于新兴的资产阶级,思想上更是资产阶级的前导。他一方面对清政府的丧权辱国非常愤慨,另一方面却摆脱不了本国封建势力及外

①　《与四弟观澜书》,见王栻主编《严复集》第3册,中华书局1986年版,第731页。
②　王蘧常:《严几道年谱》,商务印书馆1936年版,第8页。
③　王蘧常:《严几道年谱》,第9页。
④　《与四弟观澜书》,见王栻主编《严复集》第3册,第731页。

国资本主义势力的影响。这样,严复便走上了资产阶级改良主义的道路。1897年,他与夏曾佑、王修植等在天津创办《国闻报》,成为维新派言论在北方的重要宣传阵地。戊戌政变前不久,他还写了上皇帝万言书,并且得到光绪皇帝的召见。由于他没有离开天津水师学堂总办的岗位,他的活动范围也没有超出天津。虽然去过北京几次,但没有参加康有为领导的实际政治活动。这个时期,他始终只限于在舆论上与康、梁相呼应。严复除了水师学堂本职工作之外,还于1896年接受了创办俄文馆的任务,兼任总办,主持培育俄文翻译人才。同年他又支持维新派张元济在北京创办通艺学堂,培育西学人才。但这些社会活动还不是他的主要工作,他主要是集中精力于介绍西学,即"致力于译述以警世"①。他的翻译工作十分严谨,要求达到信、达、雅的标准,既要忠实于原著,又要词能达意,还要文字优美。因此他的翻译工作是很艰辛的,为了选择一个恰当的中文译词,往往十天半月不能决断,反复斟酌,屡易其稿。他的第一部译本是赫胥黎著的《天演论》,初版约在1895年问世。后来《天演论》的主要论点"物竞天择,优胜劣败",成为激励中国人自强保种的理论。严复在译文中常常加入自己的按语,联系中国的实际,大发议论。这本书受到普遍的重视,起了指导舆论的作用,影响颇为深远。

严复是个非常出色的维新派思想家,他在天津《直报》、《国闻报》发表过许多文章,其中有几篇战斗性很强烈,充满了爱国激情。如《原强》、《辟韩》、《论世变之亟》、《救亡决论》等,猛烈抨击禁锢思想的儒家"旧学",提倡新学,为当时资产阶级改良主义运动的开展制造舆论。他以进化论为指导思想,要求变革,批判"君权神授"思想,提出"尊民贬君"的观点,反对科举,提倡学堂。他认为要使中国富强,必须从"鼓民力,开民智,新民德",实行君主立宪制度入手②。他输入资本主义自由

---

① 　王蘧常:《严几道年谱》,第14页。

② 　周振甫选注:《严复诗文选》,人民文学出版社1959年版,第32页。

竞争的经济思想,反映了新兴的民族资产阶级要求独立自主地发展资本主义工商业的愿望。这些思想在当时是进步的,起到了启蒙作用。但是戊戌维新运动时期,严复虽然反对封建专制,但不愿提倡民主共和;他要求变革,但反对革命。戊戌政变发生后,严复参与创办的《国闻报》被封闭了,通艺学堂停办了。严复慑于西太后等反动派的残酷镇压,感到"一无可为",于是"屏弃万缘,惟以译书自课"①。从1898年到1911年的十三年间,他陆续翻译了亚当斯密的《原富》、孟德斯鸠的《法意》、穆勒的《名学》、《群己权界论》、耶方斯的《名学浅说》、斯宾塞尔的《群学肄言》、甄克思的《社会通诠》等西方资产阶级名著,介绍资产阶级古典经济学理论、政治与法学理论以及社会学、逻辑学。严复希望通过输入西学以达到"疗贫起弱"②,挽救国家危亡的作用。

　　1900年义和团运动发生,严复匆促离开天津,迁居上海,从此脱离水师学堂。初到上海时参加唐才常创立的"国会",任副会长,实际上是个名誉职务,并未参与唐才常的秘密活动。1902年京师大学堂附设编译书局,以严复为译局总办。严复干了两年,即辞职回到上海。1905年,严复协助马相伯(马良)创办复旦公学(复旦大学前身),担任了几个月校长便辞职了。1906年应安徽巡抚恩铭之聘,往安徽师范学堂任监督,也只有几个月时间,至1907年又离了职。1908年严复应学部之聘为审定名词馆总纂,直到1911年辛亥革命发生、清廷覆亡为止。1909年清政府为了笼络社会名人,曾赐给他文科进士出身。严复还兼了其他职务,如1910年海军部特授协都统,又征为资政院议员,1911年授海军一等参谋官。这些虽然都是虚衔与闲官,然而可以看出严复在清末的政治地位已经显著提高。严复的大儿子严璩也由四品京堂、道员

---

　　① 严复:《与张元济书》(1899年),见王栻主编《严复集》第3册,中华书局1986年版,第524—526页。

　　② 《与外交报主人论教育》,《外交报》第9、10期(1902年),收入《严复集》第3册,第557—565页。

升到二品衔的高官。严复一家与清廷的关系密切起来了。辛亥革命以后,他对于被推翻的清王朝时怀眷念之情,常常发表言论,认为中国人的"识度不适于共和"①。

1912年,袁世凯窃取了临时大总统,聘严复为京师大学堂校长。不及一年,辞去。1913年任总统府外交法律顾问。1914年任约法会议议员,参政院参政及宪法起草委员。曾著《民约平议》一文批评卢梭的《民约论》,表明他是民主制度的反对者。

袁世凯蓄谋称帝,1915年8月杨度组织"筹安会",为复辟封建帝制造舆论,强邀严复列名为发起人。严复虽无活动,但不置可否,因此名声一落千丈。

后来,严复不但提倡读经,还否定五四运动的政治意义,反对白话文运动,完全成了一个与历史潮流相悖逆的复古派。袁世凯死后,严复不再在北洋政府中担任职务。晚年常在病中度日,1921年10月27日病卒于福州故里。

---

① 　陈宝琛:《严君几道墓志铭》,见《严复集》第5册,第1541—1543页。

# 严　修

娄献阁

严修,幼名玉珪,字范孙。1860 年 4 月 2 日(清咸丰十年三月十二日)生于顺天府三河(今属河北省)。祖籍浙江慈溪,先辈于顺治年间定居天津。严出生时,正值英法联军入侵,全家避难三河洵阳,1862 年仍迁回天津。严家世代营商,祖上曾有数人得诰赠光禄大夫,其祖父以经营盐业致富,父严克宽(字仁波)曾任长芦总盐商多年。

严修自幼受到良好家教,五岁开始入塾,读《龙文鞭影》和"四书"、"五经",并学作诗文。1873 年,严十三岁时,经院试选入府学,除继续攻读儒家书籍外,还习数学等自然科学。翌年,岁试得一等第七。1877 年夏,再应院试,补廪膳生。他长期跟名儒张文达学习,成为张的高足,同时又广交陈奉周、宋少南等名士,互相切磋,学问日增。

严修 1879 年起参加乡试,1882 年中举。期间他谒见过军机大臣李鸿章与大学士徐桐。1883 年会试后,严得授庶吉士,但仍回籍自修,进一步深造。1886 年入京,任翰林院编修,不久补国史馆协修,1889 年充会典馆详校官。他在京供职八年有余,多次从事试卷磨勘等项工作。

1894 年严修参加大考,名列二等,受到光绪帝的召见,被实授贵州省学政。严于 11 月抵贵阳后,积极着手整理该省学务。他在黔任职三年余,努力进行学制改革。不仅常到各地考选人才,更将省城学古书院(南书院)改为经世学堂,选四十名品学兼优者住校学习。除"购沪楚书籍运黔"①外,还开办官书局,刊印各种新旧图书。他颇为崇敬张之洞,"刊印前贤所著《先正读书诀》、《𫐐轩语》、《书目问答》分飨远近,使识门径"②。严对贵州士子多有嘉惠,任可澄、刘显世等均出其门下。

甲午战败之后,全国上下要求维新变法之声日亟,严修亦感到必须学习西方,注重时务。1897年9月,他毅然上书清廷,请仿照康、乾两朝召试博学鸿词例,开经济特科,"以广登进,而励人材"③,得到清廷允准。不少有识之士认为此举庶有得人之望,梁启超甚至称它是新政最初之起点,却遭到大学士徐桐的反对。翌年春,严学政任满,返京复命,曾晤康有为、梁启超,又与袁世凯相识,后与袁成为莫逆之交。当时严修踌躇满志,很想在学制改革上一显身手,而徐桐竟拒绝见严,且解除了他翰林院的职务,只留编修一个空衔,严无奈只得告假回籍。不久戊戌政变发生,他和康、梁等新党没有更深的关系,故未受到牵连。

严修隐居在家,颇有怀才不遇之感。面对内忧外患不断加剧的形势,他出于强烈的爱国之心,立志兴学,以图自强。1898年11月,他礼聘张伯苓在自己的寓所设馆,教其子侄与戚友子弟,最初只有学生五人,不久增加到十一人,通称"严馆"。该馆表面上同家塾无异,但教学内容已由明经帖括改为英文、算术和理化等科学知识,实乃新式教育的开始;成效甚佳,其中佼佼者如陶孟和等,日后成为国内第一流的学者。

1900年八国联军侵犯京、津,翌年强迫清廷签订丧权辱国的《辛丑条约》,中华民族处在被宰割的灾难之中。残酷的现实给严修以极大的刺激,进一步增强了教育救国的信念。他怀着"终年但忧国……想望太

①　陈宝泉:《严先生事略》,见《严范孙先生手札》,北平文化学社1930年版。
②　高凌雯:《诰授光禄大夫学部左侍郎严公行状》,见严修编、商彤补编《严范孙先生自定年谱》附录,天津严氏1943年版。
③　王芸生:《严修与学制改革》,中国人民政治协商会议全国委员会文史资料研究委员会编《文史资料选辑》第87辑,文史资料出版社1983年版,第101页。

平时"①的心情,从挽救危亡必须加快人才培养、改良教育的认识出发,与好友林墨卿及张伯苓等商量有关办学事宜。1901年,严开设义塾,并亲自改订课程。1902年,得津绅王竹林、李子赫捐资,严在镫牌公所再设蒙养、学塾两斋,不久移至会文书院扩大成五斋,经改组定名为民立第一小学堂,开天津民办小学之先河。嗣后天津府尹凌福彭、天津知县唐则瑯等均请严出面办学,相继成立官办小学堂多处。严还得到直隶总督袁世凯拨地拨款的支持,得以从容发展教育,逐渐使天津学校为全省之模范。

1904年春,严修被袁世凯任为直隶学校司督办,赴保定视事。翌年,学校司改名学务处,移天津办公。袁治直之策,一练兵,二兴学,兵事自任之,学则听严修所为。严修主管直隶教育一年余,成绩显著,如在保定设初级师范学堂、改保定校士馆为普通科学馆,在天津改校士馆为师范学堂,改官立中学堂为天津府中学堂,收回法人所设之如意庵普通中学堂,以及筹建北洋师范学堂和高等法政学堂等,都是由他一手经办的。严更规划每府设中学堂与师范学堂各一所,注意奖励办学有成绩的州县官,在各县设劝学所以筹集经费,派卢靖率官绅出洋游历以振兴士气,并发行《学务报》,组织同人编辑中小学教科书,刊印《国民必读》等著作,竭力推动全省教育。翌年,卢靖向袁世凯提出废止科举的建议,得到了严的大力支持,他认为此乃排除障碍、加速兴学根本之图,极力促成袁与张之洞联名上书清廷,终于废除了这一流传千年的旧制度。

严修在主持直隶学政期间,仍自办学校不辍。他曾率张伯苓等赴日本考察教育,购得理化教具多种,并聘日人来华任教。回国后,严先将自办的"严馆"与津商王奎章办的"王馆"合并为私立中学堂,由张伯苓任监督。该校第一期招收学生七十三人,分成三班,并附设一师范

---

① 陈诵洛编校:《严范孙先生古近体诗存稿》卷一,协成印刷局1933年印,第8—9页。

班。旋改名敬业中学堂,又改名私立第一中学堂,是为天津南开学校之前身。当时,严还在家设有女子小学堂、幼儿园及保姆科。他先后共创办私立学校五处、工厂二处,由于捐资助教有功,受到清廷五品卿衔的嘉奖。

1905 年 12 月,清政府新设学部,由荣庆出任尚书,熙英为左侍郎,严修得袁世凯推荐,以三品京堂候补署右侍郎。不久熙英死去,严实授右侍郎,兼署左侍郎。因学部初创,而荣庆很少管事,政务主要靠严修擘划,所以十分忙碌。他既主张革新学制,又有保守的一面,工作中则力图沟通内外新旧,调融欧化与国粹。当时严修曾奏请以忠君、尊孔、尚公、尚武、尚实五端为教育宗旨,就是新旧杂糅的典型,得到清廷认可,于 1906 年 3 月正式颁行。由于学制已为奏定章程所限,不能大有更张,他便从实施入手,在学部采取一系列措施,诸如裁撤各省学政,改设提学使司,规定提学使到任前先往外国考察三个月;派卢靖、沈曾植、刘廷琛等任直、皖、陕提学使,派张謇、王先谦等为苏、湘学务公所议长;确定女学教育章程;办理考试毕业归国留学生,授予进士头衔;咨各省举办法政及实业学堂等,均有利于教育的发展。同年,他还联合王益孙、徐世昌、卢木斋等集资银二万六千两,用以兴建南开校舍,为该校的扩大提供了条件。

1907 年 9 月,清廷令大学士、军机大臣张之洞管理学部事务。在张的支持下,严修的工作越发有起色,陆续成立京师督学局统一都中教育,组织专门班子编辑教科书及有关参考书,创建京师图书馆搜罗古籍,在京设女子师范学堂,积极筹办经学、法政、文学、格致、医、农、工、商等分科大学。他对留学生的管理工作也十分注意,曾以学部名义咨各省:选派出洋学生须择有中国学问根底者;又派员调查留日学生状况,添设欧洲游学生监督,会同外务部组织游美学务处,主办学生赴美学习事宜。严还重视延揽人才,其时用人全归部荐,经他提拔的人有张元济、范源濂、罗振玉、戴展诚等,一时群英荟萃,为人瞩目;后来用人改为廷推,则生气渐失。

　　1908年,严修兼任考验询问各省保荐人才大臣,翌年又被派为宪政编查馆咨议官。不料光绪帝和慈禧太后死后,袁世凯遭摄政王载沣等排斥,于1909年1月被黜回河南原籍,严颇为不平,大胆上书替袁辩护,且送行至卢沟桥。严修这番表现被视为袁党,并遭皇室要人刁难,后赖张之洞调护才勉强自安。同年10月,张之洞病故,严顿觉事不可为,托病请辞,于1910年4月获准开缺返回天津,决心从此不再做官。他当时心神郁闷,在其《五十述怀》诗中叹道:"大地江山几破碎,中兴将相偏凋零。河清人寿嗟何及,但祝神狮睡早醒。"又云:"不惭高位腾官谤,可有微长适事机?""百年分半匆匆去,差向人前忏昨非。"①

　　严修不仅政治上不得志,经济上也很拮据。由于长芦盐运使借口偿还外债乱征苛税,使包括严家在内的盐商陷入绝境,加上他多年出资赞助教育,耗费甚巨,亏累很多。他无奈只得将引地租于郭家,而郭氏不久反悔,使严处境十分狼狈,后赖人奔走告贷才渡过难关,保全了家产。1911年,严修停止向南开中学堂捐款,经提学使改为公立,并把天津客籍学堂及长芦中学堂归入该校。严办的其他私立学校或停或并,只剩两处初等小学堂附蒙养园的经费继续由他承担。迨辛亥革命之后,南开应领公款无继,其所需少量维持费仍靠他暂时垫付。

　　1911年10月,武昌首举义旗,各省纷纷响应。天津绅商为维持社会治安,决定成立保卫局,推严修为首。有人拟拥严为都督,策动直隶独立,但严不愿置身革命,竟躲到北京。他虽对清室不抱希望,但认为中国也不能遽跻共和。他主张君主立宪,赞同张绍曾、蓝天蔚等提出的在本年行宪的十二条政纲,说这是清廷存亡之一大转机。面对行将覆灭的命运,清廷不得不重新起用袁世凯,于同年11月授袁为内阁总理大臣,袁荐严任度支大臣,而严以"非所素习"为借口坚辞。袁与南方议和,委唐绍仪为全权代表,严修、杨士琦为参赞,严再次谢绝。1912年2

　　①　陈诵洛编校:《严范孙先生古近体诗存稿》卷一,协成印刷局1933年印,第8—9页。

月,清帝被迫退位,参议院选袁世凯继孙中山任中华民国临时大总统。袁不愿离开北京,阴谋制造了京、津、保兵变,天津绅商组织治安会(后改称官民联合会),严修被举为会长。当时袁欲拉严出任直隶总督、国史馆总裁、教育总长等要职,他均未接受。

民国初年,严修的思想稍有变化,对共和表现了一定程度的欢迎,尤希望袁世凯、孙中山、黄兴、梁启超携手,同策中国政治之进行,但见现实绝无可能,因此遇事便以韬晦的面貌出现。

严修与袁世凯的关系一直很好,辛亥革命前袁就把几个儿子送到天津托严帮助教育,严为袁氏诸生聘定了教师,并一再建议派遣出国留学。1913年7月,严得袁世凯同意,亲率袁氏三子赴欧,漫游俄、比、德、法、荷、瑞士等国,最后将袁子安排在英国学习,自己于翌年夏返回天津。

旅欧期间,严修多次寄信友人谈论国事,谓:“窃以为欧洲程度吾国数十年内恐无躐跻之望,而欲学欧美先学日本,欲强国家先善社会,实皆一定不易之序也。”“市政良则社会良”,“欲社会之进步,非讲求市政不可。”又说:“吾国今日财源枯竭,固无大举兴学之望,然于已设之学校加意整顿,正今日之急务。”①他曾提出一个学界游历方案,还建议拟订小学教员应读书目和设俱乐部(附小博物馆及小图书馆)“为小学教员息游之所”,以陶冶性情,补充学识。

1914年2月,严修在英国得电传被授为教育总长,他立即电袁世凯推却,并请中国驻英公使代辞。严回国后,袁仍挽其出山,于同年6月和9月先后任严为总统府高等顾问、参政院参政,他均未就职。不过严终于在冬季至北京,留居北海,替袁世凯照料儿子读书事宜。1915年4月,严出席了在天津召开的全国教育会议,会后遵袁嘱托赴河南辉县察看建大学地址,并去上海观光第二届远东运动会,往杭州、南通参观各学校。

--------

① 严修致筱庄的信,见陈宝泉编:《严范孙先生手札》。

　　此时,袁世凯谋帝制日亟,筹安会的活动已公开化,严修为此于8月面见袁陈述利弊,郑重指出:在二十世纪中,帝制决难存在,"若行兹事,则信誓为妄语,节义为虚言……各派人士恐相率解体矣"①。但袁一心要当皇帝,严谏诤无效,遂绝迹于北海。袁世凯称帝后,封严为中卿,他既不辞也未就。1916年3月,袁被迫取消帝号,严4月曾至北京晤袁。6月袁世凯死去,严进京吊唁,8月奔赴河南为袁送葬。

　　袁世凯死后,黎元洪继任总统。严修希望不另生枝节,但是由于国务总理段祺瑞和督军团再次毁弃约法,府院之争及北洋派内部矛盾加剧等,社会动荡混乱,在这种情况下,严越发不愿从事政治。1917年6月,李经羲组阁,邀严修任教育总长,他毅然拒绝。不久,北京政府拟重新成立临时参议院来代替旧国会,有意请严为议长,他也没有应允。

　　严修仍热心教育和公益事业,1917年8月,河北洪涝成灾,他曾去北京参加河工讨论会工作。前此,家中女学增开小学高等班,又在其对门设立贫民义塾。1918年4月,他偕范源濂、孙子文赴美国考察,与先期到美的张伯苓在哥伦比亚大学相会,共同研究了美国的教育和私立大学的组织问题。严等于12月一起归国,立即加紧筹办南开大学。1919年春,他与张伯苓前往山西、江苏进行募捐,以解决经费不足的困难。经过努力,校舍迅速建成,第一期招收学生近百人,分文、理、商三科,仅用半年多时间便正式开学。同年,家中女学中学班也告成立。

　　严修关怀青年学生的成长,对在南开中学学习的周恩来尤为器重,曾赞扬周有宰相之才。严多方支持张伯苓对周恩来的照顾,使周得到免交学杂费的优待,后又获免试入南开大学文科学习的特殊待遇。周恩来积极参加"五四"爱国运动,成为天津的学生领袖,1920年1月因率领南开等校学生到直隶省公署请愿被反动当局逮捕,但是严修和张伯苓仍未改变对周的看法。周于同年7月出狱,严、张等决定用"范孙奖学金"派周赴欧洲深造,使他得以在欧勤工俭学和从事革命活动。尽

────────────

　　①　陈宝泉:《严先生事略》,见《严范孙先生手札》,北平文化学社1930年版。

管有人向严修进谗言,说周恩来已加入共产党,不要再帮助周了,严则以"人各有志"相答,丝毫没有动摇资助周的初衷。

自1920年起,严修不断受到病魔的缠绕。他得了一种很奇怪的肿瘤病,全身长了上百个瘤子,有的深入腹内,右偏痛苦不离身,左半时时患不仁,几次割治,反反复复,总不能去根。医生和亲友均劝他少看书、少会客、少说话,他却反其道而行之,不顾体虚神衰,照旧手不释卷。严在病中更以极大兴趣浏览古籍,并引经据典,逐条注解张之洞的《广雅堂诗集》,列书满案,终日搜检,写成批语十万余言,其热忱与毅力非常人可比拟。

严修在病中还广邀华世奎、章钰、林兆翰、陈诵洛等好友,定期举行同人聚餐会,饮酒行令,吟诗唱和,借以自娱。聚餐会规模不断扩大,1922年改名为城南诗社,参加者多达数十人,良莠不齐,其中华、章都是遗老,也有复辟派和后来堕落成汉奸的。此时,严对传统文化有自己的看法。他在《寿林墨青六十》的诗中表示:新学与旧学,文言或语体,"我思宜并存,不必相丑诋"。文言乃"数十圣留贻,数千年积垒",绝不能弃如敝屣,"语体为通俗,补助功亦伟",同样不可缺少。严十分注重:"国要张四维,礼义与廉耻;人要守四勿,言动与听视;孔曾道忠恕,尧舜道孝弟;东西有圣人,此心同此理。"[1]他当时虽然还抱有贯通旧新的想法,但更关心的则是如何维护传统的文化。

严修晚年爱国热情不减,对帝国主义的侵略甚为忧虑,对北洋军阀统治与战乱表示不满。他在诗中写道:"与我相亲乃禹域","犹念神州怕陆沉"。"已信剖瓜谋渐协,犹闻煮豆急相煎。虎狼宁肯忘吞噬?鹬蚌焉能独幸全!"[2]他深感"军阀时代,无理可讲,无事可作"[3],常常发出"陆沉谁与挽神州"、"时危寸土暂相安"、"得为太平之世之幸民"一类

① 陈诵洛编校:《严范孙先生古近体诗存稿》卷二,协成印刷局1933年印,第25、13、25页。

② 陈诵洛编校:《严范孙先生古近体诗存稿》卷二,第25、13、25页。

③ 童家祥:《记严范孙(修)先生》,纪果庵等撰《晚清及民国人物琐谈》,台北学生书局1972年版,第222页。

感叹。他颇推崇顾炎武、黄宗羲等爱国文人,尽管年过花甲尚坚持参加教育改进社,积极支持林兆翰在天津办社会教育。严于 1924 年发起存社,1927 年创立崇化学会,以斯文、名教、"崇乡党之化以励贤才"①为宗旨。

　　1928 年 6 月,国民党政府接管京津,10 月下旬突然逮捕了长芦纲总李赞臣等五人,且电令南解。严家数代盐商,与此案不无关系,严修焦虑异常,病情加重,1929 年 3 月 15 日病故于天津。生前曾预作自挽诗,并在避寿词中谓:"便活百岁,不作生日。"②此外他还拟有家训及丧礼各八款,内容多循古制,主张勤俭,讲求实际,反对嗻经、糊冥器、焚纸钱和大办丧事等旧习。

　　① 　王芸生:《严修与学制改革》,中国人民政治协商会议全国委员会文史资料研究委员会编《文史资料选辑》第 87 辑,文史资料出版社 1983 年版,第 116 页。

　　② 　伍稼青辑:《严修亲拟之家训及丧礼》,《民国名人轶事》,台北学生书局 1981年版,第 109 页。

# 严　裕　棠

熊尚厚

严裕棠,号光藻。1880年(清光绪六年)生于上海。父亲严介廷为英商自来水厂小买办,叔父严介坪是英商老公茂洋行买办。严幼时学过英语,青年时经叔父介绍入老公茂洋行,初拜严介坪为师,后任洋行主皮尔斯的私人佐理,其后他父亲让他转至公兴铁厂当跑街。在公兴铁厂,由于他对招揽外轮生意门路甚多,颇得老板徐福寿的欢心。后因人事问题打伤了老板的外甥,受人煽动离开了公兴铁厂。

1902年,皮尔斯替严裕棠筹办大隆铁厂,因严自己不懂技术乃与铁匠出身的褚小毛合伙。初办时资本七千五百两银,雇有工人六七人,学徒四人,实际仅是一家小型作坊。严、褚双方议定,生产与财务由褚小毛负责,严管经营,为几家中外丝织厂和轧花厂做修理生意。次年添购机器,又为外轮修配机件,还兼做一般修理业务,营业十分得手。1907年,褚小毛认为厂中的会计与工人都在严裕棠掌握之中,乃向严提出收购股份,结果酿成一场官司。嗣经穆湘玥从中调解,将股本作价出让,褚嫌价太高而自愿退股,大隆即成了严裕棠独自开办的工厂。

严裕棠独资经营大隆铁厂后,经营业务逐渐扩大,先后聘请英籍工程师端纳·法兰克林为顾问,除主要修理纺织机及缫丝、轧花、碾米、磨粉等机器外,还承接洋行委托仿制各种机器配件及整台机器,而对修理外轮生意,则逐步减少直至停止,营业十分发达,1912年有往来固定客户四十余家(其中有几家英、日商)。第一次世界大战期间,民族纺织工业兴起,大隆除了原有的客户外,又多了一批华商纱厂客户。1916年,严裕棠命长子严庆祥停学到大隆实习,并仿效美国福特汽车制造厂,在经营管理上实行统一,职责分明,生产一条龙,建立生产记录卡及传票制度、惩罚制度,以进行改革。1918年,扩大生产规模,在大连湾路建造了新厂房。1920年,严裕棠派严庆祥任厂长,研制纺织机的全部传动装置,并试制各种小型机器,拥有大小车床一百部,工人和学徒三百余人。在大战期间,大隆获得了很大的利润,积累了大量资金和大批物资,还购买了一批房地产。

第一次世界大战结束后,经济形势发生急剧变化,外国资本卷土重来,民族工业大批破产倒闭,尚存者生产停滞。在此严峻形势之下,严裕棠也打算关闭大隆铁厂,由于工人的坚强团结,加速生产,并抢先抛售出部分物资维持资金运转,采取薄利多销、紧缩开支等措施,才逐渐闯过了难关。1922年,开始仿制棉纺织机,由一家铁工厂发展成了机器制造厂。从1920年至1924年,大隆购进汉运洋行机器,并自制了一批工作母机,不断进行技术革新,开辟了一条新的生产途径;致力于农业机械的制造,向广大农村寻求市场,生产柴油引擎、碾米机、磨粉机、戽水机、榨油机、轧花机等小型农业机械。为了推广其农机产品,附设了农具研习所,于嘉兴、无锡、周浦、高邮等地设立代理处,年销二三百台。

大隆生产的棉纺织机,因国内华商轻视国货,产品销路不畅。严裕棠为给大隆的生产寻找一条畅通的销路,于1925年以房地产抵押借银十万两做投资,伙同李仲斌以洽谈公司名义,租办了苏纶纱厂,把产品转给自己办的棉纱厂,走出一条棉铁联营之路。

1926年,严裕棠把大隆机械厂迁到光复西路新址,开始仿制英国道勃生式纺纱机和日本丰田式织布机,用以扩充苏纶纱厂的设备,随后聘请日本冶金专家冈岛为总工程师。次年他组设光裕公司总管大隆、苏纶两厂,自任总经理,严庆祥为副总经理。同年底因苏纶纱厂厂房破旧不能从事生产,为修理问题与业主涉讼。业主方面的多数股东主张将苏纶纱厂招标出卖,仍由严与李仲斌合伙的最高价投标购进苏纶纱厂,以严庆祥任经理兼厂长,不久改由其四子严庆祺任实习厂长、后任厂长,运用大隆的支持迅速扩建。严裕棠以苏纶纱厂两年的赢余和向银行业借款,增加投资,由大隆制造两万枚纱锭的全套机器,于1930年增设纱厂一所。翌年又增造布厂一所,亦由大隆制造织布机器。初有布机三百台,一年半的时间内扩充布机到一千零四十台。1930年到1931年,产销纱三万余件,布约十一万匹。与此同时,年增利润达四十万两,以天官牌为纱布交易所的期货筹码。严裕棠大力扩建大隆机器厂,分设车床工段、刨床工段、装机间和设计室,以适应装备与纱厂的需要,产品以纺纱机和织布机为最著。1929年,大隆在大连湾路分设了分厂和农具研习所,除为苏纶纱厂制造纺织机外,还制造了引擎和农具。两三年间,生产各种农业机器千余台,年销近三百台。1931年大隆年营业额达八十万两。

在当时民族机器工业和棉纺织业不甚景气的情况下,严裕棠的大隆机器厂和苏纶纱厂双双获利,营业十分发达,主要原因是他实行的棉铁联营获得巨大成功。同时也由于他重视经营管理和技术革新,使用受过高等教育的儿子、聘请外国专家、学习西方和日本的先进管理经验和技术、不断改革经营管理和技术,培养出大批技术工人等。严裕棠的棉铁联营企业的成功,使他在全国工商界的声誉鹊起。

严裕棠在自己所创立的棉铁联营道路上继续前进。1932年1月,他让其从法国留学回国的第六子严庆龄担任大隆厂厂长,以其次子严庆瑞任经理,聘请法国工程师,对大隆进一步进行技术和经营管理方面的改革,加强对生产技术和工艺的改造,实行计件工资制等。时值上海"一二八"事变之后,华商纱厂机件损毁甚大,给大隆产品的销路造成了有利条件,不久即能制造整套棉纺织机。到抗日战争之前,它能仿制日本、英国、瑞士等国的各式纺织机及各种机件,年生产成套纺机纱锭四万枚左右。因当时农业机械销路日蹙,大隆即以生产棉纺织机为主。与此同时,严裕棠利用"一二八"事变后,上海郊区及苏州、无锡、常州等地纱厂停工之际,命其长子严庆祥重新掌管苏纶纱厂,加紧进行生产,仅一个月的时间,苏纶赢利即超过原有资产。为了改善原有的动力,及时建造了一座发电所。冶金厂动力全部改用电力,既保证了动力的供应,又大大降低了生产成本。1933年,严家套购期货,赚了约一百万银两。从1930年到1936年,苏纶纱厂获得了独特的扩展。

1934年,严裕棠用苏纶纱厂的赢利,以光裕公司名义,向中国银行和劝业银行投标,收买了隆茂纱厂,调次子严庆瑞任厂长,改厂名为仁德纱厂。将原有的一万二千六百七十余枚纱锭修配整理,并增加新的机器,扩充纱锭为一万七千余枚;又新建了布厂一所,有布机四百七十余台,资本额一百万元。由于该厂开办费小,管理费低,亦能获得利润。

光裕公司本意是用以总管大隆、苏纶、仁德三个企业,置于同一总写字间办公,但因严裕棠患心脏病后,各厂分别委任其子经营,光裕公司实际仅管房地产,由严亲自掌管,各企业与房地产之间,在管理和财务等方面截然分开。经营房地产,是严裕棠在经营大隆、苏纶时,历年从中提出部分赢余相继购置。严亲自主持经营大量房地产,所以又是一个房地产商。

严裕棠除主要经营企业外,还先后投资中国棉业公司、常州民丰纱厂、创业商业银行并任董事。他对社会公益事业也颇热心,曾在苏州的甘棠镇(后改名裕棠镇)设立医疗站、消防队,建造裕棠桥。还在上海创办有光裕第一、二、三共三所小学,捐资办慈善和教育达百万元。

1934年后,严裕棠因患心脏病,辞去了他所办企业的总经理、董事长等职务,将其企业交给儿子们分别掌管,不再过问企业的具体事务,退休养息,大隆厂务全由严庆龄主持。抗日战争时期,严家企业留在上海,因此他仍旧待在上海。

严裕棠从1902年开办大隆,到抗战前的数十年间,由一个弄堂作坊发展成棉铁联营,拥有三个现代化的大厂,成为中国近代机器工业的开拓者和巨擘,培养出一大批的技术工人,对中国机器制造工业的发展作出过一定贡献,是民国时期的著名企业家之一。

1948年夏,严裕棠前往香港,其后由次子严庆瑞迎养,长期侨居于巴西。1958 年春,中共中央统战部动员他回国。9 月 23 日,他乘飞机途经台湾,被其在台湾开办裕隆机器制造厂的第六子严庆龄劝留,因生气而突发心脏病,10 月 18 日病逝于台北。

## 主要参考资料

中国科学院上海经济研究所、上海社会科学院经济研究所:《大隆机器厂的发生发展与改造》,上海人民出版社 1958 年版。

陈真、姚洛:《中国近代工业史资料》第一辑,三联书店 1957 年版,第 595—596 页。

上海市工商行政管理局主编:《上海民族机器工业》,中华书局 1966 年版。

1982 年 5 月访严庆祥对严裕棠传记问题的谈话,及提供的有关传记资料。

《严裕棠先生行述》,《国史馆藏民国人物传记资料汇编》第 16 辑,台北"国史馆"1995 年版,第 573 页。

# 严　重

严如平

严重,又名立三,号劬园。湖北麻城人。1892年10月22日(清光绪十八年九月初二)生。父亲严宜焕,曾在安徽颍州府任职,为官清廉,清介自持,处事公道,政声颇佳。

严重六岁启蒙,少时喜爱读书,广涉博览。时值晚清国贫积弱,他立志从戎救国,于1908年冬考进安徽陆军小学第四期,时年十六。辛亥革命爆发后,严重赴武昌投入起义军,年末入忠义军二营前队,任司书。南北议和后,他返回安徽复学,于1912年末毕业,列优等第一名。1914年3月他入安庆陆军预备学校补习所学习。半后年,转入北京陆军第一预备学校第二期学习,1916年9月毕业后升入保定军校,为第五期生,与邓演达、叶挺、李方等同学。严重研读军事理论著作十分专注、勤奋,获益颇多。

1918年9月,严重从保定军校毕业,不久被派赴参战军(边防军)军官教导团,一月后至参战军第二师工兵营任排长。他对北洋军队的封建习气难以忍受,愤而辞职。1919年6月,入交通教练所军官速成班学习,1920年4月又入陆军部无线电传习所就读。他与同学发起组织“道学会”,以发扬优秀学术文化传统、造福社会为宗旨。

1921年冬,严重离京回鄂,经邓演达介绍,他南下广东,到邓铿领导的粤军第一师任职。1923年2月,升任第三团(团长邓演达)团附,兼第二营营长。他在参加孙中山发动的讨伐沈鸿英、陈炯明的战斗中,率部英勇作战,次第升任团长及留守处主任。他与拥护孙中山的邓演达的友谊日深。

1924年1月举行的中国国民党第一次全国代表大会决定实行国共合作,并在黄埔筹办中国国民党陆军军官学校,邓演达担任筹备委员;军校成立后邓任教练部副主任兼学生总队长。严重应邓之邀亦调至军校,先任入学试验委员,6月任战术教官,8月兼代学生第一总队总队长,11月代训练部主任,翌年6月任学生总队长,1926年2月任训练部主任,5月任教授部主任。严重军事学识丰富,对教学工作要求严格。他要求学员熟读兵书,通晓各种战术,以备在战场上瞬息万变之时能够迅速作出决定。他讲课时重点突出,要点明确,并出题让学员作出答案。他重视操场和野外教练,让学员把课堂和书本中学到的知识在实战演习中进一步学深学透。他在操场讲授步兵操典,还做示范动作带领大家操练,并要求各级带队长官做出表率。他对学员的纪律要求十分严格,见有军容不整、擅自外出或逾时未归者都要批评或罚禁闭,若在校外饮酒惹事、违犯校规更是严惩不贷。同时他对学员视同手足,夜间都要巡查为他们盖好被子,对病号则亲往探视,在医疗和饮食方面一一做出安排。他和学员一起就餐,还从花园洋楼的教官宿舍迁出,住进了校内一间工勤人员住宿的小屋,与学员朝夕共处。对于清寒子弟更是倍加关爱,凡家中有困难的还给予救济。因此广大学员十分敬重他,尊他为“黄埔良师”。

严重在黄埔军校期间,曾先后率领学员参加平定商团叛乱以及杨希闵、刘震寰滇桂军阀的战斗,英勇作战,显示出了优异的指挥才能,更受广大师生的爱戴。当时在军校时时发生共产党领导的青年军人联合会与国民党右派的孙文主义学会的矛盾和冲突,严重不加偏袒,都让军校政治部解决。他敬重政治部主任周恩来,对政治教官萧楚女也很称道。

1926年7月北伐战争爆发,严重先任总司令部训练处处长,8月兼任补充师师长,12月编列为第一军第二十一师师长。严以黄埔第一至四期的学员为骨干,训练有素,军纪严明,并倡导人事公开、经济公开、意见公开的民主治军原则,全师上下团结一致,作战英勇。他率领所部由韶关经赣州至南昌。1927年1月,隶属东路军第三纵队的二十一师奉命疾赴浙江衢州。严重要求各团兵贵神速,快速行动,因而全师当月即至龙游、兰溪一带,以出奇兵制胜之势与孙传芳军卢香亭部作战奏捷;继后在桐庐西北浪石埠过江,与彪悍的孟昭月旅苦战数日,指挥所部以夜袭敌司令部而迫使孟旅后撤,歼敌万余。2月15日,严重率师克复新登,继入杭州。二十一师一时被舆论赞为以少胜多的模范师。严重扶掖新人,提六十三团团长陈诚为副师长。嗣后全师继续前进,攻占平望,迫近苏州,进抵松江。旋驻苏州整训。

此时,蒋介石在上海发动"四一二"政变,宁汉分裂,国共合作局面面临严峻之势。担任国民革命军总司令部政治部主任兼武汉行营主任、国民党中央农民部部长的邓演达坚决反蒋,与友谊很深的严重之间书信往还频繁。蒋介石召严重至南京说:泽生(邓演达字)在武汉天天喊要打倒我蒋介石,你同他是莫逆之交,怎不去信劝阻他?严答:自己是革命军人,北伐是要打倒军阀,现在北伐尚未成功,还要继续努力。接着蒋问严身体怎样,副师长陈诚能力如何。严悟蒋之意,即云我的胃病甚重,请准我离职休养。陈诚是浙江青田人,能力很强,可以接替我的职务。不久,何应钦至苏向二十一师官兵宣布严师长因病请假休养,陈诚代理师长职。全师上下哗然,何应钦不知所措。严重当即出面制止,并责成参谋长和军需处长交出关防和全部结余十万余银元。交接完毕即只身乘车去杭州,脱去军装换上僧衣住进天竺寺,谢绝一切访晤。

蒋介石在内外重重困境下于1927年8月被迫下野,9月宁汉合流,10月严重被委任军事委员会军政厅厅长,陈诚副之。12月,蒋介石复出,严不愿在南京任事,以父亲去世应守制为辞,携眷返武昌。其时,居正等人提出"鄂人治鄂",严重有心把家乡建成"三民主义的实验基地",于1928年2月出任湖北省政府民政厅厅长,力图实行新政,建设"廉能政府"。他深知地方官吏鱼肉人民之积弊,公开招聘一批知识分子,开办"训政人员训练班"加以严格训练,然后分派到县区任职。严还提出推行地方自治方案、二五减租方案等,但当时桂系军事实力派竭力控制湖北政局,严的很多新政难以实施;尤其是军方草菅人命,肆意杀害进步青年,更使严重失望至极。他深感自己势孤力薄,无法抗拒滚滚浊流,1928年11月呈请辞职。旋赴庐山,筑草庐"䎬园"于太乙村,自号"太乙䎬丁"。他洁身自好,谢绝一切友人之馈赠,自食其力,自己挑水砍柴,闭户静心读书,致力研读老庄。对于前来探访的陈诚等黄埔师生,则勉以清正廉洁,民主治军,并劝阻他们不要再来,以免有人疑忌。蒋介石曾两次去太乙村访严,他均避而不见。

严重的执友邓演达在国共分裂后坚持反蒋不懈,并策划军事政变,于1931年8月17日在上海被捕。严获悉后深为焦虑,秘密下山去上海、杭州设法营救,曾要求陈诚向蒋介石说项。结果邓于11月23日被秘密杀害于南京,严悲愤异常,废寝食数日以哀悼,并赴南京为邓料理后事。

享有盛名的严重长期隐居于庐山,为时人所关注。《大公报》有文称他为"当今之严子陵"、"清高过于严子陵"。蒋介石颇为不悦,欲将严逐下庐山。陈诚谓严在黄埔师生中声望很大,不如请他去南京任职为好。蒋遂派陈去请严出任军事训练总监或全国禁烟总监,严拒之。他对日本帝国主义加紧侵犯我国、而蒋介石奉行妥协退让的政策极为忧虑,但报国无门,惆怅满怀。1936年春,他肩挑被褥徒步北上,去陕西谒黄帝陵,沿途考察川山地势,体察民间疾苦,历时三月有余。期间曾偕施方白潜往延安,与毛泽东等交谈对抗日战争之意见。

1937年,抗日战争全面爆发后,严重以"赴国难,求死所"之志,于10月应蒋介石之邀下山。他要求上前线杀敌报国,蒋介石请他去上海视察战局。惟此时淞沪战局已经恶化,严感到须另行从长计议。蒋同意严重提出的下一步以武汉为抗战之中心的建言,遂请严出任湖北省政府主席。严一再推让,仍任省民政厅长,旋兼省保安处长,与省建设厅长石瑛、省府委员张难先共同辅佐省主席何成濬,力图为家乡民众办些好事。

1938年6月,以武汉为中心的中日大战迫在眉睫,湖北省政府改组,蒋介石任命陈诚为省主席,严重仍任民政厅长。此前陈诚已任国民政府军事委员会政治部长、第九战区司令长官、武汉卫戍总司令、三青团中央团部书记长,主要精力用于战事,乃请严重负责省政府工作。8月起,武汉时遭敌机轰炸,战局吃紧,省政府各厅局迁往宜昌,严仍坚持留在武昌,直至10月下旬武汉沦陷。11月,湖北省政府又从宜昌迁往恩施。陈诚对严颇尊重,但陈的部属擅自行事,不把严重等人放在眼里。石瑛、张难先等颇为不满,提出辞职;严重亦感到难以为继。但蒋介石、陈诚执意要严留任,并于1939年2月请他代理省主席职,惟财政厅长等人仍我行我素,严不愿与之计较。

严重主政鄂府后,尽力选拔能够守土抗战的将校担任专员、县长等职,鼓励地方官员把民众组织起来坚持抗战。但是他无力阻挡国民党内派系势力的你争我夺,尤其是CC系和军统插手政务,安插党羽,飞扬跋扈。只是他对任何贪赃枉法行为严惩不贷,任凭何人来说项亦不宽恕。他严禁鸦片,对吸食鸦片之公职人员处以死刑;进而以省主席兼全省保安司令之名义下令凡吸、售、种、运、藏鸦片者一律处以死刑。对这一全国独一无二的决定,行政院不予备案、司法院提出驳议、军委会军法执行总监部不予批准,蒋介石也不表态,但严重坚持不让。

严重拥护国共合作团结抗日。他曾说:我是一个民族主义者。现在大敌当前,国亡无日。只有和衷共济,才是唯一出路。汉阳、汉川、监利等地国共合作组织起了抗日武装,他均予以支持。国民党五届五中全会推行"限共防共反共"方针,提出《限制异党活动办法》,严重甚为不满,但对有"共党嫌疑"者只能暗中保护。

严重在湖北担任要职三年,清廉俭朴,布衣粗食,与百姓同甘共苦。他曾通令全省,宴会只能四菜一汤。自己去各县巡视时拒不参加宴请。个别不得不参加的宴请,餐后也交费,并嘱下不为例。对自己的亲属,也是严格要求,不准占贪。

陈诚原对严重颇为尊重,但他忠实推行蒋介石的"限共反共"方针,在1940年7月任第六战区司令长官驻恩施后,常常出席省政府会议干预政务,并提出"军事第一,六战区第一"的口号。严重甚为失望,于1940年8月辞去代省主席职。对于历年积存的"省主席特别经费",他不拿一分一毫,全都用来救济难民。陈诚挽留严重仍任省政府委员,严坚持不任,拒不领薪。1941年,他离开恩施,到宣恩县办了一个"晒坪垦殖处",亲自开荒种地;同时在宣恩中学义务讲授数学课。垦荒、教学之余,他撰著《〈礼记·大学篇〉考释》,写成后没有交付出版,而是自费印了两百本分赠图书馆和友好。此后又著《大学释义》、《大学辨字》等。还著有《道学宣言》、《庄子天下篇绪论之杂谈》。

1944年4月30日,严重病逝于恩施。遗言"有罪"、"要火葬"。身后萧条,遗属全赖黄埔学员接济度日。

## 主要参考资料

贺存年:《严重传》,《会声月报》第3卷第9期(1944年10月18日,重庆)。

袁守谦:《吾师严立三先生传》,《传记文学》第37卷第6期。

严立三著,袁守谦编:《严立三先生遗稿汇编》,台北正中书局1980年版。

师籍:《记严重——立三先生》,中国人民政治协商会议武汉市委员会文史资料研究委员会编《武汉文史资料选辑》第4辑,1981年版。

# 阎　宝　航

姜克夫　李　侃

　　阎宝航,字玉衡,1895年4月6日(清光绪二十一年三月十二日)生于奉天海城小高丽房村。少时由于家境贫寒,在村里为人放猪。阎天资聪慧,渴望读书,常利用空闲去塾馆窗外听课。塾师出来考问,常能对答如流。塾师怜其才,允免收束脩。阎在塾读完"四书"、"五经"后,又去大旺台读高小。

　　1913年,阎宝航考入奉天省立两级师范学校预科,1917年毕业。在校期间,阎受到西方文化和"教育救国"思想的影响,认为复兴中华必须从兴办教育、启发民智入手,在师范毕业后,遂联络同学魏益新、张泊等于1918年4月在沈阳创办了奉天贫儿学校。该校不收学费,并免费供给学生书籍、纸笔等,经过几年的努力,获得了一定的成效和声誉。由于各方面的支援,发展很快,不久在沈阳成立了总校和四所城关分校及实习工厂,招收贫民学生近千人。

　　阎宝航举办"贫校"获得成效后,渐渐引起上层社会的重视。先是阎在师范读书时曾入基督教,1920年被奉天基督教青年会聘为干事。他利用这个岗位,组织社会问题研究会,举办时事讲演会,以及游艺、旅行、电影等活动,传播西方的民主和科学思想。阎还通过青年会的活动,广泛结交上层人物和外国人,特别是与张学良相结识,逐渐成为莫逆之交。

　　1923年春,奉天青年会干事郭刚自广州开会回沈,带回一批关于共产主义的书籍。阎宝航、苏子元、吴竹村等在一起学习这些书籍,形成了自发的共产主义学习小组。第二年春,中国共产党由上海派韩乐然来沈阳开展工作,住在青年会。不久上海又寄来一批《向导》《新青年》等书刊。阎宝航通过学习和与韩的接触,逐渐从"教育救国"思想中解脱出来,开始接受共产主义世界观。1925年春,中共北方区委派任国桢来奉天建党,从此,阎团结在党的周围。为了声援上海五卅运动,6月10日,他以"奉天学生联合会"名义,在沈阳组织数万人的游行示威,东北民气为之一振。当年暑假阎宝航倡议办了一所暑期大学,自任校长,由任国桢、吴晓天等讲授唯物史观、社会主义史等课程。同年底郭松龄反奉失败,阎因涉嫌助郭反奉,不得不隐匿起来。旋去英国游学,1927年秋事息后回国。同年冬,阎宝航曾通过苏子元向中共满洲省委吴立石申请入党,党组织派人找阎谈过话,后因吴、苏相继离奉而中断了联系。1928年5月3日"济南惨案"发生后,全国各城市掀起了群众性抵日货反日运动,号召以民众力量,督促南京国民政府实行革命外交。沈阳各社会团体的主要成员组成"东北国民外交协会",公推阎宝航为常委会主席。次年,辽宁各界爱国人士为抵制日本帝国主义者指使浪人在满铁附属地公开设立吗啡馆,大肆贩卖毒品,成立了"辽宁省拒毒联合会",阎宝航任总干事。他们组织学生协助警宪搜查毒品,一次即焚毁价值百万元的海洛因等毒品。此外,他还主持"辽宁省国民常识促进会"的工作,通过各种形式,经常宣传反日。他利用暑假发动沈阳大中学校学生千余人到附近各县讲演,揭露日本侵华阴谋。阎的爱国反日活动,受到了以张学良为首的东北爱国将领的赞赏,同时引起了日本帝国主义分子的仇视,日本驻沈阳总领事林权助为此曾数次向东北当局提出"抗议"。

"九一八"事变发生后,阎宝航化装逃亡北平,联合高崇民、杜重远、卢广绩等于9月27日发起组织"东北民众抗日救国会",向南京国民政府请愿,要求出兵收复失地,并募集钱款衣物援助东北义勇军。阎任该会常委兼政治部长。1933年5月,国民政府与日本关东军签订《塘沽协定》后,加紧镇压平、津的抗日救亡活动,8月31日,"东北民众抗日救国会"亦被取缔。阎宝航与高崇民、杜重远、卢广绩等暗中联合东北军的抗日将领,秘密成立了"复东会",继续进行抗日复土活动,阎被举为理事长。"复东会"曾创办抗日干部训练班,请共产党人讲授游击战术等课程,学员结业后派赴东北工作。

1934年,蒋介石为了加强对民众思想上的控制,大搞"新生活运动"。蒋为了拉拢东北人士,指使宋美龄以基督教教友关系,商请阎宝航为"新生活运动促进总会"书记。阎经张学良劝说,于同年7月接受了书记职务(1937年改任总干事),同时还在国民党军委会挂了个少将参议头衔。从此,阎利用上述身份,广泛接触国民党统治集团的上层人物,除了完成张学良交给的任务外,并在掩护中共地下工作者和营救被捕人员等方面做了有益的工作。

1935年8月1日,中共中央发布《为抗日救国告全体同胞书》,号召停止内战,一致抗日,获得全国人民的拥护。10月11日,阎和高崇民、卢广绩等去沪探望被关押的杜重远,联名给张学良上书,敦劝他停止"剿共",一致对外,保存实力,准备抗日。"一二九"救亡运动爆发后,流亡在北平、西安等地的东北爱国救亡团体纷纷出现。西安事变后张学良被蒋介石囚禁,为了营救张学良,阎奔走于宁、沪、奉之间,曾三次去溪口见蒋介石,但无结果。为了协调北方的东北各救亡团体的爱国活动,1937年6月在北平成立"东北抗日救亡总会",阎宝航与高崇民、车向忱、陈先舟、杜重远、卢广绩等被推为主席团成员。

同年,阎宝航再次提出参加共产党的要求,经中共东北特支向中共中央驻南京代表团周恩来报告后,于9月由博古和刘澜波介绍入党。

抗战期间,阎宝航在重庆利用他的合法身份做掩护,积极从事上层统战和搜集情报、筹措经费等工作。当时在内地从事抗日救亡活动的人士,大都经济拮据,很多人来到重庆后都去上清寺阎家就食住宿。阎的住宅被同志们戏称为"阎家老店"。由于他的合法身份,他的家成了中共南方局对抗日团体布置工作的场所。阎宝航的活动,自然会引起国民党特务的注意,并曾受到特务头子康泽、戴笠的当面"警告",但由于他有特殊的身份与背景,得免遭特务的毒手。

抗战胜利后,国民党迫于全国人民反对内战、要求和平民主的压力,于1946年1月召开了政治协商会议。会议期间,重庆各人民团体为促使会议成功,组织政协陪都各界协进会,每天在沧白堂集会讲演,揭露国民政府破坏政协会议的阴谋。阎宝航是集会的主持人之一。2月10日,重庆各界人民在较场口举行大会,庆祝政协会议成功,却遭到以刘野樵为首的CC特务暴徒的围攻,郭沫若、李公朴等六十多人被殴伤。阎是大会主席团成员,他将受伤者送入医院后,立即向中外记者报告事件真相,及时地揭露了国民党当局破坏政协决议、坚持独裁内战的反动面目。随后,阎又奉周恩来指示,联络东北在渝民主人士宁武、刘风竹、宁恩承、王卓然等,组织"东北政治协会",呼吁建设民主新东北,反对国民党向东北大量增兵。

1946年6月23日,上海工人、学生和各界人民十万人举行反对内战、要求和平的游行示威,并推派马叙伦、胡厥文、阎宝航等十人为代表去南京请愿。当天下午7点半,列车到达下关,代表们刚出检票口,即被特务雇用的暴徒推入候车室内,进行围攻。阎宝航挺身而出与他们辩论。暴徒们气急败坏,狂吼:"你是共产党,跪下!"阎紧握双拳对暴徒们说:"我要给中国人保持体面,看你们哪个敢来?你们手中有枪,开枪好了,侮辱我是办不到的!"阎的凛然正气,使暴徒们相顾失色。请愿团与特务暴徒相持了三个多小时,至夜11时,暴徒趁四周群众逐渐散去,冲进候车室行凶,阎宝航、马叙伦、雷洁琼均被殴伤。请愿团的英勇斗争,受到全国各阶层人民的高度赞扬。

同年8月,东北各界人民代表在哈尔滨举行会议,选举阎宝航为东北行政委员会委员。阎遂返回离别十五年的家乡。不久,他被东北行政委员会任命为辽北省政府主席。在职期间,他以旺盛的革命斗志投入剿匪反霸和土地改革运动,发动农民支援人民解放战争。

　　1949 年春,平津解放后,周恩来奉中共中央委托主持筹备中国人民政治协商会议,将阎宝航调来任筹备会常委兼副秘书长。中华人民共和国成立后,阎任外交部办公厅副主任和条约委员会主任。1959 年4 月,周恩来在政协委员茶话会上,号召六十岁以上老年人士写历史回忆。此时阎宝航已年过花甲,自觉难以胜任繁剧,乃辞去外交部职务,到政协全国委员会参与文史资料工作。

　　1967 年,阎宝航在"文革"中被诬为"东北叛党投敌反革命集团"成员,于 11 月 7 日被捕狱。1968 年 5 月 22 日阎宝航去世。1978 年阎的冤案得到平反昭雪,他一生为革命所作的贡献,得到中共中央的肯定和赞扬。

## 主要参考资料

　　于毅夫:《周恩来同志与东北救亡总会》,中国社会科学院近代史研究所编《西安事变资料》第 2 辑,人民出版社 1981 年版。

　　阎宝航:《流亡关内东北民众抗日复土斗争》,中国人民政治协商会议全国委员会文史资料研究委员会编《文史资料选辑》第 6 辑,中华书局 1960 年版。

　　张韵冷:《社会教育家——阎宝航》。

　　苏子元:《怀念共产主义者阎宝航同志》。

　　黄胄:《回忆恩师韩乐然同志》。

　　周大文:《张学良将军学生时代的志趣》。

　　阎宝航:《七年来东北同胞的奋斗》,《反攻半月刊》第 3 卷第 5 期,1938 年 10 月武汉版。

　　商闻实:《"沧白堂事件"和"较场口事件"》,中国人民政治协商会议四川省重庆市委员会文史资料研究委员会编《重庆文史资料选辑》,1979 年版。

阎宝航:《关于东北问题》,1947年版。

曹峥岩:《阎宝航同志生平纪略》,《社会科学战线》1982年第2期。

胡耀邦:《在阎宝航同志骨灰安放仪式上的讲话》,《人民日报》1978年1月6日。

# 阎　锡　山

刘存善

　　阎锡山，字百川、伯川，号龙池。1883 年 10 月 8 日（清光绪九年九月初八）生于山西五台河边村（今属定襄县河边镇）一个以经商为主的小地主家庭。阎九岁入私塾，十四岁随父阎书堂到五台县城内自家开设的吉庆昌钱铺学商，参与放债收息与金融交易。1900 年经营失败，父子两人逃往太原躲债。

　　1902 年，在太原当店员的阎锡山考入山西武备学堂，1904 年被保送到日本东京振武学校及陆军士官学校第六期学习。在资产阶级民主革命思想的影响下，他于 1905 年 10 月加入中国同盟会，曾会见孙中山，并参与制定了同盟会"南响北应"的战略决策，确定同盟会在"南部各省起义时，须在晋省遥应"①。

　　1909 年，阎锡山毕业回国，任山西陆军小学堂教官、监督。当年 1 月奉召赴京参加陆军部举办的留日归国学生会试，考列上等，被赏给陆军步兵科举人并授予协军校（少尉）的军衔。不久，升任新军第四十三协第八十六标教练官与标统（团长）。在此前后，阎锡山同其他同盟会员积极进行革命活动，把山西新军的领导权基本上掌握在同盟会员手中。

　　辛亥武昌起义后，阎锡山等同盟会员于 10 月 28 日决定发难。29

---

　　①　孙中山：《在太原商学界宴会的演说》（1912 年 9 月 19 日），《孙中山全集》第 2 卷，中华书局 1982 年版，第 471 页。

日晨,新军八十五标内的同盟会员杨彭龄、张煌等宣布起义,公推管带姚以价为总司令,率部攻入城内,击毙山西巡抚陆钟琦,成立军政府,公推阎锡山为都督。清政府急派第六镇统制吴禄贞率部镇压,并任命其为山西巡抚。吴是个革命者,11 月 4 日与阎在娘子关会晤,商定共组燕晋联军,吴任大都督兼总司令,阎任副都督兼副总司令。会后,山西派兵一营开赴石家庄,与第六镇官兵共同截断京汉铁路,阻止袁世凯入京就任清政府内阁总理大臣,并拟挥师北上,推翻清廷。不料袁收买吴的卫队长于 7 日晨将吴刺死,燕晋联军的雄图大略遂告失败。清政府又派张锡銮为山西巡抚,并命第三镇曹锟进犯山西。12 月 13 日,清军攻占娘子关。阎锡山采纳同盟会员景梅九的建议,决定分兵南北继续战斗①。阎率民军一部北上绥远,副都督温寿泉率民军一部南下河东,前者攻克包头、萨拉齐并向归绥进军,后者配合陕西民军攻克运城并围攻临汾。不久南北议和,阎率部南归,于 1912 年 2 月 18 日行至忻州时,被即将接任中华民国临时大总统的袁世凯命令停止前进,意在消灭之。阎锡山幼年熟读《中庸》,深谙"骑墙"之道,遂一面向孙中山求救,一面向袁世凯输诚。袁世凯在实行"军民分治"剥夺阎民政权力的条件下,于 3 月 15 日任命阎锡山为山西都督,阎于 4 月 4 日回到太原就职。

　　1912 年 9 月,孙中山应邀到太原访问,特嘱阎锡山:"北方环境与南方不同,你要想尽方法,保守山西这一块革命基地。"②从此,处于北洋势力包围之中的阎锡山自知反袁无异于以卵击石,为了保存实力,遂韬光养晦,对袁百依百顺;袁防阎造反,继续削弱阎的权力并派员监视其行动。1912 年 8 月,同盟会改组为国民党,阎锡山被举为参议。袁世凯对国民党横加摧残,阎于 1913 年春宣布脱离国民党,11 月又奉袁

---

①　景梅九:《罪案》,京津印书局民国十三年(1924)北京版,第 224、235 页。

②　《阎锡山早年回忆录》,《近代史资料》第 55 号,中国社会科学出版社 1984 年版。又见唐桂馨:《辛亥革命前后的回忆》,山西文史资料编辑委员会编《山西文史资料》第 2 辑,山西人民出版社 1962 年版。

之命将山西各地的国民党分设机关一律解散。袁世凯为了进一步削弱阎的势力，将归绥道改为绥远特别区，划出山西的行政区划之外；又派亲信金永出任山西民政长、巡按使，监视阎锡山并肆意迫害原同盟会员与反袁人士。袁又调阎晋京面审，阎佯装无能与恭顺，取得袁的初步信任。1914 年 6 月，袁世凯改各省都督为将军，任阎为同武将军，督理山西军务。1915 年，袁世凯图谋称帝，阎锡山首先向筹安会提供经费银币两万元，接着连电劝进，把辛亥革命贬低为"新旧递嬗时代之权宜手续"，认为"以中国之情决不宜沿用共和制度"，倡议"废共和而行帝制"，并恳请袁"以大有之才，乘大有为之势，毅然以救国救民自任，无所用其谦让"而登基称帝。袁阅后喜不自胜，批复"颇有见地"，称帝后封阎为一等侯。

袁世凯死后，段祺瑞出任国务总理，阎锡山为保存实力，又依附于段，得于 1916 年 7 月改任山西督军，继而于次年 9 月兼任山西省长。他在府院之争中站在段祺瑞一边，又响应段马厂誓师，出兵讨伐张勋复辟；还派晋军第一旅旅长商震率部赴湖南，攻打孙中山领导的护法军，结果全军覆没。

拥袁附段，遭到外界的责难，阎锡山接受教训，奉行"三不二要主义"，即"不入党，不问外省事，不为个人权力用兵；要服从中央命令，要保卫地方治安"①。后来他把这概括为"保境安民"，多次拒绝参加军阀混战，尽力"不偏不倚"地周旋于各派军阀之间。于 1917 年 10 月开始，在山西推行六政三事，即推行水利、植树、蚕桑、禁烟、天足、剪发（男人剪辫子）、种棉、造林、畜牧；推行发展民德、民智、民财的用民政治；颁布《人民须知》和《家庭须知》，宣扬以儒家思想为中心的封建伦理道德；整理村政，订立村禁约，设立村公所、息颂会、监察会、人民会议等机构，对贩卖和吸食毒品、窝娼、聚赌、偷盗、斗殴、游手好闲、忤逆不孝者，进行感化教育和处罚；成立保卫团对青壮年进行军事训练。这使山西免受

---

① 《重庆日报》1920 年 8 月 25 日。

兵燹之害,暂时出现了社会比较安定、生产有所发展的局面,从而获得"模范省"的称号。

在军阀混战此起彼伏的混乱局面下,阎锡山认识到保住山西这块地盘,没有强大的实力是不行的。他把原来的修械所扩建为可以制造步枪、机枪和大炮及其弹药的太原兵工厂,又把军队由四个旅编为十七个师。

1924年10月,冯玉祥在直奉战争中发动北京政变,囚禁总统曹锟。阎锡山应冯之请出兵石家庄,阻截吴佩孚由河南北上救曹。11月15日,段祺瑞在冯玉祥、张作霖等的拥戴下又出任临时执政。1925年1月17日,段取消各省督军,任阎为督办山西军务善后事宜,简称督办。

1926年7月,广东国民政府誓师北伐,攻占武汉后请阎响应。军阀吴佩孚、张作霖等也竭力拉阎入伙。阎认为"世上无论何事,均只有一个好处,此恰好处即是中"①,得中则成,失中则毁。他要在各种力量之间寻求"中",这个"中"暂时就是与各方保持不即不离的关系,如若现时响应北伐,在北方孤军作战,于晋不利。直至北伐战争次第推进到湘、鄂、闽、赣、皖、浙、苏诸省,吴佩孚与孙传芳部均被打垮,他才认为响应北伐的恰好时机已经到来,遂于1927年6月6日,宣布就任国民革命军北方总司令。国民党中央政治会议先于5月25日任阎为国民政府委员,又于7月7日推阎为中政会委员。9月29日,阎锡山终于誓师讨奉,欲向北京进军。不料国民党内部纷争正酣,北伐军未能及时响应,山西雁北地区被奉军占领。进入1928年,国民党决定北伐张,南京国民政府于2月28日任命阎锡山为国民革命军第三集团军总司令,3月又任命阎为国民党中央政治会议太原分会主席、山西省政府主席。当月,北伐军对奉军展开全面进攻,第三集团军转守为攻,收复大同,攻

①　阎锡山:《中说》(1918年9月20日),《阎伯川先生言论辑要》第2册,太原绥靖公署主任办公处1937年1月编印,第65页。

克保定,并向京津进军。6月4日,国民政府任阎为京津(后称平津)卫戍总司令。第三集团军于8日率先进入北京,天津亦和平接收。至此,阎锡山掌握了晋、冀、察、绥四省和平、津两市的军政大权,成为雄踞华北的实力人物。10月19日,国民党中央政治会议又任阎为国民政府内政部长。1929年3月,国民党召开第三次全国代表大会,阎虽未出席,但当选为中央执行委员(第四、五届连任)。

北伐结束之后,蒋介石与冯玉祥、阎锡山、李宗仁三个总司令之间的矛盾日益加深。1929年初,蒋拟通过编遣会议,裁减军队以削弱异己,阎曾提出有利于蒋的裁军方案,会后各方消极对抗,李、冯先后兴兵讨蒋,阎则以与冯相偕出洋相挟。6月28日冯玉祥抵达太原,阎将冯软禁以自重。此后,蒋、阎双方钩心斗角,讨价还价。7月23日,国民政府特派阎为西北边防司令长官,阎拒绝就职,并于8月27日辞去山西省政府主席之职。10月28日,国民政府任命阎为陆海空军副司令,但蒋声称“在中央有职务者不得再兼省职,国务委员在京,无事不得离职”,阎知蒋为调虎离山,直到11月5日始行就职但并不到南京视事。当年12月,唐生智联阎倒蒋。蒋派监察院长、阎的高级幕僚与挚友赵戴文回晋劝阻,阎转而反唐,亲任总指挥赴郑州指挥作战。蒋密令何成濬与河南省主席韩复榘捕阎,阎得悉后迅速返回太原。

此后,阎锡山与蒋介石的关系进一步恶化,反蒋各派代表云集太原促阎举事。阎将晋军扩充为十个军、四个保安纵队、四个骑兵师和七个炮兵旅,共约二十余万人,并与冯玉祥达成谅解,资助军费送冯回陕,由冯指挥所部共同反蒋。

经过宁、晋双方通电互相指责之后,1930年3月14日,原第二、三、四集团军将领五十七人,通电拥阎锡山为“陆海空军总司令”,冯玉祥、李宗仁、张学良为副司令,出兵讨蒋。4月1日,阎、冯、李分别在驻地宣布就职。阎在就职通电中斥责蒋“专制独裁,为所欲为”,今“应军民之请求”决以战争手段重建党国。南京国民政府则于4月5日下令免去阎锡山本兼各职并通令缉捕,国民党中常会亦决议永远开除阎锡山的党籍。双方在津浦、陇海、平汉线上陈兵百万,中原大战全面展开。战争初期,晋绥军占领济南,蒋介石在陇海线上的柳河车站险些被虏。但反蒋各军貌合神离,有的观望不前,有的叛变投蒋,加上指挥失当,配合不力,致使会师徐州的计划未能实现。8月1日,蒋军全面反攻,战局朝有利于蒋的方向发展。

7月,国民党反蒋各派在北平召开了中国国民党第二届中央执行委员会扩大会议,决定另组政府,推举汪精卫、阎锡山、冯玉祥、李宗仁、邹鲁、唐绍仪、张学良为委员,拥阎为主席。9月9日,阎锡山在北平怀仁堂宣誓就职。

张学良虽被反蒋各派举为"陆海空军副总司令"、国民政府委员,并受到蒋方与反蒋方的竭力笼络,但一直没有明确表态,待到战局日趋明朗之时,即于9月18日通电拥蒋,挥师入关。面临夹击之势,反蒋战事全线崩溃。阎锡山不得不于11月4日通电下野,12月潜赴大连避难。

阎锡山在大连期间,一面遥控山西军政大局,一面总结从政经验,研究当前政局。他提出"物劳主张",反对金代值,主张实行物产证(产多少物发多少),可以换物,反对资私有,主张资公有,产私有,按劳分配。他总结自己的从政经验,创立了一种"中的哲学",作为自己周旋于中国共产党、日本帝国主义和蒋介石国民党三种力量之间的政治谋略。他认为不偏不倚,情理兼顾,不过及是为中,得中则成,失中则毁;承认矛盾,要用二的分析法分析矛盾,以求得矛盾的不矛盾,达到适中;人事以生存为最高真理。当阎得悉日本帝国主义将发动大规模侵华战争时,便以高价收买飞行员,于1931年8月5日乘飞机潜回山西。

"九一八"事变发生后,大敌当前,蒋介石与各种反对势力言归于好,团结御侮。1932年2月20日,国民政府任命阎锡山为太原绥靖公署主任。他提出自强救国、造产救国等口号,在拥蒋的前提下,全力从事内部建设。在经济上,到抗日战争前夕,他创建了包括采矿、冶金、采煤、电力、化工、机械、兵器、造纸、卷烟、印刷、皮革、火柴、毛纺、印刷等轻重工业厂矿的西北实业公司,以兵工修了八百六十公里的同蒲铁路,整顿了山西省银行,成立了山西铁路、垦业、盐业等银号,总资本达到二亿银元①,奠定了山西近代工商业的基础。在政治上,他成立了青年救国团、建设救国社等团体,力图加强自己的统治力量,抵抗异己的各种政治组织。

1935年,中国共产党和工农红军在陕北建立起中央革命根据地;同时,日本帝国主义炮制华北事变,接着唆使华北五省实行自治。阎锡山设立防共保卫团和主张公道团,还准备实行土地村公有,以"防共保乡"为号召。1936年2月,红军渡河东征抗日,晋绥军欲加抵抗而遭失败,蒋介石派五个师来援;红军于5月初回师陕北后,蒋又在太原成立晋、陕、绥、宁四省"剿匪"总指挥部,以陈诚为总指挥,对阎构成威胁。

在这三种力量面前,阎锡山为了在矛盾中求生存,开始"在三颗鸡蛋上跳舞",寻求适于存在的"中":蒋是国家元首必须拥护,但又害怕蒋的势力进入山西;日本帝国主义要灭亡中国,必须抵抗;共产党和红军坚决抗日,还是一支可以利用的力量。拥蒋拒蒋,恐日抗日,反共联共,最终形成了在拥蒋前提下的联共抗日的路线。1936年8月,日伪军入侵绥东,他提出"守土抗战"②的口号。9月18日,自强救国同志会内的进步人士发起成立了"牺牲救国同盟会",阎任会长。10月,阎邀共产党人薄一波主持牺盟会的工作,从此与中国共产党建立了特殊形式的抗日统一战线。11月,晋军傅作义、赵承绶等部在绥东对日伪军进行反击,24日收复百灵庙。

1937年"七七"事变后,阎锡山受任第二战区司令长官。嗣后,工农红军改编为国民革命军第八路军(后改称第十八集团军),编入第二战区战斗序列,进入山西作战,国共合作在山西抗战的局面形成。阎还

---

① 薄一波:《回忆山西新军》,山西《党史文汇》1992年第8期。

② 阎伯川先生纪念会编:《民国阎伯川先生年谱长编初稿》(五),第1938页载:"1936年8月12日,伪满军李守信准备大举侵犯绥东。(阎)急电傅(作义)主席加紧防御,并提出守土抗战号召。"台北商务印书馆1988年版。

同意由牺盟会组建新军——山西青年抗敌决死队和太原工人武装自卫队，又根据中共建议，成立了第二战区民族革命战争战地总动员委员会，组建第一师，以续范亭为师长。9月，日军侵入山西，阎锡山在雁门关内的太和岭口村指挥作战。国共两党军队配合进行了平型关战役，歼敌千余人，取得抗战以来的首次胜利。接着，我军又在忻口与敌血战二十三天，予敌重创。由于敌强我弱，太原于11月8日失守，阎锡山南撤临汾，整顿军政，新军发展为五十个团，约五万余人，百分之七十的专员、县长由"牺盟"特派员（共产党员）担任，山西成为全国实现国共合作坚持抗战的模范地区。阎还公布了《民族革命十大纲领》，成立民族革命大学和民族革命同志会，阎任会长。

1938年2月，日军大举南侵，临汾失守，山西大部城镇被敌占领。在八路军、山西新军和晋绥军的反击下，日军退缩于铁路沿线和平原地带，广大山区成为抗日军民的根据地。中共领导的晋绥、晋察冀、晋冀鲁豫边区相继成立。阎锡山在陕西宜川县和山西吉县建立了根据地。山西抗战进入相持阶段。

八路军和山西新军日益强大，阎锡山感到对自己的存在构成威胁，遂于1939年3月在宜川县秋林镇召开第二战区军政民高级干部会议（秋林会议），公开提出取消新军的政治委员制度，企图把新军统一于旧军，但受到新军领导薄一波等的坚决反对。12月初，阎发动旨在消灭新军的"十二月事变"（晋西事变），但以失败告终。"十二月事变"标志着阎锡山联共抗日路线的告终，从此他只能控制晋西南二十多个县。

在新的形势下，阎锡山研究他与三方的关系，寻求新的"中"。他认为共产党与八路军可能对他进行报复，是威胁他的主要敌人，抗战前途非常渺茫，他不能三面树敌，于是产生了玩勾结日军这张牌以应付局面的念头，而这正与日军对阎诱降的策略不谋而合。1940年夏，双方代表开始接触，阎以"亚洲同盟，共同防共，外交一致，内政自理"为原则，1941年8月11日，在汾阳县城内签订《日阎停战基本协定条款》（《汾阳协定》），双方商定停止敌对行动，阎通电脱离国民政府，日将山西政权交阎，并为阎军提供武器装备等①。阎的联日反共路线开始形成。

为使这一路线得以推行，阎锡山强化同志会的组织领导，以树立绝对权威；对军政人员进行训练，提出"存在即是真理，需要即是合法"，"精神整体，合作分工，组织领导，决议是从"②；还令其政卫组等保安机构，"肃清伪装分子，净白阵营"，作出与日伪合流的姿态。

为了把阎锡山留在抗日阵营，八路军在山西与阎划定驻军界限，互不侵犯；蒋介石也增加了对阎的经济支援。阎锡山找到了在矛盾中适于生存的"中"，乃得安居于晋西南一隅之地，中辍了《汾阳协定》的实行。太平洋战争爆发后，日酋邀阎锡山在吉县安平村举行会议（安平会议），逼阎履行原订条件。阎本其"中的哲学"，认为过犹不及，失中则毁，交往是中，脱离国民党则过，于是托辞拒绝，午休时逃会③。日军进行报复，双方关系一度紧张。之后，双方为了自身的利益又行勾结，阎派其干部担任伪职，并发给伪县长以山西省政府的委任状。1945 年 8 月，日本宣布投降后，阎在日军保护下，于 30 日回到太原。

与此同时，阎锡山派军向上党地区进军，在日军第十四独立旅团及伪军的配合下，进入长治及其周围数县。长期在此抗击日军的八路军，于 9 月 10 日奋起反击，国共两党的内战首先在山西打响。阎急调两万余人增援，不敌晋冀鲁豫部队的回击，先后损失达三万五千余人。从此，阎背离"中的哲学"，拒绝局部和平设想，一面应付军事调处，一面强调一切服从国民政府，积极备战。1946 年，蒋介石公开撕毁停战协定，内战全面展开。阎以太原绥靖公署主任、山西省政府主席名义积极响

①　赵承绶：《我参与阎锡山勾结日军的活动情况》；曲宪南：《对赵承绶〈我参与阎锡山勾结日军的活动情况〉一文的订正》，见山西文史资料编辑委员会编《山西文史资料》第 11 辑（山西人民出版社 1965 年）。

②　《阎锡山日记》（手写本），1941 年 7 月 21 日、5 月 25 日。

③　赵承绶：《我参与阎锡山勾结日军的活动情况》；曲宪南：《对赵承绶〈我参与阎锡山勾结日军的活动情况〉一文的订正》，见山西文史资料编辑委员会编《山西文史资料》第 45 辑。

应,继续推行"兵农合一"政策,强化特务统治,开展"三自"专训(自清、自卫、自治),曾处死数以千计的共产党员与涉嫌人员;但其军队却不能阻止解放军的前进。1948 年 7 月太原被围,阎乃将手中资产一一变卖,嗣后将库存金银运往上海。1949 年 3 月 29 日,阎以应邀赴南京"商讨国是"为由,飞离太原。4 月 24 日太原解放。

之后,阎锡山在广州居中调和蒋介石与李宗仁间的矛盾;6 月出任国民政府行政院长兼国防部长,提出"扭转时局方案"和"全面作战计划"等,企图挽救国民党已经崩溃的残局,然而人民解放战争以席卷之势迅速推进,阎锡山指挥的国民党军队大量被歼。10 月 1 日,中华人民共和国宣告成立,阎锡山及其政府机构于 12 月 8 日从成都撤往台湾。1950 年 3 月 1 日,蒋介石在台湾恢复"总统"职,阎锡山辞去行政院长,获得"总统府资政"和国民党中央评议委员两个头衔,移居台北市金山之麓,从事著述《大同之路》等。

1960 年 5 月 23 日,阎锡山病逝。其言论汇编成册的主要有《阎伯川先生言论辑要》、《抗战复兴言论集》等。

# 颜　福　庆

谈松华

　　颜福庆,字克卿,1882 年 7 月 18 日(清光绪八年六月初四)出生于上海一个基督教传教士家庭。父颜如松是牧师,在颜福庆八岁时去世。兄弟姐妹五人靠寡母任教堂女布道和江湾小学教员薪给抚养成人。颜福庆幼年寄居伯父颜永京家中,和堂兄弟同窗求学,受堂兄颜惠庆的民主主义思想影响尤深。颜永京曾任上海圣约翰学院校长,颜福庆于十二岁(1894 年)时入圣约翰中学读书,1898 年入圣约翰大学医学院学医,1903 年毕业。

　　1904 年,颜福庆报名到南非约翰内斯堡多本金矿当华工医生,专为矿工治病,服务成绩卓著,1906 年矿工集资授予金质奖章一枚。在南非的医疗实践中,他深感医学知识和医疗技术之不足,遂以自己的积蓄和岳父曹吉福的资助,于 1906 年赴美国耶鲁大学医学院进修,1909 年毕业获医学博士学位。随后赴英国利物浦热带病学院进修。

　　在耶鲁大学进修期间,颜福庆参加了"雅礼会"。这是一个以帮助中国发展教育和医疗卫生事业为宗旨的耶鲁大学毕业生的组织。当时参加该会的还有孔祥熙、马寅初等人。该会在长沙办有雅礼医院,因院务全由美方把持,不受当地人民的欢迎,急需中国医生参与其事。颜福庆于 1910 年回国,在雅礼医院任外科医生。经过他的一番努力,雅礼医院同当地士绅建立了良好的关系,与地方的关系也因之有所改善。

　　1913 年,湖南都督谭延闿批准在长沙创办医校。同年,湖南育群学会出面与雅礼会订约合办湘雅医学专门学校,并将雅礼医院和护士学校附属之。由育群学会和雅礼会各举董事十人监理一切,颜福庆被举为首任校长。湘雅医校初设预科,1916 年开办本科,1926 年改名为湘雅医学院,颜仍任院长。

颜福庆目睹我国医药卫生事业多为教会医院外籍医生把持的现状,遂发起组织我国医务工作者自己的学会。1915 年趁“中国博医会”(外籍医师所操纵的医学团体)在上海举行年会之际,颜福庆团结上海医务界的一些前辈,创立了“中华医学会”,并被推选为首任会长。该会办有《中华医学杂志》。

1926 年底,大革命的浪潮席卷湖南,医院工人和护士罢工要求改良待遇;学生罢课要求辞退不合格的美籍教师,改革不合理的规章制度。这些要求均未得到圆满的答复,院中美方人员声言要关闭医院,拒绝接受中国病人,停发工人薪饷和津贴,并准备运走院中重要设备。医院工人坚持罢工两月余,学生亦坚持罢课。湘雅医学院遂告停办。

1927 年,颜福庆受聘任北京协和医学院副院长。协和系由美国人员把持,颜福庆决心办一所中国人自己的医学院。此时南京国民政府所属第四中山大学拟设八个学院,颜出任“中大”医学院院长,院址设于上海,由乐文照、高镜朗等人负责具体筹办事宜。1928 年 6 月,颜福庆辞去协和医学院的职务,抵沪就职。不久,该院改名为中央大学医学院,由南京政府拨发经费。该院于 1932 年脱离中央大学而独立,称国立上海医学院。

1932 年“一二八”事变爆发,吴淞为日军侵占,上海医学院迁至市区红十字医院附近。红十字医院条件陈陋,颜福庆经过五年的努力,获捐款一百万元和洛克菲勒基金会捐赠地产,在枫林桥购地建造附属中山医院和医学院校舍。之后,又接受犹太富商、官僚、士绅的捐助而增建第二实习医院、护校、药专和病房等设施。至此,上海医学院初具规模。

1937 年“八一三”事变爆发,颜福庆任上海市救护委员会主任委员,主持伤兵救护工作,组织救护队赴华北前线服务;组织上海医学院全体师生参加救护上海抗日伤员的工作。新落成的中山医院成为伤兵收容总站，从这里将伤兵分送市内三十余所伤兵医院。中山医院全体工作人员，在该院沦入敌手前半小时，把最后一批伤员三百余人转移到租界才离开，医院被日本侵略军占作陆军总医院。上海医学院再度迁至红十字医院，之后，部分人员迁往重庆办学。颜福庆亦随国民政府人员撤退到武汉。1938年2月，颜出任国民政府卫生署署长，不久随署撤退到重庆。1940年，他因患胃溃疡辞职赴美治疗，同年病愈抵香港，1941年4月，由香港到达已成"孤岛"的上海，任上海医学院教授，从事公共卫生教学工作，直到上海光复。1946年他访问欧美诸国，看望和勉励上海医学院的出国进修人员。

1949年上海解放后，上海医学院为华东军政委员会接管，颜福庆任该院临时管理委员会委员。1951年后一直担任上海医学院（后改名上海第一医学院）副院长。1950年，颜福庆任上海市医务工作者抗美援朝委员会主任委员，先后组织三批志愿医疗手术队和防疫检验队奔赴前线，从事医疗救护和反细菌战工作，并亲随代表团赴东北慰问志愿军伤病员。颜福庆受到毛泽东、周恩来、刘少奇等党和国家领导人多次接见。1957年，在上海第一医学院三十周年校庆时，卫生部给予嘉奖。

颜福庆毕生从事医学教育，坚持严谨的学风，严格执行学生录取标准和考核制度，提倡"公医制"，要求医学院教师不兼私人开业，专心从事教学、科研；注重教师的培养和淘汰制，规定教师定期于国内外进修，提高师资水平。我国早期的医学专家，如张孝骞、汤飞凡、应元岳、高镜朗以及美籍病毒学家李振翩等人都是他的学生。1935年后，他在《中华医学杂志》英文版上发表《中国医学院校和医院的经济财政管理》和《中国医学教育的现在和过去》等论文，对医学教育多所论述。

颜福庆长期热心于公共卫生事业。早年他曾赴拉丁美洲参加钩虫病防治。1911年，东北三省鼠疫流行，颜在京汉铁路沿线开展防治工作。1914年，他赴美进修，获哈佛大学公共卫生学院公共卫生学位证书。1916年他到江西萍乡煤矿从事流行病学调查并参加防治工作，分别获得奖牌、奖状等嘉奖。1918 年至 1920 年,他在《中华医学杂志》中、英文版发表有关钩虫病流行及其防治工作的论文;1927 年前后,又在《中华医学杂志》中、英文版上分别发表有关我国中央卫生机构的建设意见。在上海医学院建校之初,他倡导开设了公共卫生课程,创办了"吴淞卫生所",作为公共卫生教学实验区,打下乡村卫生工作的基础。抗战时期,他在国民政府卫生署署长任内,在各地设立公路卫生站七十二处,以应战时大量军民转移之医药卫生需要,并设想战后将这些战时卫生站改为卫生院,以贯彻其加强公共卫生事业的主张。

中华人民共和国成立后,颜福庆当选为第一、二、三届全国人民代表大会代表和全国政协委员。他参加九三学社,任该社中央委员兼上海分社副主任委员,并任中华医学会名誉副会长和基督教三自爱国运动委员会委员等职。

1970 年 11 月 27 日,颜福庆在上海因病逝世。

## 主要参考资料

《上海第一医学院》,《中国高等学校简介》,教育科学出版社 1982 年版。

朱裕庭、戎恭炎:《颜福庆和上海医学院》,中国人民政治协商会议上海市委员会文史资料工作委员会编《上海文史资料选辑》第 59 辑(解放前上海的学校),上海人民出版社 1988 年版。

戴天右:《颜福庆》,黄家驷主编《中国现代医学家传》第 1 卷,湖南科技出版社 1985 年版。

中华医学会:《中华医学杂志》有关文章。

# 颜 惠 庆

娄献阁

颜惠庆,字骏人,原籍福建厦门厅(今厦门市),1877年4月2日(清光绪三年二月十九日)生于上海。父亲颜永京早年留学美国,一度在英国驻上海领事馆和租界工部局任翻译,后入基督教成为牧师,在上海、武汉传教多年,曾任圣约翰书院院长数载。母亲也受过新式学堂教育。

颜惠庆自幼获父、母启蒙,初识中、英文字。稍长入塾,读《三字经》《百家姓》《千字文》诸书,同时学习钢琴等乐器。1880年前后,颜家由虹口迁居圣约翰书院住宅区,使他有机会接触住宅区内的美国人,并同美国儿童一起合聘美籍妇女为家庭教师。此后数年,颜陆续就读于圣约翰书院、英华书塾和同文书院。由于他能刻苦努力,各门功课成绩均佳,总是名列前茅。

此后,颜惠庆在家自学一段时间,除由父亲帮他补习数学及拉丁文外,还请了一位理学士和一位老秀才进行辅导,为出国深造做准备。颜曾学作八股文与试帖诗,读过不少中国的古籍、古典小说和托尔斯泰、狄更斯等人的外国文学名著。同时他也经常外出游览,并短期充任私立学校及私人的英文教员。

1895年10月,颜惠庆自上海赴美国留学,于翌年1月进亚历山大市郊的圣公会中学学习。他担任过班长与校刊编辑,并任黑津文学会书记一年。颜学业出众,毕业时获得了"英文作文和辩论的金质奖章,及全能超越的奖状"①。

1897年秋,颜惠庆升入弗吉尼亚大学,除按规定修毕德文、拉丁文、数学、经济学、通史、哲学、英国文学、物理学、地质学外,还加选了哲学史、国际法与宪法两门自己喜欢的科目。留美期间他到过纽约、华盛顿和弗吉尼亚州一些村镇游览、度假或从事社交活动;又加入共济会及基督教青年会;短期担任乡村主日学校教师;有时也替中国驻美公使馆帮忙做些事情。1900年6月,颜大学毕业,获学士学位,同年8月返回上海。

颜惠庆归国不久,即受聘于上海圣约翰大学,教中学部英文、地理和大学部数学、英文修辞与作文。他在该校工作六年多,积累了不少教学经验,学识方面也有很大的进步。颜不仅积极参加校内各种活动,又发起组织上海美国大学同学会,还业余阅读了《新政真诠》和《劝学篇》等新书,并结合教学译著了《翻译捷径》等书籍。

颜惠庆在1905年一度兼任上海《南方报》英文版编辑,开国内报纸编英文版之先河。同年,他着手主编《英华大辞典》,得同事协助,遍搜旧典,博考群言,费时两年,草成三千余页初稿,后由商务印书馆出版。该书图画精详,移译审慎,"集华英诸合璧之大成"②,对沟通中西文化有一定助益。

1906年9月,清政府举行留学欧美毕业生考试,颜惠庆前往北京应试,成绩优异,名列一等第二,授译科进士,得到慈禧太后和光绪皇帝召见,被分发到学部任事。但颜仍回到上海圣约翰大学任教,后被该校赠予文学博士学位。

1907年冬,颜惠庆作为中国驻美使馆二等参赞,随公使伍廷芳赴美。除负责起草使馆所有咨送美国政府之照会、备忘录的主稿和英文

---

①　颜惠庆英文原著、姚崧龄译:《颜惠庆自传》,台北传记文学出版社1973年版,第12页。

②　颜惠庆主编:《英华大辞典·例言》,商务印书馆1920年版。

函札的答复,以及接见新闻记者外,还兼管留学生事务。曾赴哥伦比亚、哈佛、麻省理工、西点军校等学府视察,也常陪同伍廷芳去美国各地及墨西哥、古巴诸国处理有关公事。颜公余还刻苦自学国际法,并入华盛顿大学进修;又加入美国国际法学会,为终身会员;他在国际俱乐部的活动中结识了不少知名人物,外交才干日益提高。

1910年初,颜惠庆奉调回国,充外务部主事,分管新闻处工作,负责接见外籍驻北京记者,协助发刊英文《北京日报》。同时兼职于学部审定名词馆,协助严复从事审定工作。不久颜再应殿试,被授翰林院检讨,很快升任外务部参议(四品京堂)。1911年,他曾代表外务部与英方谈判印度输华鸦片案,几经商谈,最后签订了《禁烟条件》十款,规定印度逐年减运鸦片来华。

辛亥革命爆发后,清廷起用袁世凯为内阁总理。颜惠庆接任外务部参议,多次陪袁访问外国驻华公使,以谋取帝国主义的支持,遂得到袁的器重,被擢升为外务部左丞。1912年1月,中华民国临时政府在南京成立,同年4月,袁世凯在北京继任临时大总统,以唐绍仪为国务总理,陆徵祥为外交总长,颜出任外交次长。袁世凯十分重视外交事务,常召颜惠庆至官邸询问有关问题。当时内阁不断变换,外交总长迭经更易,但他仍任次长如故。

1913年春,经陆徵祥推荐,颜惠庆出任中国驻德(意志)、瑞(典)、丹(麦)三国公使,长驻德国柏林。他忠于职守,积极开展外交活动,频繁与三国朝野要人及各国公使往来,多次到德国各地和瑞典、丹麦参观,熟悉这些国家的情况。鉴于只通英语在外交方面不敷应用,颜努力补习德文与法文,取得了很好的成绩。同年7月和翌年6月,他曾两次出席在荷兰举行的国际禁烟会议,参加签订了有关条约,但因受到贩毒国的阻碍,未能收到满意的效果。

1914年第一次世界大战爆发后,使馆工作受到种种限制,颜惠庆仍能想方设法通过外交途径了解战事进展情形,随时报告北京政府。8月,他奉命访德国外交部次长及海军部次长,希望德方将胶州湾租借地归还中国,遭德国拒绝,结果该租借地连同胶济铁路很快被日军占领。1917年3月,中国宣布参战,加入协约国方面,中、德绝交,颜移驻丹麦首都哥本哈根。颜留此三年,同各方广泛联络,对了解战况、观察各国动向有不少收获。

第一次世界大战终以协约国胜利结束,英、法诸国于1919年初在巴黎召开"和平会议",我国作为战胜国之一应邀出席,颜惠庆奉派任中国代表团顾问。会上中国代表团提出了关税自主、收回租界、取消治外法权等项合理要求,然而均未被大会接受,相反大会竟默许日本帝国主义对我领土之侵略;把德国在山东的特权转让给日本,激起全国民众的极大义愤,爆发了伟大的"五四"爱国运动。颜对巴黎和会颇感失望,不待会议结束即离开,提前返回哥本哈根任所,并于翌年夏归国述职。

1920年8月,颜惠庆奉总统徐世昌命入阁,任北京政府外交总长。当时帝国主义正加紧侵略中国的步伐,国内军阀连年混战,直系刚刚战胜皖系,与奉系时而联合时而冲突。内阁周旋于两大系之间,不断更迭,很难有所作为。颜属英美派,接近直系,在此后两年的历届政府中,他均长外交,并两次兼代阁揆,一时成了遐迩闻名的风云人物。在外交上颜惠庆基本奉行亲英美路线,但也注意同日本的关系,力图解决中日间的某些悬案,不仅办妥了两三件地方性的交涉,还废除了《中日军事协定》等密约。惟山东问题众目睽睽,日方多次要求直接谈判,他不敢轻易答应,只表示此案不能按照《凡尔赛条约》处理。这期间,鉴于十月革命后的苏俄政府一再声明废止一切不平等条约,放弃帝俄在华特权,经颜提议,北京政府曾宣布停止帝俄外交人员待遇,分别接收帝俄在天津、汉口之租界及在哈尔滨之法院,停付其庚子赔款等。但由于帝国主义的阻挠和反对,中国政府没有同苏俄建立外交关系。1921年5月,他还主持与德国缔结了复交条约。

同年11月,由美国发起的九国华盛顿会议(亦称太平洋会议)开幕。颜惠庆对该会议十分重视,会前在外交部特设筹备处,自任处长。他为挑选与会人员和筹措经费多方磋商,很费周折,且通过内阁拟定了详细的指令及章则。他本打算亲自赴美参加会议,终因政务不能脱身而派施肇基、顾维钧、王宠惠等出席,自己则在国内密切注视会议进展,以便对重要问题及时作出裁决。中国代表团向大会提出了关税自主、撤销领事裁判权、交还租借地、撤退外国军警等项要求,结果均未能得到圆满解决。关于山东问题,施等得颜同意,在英、美代表调停之下,与日方进行多次会外谈判,最后于1922年2月达成妥协方案:日本归还强占之胶州德国旧租借地及其公产,中国十五年赎回胶济铁路,在赎回之前得用日本一人为车务长,一人为会计长。此外,颜还允准中国代表团在《九国公约》上签字,确认了"门户开放"、"机会均等"的原则,这对中国的权益不无损失。

1922年四五月间的第一次直奉战争,结果奉系战败退守关外,北京政府完全被直系军阀曹锟、吴佩孚控制。为了早日把曹锟捧上总统宝座,并拆南方政府的台,直系将领打起了"统一"的旗号,演出了"恢复法统"、重新召集第一届旧国会、驱徐(世昌)迎黎(元洪)等一幕幕闹剧。6月,黎元洪挽颜惠庆署国务总理,仍兼外长,想借他拉拢列强承认其总统地位。但是内阁成员多为应付各方而七拼八凑,先天就不健全,众议院议长吴景濂等因亲信没能入阁扬言将不予批准;更由于"统一"、"废督裁兵"失败以及财政上的困难,黎、颜之间也常发生龃龉。颜惠庆坚决提出辞职,暂时退出中枢机关,仍任财政整理委员会委员长、华洋义赈会主席和中国红十字会会长等职务。

1923年10月,直系首领曹锟以贿选当上了总统,颁布了"曹记宪法"。翌年1月,颜惠庆再次入阁,任农商总长。1924年9月,内阁改组,颜复任总理,并兼内务总长。同时,他还任中华教育文化基金会董事等不少兼职。然而曹锟的贿选丑行受到各方痛斥,全国反直浪潮汹涌,直系内部也起了分化,致使第二次直奉战争曹吴惨败。颜内阁本是在吴佩孚支持下成立的,实为吴手下办理外交和筹措军饷的一个机关,因此不可避免地要随着曹、吴而倒台。同年11月段祺瑞登台执政后,先后命颜出任驻英公使和外交总长,他均未就职。

1925年"五卅"惨案发生,面对人民反帝运动高潮,颜惠庆也发表谈话,对上海工部局有所批评,但表现软弱。他提出将租界治安权暂交中外秩序维持会,先使各业复工,停止罢工罢课罢市,然后再对抚恤、惩凶、撤警各条慎重计议的主张,没有引起反响。旋北京政府派颜为全权代表,参与"沪案"交涉。他不敢得罪英、日等帝国主义,在交涉中畏首畏尾,不愿多负责任。

同年10月,关税特别会议在北京召开,颜惠庆为出席代表之一,负责主持第二委员会(即过渡办法委员会)甲种小组讨论会,协商整理内外债问题。他所提出的办法已有所妥协,无奈列强仍不肯接受,只好搁置缓议;会议断断续续,拖延许久,最后不了了之。

1926年初,张作霖、吴佩孚从各自的利益出发重新联合,共同对付冯玉祥。4月,冯军撤离北京之前,将段祺瑞赶下台,北京政府一度陷于中断,由王士珍等组织临时治安维持会,颜惠庆亦曾参与其事。5月中旬,在吴佩孚敦促下颜内阁复职,并摄行总统职权,但是吴佩孚与张作霖在政治上颇多分歧,多数阁员感到前途暗淡,不肯到任就职,使颜惠庆成了孤家寡人,只能勉为事实上之维持,挨到6月下旬,终因遭到奉张的反对而通告下野。

张作霖主持北京政府后,为了笼络和安抚各方名流,先后成立各种委员会协助内阁工作,颜惠庆被任命为外交委员会委员,但他态度消极,很快移住天津。颜在津的四年中,做过大陆银行董事长、南开学校董事会主席及其他几家公司的董事,从事金融企业和文教慈善事业活动。同期黎元洪、徐世昌、曹锟、段祺瑞等人亦蛰居天津,颜同这些旧交来往频繁,对国内外政局多所议论。1930年中原大战时,汪精卫、阎锡山等反蒋(介石)势力曾在北平另组政府,与南京国民政府分庭抗礼。汪、阎想拉颜惠庆充外交部长,颜不愿卷入政争,婉言拒绝。

1931年"九一八"事变后,民族危机严重,颜惠庆应南京政府外交部长王正廷电邀至南京,并受聘为"对日特种委员会"委员,出席有关会议,研究对策,应付危机。他曾提出容许党外人士参加政府问题,但未被采纳。旋奉派任中国驻美公使,于 11 月离国前往华盛顿赴任。

对日本侵略我国东北,蒋介石和国民党政府实行不抵抗政策,把希望完全寄托在国际联盟"主持公道"和"调停"之上。1932 年 1 月,颜惠庆作为中国代表团首席代表,由美国赴日内瓦出席国联会议。他多次在国联行政院会议和特别大会上驳斥日本代表的谬论,用事实谴责日本的野蛮罪行,并在会下广泛展开外交活动,力图促使国联制止日本的侵略行径,得到不少国家的同情,但是操纵国联的某些大国态度冷淡。颜曾先后援引《国联盟约》第十一条和第十、第十五条,冀望国联主持正义,而列强始终不愿采取有效行动。

同年 12 月,颜惠庆在代表中国出席国际军缩会议时,在会外同苏联外交委员会主席李维诺夫达成了中苏复交的协议。1933 年 1 月,颜被南京国民政府特派为驻苏大使,于 3 月初抵莫斯科莅任。颜使苏三年,为恢复和增进两国邦交做出了多方面的努力。他曾起草有关中苏商务条约和互不侵犯条约两纸,结果未被南京方面采纳。颜认为苏联的建设成就和人民政治地位的提高、经济条件的改善,其外交路线和国际政策事事翻新,是在进行空前的伟大试验,冀望发现人类幸福之路的一个国家。但他对苏联将中东铁路售给日本以及人民"生活单调"、"消息闭塞"等也有所批评。这一时期他还三次奉命去伦敦、日内瓦出席世界经济会议与国联会议,并多次游历欧洲各国。

1935 年"何梅协定"出现后,颜惠庆曾提出抗议,至 1936 年初他已年届花甲,渐觉精力不济,决意退休归国。颜卸任之后,重返天津居住,被几家商业组织聘为董事,天津自来水公司且推选他为董事长。他还继续参加文教、慈善等公益活动,常到北平办事。主政平、津的宋哲元、张自忠等人多次向颜征询有关对外交涉方面的意见。

1937 年卢沟桥事变爆发时,颜惠庆正在青岛避暑,因无法回天津而南下上海。旋淞沪之战发生,他积极投身抗日行列,被推为红十字会国际委员会主席。颜与委员会诸人努力争取国外对我抗日的支持和援助,成效显著,募款达美金三百五十万元,以救治抗战伤员和赈济难民。同时他还应邀参加国际关系学会。

1939年,太平洋研究会(通称太平洋学会)在美国弗吉尼亚海滨举行年会,颜惠庆任中国代表团团长前往参加。该研究会侧重探讨太平洋区域各民族的相互关系,颜在发言中据实陈述我国抗战的正义性和重大意义,受到与会各国的重视和支持。他在赴美途中曾在印度访问尼赫鲁,抵美国之后还会见罗斯福总统和一些国会议员、政府要人,又出席各种集会发表演说,赢得了对中国抗战的广泛同情。

颜惠庆在美国弗吉尼亚开会时,忽接蒋介石自重庆打来电报,邀其担任国民政府外交部长,颜颇感意外,以不明政府最近决策为由恳辞。自美返国后,暂留香港。1941年12月,太平洋战争爆发,香港沦陷,他被日本侵略者羁押。日军将领曾两次找颜谈话,问他个人对国际局势的看法和今后的打算,他虚与委蛇,终不为敌人所利用。颜在香港期间写成英文自传一本,记其生平甚详。1945年日本战败投降,他回到上海,继续从事教育文化方面的工作,被选为上海市参议员,并任联合国远东救济与复兴委员会主席。

抗战胜利后,蒋介石政府撕毁政协会议达成的协定,在美国的支持下发动了内战。经过三年解放战争,到1949年初,蒋介石战败下野,由李宗仁代理总统,李想用"和谈"来阻止解放军渡江作战,亲赴上海与颜惠庆、章士钊等社会名流磋商,"希望他们作为中间人士"[1]帮助搭桥,沟通国共谈判的道路。颜等乃于2月间率"上海人民代表团"北上接洽和谈,受到中共中央的欢迎。毛泽东、周恩来等领导人接见了他们,容纳他们的意见,接受李宗仁的和平谈判要求。然而在其后国共谈判中达成的《国内和平协定》终被国民党方面拒绝。随后,人民解放军横渡长江,迅速解放南京和江南广大地区。国民党军撤离上海时,一再胁迫

---

① 李宗仁口述,唐德刚撰:《李宗仁回忆录》,中国人民政治协商会议广西壮族自治区委员会文史资料研究委员会1980年版,第933页。

颜惠庆同走,他则以"我生在上海,死也得在上海"①为辞毅然拒绝。

　　上海解放后,颜惠庆积极主持临时救济委员会和中苏友好协会筹备会的工作。同年9月,中国人民政治协商会议在北京召开,颜是特邀代表之一,被选为第一届全国委员会委员。

　　中华人民共和国成立后,他历任政务院政法委员会委员、华东军政委员会副主席等职。1950年5月24日,因心脏病逝世于上海。

---

　　① 赵朴初在上海各界群众追悼颜惠庆会上的讲话,《大公报》1950年5月24日第4版。

# 晏　阳　初

吕乃澄

晏阳初,字东昇,四川巴中人。1893 年 10 月 26 日(清光绪十九年九月十七日)生。父亲晏美堂,是当地著名中医。晏阳初五岁启蒙,十岁读完"四书"、"五经",受孔孟思想影响较深。因科举废除而攻读西学,入教会办的华英学校。十一岁受洗礼入基督教。不久由华英学校保送到成都入华美学校。1913 年毕业,旋即考入香港大学。

晏阳初于 1916 年赴美国留学,入耶鲁大学政治经济系学习,受到圣西门和傅立叶的空想社会主义思想和美国民主自由思想的影响。1918 年他在耶鲁大学毕业后,6 月去法国替华工当翻译,一心想要"替华工争公平的待遇,替中国争口气"①。他分在一个有五千名华工的军营,发现华工思家心切、却有不能写寄和阅读家信的痛苦,便自选简易常用汉字千余个教给华工;不久又自编《华工周刊》传播新知,自己写稿,用钢板刻写,印发千份,立志为平民教育献身。在晏阳初看来,"愚"、"贫"、"弱"、"私"是中国人的四大病源,中国受列强欺侮的根源亦在于此,因此,欲救中国之危亡,惟在启发平民智慧,此即"造人"问题。他认为,中国之富强,不在于开煤矿铁矿,而须先开脑。他以"教人做整个的人"作为其平民教育的目的。他所谓"整个的人","第一要有知识力,第二要有生产力,第三要有公共心"②。他把中国人民没有文化和

---

①　李又宁:《访晏老》,香港《中报》1982 年 5 月 15 日。

②　晏阳初:《平民教育概论》,《教育杂志》第 19 卷第 6 号。

贫病交加的现象,作为中国落后的根本原因,而认识不到造成这些现象是由于帝国主义侵略和封建统治制度桎梏社会生产力的结果。

第一次世界大战结束后,晏阳初回到美国继续进修,1920年在普林斯顿大学获得历史硕士学位。1921年,他回国到上海,任中华基督教青年会干事,并在余日章主持的上海青年协会中任平民教育部主任。他编写《民众千字课本》,于1922年3月在长沙开展识字运动,有一千三百人参加学习。他还培养了一批义务教师。长沙识字运动的成功,促使基督教青年会在其他城市推行。1923年,晏应北京政府财政总长熊希龄的妻子朱其慧的邀请到北京,成立中华平民教育促进会,自任干事长,推动和协助各地开办平民学校、工人夜校,推行《民众千字课本》。他还广泛收集民间故事、农业生产歌谣、农村卫生知识等,编写出版"民众丛书",为新识字的人提供读物。在晏等人推动下,平民教育一时得到蓬勃发展,同年在北京召开了全国平民教育运动协会,他为执行秘书。1925年,晏利用出席第一次太平洋关系会议的机会,到檀香山大力宣传平民教育,赢得美国一部分人士的注意和华侨同胞的同情,得到爱国华侨慷慨捐助两万美元,作为开展平民教育的基金。

在政治风云激荡多变的20年代,晏阳初主张以超然的立场处之。他曾表示:"平教会应该是一个学术性质的社会团体,它是独立的、超然的。"①他认为中国农民占全国人口的四分之三以上,平民教育运动必须以农村为重点,以文字教育为基点,以农村建设为目标。1926年,他以河北定县作为乡村建设试验区,先从翟城村做起,提出"除文盲"、"作新民"的口号,进而发展为"四大教育"、"三大方式"的工作纲领。所谓四大教育,即"文艺教育"以疗"愚","生计教育"以疗"贫","卫生教育"以疗"弱","公民教育"以疗"私";所谓"三大方式",即是"学校式"、"社会式"、"家庭式"。他推行的"四大教育"中,特别重视"生计教育",主要是推广优良的猪种、鸡种、小麦种、棉花种,并开办合作社、合作金库等

①　瞿菊农:《自我检讨中的平教会》,重庆《大公报》1941年7月30日。

等。他说:"我们的生计教育,就是要打倒封建地主土豪的特权,以达粥饭大家吃的理想。"①由于没有解决中国农村的基本问题——土地问题,他的理想难以实现。

令晏阳初困惑的是,平教会的工作受到当地土豪、劣绅、高利贷者的抵制和破坏,这使他不得不放弃政治上的"超然"立场,提出"政教合一"的主张,想利用行政权力来推行平教会运动。他乘南京国民政府内政部次长甘乃光到定县视察之际,与甘商定把定县作为"政教合一"的实验县。

为筹集平教会基金,晏阳初于1928年再次赴美。他应美国国家教育协会之邀到各地讲演,获得五十万美元。他在美国接受耶鲁大学荣誉硕士学位,回国后又获上海圣约翰大学荣誉博士学位。

"九一八"事变后,晏阳初约集平教会百余人在北平西山卧佛寺开会,拟订了平民教育"六年计划",提出要以救亡图存的精神办平民教育,并着手编写五百种平民教育读物,揭露日本帝国主义侵略中国的罪行。翌年,他与梁漱溟等人发起成立中国乡村建设学会。晏以"特聘专家"身份出席全国第二次内政会议,参加讨论各省设置县政建设实验区的办法。他的主张符合国民政府加强县乡政权统治的需要,在会上受到欢迎,有些省也开始设立实验县。晏的平教会在定县设立了"县政建设研究院",县政府成为研究院的实验部,由平教会推荐县长。从此,平教会与国民政府县乡政权建设合一了。

1935年,国民政府内政部通令全国各省实行县政改革,设立实验县,于是湖南、贵州、四川等省都电请晏阳初去办实验县。晏即布置他的工作人员到这些省去工作,而以河北定县为样板。此时,美国洛克菲勒基金会提供一百万美元组织"中国农村建设协进会",晏阳初的平教会和燕京大学法学院、南开大学经济研究所、清华大学土木工程系、协

---

① 晏升东、孙怒潮:《晏阳初与平民教育》,中国人民政治协商会议全国委员会文史资料研究委员会编《文史资料选辑》第95辑,文史资料出版社1984年版。

和医学院、金陵大学农学院以及国民政府卫生署等均参加了这个组织。从此,美国开始介入中国的"农村建设"。

抗日战争爆发后,晏阳初率领平教会南撤。1938年初,在湖南省主席张治中的支持下,晏开办县政研究班,推广定县的做法,实行新县制。其后晏到四川,任四川省设计委员会副委员长,主持县政改革,以新都为实验县。由于该县县长陈开泗实行警官制度,压迫农民,引起"新都民变事件"①,使"县政改革"声誉扫地。晏并未气馁,继续培养人才,于1940年在四川巴中县创办"中国乡村建设育才学院"(简称育才院),自任院长,得到蒋介石和四川省主席张群的支持。该院于1945年改名为"乡村建设学院",设有农田水利、乡村教育、社会学、农学四个系。

为了筹募平民教育会和"育才院"的经费,晏阳初1942年又去美国,在美国组织了一个平教会"中美委员会",委员有罗斯福夫人和赛珍珠(Pearl S. Buck)、道格拉斯(William O. Douglas)、华莱士(Henry R. Wallace)、塔夫脱(William Howard Taft)、霍勒等。他还到纽约、华盛顿、旧金山等地演讲,宣传他的"平民教育"和"乡村建设"主张。1943年5月,他被美国耶鲁大学校长推荐为现代具有革命性贡献之十大世界名人之一,与爱因斯坦(Albert Einstein)、杜威(John Dewey)等九名美国科学家齐名,称颂他是"一种简易中文的发明者,开启了千百万文盲的智慧","他是本国人民的一个领袖,丰富了他们的生活,增加了他们劳动的果实"②。他还获得锡拉丘兹(Syracuse)大学、缅因(Maine)大学、坦普尔(Temple)大学、路易斯维尔(Louisville)大学的荣誉博士学位。这期间他曾到古巴去帮助开办"平民教育",还几次到白宫去拜

①　赵冕:《晏阳初和抗日战争时期的平教会》,中国人民政治协商会议全国委员会文史资料研究委员会编《文史资料选辑》第43辑,中华书局1964年版。
②　赵冕:《晏阳初和抗日战争时期的平教会》,中国人民政治协商会议全国委员会文史资料研究委员会编《文史资料选辑》第43辑。

访杜鲁门,1945 年被美国政府聘为"全国社会教育委员会"委员。

1946 年初,晏阳初从美国回到四川,继续开展"乡村实验",先在巴县与璧山县建立"巴璧实验区",接着扩大为"华西实验区"。1947 年 5月,晏阳初又到美国,在纽约建立平教会"中美委员会"办事处,得到美国政府"援华联合会"的直接"援助",所用经费由美国政府拨发,不再需要向民间募集。

鉴于蒋介石发动的内战节节溃败,国民党统治濒临崩溃,晏阳初于1948 年初在美国向杜鲁门、马歇尔、司徒雷登、道格拉斯以及美国国会部分议员提出了一个"备忘录",说国民党政权之所以失败,失去民心是因,军事失败是果,要争回已失的人心,才能制止共产主义,要形成"社会阵线"来辅助军事①。他提出要注重"社会建设"、"农村建设","农村建设"的内容,即是平教会所从事的教育、生计、卫生、自治四个方面。他还建议成立一个"独立的"、"非政治的""中美联合委员会",经费则请求"美援"。这个所谓"晏阳初案",很快在美国国会上获得通过,在1948 年以后的"援华法案"中,单独拨出二千七百万美元作为"农村建设"的专款。美国政要看重晏阳初,希望他"替国民党政府稳定人心,尤其是稳住那些具有影响力的最优秀的知识分子的心,来与中国共产党抗衡"②。

1948 年 9 月底,晏阳初从美国回到上海,这时国民政府宣布"中美农村复兴联合委员会"由蒋介石任主任委员,蒋梦麟、沈宗瀚、晏阳初三人为委员,与美国政府指派的穆懿尔(Raymond T. Moyer)、贝克(John Earl Barker)共同组成,晏为执行长,总会设在广州,接着在粤、湘、黔、赣等省设立办事处,开展工作。晏阳初说"要减租减息",兴修水利;另

① 　晏升东、孙怒潮:《晏阳初与平民教育》,中国人民政治协商会议全国委员会文史资料研究委员会编《文史资料选辑》第 95 辑,文史资料出版社 1984 年版;见《人民日报》1951 年 8 月 17 日第 3 版。
② 　美国《先驱论坛报》社论语,见《晏阳初与平民教育》,中国人民政治协商会议全国委员会文史资料研究委员会编《文史资料选辑》第 43 辑。

一方面却赞成在川东组织地主武装,用以对抗解放军。1949年4月,解放军渡江南下,次第解放江南、华南,接着进军大西南。晏阳初的"农村建设"成了泡影。在重庆解放前夕,晏阳初由重庆去香港,接着又去了美国,在"中美平民教育促进会"落脚。

　　1951年,晏阳初担任在美国纽约建立的"平民教育运动国际委员会"主席。1952年,他到泰国、印度尼西亚、印度和巴基斯坦等国活动,宣传他的"平民教育"主张;在菲律宾帮助搞农村教育运动。1960年,在美国政府的支持下在马尼拉建立"国际乡村建设研究院",作为训练亚、非、中美洲各国乡村建设人才之中心,并向泰国、加纳、哥伦比亚、危地马拉等国推行。当时这些国家的农村正在广泛开展游击战争,美国支持晏阳初"乡村建设"的目的和效用是不言自明的。

　　1990年1月17日,晏阳初在美国纽约去世。

# 杨 爱 源

汪仁泽

　　杨爱源,字星如,别号革非,山西五台人,1887年1月(清光绪十二年十二月)出生在一农民家庭。少年时在家乡入塾,因聪明好学,经亲友资助入保定陆军速成学堂第二期学习。1911年考取保定军官学校,1914年冬在该校步兵科第一期毕业。先由陆军部分发至段祺瑞部见习,后应山西都督阎锡山之邀返回山西,在阎属下陆军第一混成旅步兵第二团充当排、连长。杨处世谨慎,办事勤奋,略具韬略,善于随机应变,好临池、饮酒。1917年递升该团第三营营长。是年5月,陕西郭坚率部二千余人渡河进攻晋南,防守临晋的杨爱源营依城应战,奋力拼杀,多次击退郭部强攻,歼其主力五百余人。旅长商震为之请功,杨开始见重于阎锡山,8月升任该旅第一团团长。1924年,升任第六旅少将旅长,下辖第十一团(团长赵承绶)、第十二团(团长孙楚)。

　　1925年8月,樊钟秀率建国豫军以凌厉攻势从河南进入晋地,直趋辽县(今左权县),与商震部激战。杨爱源奉调增援,在八伏岭一带顽强堵截,击败豫军,再建战功。1926年春,阎锡山为扩展地盘,附奉、直讨伐冯玉祥国民军,派第一师师长商震率部进攻驻在直隶顺德的国民军第二军郑思成部,调杨爱源旅作为后续部队。是年夏,杨旅奉调参加担负正面防守大同的任务。此时国民军在奉、直、晋联合"讨赤"的攻击下,退至西北地区,阎锡山的地盘扩展到绥远一带,晋军改编为晋绥军,杨爱源升为第六师中将师长。是年冬,阎锡山整顿晋绥军,委杨兼任训练总监,负责管理军事训练。杨在训练中强调《孙子兵法》中的"节短势险",要求距敌二百米外不放枪。由于训练严格,晋绥军在北伐战争中战斗力甚强。1927年春,阎锡山再次扩军,杨爱源就任第二军军长,与老上司第一军军长商震并列。但他在阎、商面前,仍是恭谦备至。

1927年6月,阎锡山任北方国民革命军总司令,杨爱源为第二军军长。9月,阎锡山与奉张作霖作战,徐永昌、杨爱源分任右路军总、副指挥,与商震指挥的左路军相配合夹击奉军。杨指挥所部出击新乐,后因左路军战败,受牵动而退回娘子关。奉军大举围攻,杨率部凭险坚守,使奉军失利退去,受到阎锡山的嘉奖。1928年初,蒋介石联合冯玉祥、阎锡山、李宗仁发动对张作霖奉军的北伐战争,杨被任命为国民革命军第三集团军所属的第三军团总指挥。杨率部进占石家庄,在定县击败奉军,5月沿京汉线北进,下旬攻克保定,6月8日进占北京,随后又占据天津,为北伐立下战功,受到褒奖。不久,察哈尔、绥远改为行省,11月,杨爱源兼任察哈尔省政府主席,但省政实权统掌在阎锡山手中,凡事皆得听命于阎。

1930年5月,阎锡山联合冯玉祥发起了反对蒋介石的中原大战。阎布重兵于陇海线上,任杨爱源为该线副指挥。杨率四个军的兵力,奋力督战,成为反蒋联军中的主力。但在张学良率兵入关拥蒋后战局急转直下,中原大战终以阎、冯全线溃败而告终。阎锡山将晋绥军政托付徐永昌、杨爱源后,潜往大连。晋绥残军由徐、杨率领退入山西境内。张学良主持办理晋绥善后事宜,将晋绥十四个军缩编为四个军,杨改任第三十四军军长,察省主席一职由东北军刘翼飞取代。杨在山西具有实力地位,蒋介石两次汇款九十万元拟于收买,但杨召集晋绥军各将领公议分配额,具条领取;然后杨将领据函蒋,并无一谢字,拒绝了蒋的笼络。

1931年8月,阎锡山回到大同,旋即转赴五台县,召见杨爱源、孙楚等人,商议成立"晋绥军事整理委员会",杨、孙分任正副主任委员,组训考核部队。杨秉承阎的意旨,委派过去曾任军、师、旅长的二十余人为督练员,分赴各地募集部队,使该会成为阎锡山再度直接控制晋绥军

的得力工具。9月初,张学良调遣直属部队准备分两路入晋,并电召杨
赴平商议。杨到北平后住进德国医院治病。数日后,日军发动"九·一
八"事变,张学良忙于应变,取消入晋打算。杨返晋后即与徐永昌、傅作
义等十五名将领联名通电要求抗日。不久杨爱源出任山西清乡督办。
11月,太原成立抗日义勇军训练所,杨兼主任,组织太原大中学生六百
多人集训三个月,传授基本军事知识。12月18日,国民党山西省党部
枪杀要求抗日的太原请愿学生,制造流血惨案。杨爱源在阎锡山授
意下,关闭省党部,扣押肇事的党部人员(后以"移地羁押"为名,予
以开释),一石二鸟,既乘机铲除了国民党的反阎势力,又平息了民
愤。1932年2月,蒋介石委阎锡山为太原绥靖公署主任,蒋、阎重
新合流,阎与杨爱源、徐永昌等共同策划,将各地"客军"逐步调出
晋绥省境。

　　1935年10月,中央红军长征到达陕北,阎锡山惧怕陕北苏区对晋
的影响,召开"防共委员会议",将全省划为十二个"防共保卫区",分别
成立"防共保卫团",统归"军事整理委员会"主任委员杨爱源负责指
挥,并对全省公务人员及中学校师生实行军训。杨按阎的指示,在
各县修建营房,抽派军官任教练,虽受到各校师生的反对,但坚持
强制执行。

　　当1936年2月中国共产党组织抗日先锋军渡河东征入晋时,阎锡
山派杨爱源等率军沿河阻击未成,急电蒋介石求援,蒋调五个师入晋,
在太原成立晋、陕、绥、宁四省"剿匪总指挥部",由陈诚任总指挥,杨爱
源任前敌总指挥。红军在攻克吉县、襄陵后,为了停止内战、一致对外,
于5月初回师陕北。

　　1937年抗战军兴,杨爱源任第二战区第六集团军总司令,防守晋
北灵丘一带。9月,八路军一一五师取得平型关大捷时,杨部作为友邻
部队在附近与敌连续激战,起了协同作战的作用。10月,杨部参加由
第二战区前敌总指挥卫立煌指挥的忻口战役,战况激烈,血战二十三
天,毙伤日军精锐板垣师团二万余人,大挫敌锋。1938年初,盘踞华北

的日军集结十万兵力,分三路进攻晋南,杨爱源指挥所部配合第十八集团军在隰县、永和、大宁一带,抗击日军六次进犯,巩固了晋西根据地。

早在1937年11月太原失陷后,阎锡山感到原有的统治组织已涣散无力,遂于1938年2月在襄陵另行组成"民族革命同志会",作为其新的统治核心组织,由杨爱源等十三人组成高级干部委员会,阎为会长。此时晋省大半已被敌占,阎偏处晋西一角,杨爱源继续辅佐阎锡山,维持其统治。其间杨曾到延安访问中共毛泽东主席。回晋后对同僚谈及"延安的一些进步作法,我们是应该学习的"。

1939年,杨爱源升任第二战区上将副司令长官兼第六集团军总司令。是年秋,阎锡山制造"十二月事变",进攻抗日的山西新军;同时在军队中建立"铁军"组织,委杨爱源为铁军的领导机构——特别委员会的主任特委,担任传见、监督和代阎行使各种手续等任务。1942年5月,日军进攻晋西,阎与杨爱源多次商议后,决以重兵对抗,使一贯轻视晋军的日军,猝不及防而受挫。1945年5月,杨爱源当选为国民党第六届中央执行委员。

抗日战争胜利后不久,阎锡山充当挑起内战的急先锋。1945年8月,阎召开军事会议策划进犯解放区上党,会上意见分歧,大多畏惧与八路军作战,杨爱源亦有此意,但未敢在会上表态。会后向阎陈述,未被接受。

1946年,杨爱源改任太原绥靖公署副主任,成为阎锡山统治山西的第二号人物,但阎唯我独尊,大权独揽,杨无调动一兵一卒之权①。杨长期跟随阎锡山,受阎的信用,除了同乡关系外,还因为他对阎一贯忠顺,善用韬晦之术。此时杨虽已身为副主任,但见阎时犹行九十度鞠

---

①　一次杨爱源将一青年军官调去当他的副官,阎锡山获悉后,立即命令调回,并对调动人事的人员说:"我说过只有我能调动,谁也不能调动;你把他赶快给调回来,并告副长官(指杨)说,是我叫调回来的。"参阅《阎锡山是怎样统治山西的》(座谈纪要)中祝秉钧的发言,中国人民政治协商会议山西省委员会文史资料研究委员会编《山西文史资料》第14辑,山西人民出版社1980年版,第212页。

躬礼,高呼司令长官①。为了迎合阎的"存在哲学",曾多次在大会、小会上讲:"会长(指阎锡山)说啥,你就赞成啥,你才能存在住。""要学会听会长的话。""我是无我,我以会长的意志为意志,会长叫我干啥我就干啥,会长叫我怎么办我就怎么办,我从来没有什么意见和建议。"②以此表示对阎的绝对忠心,博得阎的信任。

蒋介石挑起全面内战后,阎锡山倾其全力向解放区进犯,受到人民解放军的反击。1947年2月,人民解放军攻克孝义,继续向介休推进,晋军溃退,阎亲至平遥指挥顽抗,太原军政大权暂交杨爱源代理。解放军乘虚猛攻太原,杨大为恐慌,急电请阎赶回太原主持全局。

至1948年底,阎锡山眼看大势已去,为了准备携带历年搜刮所得逃跑,一面责令省内外他所办的官僚资本企业一律结束,货物变卖,款交杨爱源经手汇集;一面命杨爱源以交涉给养为名,去南京并转赴上海、北平、天津等地,催收各地企业变卖后的价款,共计折合黄金约四万五千两,由杨代阎存储保管。翌年2月,阎锡山指使杨爱源赴南京向代总统李宗仁运动,谋划由阎接任行政院院长,以便逃离太原,而晋局则命杨以绥署副主任代理。杨未能说动,也没有应命回晋。3月,太原被围,阎已成为瓮中之鳖,杨爱源、徐永昌再次向李宗仁疏通,以邀阎赴南京商讨"国是"为名,派专机接阎逃出太原。4月21日,阎到上海,召集在沪的晋籍官僚政客"国大"代表及立法、监察委员等,交由杨爱源带领撤往台湾。

1950年4月,杨爱源被蒋介石任为"总统府"顾问委员会顾问。

---

①　参阅《阎锡山是怎样统治山西的》(座谈纪要)中翟品三的发言,中国人民政治协商会议山西省委员会文史资料研究委员会编《山西文史资料》第14辑,山西人民出版社1980年版,第208页。

②　参阅《阎锡山是怎样统治山西的》(座谈纪要)中师孔彰的发言,中国人民政治协商会议山西省委员会文史资料研究委员会编《山西文史资料》第14辑,山西人民出版社1980年版,第214页。

1952 年 10 月退伍。1959 年 1 月 2 日病殁于台北。

## 主要参考资料

山西省政协文史资料研究委员会编:《阎锡山统治山西史实》,山西人民出版社 1981 年第 2 版。

《山西文史资料》有关各辑。

《国民政府公报》。

# 杨粲三

熊尚厚

杨粲三,名培英,字粲三,以字行。1887年(清光绪十三年)生。四川重庆人。其父杨文光是重庆进出口商号聚兴仁的大老板。大哥杨培德与人合伙开设聚兴成商号。杨粲三读了几年私塾,就在聚兴成学生意,当助手,并被派往万县、汉口、上海等处坐庄,经营桐油、汇兑。1908年,聚兴成合伙人退股,由杨家独承经营,遂改名聚兴诚商号。两年后,杨培德病故,其父命杨粲三接办聚兴诚。杨家财富经过二十年的积累,拥有资产约为一百万两左右。

杨粲三的二哥杨培贤,先后在日本和美国留学,曾多次向家中写信介绍日本三井、三菱洋行的事业,主张走垄断资本三井、三菱的发展道路。1913年,杨培贤由美回国,力主将商号革新扩大,商号资本遂由二万银两增至十万银两,增设国外贸易部和航业部。随着规模的扩充,资金周转需求大增,杨氏兄弟决定筹创"聚兴诚银行"。银行为股份两合公司,资本定额一百万元,分有限无限各半,设"事务员会"(类似董事会)为最高权力机构。杨培贤以事务员兼总经理,杨粲三以事务员兼协理,于1914年底呈北京政府财政、农商两部立案。次年3月,聚兴诚银行正式宣告开业。

聚行开办后,原商号改称"诚记",由其七弟杨培善主持,杨培贤主持国外贸易部,杨粲三则为银行的实际负责人。随着银行的成立,原商号在成都、万县等地所设分号,均改作银行分支机构。开始银行经营虽以汇兑为重点,但与商号业务并未划清界限;既在宜昌、沙市为申、汉各纱厂办理押汇，又代四川铜元局在贵州采办铜铅，并为井盐商家采购机件和运销食盐；将银行资本与商业资本结合经营，而仍以商业经营为主。

聚行成立后八九年间，风雨飘摇，危机四伏。先是哈尔滨分行因亏累而关闭，后北京分行又因用人不当而倒账。特别是，当时四川军阀连年派捐、借垫，层出不穷。聚行为了对付军阀的勒索，曾以高薪雇用外国人做代表出面应付，但终无成效。1923年冬，只得用躲避的办法，将聚行总管理处迁到汉口。与此同时，杨粲三与杨培贤之间因经营上意见相左，家族内部不和，也影响到业务的开展。1924年，杨培贤病故，杨粲三接任聚行总经理兼国外贸易部经理。从此，统一事权，进行整顿。但当时军阀混战如故，摊派勒索照旧，聚行的营业仍多风波。杨粲三为给聚行打开出路，乃创设储蓄部，注重吸收小手工业者的存款，和试办农贷、农仓，办理抵押放款。同时，除继续经营四川土产外，又收购各县沙金，炼成赤金到上海出售。另外还进行公债、纱布等投机活动，其间有盈有亏，而以1930年在上海华商证券交易所所作公债投机损失最大，亏折达一百余万元。

自上海投机失败，杨粲三深感难与江浙财阀势力竞争，便于1930年冬将总管理处迁回重庆，准备向西南发展。回到重庆后，他一面调查云、贵经济状况，一面以重庆为中心，在川东、川南各县广设办事处，并新设长沙、常德两汇兑所，做伸入湘、桂及滇、黔的准备。同时，撤销了天津分行，裁并了国外贸易部，并自行设厂提炼桐油。1932年改贸易部为代办部，增设信托业务。经过数年的整顿，到1933年前后，业务大有起色。1934年，他偕亲友数人，和他的儿子去欧美考察，路经伦敦时，与英商"德善公司"经理商议，合组"联益金融有限公司"，投资四川工矿企业，以图扩张业务。事为中国留英学生所知，群起反对，所拟合同作废。同年聚行增设了地产部。1935年，他创设华兴保险公司，派其子杨锡远主持。

杨粲三为了拉拢四川地方官僚资本势力，扩大社会基础，早有将聚行改为有限公司之意。1937年3月,聚行召开十二届股东大会,决议将两合公司改组为银行股份有限公司,增订资本为二百万元,吸收刘航琛、何伯衡、董庆伯、杨晓波、龚农瞻等为董事,以董庆伯为总经理,任望南为协理,自任董事长。这一改组,表面上好像聚行已非杨氏家族银行了,但杨家股票仍占多数,实权仍为杨氏掌握。抗战爆发后,人员、游资涌入四川。在物价上涨、商业利润骤增的刺激下,西南金融市场反形活跃。聚行以本地风光,并早着眼西南,遂乘机大事扩展业务。从1938年至1941年,聚行相继在昆明、贵阳设立分支行,在衡阳、柳州等地见缝插针设办事处,在四川境内增设自流井分行及新都、金堂、简阳、庐县、乐山、犍为、南充等办事处,大力扩充营业区域。此时,资本增至四百万元,到1943年又增资至一千万元。是年第二季度放款达七百七十余万元,投资工矿企业达五百余万元。1941年时盈利可观,职工要求分红,与杨粲三发生斗争,部分董事及其弟也和他发生纠纷,故于1942年,他以其侄杨晓波代董事长,自己退居幕后。1943年10月,聚行召开股东大会,杨粲三再次被推为董事长并兼总经理,权力更加集中。

在抗战期间,聚行对大后方各城市企业进行了大量投资,从而由聚行干部和杨氏兄弟任董事和监察的企业,达数十家之多。仅杨粲三就先后担任川康毛织公司、四川丝业公司、重庆人造棉公司等企业的发起人、董事,四川兴业公司常务董事,重庆国货介绍所、四川合江煤矿、重庆自来水公司和铜梁造纸厂等董事,四川水力、四川电力、四川机械及华西兴业等公司监察人,并任四川省银行理事及重庆银钱业公会和银钱业公会联合公库常务委员。

杨粲三经营聚行,总是以“便利人群,服务社会”相标榜,但实际并不只靠正常的银行业务,也像国民党统治区其他企业一样,投机倒把,牟取暴利。他通过侄儿杨晓波与国民党官僚资本合作,用“永聚”名义暗中从事买卖黄金、美钞活动,还从国民党政府公债中大发其财。

抗战胜利后,杨粲三召开聚行“复员会议”,由于家族内部纠纷迭起,他不得不再一次以退为进,于1945年10月宣布“退休”,12月辞董事长及总经理职,由其九弟杨培荣出任董事长,李维城代理总经理,他以元老资格任高等顾问。退居幕后的杨粲三,仍是聚行的重心所在。1946年1月,他提出"刷新行务"。3月,聚行被国民政府财政部指定为经营外汇银行之一,这在当时川帮银行中是唯一的一家。聚行地位为之提高,他也为此而沾沾自喜。于是他指示聚行增设了国外部,同时又再次于津、穗两地增设分行,并恢复南京、长沙两支行及宜昌、沙市、常德、香港等办事处。同年秋,在上海设办事处,计划将总管理处移至上海,力图将聚行发展成全国性银行。到1947年止,聚行发展到三十三个单位,职工一千三百余人。但是,由于国民党政府发动了反共内战,致使通货膨胀,工商倒闭,正常的银行业务极难经营。在一片混乱之中,杨粲三虽仍靠投机、做暗账等手段勉力挣扎,但对前途发展,却深感渺茫。

正当杨粲三走投无路的时候,1949年上海、重庆相继解放。是年冬,他从香港到北京,会见中国人民银行总行行长南汉宸,欲保持聚行的私人经营,不想加入公私合营,自然不得要领。以后,在党和人民政府的教育帮助下,聚行于1953年实行了公私合营。杨粲三任重庆市联合银行副董事长。

1962年3月,杨粲三在重庆病逝。

## 主要参考资料

《本行艰难缔造的经过》,聚行月刊社《聚星月刊》,第1卷第1—6期,1947年版。

李维城、宫廷璋:《杨氏家族与聚兴诚银行》,中国人民政治协商会议全国委员会文史资料研究委员会编《文史资料选辑》第33辑,中华书局1963年版。

《聚兴诚银行素描》,新世界月刊社《新世界月刊》1944年10月号,第15—19页。

# 杨 登 鹏

吴忠才

杨登鹏，广西西隆长发乡(今隆林各族自治县长发乡)人，苗族。1909 年(清宣统元年)生。他的父亲杨文众出身于小康农家。

西隆县南部的克长、德峨一带是该县苗族主要聚居区。民国初年，这里开始种植罂粟(鸦片)，所产烟土称"苗冲货"。征收"苗冲货"和过境的"云土"、"黔土"的税款，是桂系军阀的重要饷源。桂系任用苗族头领、杨登鹏的外祖父杨满统治这个地区。

杨登鹏少时读过三四年书，1923 年跟大舅杨福应(自封为苗王)当随从。1926 年升为队长，成为杨福应的得力助手。

1936 年秋，杨福应因与共产党领导的滇黔桂地区游击队有联系被广西当局派兵"围剿"杀害。杨登鹏作为杨福应的亲信遭到追捕。这一年冬天，他带了少数人马去投靠西隆北部的匪霸陆尔福(壮族)，结拜为兄弟，在黔、桂边界打家劫舍，抢烟贩，"拉生"(人质)。有一次，他领着几十人扮成客商到贵州安龙县城，半夜里从"货担"中抽出武器，洗劫了该城。他有时回到克长、德峨活动，袭击杨福应的那些对头冤家。广西省政府派兵围捕他，不但没有结果，反而死伤了一些人，丢了一些枪。

杨登鹏虽然与陆尔福结拜为兄弟，彼此间却是尔虞我诈，以至积怨日深。杨不满得来的财物受陆的勒索；陆也知杨难以制伏，于是密谋杀杨。杨登鹏探知陆的密谋后，于 1937 年 2 月初潜回长发乡，掩藏了枪支，带几个随从到云南广宁县躲避。

1931 年至 1937 年间，德峨、克长地区多次爆发苗族群众反对广西政府滥收苛捐杂税的斗争。为了加强统治,国民党省政府废除了当地的族长制,实行保甲制,物色一些少数民族上层人物充当乡、村长。杨登鹏趁机于1937年底从广宁回家,出了千把块大洋向西隆县政府"自新",在长发乡协助乡长做些事情。1938年冬,西隆县府送他到南宁进第八期民团干部学校受训四个月。结业后,杨登鹏被指派为长发乡民团大队长。1940年兼任副乡长,1942年9月升任乡长。这期间,他一方面悉心为国民党地方政府征集粮食、收缴烟税,以取悦上司;一方面培植自己的势力。

1944年末,日军入侵广西,广西省政府迁到百色。大小官员们在西隆、西林一带暗地里鼓动广种罂粟。这正合杨登鹏的心意,他公然强迫农民种鸦片。第二年夏初收获时,西隆一县种的万亩罂粟,产鸦片一百多万两,广西省政府烟税收入折黄金一千七百两。西隆县指派杨登鹏负责征收德峨、长发、克长、隆或等乡的烟税。罂粟刚开花,杨登鹏就派人到地头估产,收获时按估产的百分之五十交税。缴纳不起的,被说成是偷懒,要罚交"懒税"。上税时,杨登鹏拿出一把特制的"雷公秤"(秤砣下有一特制的小孔,可以放进铁珠),一百两大烟在这把秤上只有七十两左右。收上的大烟,他美其名曰加工,将黄豆粉掺入其中。他如此敲骨吸髓,巧取豪夺,捞到了二十万两鸦片烟。其中除将百分之四十左右上缴及馈送贪官外,他独占了约十二万两。这是他暴富的起点。

杨登鹏以这批烟土为资本,与百色、南宁等地的烟帮头子勾结,加入了以贩卖烟土为职业的洪帮组织。大烟从西隆运到百色,便获利数倍。从此,他在乡里大量购买田地,在外则勾结国民党军官、兵痞,贩卖枪支弹药。他自己添置了轻重机枪,以及新式步枪、手枪等。杨登鹏钱多枪多,赫然成了西隆的"南霸天"。对当地土豪和壮、彝等族的头目,他软硬兼施,或结拜"金兰",或攀儿女亲家,或以武力威胁。对外地来的官、商、赌棍,他讲"义气",或供食宿方便,或给一点做生意的本钱,使他们在必要时为他效劳。有些"风水先生"也是他的座上客,常常散布说他家的坟山好,又得了杨福应家的什么法宝,理应由他来当苗王,以

"保护地方"。他派出爪牙洗劫村庄、抢劫客商后,又装着悲天悯人的样子派人去"缉拿凶手"。

广西省政府为了笼络、利用杨登鹏这条"地头蛇",1946年委派他担任西隆县民团总队副队长。这一年的五六月间,越南国民党头目阮海臣为了对抗胡志明的革命力量,来广西招兵买马。杨登鹏带了二十多人携枪到南宁,受阮口头任命为"越南人民革命军第一军军长",准备扩充队伍。杨登鹏等人从南宁出发到谅山,薪饷没有着落,卖了几条枪以充伙食费。他觉得跟着阮海臣这个光杆司令没有什么出路,在谅山住了一晚便返回。7月回到西隆。这时,杨登鹏原任的职务已被解除,广西省政府考虑到他的势力和"黑货"生意,又给他以百色专署咨议的头衔。第二年升为参议。

1946年国民党挑起全面内战后,1947年广西省政府为解决饷源,默许大种鸦片。杨登鹏利用征收烟税的机会,又一次大发其财。此后,杨的实力更为雄厚,掌握了五六百人的武装。西隆县南部都是他的势力范围。他常对手下的人说:如果你们不跟我,我的嘴巴一歪,就有人把你们干掉。他占有六百多亩田地,不少苗、壮族的农民成了他的"地客"(佃户)。这些"地客"受尽压迫剥削,每年除交付沉重的对半租以外,还要为杨家服劳役。

1948年末,国民党广西省政府眼看杨登鹏在西隆县势力日增,想调虎离山,由田西县县长覃超以朋友名义邀杨到他那里当民团副司令。杨登鹏虚与委蛇,很少到职,仍在长发、克长经营他的"洋烟"。他还邀了兵痞出身的烟贩头子梁平,带了一些人和机器到长发制造假货币。因技术低劣,铸出的光洋和印制的纸币均不能使用。

1949年10月,国民党妄图以几万正规武装配合广西边远山区的地主、土匪势力,建立所谓"游击根据地"。他们在百色拼凑了新编十六军第四十八师,杨登鹏被委为副师长兼一四二团团长,有五六百人枪。翌年1月初,在人民解放军的强大攻势下,国民党黔桂边绥靖区司令官张光玮在西隆县新州率部千余人起义,新四十八师师长萧若夫也随行。

该绥靖区副司令官胡栋臣自任司令官,率残部进驻克长,委杨登鹏为新四十二师师长。一个月后,人民解放军从滇南回广西,全歼了胡栋臣部,1950年3月1日解放了西隆县城。3月,杨登鹏被迫自首,得到人民政府宽大处理。不久,杨伙同当地一些土匪恶霸和残余反动势力进行反革命暴乱,妄想重温"游击根据地"的旧梦。6月初,杨登鹏从南宁逃到百色附近,受国民党特务委为"中国解放人民建国剿共军第七集团军第二十七军军长",辖四个师,匪众二千余,枪千条。7月,美帝国主义发动侵略朝鲜战争后不久,杨登鹏在长发拼凑了伪军部,杀猪宰牛"庆祝"了三天,并改名杨万飞。8月,杨登鹏率匪部入西隆县城新州镇,大肆搜刮民财,残酷屠杀干部,有的村子全村被洗劫一空。

1951年4月初,人民解放军进剿桂西北土匪,杨登鹏带三十多人流窜于长发、克长一带。10月30日,解放军和民众百余人上山围剿残匪,杨登鹏被手榴弹炸死。

主要参考资料

《杨登鹏罪行材料》,《广西民族学院院刊》1975年创刊号。

中国社会科学院民族研究所:《关于西隆苗族、彝族社会历史调查报告》(未刊稿)。

《隆林十年》,中共隆林县委办公室编《隆林自治县三十年概况》。

《人民解放军在广西剿匪工作的伟大成就》,《广西日报》1951年8月1日。

陈良佐:《西隆、西林烟案内幕》,中国人民政治协商会议广西壮族自治区委员会文史资料研究委员会编《广西文史资料选辑》第1辑,1982年重印本。

岑建英:《广西百色的烟帮》,《广西文史资料选辑》第3辑,1982年重印本。

# 杨 笃 生

杨天石

杨笃生,原名毓麟,号叔壬。湖南长沙人。1871 年(清同治十年)生。十五岁中秀才,后肄业长沙岳麓、城南等书院,泛览文学、历史等各类书籍,尤其留意于经世致用之学。1894 年甲午战争中清军失利,杨笃生感愤时事,作《江防海防策》,痛诋清朝政府中投降派的误国。1897年中举,第二年参加会试后,以知县分发广西,没有去上任,被聘为湖南时务学堂教习,与梁启超等一起倡言变法。戊戌政变发生,清政府缉查改良派人士,杨笃生逃到乡下躲藏起来。

1900 年之后,杨笃生在湘绅龙湛霖家教馆,常私购禁书,于深夜中偷读,思想境界随之大为开阔。他认识到要改造中国,必须具有"世界之知识"。1902 年东渡日本,先入弘文学院,后入早稻田大学学习。这时,他交游渐广,思想逐渐转向革命,曾与黄兴等共同创办《游学译编》杂志,介绍西方民主主义文化,又曾写作并出版《新湖南》一书,批判康、梁等人的保皇言论。他呼吁湖南"中等社会"(指知识分子)奋起"排满",热情地讴歌"破坏",认为世界各国中"破坏"精神最强的要数俄国的"无政府党"①。1903 年拒俄运动中,他报名参加拒俄义勇队,后又参加军国民教育会,被推为江南一带的"运动员",负责筹备经费与联络同志。为模仿俄国"无政府党"从事暗杀的做法,他与苏鹏等在横滨秘密设立炸药制造所,学制炸药。一次,因失慎炸伤一目。1904 年夏,他

---

① 《新湖南》第 5 篇。

与苏鹏、张继等潜入北京,计划在颐和园至西直门的路上炸毙慈禧太后。一直窥伺了四五个月,终因无隙可乘,带着失望与愤懑的情绪离京赴沪。

杨笃生到沪后,和蔡元培、章士钊等设立秘密机关,继续研制炸药,同时联络各省留日同志,策应黄兴等在长沙发动的起义。10月,长沙起义因事机泄漏失败,黄兴脱险来沪,在新闸路余庆里设立爱国协会,作为华兴会的外围组织,杨笃生被推为会长。次月,万福华刺王之春案发,余庆里机关被搜查,杨笃生被列入追捕名单,但幸得脱走,自此改名守仁。

在几经挫折后,杨笃生认为在边远地区发难不如在首都收效快。因此,他再次入京,以任译学馆教员为掩护,计划从事"中央革命"。不久,应赵声要求,到保定与吴樾等共同组织北方暗杀团(军国民教育会保定支部)。当时,吴樾等只知道用手枪,杨笃生向他们提供自制的炸弹,并一起入山进行试验。1905年7月,清政府准备派载泽、端方等五大臣出洋考察宪政。这一消息传出后,杨笃生与吴樾策划对他们施以暗杀。于是,先由杨笃生活动,谋得载泽随员职务,以为内应。9月24日,吴樾在北京正阳门车站谋炸五大臣未遂,壮烈牺牲。清政府大肆搜捕,但没有怀疑到杨笃生。12月,五大臣启程出洋,杨笃生随行到日本,与黄兴、宋教仁、张继等见面商量,决定辞去随员职务。其后,杨笃生回到上海,设立江海交通机关。1906年6月,他正式加入中国同盟会。

1907年4月,杨笃生与于右任等在上海创《神州日报》。他所写的社论和"时事小言"大胆泼辣,言人所不敢言,很受读者欢迎,当时有人誉之为"公之文欲天下哭则哭,欲天下歌则歌"①。同年5月,报社被邻近火灾殃及,仓促中杨笃生从楼上攀缘电杆而下,幸免于难,但机器、财物大部分损失。灾后,于右任离社,剩下杨笃生辛苦支撑局面。他有时

---

① 骚心(于右任):《吊杨笃生文》,《民立报》1911年8月8日。

就睡在铅字架旁。

　　1908年春,杨笃生被留欧学生监督蒯光典聘为书记,随行至欧洲。1909年冬,蒯回国,杨笃生改入苏格兰的爱伯汀大学学习,同时任《民立报》欧洲特约通讯员,为国内读者介绍西方工党、社会党、无政府党的活动情况。经过考察,杨笃生终于认识到了无政府主义者"排斥国家,排斥爱国论","足以涣散国人进取之心"[1]。1911年4月,广州起义失败,时杨笃生适患头部浮肿病。他听说黄兴战死,非常悲伤。后来,得到确讯,知道黄兴无恙,才略感安慰。不久,又传闻列强有瓜分中国之说,他深受刺激,病势加重。正在这个时候,他发现同在爱伯汀留学的章士钊与保皇党人有来往,因而和章发生冲突,关系决裂,精神上再度受到刺激[2];同时,又因服用硫磷类药物过多,遍体炽热,痛苦难忍[3]。他便买票至利物浦,想觅一手枪,乘船归国,"寻一民贼死之"[4]。但又觉得海天万里,非旦夕可达,于是,就遗书给在伦敦的吴稚晖,告以"脑炎剧发,不可复耐,有生无乐,得死为佳"[5],嘱他将自己所存英币百镑代为捐献,作为革命党人开办小型炸弹厂的基金,或寄给黄兴,解决他经济上的困难。

　　1911年8月6日,杨笃生在利物浦海口投大西洋死。

[1]　耐可(杨笃生):《记英国工党与社会党之关系》,《民立报》1911年6月14日—7月8日。
[2]　孤桐(章士钊):《与杨怀中书》,《甲寅周刊》第1卷第33号。
[3]　杨昌济:《蹈海烈士杨君守仁事略》,《甲寅杂志》第1第卷4号。
[4]　《杨君笃生绝命书》,《民立报》1911年9月8日。
[5]　《杨君笃生绝命书》,《民立报》1911年9月8日。

# 杨 度

刘秋阳

杨度,原名承瓒,字皙子,后更名度,号虎禅师、释虎。生于1875年1月15日(清同治十三年十二月初八日)。湖南湘潭人。父杨宋彝,以同知衔候补江苏知县。1884年父病逝,其伯父杨瑞生照料杨度一家人生活。杨瑞生以军功起家,官至朝阳镇总兵。

杨度六岁入私塾,学习"四书"、"五经"。十三岁从学国学大师王闿运。他聪明过人,勤奋刻苦,被王闿运视为自己衣钵传人。1891年,杨度兄妹三人到河南伯父家居住。1894年9月,参加顺天乡试中举。次年参加会试落第。时值甲午战争中国战败,他联合湖南数十名举人上书,请拒绝与日本议和。秋末,他返回湘潭,继续师事王闿运,直到1902年。杨度深受王闿运的影响,自负甚高,年轻气盛,自称独得王的帝王之学。

1902年5月,杨度东渡日本,就学于东京弘文书院师范科学教育,课余主编《游学译编》月刊,介绍西方政治学术。在所撰《游学译编叙》文中,力主中国"乘此迎新去旧之时而善用老大与幼稚,则一变而为地球上最少年之一国"。11月返国。1903年3月以四川总督锡良荐在北京参加经济特科考试,初试名列第一等第二名。8月,杨度因被指为康梁余党,遭拿办,不得已再入日本弘文书院,学习法律和政治。同年10月,发表了广为流传的《湖南少年歌》,放言"若道中华国果亡,除非湖人尽死"。杨度的旧学和新知水平超群,为人热情活跃,交游广泛,其寓所有"湖南会馆"和"留日学生俱乐部"之称。不久被选为中国留日学生总会馆干事长。1905年7月,孙中山曾与人访杨度,欲劝杨加入同盟会。杨表示:"革命破坏太大,立宪可事半功倍。"不愿加入同盟会,但把黄兴介绍给孙中山。后来杨度亲自到横滨拜会孙中山,两人"辩论终日"。结果杨度说:"吾主张君主立宪,吾事成,愿先生助我;先生号召民族革命,先生成,度当尽弃其主张,以助先生。努力国事,期在后日,勿相妨也。"[1]

　　1905年,为缓和国内矛盾,清政府考虑实行"预备立宪",并派五大臣出国考察宪政。应随行参赞熊希龄之邀约,杨度于1906年夏为五大臣代撰《中国宪政大纲应吸收东西方各国之所长》和《实施宪政程序》两文。五大臣据以修改,上报朝廷交差。1907年1月,杨度创办《中国新报》,自任总编撰员,并连续发表约十四万字的《金铁主义》长文,主张实行君主立宪,开国会以定国是,与保皇派所持君主立宪论异曲同工,因而受到革命派的猛烈抨击。与此同时,杨度积极从事组党之准备,2月组织政俗调查会,自任会长。7月改名宪政讲习会,后又更名为宪政公会,杨为常务委员长。

　　1908年3月,杨度与人组设湖南华昌炼矿公司,任董事长。4月,军机大臣张之洞、袁世凯联名保奏杨度"精通宪法,才堪大用",得清政府任命为四品京堂及宪政编查馆提调。杨度对袁世凯知遇之恩感激不尽。同年袁世凯被摄政王载沣驱赶回乡,杨度经常奔走于北京、彰德之间,传递消息,为袁世凯出谋划策。1911年10月武昌起义爆发后,清廷被迫起用袁世凯,先任袁为湖广总督,令其带北洋军队南下镇压起义,但杨度劝袁不要应命,袁世凯乃以"足疾未愈"为由拒绝。后清廷被迫任命袁世凯为内阁总理大臣,组织"责任内阁"。11月,袁世凯任命杨度为学部副大臣,旋又让杨与汪精卫发起国事共济会,以"使君主、民主一问题,不以兵力解决,而以和平解决,要求两方之停战,发起国民会议,以民之意公决之"为宗旨。后又在袁世凯授意之下,杨度以国事共

　　[1]　刘晴波编:《杨度集》,湖南人民出版社1986年版,第190、16、643页。

济会负责人名义上书资政院，建议南北两方停战，召集临时国民会议解决君主、民主问题。由于该会未能发挥预期作用，杨度只得在其成立二十天后又将其草草结束。随后，杨度参与南北议和。在杨度等人斡旋下，南方革命党人作出妥协，决定"虚临时总统之席以待袁君反正来归"。

1912 年 1 月，袁世凯授予杨度二等嘉禾勋章。此后，杨度先后担任宪政委员会委员、参政院参政、国史馆副馆长、代馆长等职务。9 月，黄兴曾极力邀杨度入国民党，但杨反对国民党所推行的政党政治，要求国民党"取消政党内阁之议"，拒绝了黄兴的邀请。

袁世凯镇压"二次革命"后，采取了一系列倒行逆施的步骤，为复辟帝制做准备，并不惜承认日本提出的"二十一条"，在外交方面取得日本的支持。1915 年 8 月，袁首先授意他的宪法顾问、美国人古德诺在上海《亚细亚报》发表《共和与君主论》，公开为复辟帝制鸣锣开道，鼓吹实行帝制。接着，袁世凯又通过内史监夏寿田转告杨度，让他公开出面组织一个推动帝制的机关。杨度得悉袁的旨意后，即由夏寿田陪同前去觐见袁世凯，向袁表示："度主张君宪十有余年，此时如办君宪，度是最早之人。"①袁让他和孙毓筠等商量办理。杨度即和孙毓筠、李燮和、胡瑛、刘师培、严复串联，于是月 14 日联名发起成立"筹安会"，杨任理事长。23 日，杨度起草"筹安会"宣言，堂而皇之地称是为了"筹一国之治安"，并攻击共和制不适于中国②。接着，杨度又撰《君宪救国论》一文，鼓吹非君主不足以立宪，非立宪不足以救国，实行君主制是国家富强之本，中国非实行帝制不可。袁世凯阅后赞赏不已，指定为帝制派的理论纲领，当即亲笔题书"旷代逸才"的横幅赏赐给他。杨的文章被印后广为散布，袁特嘱各省文武官员阅读。

---

① 李新主编：《中华民国史》第 2 编第 1 卷（下），中华书局 1987 年版，第 570 页。

② 全国请愿联合会编：《君宪纪实》，1915 年版。

　　杨度的文章和"筹安会"的活动，遭到全国反对帝制各界的抨击，并要求依法惩办杨度等人，谓总检察厅应当检举，肃政厅应该纠弹。杨度害怕反对帝制者袭击其私宅和"筹安会"事务所，乃请京师警察厅特派军警进行保护。杨度等秉承袁旨，加紧进行复辟活动，以"筹安会"名义策动各地组织分会，并向全国发出通电，要求各地速派代表进京"讨论"国体，组织请愿团向参政院请愿，一鼓作气想让袁世凯早日当上皇帝。但袁鉴于当时还有一些封疆大吏没有表态，不敢贸然马上登基，于9月重新安排，以尊重"民意"为幌子，决定另造一"民意"机关，放慢了帝制自为的步伐。此时，梁士诒以巨款收买各地请愿团组成"全国请愿联合会"，向参政院请愿"召开国民会议以解决国体"。在杨度协同梁士诒等指挥下，"全国请愿联合会"三次向参政院呈递请愿书。10月，参政院决定组成国民代表大会决定国体，推定参政院为国民代表大会总代表。随后于12月进行所谓解决国体总投票，"一致"通过实行君主制度。杨度和孙毓筠当场提议，以总代表名义恭上推戴书，拥护袁世凯登基当皇帝。12月12日，袁世凯发布接受帝位令，杨度成为帝制"大典筹备处"的重要成员，里外奔走，于1916年1月1日拥袁登上了皇帝的宝座。

　　杨度没有想到，袁世凯复辟帝制会遭到全国人民极其强烈的反对。袁于内外交困之下，于3月下旬被迫取消帝制，在忧惧和悲恨之下于6月6日死去。黎元洪继任总统后，于7月14日发布惩办帝制祸首命令，杨度等八人被列为祸首，"着拿交法庭详确讯鞠，严行惩办，为后世戒"①。杨度逃离北京，到天津躲避，住在租界做寓公。过了"缉拿"的风头之后，杨仍想继续他的"君宪救国"主张。翌年春张勋阴谋复辟之时，他曾应邀派代表参加徐州会议，只因张勋复辟清王朝与他的主张不同，杨才没有公开参加张勋的复辟活动，而杨于张勋正式宣布复辟后的第三天发出通电，谓张勋所为"与君主立宪精神完全相反"，并表示"从

①　上海《申报》1916年9月16日。

此披发入山,不愿再闻世"①。此后,杨度一面以文史为友,一面从事禅宗南宗的佛学研究,想从佛学中找到救国救亡的道理;进而认为社会之"一切罪恶,无非我见",必须提倡"无我主义"。

杨度经过清末立宪和袁世凯称帝、张勋复辟的三次失败,接着又步入以"无我主义"救世的佛学境界,同时处于政治上受到冷遇、经济上没有来源、生活潦倒的环境下,促使他闭门思过,检讨自己的错误,彻底抛弃"君宪救国"论,寻找新的救国之道。1918年3月,北京政府发令赦免所有曾犯过复辟罪的人,杨度从此又逐渐投入政治活动。同年9月,他发表通电于上海,表示放弃君主立宪主张,提出解决时局的主张。

五四运动前后,杨度在与李大钊、邵飘萍、胡鄂公以及北京大学等校进步师生接触中,受到民主思潮的影响,抚今思昔,他的思想发生了新变化,曾兴奋地说:"时代不同了,君宪救国论已是废话,现在是改持革命救国论的时候了。"②1922年夏,受孙中山之托,他与刘成禺等商讨阻止吴佩孚率赣军援助陈炯明的计划,亲赴保定游说曹锟,完成了这项紧急任务。孙中山后来称赞:"杨度可人,能履政治家诺言。"③1923年春,孙中山着手改组国民党,杨度到上海会晤孙中山,要求加入国民党。孙中山特电党内干部,说明杨度"此番倾心来归,志坚金石,幸勿以往事见疑"。后此事未果,杨度表示:"我不加入国民党,是照样可以为国民党工作的。"④不久,杨度受孙中山委托北上进京,接洽和平统一事宜。1924年10月,杨在为同县沈润身《系统进化哲学》一书作序中,主张以革命手段,扫除"食不平等"、"贫富之不平等"、"贵贱之不平等"的社会制度。1925年8月,杨度应奉姜登选之邀到徐州,任姜幕参赞。他还参加反对帝国主义大同盟,并参与该同盟举行的几次反帝示威活

① 刘晴波编:《杨度集》,湖南人民出版社1986年版,第190页。

② 刘晴波编:《杨度集》,湖南人民出版社1986年版,第16页。

③ 刘晴波编:《杨度集》,湖南人民出版社1986版,第643页。

④ 杨云慧:《从保皇派到秘密党员——回忆我的父亲杨度》,上海文化出版社1987年版,第88页。

动。1926年,杨积极参与营救《京报》社长邵飘萍和《社会日报》社长林白水的活动。

1927年4月4日,杨度意外获知张作霖控制的北京政府,将有搜捕苏联驻京兵营内共产党人之举动,立即告知国民党北京特别支部书记胡鄂公,并请转告李大钊等火速走避。但李大钊对此消息表示怀疑,以致延误了时机。李大钊被捕后,杨度立即与他人分途营救,并派儿子到狱中探视,秘传消息。其间,杨度将自己在京寓所作价变卖,将全部银钱充作营救之用;后为周济遇难者家属,又八方张罗,所蓄为之一空。

1929年2月,杨度南下上海,寄居原北京政府众议院议员陆仲鹏家,以卖字画为生,后经陆介绍结识上海社会名流杜月笙。杨得陆、杜资助客住镇江,撰写《中国通史》,历时半年,嗣后返回上海。在此期间,经中共中央直属文化工作委员会第一书记潘汉年介绍,由周恩来批准,杨度正式加入中国共产党,先后由潘汉年、夏衍等与他单线联系。为掩护工作,经组织同意,杨度给杜月笙当名誉顾问。他乘机收集不少情报,"曾不止一次地把亲笔写的国民党内部情况,装在用火漆封印的大信封内",交给夏衍①,甚至还劝杜月笙不要为国民党卖命。11月27日,中共中央机关报《红旗》第二期出版,报头"红旗"二字,即为他题写。

1930年,杨度先后参加中国革命共济会、中国社会科学家联盟。翌年6月,杜月笙之宗祠落成,举行典礼,杨度为文书处主任。9月17日,杨度因长期腹泻不止逝世于上海。临终前数日,杨度曾自撰挽联:"帝道真如,如今皆成过去事;医民救国,继起自有后来人。"

---

① 杨云慧:《从保皇派到秘密党员——回忆我的父亲杨度》,第88页。

# 杨 虎 城

黄德昭

杨虎城,原名惠,号虎臣,陕西蒲城人,1893年(清光绪十九年)出生在一个农民家里。幼年时,由于家庭贫困,他只念过两年村塾,便到一家小饭铺替人烧火。1908年,他的父亲遭仇家诬陷,被官府处死。这时,他才十五岁,得村民帮助勉强营葬了亡父。之后,他走投无路,和当地一帮少年成立了一个"中秋会",以"打富济贫"相号召,后来发展到百余人,他是领袖。

1911年辛亥革命爆发,杨率领中秋会员参加陕西民军,与清兵作战。1913年退伍回乡。他仍然以中秋会员为基本群众,参加当地农民的抗捐抗暴斗争。1914年,他纠合一批人打死了县东南乡一个向农民逼债的大恶霸李桢。此人包揽词讼,强占民女,无恶不作,农民恨之入骨。李桢被打死的事件,轰动了当地,县官派差役缉捕杨虎城等人,他们被迫流亡到同州(今大荔)、郃阳(今合阳)一带活动,杨成了当地"刀客"①集团的首领。1915年冬,杨已有众数百人。袁世凯窃国称帝,民党井勿幕等发动反袁护国斗争,杨率众参加陕西护国军,转战于朝邑、华阴一带。1916年反袁军事结束,杨部被编为陕西陆军第三混成团第一营,杨任营长②。

---

① "刀客",陕西江湖人物的一种,崇尚侠义,劫富济贫。
② 陕西革命先烈褒恤委员会编:《西北革命史征稿》中卷,上海书店1990年影印版,第192页。

1917年底,中华革命党人在三原组成靖国军,参加"护法",反对段祺瑞政府及陕督陈树藩。不久靖国军在三原、渭南宣布独立,杨虎城任靖国军左翼军第五游击支队司令。次年2月,杨率部参与临潼关山镇防卫战役,使陈树藩压境之敌不能前进一步。6月间,中华革命党人于右任受孙中山之命入陕,为各军共推为陕西靖国军总司令,统率各军,杨虎城任第三路第一支队司令。1919年1月,杨率部与陈树藩军及北洋政府八省援陕军相对抗。1920年杨攻占武功城,及于扶风、麟游等县。不久,直系曹、吴取代了皖系段祺瑞的北京政府,派阎相文督陕。直系对靖国军采取分化政策,胡景翼一师首先接受了直系收编。其后各路靖国军多被改编,独杨不为所动。1922年春,靖国军总司令部迁到武功。于右任任杨为第三路司令。杨率军一旅迎击十倍之直军于大王店,奋战半月后,以孤军难持久,退往凤翔。在此决定:于右任南下向孙中山请示,部队由杨率领再转移到陕北。千里行军,冲破沿途堵截,最后到达延安,依托于陕北镇守使井岳秀(井勿幕之兄)处。杨到陕北后,一面集训旧部,一面派代表与孙中山联系。1924年1月,国民党第一次全国代表大会期间,孙中山通过杨的代表告诉他,批准他为国民党党员。

同年10月,冯玉祥发动了驱逐曹、吴的北京政变,与胡景翼、孙岳共组国民军,委井岳秀为陕北国民军总司令,杨虎城为陕北国民军前敌总指挥。1925年7月,杨率师自陕北南下,击败直系军阀吴新田,把他赶到秦岭以南,杨升为国民军第三军第三师师长。这时,杨虎城已开始与中国共产党合作,在耀县设立"三民军官学校",由著名共产党人魏野畴任学校政治部主任,请一些共产党员教授政治课,还吸收了一些黄埔军校毕业的中共党员在部队中任下级军官。这对杨及其部下以后与中国共产党合作有不少影响。

1926年1月,张作霖、吴佩孚联合对国民军开战。4月,吴佩孚派刘镇华率镇嵩军七万人进攻陕西。镇嵩军是土匪集团,陕人过去深受其害。但当时陕西督办李云龙(属国民二军)新自豫西败回,潼关门户洞开,刘镇华得以长驱直入,兵临西安城下。陕西人民要求抗刘。这时杨虎城带领部队自三原迅速开入西安,与李云龙部共守省城。两部兵力不过万人,又当国民军各军新败;当时西安城内又有一批反动绅士、政客,见刘势大,与刘勾结,形势十分险恶。但西安城内,当时也有共产党人领导的青年学生、妇女等各种进步团体,这些团体积极发动群众,宣传打倒军阀,帮助守军,给守城国民军以极大鼓舞和支持。杨在群众支持下,枪毙了"和平迎刘"的劣绅头目,镇压了投降活动。守城战自4月中旬开始,至9月冯玉祥派国民一军援陕,到11月底西安解围,历时将近八个月。其间城内粮食吃光,代之以树皮、草根,可食之物皆掘殆尽。杨与李云龙部团结一致,坚守待援①,终于取得最后胜利。这一战役有力地支援了当时已开始的北伐战争,是民国史上有名的守城战例之一。

1927年初,冯玉祥入西安,6月杨虎城部归冯统率,任国民联军第十路总司令(旋改第十军),随后东出潼关参加北伐,与国民革命军会师中原,同奉系直鲁联军在陇海线归德一带作战半年之久。后因失利而退入皖北太和休整。"四一二"蒋介石"清党"反共,冯玉祥接着与蒋合作反共,形势大变。当时在杨身边的中共干部劝杨起义,所部中也有反对起义者。杨处于左右为难的处境:由于杨申请加入中共的要求未获省委批准难以领导所部起义,但又不便留队妨碍中共皖北特委发动起义的决定②。1928年春,以魏野畴为首的中共皖北特委发动刘集暴动失败(魏牺牲),引起南京政府注意,杨从"朋友道义"的关系上,礼送其身边中共党员(有南汉宸等人)出境。蒋介石发动的二次"北伐",他不愿参加;与冯的关系也渐疏远并有所不满。末后,他决定出国"休养",于4月底到日本。同年冬,蒋、冯之间出现裂痕,双方都电促杨回国,他

①　黄成说:《西安围城记》,1927年作者自印本,第49页。
②　根据米暂沉先生于1979年4月21日给李新、桂五、克夫三同志来信中所提供的史料加以订正。原信存本书修订组。

于11月回到国内。当时,他的部队已改编为国民革命军第二集团军暂编第二十一师,奉冯命开往鲁南。他到鲁南就任第二十一师师长新职,暂时仍隶冯部。1929年4月,蒋、冯矛盾濒于破裂,冯为备战,令其驻鲁部队西撤。杨权衡利害,不听冯命,继经蒋的拉拢,他率部投归了蒋介石,任新编第十四师师长。9月奉蒋令调守河南南阳一带,阻击冯军。12月,助蒋击溃了反蒋的唐生智部。

从1930年4月起,蒋介石与阎锡山、冯玉祥等军在中原大战。杨虎城在蒋方何成濬指挥下对阎、冯作战。7月间蒋升任他为讨逆军第十七路总指挥。杨率部自豫西转战入陕,11月占领西安。大战结束,蒋为收拾西北局面对杨极力拉拢利用,并临时授杨兼陕西省政府主席。但从杨主陕之日起,蒋与杨的矛盾就开始了。杨一入陕,蒋立派顾祝同为潼关行营主任,率兵扼制陕东咽喉。其后,数年之间,蒋曾撤销了杨部所辖一个师的番号,策动该师长叛杨;又派马鸿逵率部回宁夏作主席,以控制杨向西北发展(1932年);还派邵力子主甘肃,拉拢马家回军反杨;另外,还令胡宗南驻天水,以监视杨部。在杨虎城方面,则镇压了一批由蒋从中扶持反杨的地方武装,一度派其第十七师师长孙蔚如驱逐吴佩孚的余孽及四川军而进入兰州(1931年);并帮助回民马仲英部进兵新疆(1932年),准备从西北打通国际线。同时,杨与国内各方面反蒋势力,也有所联系。1933年5月,蒋介石突然免去了杨陕西省政府主席职(保留其西安绥靖公署主任的职务),另委邵力子为陕省主席。1934年10月,蒋又调走了杨的一旅人,开往河南。这些都显示了蒋、杨之间矛盾的不断加深。

杨在主陕期间,南汉宸又回到陕西,任杨的省府秘书长,援引了一些进步人士在杨处工作。杨的内部有进步、中间、反动三种力量,互相消长,左右着杨的政治倾向。“九一八”事变后,在应否抗日问题上,三种力量进行着斗争。1933年,当红军一部分到达川北、陕南时,进步力量推动杨与红军取得默契,迂回避战。但后来破裂,终于发生冲突。1935年,杨奉令阻击红军北上。当年1月,杨调其四十二师冯钦哉部一个旅,企图阻击从鄂豫皖苏区突围进入陕南山区的红二十五军,在蔡玉窑和葛牌镇两地被歼灭六个营。2月,杨又将三个警备旅全部用来对红二十五军作战,并亲到蓝田指挥。3月,警二旅两个团在佛平、华阳地区被歼灭,旅长张鸿远负伤。4月,警三旅五个营在柞水九间房地区被歼。7月,警一旅在秦岭山区袁家沟口又被全歼,旅长唐嗣桐被俘。在军事上不断受到打击的情况下,经中国共产党的争取,和全国人民抗日潮流的推动,他渐觉悟到此前之路不通。同时,1935年夏,张学良的东北军奉令入陕"剿共",9月到11月东北军也连续遭到红军的歼灭性打击。因而张学良发生了与杨同样的感想。当东北军入陕之初,蒋介石在张、杨两部之间施行挑拨,使其互相牵制而后加以操纵利用,因此,两部之间曾一度深有隔阂。后通过中共地下人员及其他进步人士的工作,双方沟通意见,在共同的利害关系下,决定共同反对蒋介石"安内攘外"的反动政策。到1936年春,他们与红军实现了停战,并进而要求蒋介石联共抗日。当时蒋不但拒绝其建议,反调集大量嫡系部队入陕,准备对工农红军大举"围剿"。蒋于12月4日亲至西安向杨与张施加压力,说他们如不愿"剿共",则将他们的军队调开,让出陕省,由中央军"进剿"。到此,张、杨与蒋的矛盾已无可调和,于是张、杨密商,决定发动"兵谏"。12月12日,张、杨两部密切合作,毅然发动了西安事变,扣押了蒋介石,发表对时局宣言,提出了八项抗日救国主张:"一、改组南京政府,容纳各党各派,共同负责救国;二、停止一切内战;三、立即释放上海被捕之爱国领袖;四、释放全国一切政治犯;五、开放民众爱国运动;六、保障人民集会结社一切政治自由;七、确实遵行总理遗嘱;八、立即召开救国会议。"①同时致电陕北,请中共和红军派代表来西安共商救国大计。16日,毛泽东、中共中央派周恩来、叶剑英等为代表到西安。当时东北军、西北军士兵及西安群众,普遍要求公审蒋介石,把他明正典刑;汉奸、亲日派分子则企图利用群众情绪,杀死蒋介石,挑起

---

① 西安《解放日报》1936年12月13日。

内战;南京的"讨伐派"则力主用兵。末后,由于中国共产党的正确主张和张、杨的共同努力,以及南京主张和平解决人士的协力,终使西安事变得到和平解决,成为中国时局由内战到抗战转变的关键。

西安事变和平解决后,蒋介石竟背信弃义,于1937年4月迫杨辞职。6月,又迫杨"出洋考察"。6月29日,杨以"欧美考察军事专员"的身份赴欧美各国考察。"七七"事变爆发后,杨在欧洲想返国参加抗战,曾两电蒋介石,均遭拒绝。后得宋子文授意他可"自动返国"的电报后,于10月29日由法国马赛乘船回国。11月26日到达香港,接蒋介石电要杨到南昌相见。12月2日,杨到南昌后即被戴笠囚禁。对此,杨虎城曾对其友好坦然表示:"我今回到祖国,为的是愿当一兵一卒,亲上前线杀敌。但是人家不让我上前线或竟把我牺牲了,我也问心无愧。"[①]1938年1月中旬,他的夫人谢葆真带领二儿拯中及副官张醒民到南昌看望,同被囚禁。5月被解往湖南长沙、益阳监禁。11月起又先后被囚于贵州息烽玄天洞和重庆中美合作所的杨家山以及贵阳麒麟洞等处。其间,谢葆真于1946年2月1日(旧历除夕)在杨家山含愤去世。1949年8月下旬,蒋介石在重庆指使保密局局长毛人凤将杨等除掉。经毛人凤和保密局西南特区区长徐远举、副区长周养浩等谋划,将杨等从贵阳押解到重庆,9月6日晚抵达重庆松林坡"戴公祠"时,杨虎城和他的二儿拯中、在玄天洞出生的幼女拯贵以及杨的秘书宋绮云夫妇和儿子振中一起被凶手们用利刃杀害。其副官阎继明、张醒民也于11月27日大屠杀中在松林坡被杀。12月16日,中共中央向杨的长子杨拯民发出唁电,指出杨虎城将军"有功于国家民族……将军的英名,将为全国人民所永远纪念"[②]。重庆解放后,中共党政军人员找到了杨虎城及其家属、随员的遗骸,将他们的遗骸迎葬于西安韦曲少陵原,并举行了隆重的公祭。

---

① 据王根僧关于杨虎城将军回国被捕经过的日记。

② 陕西政协文史资料办公室调查组:《杨虎臣将军被囚十二年及遇难经过调查》,《陕西文史资料》第17辑,陕西人民出版社1986年版。

# 杨 杰

陈 崧

杨杰,字耿光。1889年1月25日(清光绪十四年十二月二十四日)出生于云南大理。祖父是裁缝,父杨汉章以行医为生,母是白族,除操持家务外,经常替人缝补以贴家用。杨杰兄弟四人,居次。

杨杰童年在大理读私塾,后入中学,1905年毕业,随即赴昆明,考入云南武备学堂,爱好阅读改良派和孙中山革命派书刊,痛恨清王朝的腐败,向往先进的欧洲文明。他曾给同窗好友朱福昌写一对联:"东鲁文章旧,西欧教化新。"由于学习优异,杨杰被保送到保定陆军学堂深造。1911年,又被云南巡抚选派赴日本陆军士官学校第十期炮兵科学习。

在日本期间,杨杰进一步接受孙中山民主革命主张的影响,正式加入同盟会。辛亥武昌起义的消息传到日本后,杨杰与几位爱国同学一起返回国内,先至武昌任新军管带,后因队伍哗变而离职回云南。杨杰与唐继尧有乡里之谊,又是日本陆军士官学校前后同学,遂加入唐继尧部,并随唐于1912年3月入驻贵州,先后任贵州武威军训练科科长、武威军总教官、武威军步兵第十团团长、贵州骑兵第一团团长等职。后又因战功升为第九旅旅长,并奉命率部赴四川,与援川滇军汇合。旋任重庆卫戍司令官,兼四川政务厅长、重庆警察厅长。1914年春,唐继尧由贵州回到云南,杨奉调回昆明,任云南讲武堂教官,并与同乡名士赵舒益之长女硕君成婚。不久,杨杰被任命为弥勒县县长。

1915年12月,袁世凯复辟帝制,云南在蔡锷、唐继尧等主持下,组

成护国军讨袁,杨杰被任命为护国军第三军第三梯团第五支队长。后
第三梯团扩编为第四军,杨杰任军参谋长兼第一纵队司令。杨率部转
战川东,屡立战功。讨袁结束后,升为陆军中将,获三等文虎章。

1916年6月,杨杰回云南任唐继尧的顾问,旋任云南讲武堂教官,
讲授防空学。翌年1月,调北京任总统府军事咨议兼陆军部顾问。
1921年,杨杰再次赴日本担任云南留日士官学生监督。到达日本后,
再入日本陆军大学深造,1924年以第一名毕业。回国后,先到沈阳张
作霖处任上校参谋。不久,接受国民军第二军军长孙岳邀请,出任该军
参谋长。次年,随孙赴河南,9月转任河南陆军训练处教育长。

1926年5月,杨杰南下广州,参加国民革命军,任第六军总参议,
协助程潜制定作战计划,并随军北伐。旋调任第六军第十七师师长,不
久又升任第六军副军长、代理军长。1927年进至南京,4月蒋介石“清
党”反共,程潜率一个精锐师返回武汉,留驻南京的余部被改编为“暂编
第六军”,杨杰被任命为军长,负责指挥第六军和第一军第一、三两师北
上作战①。8月,被任命为总司令部淮南行营主任,兼北伐军总预备队
指挥官。蒋介石于8月13日通电下野后,北伐军退守长江南岸,第六
军番号改为第十八军,杨杰仍任军长。8月下旬,孙传芳率部反扑,直
逼南京,何应钦指挥所部会同李宗仁部会攻龙潭告捷,孙传芳军溃退。
杨杰受命为右翼追击指挥官,率第十八、十四和二十一军渡江追击孙传
芳军②。

1928年初,蒋介石重新上台后,任命杨杰为国民政府军事委员会
常务委员兼办公厅主任,4月7日又任命杨杰兼国民革命军第一集团
军总参谋长,北伐奉张。6月蒋介石占领北京,不久,杨杰被任命为北

① 中国人民政治协商会议广西省委员会文史资料研究委员会编:《李宗仁回忆
录》上册,1980年版,第465页。
② 陈训正编:《国民革命军战史初稿》,《近代中国史料丛刊》第79辑,台北文海
出版社1972年版,第846—856页。

平宪兵学校校长。

1929 年 4 月,杨杰被任命为陆海空军司令部总参谋长。12 月,唐生智举兵反蒋,蒋介石任命杨杰为洛阳行营主任兼第十军军长,指挥豫西各军,攻唐侧面。1930 年 2 月,蒋唐战争结束后,杨杰被任命为长江要塞总司令,负责指挥镇江、吴淞、江宁、江阴、镇海五区要塞的防务及新建工作。同年 5 月,中原大战爆发。杨杰被蒋介石任命为第二炮兵集团指挥官,统率中央陆军军官学校野炮兵一团及教导第一师炮兵队,随同第二军团刘峙在陇海线作战。在连续打了几次胜仗后,杨杰被提升为总司令部总参谋长,帮助蒋介石制定以陇海线为主战场的大兵团作战计划,并亲赴前线指挥作战。8 月 17 日攻克济南后,蒋军在平汉、陇海两面作战,杨杰指挥第二炮兵集团协助攻坚,深得蒋介石的赞许。

1931 年 11 月,国民党召开第四次全国代表大会,杨杰当选为中央执行委员。1932 年 1 月被任命为陆军大学校长。其后,蒋介石自兼陆大校长,杨改任教育长。1933 年 3 月,日本帝国主义侵占热河,进犯长城各口,蒋介石成立军事委员会北平分会,杨被任命为参谋长,兼任第八军团总指挥,负责对日作战。但是蒋介石实施妥协退让政策,批准签订《塘沽协定》,并于 8 月撤销军事委员会北平分会。9 月,杨杰奉派出国考察欧洲军事。他先后到了意大利、德国、法国、英国、苏联、奥地利、捷克、荷兰、比利时、丹麦、挪威、瑞典等国,作了历时一年的实地考察,并写成《欧洲各国军事考察报告》,提出学习西方国家的军事技术和关于国防建设、培养兵工人才的建议,并拟定了《兵工业根本建设之计划》,呈送蒋介石。蒋以"一日万机,无暇细阅此繁冗长文",批付存档。

1934 年,陆军大学由北平迁至南京,蒋介石自任校长,杨杰任教育长。这期间,杨杰静心钻研并讲授军事理论,同时将讲稿整理撰写成《保留城垣意见书》《战争抉要》《总司令学》《孙子浅释》等书,颇受一些军事将领敬重。1935 年 12 月,杨被任命为国民政府军事委员会参谋次长(代理总长),兼任陆大教育长、防空委员会主任等职。

1937 年抗日战争爆发,蒋介石派杨杰率领实业考察团赴苏联,负

责组织苏联援助中国抗日的军火物资运华工作。由于工作努力,曾荣
获斯大林颁发的勋章。1938年5月,杨杰被任命为驻苏大使。他在苏
联参观集体农庄和工厂,研究苏联政治、经济制度和外交政策,政治见
解开始有所变化。

　　1939年4月,邵力子接替杨杰出任驻苏大使,杨杰回到重庆,蒋介
石给他一个军事委员会顾问的闲职。他在中央训练团担任《国防讲
话》、《国家总动员》课程的教职,讲解国防军事,宣传抗日救国的主张。
遇有国内或国际间发生重大变故时,重庆各报的记者们常赶赴杨杰寓
所向他请教,而他也总是不厌其烦地开怀畅论。这期间,他还系统地研
究了军事国防问题,先后撰著出版了《国防新论》、《军事与国防》、《苏联
的国防政策》、《国防的基本条件是什么》、《国民军事必读》等书。他的
著述通俗易懂,爱国热情洋溢,提出了许多重要见解。他认为:"全体性
国防和人民战争"已是"时代和历史演进的结果";主张把国防问题的研
究,从少数军事专家的专门学问,变为全国同胞的普通常识;还主张国
防建设的基础,应建立在农业机械化和工业电气化上。《国防新论》一
书受到军界的欢迎,自1942年至1946年先后发行四版,高达数万册。

　　抗日战争后期,杨杰对蒋介石消极抗战的方针深为不满,与谭平
山、王昆仑、陈铭枢等爱国民主人士共同组织了"三民主义同志联合会"
(简称民联),推动国民党民主派进行反对蒋介石的活动。杨负责民联
西南执行部的工作。他参与各种集会,经常在文章、讲演中分析国外政
治形势。由于他在民主运动中旗帜鲜明,国民党特务分子图谋暗害于
他。杨乃借口养病,由重庆赴昆明。此时昆明的民主运动正蓬勃开展,
杨杰经常出席昆明的民主人士组织的"星期五聚餐会"和"丙戌聚餐
会",进行反对独裁统治的宣传活动。

　　1944年,国民政府组织国际考察团,杨杰奉派率领军事代表团,赴
美、英等国考察,年底回国。1945年5月,杨杰在国民党第六次全国代
表大会上继续当选为中央执行委员。

　　蒋介石在抗战胜利后,加紧策划发动内战,杨杰等深为不满和忧

虑。1946年秋,杨杰派人到四川、贵州、西康等地联络爱国军事将领,策动他们举行武装起义。1947年底,他联络云南的第二十六军军长万保邦,并派人到香港同蔡廷锴联系,商讨在云南组织反蒋武装的问题。1948年1月,三民主义同志联合会与国民党民主促进会等组织联合,在香港成立国民党革命委员会(简称民革),杨杰当选为中央执行委员,负责西南地区民革的工作。不久,民革中央派人同杨杰、万保邦联系,请杨指导筹组成立云南人民自卫军,以配合人民解放军滇桂边纵队进行战斗。1949年初,人民自卫军发动了进攻蒙自的武装起义,后转入游击战。同年夏,这支起义武装编入人民解放军滇桂边区纵队。

杨杰还经常向当时任云南省政府主席的卢汉宣传反蒋主张,常常被卢汉接到家里谈至深夜。杨杰进行的反蒋爱国活动以及在国民党军队中进行策反工作,遭到国民党反动派的仇恨,国防部保密局云南省站的特务严密监视他的行动,杨处境危险。中共于1949年6月秘密通知杨撤离昆明迁移香港,然后北上参加人民政治协商会议。杨认为云南民主爱国运动蓬勃发展,自己在云南的军事策反工作已有相当发展,一时不便撤离。8月1日,杨应昆明新闻界的邀请,作了题为《国内外时事分析》的演说,对解放战争的胜利充满了信心。

其时,人民解放战争加速向西南推进,9月初,蒋介石下令云南进行“整肃”。9月9日,国民党特务、警宪在昆明大批出动,计划中第一个逮捕的就是杨杰。杨杰得到消息较早,于搜捕前夕秘密飞往香港,准备转赴北平。蒋介石指使其潜伏在港的特务,于9月19日将杨杰暗杀于香港寓所。9月22日,周恩来在中国人民政治协商会议上,谴责了蒋介石杀害人民政协代表杨杰的罪行。1952年,杨杰的骨灰从香港运回云南,安葬于昆明西山墓地。

**主要参考资料**

中国人民政治协商会议全国委员会文史资料研究委员会编:《辛亥

革命回忆录》,中华书局 1962 年版。

中华新报馆编辑:《护国军纪事》,1916 年版。

杨春洲:《杨杰被害前的反蒋活动》,中国人民政治协商会议云南省委员会文史资料研究委员会编《云南文史资料选辑》第 2 辑,1963 年版。

杨肇湘:《解放前夕的滇局风云》,中国人民政治协商会议全国委员会文史资料研究委员会编《文史资料选辑》第 50 辑,中华书局 1964 年版。

# 杨 荩 诚

刘毅翔

杨荩诚,又名光准,字柏舟,土家族。1880年(清光绪六年四月)生于四川秀山,远祖为当地土司。他九岁丧父,家境贫寒,性格沉毅寡言。童年在家乡读私塾,喜爱经史,但并不热心封建的科举考试,认为举秀才是无意义的。1900年,杨荩诚在本乡蒙馆执教,后因处罚纨绔学生而被解职。1902年,他假称贵州松桃县籍投笔从戎,考入刚创办的贵州武备学堂,刻苦学习军事技术,受到日本总教习高山公通、宕源太三郎等人赞许。1905年,他以"最优等第一"①成绩毕业,被选送日本官费留学,先后在东京振武学校和日本士官学校学习五年余,成绩皆优。1910年归国,经部试授武举出身,任贵州新军第一标教练官(如副标统)。1911年春,又兼任贵州陆军小学总办。

杨荩诚在日本留学期间,受孙中山革命思想影响加入同盟会,并与留学生中的同盟会员尹昌衡、唐继尧、刘存厚、王绮昌、王思辅等人组织团体,与同学黄郛、胡瑛、宋邦翰、唐之道、陈复初、殷承瓛等人在东京西国桥经常聚会,积极从事反清革命活动。返回贵州后,他常利用自己在军界的较高位置,暗中对新军和陆小的革命活动进行鼓励和保护,因此得到学生和士兵们的爱戴。1911年夏,保路运动兴起,革命风声日急,贵州巡抚沈瑜庆为防范陆小学生,免去杨兼任的陆小总办职务,改派姜若望继任。为此,陆小学生自行延长暑假期一个月,以示抗议。

---

① 《都督荩诚公传》,《杨氏族谱》,四川秀山潒秀书局1928年石印本。

　　10月,武昌起义爆发,湖南、陕西、山西、云南新军相继响应,成立军政府。杨荩诚鼓动贵州陆小学生和新军士兵响应起义,原商定利用11月10日在野外演习的机会共同举事,由于机密泄露,陆小学生被迫于11月3日晚8时率先发难。11时,驻城外南厂军营的新军继起应援。杨荩诚毅然表明自己的身份原为同盟会员,于是便被起义新军拥为首领,当即誓师,并与陆小学生取得联系,决定待拂晓由他统一指挥入城。这时,驻在城内的抚署卫队和炮队亦闻风而起。沈瑜庆见大势已去,被迫书写承认贵州独立手令,附带巡抚关防,一并派人连夜送交省谘议局。第二天拂晓,杨荩诚率新军和陆小学生进城,只见街上已贴满贵州军政府宣布独立的告示。他便率部先向抚署绕走一周,将军械局占领,随后到谘议局与自治学社、宪政预备会等各团体领导人会晤,正式召开群众大会庆祝贵州光复成功,建立军政府各级组织机构。由于他在起义的军人中职位最高,又深得新军士兵和陆小学生的拥戴,所以当天下午即被公推为都督,主管全省军事、政治。

　　11月下旬,因清军围攻武昌,汉阳危急,黎元洪迭电各省都督,恳请"迅速调拨老练之兵,携带枪弹并机关炮、新式快炮,星夜来鄂援助"①。湘督谭延闿亦来电,称湖南"西路辰、沅、永、靖一带抗不反正,湘军已悉师援鄂,无力兼顾,请黔出师代为平定"②。加上此时贵州东部松桃、安化(今德江县)等地,又"恃湖南之西路、四川之秀山为奥援,负隅反抗"③,尚未光复。于是,杨荩诚决定率扩编后的新军两个标北伐援鄂。12月10日由贵阳出发,军政府饯行于城外。杨荩诚慨然举

　　①　《黎元洪致各省都督电》(辛亥年十月初八日),贵州省社会科学院历史研究所编《贵州辛亥革命资料选编》,贵州人民出版社1981年版,第29页。

　　②　《湘督致杨荩诚电》,《贵州辛亥革命资料选编》,贵州人民出版社1981年版,第36页。

　　③　《杨荩臣上大总统书》,《贵州辛亥革命资料选编》,贵州人民出版社1981年版,第76—77页。

酒酽地说:"此行也,不歼国贼,誓不生还!"①他行抵铜仁,松桃、安化等地传檄而定;行至湘西,凤凰县南之镇筸,清吏亦闻风反正。1912年1月上旬,杨荩诚到达常德。这时,南北双方正停战和议,黎元洪致电杨荩诚:"请暂驻节常德,以待和议着落。倘和议不谐,自当飞电相请。"②2月12日清帝退位,南北统一,北伐之举遂罢。杨荩诚委参谋田宗桢为司令暂行管理军队,只身经武汉赴南京谒见孙中山,报告贵州光复情况,并呈请解职归田。孙中山以黔多故,正式任命杨荩诚为贵州军政府都督,并由黄兴拨饷银十五万元接济,令其急速率师回黔。

3月初,滇军北伐司令官唐继尧应贵州耆旧和宪政预备会之请,假道入黔,在贵阳镇压自治学社,接任了贵州军政府都督。杨荩诚闻讯再次向孙中山辞职,仍未获允。杨荩诚又与旅宁黔人开会筹商,与会众人皆言为调和贵州省内党争和安置驻湘北伐黔军计,非杨亲自回黔不可。杨乃表示:"俟诚回湘调查黔中情形,倘果如上述,自当斟酌维持。否则将驻常(德)军队及经手事件办理妥当,当即退休。"4月,杨荩诚由南京行抵长沙,却接到唐继尧控制的贵阳方面对他"肆口谩骂"、"指为争权"的来电。他屡加解释无效,只得暂驻常德而致电中央请示解决办法。此时,孙中山已正式辞去临时大总统职务,中央政权完全由袁世凯把持。25日,袁世凯下令:已改任唐继尧署理贵州都督;"杨荩诚于贵州光复有功,业令来京,另加委任;所部驻常德军队,另由谭都督(延闿)妥派干员,分别安插;其未布置以前,所有军队不准到黔"③。杨荩诚接电后,认为驻湘北伐黔军客秋反正,勋劳卓著,出师以来,险阻备尝,且贵州编练新军靡费何止巨万,除在贵阳被唐继尧杀戮驱逐者外,所余只此

①　周素园:《贵州民党痛史》,中国史学会主编《中国近代史资料丛刊·辛亥革命》(六),上海人民出版社1957年版。

②　《黎元洪复常德贵州杨都督》(1912年1月9日),《贵州辛亥革命资料选编》,贵州人民出版社1981年版,第33页。

③　《袁世凯委任唐继尧为贵州都督》(1912年4月25日),《贵州辛亥革命资料选编》,贵州人民出版社1981年版,第105—106页。

两标,绝不能再因他辞退而被无故解散。他迭电中央据理力争。驻湘北伐黔军亦致电谴责唐继尧率滇军入黔的各种暴行,表示"即日整队出发,誓以数千健儿颈血,饱餍饫滇军锋刃……昔日杨都督率我军以出,今日我军必奉杨都督以入","如唐继尧辈必剪除乃止"①。5月初,北伐黔军前卫尖队进至辰谿,而滇军赶至镇远,战争将在湘黔边境一触即发。黎元洪急电唐继尧和杨荩诚:"望乞各驻现地,静待后命。"②谭延闿和洪江西路防营统领兼安抚使陈斌生亦力持和平,出面调处。杨荩诚当即重申自己亟思引退,但求黔军安插得所,并无竞争权力之心。

6月14至16日,黎元洪代表赵均腾,谭延闿代表危道丰、陈书田,贵州省议会暨各界代表牟琳、胡为一、张绍銮、吴作棻、何墒和驻湘北伐黔军代表刘世杰、王净、肖键之等在洪江正式举行会议,达成滇军回滇、黔军由中央派宣慰使督率回黔等《洪江条约》八条。嗣后经黎元洪提议,袁世凯和国务院又屡次决定,委任赵均腾为宣慰使,接管驻湘北伐黔军,按照《洪江条约》规定督率回黔;"杨荩诚将军队交出后,即遵照前电来京听候任用"③。杨荩诚及驻湘北伐黔军对此竭诚拥护。尽管旷日持久,饷糈奇窘,黔军仍恪守军纪,以待《洪江条约》实现。

然而,唐继尧和贵州耆旧、宪政预备会等却拒不承认《洪江条约》,坚持要将驻湘北伐黔军缴械遣散。赵均腾亦知难而退,以才力浅薄不克胜任为词,拒不就职入黔。8月,袁世凯暨国务院突然改变态度,强令杨荩诚将驻湘北伐黔军径交受贵州耆旧和宪政预备会支持的第四十二旅旅长周荣儒接管,由周回黔与唐继尧等人先商量办法,再行率队回黔。杨荩诚深为驻湘北伐黔军和贵州前景担忧,交接前后仍继续致电

① 《驻湘北伐黔军致各省电》(1912年5月9日)》,《贵州辛亥革命资料选编》,贵州人民出版社1981年版,第214页。

② 《黎元洪致唐继尧都督、杨荩诚都督电》(1912年5月11日),《贵州辛亥革命资料选编》,贵州人民出版社1981年版,第236页。

③ 《国务院致鄂湘黔督电》(1912年7月3日),《贵州辛亥革命资料选编》,贵州人民出版社1981年版,第232页。

袁世凯和黎元洪等人,力争按《洪江条约》精神由宣慰使赵均腾节制督回,但却无济于事。是月底,杨含恨离开常德赴北京。

12月29日,杨荩诚被授为陆军少将并加陆军中将衔,担任总统府军事顾问官。由于他厌恶当时出现的军阀割据混战局面,遂转而学佛尚空,在北京日事静坐,译有《日本参谋要务》二册,长时间不问政事。

1915年,袁世凯复辟帝制,护国运动风起云涌。杨荩诚于翌年5月由北京潜往上海,会见孙中山和王芝祥,准备组织一支军队,直捣河南讨伐袁世凯。旋因袁世凯毙命,黎元洪继任大总统而寝其事。

1917年,杨荩诚奉北京政府之命赴四川接洽西南将士,至重庆闻张勋复辟之变,遂急走成都劝说刘存厚参加讨伐。不久,张勋被段祺瑞削平,杨荩诚被任为四川驻京代表重返北京。

此后,杨荩诚经常与旅京同乡筹措川局,日夕积劳,遂致成疾。1921年冬返回四川秀山家乡静养,1922年7月病逝。

# 杨 衢 云

袁鸿林

　　杨衢云,名飞鸿,字肇春,衢云为其号。福建海澄人。1861 年 12 月 19 日(清咸丰十一年十一月十八日)出生于香港。祖父杨福康,清廪生,曾署理广东肇庆府新兴县知县,后弃官出国,居南洋槟榔屿。父杨清河,生于槟榔屿,十六岁时返回本籍,后定居香港,曾先后在福建、香港当过巡理厅辅政司通事(译员)和书院的教员。

　　杨衢云幼从父读,十四岁时入香港一家英国海军船厂学习机械,因不慎而断去右手中间三指。于是转而学习英文,考试常名列前茅。二十岁毕业后,任香港圣约瑟书院教员,后改就香港招商局船务书记长,1894 年转任英商新沙洋行副经理。

　　杨衢云少时曾习拳术而精技击,并任侠好义,尤关心时事,富爱国思想。他为人仁厚和蔼,有长者风度,见同胞受外人欺凌,则怒起而抱不平,不惜攘臂为之力争。1883 年至 1885 年的中法战争,以“中国不败而败,法国不胜而胜”结局,对他刺激颇深,其思想便由爱国发展到立志反清复汉,并曾去广东寻求同志,但当时风气未开,并无应者。

　　1887 年,杨衢云结识了香港域多利书院(后改称皇仁书院)学生、具有反清意识的谢缵泰,并引为知己,结为拜盟兄弟。1890 年,他与谢缵泰联络了在外人所办书院、洋行中求学、任职的爱国青年陈苏、周超岳、黄国瑜、罗文玉、刘燕宾等人,开始在香港酝酿成立辅仁文社——中国近代史上第一个由新型知识分子组成并含有反清革命因素的政治团体。他们认为:“时机已经成熟,正可谋划和组织一场中国大众的革新和驱逐……满族鞑虏的运动。"①1892 年 2 月 13 日,辅仁文社正式设总部机关于香港百子里一号二楼,社员共十七人,杨衢云被选为会长。辅仁文社的社纲有六条:"(一)纯洁品性至最高程度;(二)禁染社会恶习;(三)为未来青年作表率;(四)经种种可能途径,增进中外文武两种学识;(五)获得西方优秀科学文化;(六)学习如何做爱国者,如何从事爱国活动和如何消除祖国所蒙受的屈辱,尽心爱国。"②提倡西学、开通民智和爱国维新是辅仁文社的公开活动,社中购置多种新书报,以供研读和传播。杨衢云和谢缵泰系社员中学习西学最优秀者。谢曾于 1894 年基本完成了"中国"号飞艇的设计方案(方案发表后曾得到外国著名飞艇学家的高度赞赏);杨则对西方政治理论研究较深,成为第一个主张在中国建立共和国的革命党人。而在暗中,以杨、谢为核心的部分社员时常密谋反清革命,还曾探访过广州清政府驻香港的特务机关,以侦察清方的虚实。辅仁文社的总部也曾受到香港英政府的怀疑,时有西人的警探出入其间。

1892 年秋,杨衢云经尤列的介绍与孙中山相识。他们一见如故,常在一起抵掌畅谈救国大计,以至达旦不倦。杨首倡孙、杨两派合作,主张孙先在广州组织团体,以与辅仁文社共策进行,孙表赞同。翌年冬,孙与尤列、陆皓东、郑士良等八人在广州广雅书局南园抗风轩集会,孙根据杨的主张,提议宜先成立团体,以"驱除鞑虏、恢复华夏"为宗旨。与会者均表赞同,但不及制定会名,亦未形成具体组织。杨由于居住香港,未能到会。次日,尤列去香港,向杨报告会议情况,杨大为称赞。其

① 谢缵泰:《中华革命秘史》(Tse Tsan Tai, *The Chinese Republic : Secret History*, Hongkong : South China Morning Post, 1924),中译本载中国人民政治协商会议广东省委员会文史资料研究委员会编《孙中山与辛亥革命史料专辑》,广东人民出版社 1981 年版,第 284—337 页。

② 薛君度:《孙中山、杨衢云与中国早期革命运动》,见薛君度编《中国近代革命领导人物》(*Revolutionary Leaders of Modern China*),牛津大学出版社 1971 年版,第 102—122 页。

时,孙、杨之间已在反清革命的宗旨上取得一致,只是对于共和国制度,尚有出入:孙主张"汉人作皇帝亦可拥戴,以倒外族满清为主体",杨"则非造成民国不可"①。尽管有此分歧,孙、杨之间的交往和有关合作的筹商,为后来孙、杨两派的联合奠定了基础。

中国在甲午战争中的惨败,极大地刺激了杨衢云、孙中山等革命者,空前的民族危机加速了他们两派联合和发动反清武装起义的步伐。恰值杨衢云和谢缵泰等人苦于找不到新的革命同志以发展辅仁文社之时,孙中山已于 1894 年冬在檀香山创立了资产阶级革命团体兴中会,并于 1895 年 1 月下旬抵达香港,杨衢云便与孙中山等人筹商两派联合,共组革命团体。2 月,香港兴中会在孙、杨两派联合的基础上正式成立,杨衢云率谢缵泰、周超岳等部分辅仁文社成员加入,并取消了辅仁文社。

在孙、杨的共同领导下,香港兴中会成立伊始,即着手准备夺取广州的武装起义。起义的准备大致分两头进行,孙派在广州,杨派在香港。香港的准备工作在杨衢云的亲自主持下进展很顺利,筹措军饷、外交宣传、购运枪械以及邀集会党等诸方面的成绩均十分显著。在起义筹备基本就绪时,兴中会主要成员于 1895 年 10 月 10 日举行会议,选举兴中会会长兼起义后临时政府总统。会上,孙、杨两派争相拥戴自己的领导人出任,几乎导致两派分裂,后经孙中山退让,杨衢云遂被两派共同举为会长兼总统。起义原定于 10 月 26 日(重阳节)发难,不料起义前两日,因事泄而受到清政府的镇压,起义未及发动即遭失败。由于杨衢云在这次起义中的领导作用,清政府广东地方当局把杨与孙并列为"匪首",各出赏格"花红银一千元",布告缉拿。② 孙、杨等人被迫外逃避难。11 月 13 日,杨离港前往西贡(今越南胡志明市),并经过海峡

　①　刘成禺:《先总理旧德录》,《国史馆馆刊》创刊号(1947 年南京版)。

　②　文公直等著,大同学会编辑:《中华民国革命建国史》第一卷,上海新光书店1929 年版。

殖民地①而去南非。孙早于 10 月 30 日偕陈少白、郑士良离港赴日。

　　杨衢云到南非后，便在当地华侨中积极宣传革命，努力发展同志。1897 年，他在南非的约翰内斯堡和彼得马里茨堡建立兴中会分会。1897 年 12 月至 1898 年 3 月间，杨在返回香港的途中，又在海峡殖民地等处建立兴中会分会，并与当地的反清秘密团体建立了联系。期间，孙中山也在日本、美国、英国等地开展革命活动。但是孙、杨两派由于起义前的争夺会长和起义失败后的互相埋怨，彼此互不联系长达两年之久，致使香港兴中会实际上陷于瓦解。1898 年 3 月 21 日，杨衢云携家眷抵达日本横滨，以教授华侨子弟英语为生。不久，杨主动找到孙中山，恳切要求两派抛弃嫌隙，重新共事，孙表示接受。两派从此恢复合作直到庚子惠州起义。杨始终维护两派合作，实是两派合作的纽带。

　　1899 年 4 至 6 月间，杨衢云在谢缵泰的促使下，曾同康、梁一派有所接触，并与梁启超在横滨举行过会谈，筹商合作事宜。起初，杨与谢缵泰一样，认为康、梁一派也是真正的爱国者，在其"和平革命"——戊戌变法失败之后，他们可能会乐意同革命派联合，共襄反清大业，因此对与康、梁一派的合作颇怀期望。但后来杨却发现："康党甚傲慢……不愿同我们平等相处；总想要控制我们，或者要我们全都服从他们。"②因而与康、梁一派有关合作的商谈并无结果。以后，杨对康、梁保皇会明确表示谴责，断绝了同康、梁一派的联系。

　　1899 年 11 月，孙中山指示陈少白、毕永年、宫崎寅藏等人邀哥老会、三合会首领集会于香港，成立兴汉会，会上推举孙中山为总会长。会后，孙以不宜两会长并存为由，请杨辞去兴中会会长职。杨当即表示了赞助孙中山领导、维护两派合作的诚意，并说："为了有利于事业，我

---

① "海峡殖民地"为 1826 年英国合马来半岛南部之马六甲、新加坡、槟榔屿等处组织而成之殖民地之旧称。
② 《杨衢云致谢缵泰函》(1899 年 6 月 6 日)，见谢缵泰《中华民国革命秘史》。

一向愿意牺牲自己的生命,更不用说我的职务了。"①当时,杨闻孙正在筹划惠州起义,便自请回港筹备。1900年1月,杨从日本到达香港,经与谢缵泰商量,毅然提出辞职书,荐孙代兴中会会长,而从事革命运动则更加努力。他每日去兴中会在香港的机关《中国日报》社,凡筹备起义的事,无论大小,均奔走不倦。4月26日,杨离港去日本东京见孙中山,商量起义策略。6月17日,杨与孙同轮抵香港,经当日会议议决,杨与陈少白、李纪堂在港担任接济饷械事务。在杨的积极影响下,已决意与孙中山分手的谢缵泰,也暂时中断了其独自谋划的另一次起义的准备,重与孙派共事。杨、谢两人还发展了李纪堂、史坚如为兴中会会员,李、史两人均在惠州起义中起了重要作用。

10月上旬,惠州起义在三洲田打响后,起义军屡胜清军。清廷南海县知县裴景福惊恐万分,乃于中旬派植槐轩、陈廷威到香港见杨衢云,提出三条"议和"条件:一、招降党人各首领,以道府副将任用;二、准带军队五千人;三、给遣散费若干万。杨考虑到原定由香港和台湾给起义军输送枪械和干部人员的方案均已无法实现,起义军不久将接济断绝难以坚持,因此以为可利用这次"议和",使起义军潜伏下来,以便"此后有所凭借,大可为李世民之续"②。杨将自己主张接受"议和"的意见电告孙中山请示可否,遭孙拒绝,"议和"遂止。

惠州起义由于接济断绝而失败,杨衢云被列为要犯,清廷两广总督德寿悬赏三万金购杨首级,因此同志多劝杨出洋暂避。杨不忍虚縻革命经费,在香港设学校教授英文以自给,并慨然表示可为革命一死。1901年1月10日,杨正在授课,突然遭到清政府所派凶手枪击,次日

① 谢缵泰:《中华革命秘史》(Tse Tsan Tai, *The Chinese Republic: Secret History*, Hongkong: South China Morning Post, 1924),中译本载中国人民政治协商会议广东省委员会文史资料研究委员会编《孙中山与辛亥革命史料专辑》,第284—337页。

② 冯自由:《杨衢云事略》,见《革命逸史》初集,中华书局1981年版。

不治身亡。杨衢云对于辅仁文社、香港兴中会的组成和发展,对于孙、杨两派在广州起义和惠州起义中的合作,都有卓越的贡献。孙中山在横滨得知杨衢云被杀的噩耗,异常哀痛,曾出名主丧,发讣告数百份于中外各地,又于1月26日召集同志举行追悼会,并募集捐款一千二百余元抚恤其遗族。

# 杨　铨

陈　崧

　　杨铨，谱名宏甫，字杏佛。1893 年 4 月 5 日（清光绪十九年二月十九日）生于江西玉山。祖籍清江县。幼时，由于家境贫困，随父移居扬州，后迁杭州。

　　杨铨六岁读私塾，稍长入上海吴淞中国公学。在上海读书时，他结识了爱国青年张奚若、任鸿隽等；他们经常在一起谈论国事，对清政府的腐败统治深为不满，向往孙中山领导的民族民主革命。1910 年，杨铨参加了同盟会和"南社"，并写了一些充满救国豪情的诗词。他对革命起义的失败和烈士的英勇牺牲感到无比悲愤："眼见英雄成白骨，好头颅未易苍生苦。心化血，血成雨！"①他企盼着："一朝狮梦醒，身与国魂还。"②

　　1911 年 8 月，杨铨转学到河北唐山路矿学堂，编入预科第六班。10 月，辛亥革命爆发，学校停课，杨铨赴武昌参加革命。孙中山当选临时大总统，杨铨遂至南京，担任总统府秘书处收发组组长。1912 年 11 月，杨铨与任鸿隽等经稽勋局派往美国留学。到达美国后，先在康奈尔大学攻读机械工程专业，毕业后又转入哈佛大学学习工商管理、经济学和统计学。留美期间，他和中国同学赵元任、胡明复、周仁、秉志、过探先、任鸿隽等创办了《科学》杂志。该杂志以"提倡科学，鼓吹实业，审定

① 柳亚子编：《南社诗集》第 13 集，中华书局 1939 年版。
② 郑逸梅编著：《南社丛谈》，上海人民出版社 1981 年版，第 444 页。

名词,传播知识"为宗旨。杨铨任编辑部主任并经常撰稿。不久,他们又组成我国第一个综合性的科学团体——"科学社"。

1918年10月,杨铨由美归国。到达上海后,曾应中国环球学生会和南洋商业专门学校的邀请,先后发表题为《个人效率主义》、《科学的工商管理法》的演说,积极宣传用科学的经营管理方法振兴民族实业。11月,赴汉阳任武汉铁厂会计处成本科科长。

1920年夏,杨铨就任南京高等师范学校工科教授。不久,该校改为东南大学,他兼任工科主任。主要讲授工业管理课程。在此期间,他发表过许多有关社会政治改革方面的文章,如:《社会自救与中国政治之前途》、《思想界与今日中国之祸乱》、《代议制与中国之乱源》、《中国近三十年之社会改造思想》、《从社会方面观察中国政治之前途》、《实业改造》、《教育革命与中国学术及政治前途》、《五十年来中国之工业》,等等。他在这些文章中,提出了一些有益的见解,例如,认为要使中国得救,必须做到政治上的改革同社会改革相结合,科学同革命相结合。他批判了当时对中国前途的两种错误论调:一种是主张把中国交给"国际共管";另一种是断言中国必能"同化西人,调和新旧",以保持中国之独立。杨铨指出,前一种"悲观"论调,只能是"与虎谋皮";后一种"乐观"论调,则是"画饼充饥",所以"皆不可恃"[1]。

他在南京期间,同共产党员恽代英、侯绍裘、吴肃、宛希俨、黄觉新以及高尔松兄弟相交。他还利用业余时间,到中国共产党创办的上海大学讲课。他站在同情劳动人民的立场上,努力探索和阐述劳动问题的产生及其意义、劳动问题与社会问题的关系,指出不解决占人口百分之九十的劳动者的问题,就不能解决社会问题。他的演说,充满革命激情,受到听众的欢迎。

由于杨铨坚持革新,坚持进步,遭到东南大学中当权的守旧者的忌

---

① 杨铨:《社会自救与中国政治之前途》,《杨杏佛文存》,上海平凡书局1929年版,第3—4页。

恨。1924 年 10 月，校方以杨铨宣传"社会改造思想"为由不发聘书，杨铨被迫离校赴广州。孙中山委托他参加筹备设立中央学术研究机关的计划工作。11 月，他随同孙中山北上。1925 年 3 月，孙中山逝世，杨铨被任命为"孙中山先生治丧筹备处"总干事。办完丧事后，杨铨全家从南京移居上海。

　　1925 年，上海发生五卅惨案，杨铨以高昂的政治热情投入了反对帝国主义的斗争。6 月 10 日，他联合爱国志士创办《民族日报》，并带病忘我工作。从撰写社论到编排校对，他都亲自动手。在短短半个月内，他撰写了二十余篇有战斗力的评论。他在该报发刊词中，号召人民组织起来，对英、日帝国主义"实行经济绝交"，"废除一切不平等条约"。他在文章中，热情赞扬工人罢工、市民罢市，说这是表现出了"勇往直前的精神"，"大有气吞英日帝国主义的决心"①。《民族日报》的宣传，有力地鼓舞了上海人民的反帝爱国斗争，揭露了北洋军阀政府的媚外罪行。该刊出版仅半月，便被当局强令停刊。

　　同年 9 月，杨铨同恽代英、侯绍裘等发起成立中国济难会。他在成立大会上做了演说，并被选为上海市总会的审查委员和募捐委员。

　　1926 年 7 月，国民党上海特别市执行委员会秘密成立，杨铨被选为执行委员，主持策应北伐军的工作，并在上海法租界设立秘密电台。广东国民政府成立之后，杨铨兼任上海政治分会委员。他参加了戴季陶所发起的孙文主义学会上海分会，但是他不同意戴的"分共"主张，仍然坚持实行孙中山的"联俄、联共、扶助农工"的三大政策。例如，1926 年 11 月 12 日，他为《中国晚报》纪念孙中山诞辰专刊所写的文章中便强调说，"中华民族是整个的，不是分散的，国民革命的成功，惟有全国民众参加方能实现"，并且指出，孙中山的革命是以"联合各阶级努力国民革命为起点，以消灭一切阶级制度实现大同世界为目的"②。

---

① 杨铨：《对于上海市民大会的感想》，《杨杏佛文存》，第 193 页。

② 杨铨：《中山先生几个伟大的观念》，《杨杏佛文存》，第 39 页。

　　1927 年 1 月，正当国民党右派积极进行"分共"、反苏活动时，杨铨挺身而出，借着庆祝元旦的机会，为《中南晚报》撰文，主张向苏俄学习革命经验。不久，中共中央在上海发动工人起义，杨铨当时作为国民党上海特别市党部的代表参加了国共联席会议，并同共产党人汪寿华、周恩来等相配合，积极支持了上海工人第三次武装起义。为此，出版于巴黎的《救国时报》曾赞扬他是"实为有功于上海起义的人物"①。起义胜利后，杨铨被选为上海临时政府常务委员。蒋介石发动"四一二"政变后，杨铨被撤销了上海市党部执行委员的职务，并一度被诬为共产党员而遭扣押②。

　　1927 年 10 月，南京国民政府成立大学院，杨铨担任该院的教育行政处主任。11 月，中研院成立，蔡元培任院长，杨铨被任命为秘书长。1928 年 4 月，杨铨改任该院总干事，直至 1933 年 6 月。他在协助蔡元培主持院务的工作中，成绩优异，深受蔡元培赞赏③。

　　1930 年，杨铨秘密参加了邓演达组织的"中国国民党临时行动委员会"，并与郑太朴、谢树英等一起积极进行反蒋的工作④。1931 年 11 月 29 日，蒋介石下令将邓演达秘密枪杀于南京。杨铨闻讯后，立即报告宋庆龄，宋当即用英文写了一份谴责南京政府的宣言，由杨铨译成中文后，由陈翰笙和谢树英连夜送往《申报》，第二天就发表了出来⑤。通过这次事件，杨铨进一步认识了蒋介石政权反人民的本质，更以不知疲倦、不顾危险的战斗姿态，投入了反对国民党当局反动政策的斗争。

　　1932 年夏秋间，面对蒋介石实行独裁统治，以及残酷镇压抗日爱国志士的行为，杨铨与宋庆龄、蔡元培等人一起，发起组织"中国民权保

----

　　①　《救国时报》1937 年 3 月 21 日。

　　②　《申报》1937 年 4 月 15 日，杨铨所登启事。

　　③　《蔡元培选集》，中华书局 1959 年版，第 335 页。

　　④　中国人民政治协商会议江苏省南京市委员会文史资料研究委员会编：《史料选辑》第 2 辑，1982 年版。

　　⑤　据陈翰笙、谢树英口述。参见《申报》1931 年 12 月 20 日。

障同盟"。宋庆龄、蔡元培分任执行委员会主席、副主席;杨铨任总干事,主持日常工作,同时担任由七人组成的全国临时执行委员会委员。次年,杨铨主持建立了上海和北平两地的"同盟"分会。

1932年12月17日,宋庆龄、杨铨等八位筹备委员打电报给国民党中央政治会议,要求释放在北平被非法拘禁的许德珩等师生。

1933年1月上旬,在北平狱中的共产党员刘尊棋,以"北平军人反省分院政治犯"名义,写了两封信给宋庆龄,揭露监狱对政治犯的迫害,要求释放,以便投身抗日斗争。于是,中国民权保障同盟派杨铨借成立北平分会之机,至北平考察监狱。杨铨到北平后,先后考察了北平军事分会所属的反省院、军事执法处看守所、陆军监狱,询问"犯人"的待遇状况,听取了他们的控诉,并且表示了对他们的同情,他说:"我们知道你们无辜,我们一定促请当局改善你们的待遇。"2月1日,宋庆龄在上海签发了"北平军人反省分院政治犯"的两封来信,在《大陆报》《燕京报》以英文发表。2月6日,杨铨返回上海,向"同盟"总会报告了考察北平监狱的真实状况,为"同盟"要求释放政治犯、保障民权的斗争,提供了有力的事实根据。2月11日,《中国论坛》(实际是"同盟"的机关报)用中文全文发表了北平政治犯的两封来信,同时还发表了"同盟"为此而写的《说明》,强烈呼吁"无条件释放一切政治犯"。这些材料的发表,有力地揭露了国民党反动派的罪行,引起了中外人士的广泛注意。杨铨对北平监狱的考察,也对在押的共产党人起了很好的鼓舞斗志的作用①。

事实表明,在实际斗争中,杨铨在对待民主革命的问题上,立场愈来愈和共产党人接近。他在北平视察的时候,正值群众公祭李大钊。杨铨参加了公祭的游行队伍,并亲自撰写了挽联:"南陈已囚,空教前贤笑后死;北李犹在,那用吾辈哭先生。"②

1933年3月,为了抗击日本帝国主义的侵略,在中国民权保障同

---

① 《纪念杨杏佛,学习杨杏佛》,《文汇报》1983年9月10日。

② 杨小佛:《杨杏佛事略》,《人物》1982年第1期。

盟的推动下,上海三十多个群众团体组成了"国民御侮自救会",参加者有工人、学生、知识分子、商人等各方面爱国人士。宋庆龄在成立大会上号召团结抗日力量,"组织人民自卫团",一致抗日,反对国民党当局向中华苏维埃区域的进攻。杨铨也在会上代表"同盟"发表演说,阐述反帝抗日与保障民权的不可分离①。

"同盟"为营救被捕的共产党人和爱国人士,于3月间专门组成"营救政治犯委员会",杨铨被选为委员。杨铨参加了宋庆龄率领的代表团前往南京,向国民党政府及其司法部长罗文幹,提出立即释放罗登贤、余文化、陈赓、陈藻英等的要求。杨铨还随同宋庆龄,代表"同盟"中央,到南京江苏第一模范监狱,探视了长期被关押的国际共产主义战士、泛太平洋产业同盟秘书牛兰(Hilaire Noulens)及其夫人。

1933年4月下旬,杨铨还为营救丁玲和潘梓年四处调查,揭露国民党当局的欺骗伎俩,并发动上海文艺界人士联名打电报向国民党政府抗议。

1933年5月13日,杨铨与宋庆龄、蔡元培、鲁迅、林语堂等一起,前往德国驻上海领事馆递抗议书,抗议德国法西斯政权对德国人民的迫害。抗议书,既是对希特勒的声讨,也是对蒋介石政权的抗议。蒋介石得知此事后,曾经大发雷霆。

杨铨参与的这些活动,是对于进步力量的有力支持,当然这也就引起了国民党反动当局的仇恨。为了破坏中国民权保障同盟,国民党特务不断写信给宋庆龄、杨铨等进行威胁,甚至把子弹放在信封内恐吓杨铨。特务还曾印发三百张照片,悬赏以求暗杀杨铨。

1933年6月18日晨,杨铨携长子杨小佛由上海法租界亚尔培路331号中研院乘车外出,车出大门,突遭潜伏路旁的特务枪击。杨铨伏在儿子身上,自己身中数弹,被送至医院,数分钟后,即因伤重逝世,年仅四十岁。他的著作有《杨杏佛文存》、《杨杏佛讲演集》等。

① 《中国论坛》第2卷第3期。

# 杨　森

吴银铨　马宣伟

杨森，原名淑泽，又名伯坚，号子惠。四川广安人，祖籍湖南衡州府。1884年2月20日（清光绪十年正月二十四日）生，父亲杨廷安为邑武庠生，母吴氏①。

杨森幼年就读广安紫荇书院，后入顺庆府联合中学堂。1906年杨森联中毕业，考入四川陆军速成学堂弁目队，1908年升入速成学堂受军官教育，由同学秦柄（黄花岗七十二烈士之一）介绍，加入同盟会。1909年速成学堂毕业，分发到驻成都新军第三十三混成协第六十五标任排长。1910年升任第十七镇六十五标一营右队官。

辛亥革命后，杨森在川军第一师任营长，时张澜任川北宣慰使，杨森营为使署警卫。因受排挤，到成都川军第三师任军士队教育长。1913年"二次革命"爆发后，川军第五师师长熊克武在重庆响应反袁，宣布独立。杨森赴重庆投奔熊克武，任少校营长。袁世凯派贵州都督唐继尧为滇黔援川军总司令，出兵入川讨熊，唐派第一混成旅旅长黄毓成率滇黔军配合川军各师围攻重庆，击败熊克武部，杨森被俘。当黄毓成清点俘虏时，杨森自报系熊克武部少校营长。黄见杨森态度坦诚，乃留他在司令部任少校副官。

1913年9月18日，援川滇黔军与川军第一师模范团长王陵基部发生冲突。10月5日援川滇黔军奉命撤回云南。杨森到昆明后，被派

---

① 杨森：《九十忆往》，台北龙文出版社1990年版。

到安宁温泉为黄毓成修建别墅当监工,同时伙同滇军军官贩运鸦片烟,遂染上了烟癖。

1915年1月,杨森任云南讲武堂队长。12月护国运动兴起,杨森任护国军第一军第二梯团赵又新部少校参谋,入川作战。在川南安福街、牛背石等地与北军作战中,杨森率部以寡胜众,得第一军总司令蔡锷的奖勉。1917年8月,杨森任驻川滇军第二军参谋长。黄毓成任靖国军总司令入川,委杨森为叙府城防司令,引起第一纵队司令杨杰的不满。杨杰知杨森有烟癖,派队突然入杨森家搜查,拟当众加以羞辱[1]。黄毓成只好将杨森调回第二军任参谋长。杨森从此戒了烟。同年12月,第二军军长赵又新任命杨森兼第四混成团团长,参加争夺泸州之役,占领泸州。时川南匪风甚炽,杨森被任命为泸州清乡司令,他招抚了永宁土匪关子久、王凤岗两部,即成为他的基本力量。

1920年3月,川军与滇黔军开战,杨森脱离滇军,投川军第二师师长刘湘,任第一混成旅旅长。8月,刘湘任第二军军长,杨森升第九师师长,并兼"靖川军"第二军前敌总指挥。杨森先率部攻占成都,又连续追击滇军至泸州,将滇军第二军军长赵又新击毙,滇军败走。9月,杨森率部进驻泸州,兼永宁道尹。1921年7月,刘湘被推为川军总司令兼四川省长。因出兵援鄂失败,刘湘被迫通电辞职,由杨森代理第二军军长。1922年7月,熊克武、但懋辛的第一军与刘成勋的第三军及赖心辉的四川边防军等组成"省联军",向杨森的第二军开战。杨森军在下川东向第一军攻击,在渠县杜家岩一战中,遭一军伏击,杨军惨败。随即省联军兵分三路进攻重庆。8月20日,杨森率残部逃宜昌投靠吴佩孚,被委为中央陆军第十六师师长。

1923年2月,熊克武联合川军总司令刘成勋及四川边防军赖心辉对川军第三师邓锡侯、第八师陈国栋等部开战。吴佩孚乘川军内讧之机,援助杨森打回四川。3月杨森率部返回万县,4月6日乘虚攻入重

① 马宣伟、肖波:《四川军阀杨森》,四川人民出版社1983年版,第15页。

庆,继续尾追熊部西进。熊克武、赖心辉集中兵力反攻,杨森大败,退至万县。杨森与刘湘、陈国栋、邓锡侯及黔军袁祖铭等合兵一处,在吴佩孚送来大批饷款、弹械的情况下,准备反攻。同年 10 月 23 日,北京政府授杨森为森威将军,他率部先反攻重庆。1924 年 1 月 2 日,杨森率部直插潼川熊军总部,熊克武措手不及,缒城而逃,继而放弃成都退出四川,杨森进占成都。5 月 27 日,北京政府委杨森为督理四川军务事宜①。

杨森任督理后,独占成都兵工厂,将部队扩充到近十万人。1925年 2 月发动"统一之战",力图以武力统一全川。他以第十师师长刘斌"称兵犯上"为词,下令向驻绵阳的刘斌部进攻,攻占绵阳等县;接着驱走驻简阳的田颂尧部及驻自流井的刘文辉;又将驻遂宁的陈国栋师和资中、内江的赖心辉部、驻新津的刘成勋部击败;再出兵将乐山的陈洪范师打败,迫陈通电下野。

杨森威势日增,咄咄逼人,刘湘联合邓锡侯、刘文辉及黔军袁祖铭等结成反杨同盟,组成川黔联军。7 月,杨森与刘湘为首的川黔联军开战。杨森兵虽多但面很广,难以抵御对应之重点突破,先败于荣昌三溪镇,继而在战斗方酣之际,杨部主将王缵绪临阵倒戈投刘湘。川黔联军全线反攻,杨军大败,残部为刘湘等收编。10 月,杨森由宜宾逃往汉口。当时正值吴佩孚在汉口就任"十四省讨贼联军总司令",12 月,杨森被委为讨贼联军川军第一路总司令。

川黔联军逐走杨森后,由于分赃不均,致起内讧,袁祖铭率黔军独霸重庆。刘湘为反袁祖铭不得不与杨森言和,支持杨森招回在"统一之战"中失去的旧部。1926 年 5 月,杨、刘通电讨伐袁祖铭,分路进击黔军,直至追出川境。自此,杨森部驻防以万县为中心的下川东一线。8月 29 日,英商太古公司"万流"轮在云阳撞沉杨森部木船。9 月 5 日,英舰又悍然炮击万县沿江两岸,致使民房、商店被焚四百余间,死亡六

---

①　周开庆编著:《民国川事纪要》,台湾四川文献研究社1974年版,第310页。

百〇四人,伤三百八十九人。在全国人民的愤怒抗议下,杨森部曾开炮反击英军①。

这时,正值北伐军进军武汉,杨森观察形势,要求参加北伐,被委为国民革命军第二十军军长兼川鄂边防司令。杨森见刘湘、刘文辉联成一气称霸四川,便与第二十三师师长罗泽洲、四川边防军总司令李家钰等组成倒刘(湘)同盟军,合力进攻重庆。结果杨森败北,下川东防地丢尽,只得寄食于罗泽洲防地渠县内,后进据雅安。

1933年1月,红四方面军由陕南入川,杨森奉命在川北堵击,遭到失败。7月,杨森受任第四路"剿匪"总指挥,围攻红军又遭失败。1935年春,红军北上抗日,蒋介石命杨森追击。杨森为保存实力,与红军远距离尾追,后奉命撤往洪雅整编。次年奉调至贵州"清乡"。

1937年8月淞沪抗战爆发后,杨森率第二十军于9月开往淞沪前线。在收复陈家行的战斗中,所部英勇抗敌,伤亡惨重。后奉命撤往南京,杨森擢升为第二十七集团军总司令兼二十军军长。旋调安庆补充整训,后移驻湖南浏阳、醴陵一带。

1939年6月12日,杨森奉蒋介石密令,派兵包围新四军驻平江通讯处,并逮捕杀害该处干部及家属十二人,制造了震惊中外的"平江惨案"。

同年10月,日军进攻长沙,杨森率部在铁路、公路两侧山区,以夜袭、侧击,打退日军三次进攻。杨森被升为第九战区副司令长官兼第二

---

① 据《中华民国大事记》记载:1926年8月29日,英商太古公司的"万流"轮在四川云阳江面违章疾驶,巨浪打沉杨森部木船三艘,溺死商民、船夫十余人及杨部解饷官兵五十八名,损失饷银八万五千元及步枪五十六支,子弹五千五百发。当"万流"轮驶抵万县,杨森派兵上船调查,停泊于万县的英舰"柯克捷夫"号竟强行掩护"万流"轮驶离。杨森向驻渝英领事交涉未果,遂扣留停泊于万县的太古公司"万通"、"万县"两艘商轮。9月5日英舰"嘉乐"、"柯克捷夫"、"威警"等三舰竟开炮轰击万县杨家灏、南津街及省长公署等地,引起火灾,焚毁民房、商店一千余家,死伤民众四千余人,杨森部曾开炮还击。据驻京英使麻克类称死英海军军官三、兵士四;伤军官二、兵士十三。

十七集团军总司令,率部先后参加了长沙三次会战。1944 年 8 月,杨部在豫湘桂战役中从衡阳撤向广西柳州,后开赴黔东南榕江、黎平一带整训。

1945 年 1 月 16 日,国民政府任命杨森为贵州省主席。杨森主黔三载,从事兴修乡村公路、振兴农田水利等建设,并在贵阳市六元门修建体育场;但搜括甚亟,黔人大呼"亡黔"。1948 年 4 月 3 日,杨森调任重庆市长①,仍控制第二十军。1949 年 4 月,第二十军在芜湖、广德间被人民解放军全歼。是年 8 月,蒋介石撤至四川,以第二十军"反共有功"为词,命杨森在重庆纠集残部,重组部队;并提出"党政军一元化",让杨森兼重庆市党部主任委员。11 月,解放军入川,杨森又兼重庆卫戍总司令,护卫在重庆的蒋介石。11 月 29 日,解放军进逼重庆南岸,杨森仓皇撤往成都;12 月 18 日,飞离大陆去台湾。第二十军于 12 月 26 日在金堂起义。

杨森到台湾后,任"总统府国策顾问"及"战略顾问委员会委员",又兼任台湾体育协进会理事长及台湾省奥林匹克运动会理事长。

1977 年 5 月 15 日,杨森病逝于台北市三军总医院。

---

①　刘绍唐主编:《民国大事日志》(二),台北传记文学出版社 1979 年版,第 703 页。

# 杨 善 德

张学继

杨善德,字树堂,安徽怀宁人。1856年(清咸丰六年)出生于一个贫苦家庭,幼时以卖烧饼为生,稍长投毅军(淮军一支)当兵,后保送北洋武备学堂第一期学习。1895年,投奔在天津小站编练新军的袁世凯,任新建陆军右翼步兵第二营队官。1902年春,任北洋常备军右翼步队第十营管带。1904年,任北洋陆军第二镇步队第五标统带。1906年,任北洋陆军第四镇第七协协统。1908年,奉调浙江编练新军,任浙江新军混成协协统。1910年,任浙江新建陆军第二十一镇第四十一协协统,该协驻扎在省会杭州城郊,近两千名官兵中有大批同盟会、光复会会员,是革命力量较强的一支新军武装。1911年辛亥革命爆发前,杨善德调任第四镇统制,离开了杭州,也避免了新军起义后当俘虏的命运。

1912年,北洋第四镇改为陆军第四师,袁世凯任命杨善德为第四师师长。9月19日,升陆军中将。1913年2月,杨善德获得袁世凯颁发的二等嘉禾章。7月,"二次革命"爆发,杨善德率第四师一部随北洋第二军军长、江淮宣抚使冯国璋南下作战。8月16日,冯国璋发布总攻南京的作战命令,规定:"自老西江口至浦口一带之部队,均以杨(善德)师长为司令官,并监督三、五两师后路。"①几乎就在杨善德指挥部

---

① 朱宗震、杨光辉编:《民初政争与二次革命》下编,上海人民出版社1983年版,第638页。

队攻打南京的同时,所部第四师另一个旅也由海军舰艇运送到上海龙华,担任守卫龙华的任务。在江苏、上海的反袁军被镇压下去后,袁世凯于9月13日任命杨善德为江苏松江镇守使,并加陆军上将衔,授勋三位。1915年10月,授将军府克威将军。

1915年11月10日,袁世凯心腹、上海镇守使郑汝成被中华革命党东南军总司令陈其美指挥的革命志士刺杀身亡,袁世凯惊恐之余,下令裁撤上海镇守使,松江镇守使也同时裁撤,另设淞沪护军使,任命杨善德为淞沪护军使,卢永祥为淞沪护军副使,何丰林为上海防守司令,调兵遣将,加强镇压革命党人的力量,企图巩固上海这个工商业重镇。

孙中山针锋相对,任命陈其美为淞沪司令长官,经过精心策划,于12月5日发动肇和舰起义,准备夺取上海制造局,打开反袁局面。起义发生后,根据袁世凯"将该舰击毁"的命令,杨善德立即会同在沪的海军司令李鼎新调遣军队镇压起义,他们一面组织陆军从岸上开炮轰击肇和舰,同时用重金收买靠近肇和舰的应瑞、通济两艘军舰同时向肇和舰开炮,致使肇和舰及舰上人员遭到严重伤亡,起义失败,参与起义的革命志士数十人惨遭杀害。杨善德镇压起义有功,故袁世凯在宣布接受帝制后破格赐封他为"一等伯爵"。云南护国战争打响后,针对中华革命党人在上海潜伏准备暴动的形势,杨善德下令在上海、吴淞、闸北、浦东实行特别戒严。

浙江自辛亥革命光复以后,实行"浙人治浙",军政首长一直由本省籍人士担任。但因为浙军将领有武备派、士官派、保定派、陆师派的区别,相互之间争权夺利,政局一直难以安定。1916年6月,保定派的吕公望出任督军后,各派为争夺省长一职发生严重内讧,致使吕公望不安于位,北京政府乘机于1917年1月1日任命杨善德为浙江督军,齐耀珊为浙江省长。此一任命标志着辛亥以来"浙人治浙"局面的结束,激起浙江省内各派的反对,但北京政府拒绝收回成命。1917年1月12日,杨善德率第四师入浙接任浙江督军。

为了安抚浙江省内的军政实力派,杨善德就职后宣布"治省大计一以和平妥洽为主"①,对原有军政官员基本上不作更动,裁撤部分浙江军警,并将他们调出杭州,省城保卫由第四师卫兵团负责,同时训诫所部第四师官兵在浙江各地驻扎期间一定要遵守纪律,不得无故扰民。他"要求各官长约束兵目,随时告诫,处己以严肃为主,待人以谦和为主,先树起商民信仰之心,而顾本师十有余年之名誉"②。上述措施,使浙江政局初步安定下来。

但是,浙江省内的政局刚刚得到安定,北京中央政府政局又起波澜。总统黎元洪与总理段祺瑞因争权夺利酿成"府院之争",段祺瑞鼓动北洋系各省督军组成所谓督军团向总统黎元洪施加强大的政治军事压力,杨善德作为北洋皖系的骨干自然成了督军团的重要一员,亲自或者派代表出席在北京召开的督军团会议,联名发表通电,向黎元洪总统施加种种压力,但黎元洪没有屈服于督军团的压力,并于5月23日下令免去段祺瑞的国务总理职务,结果引起段氏及亲段的北洋系各省督军、省长的强烈反弹。26日,安徽督军倪嗣冲发表通电,称黎总统免段总理职务为非法行动,宣布安徽"独立",与中央政府脱离关系。接着,陕西、河南、奉天等省的督军起来响应,5月30日,杨善德与省长齐耀珊也联名发表通电,宣布浙江"独立"。

"府院之争"愈演愈烈,复辟派头子张勋乘机浑水摸鱼,他以调停"府院之争"为名带辫子军入京,在迫使黎元洪总统解散国会后,又逼迫黎元洪"归还"大政于前清废帝溥仪,黎元洪在张勋的武力压迫下潜逃荷兰公使馆避难,同时电令在南京的副总统冯国璋代理大总统职务。1917年7月1日,张勋进入紫禁城,宣布拥戴溥仪复辟,赐封中央与各省官职,杨善德被封为"浙江巡抚"。对于张勋复辟,杨善德宣布"万难

---

① 天津《大公报》1917年1月16日,第1张,第3页。
② 天津《大公报》1917年1月13日,第1张,第3页。

承认"①,并与曹锟、冯玉祥等公推段祺瑞为讨逆军总司令,同时响应副总统兼江苏督军冯国璋的号召,苏、浙、赣、沪四方联合出兵直捣张勋的老巢,根据协议,杨善德派出了浙军第一支队(支队长潘国纲)、第二支队(支队长何丰林),归南路讨逆军总司令倪嗣冲节制指挥。

1917 年 7 月 13 日,浙江督军公署参谋长赵禅在杭州奉直会馆门前遇刺身亡,杨善德对于自己的得力助手意外死亡感到十分震惊,以"匪徒潜伏,谋为不轨"为由,于 7 月 17 日起宣布浙江全省实行戒严,自任全省戒严总司令兼杭属警备地域戒严司令官,捉拿革命党人。

1917 年 9 月 1 日,孙中山在广州宣布就任中华民国军政府陆海军大元帅,形成南北两个政府对峙的局面。受孙中山广东护法的影响,浙江革命党人与浙江实力派首领蒋尊簋、周凤岐、顾乃斌、叶焕华等合作,于 11 月 26 日在宁波宣布独立自主,与浙江军政当局脱离关系。宁波独立军由蒋尊簋任总司令,随即出兵曹娥江,控制百官镇一带阵地。29 日,杨善德派遣童保暄率领浙军第一师前往镇压。

童保暄与宁波独立军蒋尊簋等早有联系,原本计划在进军到曹娥江后反戈倒杨。对此,杨善德早有安排,他派第四师炮兵及机枪队随童保暄行动,使童无法与宁波独立军取得联络。两军在曹娥江隔江对峙,童部在晨雾弥漫中向对岸放了数炮,宁波独立军随即溃散。12 月 3 日,宁波独立被迫取消。

1918 年 1 月 8 日、13 日,杨善德与曹锟、张怀芝、倪嗣冲、张作霖、阎锡山、陈树藩、赵倜等十六省督军、都统两次联名打电报给主和的代理大总统冯国璋,催促他下讨伐西南的总统令。冯国璋开始表示拒绝,但最终没有顶住主战派的压力,被迫于 1 月 30 日下令讨伐西南。讨伐令下达后,主战派核心人物徐树铮一再电请杨善德出兵援粤。4 月,杨善德派童保暄率领浙军第一师前往福建,与福建督军李厚基所部合组

---

① 罗家伦主编:《革命文献》第 7 辑,台北"中央文物供应社"1978 年版,第 923 页。

闽浙援粤联军,李厚基任联军总司令,童保暄任副司令。童保暄率领浙军第一师进驻闽南后,蒋尊簋、吕公望等奉孙中山令前来策反,遭到童保暄的拒绝,但所部团长陈肇英却在吕公望策动下率领该团五百余名官兵投奔广东护法军政府。护法军政府即以此为基础,组建护法浙军,以吕公望为总司令,陈肇英为护法浙军第一师师长。童保暄经此打击后,不得不退兵厦门休整,心中郁郁寡欢。1919年5月,童保暄在厦门病故,年三十三岁。杨善德呈请北京政府抚恤童保暄,并保举张载阳继任浙军第一师师长。

北京政府以杨善德出兵攻打护法军政府有功,先后授予他二等大绥宝光嘉禾章、勋二位。1919年8月13日,杨善德在杭州病逝,终年六十三岁。次日,北京政府颁布总统令追赠杨善德为陆军上将。

# 杨 士 琦

张学继

  杨士琦,字杏城,安徽泗州人。生于 1862 年(清同治元年)。因在六兄弟中排第五,故人称杨五爷。十三岁时失去双亲,追随诸兄长读书,刻苦自励。十六岁为诸生,1882 年中举人,后屡试不中,遂替人充当幕僚。后捐道员,1885 年分发直隶试用。1900 年初,义和团运动兴起,杨士琦上书山东巡抚袁世凯,请其痛剿义和团,引起袁世凯的注意。1901 年,杨士琦与其兄杨士骧随直隶总督兼北洋大臣李鸿章入京与八国联军议和,充当李鸿章与庆亲王奕劻之间的联络人。因善于逢迎,得到李鸿章和奕劻的赏识。

  1901 年 11 月李鸿章死后,杨士琦投靠袁世凯,任洋务总文案,深得袁的信任,"事罔洪纤,尽以咨商",成为袁的智囊。1903 年 4 月间,首席军机大臣荣禄病入膏肓,继任者为庆亲王奕劻。袁世凯为寻求新靠山,必须结纳奕劻。为此,杨士琦向袁世凯献"运动亲贵,掌握政权"①的方策,并亲自出马为奕劻与袁世凯牵线搭桥。奕劻一向贪财重利,杨士琦替袁世凯将一张十万两银票送到奕劻手中。而袁世凯所得到的回报则是,庆王事无巨细,包括朝廷要员的任免,都必须"讨教"袁世凯。除奕劻外,袁世凯又广结王公大臣,如他先后与端方、周馥、张人骏、吴大澂、孙宝琦等一批督抚结为儿女亲家。甚至还厚着脸皮与慈禧

---

  ① 远生:《杨士琦:电影中之交通总长》,《远生遗著》卷 4,商务印书馆 1984 年影印版,第 21 页。

的一个贴身小太监马宾廷结为把兄弟,利用他刺探情报,打通关节。通过"运动权贵",袁世凯将自己的亲信一个个安插到朝廷和外省各个重要部门,掌握了清政府的实权。在这个过程中,杨士琦功不可没。

杨士琦日日奔走于清廷权贵之门,送钱送款,表面上极尽谄媚恭维之能事。但在背地里,杨士琦却对这些只知贪贿的权贵们十分轻蔑,黄远生说:杨士琦"背后批评亲贵,则亦多语妙,谓满洲亲贵离不了一'童'字,因私号某贝勒为童昏,某亲王为童顽,某某为童某,俪词造意,适如其人"①。

1901年,清政府开始推行"新政",涉及政治体制改革、发展实业、编练新军、发展教育文化等各方面。正当袁世凯苦于经费不足而一筹莫展之时,杨士琦献策,建议将洋务派官僚、李鸿章手下红人盛宣怀所办的产业接收过来。袁世凯依计而行,解决了练兵和办实业的经费。

袁世凯保荐杨士琦以候补道,并以候补四品京堂用。1903年1月,杨士琦被派往上海任帮办电政大臣,兼轮船招商局总办。11月,任商部右参议。1904年,任商部上海高等实业学堂(原名南洋公学,交通大学前身)监督。1906年改任商部左参议,后屡在商部(1906年9月改农工商部)任职。7月,任会办电政大臣。同月,官制编制馆成立,杨任提调。9月,受袁世凯指使,与孙宝琦等提出取消军机处,设立责任内阁,但遭到铁良等人的坚决反对。

1907年8月21日,清政府派杨士琦赴南洋各国考察商务,"抚慰"华侨,实则做欺骗宣传,妄图阻断华侨与革命党人之间的联系。杨士琦到达马来亚的怡保时,当地保皇会召开大会欢迎。当杨士琦兴致勃勃地在台上演讲时,革命党人郑螺生等突然递上质问书,大意是:"我国自来多灾多难,我们侨胞在家乡无衣无食,不得已而远渡重洋。过去在国内还得不到政府的照顾,现在政府反而千里迢迢到南洋来抚慰我们,实在有点舍近就远,令人费解。"杨士琦一时无言以对,举座哗然。其秘书

_____

① 远生:《杨士琦:电影中之交通总长》,第21页。

打圆场说:"诸位这般举动,岂不怕得罪杨大人?"听众不以为然,哄堂大笑。接着又有数人起立质问,杨士琦招架不住,匆匆结束"欢迎"大会,清廷愚弄华侨的企图没有得逞。

1907年,袁世凯、奕劻与军机大臣瞿鸿禨、邮传部尚书岑春煊之间的政争引发了"丁未政潮"。由于杨翠喜案被揭发,袁世凯、奕劻一方处于十分被动地位,不得不以退为进,载振主动请求辞职,其辞职书即为杨士琦捉刀而成。略云:"臣系出天潢,夙叨门荫,诵诗不达,乃专对而使四方;恩宠有加,遂破格而跻九列。倏因时事艰难之会,本无资劳才望可言,卒因更事之无多,遂至人言之交集。虽水落石出,圣明无不烛之私;而地厚天高,踌躇有难安之隐。所虑因循恋栈,贻一身后顾之忧;岂惟庸懦无能,负两圣知人之哲。不可为子,不可为人。再四思维,惟有仰恳天恩,开去一切差缺,愿从此闭门思过,得长享光天化日之优容。倘他时晚盖前愆,或尚有坠露轻尘之报"①

正当袁世凯、奕劻一方节节败退之际,看似主动的瞿鸿禨却犯了一个致命的错误。原来慈禧在单独召见瞿鸿禨时私下透露要罢黜奕劻之意思,这本是绝密消息,但瞿鸿禨竟将此事告其门生汪康年而泄露出去。杨士琦敏锐地抓住了瞿鸿禨的这一致命疏忽,向袁世凯献策。袁命他速写一纸弹章。杨士琦写成了一篇洋洋数千言的奏章,内中罗列了瞿鸿禨交通报馆、授意言官、阴结外援、分布党羽各条罪状,通过翰林院侍读学士恽毓鼎向瞿鸿禨提出弹劾。慈禧大怒,命孙家鼐调查,果然条条属实。瞿鸿禨当即被逐出军机,开缺回籍。在"丁未政争"中,杨士琦充分显示了聪明才干,更为奕劻、袁世凯所倚重,俨如左右手。瞿鸿禨罢职后,军机处缺得力主持人,奕劻保荐杨士琦。慈禧召见安徽籍的年迈大学士孙家鼐问:"杨士琦是安徽籍,你看此人如何?"孙家鼐对杨没有好感,便如实奏道:"此人乡评太坏,系一不讲品行的人,未便用在

① 沈宗畸:《东华琐录》,章伯锋、顾亚主编《近代稗海》第13辑,四川人民出版社1989年版,第598页。

机枢之地。"①孙家鼐的一席话将杨士琦的入阁梦粉碎了。

　　1909年1月2日，清廷以袁世凯患足疾为名，将其罢官，命回籍养疴。袁世凯潜往天津，欲晤直隶总督杨士骧（杨士琦兄），杨怕殃及自身，拒绝会见袁世凯，并安排火车将袁送回北京。袁世凯对此痛恨不已，兼及杨士琦。

　　1911年10月，武昌起义爆发。清政府被迫起用袁世凯为内阁总理大臣，11月26日内阁组成。组阁过程中，袁世凯并未看好杨士琦，后经徐世昌从中斡旋，杨士琦才得以入阁，任邮传部大臣。12月7日，袁世凯委派唐绍仪为全权议和代表，与南方民军谈判。杨士琦作为议和参赞，随唐绍仪前往汉口参加南北议和。1912年1月，杨士琦辞去邮传部大臣。

　　杨士琦不仅是袁世凯的谋士，而且是一个阴险毒辣的特务头目。刘成禺说：杨士琦"杀人用奇策。机密事，袁世凯与共之，号袁氏智囊。世人误称赵智庵秉钧为智囊，因赵字智庵，有智无囊，智而贮囊，则杨杏城耳"②。他配有一种毒性极大的毒药水，经常以此毒死政敌。直隶都督赵秉钧即是被杨士琦毒毙的。据赵秉钧的秘书长黄侃告诉刘成禺："每晚必与智庵靠鸦片盘谈公事，谈倦，智庵饮人参水一杯安眠。一日喟然曰：项城帝制，是自杀也，我亦有杀身之祸。我愕然不知所云。过十余日，予与靠鸦片盘，倦归。不十分钟，急促予往，智庵已染急症，目瞪口闭，不能言语。问其家人，曰：饮人参水后，即发病，而打烟使僮，已不知去向。事后，始知以十万金贿烟童，滴毒药水于人参水中，即死。咸知杨杏城所为，无敢言者。"③杨士琦的伎俩在北洋派内部也引起极大的恐慌，他们害怕做赵秉钧第二。与杨士琦矛盾极深的交通系首领梁士诒曾说："我梁某性命，不怕袁项城，倒怕杨杏城，惧其下毒药辣手

---

①　沈宗畸：《东华琐录》，章伯锋、顾亚主编《近代稗海》第13辑，第598页。
②　刘成禺：《世载堂杂忆》，第203页。
③　刘成禺：《世载堂杂忆》，第204—205页。

也。"于是有人在梁士诒的官邸贴上门联："红杏枝头春意闹,乌衣巷口夕阳斜。"①

1913年11月26日,袁记政治会议组成,杨士琦为委员。1914年1月23日,杨士琦任"高等文官甄别委员会"委员。1914年2月,熊希龄内阁垮台。孙宝琦代理总理组阁,袁世凯欲发表杨士琦为交通部总长。但交通部历来是以梁士诒为首的交通系的禁脔,而杨士琦是袁世凯幕府中的所谓皖系领袖,皖系与梁士诒为首的粤系历来面和心不和,现在杨士琦突然插足交通部,不能不引起梁士诒的强烈反应。梁士诒授意财政总长周自齐打电话给国务院秘书长陈汉第,转达梁士诒的话,说是总统让暂缓发表杨士琦的交通总长任命。由于梁士诒的坚决反对,杨士琦终于没有做上交通部总长。记者形容杨士琦是纱帽飞到头上,忽又被大风吹去②。

1914年5月1日,袁世凯不令撤销国务院,并在总统府内设立了政事堂,杨士琦为政事堂左丞。在确立总统制的过程中,袁世凯曾派杨士琦等拜访进步党人,说明尽管实行总统制,仍渴望与他们一起为国效力,并劝张謇留任农商总长。1915年5月8日,"二十一条"交涉时,杨士琦参加了袁世凯召开的紧急国务会议。

从1914年起,杨士琦作为帝制的鼓吹者,四处奔走。他曾游说于袁克定,力主实行帝制。而袁克定也以为其父如当上皇帝,自己日后可继父业,当二十年太平天子。因而对杨士琦言听计从,引为心腹,深相结纳。1915年1月1日,袁世凯授杨士琦为中卿。8月,杨士琦等政府要员上密呈给袁世凯,请实行君主制。8月23日,"筹安会"正式成立。杨士琦虽然没有参加筹安会,但却是整个洪宪帝制运作过程中的核心人物之一。时人云:洪宪帝制之核心在于"二杨":杨度浮夸,只是从事表面上的宣传;而运筹帷幄,发纵指示则全在杨士琦。又有"文有杨士

① 刘成禺:《世载堂杂忆》,第204页。
② 远生:《杨士琦:电影中之交通总长》,第18—21页。

琦,武有陈宧"之说。

9月6日,袁世凯派杨士琦到参政院宣布对变更国体的意见,表示改变国体不能"急遽轻举",且要看"国民之公意"。这份"意见书"表明袁世凯既要做皇帝而又"期待民意"的半推半就的微妙心态。12月11日,"民意"水落石出,国民代表全体公决结果不但以一千九百九十三票的全票赞成君主立宪,而且直推袁世凯为皇帝。1916年元旦,袁世凯登基,做了洪宪皇帝。3月22日,袁世凯被迫取消帝制,废止"洪宪"年号。杨士琦亦被免去政事堂左丞职务,任参政院参政。但袁世凯死后,继任总统黎元洪命令缉拿帝制祸首,杨士琦却未被列入,这大概与他平时不喜张扬,巧于掩饰,隐藏幕后有直接关系。

袁死后,杨士琦在上海租界亚雨培路、巨籁达路角购买了一套住宅,人称杨五爷公馆。杨士琦在这里纳小菠菜、小白菜为妾,过起隐居生活。一日,杨士琦翻晒箱笼衣物古玩,毒药水瓶就放在箱内。杨士琦郑重嘱告家人:"此种药水最毒,一点入口即死。"移放高柜上,令家人不得近,然后出外拜客。归家时推门而入,发现其子正与小菠菜、小白菜同榻。杨士琦见到这种见不得人的事,气极而晕,僵坐沙发上,口中扬言都要处死。小白菜干脆一不做,二不休,取来毒药水滴入茶中,令家人送杨士琦喝了,片刻即死去,时为1918年9月27日。这就是当年轰动上海滩的毒死杨氏家主大案。

# 杨 寿 枬

朱复康

　　杨寿枬,初名寿械①,字味云,晚号苓泉居士。江苏无锡人。1868年10月6日(清同治七年八月二十一日)出生于一个累代书香的家庭。祖父杨延俊是道光年间进士,曾任山东肥城等县知县。父杨宗济系诸生,任溧阳县训导。伯父杨宗濂、杨以回、杨宗瀚,先后在李鸿章幕府,随军征伐太平军和捻军。杨宗濂历任北洋武备学堂总办、山西按察使、山西布政使;杨宗瀚曾任上海机器织布局会办、总办等职。

　　杨寿枬六岁起读经书、《通鉴》,十二岁随父读于溧阳学署,十四岁学制义和试帖诗②,但他性好诗词古文。十七岁返里应试,以第一名入泮。1890年,被伯父杨宗濂召往直隶通州道署,受命教其子杨寿楣读书。1891年杨寿枬应顺天乡试,中举人,三应会试未中试,遂绝意科举,专治史学,尤致力于财政一门,曾取"九通"内的钱币、赋税、盐法、漕运各门,提要钩玄,分类篡录,积成数巨册。

　　1897年,杨宗濂署山西臬台,不久擢任藩司,杨寿枬在其幕府任文案。当时山西巡抚胡蕲生颇注意新政,在省设武备学堂、商务局,办纺织厂等,皆与杨宗濂商定委办。杨寿枬主稿所有奏折、函牍,为胡蕲生激赏,遂延入抚署,主内文案。

---

　　① 杨寿枬初名杨寿械,1894年始改名杨寿枬。见杨寿枬编:《苓泉居士自订年谱》,1943年铅印本。

　　② 制义,即八股文;试帖诗也是清代科举考试的诗。

　　1899 年杨寿枏南归葬亲。他以资捐内阁中书职,因翌年义和团事件中止北上。其三伯父杨宗瀚在无锡筹办业勤纱厂,乃参与佐理厂务,遂得悉纺织厂经营管理的门径。1901 年《辛丑条约》订立,八国联军退出,杨寿枏入京就内阁中书职。次年为大学士孙家鼐邀入幕府主奏章。1903 年清政府设商部,杨应商部考试被录取,分补保惠司主事,1905 年调补平均司。是年 7 月,清政府派镇国公载泽、户部侍郎戴鸿慈、兵部侍郎徐世昌、湖南巡抚端方、商部右丞绍英五大臣出洋①,考察各国宪政,载泽派杨为二等参赞随行,于 11 月初出发,翌年 6 月返抵上海。7 月回京复命,奉命督率译员在法华寺翻译有关东西洋各国政治制度的论著,杨任总纂,编纂专书共六十余种,咨送宪政编查馆,择其精要者分撰提要,进呈内廷。9 月,清廷命载泽会同各部院尚书及南北洋大臣厘订立宪官制,由载泽主其事,杨协同编纂。

　　1907 年,杨寿枏改补农工商部工务司主事,兼商律馆纂修。是年 10 月,随该部侍郎杨士琦赴南洋各地抚慰华侨,乘海圻、海容两舰历小吕宋、暹逻、爪哇、新加坡诸地,翌年春回京复命,上《考察南洋各岛华侨商务折》。旋补工务司员外郎兼公司注册局总办、商标局会办。这时清政府在洋务运动的推动下,实行《奖励工艺》的措施,以图振兴全国工商业,颁订了《奖励公司章程》、《办理实业爵赏章程》等。这些章程、办法的草拟,大多出自杨寿枏之手。他在农工商部,深为本部堂官②所倚重。

　　1909 年,清廷以载泽为度支部尚书,设财政清理处,杨寿枏为该部丞参兼财政清理处总办,专任清理财政。杨请派监理官分驻各省监督财政,并令各省造送财政报告,为编制全国岁入、岁出预决算之依据,并

---

　　①　五大臣出洋,原定在 1905 年 8 月 19 日,启程登车时,革命党人埋藏的炸弹爆炸,绍英受伤。徐世昌旋改任巡警部尚书,改期另派山东布政使尚其亨、顺天府丞李盛铎充任,其余三人照旧。

　　②　清制,部属称本部尚书、侍郎曰“堂官”。

拟订六年内清理全国财政办法草案及分年办理程序。清政府财政收支向无预决算制度,杨采取欧美各国新法,参以中国旧章,创制全国收支预决算,其有关条例和程式皆亲手自订,颇费一番心力。他以为这样就可事权统一,控制全国财政,如网在纲。

1910 年,杨寿枏被派充崇陵①监修官兼盐政院参事,旋补度支部左参议。他对部务颇有整饬风规、力除积弊之志,如过去户部书吏握权甚重,往往上下其手,中饱私肥。杨总办财政清理处时,即对核算、办稿诸事均调部员办理,雇用书吏仅事缮写。他严明考核,风气为之稍变。

清政府预备立宪,关于改革官制问题,杨寿枏主张仿效日本,设地方议事会,建立立法机构。他曾代度支部提出说帖,后来内阁会议制定官制,即以此为蓝本。杨对清政府采取君主立宪的责任内阁制度极为热心,认为“历经欧美各国考察,封建专制已不能适合世界潮流,唯君主立宪犹可系维人心”②,所以奔走甚力,向各方鼓吹呼吁。他与劳乃宣、吴士鉴等数十人组织“宪政实进会”,推陈宝琛为会长,以期促进立宪早日实现。

宣统年间,载沣为摄政王监国,奕劻为内阁总理大臣,颟顸无能的亲贵各树党派,纷争甚烈。载泽历赴海外考察,于各国政体略有所知,深为“庆党”③所嫉。杨寿枏为载泽所识拔,故对“庆党”深感不满,常肆意抨击。武昌起义爆发,清廷官吏纷纷请辞出京,而杨仍守本职,每日到部视事,至“逊位”诏下,始移居天津。

1912 年 7 月,袁世凯的北京政府以周学熙任财政总长,杨寿枏由杨士琦荐举任盐政处总办。时张謇上盐务改革条陈,主张废除运商引票制度,撤销定岸引界,时舆论纷争激烈。袁世凯偏向保守,而对张的建议又觉难于驳斥,乃与杨寿枏商量。杨认为张文言之成理,未宜明予

① 崇陵,清光绪帝陵墓名。
② 杨寿枏编:《苓泉居士自订年谱》。
③ 奕劻封庆亲王,故称其党羽曰“庆党”。

驳斥,不如由财部另拟一个盐务改革计划,以清除盐场积弊为主旨,降低盐价,减轻盐税,与张案一并提交参议院讨论。结果财部所拟计划被通过,张案乃取消。

9月,杨寿枏被任命为长芦盐运使,改革盐税征实银法为一条鞭法,改两为元,商民称便。他整理盐场产业,税率未加,而税收年增二百余万元。对财部某些不正当的提款,他敢于顶回去,为部主管所不喜。但因袁世凯认为他筹饷有功,调他为粤海关监督。不数月,又改派为总统府顾问兼财政委员,专任整理旧税事宜。1914年8月改任山东省财政厅长。该省将军靳云鹏、巡按使蔡儒楷很尊重他,遇有财务问题,都和他商定而行。杨曾电财部请缓办杂税,谓“民间不苦税则之重,而苦税目之繁。请择税收丰富科目简单者踏实举办”①。于是在山东专办验契、田赋、公债三项,结果全省税收较前增加一千多万元,居全国第一②。

1917年2月,段祺瑞组阁,任杨寿枏为财政部次长。时总长李经羲因病未到任,由杨代理部务。当时,许多省各自为政,税收往往不解国库。他力主量入为出,制订临时预算,提出开源节流之议,核定每月支出经费七百万元,以期收支适合。

7月1日,张勋复辟,任命杨寿枏为度支部左侍郎,旋命署理尚书。杨虽有“心怀旧君”之思,但因患病在家,未直接参与复辟丑剧。可是他在事后所写的笔记和杂文,仍认为“张勋此举磊磊落落,功虽未成,亦足为历史上有名人物”③,不难窥见他的心事。

1919年,杨寿枏被选为参议院议员,并推为财政理事,审核全国预算。又继周学熙之后任全国棉业督办,主持订购美棉种籽,分发各省种

①　杨寿枏编:《苓泉居士自订年谱》,“乙卯、四十八岁”条,第20页。
②　杨景燨等辑《趋庭隅录》(1941年铅印本)记:“民国四年财政部呈明考核各省财政成绩,列山东财政第一。”
③　杨寿枏撰:《张少轩将军文》,载《云在山房类稿》;并见《苓泉居士自订年谱》。

植,改良棉种;并举办棉业传习所培养纺织人才。1922 年秋,江苏省辟无锡为商埠,杨寿枏奉派为无锡商埠局督办。是年冬,内阁改组,刘恩源任财政部总长,杨复任财政部次长兼盐务署署长。1923 年 4 月,总税务司英人安格联(Francis Arthur Aglen)上整理中国内债说帖,欲以"华府会议"议定的值百抽五所增新关税年约一千余万两,改充"金融"等六项公债基金。实则此项新关税已批准为"九六公债"基金,而安格联企图将新旧关余一手把持。杨坚执不可,与部员张竞仁著论力辟其谬。安格联联络各报指杨为破坏公债,而他始终不为所动,结果安格联之议遭到全体内阁会议的反对而未成①。

杨寿枏对北京政府常恃借债度日、积至后来几占全国岁入的十分之四,深为忧虑。尝谓外国发行公债以补助财政之不足,而中国发行公债则以国库岁收移充抵押,这不啻以财政交给银行,自失平衡调节之权。此时他看到军阀混战时起,对北京政权感到灰心。从 1923 年后,他结束了政治生涯,转向实业方面谋求发展。

早在 1919 年,杨寿枏已被公推为天津华新纱厂经理。华新原是袁世凯执政时,拟议在北方五省官商合办纱厂建立的唯一工厂,且因营运资金无着,久未开工。杨主持华新,着力解决了三个重要问题:第一,采用"包工制"的办法,以争取时间加速投产。"包工制"促使承包者挑选熟练工人,费用精打细算。华新从招工到开车,仅花了三个多月即顺利生产,二万五千锭纺机日夜运转,产品销畅,年终盈利一百五十余万元②。次年,一面派员学习,一面训练艺徒,抚循工匠,而将原有包工头渐次淘汰。第二,利用金融资本解决资金问题。华新初期,商股认缴仅五十万元,加上财部拨出八十万元,资金匮乏。杨筹设大同银号,吸取社会游资以作纱厂"活本",利用金融资本,来为产业资本争取更大利润,对扩大生产起到了活跃作用,第一年纱厂和银号即获巨利,华新同

① 杨寿枏编:《苓泉居士自订年谱》;又见杨寿枏:《云迳书札·复议员某君书》。
② 严中平:《中国棉纺织史稿》,科学出版社 1955 年版,第 354 页。

时增招商股二百万元,扩大资本。第三,组织资本集团,发挥资本协作。华新获利丰厚后,相继建成青岛、唐山、卫辉三厂,虽资本各自独立,但连成一气,相互协作,又成立兴华集团,取得互相挹注之效。

1927年,华新改组,杨寿枏乃退居"专董"。他早岁即以诗文著称,尤擅骈体文,用典贴切,词藻工丽,颇为时人所推重。公余之暇,常和僚属以吟咏唱和为乐。"九一八"事变后,东北沦陷,他作《秋草》诗四律以寄感,海内诗人争相传诵,和者百余家,辑成《秋草唱和集》。时人称他为"杨秋草"。

1935年后,杨寿枏寓居天津,息影林泉,常与故友结社唱酬,以诗文鸣当世。1937年7月卢沟桥事变后,北洋旧官僚纷纷参加日伪组织,旧日同僚颇多挽他出山。他拒不接见,不问外事。晚年辑其自撰古文、诗词、笔记和书札,印行者有《云在山房类稿》、《云在山房骈文诗词选》、《云荜漫录》、《云荜书札》等书。

1948年12月7日杨寿枏因肺炎病逝于天津。

# 杨 树 达

白吉庵

　　杨树达,字遇夫,号积微。湖南长沙人。生于 1885 年 6 月 1 日(清光绪十一年四月十九日)。其父杨孝秩为人好学,喜读史籍,于科举不甚在意,屡试不中,后为塾师。杨树达六岁从父学。稍长,其父授以《尔雅》、《资治通鉴》、《汉书》、《史通》等书。他尤好《汉书》,每读一篇,不忍释手。十三岁入时务学堂,从梁启超学经今文学。次年春,因病辍学。十五岁遵父命从叶德辉受业。十六岁,转入求实书院,学经史、算学、英文等课。此后读书颇勤,开始治《易经》,拟仿阮元《诗书古训》体例,撰《周易古义》。二十岁,应院试,成绩优异,被选入经堂肄业。次年即 1905 年被派往日本留学,入东京宏文学院学日语。1908 年入正则学校学英语。次年转入京都第三高等学校学习。

　　1911 年武昌起义成功,清廷官费停止,杨树达辍学回国。时湖南成立军政府,求实同学陈润霖长教育司,被约往工作,旋任图书科科长。此外还在楚怡工业学校兼任英文教员。1913 年,应聘到湖南省立第四师范学校讲授国文法,开始研究语法,阅读《马氏文通》,发现书中有许多错误,有意弥补其不足。1916 年转入省立第一女子师范,在此任教四年,环境安定,有著述之志。1918 年,辑《老子古义》,以五十日而成,继而治《盐铁论》,后因故中辍。

　　1919 年五四运动的浪潮波及湖南。杨参加了教育界陈润霖、朱剑凡等人发起的"健学会",响应北京大学教授提出的各项号召。当时湖南在北洋军阀张敬尧的统治下,不但爱国运动受到禁止,教育事业也大受摧残。12月2日，长沙学界为了声援"闽案"，遭到张敬尧派兵镇压，激起公愤，爆发了"驱张运动"。12月8日，杨被推为教育界代表之一，与毛泽东、罗教铎等进京请愿。次年6月，张敬尧被迫下台，他才离京返湘。

1920年，北洋军阀内部爆发了直皖战争，皖系段祺瑞失败，直系掌权，改组内阁，湖南范源濂被任命为教育总长。范与杨是时务学堂的同学。杨得此消息后，便北上谋事。通过熊崇熙、黎锦熙等人的介绍，入教育部国语统一筹备会编纂字典。旋往北京政法专门学校教日语课。次年，由钱玄同介绍入北京高等师范学校教国文法。当时所编的讲义，即为后来出版的《高等国文法》之底稿。1922年5月，他与吴承仕、程炎震、洪泽丞、邵瑞彩、孙人和等合组"思辨社"，每两周集会一次，研讨国学。后来入社的有陈垣、高步瀛、陈世宜等人。12月兼任教育部编审员，审查教科书。1923年7月，"高师"改名为北京师范大学，范源濂被任命为第一任校长，原国文系主任章嵚辞职，范请杨树达继任，而他以学力不胜而坚辞，改为代理主任。其时学校经费经常无着，范想整顿学校的愿望不能实现，愤军阀之混战，于1924年9月辞职离校。为此，杨与师大同人到国务院请愿，并赶到天津去挽留，后因范辞意坚决而作罢。次年《汉书补注补正》出版。是书纠正王先谦《汉书补注》六百余事，为杨代表作之一。

1925年，清华学校增设大学部及国学研究院，由于梁启超的推荐，杨于次年9月入该校国文系任教。1928年《老子古义》出版。后二年《周易古义》也相继问世。这两部书为杨早年之作，稿成至出版已快三十个年头了。

1929年，《词诠》出版。是书依《经传释词》体例编辑而成。他将以往各家之说，经过自己裁决举证而为一家之言，至今仍不失为学习古汉语的重要工具书之一。

1930年，日本人用庚子赔款接待中国学者访日。6月杨与张贻惠、陈映璜、曾中鲁等人应邀赴日，先后到大阪、东京、京都等地参观了各大学及其图书馆,看到了许多中国珍贵文物和善本书籍,并会晤了当地的学者。参观东京文理科大学时,该校诸桥教授对杨著《周易古义》与《老子古义》二书颇为赞扬,并称他讲授《老子》,即以此书为教材。杨于7月下旬返国。

同年杨著《高等国文法》出版,受到国内外的重视,日本东京文理科大学很快以它为教本。书中举例丰富,不落空谈,为当时国文法中之杰出者,被选入大学丛书之列。次年,《马氏文通刊误》出版,此书是作者1919年前后所发表的许多评论文章,因《高等国文法》付印,限于教科书的体例,未尽其意,故重新整理而成。书中驳马氏之失,约举十端:即不明理论而强以外国文法律中文、误读古书,等等。持论有根有据,受到时人的好评。至此,杨氏文法之书——《高等国文法》、《词诠》、《马氏文通刊误》出齐,研究文法学他认为可告一段落,于是开始治文字之学。

杨在清华讲授《汉书》,经常考查汉制风俗,涉猎汉碑,久之对此学产生浓厚兴趣,且颇有心得。当时他编的《汉俗史讲义》及汉碑考证等,陈寅恪看后极加称许,故而约他到历史系兼课。从此他在清华便成为文史两系的教授。

1932年,上海爆发了"一二八"事变,日本侵略军进攻上海,时局动乱。3月,章太炎及黄侃避难来京,经吴承仕介绍,杨往晤章、黄。黄称誉《词诠》不失为雅言之作。章谓湖南前辈于小学多粗犷,遇夫独精审,智殆过其师矣。次年《中国修辞学》出版。此书为杨在清华教授之一科,积数年教学经验而成,特点是从中国古代语言实际出发,不以欧美体例为限,而有民族形式之美。1953年,徐特立与他见面时,称赞此书有辩证法之见解。

1934年8月,杨在天津《大公报》发表《读商承祚君殷契佚存》一文,其后,兼治金石甲骨,二十一年如一日,被誉为此学科中最为努力勤奋之一人。同年在清华讲授文字学,并出版了《古声韵讨论集》。

1936年5月,杨将近年来研究文字学的成果集为《积微居小学金石论丛》一书,付商务印书馆出版,竟遭拒绝。后经胡适说项,方允付梓。翌年 2 月,《积微居小学金石论丛》出版,书中对古代文字的解释,新意颇多,在学术界轰动一时。是年 5 月,其父病重,返乡省亲。不久全面抗日战争开始,8 月,他应湖南大学之聘,从此全家定居湖南。次年,清华迁到云南,与北大、南开合组西南联合大学,朱自清曾函邀杨返校,他以家室拖累,路途遥远而辞。10 月广州失守,武汉危急,他携眷随湖南大学迁往湘西。

1939 年,撰《温故知新说》,略谓温故而不能知新者,其病也庸;不温故而欲知新者,其病也妄。夫新与故为学问之两端,妄与庸为治学之两病。他认为治学当求其新,然要有其来源,切忌空谈。这反映了他治学的态度和方法,是极谨严的。

湖南大学自迁到辰溪后,敌机常来轰炸,师生们仍不得安宁。杨愤于国难,而开设"春秋大义"这门课,以此来鼓励青年学生,发扬民族传统,进行抗日斗争。他说:自恨不能执戈卫国,乃述圣文,诏示后进,恶倭寇明素志也。后来出版的《春秋大义述》,即此讲义之续成者。

1940 年,在湖南大学的支持下,他与曾运乾、黄子通编印了《文哲丛刊》杂志。第一期上他发表了《读孙海波甲骨文编记》。此为他一度间断后再治甲骨文之始。1942 年 4 月,教育部学术审议会奖励著作名单公布,《春秋大义述》获二等奖,得奖金五千元。继而他被选为教育部部聘教授。他作寄怀一首谓:"平生百事不关情,身似蟫鱼老伴经。只有青山来好梦,可怜白发换浮名。惊心骨肉稀人在,放眼河山有泪倾。喜道孙通逃虎口,乱来玄鬓几星星?"诗中记述了当时的思想和生活概况,同时对畏友陈寅恪由香港脱险回到抗战后方表示喜悦之情。1944年《春秋大义述》由商务出版,他感到格外高兴,谓鼙鼓声中有著述问世,已是幸事,不能以平时论。

1945 年 9 月,日本战败投降。10 月,他一家随校迁回长沙岳麓山本校,想集中精力多做一些学问。此后钻研金石甲骨,并写了《说文读若探源》一文,阐明许慎著书之由来。既而开始撰写《声训学》。他认为:柬声及柬声之字,皆含有去恶存善之义,如涷、湅、煉、鍊、练、漱、谏等字,如是理解,便可怡然理顺。他批评章太炎《文始》一书,不立柬为纲者,是有意避免义从声类之得也。他说学问之事,不可不正心诚意。

1947年8月,他得知沈兼士在北平逝世消息后,甚为悲痛。他说国人对于文字学,多逃难就易,治韵学,而兼士独治义诂。然而,治义诂者海内止余与兼士二人,今彼死,余益孤特寡俦也。故挽之曰:"治学耻逃难,独精义诂;著书方在道,遽哭先生。"同年,他被评为中研院院士,获得教育部古文字研究的二等奖。

1948年9月,应中研院之请,他到南京出席院士会及中研院成立二十周年纪念会。会后出席历史语言研究所的茶话会,与所内同人夏鼐、丁声树等相见,并应傅斯年所长之请在会上演讲,题为《诗经》——"东方之日"与"天作"二篇。10月返湘,旋应中山大学之邀,到广州作短期讲学。在此他拜访了陈寅恪、商衍鎏、钱穆等学人,并互赠著述,讨论学术心得。游览了当地名胜古迹,在黄花岗七十二烈士墓前凭吊,抚今思昔,谓今国民党人秉政,权利唯恐或后,死者有知,能无痛哭。

1949年4月,中国人民解放军渡江南进,广州一片混乱,学校已无法上课。5月他返回湖南。是时友人邹谦由台湾来函,邀他到台任教,杨未允。同年8月,他与伍薏农、潘碻基代表湖南大学教授会去见陈明仁,要求和平起义。9月,中国人民政治协商会议在北平召开,杨深受鼓舞,谓衰暮之年或可及见升平,余之幸也,遂应报社之约稿,撰《实事求是》一文纪念政协之召开。

中华人民共和国成立后,他先后在湖南大学、湖南师范学院任教,继续研究语言文字学。相继出版的专著二十余部,论文数百篇,为我国的学术研究做出了卓越的贡献。他积极参加政治活动,历任中国科学院哲学社会科学学部委员、中国人民政治协商会议第二届全国委员会委员、湖南省人民委员会委员、湖南省人民代表大会代表、湖南省文史馆馆长。1956年2月14日逝世于长沙。

## 主要参考资料

《积微翁日记》(稿本)，中国科学院图书馆藏。

《积微翁回忆录》(稿本)，中国科学院图书馆藏。

# 杨 树 庄

刘传标

　　杨树庄,字幼京,福建侯官人。生于 1882 年 5 月 11 日(清光绪八年三月二十四日)。父杨仁铿。叔父杨建洛(仲京)曾任北洋水师济远兵船二副,甲午中日战争中阵亡。杨建洛无后,以杨树庄为嗣。杨树庄为承其志,立别名“幼京”。因嗣父死,家道中落,他乃以父仇、国难为怀,于 1898 年以遗属身份获荫入广东黄埔水师学堂第八届驾驶班。他在校专心学习,曾奋不顾身抢救落水同学,得到师友的赞扬。1911 年冬毕业后,奉派上海坼巡洋舰见习。1911 年初任湖鹰号鱼雷艇管带。

　　辛亥革命爆发,清廷震惊,急电海军统制萨镇冰率舰星夜赴援。10 月 17 日,杨树庄接萨镇冰命令,驾湖鹰号星夜赶赴汉口刘家庙江面汇集,并奉命在江面游弋以切断水上交通。10 月 28 日杨树庄督驾湖鹰协同海琛等六舰向青山南岸开炮轰击,11 月 1 日配合清廷陆军夺取汉口。清军占领汉口后,第一军总统冯国璋下令纵火焚城,恣意残杀,市民死伤无数。杨树庄等目睹清军暴行肆虐,激于爱国爱民热忱,暗中心向革命,随后在奉命炮击武昌、汉阳时故意不瞄准目标。11 月 11 日萨镇冰以“年老有病需到上海医治”为由离舰,海筹等三艘巡洋舰下驶九江易帜起义。杨树庄督驾湖鹰号也随之易帜响应,巡弋于江面,使清兵不得渡,为辛亥革命建立了功勋。

　　1912 年 4 月,北京政府海军部成立,杨树庄入海军部供职,翌年 1 月补授海军中校衔。1914 年 5 月晋升为海军上校,10 月任永翔号舰长。1915 年调任楚观号舰长,旋又改任飞鹰号舰长。1916 年任肇和号舰长,负责督练海军实习生及海军练勇。1920年12月改任应瑞号舰长,1921年11月晋升为海军少将。由于北洋军阀连年混战,积欠海军粮饷严重,海军多向地方扩张。杨树庄于1922年8月率应瑞号在福建驱逐督军李厚基之役中,缴获大量枪炮等物资,为海军向福建地方扩张奠定了基础。1923年5月,杨树庄署海军练习舰队司令之职后,积极在闽扩张势力,先将长乐、连江、平潭等县列为海军"势力范围",并在海军总司令杜锡珪的授意下,于6月率应瑞、海容等舰及海军陆战队马坤贞团向闽南进逼,夺取金门等地。嗣后杨树庄发动厦门各界筹集巨款"恭送"李厚基之余部臧致平部离厦,于1924年4月进占厦门,建立以福州、厦门两要塞为中心,包括金门、东山、平潭、长乐、福清、福州、连江、霞浦、宁德、罗源等县市的闽厦海军警备司令部。他被北京政府海军部委为兼摄闽厦警备司令。他在厦门增设海军要港司令部,在马尾设立"海军支应局",在厦门、宁德三都两地设支应分局,并下设禁烟局、契税局、烟酒局、造币厂等征税筹饷。

此后,杨树庄在军阀派系纷争中依附于直系。在1924年9月直、皖军阀间爆发的江、浙"齐卢战争"中,他奉海军总司令杜锡珪之令,亲自督率驻闽厦海军北上,以应瑞号为旗舰,率海容、永健、楚同、江元、普安等舰及海军陆战队一个团入吴淞口。此时,依靠皖系扶植而另树一帜的林建章"上海海军领袖处"麾下的独立舰队(沪队)在炮台应援下列阵以待,杨树庄乃另辟航道直入吴淞口,参加直系齐燮元阵线吴淞浏河战斗,炮轰卢永祥部。经两个月混战,卢永祥部溃败已成定局,杨树庄乃对依附于皖系的林建章独立舰队进行策反,迫使独立舰队司令周兆瑞率舰归附,实现了闽系海军的统一。

在紧接着爆发的第二次直奉战争中,杨树庄列名为"讨逆军海军副总司令",但因闽厦舰队滞留长江而未参战。当冯玉祥回师北京发动政变,直系惨败后,段祺瑞以临时执政的名义组成北京政府,杨树庄升任海军总司令。

1926年7月,国民革命军出师北伐,势如破竹,锐不可当。杨树庄纵观时局,感悟到军阀统治必倒无疑,今后海军唯有走孙中山革命之路,归附革命新政权,才有存在的可能。但他对北伐军尚存疑虑,对北伐军派到上海来联络的林知渊说:海军人员既不是国民党,更不是共产党,但将来归附了国民革命军,就必须设置党代表,而选择海军人员来充当党代表,自然是不可能的事,一切传统、纪律、秩序,都将弄得凌乱不堪,难以维持。为此,他一方面持观望态度,一方面派人与北伐军联络、谈判。10月,北伐东路军何应钦部直指福建,时不我待,杨树庄与杜锡珪密商决定以"各舰队自行决断"的办法,指使驻闽厦海军第一舰队司令兼闽厦警备司令陈季良率先在闽发难,统领驻闽厦海军易帜拥护北伐。这时北伐军次第进占湘、鄂、赣,图攻皖、苏、浙。蒋介石为获取海军的支持与配合,先后派林知渊、宋渊源等人加紧对杨树庄的策反工作。杨审时度势,权衡利弊,决定易帜起义。他派李世甲督驾楚同舰向第二舰队司令陈绍宽汇报驻闽厦海军易帜经过及形势,并令陈绍宽密切注视北军。随后派其表弟海军上校陈可潜为海军全军代表到南昌面见蒋介石,表示海军可以加入北伐军,但要求:一、确定海军全军各舰艇员兵以及陆战队、军械所、医院、学校等附属机关之饷额,每月应支五十万元,按月定期发给,不得缺少或积欠;二、闽人治闽;三、规定造舰建设费。这些要求获得蒋介石认可。此后,杨树庄将海军舰艇陆续调离要冲或限期入厂修整、补充给养,准备配合北伐军夹攻淞沪。次年2月,杨树庄令陈绍宽率第二舰队各舰驶入长江"扼要屯防",并派舰艇护送由闽入浙江温州之北伐军。杨还亲自率领主力严阵以待,准备进击渡江南下之直鲁联军。直鲁联军总司令张宗昌觉察杨有异动,为防杨统率海军倒戈,下令将闽系舰队归直鲁联军第五路指挥兼渤海舰队司令毕庶澄指挥,如不服从则以武力接收,并派渤海舰队南下监视闽系海军。为此,杨树庄一面伪装答应将配合直鲁联军抗击北伐军,一面召集各舰长于海筹舰商定方略。3月11日,杨树庄派杨庆贞、萨夷、李世甲三位舰长督带楚谦、楚有、楚同三舰溯江而上,供蒋介石驱使;同时令陈绍宽率所部留吴淞襄助,并将高昌庙海军总司令公署内的重要文件档案及机关工作人员迁到吴淞口之海筹舰上。杨于 12 日下午 1 时发表《独立宣言》，宣布率海军第一、第二舰队及练习航队、海军机关独立，与北京政府脱离关系。同日在吴淞口建立国民革命军海军总司令部，杨任海军总司令。随后，杨率易帜海军投入北伐战争，为北伐军奠定东南效力。

蒋介石在上海发动“四一二”政变，杨树庄奉蒋之命，主持海军“清党”，下令解散中国共产党领导的“新海军社”等进步青年组织，但他将查获的“新海军社”社员名单烧毁，保护了一批优秀青年军官。4 月 18 日，蒋介石在南京另立国民政府，杨树庄通电表示拥护，并出任国民政府委员、军事委员会委员、江苏省政务委员会委员等职。

由于杨树庄率闽系海军易帜，沉重地打击了盘踞在北京的奉系军阀张作霖，张乃派遣其嫡系海军——东北海防舰队南下，趁杨部戒备松懈之隙，突入吴淞口，袭击海筹等舰，并在杭州湾劫掠由马尾运物资北上的江利舰，骚扰闽系海军防守阵线。杨树庄调整各舰队防守阵线，令第二舰队楚有、永绩、永健等舰驻防于镇江到通州一带，第一舰队海容、应瑞等舰驻防于通州至吴淞口一带，切断北洋军水上交通线。同时，杨在南京设海军办事处，委派其表弟陈可潜为主任，负责与南京国民政府联络及给养粮饷等事宜。

同年 7 月，杨树庄被委任为福建省政府主席。当时福建各派系力量明争暗斗，海军各山头也纷纷向福建地方插手，蒋介石又有顾忌，杨树庄主持的省政府实为形形色色的派系力量把持。为避免招惹各方疑忌，他一再表白：“海军不包办福建省政。”但他也不愿当“空头省主席”，主政期间积极扩充海军在闽实力，将海军陆战队一个混成旅加一个步兵独立团扩编为两个混成旅，并另设四个补充团和两个独立团，控制了沿海县市，使海军陆战队在闽地之扩张进入鼎盛时期。

蒋介石于 1928 年 2 月 30 日宣布改组后的军事委员会正式成立，杨树庄被列名为十二名军事委员会委员之一。但在北伐军攻占北京，宣告统一完成后，即于 12 月宣布对陆海军实施“编遣”，下令裁撤海军总司令部。杨树庄认为蒋介石此举是要控制全国陆海军队，消除异己，对定于 12 月 26 日举行全国海遣会议"称病"不到。但翌年 1 月的全国编遣会议，还是决定将全国海军编为四个舰队，直属军政部统辖，闽系海军仅留第一、第二舰队番号，东北海军编为第三舰队，广东舰队编为第四舰队。杨树庄对此举极为不满，竭力抵制，经与陈季良、陈绍宽等多次商讨后向蒋提出三点建议：全国海军统一；缓裁；人事统一。蒋介石疑忌闽系海军坐大，对杨等的建议置之不理，并以"张学良不愿交出海军"为借口，改取"分而治之"。在一次军事委员会会上讨论成立海军部有关事宜时，蒋介石搪塞支吾，杨树庄、陈季良、陈绍宽等将领怫然退席以示抗议。蒋介石权衡利弊，为继续利用闽系海军为其独裁统治效命，乃在军政部设立"海军署"，以陈绍宽为署长，而以杨树庄专任福建省主席职。

由于蒋介石控制闽系海军之心昭然若揭，陈季良、杜锡珪等积极参与冯玉祥、阎锡山的反蒋活动，杨树庄则坚持"海军不干政"，竭力制止海军的反蒋活动，将杜锡珪派赴日本、欧美考察海军及航空事业。杨的言行深得蒋介石赞许。在 1929 年 3 月蒋桂战争中，海军供蒋介石驱使，巡航于鄂、湘、粤三省历时两个多月，为战胜反蒋力量立下汗马功劳。蒋介石于 4 月设立海军部，任杨树庄为部长，同时授予海军上将衔。5 月，杨又当选为国民党中央政治委员。由于杨忙于福建省政，海军部由政务次长陈绍宽主持。

热衷于福建省政的杨树庄，为控制闽省全局，积极培植嫡系势力，在福州建立教导团，因而引起各地方势力的怨恨。海军中也因他主张"海军不干政"对他不满，省防司令萨福畴及陆战队旅长林忠等认为杨重用小人，削弱海军在闽实力，是"亲者痛仇者快"，乃勾结第二师师长卢兴邦于 1930 年 1 月 6 日绑架省政府六名委员，图谋推翻杨树庄的省政府。杨树庄仓皇往南京晋见蒋介石寻求支持，然蒋介石此时忙于筹划对抗冯玉祥、阎锡山的中原大战无暇顾及，杨树庄无奈，避往浙江普陀山养病，福建省政府由方声涛主持，杨专任海军部长。1931 年底蒋介石下野,南京国民政府改组,海军部长职由政务次长陈绍宽继任,杨树庄仅保留福建省政府主席与海军部高等顾问的虚衔。1932年12月十九路军入闽,杨树庄福建省政府主席之职被免去。

1934年1月10日,杨树庄病逝于上海。

## 主要参考资料

杨之宏:《杨树庄哀启》,董执谊辑《近人荣哀文件汇订》第12本。

《海军大事记》,福建省政协未刊本。

张侠等编:《清末海军史料》,海洋出版社1982年版。

杨志本主编:《中华民国海军史料》,海洋出版社1987年版。

李世甲:《我在旧海军亲历记》,中国人民政治协商会议福建省委员会文史资料研究委员会编《福建文史资料》第1辑,1962年版。

李世甲:《我在旧海军亲历记(续)》,中国人民政治协商会议福建省委员会文史资料研究委员会编《福建文史资料》第8辑(海军史料专辑),福建人民出版社1984年版。

杨立:《福建军阀内讧与闽系海军派别的暗斗》,福建省福州市委员会文史资料工作委员会编《福州文史资料选辑》第2辑,1982年版。

刘通:《参加杨树庄省政记》,中国人民政治协商会议福建省委员会文史资料研究委员会编《福建文史资料》第2辑,福建人民出版社1963年版。

# 杨　庶　堪

熊尚厚

　　杨庶堪,名先达,字品璋、沧白,晚年号邠斋,1881 年 12 月 9 日(清光绪七年十月十八日)生于四川巴县。其父杨兆南从事商业。杨庶堪七岁入塾启蒙,幼年时即勤奋好学。年十六岁拜师于华阳吕翼文门下,肆力于经史词章,其父常托人买些国内外新书供他阅读,眼界大开,曾获老师吕翼文的赞赏。

　　1900 年,杨庶堪赴重庆参加县试,获第一名秀才入县学。但他愤于清廷腐败,国家积弱不保安危,对科举仕途并不热心,而是急于吸取世界新知识。于是他留在重庆,进了译学会,向英人牧师巴克学英语,准备日后去欧美留学,充实自己的知识。翌年,他与同乡邹容结识,两人志趣相投,常谈论寻求救国强兵之道。时日人成田安辉、井户川辰来渝游历,他和邹容又向日人学日语。1902 年春,重庆府中学堂成立,他被聘为英语教员,因讲授得法颇获学生欢迎。时已赴日留学的邹容则常将东京留学生界的革命活动讯息函告,杨深受鼓舞。1903 年,他常邀约同乡梅际郇、童宪章、朱之洪等在重庆五福宫桂香阁聚会,组织秘密团体公强会,寻求富国强兵之道,积极吸纳工商界中的青年知识分子入会。同年 4 月,他和朱蕴章等创办了重庆《广益丛报》,抨击清政府,宣传民族民主革命。稍后又与卞小吾等组织"游想会",约集进步青年以郊游为名,谈论时政与革命。同年秋,杨庶堪应成都高等学堂中学部之聘,任英语教员。

　　1905 年 8 月,中国同盟会在日本东京成立后,同盟会员陈崇功、童宪章奉命回到四川发展会员,公强会推杨庶堪、朱之洪、朱蕴章等入盟,翌年初成立同盟会重庆支部,成为川东南各县的革命领导中心,他被指定为重庆分部负责人。为了主持重庆地区的会务,杨庶堪回到重庆任正蒙、开智、重庆等校英语教员,设革命领导机关于重庆府中学堂内。他会同学监张培爵,以及巴县师范学校监督朱之洪、教习谢持等,以教书作掩护,在学校师生中发展会员,并常在《广益丛报》等刊物上发表文章,开展革命宣传。

1907年,杨庶堪被川南永宁厅(叙永)永宁中学堂聘为教员,后改任监督,朱之洪、向楚、熊克武等亦先后奔赴永宁。乃以永宁中学为据点开展革命宣传,向学生介绍邹容的《革命军》、章太炎的《訄书》等书刊,吸收学生及校外革命青年入盟,如赵铁桥、杨莘野等诸人,并与黄复生等秘密策划武装起义。同年冬,他们利用学校的化学药品,在城外兴隆场制造炸药,共谋泸州起义。不慎发生爆炸惊动了官府,致使起义流产。为了避开地方官府的搜索,乃于次年春又回到成都高等学堂中学部任教。在蓉期间,他在《通俗报》、《成都日报》、《重庆日报》等报刊上鼓吹革命的同时,继续多方联络革命党人策划起义。1909年春天和冬天,曾参与佘英、熊克武等先后策划的广安、嘉定起义,均告失败。

为了积蓄革命力量,打开局面,杨庶堪回到重庆,与张培爵等聚集一起,通过各种关系联络当地工商界人士和袍哥中的知识分子发展会员和多方筹款,准备重庆起义以响应广州起义。广州黄花岗起义失败后,杨庶堪决定利用风起云涌的四川保路风潮发动民众、组织民军、尽力将保路运动发展成武装起义斗争。

杨庶堪等以重庆府中学为革命据点,公开组织重庆保路同志会,在万寿宫、禹王庙等地举行大会,发动学生到处散发传单,进行革命宣传讲演,四川其他各地的保路运动也如火如荼地展开,罢市、罢课遍及全川。护理督军川滇边务大臣赵尔丰下令镇压,1911年9月制造了成都血案,诱捕全川保路同志会和川汉铁路公司首领蒲殿俊等。杨庶堪和张培爵等立即领导重庆同盟会支部,一面派代表至将军府请愿,并以重

庆商会等团体代表身份,由朱之洪领衔上书新任四川总督岑春煊;一面
火速通知各地革命党人派员会集重庆,将保路运动发展成推翻清廷的
武装起义。

　　10月武昌首义爆发后,杨庶堪等通过党人及会党打入防军、炮队
营,举办团练,组织敢死队等,作为革命的基本武装。决定由长寿县首
先宣布独立,继由涪陵、忠县、丰都、彭水、秀山、黔江、江津、南川、合川
等地起义响应,用以分散和孤立重庆的清军。当长寿起义,涪陵独立,
江津、合川起义,南川光复之后,他和张培爵等立即发动重庆起义。时
任新军第十七镇排长的夏之时已誓师起义,率部直趋重庆,即派朱之洪
与之联系,于11月22日举兵包围重庆府。在里应外合之下,活捉重庆
知府纽传善、巴县知县段崇嘉。在宣布重庆独立,成立蜀军政府的大会
上,杨庶堪举荐张培爵任都督,自己仅任顾问。1911年12月至1912
年3月,他先后任四川军政府、四川都督府的外交部长。

　　1912年秋,杨庶堪当选为四川省临时参议会议员。翌年"二次革
命"爆发后,8月,重庆成立讨袁军,熊克武任总司令,他任四川民政部
长。袁世凯调集陕、鄂、滇、黔四省军队围攻,因敌我众寡,9月四川讨
袁军失败,成、渝两地党人被杀数百人。杨庶堪被迫离川,经湘西、武
汉、上海去日本,在东京加入了黄兴等组织的欧事研究会。1914年夏,
孙中山在东京组织中华革命党,他和谢持被指定为四川主盟人,并担任
政治部副部长,从此颇受到孙中山的倚重。

　　1915年12月,袁世凯复辟帝制,孙中山组织中华革命军发动各地
讨袁,陈其美在上海策动肇和舰起义,杨庶堪前往相助。起义失败后,
被孙中山派往南洋和胡汉民一起筹募军饷。翌年春,蔡锷组织护国军
在云南发动武装讨袁,熊克武、吕超等随之入川。护国战争结束后,熊
克武任第五师师长兼重庆镇守使,四川革命党势力随之大振。袁世凯
死后黎元洪恢复国会,他被补选为第一届国会参议员,旅居上海协助孙
中山策动革命运动。1917年2月,他被孙中山任命为四川宣抚使,因
故未能赴任。

1918年春,熊克武任四川督军兼省长,吕超驻军成都,孙中山指示四川省长应由民选,望疏通省议会选举杨庶堪为四川省长,以谋全川的统一,希望四川能成为护国革命的根据地。3月,以孙中山为首的军政府根据四川省议会的推举,任命熊克武为督军,杨为省长。杨于10月回四川任省长,与熊克武分掌军政事宜。孙中山致函熊克武,勉其与杨通力合作,贯彻护法本旨。其后又多次指示搞好协作互助,共谋贯彻"建设真正之共和"主张。由于熊克武受政学系的利用,拒不执行孙中山的指示而与杨发生隔阂,使他无法展开工作。1920年5月,他以调解川局无效一度通电辞职;之后又有熊克武联合旧川军反对吕超和滇军,因吕超战败,杨于10月再次通电辞职,愤而去沪,后至广州任孙中山的机要秘书。

1921年6月,杨庶堪任国民党本部财政部长。翌年6月,陈炯明在广州叛变,他至上海发动舆论讨陈,并负责联络滇、桂军攻陈,还奉孙中山之命两次入浙,与浙督卢永祥接洽联合北伐事宜。1923年1月,滇桂讨贼军驱逐陈炯明出广州,2月孙中山在广州成立大元帅府,杨任大元帅府秘书长。7月被孙中山特派为统一广东财政委员,从粮饷方面支持孙中山东征陈炯明部。同年冬,孙中山筹备改组国民党,他和廖仲恺等九人被指定为临时中央执行委员。随后,国民党召开第一次全国代表大会,杨庶堪被指定为四川省代表,在大会上当选为候补中央监察委员。1924年3月,任广东省省长,积极整理省政和教育,但遭到蒋介石和戴季陶的嫉视,乃于6月辞职去上海。

1924年10月,冯玉祥发动北京政变后,迎孙中山北上共商大计,11月杨庶堪被邀出任段祺瑞政府的农商总长,未到任由次长刘治洲代理。次年8月改任司法总长,任职期间英、美等八国调查司法权代表来华,他提请拨发经费以备筹办,虽经阁议通过但事后分文未给,12月又愤而辞司法总长职,留居北京。1930年去南京任国民政府委员。1932年当选为国民党中央监察委员,次年移居上海闭门读书。他对蒋介石采取不合作态度,不愿参与政事。

　　抗日战争爆发后,杨庶堪仍留居上海。1939年初,汪精卫投敌叛变,随后在南京组织伪政权,曾一再强邀杨担任伪职,遭到严词拒绝。杨庶堪在朋友的帮助下,于是年冬只身潜赴香港,然后辗转回到重庆。他在重庆寄居于友人家,以读书、写作、吟诗自娱,对重庆政府请其出任四川省主席、国史馆馆长等职,亦皆辞未就。

　　1942年8月6日,杨庶堪病逝于重庆。著有《沧白诗钞》、《杨庶堪诗文集》等。

## 主要参考资料

　　《杨庶堪》,黄季陆主编《革命人物志》第6集,台北"中央文物供应社"1971年版,第277—294页。

　　廖汀:《书生仗剑起西陲——杨庶堪传》,台北近代中国出版社1983年版。

　　周开庆:《民国四川史事》,台北商务印书馆1968年版。

　　隗瀛涛主编:《四川近代史稿》,四川人民出版社1990年版。

# 杨 廷 宝

罗幼娟　　陈志新

　　杨廷宝,字仁辉,1901 年 10 月 2 月(清光绪二十七年八月二十日)生于河南南阳市赵营村。父亲杨鹤汀早先推崇康梁,创办南阳公学,后加入同盟会,两度被迫外逃。母米氏籍隶湖北襄阳,为宋朝大书法家米芾后裔,善水墨丹青。杨廷宝出生之日,母亲难产而死,由祖母抚养长大。祖母虑其短寿,依俗抱其入庙做"和尚"。

　　杨廷宝六岁入私塾启蒙,因其不善死记硬学,难以继续就学,后尝就读当地之小学,仍好嬉戏,课程多不及格。经父教诲,及观生母遗留画卷,颇受益并有所悟。九岁入新学堂,聪颖好学已显露,尤对绘画兴趣浓厚。1911 年辛亥革命发生,杨廷宝随父避难他乡,始惕于世变,恍然知向学。1912 年秋,考取河南留美预备学校。1915 年秋,以全省之冠的成绩咨送北京清华学校,插班三年级。在清华学校期间,曾任《清华年报》图画副编辑和孔教会图画书记。

　　1921 年,杨廷宝在毕业前夕选择志愿时,受建筑师庄俊升的影响,选定了建筑学,使其对科学与艺术的两种兴趣结合起来。同年,杨廷宝赴美留学,入宾夕法尼亚大学建筑系。宾夕法尼亚大学建筑系主任美籍法国人克芮(P. Cret),是当时著名的新古典主义代表人物。杨廷宝在此学习了西方古典建筑理论,接受了严格的古典建筑设计手法的训练和建筑技术知识的教育。与此同时,他的水彩画在名师道森(G. W. Dawson)的指导下,进步很快,水平远在当时一般建筑学生之上。

杨廷宝把整个身心倾在学习上，设计图作业总是提前完成，有时画几幅不同方案请老师讲评。他的学业进步快，到二年级时，竟然可以帮助三四年级同学修改渲染图了。杨在全美建筑系大学生设计方案评奖活动中，连续获得奖牌和奖金，他的照片及其事迹，曾登载在费城等地的报纸上，尤其1924年获得艾默生奖（Emerson Prize Competition）和市政艺术协会奖（Municipal Art Society Prize Competition）两个一等奖，曾引起轰动。由于杨廷宝勤奋好学，才艺超群，仅用两年半时间就完成了大学四年的功课。1924年毕业时，杨获得学校授予的荣誉证书，校长莱尔德（Frank Llyod Wright）称赞他是该校数年内最优秀的学生之一。

1925年，杨廷宝进费城克芮建筑事务所工作。克芮重视实际，严谨细致和典雅稳健的设计风格，对杨后来的建筑生涯影响极大。1926年夏，杨廷宝赴欧洲旅行、游览、写生和考察古建筑，遍访英、法、德、比利时、意大利和瑞士，满载硕果于翌年春归国。

1927年，杨廷宝应邀加入天津基泰工程司担任主要设计师，后来成合伙人之一，并一直工作到1949年。他的处女作就是奉天火车站工程设计，这是当时中国建筑师设计的国内最大的火车站。杨的早期作品如东北大学校舍和天津中国银行货栈等，表现了那个时代的特征，也显示出他高超的技艺和深厚的建筑素养。同年，杨廷宝与毕业于北平国立艺术专科学校的陈德青女士结婚。

1930年代后，杨廷宝结合当时复兴固有建筑艺术的要求，开始探索中国民族形式的学习与创新。1930年—1931年设计建成的北平交通银行，第一次把中国古典传统式样与当时的先进材料结合起来，这一成功案例，对当时国内建筑设计产生了较深刻的影响。这一时期，他的另一成名之作是对清华图书馆扩建工程的设计。清华图书馆是清华大学四大建筑之一，设计均出美国人之手。1930年扩建时要求将新建部分作为主体，并要求新建阅览大厅南北向。杨巧妙利用地形，把正门放在东北角直上二层楼，使之壮观，而建筑细部及各种用料尽量同原有细部协调,以使全部建筑表现出一种完整、统一的章法。这一设计一直被行家叹为天衣无缝的杰作。

1932年初,在梁思成与刘敦桢的推荐下,杨廷宝受聘于北平文物整理委员会,主持参加了天坛祈年殿、皇穹宇、圜丘坛、五塔寺、国子监、雍和宫、碧云寺、罗汉堂等九处古建筑修缮工程。他放下国内最大建筑事务所的主要设计师的架子,结合工作中出现的问题,虚心向老工匠请教,终于掌握了修缮技术。通过这些修缮活动,他对中国民族建筑形式的研究和创新、中西古典建筑原理和技术达到很高造诣,并逐渐形成了自己独特的建筑艺术风格。

1931年—1933年设计建成的南京中央医院,是杨廷宝又一杰作。设计上完全体现了中央医院作为一个大型现代化的医疗中心所需的复杂的实用功能。在外观上,杨饰以具有中国传统的花架、檐墙、滴水和门廊等细部,加之一牌坊式的大门,配在主体建筑上,尺度适宜,简洁大方,和整个新建筑和谐统一,极具有艺术表现力。

杨廷宝在同一时期还设计了南京中山陵园露天音乐台。他在自然坡地上,运用具有传统特色的钢筋混凝土花架、回廊、花坛、坐凳,围成一个古朴的半圆形的剧场空间。重点艺术装饰的舞台照壁,底部是中国古建筑常用的须弥座,顶部云纹图案并饰有龙头、灯槽和可种垂挂植物的花槽。月牙形水池辟在舞台前,雨天能汇集全场之水。整个建筑在树丛环抱的衬托下,巧妙地将自然地形与建筑完美结合。时至今日,中外游人和行家仍赞叹不已,露天音乐台成为南京中山陵风景区重要景观和游息场所之一。而南京谭延闿墓的设计,采用中国古代园林的设计手法,依自然山水,着意自然情趣,传统陵墓建筑布局中的龙池、牌坊、碑石、祭堂墓圹等,均保持在因地制宜的自由构图中。绿树荫翳的墓园,迂曲的山径,潺潺的泉水声,就中点缀亭、台、小桥等,以秀丽幽静的景致与气势宏伟的中山陵遥相呼应,墓园中严格按照坐北朝南设置的祭堂,位在墓道之左,并仿清宫式建筑做法。墓圹位于墓园的最高处,保持了传统的严谨构图,宝顶背负钟山若屏,苍松古柏,壮丽肃穆。

20世纪30年代初到40年代中期,杨廷宝先后设计建成的南京中央研究院地质研究所、历史语言研究所和社会科学研究所,是他对"宫殿式"建筑的新探索,就功能和造型而论,均是那个时代的佼佼者。

1937年7月,全民族抗日战争爆发,杨廷宝随事务所迁到四川重庆。他在重庆一带设计建造的工程,多数是因地制宜,就地取材,使其求实精神同建筑创作相结合是简易竹笆抹灰建筑。这种古朴简陋的建筑材料,并没有使其在求得较高建筑效果上有任何减色。他设计的重庆青年会电影院和嘉陵新村国际联欢社,就是既经济、实用,又不乏艺术魅力的建筑。

1940年,应建筑专家刘敦桢之邀,杨廷宝受聘兼内迁重庆的中央大学建筑系教授,从此开始了长达四十余年的教育生涯。在抗战极端困难的条件下,与其他学者共同努力,将巴黎艺术学院建筑教学体系与中国实际相结合而形成的"老中大传统",被誉为中国近代建筑教育早期蓝本,为开创中国近代建筑教育事业作出了贡献,在国内具有较深远影响。

抗战期间,基泰事务所业务萧条,他受国民政府资源委员会派遣,1943年—1945年赴美、英、加拿大考察建筑,接触到西方新技术、新潮流,拜访国际知名建筑大师,如莱特(Frank Llyod Wright)、格罗皮乌斯(Walter Gropius)、萨里宁(Eero Saarinen)等。抗战胜利后,事务所迁回南京。

中华人民共和国成立后,杨廷宝的政治热情和业务才能得到了充分发挥。新中国成立初期,他受聘参加北京天安门广场规划与人民英雄纪念碑方案的设计。1950年短期受聘于当时北京兴业投资公司设计部,主持设计于1951—1952年建成的北京和平宾馆和王府井百货大楼。他在设计构思上顶住了当时片面强调复古形式的建筑思潮,将建筑环境、功能、施工和现代建筑空间艺术高度综合考虑。建筑完工后,在建筑界引起极大反响,被认为是建筑设计方面的权威之作。因其经济、实用、合理,赢得周恩来总理的称赞。

杨廷宝从50年代始出任南京大学建筑系主任;1952年全国高校院系调整后,任南京工学院教授、系主任、副院长和建筑研究所所长。杨廷宝主持指导和参与,设计建成的工程有:北京火车站、徐州淮海战役纪念碑和纪念馆、南京长江大桥桥头堡、南京新机场、南京民航候机楼、南京五台山体育馆和南京雨花台烈士纪念馆、南京丁山宾馆等,并参与北京人民大会堂、毛主席纪念堂、北京图书馆等首都重要工程的设计、方案研究工作。

1953年中国建筑学会成立,他连任一至四届理事会副理事长和第五届理事长。1954—1982年被选为全国人民代表大会代表。1955年被选为中国科学院学部委员。1961年杨廷宝被英国皇家建筑师协会授予荣誉会员。1957—1965年曾连任两届国际建筑师协会副主席。

1982年12月23日,杨廷宝去世。临终前他嘱托家人:死若有一块安身之地,就写上"南阳杨廷宝"。

### 主要参考资料

刘先觉编:《杨廷宝先生诞辰一百周年纪念文集》,中国建筑工业出版社2001年版。

刘怡、黎志涛合编:《中国当代杰出的建筑师、建筑教育家——杨廷宝》,中国建筑工业出版社2006年版。

清华大学校史研究室编:《清华大学人物志》第2辑,清华大学出版社1992年版。

卢嘉锡主编:《中国现代科学家传记》第3集,科学出版社1992年版。

杨永生主编:《建筑文库·杨廷宝谈建筑》,中国建筑工业出版社1991年版。

南京工学院建筑研究所编:《杨廷宝建筑设计作品集》,中国建筑工业出版社 1983 年版。

南京工学院建筑研究所编:《杨廷宝建筑言论集》,学术书刊出版社 1989 年版。

# 杨 文 恺

张学继

杨文恺,字建章,直隶永清人。1883年(清光绪九年)出生。1902年入保定速成武备学堂,毕业后,前往日本留学,先入日本振武学校,毕业后进入日本陆军士官学校中华队第六期步兵科。从日本毕业回国后,到清朝禁卫军任一等参谋。1911年10月武昌起义后,以参谋的身份随第一军军统冯国璋前往汉阳同革命军作战。中华民国成立后,冯国璋任直隶都督,杨文恺任都督府军务科长。

1915年12月,王占元代理湖北将军(次年1月实任,7月改为湖北督军),杨文恺任将军(督军)公署军务课课长兼汉阳兵工厂总办。杨文恺经常代表王占元奔走于北京和长江各省之间进行联络,成为王占元的亲信幕僚。在袁世凯称帝时期,杨文恺奔走于王占元与冯国璋之间,探询冯国璋对于帝制问题的意见。袁世凯被迫取消帝制后,冯国璋于1916年5月20日在南京召开会议,协调北洋各军的矛盾,杨文恺代表王占元出席会议。在会议发言中,他遵从冯国璋和王占元的意旨,主张和平。杨文恺慷慨陈词:"湖北王督军派我来参加出席冯上将军所召开的会议,希望南北大局能以和平解决,我们湖北已经打了两三个月了,湖北和湖南都在最前线,日日夜夜在战斗中。如果继续打,那么,军费、弹药和兵源,都必须大大补充,空口说打打打,那是不行的。"

1920年7月,直皖战争爆发,直系曹锟、吴佩孚命令王占元把段祺瑞小舅子、长江上游总司令吴光新指挥的卢金山师、刘文明师缴械后遣散,并将吴光新扣押。王占元照办后,派杨文恺到保定见曹锟,报告编遣军队及扣压吴光新的情况。曹锟希望王占元暗中处死吴光新,但王占元与杨文恺都不同意这样做。王下令组织军法会审,判处吴光新十五年有期徒刑,送往陆军监狱,生活上给予优待,实际上是保护起来。1921年8月,王占元在下台前几天,命令杨文恺把吴光新悄悄放了,由日本人护送回天津隐居。

1921年8月,王占元的两湖巡阅使兼湖北督军职务为曹锟、吴佩孚的嫡系亲信萧耀南取代,王带着六七年来在湖北搜括的数千万财富前往天津做寓公去了。作为王占元的亲信,杨文恺留了下来,继续担任汉阳兵工厂总办。汉阳兵工厂是当时全国为数不多的几个大型兵工厂之一,作为总办,收入十分丰厚。1925年1月,杨文恺交卸汉阳兵工厂总办,新任总办刘文明转达中华民国临时执政段祺瑞的意旨,要杨文恺迅速赶往杭州,劝说孙传芳停止对浙江皖系将领陈乐山的进攻。杨文恺领命后迅速赶到杭州,但为时已晚,陈乐山已战败逃亡。孙传芳接收了陈乐山的第四师并委任谢鸣勋为第四师师长。原来卢永祥自兼师长的第十师,孙传芳已委任郑俊彦为师长,又将臧致平、杨化昭两部编为独立旅,委任杨赓和为旅长。这次齐卢之战,孙传芳由福建入浙江,占领了富庶的浙江省,并收编了四个能战之师和一个混成旅,这些就成为其后来五省联军的军队主力。

对于杨文恺的到来,孙传芳非常高兴。他们俩在保定和日本求学时都是同期同学,以后又同在王占元幕府任职多年,前后二十三年的同学、同僚关系。在孙传芳的挽留下,杨文恺欣然答应加入孙传芳戎幕,成为他的首席军师。1925年3月,杨文恺奉孙传芳之名前往福州,授意周荫人对广东保持警戒,同时筹措五十万至一百万元,作为浙军备战经费,周荫人应允照办。1925年4月,杨文恺又奉孙传芳之命去张家口会见国民军总司令冯玉祥。见面后,杨文恺首先陈述了孙传芳准备进攻江南奉军的决定,然后将孙传芳事先备好的同冯玉祥结拜的兰谱交给冯玉祥。冯玉祥表示愿与孙传芳结为金兰之好,风雨同舟,患难与共。冯玉祥时年四十四岁,为兄;孙传芳时年四十一岁,为弟。杨文恺这次张家口之行顺利达成对付奉系的战略合作协议。在张家口公事完后,杨文恺同冯玉祥的代表段其澍返回杭州复命,孙传芳非常满意。孙传芳取得冯玉祥国民军的支持后,采取先下手为强的办法,迅速发动反奉战争。在一周之内,孙传芳的军队就占领了上海、宜兴、无锡、镇江和南京。奉军邢士廉师及刘翼飞旅几乎是一触即溃,只在丹阳做了一些零星抵抗。

　　1925年5月,杨文恺和段其澍一同前往开封,会见河南军务督办岳维峻。双方共同商定:在孙传芳进攻奉军的同时,由国民二军出兵山东,攻打张宗昌,互相策应以收痛击之效。为了集中对付势力最强的奉系军阀,孙传芳决定敦请吴佩孚出山。有了冯玉祥、岳维峻国民军的支持,再把吴佩孚拉出来统率直系残余力量,这样孙传芳的反奉战争就有了可靠的支撑。1924年直奉战争失败后,吴佩孚初期驻鸡公山最困难的时候,杨文恺曾向他伸过援助之手,从汉阳兵工厂提出二十万元接济吴佩孚,这种雪中送炭的行为让吴佩孚非常感动。有了这层关系,这次孙传芳还是请杨文恺出面请吴佩孚出山。杨文恺同段其澍见过岳维峻之后又同赴武汉,段其澍留在汉口,杨文恺一个人前往岳州,代表孙传芳敦请吴佩孚出任十四省讨贼联军总司令。杨文恺在回杭州的途中又分别会见了江西军务督办方本仁和赣北镇守使邓如琢,游说他们拥戴吴佩孚,合力讨奉。邓如琢同吴佩孚的关系很深,表示唯吴、孙之马首是瞻,义无反顾。方本仁的态度则很冷淡,所谈未得要领。事后杨文恺才知道这时的方本仁已经同广东国民政府取得联络,准备参加北伐了。

　　1925年8月,杨文恺又自告奋勇前往联络陈调元。陈调元同杨文恺在保定速成武备学堂时就是同学,当然也是孙传芳的同学。见面后,杨文恺就历数奉张的野心以及对东南的威胁。陈调元也对杨宇霆的傲慢无礼十分愤恨,他们的谈话很投机,对于反奉举动一拍即合。陈调元爽快地答应反奉,杨文恺也爽快地答应在战争胜利之后必以优惠报酬相谢。在反奉战争取得胜利成立五省联军总司令部时,孙传芳和杨文恺委任陈调元为安徽总司令。

通过大量的结盟工作,杨文恺为孙传芳争取了冯玉祥、岳维峻的国民军一军和二军;为孙传芳敦促吴佩孚接受出任十四省联军总司令,把旧直系部队都拉到反奉联盟一边,结成反奉统一阵线。1925年10月,孙传芳的五省联军对奉军再次发起进攻,进展顺利。10月26日,奉军前敌总指挥施从滨在安徽固镇以南被联军俘虏,随即被押送到孙传芳指挥部所在的安徽蚌埠。当时施已是七十多岁的老者,围绕施从滨的处置问题,杨文恺与孙传芳发生了严重冲突。杨文恺劝孙传芳要冷静,对施从宽发落,但孙决意处死施。孙传芳在攻下徐州后回师南京,1925年10月25日,宣布建立五省联军,自任联军总司令兼江苏总司令,杨文恺任总参议,刘宗纪为总参谋长。

1926年3月4日,北京政府内阁改组,杨文恺被任命为农商总长。孙传芳不愿意给段祺瑞捧场,直到段祺瑞下台由隶属直系的颜惠庆组阁时,才让杨文恺到北京去上任。杨文恺到北京后,孙传芳凡事仍以电报书信同杨文恺谋划,重要事情还要杨文恺出面谈判。后来孙传芳同蒋介石的代表何成濬、张群等以及同张宗昌、张作霖、张学良的谈判,都由杨文恺代表孙传芳出面进行的。

1926年6月,国民革命军从两广出师北伐,为了分化瓦解北洋军阀各集团,提出了"打倒吴佩孚,妥协孙传芳,不理张作霖"的政治策略口号。孙传芳的小算盘是希望吴佩孚和北伐军在两湖战场上两败俱伤,然后他再把北伐军从武汉、长沙赶走,这样他可以解放者的身份而不是帮忙者的身份占领两湖。因此,当吴佩孚派人或者函电要求孙传芳援助时,孙传芳不为所动。

北伐军取得汀泗桥、贺胜桥之战胜利后,孙传芳加紧了军事部署的步伐。1926年8月25日,孙传芳在南京召开军事会议,杨文恺、周凤岐、孟昭月、卢香亭等参加,会上决定增兵江西,分五路与国民革命军展开决战。与此同时,9月初蒋介石派张群为代表再次去南京同孙传芳谈判,力劝孙传芳参加北伐,并且可以给他国民革命军副总司令的名义。孙传芳抱着确保五省、人不犯我我不犯人的宗旨,拒不接受国民政

府的任命。杨文恺提出孙传芳同蒋介石可以携手合作,但有以下三个
条件:第一,现下广东部队不得侵犯五省辖境;第二,将来与广东国民政
府立于对等地位,双方共同商量收拾全局;第三,广东方面必须表明拒
绝共产党政策。杨文恺的这个方案是一个缓兵之计,看起来好像是让
了一步,同意双方合作,实际上是现在五省中立,将来五省自治,但蒋介
石眼下却要放弃孙中山亲手定制的国共合作政策。自然,杨文恺这个
方案是行不通的。

　　9月19日,杨文恺到济南,代表孙传芳同张宗昌正式谈判,最终孙
传芳同张宗昌结成了联盟关系,这样暂时减轻了孙传芳发兵江西的后
顾之忧。于是孙传芳大举发兵,把重点放在江西同北伐军的对抗上。
由于陈调元投向北伐军,致使孙传芳在江西战场很快失败。

　　孙传芳回到南京同杨文恺商量下一步怎么办,杨文恺认为要挽回
败局,必须谋求北洋军阀各系的大联合。于是,孙传芳请段祺瑞、吴佩
孚各派出代表来南京开会,研究段、吴、孙三角联合共同对付国民革命
军。靳云鹏、吴光新代表段祺瑞,熊炳琦代表吴佩孚参加会议。但北洋
各派分歧颇大,未能达成联合的协议。孙传芳、杨文恺不得已争取联合
奉系军阀对付北伐军。杨文恺代表孙传芳到济南去见张宗昌,表示"请
效帅同心合力,加以援助"。到天津后,立即拜会张作霖,说明孙传芳实
力尚存,"目下所需,首在饷械,不在兵力";倘若反攻无效,再请予实力
援助。11月14日,张作霖在天津蔡园召集张宗昌、褚玉璞等奉系将
领,以及孙传芳的代表杨文恺和吴佩孚、阎锡山的代表商讨军事问题。
这次会议正式确定奉军要同时援助吴佩孚和孙传芳,同时明确地进行
了分工:张宗昌援助孙传芳,褚玉璞援助吴佩孚,奉军主力担任"后防及
增援"。通过这次会议,杨文恺完成了孙传芳委托的联合张作霖、张宗
昌的任务。1926年11月18日,孙传芳秘密乘火车由南京赶到天津,
立即召杨文恺同赴蔡园与张作霖商谈合作。结果以反奉著称的孙传
芳,甘心地投靠了张作霖。此后,孙传芳把上海和南京的防务交给了张
宗昌和褚玉璞,他本人率部队在江北避战、观战。

达成孙传芳与张作霖、张宗昌联合作战的任务后,杨文恺于1927年1月宣布退隐,此后即在天津当起了寓公。1937年日军占领天津后,几次请杨文恺出山担任伪职,无论日军怎样威逼利诱,杨文恺均不为所动,保全了晚节。

1949年中华人民共和国成立后,杨文恺担任天津文史馆馆员,在他人的协助下,先后写成《孙传芳的一生》、《我所知道的陈调元》、《我在汉阳兵工厂与曹吴的关系》、《我在王占元幕下的活动片段》等文章,为后人研究那段历史留下了珍贵的资料。

1965年6月,杨文恺在天津病故。

# 杨 希 闵

吴显明

杨希闵,字绍基,云南宾川人。1886 年 10 月(清光绪十二年九月)出生于一个农民家庭。幼年入塾,1909 年入云南讲武堂学习。1911 年参加云南"重九"起义,后到云南第一梯团参加援川战役。1912 年初入江西讲武堂学习,1913 年分配在江西步兵第三旅任上尉参谋,参加"二次革命"湖口之役,事败后回滇任云南步兵一团连长。1915 年 12 月护国战争爆发,杨随蔡锷第一军出兵四川,于一次战役中立有战功,升为营长。

1920 年川滇战争爆发,滇军军长顾品珍率军回滇驱逐唐继尧,以滇军总司令名义控制云南。杨希闵随顾返滇,升为第一梯团团长。1922 年春,唐继尧向顾品珍发动突然袭击,顾兵败身死,残部由副总司令张开儒统率退往贵州境内。6 月,张向孙中山发电表示"愿为北伐前驱";同时重新整编军队,将全军编为五个旅,杨希闵任第三旅旅长。张率部经黔南趋桂林,谋与孙中山会合,适值陈炯明发动叛乱,孙中山电滇军急赴广州讨陈。张开儒于是兵分两路:右翼军归杨希闵指挥,左翼军由第八旅旅长范石生指挥。滇军在广西经过多次战斗后,进至桂平。

这时,护国军黔军总司令、广西人卢焘请滇军协助收拾桂局。滇军中范石生、杨如轩等多数将领同意其请,但认为张开儒年纪大,不能率领全军,乃推卢为滇桂联军总司令。但滇军多数官兵不愿屯兵广西,仍然决定东下讨陈,推杨希闵为代理滇军总司令。

杨希闵就职后,一面与驻桂林的广西自治军首领林俊廷协商,请其通知各自治军将领,不要阻止滇军前进;一面派第一旅第一团团副那博夫去上海向孙中山请示机宜。孙委杨希闵为西路讨逆军滇军总司令,并筹款十五万元供作军队开拔之用。

1922年9月,孙中山在上海派廖湘芸、何民魂等到梧州,邀滇、桂、粤军将领举行秘密会议,以孙中山大元帅名义,委杨希闵为中央直辖滇军总司令。11月,孙中山函促杨希闵把握时机,迅速出兵讨伐陈炯明。12月上旬,杨希闵和桂军将领沈鸿英、刘震寰等,各派代表在广西藤县大湟江白马庙举行会议(即"白马会盟"),会商讨伐陈炯明的战略和合作条件。会议公举杨希闵为西路讨贼军前敌总指挥。其部署是:以刘震寰和范石生部沿西江右岸东下,向都城、广州之敌进攻;以沈鸿英一部由怀集向清远、花县方面进攻敌之侧背,沈部主力和滇军主力沿西江左岸东下,向肇庆、三水、广州之敌进攻。

白马会盟后,杨希闵、沈鸿英、刘震寰各军同时开始行动。12月27日,驻梧州的陈炯明军指挥部及守军两团撤往肇庆。12月28日,陈部莫雄率粤军第四师第二团及杨胜广的补充团在梧州起义,滇桂军兵不血刃进入梧州。从此滇桂军士气大振,跟踪追到封川、德庆,歼敌陈修爵部一个团。陈部粤军第一师陈济棠团及师部工兵营长邓演达等与滇桂军早有联系,纷纷阵前起义。陈军林虎部被击溃,滇桂军乘胜进逼三水。陈军守将杨坤如等凭河死守。滇桂军在马房徒涉强渡,猛扑敌阵,陈军全线崩溃。1923年1月10日滇桂军克三水,直捣珠江南岸。粤军第三师亦从梧州河右岸向陈军攻击前进。陈军士无斗志,溃窜东江潮梅一带。滇桂军于1月16日进入广州。

讨伐陈炯明的各军到达广州后,杨希闵率滇军驻扎三水、佛山、广州市中心至西关一带,在富庶地区包烟(鸦片)包赌,对于陈炯明残部不再追歼。军官忙于敛财,士兵到处滋事,军纪败坏达于极点。杨复乘机扩充队伍,将滇军改编为三个军:第一军军长由杨自兼,第二军军长范石生,第三军军长蒋光亮。

这时广州既有滇军,又有桂军,各占一方,群龙无首,杨希闵遂派人迎接孙中山回粤主持大计。孙中山于2月21日由香港抵广州,设立大元帅府,就大元帅职,从23日起,连下六道嘉奖令,表彰滇、桂、粤军及海军讨陈功绩。

正当广州军民庆祝胜利的时候,北京政府任命沈鸿英为广东督军。4月16日沈鸿英发动叛乱,所部由白云山进窥广州城。孙中山亲自督师,偕杨希闵率滇军进剿。滇军奋力激战,两日内即将沈军逐出广州,向北追至英德,复与吴佩孚由赣南调来援沈的方本仁第九师遭遇。滇军乘其立足未定,连夜出击。方、沈军溃败,退至韶关。滇军继续作战,迫使方、沈两部退入江西境内。杨希闵留第一师赵成梁部驻守韶关、南雄一带,防止敌军南下。

6月4日,沈鸿英在北洋军邓如琢第三师的配合下,分三路攻占韶关。沈军复沿铁路进攻,在火车头上架机关枪冲锋,滇军在军田车站及其附近阻击,伤亡较大,但终于打退了这次进攻。接着,沈鸿英再次勾结方本仁师第二次进犯广州,双方激战于英德。杨希闵亲到高塘指挥,孙中山亦亲临前线。滇军事先在英德破坏了铁路,把路基挖空,使沈军无法再使用火车头冲锋。杨以第一军挡正面,第二军打右翼,第三军胡思舜旅从左侧截断沈军后路。桂军刘玉山、粤军李福林部亦同时抄击。沈、方两部狼狈北逃,遁入赣境。

11月,陈炯明部又分四路猛攻省城。孙中山亲自指挥各军奋勇抵御,取得广州防卫战胜利。当时,云集广东的各省军队中,滇军是较有战斗力的,孙中山颇为倚重。但以杨希闵为首的军官,并不真正拥护孙中山领导的革命事业,而是想借孙中山的革命威望,争夺地盘和权位。他们视广东为征服地,骄横恣肆,漫无法纪。滇军总部设在广州长堤大庙内,院内插着一杆黄绸黑字大旗,旗上绣有一个很大的"杨"字,类似古时的军营。孙中山召见杨希闵,他不愿去。他对下不顾士兵生活,薪饷常不能按时发给。孙中山多次要滇军攻打东江,消灭陈炯明残部,可是他们不愿出力,久攻惠州而不下,养寇自重,战事一直没有进展。孙中山要统一广东财政,杨希闵等人更是阳奉阴违。孙中山曾在大元帅府一次旅长以上干部会议上说："你们各位纷纷联名电请我返粤主持国家大计,如今你们只知向我要钱要弹,却不愿东出消灭敌人。你们叫我孙某一个人怎么办呢? 老实说,我回广东是为了革命,不是为了升官发财而来的。如果你们不愿意跟我革命的话,随你们造反我也不怕的。"①滇军将领充耳不闻,依然如故。

1924年国民党改组后,孙中山在苏联和中国共产党的帮助下,积极着手筹建黄埔军官学校。杨希闵、刘震寰认为这同他们的利益不相容,多方阻挠破坏。其后又看到苏援枪械只发给黄埔军校,不发给滇桂军,更为不满,处处与军政府为难,拒绝执行东征的命令。1925年3月孙中山在北京逝世,唐继尧以副元帅名义,认可段祺瑞委任杨希闵为广东军务督办兼省长。

5月3日,杨希闵一面与粤军将领联名通电驳斥唐继尧就副元帅职,一面却伙同刘震寰暗地策应唐继尧的入粤计划。5月中旬,杨希闵、刘震寰在香港召开会议,唐继尧、段祺瑞、陈炯明、邓本殷、陈廉伯和香港英国殖民政府均派有代表参加。会议商定叛乱计划,企图推翻革命政府。会后,杨希闵加紧叛乱部署,把驻韶关的赵成梁师调广九铁路线布防,驻佛山的胡思清师调广州白云山一带驻防,驻广州市区的廖行超师扩展到郊区布防。

杨希闵、刘震寰的叛乱阴谋很快暴露。6月3日,胡汉民代表大元帅府向他们提出:一、服从政府;二、所占防地一律交出,由政府指驻;三、交还所占财政各机关。当晚,滇桂军将领举行联席会议,对二、三两项拒绝接受。6月5日,胡汉民以代帅名义,下令免去建国滇军总司令杨希闵、建国桂军总司令刘震寰职务,并任命朱培德为建国滇军总司令。杨、刘遂公开叛乱。是日上午十一时,滇军占领省长公署及粤军总

---

①　莫雄:《白马会盟与滇桂粤联军讨伐陈炯明的回忆》,中国人民政治协商会议广东省委员会文史资料研究委员会等编《广东文史资料》第25辑(孙中山史料专辑),广东人民出版社1979年版,第245页。

司令部,下午占领财政厅、公安局、电报局、车站等处。大本营调集了黄埔学生军、建国第一、二军及粤军陈济棠、徐汉臣等部平定叛乱。广九、广三、粤汉三铁路工人实行罢工,拒绝为滇桂军队运兵运械,迟滞叛军的行动。省城东西北三江的交通完全断绝。6月11日,革命军各部对杨、刘所部发起总攻。滇军全线溃败,退入市区。经过激烈巷战,溃败的士兵纷纷缴械投降。杨希闵和一些高级军官,早已逃往香港。12日下午,大本营各军收复广州市。所有被俘滇军官兵,除编了一个教导第四团外,其余数千人都编入了朱培德军。杨希闵从此结束了在广东的活动。

杨希闵在香港住了一个时期,就连同眷属迁居浙江绍兴。抗日战争爆发后,绍兴沦陷,杨迁居昆明。从1937年至1949年,他既未附日,也未附蒋,过着很少与外界接触的寓公生活。解放后,1955年召开云南省政协第一届会议时,杨被邀为省政协委员。1956年杨参加了国民党革命委员会。

1967年1月17日杨希闵因病在昆明去世。

### 主要参考资料

莫雄:《"白马会盟"前后回忆》,《广东文史资料选辑》第1辑,1961年版。

刘少伯:《滇军杨希闵部入粤见闻》,中国人民政治协商会议云南省委员会文史资料研究委员会编《云南文史资料选辑》第6辑,1964年版。

# 杨 永 泰

萧栋梁

杨永泰,字畅卿。广东茂名人。1880年(清光绪六年)出生于一个殷实之家。自幼接受严格的旧式教育,弱冠之年考中秀才。1901年考入广东高等学堂,开始接受系统的西方教育。未几北上,考入北京法政专门学校(国立法政大学前身)就读,毕业后回广州任《广东报》主笔。1908年立宪风潮在全国兴起,任广东省谘议局议员。

1912年任中华民国临时参议院参议员。同年,同盟会与统一共和党等改组为国民党,杨隶国民党籍。1913年7月,任国会参众两院宪法起草委员会委员;10月与国民党员张耀曾、谷钟秀、汤漪、沈钧儒,进步党员丁世峄、刘崇佑、蓝公武等合组民宪党。1914年1月,袁世凯宣布解散国会,停止参众两院议员资格,杨与谷钟秀、丁世峄等在上海创办《正谊杂志》,进行反袁宣传,鼓吹民主共和思想。同年7月第一次世界大战在欧洲爆发,杨与黄兴、李烈钧、陈独秀、邹鲁等组织"欧事研究会",与中华革命党在反袁问题上基本一致,但持"缓进"策略。此会战后改名"政学会",即后来演变为南京国民政府中有重要势力的新政学系,杨与张群等是新政学系的首脑人物。1915年8月,袁世凯密谋推翻共和,恢复帝制,杨与谷钟秀、欧阳振声等组织"共和维持会",发表宣言,痛斥袁"蹂躏国会,撤销自治",擅改约法,抛弃共和。10月,又与谷钟秀、钮永键、张耀曾等创办《中华新报》,任总编辑,为推翻袁世凯做舆论宣传。1916年蔡锷、唐继尧发动讨袁护国战争,云、贵、川、粤、湘护国军兴。5月,杨与政学系李根源、章士钊,研究系梁启超等拥被称为

"西南重镇恢复共和的首领"岑春煊为两广护国军都司令兼副抚军长（抚军长唐继尧），设都司令部于肇庆，杨被任为财政厅长。6月6日袁世凯在全国人民反袁声浪中暴死；8月重开国会，杨任国会参议院议员兼院司法委员会委员。杨在国会中，原属于和梁启超等"研究系"对立的"商榷系"，后因在选举中意见分歧，便与谷钟秀、张耀曾等从中分出，并于11月19日另立"政学会"，后来人们称之谓"旧政学系"。杨为十三名干事之一。

1917年7月，张勋复辟失败后，段祺瑞担任国务总理，坚持拒绝恢复民元约法和国会，推行独裁统治，引起全国反对，孙中山高举护法旗帜，电请国会议员南下。杨永泰响应孙中山号召，南下广州，出席国会非常会议。会议选举孙中山为中华民国军政府陆海军大元帅，建立中华民国军政府。但杨在观测风向，揣度孙中山没有军事实力，迟迟未在军政府中任职。随着政学系与桂系军阀的勾结，杨也由拥护孙中山建立军政府，转而支持改组军政府。1918年5月，国会非常会议改元帅制为七总裁制，推桂系岑春煊为军政府主席总裁。同月孙中山鉴于军政府牺牲国会，与北方谋和，排挤、架空自己，倒行逆施，声明辞去军政府总裁一职，与军政府决裂。7月，杨永泰出任改组后的军政府财政厅长，8月任广东省财政厅长，10月伙同督军莫荣新与英商订约，以借款港银十万元为条件，出卖陆丰、惠阳、海丰、香山矿产；控制广东银行，扰乱金融；对《民主报》等报刊进行摧残和压制。11月杨兼广州市政分所督办。1920年4月，杨升任广东省长。10月粤军回粤，驱逐桂系，岑春煊为首的军政府垮台，杨亦潜往上海。

1921年4月，孙中山在南下国会议员支持下当选大总统，5月宣布取消军政府，就任非常大总统。桂军即分三路攻粤，粤桂战争爆发。杨永泰见此形势变化，受岑春煊指使北上，向徐世昌条陈"谋粤计划"，被徐密委为广东安抚使，携巨款亲赴雷州，策划谋粤事宜，运动粤方叛军在后方捣乱，并以"归降者每人三十元"诱惑粤军投降桂军。7月，孙中山下令讨伐陆荣廷，并下令缉拿为桂系张目的杨永泰。1922年，旧国会在北京复会,杨重任北京国会参议院议员。期间,杨与宪法研究会之王家襄上演了一场争夺参议院议长的闹剧,致使国会第三期常会结束时,参议院始终未选出议长。1923年初,曹锟贿选丑闻发生后,旧国会解体,政学系随之偃旗息鼓,杨被迫蛰居上海。1925年5月,任"善后会议"财政善后委员会副委员长(委员长梁士诒)。1926年由段祺瑞任为关税特别会议委员会委员。

1928年初,蒋介石在南京复职后,杨永泰通过张群结识了时任南京政府外交部长的黄郛,黄向蒋介石推荐杨永泰,称:"海内有奇才杨畅卿先生,胸罗经纶,足以佐治","国家大计,望公商之",并促成蒋、杨晤谈,"极其欢洽"。此后杨历任交通部长王伯群的顾问、南京政府军事委员会参议,从此逐步跻身为蒋介石亲信智囊。当时各地方实力派均拥兵自重,杨即援引历史上封建帝王削夺藩镇权力加强中央集权的经验,向蒋献"削藩策":以经济方法瓦解冯玉祥第二集团军,以政治方法解决阎锡山第三集团军,以军事方法解决李宗仁第四集团军,以外交手段对付奉张。蒋采纳杨的意见,召开削弱地方实力派巩固中央集权的编遣会议,直接导致蒋桂、蒋冯、蒋阎冯大战爆发,不仅使人民的生命财产遭受巨大损失,而且使日本帝国主义趁机加紧了对中国的入侵。1931年6月,杨以国民政府军事委员会参议身份,随蒋介石到南昌,部署对中央革命根据地进行第三次军事"围剿",但此次"围剿"仍以蒋介石的失败告终。杨目睹蒋连续三次"围剿"均遭失败,即乘机献万言书,详陈"围剿"须采取"三分军事,七分政治",即"政治剿共"的方案,并提出了在"剿共"中削弱异己的强干弱枝的"削藩谋略",博得蒋的进一步赏识,被任为鄂、豫、皖三省"剿匪"司令部秘书长,并随蒋介石前行。1933年2月,蒋介石撤销鄂、豫、皖三省"剿匪"总司令部,成立军事委员会委员长南昌行营作为围剿红军的大本营,杨永泰任南昌行营秘书长兼二厅厅长。因该厅负"政治剿共"之责,故杨被认为"七分厅长"。杨利用这一职务,大肆宣扬"攘外必先安内"的卖国害民政策,创设行政督察专员制度,推行保甲制度和"经济围剿"方针,以配合

"军事剿共"。1934年2月,蒋介石倡导的"新生活运动"在江西开始推行,杨为之起草《新生活运动纲要》,大肆鼓吹和推行,以强化对全国人民思想的统治。同年3月,又兼任军委会委员长武昌行营秘书长,成为蒋介石的帐前军师。

1934年,四川军阀"围剿"过境红军发生困难向蒋介石请求支援时,杨又乘机献策,提出用"政治渗入"的办法,加强对四川的统治。故1935年1月被任为新成立的军委会委员长四川行营秘书长,为蒋设计了设计削减川军力量、局部改组省政府、实施行政督察专员制度等计谋,以巩固蒋介石对四川的统治。同时出席国民党第五次代表大会,当选为国民党候补中央委员。

由于杨永泰等新政学系成员邀宠擅权,步步得逞,与国民党内的权要尤其是CC派的矛盾加剧。CC派在蒋面前攻击杨永泰,必欲去之而后快。蒋为平息内部矛盾,1935年2月改任杨为湖北省政府主席。杨至鄂近一年,大力推行公务员军事化及省政府公役管理训练,提高了工作效率;在整顿武汉市政,整训全省保安团队,重订和推行保甲办法等方面颇著成效,从而加强了个人专断。1936年1月,杨永泰兼湖北省保安司令。这些又进一步加剧了政学系与CC派系的矛盾。1936年10月25日,杨永泰在赴美驻汉口领事宴会返回时,在汉口江汉关轮渡码头被政敌所派杀手暗杀殒命。凶手姓施,被当场抓获。次年2月24日,国民党中央宣传部部长刘芦隐因杨永泰案被捕,6月5日被判处十年徒刑。

杨永泰留下的遗著有《外交政策》、《现代民主政治》等。

## 主要参考资料

孙彩霞:《新旧政学系》,《杨永泰与政学系》,华夏文化出版社1997年版。

聂桂庭:《杨永泰被刺之谜》,中国人民政治协商会议安徽省委员会文史资料研究委员会编《安徽文史资料选辑》第 7 辑(北洋军阀和国民党统治前期史料专辑),1982 年版,第 89—94 页。

　　《中外杂志》1969 年第 2 卷第 2 期;1971 年第 9 卷第 3 期;1972 年第 12 卷第 4 期、第 6 期。

# 杨 宇 霆

周 斌

　　杨宇霆,原名玉亭,号凌阁,后改邻葛,取以诸葛亮为邻,有自况之意。辽宁法库人,生于1885年8月29日(清光绪十一年七月二十日)。其先祖世居河北滦州戴家岭。清同治年间,其祖父杨正荣携家逃荒,至奉天法库县蛇山沟村定居。杨正荣生有四子,次子曰永昌。永昌生四子,次子即杨宇霆。杨宇霆幼时聪颖好学,先后就读于本村毛麟兆私塾和铁岭县小江屯张秀才书馆。1904年,赴锦州考中清代末科秀才。清廷废科举办学堂后,考入奉天省立中学堂读书。1906年,被清廷选送到日本留学,入日本陆军士官学校炮兵科第七期学习。

　　1911年,杨宇霆回国,任长春陆军第三镇炮兵见习队官。1912年中华民国成立后,杨改任东三省讲武堂教官。不久,又入奉天军械厂,历任科长、厂长。1916年4月,张作霖赶走段芝贵出任奉天督军兼省长,延请各方面人士,调杨宇霆任督军公署参谋长。张作霖"初谋巩定奉局,继则笼吉、黑二省于掌握",先后平息了五十三旅旅长汤玉麟的叛乱,瓦解了奉天军务帮办冯德麟的势力,逼迫吉林督军孟恩远下台,驱逐黑龙江师长许兰洲等,攫取了东三省的霸权。这一切,都是"杨宇霆参预帷幄,而底于成功"的①。

　　杨宇霆在协助张作霖统一东北的同时,利用与北京政府陆军次长

　　① 　金毓黻:《杨宇霆别传》,中国人民政治协商会议辽宁省委员会文史资料研究委员会编《辽宁文史资料》第15辑,第17页。

徐树铮日本士官同学的关系,代表张作霖参加 1917 年 4 月和 12 月两次督军团会议,借支持"府院之争"段祺瑞一方,图谋向关内发展奉军势力。是年冬,段祺瑞以对西南主战政策失败而辞去国务总理一职,其心腹徐树铮向杨宇霆提出,以陆军部在日本订购的军火作为交换条件,请奉军入关,逼迫代总统冯国璋下台,并恢复段的总理职务。在杨宇霆居间联系下,奉皖双方达成协议①。1918 年 2 月,杨宇霆携带徐树铮送给的空白领取军械证件,率奉军五十三旅张景惠部开到秦皇岛,劫走了冯国璋本打算用来武装直系的价值四千万元的军火,这就是近代史上有名的"秦皇岛劫械案"。张作霖利用这批军火武装了三个混成旅,迅速壮大了奉军。3 月 12 日,张作霖组织援湘军,自任总司令,以徐树铮为副司令,杨宇霆为参谋长,进驻军粮城,直接威胁冯国璋。23 日,段祺瑞复任国务总理。从此,杨宇霆之名"崛起于东北,而渐震乎中原"②。

1918 年秋,徐树铮与杨宇霆合谋利用奉军之名,招募新兵四旅,在洛阳、信阳两地训练,发展自己的势力,引起了张作霖的不满。张作霖下令免去徐树铮、杨宇霆的职务,杨宇霆不敢回东北,遂依附徐树铮,历任总统府侍从武官、西北边防司令部参谋等闲职。三年后,张作霖以东三省巡阅使兼蒙疆经略使,统辖奉、吉、黑三省及热、察、绥三特别区,思杨宇霆人才可用,重新启用他为东三省巡阅使署总参议,赞襄军务及对日交涉事宜。1922 年 4 月,杨宇霆被张作霖任命为镇威军总参谋长,参加了第一次直奉战争。奉军战败后,在杨宇霆的建议下,张作霖决心整军经武,以备再战。杨宇霆将奉天军械厂扩建为东三省兵工厂,并自兼兵工厂督办,大力改善奉军的后勤供应。同时,成立"陆军整理处",充实东三省讲武堂,培训中下级军官,编练新军。经过一年整训后,奉

①　叶惠芬:《秦皇岛劫械与奉军首度入关:〈阎锡山档案——要电录存〉史料选录》,《国史馆馆刊》2005 年第 39 期,第 194 页。
②　筱园:《记杨宇霆》(一),《国闻周报》第 14 卷第 10 期,第 43 页。

军共编成二十七个步兵旅,五个骑兵旅,约有三十五万余人,实力大有提高。期间,杨宇霆先后将留日军官姜登选、韩麟春、于珍等人援引过来,逐渐形成日本士官派;而郭松龄凭借与张学良的关系,以北京陆军大学和保定军校的毕业生为主体,形成陆大派。由于杨宇霆"嫉视"郭松龄的崛起,支持郭的张学良也"事事受杨阻碍"①,两派的矛盾自此开始。

1924 年 9 月,江浙战争爆发,张作霖即以粤、浙、奉三角同盟为由,组织镇威军,以杨宇霆为总参谋长,率十七万大兵入关,向直系宣战。第二次直奉战争历时约两月,奉张大获全胜,入关与冯玉祥推段祺瑞为临时执政,杨宇霆的声名也煊赫一时。1925 年 8 月,段祺瑞执政府任命杨宇霆为江苏军务督办、姜登选为安徽军务督办,奉张势力达于苏、皖两省。杨宇霆到南京任职后,以胜利者自居,对直系将领、军务帮办陈调元多有歧视。陈遂与浙江督办孙传芳秘通款曲,共同反奉。10 月初,孙传芳举兵进攻松江、上海,陈调元在南京策应,杨宇霆被迫离苏北上②。

本来,奉军取得第二次直奉战争的胜利,以郭松龄的战功最大,张作霖原打算派郭松龄督皖,但因杨宇霆的反对而改派姜登选,郭松龄对杨颇为不满。此次杨宇霆督苏不到两月,便丧师失地、铩羽而归,而张作霖仍任他为奉军总参议,更引起了郭松龄等一些奉军将领的愤懑。11 月 22 日,郭松龄在直隶滦州倒戈反奉,要求张作霖即日下野,严惩杨宇霆。杨宇霆先避居大连,后又求助日本关东军禁止郭松龄军队"越过南满铁路线",为张作霖争得了缓兵的机会。12 月 24 日,郭松龄兵溃被俘,乃致书张学良,词颇哀恻,杨宇霆担心张学良对郭宽释,"纵虎

———————

　①　荆有岩:《杨宇霆轶事》,《辽宁文史资料》第 15 辑,第 40 页。

　②　杨蔚云:《杨宇霆督苏纪实》,中国人民政治协商会议江苏省委员会文史资料研究委员会编《江苏文史资料选辑》第 3 辑,江苏人民出版社 1981 年版,第 37－39页。

贻患",便将信焚烧,并急谏张作霖,将郭松龄夫妇就地处死①。可见,郭松龄之死,是与杨宇霆密切相关的。

同年12月,杨宇霆受张作霖之命,与吴佩孚的代表蒋方震在大连会晤,就共同对付冯玉祥的国民军"大体上达成了谅解"②。1926年1月,直奉联合进攻国民军,并于4月进占北京。6月,经杨宇霆与吴的幕僚多次密商,张作霖与吴佩孚"聚首怀仁堂",正式结成了"反赤"联盟。12月,为对抗国民革命军的北伐,张作霖出任"安国军"总司令,杨宇霆任安国军总参谋长,并制定了先利用吴佩孚、孙传芳、张宗昌与北伐军火并,再消灭北伐军统一全国的计划。无奈这一计划在连战连捷、势不可挡的北伐军面前,只是个泡影而已。1927年6月,杨宇霆协助张作霖成立安国军政府,并任元帅府总参议,以与北伐军作最后一搏。1928年1月,奉军第四方面军军团长韩麟春以病痿不能治军,由杨宇霆接任,与张学良一起负责京汉线作战。5月30日,鉴于北伐军逼近京、津,张作霖召集张作相、杨宇霆、张学良等举行紧急会议,决定即日下令总退却。6月4日晨,张作霖途经沈阳西北皇姑屯车站南满铁路与京奉铁路交叉口时,被日本关东军埋设的炸弹炸死。张学良得知消息后,将全军委托杨宇霆指挥,自己化装成士兵秘密回到沈阳。7月4日,张学良经东三省议会推举,当选为东三省保安总司令。驻关内的奉军在杨宇霆指挥下也陆续撤回关外。

张学良主政东北后,为缩减军事开支,撤销了旅以上的军、师番号,以旅为军队最高单位。杨宇霆脱离军旅,以"兵工厂督办"的身份寓居沈阳,张学良仍不时就商政事。而杨宇霆却怏怏"非少主臣",对张的诸多措施有异议,甚至肆意阻挠。他表面上称张学良为"少帅"或汉卿,背

---

① 常城:《奉系军阀的"智囊"杨宇霆》,《社会科学战线》1984年第1期,第221页。

② [日]东亚同文会编,胡锡年译:《对华回忆录》,商务印书馆1959年版,第393页。

地里却不止一次地叫他"小六子"（张学良行六），对张学良极不礼貌。起初，张学良对杨的意见颇为尊重，"凡事得宇霆之关白，学良无不许可；凡人得宇霆之品题，学良无不擢用"。但"学良愈恭谨，而宇霆愈跋扈"，东北的一些官员们以为"宇霆之果能操纵学良也"，"故趋赴者愈多"，杨公馆辐辏如市①。张学良对杨"心渐厌之"，两人的矛盾逐渐激化。

黑龙江省省长常荫槐是杨宇霆的心腹。他身兼省长、东北交通委员会委员长、中东铁路督办等要职，是东北的实力派人物之一。常荫槐虽精明干练，但也与杨宇霆一样，根本未把张学良放在眼里，甚至对张的命令拒不执行。常擅自在黑龙江省成立山林警备队，由杨宇霆从其兵工厂提供军械，"有替杨宇霆培养势力的企图"②。这对急欲统一东北政令的张学良来说，无疑是一大心患。

杨宇霆与张学良的政见分歧突出表现在"东北易帜"上。杨宇霆反对张学良与蒋介石的南京政府合作，而主张联合西南桂系李宗仁、白崇禧，抵抗蒋介石，保持东北"独立自主"的政治局面。1928年8月25日和10月7日，杨宇霆两次背着张学良与白崇禧会见。白崇禧劝杨宇霆推翻张学良取而代之，并愿意提供帮助。蒋介石获悉此事后，立即密告张学良，叫他"先下手为强"③。杨宇霆虽没有谋害张学良之心，但坚持反蒋不变。12月29日，东北正式"易帜"，南京国民政府任命张学良为东北边防司令长官，杨宇霆为国民政府和东北政务委员会委员。张学良宣誓就职时，杨宇霆当场表示不接受其委任，乃拂袖而去④。与此同时，日本竭力挑拨离间张学良与杨宇霆的关系，大川周明送给张学良一本《日本外史》，并用红笔将丰臣秀赖被权臣德川家康推翻的一段史实

①　筱园：《记杨宇霆》（六），《国闻周报》第14卷第20期，第29页。
②　田庸：《常荫槐》，《辽宁文史资料》第15辑，第23页。
③　陶菊隐：《张学良和杨宇霆的关系》，《辽宁文史资料》第15辑，第58页。
④　潘喜廷：《杨宇霆》，《辽宁文史资料》第15辑，第13—14页。

勾画出来，暗示杨即德川家康，张为丰臣秀赖。关东军还设法将一些杨宇霆与日本人密谋联系、要篡夺张氏政权的假情报传到张学良手中，希望张、杨互相争权、火并，日本好从中渔利。

1929年1月7日，杨宇霆为其父祝寿，杨公馆门前车水马龙，盛况为沈阳向所未有。张学良偕夫人于凤至亲往道贺，杨宇霆竟以普通礼节相待，与一般宾客无异。席间，杨的一举一动俨然以东北领袖自居，而来自全国各地的贺客也对杨恭维备至。张学良目睹这些情景，更感到杨宇霆是他施政的最大障碍，遂决心除掉杨宇霆。

1月10日，杨宇霆、常荫槐一起来见张学良，以管理中东铁路为名，要求成立东北铁路督办公署，以常荫槐为督办。张学良表示，目前东北刚刚安定，涉及外交的事情应慎重考虑，须从长计议。杨、常则要求立即决定，并拿出已拟好的文件要张学良签字。张学良认为杨、常欺人太甚，忍无可忍，便推托吃过晚饭后再说。当杨、常二人吃过晚餐来到帅府老虎厅坐下时，辽宁警务处长高纪毅等人奉张学良之命将杨、常处死。

# 杨 增 新

陈宁生

　　杨增新,字鼎臣,云南蒙自莫别村人,生于1864年3月6日(清同治三年正月二十八日)①,出身于官僚家庭,少时家境已衰落。他聪慧好学,1888年考中举人,次年应会试,成为进士,9月以知县用签派往甘肃。1891年,因劝办顺直赈捐出力,获奖同知衔。1893年底,署甘肃省中卫县知县。中日甲午战争时,随宁夏将军钟泰练兵,管全军营务并兼管带。1896年4月,补渭源县知县。6月,因顺直赈捐出力案内保候补缺,得以直隶州知州升用,8月署河州(属甘肃兰州府)知州,创办河州书院,亲自执教。次年10月,充任直隶知州。1900年重返甘肃,升任甘肃提学使、甘肃武备学堂总办。1907年,经新疆布政使王树枏向新疆巡抚联魁推荐,以候补道员任新疆陆军学堂总办,兼督练公所参议官,后授任阿克苏兵备道。次年,联魁又以"茂才异等"保荐他入京,晋见光绪帝和慈禧太后。1909年,重返新疆阿克苏本任。1911年调任阿克苏道尹。是年3月,新疆巡抚袁大化保举他升任镇迪道兼提法使。

　　1912年1月7日,伊犁革命党人杨缵绪等响应辛亥革命,举行起义。次日,成立新伊大都督府,推已卸任的伊犁将军广福为都督,杨缵绪为总司令部部长(后改为军务部总长)。陕甘总督长庚、新疆巡抚袁

---

① 金树仁:《新疆省政府主席蒙自杨公行状》(1930年铅印本),杨的出生年月有不同说法,今根据《行状》。

大化则按照清廷电令采取"剿抚兼施"①的策略对付起义者。此时杨增新向袁大化建议，募兵助战。袁大化遂命杨增新招募迪化（今乌鲁木齐）二十四个寺坊的青壮年，先后组成五营，由杨兼统领。战事激烈时，袁大化催促杨出兵，杨拥兵自重，托词逗留迪化不进。

3月15日，中华民国临时政府电令新疆巡抚改为都督。27日，又电令速停战事。4月，新疆省政府同伊犁临时政府停战议和。革命形势发展很快，袁大化自知无力控制新疆局势，自请去职，推荐喀什道台袁鸿祐继任都督。不料，袁鸿祐未及到任就被哥老会首领、时任总兵的查春华所杀。袁大化急于脱身，又保荐杨增新为新疆都督。

1912年5月18日，北京政府正式任命杨增新为新疆都督兼民政长。杨增新在督新之初，把镇压各地革命力量作为主要任务。他和伊犁临时政府的和平谈判，于7月8日达成和议：双方承认民主共和；公认杨增新为都督，主持新疆军政；取消伊犁临时革命政府。嗣后，杨增新电请袁世凯，对伊犁革命党领导人均委以重要官职，趁机将他们调出伊犁，以分散瓦解革命力量。不到两年，伊犁革命势力即被杨增新镇压下去。

对于哈密农民起义，杨增新采取"阳虽主战，而阴则主抚"的策略，他指令哈密知事白文超，"仍宜严为防备，善为笼络，毋使兵连祸结，以一隅而动全局"②。1913年3月，起义军等在杨增新的轮番诱劝下，接受了省方的"招降"条件。杨增新随后对起义军部众乘其在"遣散归农"的途中，进行伏击，消灭了起义军。

杨增新对哥老会亦采取"剿抚并用"的手段，他认为哥老会"给新疆之威胁，什百倍于革命党人"③。初期主要采取分化手段，他将拥兵自

①　《新疆起义清方档案》，中国史学会主编《中国近代史资料丛刊·辛亥革命》（七），上海人民出版社1957年版，第452页。

②　杨增新：《补过斋文牍》，天津古籍出版社1986年影印本。

③　杨增新：《补过斋文牍》。

重的哥老会将领查春华等免职,又将边永福、魏得喜部调赴科(布多)阿(尔泰)前线,遂使哥老会群龙无首,自行瓦解。1914 年 1 月,趁北京政府通令各省严办会党,杨增新立即部署在全疆镇压哥老会,令参将童明才率马队兼程前往,"切实痛剿"。经过数年的"剿办",已"设法将彼中渠魁,或以资遣,或以计去,或以法诛,一时风流云散,势力锐减"①。至 1919 年,哥老会的活动基本停止。

杨增新认为要巩固自己的统治地位,必须使全疆置于他的统治之下。民国成立后,改伊犁将军为镇边使,但仍不隶属于新疆都督管辖。1914 年 2 月 1 日伊犁镇边使广福病故,2 月 4 日杨即呈准中央,将镇边使撤销,改设镇守使,归新疆都督节制。1916 年冬,又以"事权不一"为由,呈准将塔城参赞改为道尹,军民两政均直接归新疆省长兼督军管辖。清末,阿尔泰设办事大臣,直隶于清廷,民初其隶属关系继续沿用。1918 年 3 月 7 日,阿山发生兵变,杨借此呈请北京政府,将阿尔泰办事长官裁撤,改为阿山道尹,所辖区域亦归并新疆省。这样,原来在行政区划或某些管辖权限不属于新疆省当局的伊犁、塔城、阿尔泰都归并到新疆省,完成了新疆的统一。

杨增新曾是帝制复辟的拥护者。1915 年,袁世凯窃国称帝,杨增新立即通电拥护,并禁止在新疆有任何反袁的举动。1916 年初,新疆督署副官长兼护卫军营长夏鼎和炮兵营长李寅等中下级军官,在云南人士马一的策动下,准备举行反袁起义。杨增新探悉后,于元宵节的前一天,在督署二堂举行宴会,当宾客酒兴方酣之际,他举杯离席,喝令刽子手当众将夏鼎、李寅砍杀。事后,杨又下令将参与夏、李起事的其他军政官吏逐个押解回原籍。又一日,昌吉县令匡时手持讨袁万言书,请见杨增新。杨对匡虚与委蛇,并约至西花园"补过斋"叙谈。两人并肩而行,至中途,杨突然借故停步,他的马弁随即在身后举枪将匡时击毙。事后,杨将万言书及处理匡时原委呈报袁世凯,受到袁的嘉奖。

---

① 杨增新:《补过斋文牍》。

在北洋军阀统治时期,杨增新鉴于关内军阀连年混战,政权更迭频繁,社会动荡不安,提出和推行了一套"闭关自守"、"保境安民"的政策,以维持其统治地位。他对北京中央政府抱定"认庙不认神"的宗旨,不管何人当权,他都拥护;不管头衔如何变更,都督也好,将军兼巡按使也好,还是督军兼省长,他都接受。对于各派军阀之间的矛盾斗争,他采用"纷争莫问中原事"的态度,从不介入。他要"狃率南回北准,浑噩长为太古民",使新疆成为与世隔绝的"桃园胜境"①。还特意在督署东花园西北角建筑了一座楼阁,题名为"镇边楼",他说:"吾之建镇边楼者,实欲借斯楼以镇静镇定之力而常惕焉,意在鉴以往之危险,而思所以保长久治安也。"②

杨增新对民众采用愚民政策,他认为"民之难治以其智多,民智过于开通,则机械变诈叛逆之事乃因之而起"③。他严禁新疆人民与内地人民思想文化的交流,实行严格的书报、通信检查制度,不准出版报纸,也不准阅读内地各省出版的报刊。他虽然承认新疆"全省的教育,尚不及内地一大县,一县教育尚不及内地一大村"④,但惧怕"发展缠民文化教育,启发其政治思想,势必肇乱于新疆"⑤,又极力阻挠兴办各类学校,并反对设立教育厅。在他治新期间筹办的学校寥寥可数,其中新疆省立俄文法政专门学校要算新疆唯一的一所最高学府,还是因为他手下缺乏对俄外交人才而办起来的,且只有一届毕业生,人数不过四十余名。

---

①　根据吴霭宸《新疆纪游》(商务印书馆 1936 年版)记载,杨增新在他的督署大堂前,手书一副对联:"共和实草昧初开,羞称五霸七雄,纷争莫问中原事;边庭有桃源胜境,狃率南回北准,浑噩长为太古民。"(第 48 页)集中反映了他的政治态度和政治理想。

②　王子钝:《杨增新轶闻》,中国人民政治协商会议新疆维吾尔自治区委员会文史资料研究委员会编《新疆文史资料》第 3 辑,新疆人民出版社 1979 年版,第 79 页。

③　杨增新:《补过斋日记》,1921 年刻本。

④　杨增新:《补过斋文牍》。

⑤　杨增新给袁世凯上的条陈。

　　杨增新崇尚老庄哲学，主张"无为而治"，他认为"法令严密则人相遁于法之外，甚或抗于法之中"，"法令滋章，盗贼多有"，反对以法治国，提倡以礼治国。他说："中国民俗浇漓，虽读孔孟之书，实未遵孔孟之道，若复弃孔教于不顾，将举国为无忌惮之小人，虽空言法治，何能挽陷溺之人心而归于正，欲天下不乱岂可得乎！"[1]他也不注重整军经武，认为新疆的治安不是用兵所能维持的，单靠区区几旅军队，既抵抗不了外国的坚甲利兵，也戡定不了内部的民族叛乱；况且"国家耗财之事莫甚于养兵"，"竭穷民四十人之脂膏，始足充一兵之岁费"，"兵愈多而民愈穷"，"兵愈多而国愈乱"。他认为"前清以兵亡，民国以兵乱"[2]，应引以为戒，一再向北洋政府提出裁兵主张。对于他管辖下的军警，很少进行训练和整顿。各部队士兵从未足额，且多系临时招募，留去自便；而对各级军官，则听任其各行其是，虚报冒领，中饱私囊，使不思聚众造反。他对新疆流民多、闲散官员多十分忧虑，认为这是致乱的祸根，"若不设法安置，听其流离失所，今日多一流民，即异日多一乱民"[3]。他呈请北京政府允许新疆的官吏和百姓均可领地开荒，并视此为一项德政。

　　杨增新还用宗教迷信束缚人民，下令各地方都要立上帝庙，遍设敬天尊孔会，各学堂设"昊天先帝先师孔子神位"，认为这样做可使"人人心中有一天，自能畏天，人人心中有一圣，自不侮圣；人心以此正风俗，以此醇世道，以此转移浩劫"[4]，天下即可太平无事。

　　在外交方面，杨增新以"保境安民"为宗旨。1917年俄国十月革命成功后，被推翻的沙俄势力勾结帝国主义国家，对新生的苏维埃政权实行武装干涉。北洋军阀政府亦于1918年8月出兵海参崴，参加对苏俄的干涉战争。与此同时，驻迪化、伊犁、塔城、承化、喀什的帝俄领事，不

---

① 杨增新：《补过斋日记》。
② 杨增新：《补过斋日记》。
③ 杨增新：《补过斋文牍》。
④ 杨增新：《补过斋日记》。

断地向新疆当局发出照会,怂恿新疆当局出兵中亚,支援帝俄军队。当时,喀什提督马福兴在英、俄领事的引诱下,在1919年初向杨增新请求派兵十五营入俄,协助帝俄"剿平乱党"。杨增新于3月18日指示马福兴:"查新疆对于俄乱向取不干涉主义","万不可误听人言,改变数年抱定之宗旨,以致吃亏"。杨认为布尔什维克党是真新党,"盖真新党必占优胜,古今中外,各国皆然"。"俄旧党力难恢复,本督军已逆料于数年以前",因此,他不去迎合北洋政府的行为,坚持"新疆独取不干涉主义"①。

　　1919年底,被苏俄红军击溃的白俄军曾窜入新疆境内的伊犁、塔城、喀什等地。杨增新一面饬令地方官员加强边卡防守力量;一面电请北京政府,坚持不许白俄军入境,如果白俄军不听阻止,应依照国际公法,解除其武装。1920年1月至5月,以白俄将军阿连阔夫为首领的白俄军连同随军"难民"约五千余人,窜入伊犁。杨增新电令伊犁镇守使杨飞霞,对白俄败兵"务须济以权宜,示以宽大,使其有赖我国之心,无仇视我国之意,终能解卸武装,俯就范围"②。并派员赶赴伊犁,向白俄溃军进行说服工作。结果,阿连阔夫交出了部分武器,伊犁当局对他们进行了妥善安置,从而避免了一场武装冲突。同年6月,阿连阔夫向新省当局提出,允许他率部经迪化转喀什,前往印度。杨增新派员说服他们先至省城,然后移驻奇台。但阿连阔夫到达奇台后,同占据外蒙库伦的白俄军官谢米诺夫相勾结,企图先夺取北疆,然后反攻苏俄,遂于1921年1月6日袭击奇台。杨增新一面委任因公到奇台的军务厅长张鸣远为守城司令,嘱其紧闭城门,避免直接交锋;一面派旅长蒋松林指挥省军前往增援,并嘱其摆出"引而不发"的态势,以迫使白俄军就范。阿连阔夫自知力量单薄,于2月下旬同意交出武器,其部众被押送到甘肃,散居各地,阿连阔夫本人则被解至迪化加以软禁。这支白俄军

---

①　杨增新:《补过斋文牍》。

②　杨增新:《补过斋文牍》。

遂被瓦解。

1920年2月，白俄将军杜托夫的部众巴奇赤率领一万一千余人，马九千余匹，窜入塔城。杨增新指示塔城当局，尽可能动员他们缴械回国。实在不愿回国的，则安置在额敏县的游牧地区，加以监视和管理。1921年6月，巴奇赤袭击阿山，阿山道尹周务学仓促派边卡驻军前往堵截，周兵败自杀。巴奇赤得以进占承化和布尔津，进而与在外蒙的白俄谢米诺夫联络，企图久占阿山，进攻斋桑，形势异常危急。杨增新同苏维埃政府商定，双方配合，包剿白俄军。9月初，巴奇赤被苏联红军和新疆省军赶出了布尔津和承化，率残部逃往外蒙。至此，杨增新完全解决了窜入新疆的白俄军，使边境保持了一段较长时间的和平安定局面。

杨增新主张同苏维埃政府在平等互利的原则下，恢复发展两国贸易关系。1920年，塔什干苏维埃政府派代表向新疆当局提出了正式恢复两国贸易等要求。杨增新考虑到当时苏俄政府还未经北京政府正式承认，只同意双方拟定临时性的局部通商条款。同年5月27日，双方签订《伊犁中俄临时通商条款》。随着贸易额的增长，一年后苏俄又派代表来新疆要求增修条款。1924年6月，双方达成互设领事协议：苏联得在迪化、伊宁、喀什、塔城、承化等处设置五领馆，总领事馆设于迪化；新疆得在斜米、阿拉木图、塔什干、安集延、斋桑等处设置五领馆，总领事馆设于斜米，并明确规定："双方互换之五领，在驻在国得依照国际惯例享受相当之待遇，以平等互惠为原则。"①

杨增新从"保境安民"这个总原则出发，重视苏联的存在，也承认十月革命给予世界的影响。当列宁逝世的消息传来时，他很感慨地说："列宁可算是一个伟大人物啊！他手创的国家，改变了世界历史。"②杨本人很注意研究了解苏俄，曾专门请苏俄总领事馆的翻译官给他翻译

---

① 孙福坤：《苏联掠夺新疆纪实》，香港自由出版社1952年版，第41页。

② 包尔汉：《杨增新统治时期的新疆》，中国人民政治协商会议全国委员会文史资料研究委员会编《文史资料选辑》第46辑，中华书局1964年版，第71、121页。

和讲解《资本论》。他尽力保持和苏俄正常的外交关系,而不以北洋军阀政府的态度为转移。但是,他又十分担心社会主义新思想的传入,因此,在各地安插密探,以掌握当地居民和苏联人民的往来情况,以及群众的思想动态。

中国共产党成立后,革命运动在国内逐步兴起和发展,杨增新感到恐惧。1922年3月12日,他就呈请北京政府"查禁平民革命主义",他以"共产党鼓吹平民革命,工界中赞成颇多",如不警惕,"平民革命必将实行","中国亦将变为第二之俄罗斯"①。他提出了一套阻止革命的方法。在经济上,他认为由于工厂使用大机器,"工厂之利尽为大资本家所垄断,而贫富阶级遂相悬殊,此工人之所以罢工,劳动者之所以革命皆由于此",因此提议:"今欲求补救之法,惟有少制多数人共用之大机器,而多制少数人独用的小机器。一人操一器便可养一身,一家操一器便可养一家,如此则贫富阶级可以渐渐化除,即社会主义之传播亦可预为之防而消患于未萌矣。"他把"共产"误解为"均产",认为"如今均产之说势必夺富人之财以与贫民,贫者未见其富,而富者同归于贫,秩序必因之而大乱"②。为了防乱,他主张政治改良,而不必进行经济革命。在这一企图使社会倒退的思想支配下,新疆经济十分落后,几乎没有现代化工业。虽然新疆的乌苏、绥来、沙湾、迪化、塔城等地均产石油,但"向以土法开采,既耗工时,又不谙提炼之法,货劣价昂,难期适用"③,就连中国传统的造纸工业也多拘泥于土法,制出的纸张只能作包装之用,而各机关用纸完全要从内地购进。

1927年,当北伐战争胜利发展,北洋政府行将垮台时,杨增新已经意识到"全国大革命正在酝酿之中,默察今日时局,窃恐武人专制久之

① 杨增新:《补过斋文牍》。
② 杨增新:《补过斋日记》。
③ 杨增新:《补过斋文牍》。

必变为暴民专制"①。他既不想和吴佩孚、张作霖之辈同流合污,也不愿顺应历史潮流,仍抱定"纷争莫问中原事"的宗旨,严密封锁消息。1928年春,冯玉祥派两名代表到新疆进行联络,杨增新将他们秘密地软禁起来,并严禁走漏风声。尽管如此,国家政治形势的巨大变化不可能不影响新疆,一个以交涉员兼军事厅长樊耀南为首的反杨派别趁机组成,他们针对杨增新的各种弊政,提出了民族平等、整理财政、铲除贪污、发展教育、整顿军队的政治主张,还举行秘密集会,伺机推翻杨的统治。是年6月,奉系军阀张作霖被炸身亡,杨增新看到北洋军阀统治已彻底垮台,立刻于7月1日通电承认南京国民政府,宣布新疆易帜,同时改组新疆省政府委员会。樊耀南等认为"杨将军又要骗人的手段了,想用换汤不换药的办法混过去"②,一旦杨为南京政府承认,他们就无容身之地,于是密谋举行政变。

　　1928年7月7日,杨增新出席自己创办的俄文法政学校第一期学生毕业宴会,当场被樊耀南指派的刺客击毙。

---

　　①　杨增新:《补过斋日记》。
　　②　包尔汉:《杨增新统治时期的新疆》,中国人民政治协商会议全国委员会文史资料研究委员会编《文史资料选辑》第46辑,第71、121页。

# 杨 振 鸿

高光汉

　　杨振鸿,字秋帆,笔名志复、福升。1874 年 11 月 2 日(清同治十三年九月二十四日)出生于云南昆明东郊一个农民家庭,从小就在家参加生产劳动。他富于反抗精神,言词锋利,常常据理反抗地主和官吏的无端敲诈勒索,赢得了群众的信任,也招致官府的迫害。在他二十岁左右的时候,官府曾以莫须有的罪名将他逮捕监禁。在狱中,他坚强不屈,同时在难友的帮助下,以极大的毅力自学文化,知识大增。因为没有治罪的证据,官府不得不将他释放。杨振鸿出狱以后继续刻苦自学,不久就取得了县学生员的资格①。

　　年轻的杨振鸿目睹清政府的腐朽、卖国,以及帝国主义的侵华罪行,立志要为救国救民而献身,正如他这一时期写的一首《述怀》诗中所说:"欲起神州文弱病,拼将颈血溅泥沙。头颅断送等闲事,一点泪痕一树花。"

　　1900 年,八国联军入侵我国时,云南也传出法国侵略者阴谋伏兵昆明一举夺取云南的消息。云南人民无比愤慨,昆明汇合了一千多人的群众队伍,捣毁了平政街等处的法国天主教堂。全省许多州县也纷

---

　　①　杨振鸿被捕和出狱,以及取得县学生员资格的确切时间,现有史料难以确定。根据李根源、吕志伊等的回忆文章,结合当时云南斗争形势,初步判断他被捕的时间大约在他二十岁左右,即甲午中日战争到义和团运动之前这段时间。至于取得县学生员资格的时间,当在出狱一段时间后至 1903 年考取官费留学生之前。

纷捣毁教堂,驱逐教士。杨振鸿带领群众积极参加了这一声势浩大的斗争。后来他于1907年3月在《云南》杂志发表的《法国窥伺云南之渐》一文中,回述这次斗争"是吾人之将亡复存将死复生之一大关头"。对于腐败的清政府屈于法国压力,反以"赔偿教堂损失"十五万两来了结此案,他愤怒地斥责说:"世界何有公理,黑铁赤血而已!"又说:"凡我滇人,此后宜群策群力,万众一心,及时谋防御之策,救卫之方。"否则,一千多万云南人民就将"狂呼哀号于法人之刀头马蹄,求生而不得"①。他还指出,国家之所以"被外人分攘割据者,非外人能为之,乃官吏之卖我以为之也"。他认为,"欲御外寇,先杀内奸"②。

1903年,杨振鸿以首批云南官费留日学生资格,赴日本留学,先考入振武学校学习军事,1905年毕业后又考入日本陆军测量部学校继续深造。在此期间,他一面学习军事科学,一面积极从事革命活动。同盟会筹建期间,杨振鸿受孙中山接见,聆听了孙中山关于建立革命组织的计划。之后,他常与孙中山、黄兴等人来往,积极参与建立同盟会的工作。在杨振鸿及其他同志的带动下,在东京首批加入同盟会的云南籍会员就有五十多人,为辛亥云南起义初步奠定了干部基础。

1905年,杨振鸿在东京写了《敬告滇中父老兄弟书》寄回云南,揭露帝国主义的侵略和清政府的卖国罪行,号召人们同心协力,奋起救国。他还不断寄回《民报》、《警世钟》、《猛回头》、《革命军》等革命书刊,传播革命思想。经过杨振鸿及其他同志的宣传鼓动,在昆明的一些爱国青年先后建立了"兴汉会"、"滇学会"、"誓死会"等组织,并分赴云南各地宣传革命。

1906年1月,孙中山和黄兴邀杨振鸿、吕志伊、李根源、赵伸和罗佩金五人商谈筹办《云南》杂志。经过大家努力,4月,《云南》杂志社正式成立。自1906年至1911年,《云南》杂志一共发行二十三期,对云南

---

① 《法人窥伺云南之渐》,《云南》杂志第五号,1907年3月。
② 《滇官吏媚外之丑状》,《云南》杂志第九号,1907年9月。

辛亥革命的发动起了积极的宣传鼓动作用。杨振鸿为《云南》杂志写了大量文章。云南曾有人将这些文章汇集成册,题名《暮鼓晨钟》翻印散发,广为宣传,部分文章内容还选载于《滇事危言》等书里,以期唤醒云南人民。

1906年3月,杨振鸿受同盟会派遣回国建立云南分会,任主盟人。他考察法国对云南的侵略情况,从河口到昆明,对滇越铁路沿线做了详细调查,写出《滇越边务及铁道之实况》的调查报告,深刻揭露法国的侵略罪行,号召云南人民奋起斗争,以避免当亡国奴的危险。

是年夏天,杨振鸿回到昆明,见到云贵总督丁振铎。他对丁讲述了英、法两国侵略云南的严重性,提出整顿军备、加强边防的建议,并要求分配他去军队工作。丁振铎未予置理。不久,他打算趁丁振铎参加云南清军阅操之机刺杀丁,举行起义。由于清军戒备森严,计划未能实行。6月,他在昆明创办体操学堂,从全省招收青年三百人入学,暗中培养革命骨干。他亲自讲课,对学生灌输爱国主义和革命思想。每天清早还亲自带操,和学生打成一片,深受青年学生的敬仰。

9月,杨振鸿在昆明创设"公学会",又在云南一些州县设立分会,以"开拓社会文明"、"增进国民幸福"和"拯救本省危局"为宗旨,并要求清政府拒绝帝国主义侵略云南的无理要求①。为了启发群众觉悟,他亲自到昆明街头讲演,痛陈云南丧失路矿权益的情况,声泪俱下,听众无不为之感动。因此,他的名声更大,威信更高,同时也就更加引起清政府对他的注意,丁振铎派亲信对他进行监视盯梢。为了回击敌人,他策动留日学生和旅日同乡会揭发丁振铎在云南的罪恶,迫使清政府不得不将丁调离云南。丁振铎为了遏阻革命和打击杨振鸿,赶在去职前把杨调出体操学堂,派往腾越厅(今腾冲县)任巡防营管带。当时许多人认为这是阴谋,劝杨不要去,可是他执意要去。他认为保卫边防是自己的职责,而且此去远离省城,少受牵制,正好发展革命的力量。他带

---

① 《公学会之成立》,《云南》杂志第六号,1907年7月。

着体操学堂学生董鸿勋等人,于是年冬赶往腾越厅上任。

杨振鸿到巡防营上任不久,就发展了张文光等一批青年加入同盟会,使革命势力扩展到滇缅边界一带和旅缅华侨中,同时抓紧整顿边防,严肃纪律,加强练兵,打击英国对我边疆地区的侵略破坏活动,保卫边境安宁。

其时,腾越厅属盏达(今盈江县莲山镇)土司刀思必治死亡不久,腾越镇总兵李宝书和迤西道台关以镛收受贿赂,武装支持不得人心的刀思鸿祺强行继位,遭人民反对。事件发生后,李、关命杨振鸿带兵镇压。杨竭力反对。他在取得腾越厅同知龙文的支持后,只身前往盏达,首先宣布刀思鸿祺继承无效,然后与当地人士充分协商,切实尊重民意,让群众另行公举有威信的刀思必发继承土司职,圆满地解决了土司承袭问题,加强了民族团结和统一,稳定了边疆,使贪官污吏的屠杀计划和帝国主义的分裂阴谋未能得逞,也为日后在这一地区开展革命活动奠定了群众基础①。

不久,杨振鸿拟定了一个起义计划,准备于1907年6月在腾越起义,得手后攻取永昌府城(今保山市),再进图大理与昆明。这时,反动官吏及土豪劣绅为土司承袭事件而迁怒于杨,一面散布匿名信件诬杨"将武装叛变",一面又勾结英国领事电告督署,诬杨"破坏邦交"。督署接电,即刻撤掉杨振鸿的职务,表面上命他回昆明"候委",暗地里却密令就地处决他。杨得到消息,取消原拟起义计划,一面致电督署批驳敌人的诬陷,并假报回省日期,一面立即取道缅甸,脱离险境。当局得知他已离腾赴缅,便急令通缉,派人四处堵截,并请英国领事致电英缅政府帮助缉捕。由于他勇敢机智,又得同志多方帮助,终于使敌人的捕杀计划完全破产②。他经由缅甸到达日本,参加同盟会云南分会的领导

---

① 《办理盏达案件述略》,《云南》杂志第十一号,1907年12月。

② 《杨振鸿被诬始末记》,《云南》杂志第七号,1907年7月;《腾越之镇道因办理盏达土司承袭案诬陷杨振鸿》,《云南》杂志第十一号,1907年12月。

工作。

1908年4月,孙中山、黄兴发动云南河口起义。消息传到日本,杨振鸿等急谋回滇参加战斗。接着又传来清政府向法国借兵镇压起义的消息。杨立即在东京主持召开"云南独立大会",并发表激昂的演说,痛斥清政府的暴行,宣布他和云南全省人民同清王朝断绝关系,表示要同敌人奋战到底。会后,杨带领一批革命青年启程回国,准备投入河口起义军。不料,他们抵达香港时,闻悉河口起义已经失败。他们当即改变计划,一面派人返回日本,建议同盟会云南分会开办"速成军事讲习会",培养军事干部,而杨振鸿等则转赴缅甸仰光,在旅缅侨胞中发展革命力量。

杨振鸿到达仰光后,除了积极发展同盟会会员以壮大革命组织外,还同居正、吕志伊等人创办《光华日报》,大力开展革命的宣传鼓动工作。

是年11月,光绪帝和西太后相继死去。杨振鸿认为这是武装起义的好时机,便立即回到云南干崖(今盈江县城),与黄毓英等革命者筹划起义。消息传到昆明,云贵总督锡良悬赏白银五万两捕拿杨振鸿。杨不顾个人安危,仍然日以继夜地进行起义前的准备工作。他这时身患疟疾,但仍抱病跋涉于滇西峡谷和怒江两岸,联络民族上层,发动群众,组织起义。他们计划先以农民组成"敢死队"攻下永昌府,然后扩大为三军,一军回攻腾越,巩固后方基地,一军取大理攻打昆明,一军出顺宁(今凤庆)、云州(今云县),进军滇南;待全省光复后,再出师川、黔,进图中原。方针既定,他和何畏、黄毓英等各自分头准备。

12月31日,杨振鸿到达永昌府城外的马岭寨。入夜,起义战斗打响,杨亲自登城指挥。由于准备不足,匆忙起兵,起义军纯系农民临时组合,未加训练,人数又少,武器弹药缺乏,很快就失败了。杨振鸿等人退回马岭寨,以图再举。但喘息未定,敌军追到,形势十分危急。杨于忧愁之下,病势加重,吐了很多鲜血,不得已连夜率同何畏、何兴、杨毓铣、彭冀等多人离开马岭寨。第二天到达何家寨,住何兴家调养医治。但终因操劳过度,缺医少药,于 1909 年 1 月 2 日去世。

辛亥革命后,南京临时政府追赠杨振鸿为"左将军"。杨是在云南宣传、组织、发动民主革命的先驱,也是为民主革命英勇奋斗而牺牲的第一人。

# 姚 锡 光

孙宏年

姚锡光,字石泉,又作石荃,江苏丹徒人,1857（咸丰七年）年生。1867 年,姚锡光从丹徒名人周伯义学习经史和天文、地理、兵法。光绪十一年（1885）,考取光绪乙酉科拔贡,翌年应丙戌科朝考,考取二等,以教职用。十四年（1888）,中试光绪戊子科举人,次年考取己丑科内阁中书。

光绪十二年（1886）以后的十多年间,他逐步走向仕途,主要是在李鸿章、李秉衡、张之洞等封疆大吏手下任职,从事军事、教育等活动,并且不断在治军、教育、江防等方面提出自己的一些见解。

光绪丙戌（1886）春夏间,他"以萃科入都,廷试报罢",离开北京途经天津时,直隶总督、北洋大臣李鸿章正在开办北洋武备学堂,聘请他为教习。当时,该学堂依照西洋陆军学堂建立,聘用德国军官作教练;最初挑选各营中弁目前往学习,文员愿意学习武备的也一并录取,有学生一百人。学生学习天文、舆地、格致、测绘等基础学科,炮台、营垒、马队、步队、炮队和行军、布阵、攻守等军事方面的内容,兼习经史。开始时,学生仅学习一年,考试及格后就发回各营,以后逐渐延长了年限,选拔年轻的学生入学肄业。姚锡光在这里任职长达九年,先后教过四个班,学生三百多人,其中王士珍、冯国璋、段祺瑞、何宗莲、张怀芝等人后来都成了北洋军阀中的重要将领,或者出任过地方大员。这期间李鸿章曾保请姚锡光为候补直隶州知府。

在北洋武备学堂任教期间,姚锡光多次上书李鸿章,光绪十七年

(1891)十月,他向李鸿章呈递《请赴朝阳行营说帖》、《北洋军防利器用法未竟说帖》等,一度要求到军营效力。光绪二十年(1894),中日战争爆发前夕,朝鲜爆发东学党起义,战争迫在眉睫,如何布防、迎敌等问题也提上日程。姚锡光又先后呈《请奖防军将弁说帖》、《陈进兵朝鲜大略情形说帖》,因为自己的建议未受到李鸿章重视,姚颇为不满,双方关系开始恶化。中日战争爆发时,他正"奉讳旋里",因"北洋将领数以兵事招",经过秦王岛(今秦皇岛)、北戴河时,还代守卫这里的总兵贾制坛写了两份禀文,即《洋河口布置情形并请增营扼守禀》、《金山嘴设暗炮台禀》,呈递给李鸿章,并代写了《洋河口军防情形笺》呈给京师督办军务处,就秦王岛附近洋河口一带布防问题提出意见。

　　光绪二十年(1894)年冬,姚锡光又被山东巡抚李秉衡调赴山东,随军驻在莱州,任前敌行营文案,兼"帮办营务处"。他在李秉衡幕府任职前后五个月,《马关条约》签订以后,李秉衡回驻济南,他也获准辞职返故里。光绪二十一年八月,去南京拜访两江总督张之洞,任幕府幕僚。这年秋冬间,他两次奉命与德国军事专家查看长江下游炮台防务,并向张之洞呈递禀折,报告视察情况,介绍长江要隘、各炮台的形势,就开办炮兵学堂培养人才等提出了意见。姚氏后来把这些禀折和总图一幅、分图四幅合并,并附录炮台、炮位编目,出版了《长江炮台刍议》一书。

　　光绪二十二年(1896),他又被湖广总督张之洞调到湖北,担任自强学堂提调。光绪二十四年(1898),姚锡光奉张之洞之命到日本考察学制。考察期间,他在东京两个月,了解了日本陆军省、文部省各学校的情况和"步、骑、炮、工、辎重队各操,旁及议院、银行、工厂并各公会"六十多处地方,与日本各界人士三百多人进行了交流。回国后,他呈递《查看日本学校大概情形手折》,向张之洞较为系统地介绍了当时日本各类学校的情况。

　　在湖北任职期间,他根据在甲午战争期间搜集的资料,整理出版《东方兵事纪略》。此书原计划分六卷出版,因第十一部分的表、第十二部分的图未在1898年本刊印,故"戊戌排印本"约十万字,只有五卷十篇,大致以历史事件发生的时间为序,较为详细地介绍了中日冲突的缘由、过程和重大的战役,并论述中日议和、中国人民保卫台湾反对割让斗争的情况,并强调此次战争中国失败的影响及原因,呼吁举国上下认真反思。

光绪二十五年至二十七年(1899—1901),姚锡光被派往安徽,先后担任石埭、怀宁知县、和州直隶州知州等地方官,经安徽巡抚王之春檄兼安徽武备学堂提调。在安徽任职期间,姚锡光主要政绩是发展农业生产,建设文教事业,注重"时事",捐款赞助皖省藏书楼;处理积案,解决民教冲突;建立地方军事组织,强化保甲制度,加强地方治理;应对1901年长江特大洪水。其中,面对特大的洪水,他采取多种措施抗洪救灾,包括加固圩堤,保障安全;稳定社会秩序,设法筹集粮食,保障灾民的粮食供应;以工代赈,安置灾民,避免饥民外出逃荒;向国内外紧急求助,争取更多的资金开展救灾工作,尤其是发动上海士绅给予援助,表示"按月登报,以昭征信",经过多方努力,救灾款的募集工作颇见成效。

光绪二十八年(1902)正月,姚锡光"请咨赴引",此后直至宣统三年(1911)辛亥革命爆发,他一直在北京任职:光绪二十九年(1903)2月24日,经吏部引见,奉旨"姚锡光照例发往",经管学大臣奏留京师,充大学堂副总办。光绪三十年春,请咨到省,经北洋大臣袁世凯"檄委发审公所监督",7月兼充北洋大学堂总办,8月经练兵处王大臣派署军政使副使。光绪三十一年(1905)五月,奉檄前赴东部蒙古卓索图盟一带,考察垦牧、蒙盐各等情形。7月,回处呈复。7月5日,经练兵处王大臣奏补军政使副使缺。12月21日奉旨:姚锡光著赏给副都统衔。12月,经肃亲王奏请,随同考察东西盟蒙古事件。光绪三十二年(1906)五月回处,9月23日经陆军部宪堂派充练兵处提调,一度奉命拟定复兴海军的规划。光绪三十四年(1908),陆军部左侍郎寿勋丁忧,姚锡光改署陆军部左侍郎。宣统元年(1909),出任殖边学堂监督,2月任兵部右侍郎,11月被裁。宣统三年(1911),他曾参与组织帝国宪政实进会,闰六月二十日（8月14日）被任命为弼德院顾问大臣，九月，辛亥革命已经发生，袁世凯组织"完全内阁"，任命奕劻为弼德院院长，重新任命顾问大臣九人，姚锡光等再未列入其中。

这期间，他关心教育、海军与海防、蒙古与西藏等各种事务，并光绪三十四年出版了《尘牍丛钞》、《筹海军刍议》、《筹蒙刍议》、《筹藏刍议》等著作，就相关问题发表了很有价值的意见和观点，在当时产生了很大的影响。比如，对于西藏，姚锡光建议设立川滇边务大臣，笼络达赖，稳固西藏，保卫西南边疆；反思清代治藏的得失，强调要处理好稳定与开发、内政与外交的关系等。

1912年1月1日，中华民国南京临时政府成立，孙中山就任临时大总统。4月，临时政府迁往北京，袁世凯接替孙中山出任临时大总统，由于姚锡光在清末对边疆民族事务颇有见解，又与袁世凯系统渊源很深，被袁世凯任命为总统府边事顾问。5月12日，"五族国民合进会"在北京成立，选举姚锡光为会长，赵秉钧、志钧、熙凌阿、王宽、萨伦为副会长。黄兴、蔡元培等革命党元老和黎元洪、梁士诒、段祺瑞等民国要员，以及满、蒙、藏、回等族数十名人或参与发起，或列名表示赞成。五族国民合进会希望通过这一社会团体和社会各界的共同努力，促进"五族共和"的实现。

7月25日，临时大总统袁世凯公布《蒙藏事务局官制》，并自公布之日施行。7月29日，姚锡光被任命"为蒙藏事务局副总裁，并暂兼署总裁"。8月5日，姚锡光到局办公，内务部派员移交。由于总裁迟迟未见任命，姚氏一直以"兼署蒙藏事务局总裁"的名义主持工作，因此一些人在7、8月间呼吁民国政府任命他为总裁，如蒙藏交通公司等团体前后三次呈请中央直接任命姚为总裁。民国政府认为这是民间干预政府官员任免，对此颇为不满，但又因其一直标榜民主共和，宣称"人民意见本准陈达以备采察"，对前两次呈文未加指责。到8月中旬，国务院对于第三次呈请则大为光火，指出"任命官吏为大总统职权，载在约法。各该团体不应任意干请"，并斥责各团体"原为增进智识共谋公益而设，倘辄干涉政治,殊属昧于大体",还表示这样做"亦非所以爱姚君"。此事是因姚氏本有此意而暗示这些团体向民国政府呈文,还是这些团体自发而为,现在因资料缺乏尚不可知,但客观上却影响了姚氏在蒙藏事务局的任职。9 月 9 日,贡桑诺尔布才被任命为总裁,16 日,贡桑诺尔布到任视事,并呈报临时大总统。10 月 28 日,民国政府任命荣勋署蒙藏事务局副总裁,姚锡光为口北宣抚使。11 月 11 日,他启用"口北宣抚使关防",为木质关防,中篆汉、蒙、唐古忒三种文字,正式就任口北宣抚使一职。1913 年 9 月 14 日,民国政府正式任命荣勋为蒙藏事务局副总裁,免去姚锡光副总裁之职。事实上,这是以外出"宣抚"为由将姚氏调离该局。

姚锡光在蒙藏事务局任职期间,正处在该局初建之时,特别是八九月间担任副总裁兼署总裁,主持该局初创时期的各项工作,因此他不仅为蒙藏事务局的建立做了大量工作,而且为这一时期的蒙藏事务管理做出了努力,主要包括以下方面:一、与内务部办理交接,启用印信办公。二、选派职员,充实机构。八九月间,该局陆续任命了主要部门的二十多名官吏,还聘请了熙凌阿、鄂多台、沈钧、陆兴祺等十九名顾问。三、主持蒙藏事务局初创时期的各项工作,沿习旧制并有所创新,主要在取消原来与皇权有关的满蒙联姻等事务的同时,根据"五族共和"的精神,为维护国家统一、边疆稳固,在喇嘛教管理和蒙古地区王公爵位的承袭、觐见和官员的任免,蒙藏院王公、喇嘛、活佛在年班、觐见时的礼仪及相关的"贡输、宴赉各名目"等蒙藏事务方面都力求稳定中有变革。四、组织了大规模的边疆调查,先后派人前往内蒙、甘、新、青、滇、藏,既搜集情报、为政府决策提供信息,又慰问边胞,稳定边陲。同时,一些关心、研究边事的民间团体和一些爱国人士,都希望能前往边陲进行调查,该局对他们也给予了支持。五、为及早恢复中央政府与西藏地方的政治关系,蒙藏事务局积极搜集相关情报,转报民间的有关建议,并建议中央政府恢复十三世达赖名号,加封十三世达赖、九世班禅,恢复、加强中央政府与西藏地方的联系。

　　1913年以后,伴随袁世凯复辟帝制、张勋复辟、各派军阀混战和民国政府不断更迭,北京民国政府治下的中国政局动荡,政潮迭起。在这种动荡的政局之下,姚氏的政治活动明显减少,但在政潮迭起的政局变动中又不时出现,其中值得关注的是1923年—1924年担任锡威将军、督办川边矿务事宜和介入了曹锟贿选,后参与了1926年的"法统之争"。1923年1月31日,他被任命为锡威将军。4月30日,又被特派"督办川边矿务事宜",并于5月初就职。此时,直系军阀曹锟为了"当选"总统,一方面加紧收买议员进行贿选活动,一方面在6月13日动用军警把大总统黎元洪从北京驱逐到天津,为曹锟"当选"扫除了障碍。但是黎元洪被驱逐后,形势却急转直下,不仅国内反对直系军阀的各种力量对曹锟大选联合拆台,而且国会议员相继出走,国会陷于分裂。这对于曹锟利用国会达到"当选"目的极为不利,6月17日,姚锡光为此给曹锟写了密信,建议他在选举前"出动京中军警占领车站,无论如何不得令一员他行",以保证国会选举时达到法定人数;在选举时"组织公民团监督两院,而公民团必须作猛虎在山之势,使之有所忌惮",这样的话"一则可破中立者观望之迷,一则抑反对者嚣张之焰",并限定一周内以所谓"合法"手续完成大选。曹锟认为这些建议"深识远虑",让下属依计行事,准备在6月19日国会开宪法会议时实行逼选。但由于阴谋泄露,逼选计划失败,而后改为贿选,10月5日曹锟终于"当选"了总统。正是这一期间,9月20日北京民国政府一度下令裁撤"川边矿务督办",同日被裁的机构还有"边藏劝业专员"和"青海劝业专员"。这一命令发生在曹锟"当选"总统之前半个月,10月5日以后似乎并未生效,故1924年姚锡光又以"锡威将军、督办川边矿务事宜"的身份,向北京民国政府保荐人才,经国务总理孙宝琦呈核,6月10日得到批复,对他"特保人才滕祖周等实职"一事,准滕祖周以简任职交院存记,吴昌曜以简任职升用。

　　到1926年5月,奉系张作霖击败冯玉祥之后,何人继承民国"法统"的问题颇受各方关注,据《申报》报道,5月6日,姚锡光致函吴佩孚,讨论护法的问题,指出:"君崇关岳,志在春秋,民国法统,在黎不在曹。史笔可畏,千秋昭鉴,帝蜀寇魏,可以存正统也。"当他主张以黎元洪承接"法统"之时,黎元洪却因为"复法声浪甚高,多有补足八十三日任期相请者",他"不胜其扰",拟妥下野通电,大意谓"民国十二年六月十三日以后,冯玉祥逼宫,大法中斩。今幸大憝已除,法律可复,元洪忧患余生,未便重执政柄,请各方贤豪公开解决,重组中枢,国家幸甚"等语,表示"倘各方强迫复职,即拍发"。此后未见姚锡光政治活动的记载,卒年未详。

## 主要参考资料

姚锡光:《东方兵事纪略》,光绪二十三年(1897)武昌刊,光绪二十四年(1898)排印,第 5 册。

姚锡光:《长江炮台刍议》,光绪二十五年(1899)排印,第 1 册。

姚锡光:《东瀛学校举概》,光绪二十五年(1899)刊,第 1 册。

姚锡光:《吏皖存牍》,光绪三十四年(1908)铅印,第 3 册。

姚锡光:《尘牍丛钞》,光绪三十四年(1908)刊,第 2 册。

姚锡光:《筹海军刍议》,光绪三十四年(1908)刊印于京师,第 2 册。

姚锡光:《筹蒙刍议》,光绪三十四年(1908)刊,第 2 册。

姚锡光:《筹藏刍议》,宣统二年(1910)年刊,第 1 册。

《政府公报》,北京民国政府印铸局编,民国元年至十三年。

《姚锡光等发起五族国民合进会启》,《东方杂志》第 9 卷第 2 号,1912 年 8 月 1 日发行。

《本馆要电》,《申报》1926 年 5 月 7 日(四版)。

《姚锡光》,《丹徒县志》,江苏科学技术出版社 1993 年版,第 893—894 页。

戴志恭:《姚锡光与镇江江防快炮台》,《中国历史博物馆馆刊》1995年第 2 期。

舒习龙:《姚锡光与〈东方兵事纪略〉》,《历史档案》2006 年第 3 期。

舒习龙:《姚锡光述论》,《史林》2006 年第 5 期。

马骏杰:《姚锡光在甲午战争前后的军事思想及活动》,《军事历史研究》2007 年第 1 期。

# 叶　楚　伧

郑春燕

　　叶楚伧,原名宗源,字卓书。1887 年 10 月 14 日(清光绪十三年八月二十八日)生①。江苏吴县人②。他出身于书香门第。父亲叶凤巢是晚清秀才,因不事生产,家道中落。叶楚伧十一岁丧母,由姨母抚育长大。

　　叶楚伧自幼随父读书,童年先后寄读于吴江同里任氏、叶氏家塾,后归故里拜陶小沚为师。1902 年参加县试和府试,均名列前茅,院试时落榜。翌年清廷废科举,办学堂,叶楚伧考入上海南洋公学。暑假后,转入浙西南浔镇庞青臣主办的浔溪公学,为高等科学生。入学未几月,发生学潮,浔溪公学解散。叶到桐乡县的濮院镇,召集原浔溪公学的八位同学,在一个名叫沈维伯的人家中“研讨学问”。这时正值邹容的《革命军》一书出版,叶楚伧和他的同学秘密得到此书进行传阅。逢星期日,他们还在濮院镇公开演讲,揭露清政府的腐朽统治。这是叶楚伧接受资产阶级民主革命思想的开始。1904 年,叶考入苏州高等学堂,学满三年毕业时,因考卷舞弊案,叶等痛打学校监督,被苏抚端方饬吏捕拿。叶闻风离开学堂,避居友人柳亚子家中,幸免坐牢。这时,同

---

　　①　叶之生年有两说:《历代名人年里碑传总表》记为 1887 年 10 月 14 日(清光绪十三年八月二十八日);叶元撰《叶楚伧简历》记为 1886 年 8 月 14 日(清光绪十二年七月十五日)。本文采前说。

　　②　叶原籍吴县周庄镇,辛亥前后周庄镇曾划归吴江县,所以也有称叶为吴江籍的。

盟会员、叶的表兄陈去病在广东汕头主持《中华新报》笔政,因病辞职,举叶楚伧以自代,叶遂由上海前往汕头。

1909年春,叶楚伧在汕头加入同盟会。他以《中华新报》为阵地积极进行反清活动,和汕头、潮州、梅县的民党交往甚密,并建立俱乐部,组织"诗钟社",表面是诗词花酒之会,实是联络民党人士的组织。这期间,他写了许多文章和诗词,不少诗文中表达了他反清的雄心壮志。在《梦吴江行》中写道:"君王不向鼎湖去,马革何处非疆场。朝从太庙负矢出,暮挟胡俘北门入。"①由于《中华新报》锋芒直指清王朝,两广总督张鸣岐视之为眼中钉,1911年上半年下令封禁。同年秋,《中华新报》改名为《新中华报》复刊,对清政府抨击更加尖锐,销路很广,对社会影响颇大。这使潮汕的地方官吏感到恐惧,潮州知府曾派兵威胁叶楚伧和《新中华报》社的人员,但他们并没有屈服。

10月武昌首义后,广州、汕头、潮州相继光复。此时潮、汕一带各种武装纷起,秩序很乱,叶楚伧奔走潮、汕进行调解。不久,他离开《新中华报》社,加入以姚雨平为司令的粤军,任秘书,随军北伐。1912年1月,孙中山在南京就任临时大总统,叶随姚军进入南京拱卫。因张勋率兵进攻徐、淮,姚雨平奉命渡江还击,叶随军渡江,并兼任参谋,曾参加固镇、宿州两次战役。

2月,南北议和结束,东南军事粗定,叶弃武从文,和姚雨平在上海创办《太平洋日报》,姚任社长,叶任总编辑。不久,他加入了柳亚子创办的南社,并成为南社的主要骨干。1913年,叶和于右任、邵力子等在上海创办《民立报》,叶主编《民立报》副刊,笔名"小凤"。在此期间,他痛击袁世凯的窃国阴谋和陷害民党人士伎俩,在《祭黄花岗诸烈士》一文中,痛骂袁是"狐鼠充位,当路杀人",告诉国人"贤俊殂丧,国基摇落"。"二次革命"失败后,《民立报》被迫停刊,叶改任《生活日报》编辑,笔名"湘君"。后《生活日报》因欠款案被公共租界捕房封闭,叶又转任

---

① 柳亚子主编:《南社诗集》,上海中学生书局1936年版,第630页。

上海城东女学、竞雄女学和开明女学等校的国文教员,兼为民鸣新剧社
编写剧本;在《礼拜六》等刊物上,还写了不少言情小说和诗歌。胡朴安
在《楚伧文选》前言中说他"喜欢酒,为小说家,言一尊酒,一枝笔,终日
不休。人谓楚伧之小说皆酒话,楚伧笑曰:'酒话固绝妙小说也。'"①

　　1915年,袁世凯阴谋称帝,陈其美集资于1916年1月创办《民国
日报》,作为民党喉舌,从事反袁宣传,叶楚伧任《民国日报》总编辑,邵
力子为经理。袁世凯死后,1917年,孙中山到广州领导护法运动,反对
北洋军阀,叶楚伧以努力办好《民国日报》来配合孙中山的革命活动。
他用犀利的文笔抒发正义,抨击暴政。当报社经费困难时,他四处借
贷,以至典当妻子的首饰衣服。

　　五四运动进一步推动了新文化运动的蓬勃发展,为了顺应新形势,
柳亚子准备在1917年停止活动的旧南社基础上组织新南社。叶支持
和促成改组南社的工作。1923年5月,新南社成立,叶为新南社起草
了《发起宣言》,但在创办新南社的指导思想上,他和柳亚子存在分歧。
叶在《发起宣言》中说:"新南社是蜕化文字交换,而蕲求进步到国学整
理和思想介绍的。"柳亚子在1923年10月起草的《成立宣言》则说:"新
南社的精神,是鼓吹三民主义,提倡民众文学,而归结到社会主义的实
行。"对此叶是不满意的。他认为柳的《成立宣言》个人色彩太浓,代表
不了团体,力主《成立宣言》改名为《成立布告》,并再三叮嘱柳亚子:这
份"布告"不要发表在国民党"一大"前。

　　此时,孙中山在中国共产党的帮助下,实行国共合作,积极改组国
民党,筹备召开国民党第一次全国代表大会,叶楚伧被孙指定为国民党
修改党章起草委员会的委员。在1924年1月国民党第一次全国代表
大会上,叶被选为中央执行委员,接着被任命为中央党部宣传部部长和
上海执行部青年部部长及妇女部部长。但是叶并没有积极贯彻"一大"
宣言所确立的三大政策。孙中山逝世、廖仲恺被害后,他在上海参与林

---

　　① 胡朴安编辑:《南社文选》,上海国学社1936年版,第600页。

森、邹鲁、谢持等人的一些反共活动。11月,他到北京参加在西山非法举行的"国民党一届四中全会",参与炮制了《取消共产派在本党之党籍案》等八项决议案。会后,"西山会议派"在上海成立了"国民党中央党部",以叶所控制的《民国日报》为阵地,大量刊登启事、声明、通电和反共文章。1926年1月,国民党第二次全国代表大会在广州举行,声讨了"西山会议派",给叶楚伧以警告处分,并停止他《民国日报》总编辑职务。不久,蒋介石发动"中山舰事件"破坏国共合作,后又利用《党务整理案》获取了国民党中央领导权。叶楚伧看到蒋的变化,从上海去广州,一跃而任国民党中央政治会议秘书长,成为蒋的亲信,与"西山会议派"脱离了关系。

是年7月,国民革命军出师北伐,11月攻占南昌。蒋介石欲把国民党中央和国民政府迁往南昌,在南昌擅自召开了一个政治委员会会议,在叶楚伧帮助下作出了一个国民政府迁赣的决议。但国民党中央和国民政府决定迁都武汉。叶楚伧不去武汉任国民党中央执行委员和国民政府委员临时联席会议秘书长职,仍留在南昌蒋介石身边。

1927年4月,蒋介石在上海发动"清党"反共政变,并在南京另立国民政府,叶楚伧先到上海任临时政治委员会委员,7月代理国民党中央工人部部长。9月,参加了宁、汉、沪三方组织的特别委员会为候补委员。1928年,蒋介石重新掌握了国民党中央领导大权,叶被任命为代理国民党中央宣传部部长。1929年后改任国民党中央党部秘书长。1930年11月任江苏省政府主席,1935年任国民党中央宣传委员会主任委员、立法院副院长。他先后被选为国民党第三、四届中央执行委员,第五届中央常务委员兼秘书长。他的国民党元老身份在国民党内外颇受尊崇,兼任大小职务有二十多个。他对蒋介石的举措顺从有加,遇到派系争斗,多持中庸平和,被称为"好好先生"。

抗日战争期间,叶楚伧曾任国民党中央政治委员会法制专门委员会副主任委员、国民大会代表选举事务所总干事等职。1942年,他任中央出版事业管理委员会主任委员。他所担任的职务,并没有多大实权,在国民党统治中不占多么重要的地位。1945 年叶继续被选为国民党第六届中央执行委员会常务委员。抗日战争胜利后,同年 12 月任国民党中央特派苏、浙、皖三省京、沪两市宣慰使,由重庆到了上海。

1946 年 2 月 15 日,叶楚伧因病在上海去世。1947 年葬于苏州灵岩山麓。

叶楚伧一生写了许多诗词、小说和文章,一部分诗词收入《世徽楼诗稿》,一部分文章收入《叶楚伧文存》。柳亚子主编的《南社诗集》选录了叶诗一百余首;胡朴安编的《南社文选》选录了叶的《民国野史序》、《说诗》等七文。

# 叶 恭 绰

萧栋梁

　　叶恭绰,字裕甫,又字誉虎,晚年自号遐庵。广东番禺人。1881 年 11 月 24 日(清光绪七年十月初三)生于北京。叶家学渊源,年二十一岁入京师大学堂仕学馆,二十三岁任湖北农业学堂国文、史地教员。1905 年任湖北方言学堂教员并兼上海《时报》湖北访员。1906 年兼两湖师范学堂之普通中学教员。同年捐通判。是冬,邮传部成立,任职邮传部文案处,后任路政司科长、主事、郎中等职,曾致力于从比利时商人手中赎回京汉铁路路权。1909 年升任邮传部承政厅副厅长、厅长。1910 年升任铁路总局提调,7 月派往欧洲游学兼任考查材料事务。1911 年 9 月任铁路总局代局长。

　　1912 年中华民国建立后,5 月任北京政府交通部路政司司长兼铁路总局局长。同年任中华全国铁路协会副会长,曾撰写《中国铁路之过去与未来》。1913 年仍任交通部路政局长,7 月兼代次长。1914 年 6 月任交通部次长兼路政局长。1915 年 6 月,因涉嫌与津浦铁路舞弊案有关,被停职候传四个月。同年 12 月,袁世凯宣布改次年为洪宪元年,复辟帝制,叶任大典筹备处会办。次年随袁世凯帝制失败而去职。1917 年 7 月,段祺瑞讨伐张勋复辟,曾任叶恭绰为讨逆军总司令部交通处长,负责筹集饷糈。复辟乱平,叶被任命为北京政府交通部次长兼邮政总局局长。1918 年 10 月,以西原大借款不应牵涉交通事业,遂辞去交通次长职。是年冬赴欧美、日本考察,1919 年冬回国。1920 年初,任劝办实业专使,8 月任靳云鹏内阁交通总长。

　　1921 年 3 月,交通部将原北京邮电学校、交通传习所、上海工业专门学校、唐山工业专门学校合并,组建交通大学。叶恭绰以交通总长兼校长,5 月辞校长兼职。同年 12 月,任梁士诒内阁交通总长。梁内阁受奉系张作霖支持,因赦免被通缉的皖系军阀政客,极力抑制直系首领吴佩孚,并接受日本政府要求把胶济铁路改为中日合办,遭到直系吴佩孚极力反对,引发第一次直奉战争。奉系失败,叶恭绰于 1922 年 4 月去职,被迫流亡日本。叶为北洋政府时期深谙铁路交通事业的人才、交通系的重要成员之一。1923 年 5 月,叶前往广州,任孙中山大元帅府财政部长;同年 7 月,因建设部长林森未到任,由叶任建设部代部长。后任广东国民政府铁道部长。11 月,受孙中山委派前往东北,与张作霖洽商讨伐直系事宜。1924 年 4 月,兼广州政府盐务督办,9 月辞职。

　　1924 年 10 月,直系曹锟垮台后,11 月叶任北京段祺瑞临时执政府交通总长。次年 9 月兼关税会议特别委员会委员,11 月去职。1927 年 6 月,张作霖为对抗北伐而组织的安国军政府成立,任叶为财政讨论会副会长,后任全国第一次美术展览会评审员。1928 年,安国军在与北伐军作战中连连失利,张作霖退往东北在皇姑屯被日军炸毙后,安国军政府解体。次年叶恭绰与朱启钤组织中国营造学社,与朱祖谋、夏剑丞、冒广生成立“词社”,与龙榆生创办《词学季刊》。同年兼故宫博物院理事,并任中英庚款董事会董事。1931 年 12 月,孙科任南京政府行政院长,任叶为铁道部长,次年 1 月去职。1933 年任中山文化教育馆常务理事兼总干事、国学馆馆长、全国经济委员会委员;10 月,倡建上海市博物馆。1934 年被聘为伦敦中国艺术国际展览会委员、中国红十字会监事。1939 年在香港发起组织中国文化协进会,并主办广东文物展览会。1940 年发起编印《广东文献丛编》,次年辑刊《广东丛书》。1941 年 12 月下旬香港沦陷后,叶滞居九龙,1942 年 10 月在日方监视下迁居上海,以诗画自娱,闭门谢客,拒受伪职。1944 年,编辑刊印梁鼎芬之《节庵遗诗续编》。抗战胜利后由上海到达广州,1948 年移居香港。

　　新中国成立后,叶于 1950 年由香港经广州到达北京。1951 年任中央人民政府政务院文教委员会委员,1953年任中国佛教协会理事。同年10月被选为中华全国文学艺术界联合会第二届全国委员会委员。1954年任中国文字改革委员会委员、常务委员,参与制定《常用字分类简化表》等;兼任中央文史馆副馆长、北京中国画院院长等职。曾任第二届全国政协常务委员,第三、四届全国政协委员。1956年任中央普通话普及工作委员会委员,参与制定《汉语拼音方案》。

叶恭绰于文化学术、考古、书画,无不精湛,搜集古代文物至为丰富。工画竹、石、松、兰,尤善画竹,秀劲隽拔,直写胸臆,画就辄题诗词。八十岁以后,将所藏珍贵书、画、典籍、文物,悉数捐赠于北京、上海、广州、苏州、成都等市有关单位。主要著作有《遐庵词》、《遐庵汇稿》、《遐庵词赘稿》、《序跋一辑》、《叶遐庵先生书画选集》、《太平洋会议前后中国外交内幕及其与梁士诒之关系》(叶恭绰口述,俞诚之笔录)等。又辑有《全清词钞》、《五代十国文》、《广箧中词》、《广东丛书》、《交通救国论》等。

1968年8月6日病逝于北京。

**主要参考资料**

《叶遐庵先生年谱》,1946年遐庵年谱汇稿编印会出版。

沈柔坚主编,邵洛羊等撰:《中国美术辞典》,上海辞书出版社1987年版。

孙彩霞:《新旧交通系》,华夏文化出版社1997年版。

# 叶 鸿 英

程庸畴　宋紫云

　　叶鸿英,名迻,福建同安人。1860年5月6日(清咸丰十年闰三月十六日)生。其父叶丽水在沪经商。叶鸿英七岁时随父母迁居上海,就外傅读书。十四岁在其父自营的大昌杂货店学徒。满师后,随父执张尚德赴日本北海道经商,往来于北海道与长崎,采购海味杂货运往上海销售。叶学会了日语,熟悉了商情。

　　1877年,张尚德等集资在长崎开设丰记号,经营海味业,叶鸿英在丰记号任职员,经营有方,深为业主器重。越年,叶协助丰记号在朝鲜的釜山、仁川、元山各埠扩大贸易,进行顺利。

　　1881年,叶鸿英辞去丰记号职务,回上海开设源润昌行。生意有了进展之后,又往长崎、海参崴组织货源,扩充外贸业务。1889年,叶鸿英筹集巨资,开设源来号,经营进出口业务,直接从日本进口海参、鲍鱼、鱼翅、干贝、虾米、海带等商品批发给"行家"(小型批发商),并经营出口木材、棉花、海蜇、金针、木耳等商品。叶从日本大批进货时,由上海的日本银行开出信用证,对方凭信用证办理货物出口并结算货款,有时是对方开来押汇,货到付款。当时进口商品的利润可高达百分之一百,出口商品的利润也有百分之五十左右,源来号生意越做越大,资财越积越多。1895年,叶鸿英周游日本四岛,考察市场情况,在长崎、神户、横滨三地设源来号联号,进一步开展业务。叶发现生粉在长崎销路不畅,但在上海是适销的热门货,就通过联号包销长崎一部分生粉。长崎、神户、横滨华侨甚多,华侨爱吃四川榨菜,叶即通过联号,打开了四川榨菜在日本的销路。1914年第一次世界大战爆发后,由于日元价格不断下跌,源来号从日本源源进货,获得了更多的利润。

1923年,叶鸿英在大连开办升源机器油坊。由于就近采购东北大豆,又利用大连港海运销往国内外,因此在市场竞争中处于优势。1924年叶被北京政府农商部聘为名誉顾问。

1931年,叶鸿英又在上海开设元兴行,并在香港开设分号,由其长孙叶元和任经理,向南洋群岛开展贸易。开始时专营进口南洋群岛海味,继又进口当地土特产如拷皮、石花菜、胡椒、生粉、大米、食糖、檀香木等,出口布匹、绢丝等,还兼营南洋华侨来货代销业务,得到了南洋华侨的信赖。

叶鸿英经商起家,拥有巨资,在上海先后投资了众多工商企业,有申大面粉厂、立大面粉厂、永豫纺织厂、荣大织布厂、永茂轧花厂、华商电气公司、华兴保险公司、华安保险公司、华成保险公司、源裕花行、源丰花行、源盛花行等;投资的金融事业有通和银行、正利银行、正大银行、正华银行、正义银行、国安信托公司、元大钱庄、福泰钱庄、信康钱庄、泰康钱庄、源安钱庄、明德钱庄、怡丰钱庄、晋德钱庄、瑞元钱庄等多家。

叶鸿英是个热心教育事业和地方公益的人。他曾于1906年捐助并筹募资金,在上海办起民立女子中学,妻苏本清曾在该校执教;1933年,他拨款五十万元(约合黄金一万两)成立鸿英教育基金会,以十万元专办乡村教育,以四十万元扩充人文图书馆,该图书馆遂改称鸿英图书馆。是年9月,鸿英教育基金会委托中华职业教育社,代办鸿英师资训练所,于次年秋筹设沪郊乡村教育实验区,开办四所鸿英小学,兼办民众学校,便于学龄儿童及失学成年人都能受到教育。他对于水旱赈灾、地方公益等,或自捐资财,或劝募巨资,甚为热心。他先后被推举为旧上海城厢总工程局议董、上海县总商会会董、公断处评议、泉漳会馆董事、东洋杂货业董事,以及红十字会、济生会、仁济堂、贫儿院、残废院、公立医院、广益中医院、南洋慈善会等慈善团体的董事。

1937 年 2 月 17 日叶鸿英病逝于上海。

## 主要参考资料

闽南同安《叶氏支谱》。

《上海县志》。

中华职业教育社:《社史资料选辑》第 2 辑,文史资料出版社 1981 年版。

《服务与学习》第 27 期,中国民主建国会 1982 年编印。

《人文月刊》第 4 卷第 10 期,人文图书馆 1933 年发行。

访问叶鸿英之长孙叶元和谈话记录。

# 叶 景 葵

汪仁泽

叶景葵,字揆初,别署存晦居士,号卷庵。浙江杭州人。1874年8月29日(清同治十三年七月十八日)生。其父叶济,清末曾任直隶州知州,民国初改任郑州知事,后升开封道尹。母徐氏,育有三子一女,景葵居长。

叶景葵幼年时在外祖父家私塾就读。十六岁时举为秀才。二十岁娶朱氏为继室,次年参加乡试中举人。其文章受岳父之友赵尔巽的赏识,与之结为忘年交。1898年春,叶赴北京会试落第。时值维新运动期间,叶接受维新思想,入通艺学堂学习英文、算术,并用心研读《天演论》等汉译名著。戊戌政变后转而重视实业,抱有"实业救国"思想,研究各地物产,曾编撰《太康物产表》、《矿政纪要》等书。

1902年,叶景葵受山西巡抚赵尔巽之聘,入幕任内书记。次年赵改任湖南巡抚,叶随行,途经开封,参加会试中进士。仍赴湘任抚院文案,与同职的金还成为赵的两员得力助手,合称"金枝玉叶"。1905年赵改任盛京(今沈阳)将军,叶任文案总办。赵接受叶的建议,上奏获准改盛京为行省,叶任行省财政局会办。叶就任后,"剔除积弊,未及两年,所入骤增,逾千万"①。但也损及旧吏劣绅的利益,受到诬告。

1907年,清廷改授徐世昌为东三省总督,到任后即弹劾财政局员工,叶被参革职,南下。次年受聘浙江兴业银行,为武汉分行总理。该行系浙籍人士为与英、美侵华势力争夺路权集资而于1907年在杭州成

---

① 顾廷龙:《叶公揆初行状》,《顾廷龙文集》,上海科学技术出版社2002年版。

立,为中国最早商业银行之一,叶曾入股五千元,并受托在东北浙人中集股。是年叶复受四川总督赵尔巽委派为四川转运局驻沪总办,乃移居上海,常往来沪、汉两地。1911年春叶受度支部派任天津造币厂监督。三个月后,叶忽奉旨进京,以三品京堂候补,署理大清银行监督,使叶倍感兴奋①,遂辞去浙兴武汉分行职赴任。此时大清银行由于贪污集团内外勾结,虽资本只一千万两,但放款六千四百四十五万余两,其中倒账达一千六百二十三万余两,已濒临倒闭边缘。叶接任后对体制进行改革,取消总办事处,改设九个科,相互制约,加强监督领导,专以"维持币制,活动金融"为任务;改变任人唯亲、排斥贤能的现状,调配项兰生、吴鼎昌、宋汉章等得力人员任要职。正待一展抱负时,未及三个月突奉令去吉林查办官钱局火灾案,并考查东三省币制。10月武昌起义,待叶赶回北京时,大清银行早已宣布停兑,叶自责"维持无力,咎无可辞",于11月5日辞职南下②。叶曾在该行大刀阔斧地改革,引起旧员、守旧派的衔恨,乘机诬蔑中伤,一时谣言四起。叶于次年2月3日在《申报》上发表自白公开信,并揭露守旧派的无耻伎俩③。

　　此时浙江兴业银行汉口分行已告停业。1912年初,叶赴汉规划复业,押私产借款充作运营资金,复业后业务逐渐发展,叶被选为该行董事。此前叶曾投资汉冶萍公司,并曾为总办李一琴被诬事著文刊于《时事新报》辩白。1912年6月,该公司召开董事会,公推叶、李同为经理。奈公司因资金不足而停工,经叶赴京向政府请准借得八

_____

　　①　叶景葵在《我与浙江兴业银行关系之发生》中回忆说:"我自38岁以前,所办各事,为时甚暂:至短者三月,至长者三年。以素无经验之人,办天外飞来之事,其始也兴高采烈,自命不凡;其终也意懒心灰,毫无结果。"

　　②　为了保全大清银行商股,1912年初,叶景葵与吴鼎昌、宋汉章等在沪发起筹组大清银行商股股东联合会,呈请南京临时政府,要求将大清银行改设中国银行,获得批准。

　　③　公开信要求商股联合会将叶景葵任期内账册查核,如有弊混听候究办;又称"世风险诈,难保挟嫌造谣之人非即乘机舞弊之人……不可不虑"。

厘公债二百万元后复工。次年盛宣怀从日本回国,重掌公司经营权,叶、李同时辞职。

民国成立后,议将苏浙铁路收归国有,浙江代表要求政府归还股款,经协商签约由政府分三年(十二期)归还全部股款本息一千二百一十九万余元,并成立以叶为主任的浙路股款清算处。初尚能按期拨付,但自第五期起因政局动荡常延期,及至第十二期本息一百一十七万元则遥无归期,经叶再三催索,直至 1936 年 7 月始经新任铁道部长张嘉璈之手以折半八十万元了结,对此叶深以为憾[1]。至于股东中未领款计一百四十万元,按规定逾期失效,但仍由叶以应得者名义移交浙省公益会。1934 年,曾由浙江兴业银行承借其中一百万元投资兴建钱江大桥,占投资总额的半数。

1914 年第一次世界大战爆发后,英、美等国暂时放松了对华控制与压迫,使我国的民族工商、金融企业获得发展的良机,浙江兴业银行此时业务也有进展,但杭州总行和沪、汉分行三处独立经营,各自为政,成为进一步发展的阻力,亟待改组。1915 年经董事会推举,叶景葵为董事长,掌握全行经营管理大权。叶就任后对全行进行重大改革。他改上海分行为总行,杭、汉为分行;修改全行章程,实行董事长负责制;董事会设在上海,下设总办事处管理总分行业务,使事权集中,改变三行分立的局面。为了增强银行实力,1917 年收足资本金一百万元。初成立时仅收资金四分之一,1920 年增资至二百五十万元。

叶重视人才的选拔培养,常说"树人百年,宁为早计"。留日学生徐寄廎初任副经理,不久升协理、常务董事,1945 年初接替叶任董事长;留英、法学生徐新六初任董事会秘书,1925 年起升任常务董事兼总经理。在业务方面,叶景葵重视存放款经营,增设分支机构以吸收各地存款,至抗战前夕已达三十五处。1924 年订立储蓄部章程,为确保存户

---

① 　叶景葵:《浙路股款清算始末》。

利益,拨出专款作该部资金,会计独立,与总分行本身营业分开,并规定"本行全体董事及总经理对于储蓄存款均负无限责任"①。放款方面,他提出"将资金投资于工商业"的口号,并在各总分支行附设仓库,扩展抵押贷款业务。以上措施使存款额逐年上升,从1915年的四百三十八万余元上升至1924年的二千一百八十万余元、1926年的三千四百六十九万余元②。从1918年起至1927年多次居于全国商业银行的首位。放款额总行在1919年仅二百七十六万余元,至1926年达七百一十五万余元,其中半数以上投入工商企业③。企业家刘鸿生常称:"浙兴才是我们企业自己的银行。"

1916年,北京政府下令停止兑现中国银行的兑换券,上海分行为了维护持券人利益,稳定市面,在张嘉璈主持下反对停兑。对在沪发行印有上海字样的四百万元兑换券④全额照兑,受到各界支持。叶景葵以中国银行商股股东身份出面组织中国银行商股股东联合会,自任副会长(会长张謇),委托律师登报承担承兑责任;并以浙兴财产公债券四十万元借给中行,以备向外商银行借款时作抵押。反停兑事件使广大民众免受损失,中行沪行及浙兴信誉地位也随之提高。

1927年,蒋介石率北伐军抵沪,向各界摊派库券筹措军费,指定浙兴四十万元。叶景葵先认二十五万元,后加至三十万元,认为已尽己力;但蒋以该行是银行界有影响的大户,扬言"他不帮我,我叫他关门"。在同业劝说下,叶深感"孤军相抗,颇非所宜",被迫认购四十万

①　《浙江兴业银行办理储蓄规程》,1924年6月议订,1929年8月奉部令核准。

②　《一家典型的民族资本银行——浙江兴业银行简史》,上海金融研究所编印(1978年12月油印本)。

③　《一家典型的民族资本银行——浙江兴业银行简史》,上海金融研究所编印(1978年12月油印本)。

④　上海中国银行钞票发行额约400万元,内250万元系该行直接发行,150万元系取得浙江银行与浙江兴业银行确实担保的领券发行,因此反停兑事件与浙兴关系至巨,受到叶景葵的全力支持。

元。此时曾受浙兴贷款,并参与发行公司债的中兴煤矿,因拒交一百万元摊派款而遭蒋下令没收,后经叶景葵多方设法筹足交纳一百万元始获发还。1931年,叶相继当选该矿常务董事、董事长后,对该矿进行全面整顿,加强管理,降低成本,添置运输设备,加以煤质优良,业务得到迅速发展,1936年产量达到一百七十三万吨,获利四百四十六万余元。1938年3月,日军侵占枣庄,煤矿遭到日方掠夺性开采,破坏严重。日方曾多次派人找叶"合作"复工,但遭叶峻拒,始终未能正式复业①。

20年代末,上海经济受世界资本主义经济萧条的影响,工商企业对货币资金的需求相对减弱,叶景葵组织浙兴另辟蹊径,加大投资有价证券和房地产业的力度,建造大批"浙兴里"、"兴业里"、"兴业坊"等弄堂石库门房屋出租,弥补投资收益。在存款方面,总存额虽继续上升,1934年达七千七百四十七万余元,但这一期间同业竞争激烈,相形之下已落后于人。这一方面由于叶景葵一贯强调经营要"慎之又慎","不贪大利而冒进,务求小利而渐进",稳妥有余,进取不足;另一方面仍坚持总办事处管理体制,事权过于集中,总分支行的经理们的创新精神和积极性都受到限制,对市场反应不能像其他总经理制银行那样灵敏和机动。如当时同业间争相以提高存款利息招揽存户,而"浙兴"则反应迟钝,利率较一般同业为低,存款额不可能再居同业之首,1931年退至第四位,1936年更退至第六位。1935年更遭受国民政府币制改革的打击,被取消了银行兑换券(钞票)的发行权。浙兴上缴现金五百九十五万元,保证准备金三百五十万元,合计九百四十五万元,约占全部资金的百分之十,使浙兴的实力大为削弱,难再恢复昔日的盛况,叶亦萌"举

---

①　《叶揆初(景葵)》,《中华全国中日实业家兴信录》(上海之部)(日文),1940年版,第423页。

贤自代"的思想①。但众董事一再选他,直至1945年他年逾七十才辞去董事长职,但仍任常务董事,且勤于视事。

1937年7月抗战军兴,叶景葵正在莫干山养病,乃转道汉口,同时处理战区各浙兴分支行的撤退和筹设内地的分支机构。次年回到已成"孤岛"的上海,途见江、浙藏书纷纷流散,至感痛惜,遂邀同张元济、陈叔通、李拔可、陈陶遗于1939年共同创办合众图书馆,约请顾廷龙主其事,撒网罗佚,搜集古籍善本②。叶并率先捐赠全部藏书,并出资十五万元建造馆址。1941年新馆落成,叶另建一小屋于旁,自称别号"书寄生"③,日夜读书自娱,在"孤岛"险恶环境下,藉以洁身隐居。

1946年,蒋介石发动全面内战,叶景葵借诗讽之"蘧蒢在位非民望,葹菉盈朝是国仇",将蒋氏比作残疾小丑,当政者都是无价值的野草。次年国民党军警特务镇压青年学生的民主爱国运动,叶闻后十分愤慨,与唐文治、张元济等十位有影响的古稀老人联名向市政当局吴国桢、宣铁吾发出抗议信,抨击黑暗统治,要求速行释放被捕学生;事后并集体拒绝吴、宣邀请的"茶会"。1948年冬解放战争节节胜利,沪上应变之风日盛。友人询叶有何打算,叶笑答:"余避地有二,一为今日所坐之屋,一乃万国公墓。"1949年初陈叔通前往解放区,行前与叶景葵长谈,叶表示切盼上海早日解放,再聚首。1949年4月28日叶景葵因心脏病辞世。

叶景葵生前在整理古籍上卓有贡献,如曾购得已成碎片的《读史方

---

① 叶景葵在《我与浙江兴业银行关系之发生》中承认:"倘另举有学识有经验之人主持领导,其成绩决不止此……故时时刻刻思求贤以自辅,举贤以自代。"

② 顾廷龙:《我与商务印书馆》,《解放日报》1987年3月12日。述及五人中除陈陶遗外都是商务董事,惟叶景葵任期较短。叶曾谈及:"我们五人学问未必皆深,也未必人人皆知图书馆之办法,但皆饱经忧患,有相当之修养,且皆无所为而为之。五人间有甚深之情感与互谅,故能知无不言,决无问题。"

③ 叶景葵:《卷庵札记》。

舆纪要》,经亲手整比后,复招良工精修,得以完好如新,成为问世孤本①。晚年致力于珍稀善本的搜集,对历代古籍不同版本亲加审定评述,多有独到之见;连同他的读书札记等,经后人整理以《叶景葵杂著》为题结集出版②。

---

① 　徐森玉:《卷庵剩稿序一》。

② 　《叶景葵杂著》内有《卷庵书跋》、《卷庵札记》、《卷庵文存》、《卷庵诗存》、《卷庵联存》五方面的内容,1984 年由上海古籍出版社出版。

# 叶 企 孙

阎　铁

　　中国优秀的物理学家、教育家叶企孙（原名叶鸿眷）。1898 年 7 月 16 日（清光绪二十四年五月二十八日）生于上海。父名叶景澐，清末举人，一生从事教育工作，曾赴日考察教育，担任过北京清华学校国文教员、上海教育会会长、江苏第三中学校长等职。

　　叶企孙幼时在上海读书，1913 年考入北京清华学校高等科，1918 年去美国芝加哥大学学习物理，1920 年获学士学位。同年入哈佛大学研究物理，1922 年获硕士学位，1923 年获博士学位。以后又去德、法考察半年。1924 年 3 月回国，在南京东南大学（中央大学前身）任物理系教授，讲授力学、电子论、近代物理学等课程。

　　1925 年，清华学校改为清华大学，叶企孙应聘到清华建立物理系。1926 年开始，任清华大学理学院院长兼物理系主任，1930 年曾去德国休假一年，研究量子力学。在清华他曾讲授普通物理、力学、热力学、分子物理、光学等课程。

　　抗战爆发后，清华内迁。1938 年 11 月至 1941 年 8 月，叶企孙在昆明西南联合大学担任物理系教授。清华大学单独在昆明办有金属研究所、无线电研究所、航空研究所、农业研究所和社会调查研究所，叶企孙为研究所委员会主席。

　　1941 年 9 月，叶调任重庆中研院总干事，当时朱家骅代理院长，由总干事主持日常工作。1943 年叶当选为中研院的评议员。同年 9 月回西南联大任原职，1945 年并兼理学院长。

　　1946 年 10 月,清华复校迁回北平,叶仍任物理系教授兼系主任和理学院院长。1948 年当选为中央研究院院士。

　　北平解放后,1949 年 5 月叶企孙兼任清华大学校务委员会主席。1952 年高等院校改革,清华物理系并入北京大学,叶企孙担任北京大学校务委员会委员、北大物理系金属物理及磁学教研室主任和物理学教授。1950 年后,他还兼任中国科学院数理化学部常务委员、应用物理所和近代物理所的学术委员、历史研究所的研究员、中国自然科学史研究委员会副主任和研究员等职务。

　　1949 年他出席了全国第一届政治协商会议,被选为政协委员。他还是全国人民代表大会第一、二、三届代表。

　　为了推动科学事业的发展,叶企孙早在 1924 年就参加中国科学社,担任理事和《科学杂志》编辑。1932 年中国物理学会成立,叶为发起人之一,他曾担任第一届常务理事、副会长,第二届会长。1946 年又一次当选常务理事和理事长(会长改名理事长)。1950 年担任中华全国自然科学专门学会联合会全国委员会常务委员、中华全国科学技术普及协会第一届全国委员会委员。

　　叶企孙对中国物理学发展的贡献是多方面的。他青年时期留学美国时,对物理学研究就有了突出成就。他和杜安(W. Duane)及帕默尔(H. H. Palmer)合作的《普朗克常数 h 值的测定》一文,发表于 1921 年美国科学院院报和美国光学学会学报。普朗克(M. Planck)最早测定 h 值为 $6.548 \times 10^{-27}$ 尔格秒。其后他人屡次有所修订,而叶等人的测定值是 $(6.556 \pm 0.009) \times 10^{-27}$ 尔格秒。这个测定值在其后十余年中曾为大家所采用。

　　他的第二个重要学术成就,是流体静压对铁、镍、钴的磁导率的影响。这项研究工作是他在哈佛大学独立完成的,因此获得博士学位,论文载于 1925 年美国艺术与科学学院院报。高压对铁、镍的磁化影响的研究,日本科学家在 19 世纪末便开始了,当时在实验室内只能达到二百多个大气压,效应不显著。叶企孙一面改进测量方法,一面使用流体静压,使压力增高到一万二千个大气压。对此他作了理论分析,虽不能与实验数据定量符合,但得到了定性解释。他的这项研究,在布里奇曼(P. W. Bridgman)所著的《高压物理学》中,有较详的评述。

叶企孙是中国物理学界研究磁学的第一人。他留学回国后,引导施汝为研究这项工作,送施去美国耶鲁大学研究磁学。至今我国磁学这一领域已经人才辈出,成果累累。

叶对自然科学史研究造诣也很深。他精通我国天文学史、物理学史、化学史等,对阿拉伯天文学史也有研究。

叶企孙最大的贡献是在物理学教学方面,他培养了多位年轻优秀的物理学人才。他在东南大学、清华大学、北京大学先后工作五十余年,一直没有离开教育岗位,并始终坚持授课和指导研究生。他不仅讲授物理学方面许多课程,而且始终保持敏锐、活跃的学术思想。清华物理系初创时,他注意建立实验室,提倡理论与实验并重。教育与科研并重.他和郑衍芬合编的《初级物理实验》,成为当时大学普通物理实验教材。

他爱护青年,培养后进,对于那些踏实努力搞研究做学问的青年人,时常给予亲切的鼓励,而且大胆使用,不次擢拔。华罗庚由一个抄写员提拔为大学助教就是他的建议。1925年创建清华物理系时,他先后聘请了一批崭露头角的年轻物理学家,如萨本栋、吴有训、周培源、赵忠尧、任之恭、霍秉权等担任教授,使清华物理系在几年之中达到当时的国际水平。他所领导的理学院其他各系的学术水平,也居于全国最先进的行列。

他因人施教,善于识别人才。赵忠尧、王淦昌原来都是学化学的,叶建议他们转学物理,后来都成了有名的物理学家。

清华物理系(1925—1937)在叶企孙和他的同事努力下,培养出很多人才,其中许多人后来成为我国物理学界的著名专家。如王淦昌、钱三强、施士源、周同庆、彭桓武、王竹溪、何泽慧、王大珩、龚祖同、赵九章、傅承义、钱伟长等。在西南联大时期,他培养的学生则有杨振宁、李政道、朱光亚、陈篪等。

　　1925年,清华留美公费生改为面向全国招考,叶企孙主持这项工作。他从推进我国科学事业发展出发,设立留学生的名额不限于物理方面,其他自然科学乃至社会科学各学科都给予通盘考虑。他特别关注建设需要而国内基础又薄弱的学科(如地球物理、应用光学、弹道学、物理冶金学等),为之设立一定数量的名额。他办事公正,每次设立名额和主持招考,从不徇私。他不仅关心清华、西南联大、北大等他执教的学生,也同样关心全国其他大学的青年,他曾鼓励大同大学毕业的钱临照投考公费留英。他对青年既关心备至,又严格要求。他招收研究生,总是严格按照考生成绩,从不徇情照顾。他治学严谨,为研究生改论文总是字斟句酌,数据都要重新算过。

　　叶企孙富于正义感,热爱祖国。年轻时他痛恨帝国主义的压迫,抱着科学救国思想出国学习科学技术。"七七"事变后,他因伤寒病在天津休息,曾积极支持清华学生援助八路军的抗日救亡活动。有一批理工科大学生秘密制造炸药,运往冀中抗日根据地,叶积极给予技术和经费资助,如为他们到香港活动经费①。1945年国民党当局在昆明制造了"一二·一"惨案,叶企孙义愤填膺,他支持学生的正义斗争,参加西南联大教授会议,声讨制造惨案的反动派。

　　叶一生未婚,无家庭负担,全部精力都用在发展科学和教育事业上。他个人生活简朴,却乐于助人,故除书籍外,别无积蓄。但在"文革"中,却横遭迫害,系狱数年,1973年7月13日因病逝世。"文革"结束后,方获彻底昭雪。北京大学为他举行了隆重的追悼会,悼念他一生为发展中国的科学教育事业所作的卓越贡献。

---

　　① 蔡元培《杂记》手稿记载:"叶企孙到香港,谈及平津理科大学生在天津制造炸药,轰炸敌军通过的桥梁有成效。第一批经费借用清华大学备用公款万余元,已用罄,需别筹。拟往访宋庆龄先生,请作函介绍。当即写一致孙夫人函,由企孙携去。"(见高平叔编著的《蔡元培年谱》,中华书局1980年版,第104页)(本文的撰写,承叶铭汉教授提供许多宝贵资料,钱昌照、傅承义两位教授也给予协助,特致感谢。)

## 主要参考资料

叶企孙档案(现存北京大学档案馆)。

钱临照:《纪念物理学界的老前辈叶企孙先生》,《物理》1982 年第 8 期。

王竹溪:《深切怀念叶企孙先生》,《物理》1982 年第 8 期。

叶铭汉教授提供的有关材料。

# 叶　圣　陶

马蹄疾

　　叶圣陶,原名叶绍钧,字秉臣,辛亥革命后改号圣陶,笔名叶陶、王钧、郢生等,后以号行。江苏苏州人,1894年10月28日(清光绪二十年九月三十日)出生。父叶钟济,字仁伯,在苏州城内为一家地主做账房,以微薄收入维持一家生计。

　　叶钟济家教颇严,叶圣陶四五岁时,就开始识字描红,当他五岁进书塾时,识汉字三千左右,并已练就一手挺拔秀丽的好字。翌年转学到张承胪塾馆就读。同学中有顾颉刚、王伯祥、郭绍虞等。叶圣陶虽然对《三字经》、《千字文》和"四书"、"五经"等儒家典籍不感兴趣,对只背不讲的教学方法也颇不满,但为了应付严师的管教,还是认真背诵。课余,叶圣陶过得很愉快,在他七八岁时放学回家后,父亲常带他去听说书,大书如《水浒传》、《三国志》,小书如《珍珠塔》、《描金凤》。再大一些,他又跟父亲看昆曲。这些民间评书和戏曲,培养了叶圣陶对文艺的兴趣。

　　1906年,叶圣陶进刚创立的夏侯桥长元吴公立高等小学,除国文课外,开始学习历史、地理、博物、体育等课程。叶圣陶学业优异,三年制的小学他只读了一年便考入苏州公立第一中学堂(即草桥中学)。这所中学在教学制度、课程设置方面都取法于日本模式,使叶圣陶在智育、体育的发展上都有很大的长进。著名南社诗人胡石予在此校任教,在学生中颇有声望;王伯祥、吴宾若、范烟桥、郑逸梅等和叶圣陶同窗共砚,争相传录诗稿,以圣陶所录诗稿最为工整。翌年,他和同学顾颉刚等组织诗社,起名"放社",取放言高歌之意。他们经常在一起吟诗、联诗,填词,唱和,抒发少年志向和抱负。这期间,叶圣陶对文学已有多方面的爱好,除做诗外,课余经常阅读《三国演义》、《红楼梦》等明清白话长篇小说,又从英语课文中读到了华盛顿·欧文的《见闻杂记》、爱迪逊的《文报捃华》和古德斯密的《威克斐牧师传》,那些富于情趣的描写,具有深刻寓意的叙述,清新明丽的风格,使叶圣陶爱不释手,赞赏不已。1909年,叶圣陶曾由学校推荐报考苏州存古学堂未果,遂与同学王伯祥、顾颉刚等组织国学研究会,创办油印刊物《学艺日刊》。至1911年,叶圣陶阅读和写作高度已达到相当的水平。这时他最喜爱阅读的是于右任、宋教仁等主办的《民立报》上发表的胡寄尘和柳亚子主编的文艺副刊上的诗作,常和同学一起吟诵传抄南社诗人高天梅、王西绅及革命党人马君武的诗文,并开始向《民立报》投稿。同时,他和同学创办油印学刊《课余丽泽》,并开始在刊物上发表一些短评和诗文。

1911年冬,叶圣陶中学毕业,由于家境困难,无力支持他升学读书。翌年春,经袁希洛介绍,他到苏州干将坊的言子庙初等小学当教员,从此开始了他的长达五十多年的教育生涯。当时上海、苏州等地开始有社会党组织,叶圣陶与好友顾颉刚等同时加入中国社会党。不久社会党首领江亢虎被北京政府逮捕,翌年袁世凯通令查禁社会党,社会党很快解体。

1914年,叶圣陶的父亲失业,自己的小学教师的位置又被人挤掉,全家经济窘迫。叶圣陶开始写作文言小说,投寄上海《小说丛报》、《礼拜六》、《小说海》等刊物。在半年中,所投的十多篇小说均被采用,这是他从事文学创作的开始。这些刊物强调趣味娱乐,迎合小市民口味。然而叶圣陶所发表的十多篇文言小说,却"不作言情体,不打诨语"[①],旨在写实,比较真实地反映了民国初年的社会生活,其中《穷愁》、《贫女泪》等,告诉人们辛亥革命的不彻底性,具有相当深刻的社会意义。

叶圣陶失业一年后,于1915年秋到上海商务印书馆所办的尚公小

---

① 叶圣陶1914年11月13日致顾颉刚信。

学任教。他一面教国文课，一面为商务编写小学国文课本。1917年，应任吴县甪直县立第五高等小学校长吴宾若的邀请，叶圣陶与王伯祥一起去该校任教。三人"情如手足，无分彼此"①，进行教育实验，在学校里创办农场、书店、商店，开设博览馆、音乐堂、篆刻室，建造戏台，组织编演话剧，进行文明宣传和爱国宣传。叶圣陶亲自指导学生编演、篆刻。1918年，新文化运动正在酝酿。叶圣陶在新思潮的推动下，创作欲也开始冲动，渐渐把兴趣转移到白话小说的创作。他在1918年2月出版的《妇女杂志》上发表了第一篇白话小说《青宴琐谭》，抨击了重男轻女的旧传统，提出了对妇女教育的重要性，肯定了妇女在整个社会中的重要地位，表现了他进步的社会观和妇女观。1919年1月，北京大学成立新潮社，创办《新潮》杂志，同年3月，叶圣陶经顾颉刚介绍，加入新潮社，并开始为《新潮》写小说和评论。为推动小学教学改革和社会改革，他在《新潮》上连续发表《小学国文教授的诸问题》、《今日中国的小学教育》和《评妇女参政运动》等论文，被鲁迅称为是在新潮社中"有更远大的发展"②的作家。五四运动爆发后，叶圣陶积极投身到新文化运动的激流中，他在甪直创办了《直声》文艺周刊，宣传新思想。

　　1920年冬，叶圣陶和郑振铎、周作人、郭绍虞等十二人发起成立文学研究会，在创作上提倡为人生的艺术，主张写实主义。从此以后，文学研究会机关刊物《小说月报》成了叶圣陶的创作园地，他的创作一直遵奉着"为人生的艺术"的现实主义创作原则。自1921年起，叶圣陶为求生计，四处奔波，工作多变。7月，到上海中国公学中学部任教，不久因学校当局不能实施教学改革方针，愤而辞职；11月，到杭州第一师范任教，与朱自清联床共灯。当时"一师"学生冯雪峰、柔石、魏金枝等成立"晨光文学社"，叶被该社请为顾问。1922年初，应北京大学校长蔡

　　①　叶圣陶：《心是分别不开的》，《未厌居习作》，上海开明书店1947年第6版。
　　②　鲁迅：《中国新文学大系·小说二集·序》，《鲁迅全集》（6），人民文学出版社1981年版。

元培之请,往北大中文系讲授作文课,在北大任教仅一个多月,因妻子分娩南回。不久应复旦大学教授、神州女校教务长谢六逸之邀,往该两校讲授新文学和国文课。

1923年,叶圣陶重回商务印书馆,任国文部编辑,全家迁居上海。直至1930年的七年中,叶圣陶除编辑工作外,还积极参加文化界、教育界的进步活动。1923年3月,他与郑振铎、王伯祥等十人在上海发起组织朴社,每人每月出资十元,集资出版著作。上海朴社解体后,又和顾颉刚、范文澜等筹建北京朴社,继续集资出书。是年冬,叶圣陶负责处理文学研究会的日常工作,在家门口挂"文学研究会"的牌子,主编《文学周报》。1925年春,叶圣陶热心支持匡互生、陶戴良等创办立达学园,并加入立达学会。五卅惨案发生后,叶圣陶不仅写文章声援反帝爱国斗争,而且参加了实际活动。6月1日,他与胡愈之、应修人等上海学术团体对外联合会同人集会,对上海报纸"对于如此残酷的足以使人类震动的残杀,竟不肯说一句应该说的话"[1],表示愤慨,并决定创办《公理日报》,从社会舆论上支持五卅运动。叶圣陶参加了这份报纸的筹备和编辑工作。该报虽只出版发行二十二天(6月3日至6月24日),但在支持工人学生运动,揭露英、日帝国主义罪行方面的贡献和影响却是巨大而深远的。正如火雪明在《一年中的上海报潮》一文中所指出,"五卅"惨案后,"有许多爱国学者组织了几种报纸,其中要推《公理》的议论尤其中理而宏达"[2]。同月,叶圣陶又参加了由沈雁冰、杨贤江等发起的上海教职员救国同志会,进一步表明坚决和学生与各界共同反帝、合力救国的立场。同年12月,叶圣陶偕夫人到闸北青云路广场参加市民反帝大会,支持学生的正义斗争。1926年5月,中国共产党领导的党的外围组织中国济难会成立,其主要任务是营救革命者和救济被捕革命者的家属,叶圣陶受杨贤江委托,创办和主编济

---

① 《公理日报·停刊宣言》,《公理日报》1925年6月24日。
② 《时事新报》1925年10月10日。

难会机关刊《光明》半月刊。在他主编《光明》期间,为营救共产党人
和革命同志做出了很大的努力。8 月 6 日,上海创造社被淞沪警察
厅所封,并逮捕了柯仲平等四人,叶圣陶为此在《光明》上特辑了《涂
炭日志》。1927 年 2 月 16 日,叶圣陶和郑振铎、胡愈之等一起组织
成立"上海著作人公会",并由叶圣陶起草《缘起》,支持周恩来领导的
上海工人运动。3 月,上海工人第三次武装起义成功后,叶圣陶积极
参加临时革命政权组织——上海市民代表会议的活动,并受临时革
命政权委派,与王伯祥、计硕民往苏州接收学校。"四一二"政变后,
叶圣陶由苏州返上海。5 月,郑振铎赴欧游学,《小说月报》由叶圣陶
代理主编。他在主编《小说月报》期间,提倡作家"要写这不寻常的时
代里的生活",发表了不少反映大革命时代的作品。他自己率先写出
了谴责"清党"大屠杀的短篇小说《夜》。在这期间,他发现和培养了
一批新进作家,如后来成为著名作家的巴金、丁玲等,都受过叶圣陶
的奖掖,巴金的处女作《灭亡》、丁玲的成名作《莎菲女士日记》,都是
经叶圣陶之手得到发表的。

　　五四运动唤醒和觉悟了叶圣陶,使他坚定地走上了现实主义创作
道路。自"五四"之后的十年间,是叶圣陶创作史上的一个高潮,写下了
大量的小说、散文、童话、诗歌、剧本和评论,尤以小说创作成就最大。
先后出版了新诗集《雪朝》(八人合集,1922 年),小说集《隔膜》(1922
年)、《火灾》(1923 年)、《线下》(1925 年)、《城中》(1926 年)、《未厌集》
(1928 年),长篇小说《倪焕之》(1928 年),散文集《剑鞘》(与俞平伯合
集,1924 年),童话集《稻草人》,剧本《恳亲会》(1925 年)、《蜜蜂》(与何
明斋合编,1926 年)、《风浪》(与何明斋合编,1928 年),评论集《作文论》
(1924 年)、《文章讲话》(与夏丏尊合著,1928 年),此外还整理校点古籍
和编写教科书多种。叶圣陶这一时期所创作的五本短篇小说集,忠实
地反映了我国五四运动、五卅惨案和"四一二"政变这一风云变幻历史
时期的社会风貌,展现了一幅幅色彩斑斓的中国现代社会生活、社会人
物画卷。夏丏尊认为《倪焕之》的出版,"不但在作者的文艺生活上是划

一时代的东西,在国内的文坛上也可以说是划一时代的东西"①。茅盾
则称誉它是一部"扛鼎"之作②。因为它不只是"教育文艺",而是写出
了从辛亥革命到大革命失败这段时间内我国的社会现实,是对中国革
命命运和他个人生活道路的一次成功的反思。他的童话《稻草人》是具
有开拓意义的创作,鲁迅称之"是给中国的儿童开了一条自己创作
的路"③。

　　1930年春,中国左翼作家联盟在上海成立。"左联"领导人为了开
展工作方便,请叶圣陶、陈望道等知名人士留在外面工作。叶圣陶没有
加入"左联",但他和"左联"领导人鲁迅、冯雪峰、茅盾等保持密切的关
系。同年夏,叶圣陶主编《妇女杂志》。年底辞去商务印书馆职务,改任
开明书店编辑。1931年1月,叶圣陶与鲁迅、杨杏佛等加入中国民权
保障同盟。从2月起,主编开明书店出版的《中学生》杂志。"九一八"
事变后,叶圣陶与夏丏尊、周建人等二十余人参加发起上海文化界反帝
抗日大联盟,并被推选筹备出版该盟机关刊《文化通讯》。翌年"一二
八"战争爆发,他和鲁迅、茅盾等四十三人列名发表《上海文化界告世界
书》,揭露和抗议日本帝国主义侵略中国的暴行;2月,与鲁迅、茅盾等
一百二十九名爱国人士列名发表《为抗议日军进攻上海屠杀民众宣
言》。年底国民政府宣布与苏联复交,叶圣陶与鲁迅、柳亚子等五十五
人列名发表《中国著作家为中苏复交致苏联电》。1934年夏,上海文化
界兴起一股"读经运动"和"复兴文言"的逆流,叶圣陶和陈望道、陈子展
等在上海福州路印度咖喱饭店集会,针对这股逆流,提出提倡大众语的
口号,展开大众语的讨论。同时他和朱自清、巴金等列名发表《推行手
头字缘起》,提出推行简化汉字的主张。"左联"解散后,1936年叶圣陶

　　①　夏丏尊:《关于〈倪焕之〉》,《夏丏尊文集·平屋之辑》,浙江人民出版社1983
年版。
　　②　茅盾:《读〈倪焕之〉》,《茅盾论创作》,上海文艺出版社1980年版。
　　③　鲁迅:《表·译者的话》,《鲁迅全集》(10),人民文学出版社1981年版。

参加发起中国文艺家协会。

　　自"左联"成立至抗日战争爆发的八年中,叶圣陶逐渐由文学创作转向写作指导。这一时期,他的创作明显减少,仅出版了童话集《古代英雄的石像》(1931年),散文、小说集《脚步集》(1931年),散文集《未厌居习作》,小说童话集《四三集》(1936年);而更多的则是对中学生的写作指导方面的著作:他和夏丏尊合著的《文心》(1934年)就是这方面的代表作,从30年代起一直流传不衰,在国内外至少有三十种以上的翻印本;另外如《文章例话》(1937年),以及与人合编的《文章讲话》(1938年)、《阅读与写作》(1938年)、《开明文学辞典》(1932年)、《开明国语课本》(1934年)、《国文百八课》(1935年)、《初中国文教本》(1937年)等,在当时中学国文和写作教学中都发生过巨大的影响。

　　1937年抗战全面开始。8月16日,开明书店的编辑、印刷、出版、发行部门,均毁于日寇炮火,叶圣陶主编的《中学生》、《新少年》相继停刊。叶与开明书店经理章锡琛、范洗人等到汉口准备筹建开明书店编辑部,后因由上海运往汉口的印刷机器和书籍纸张在镇江附近遭劫,又加之汉口形势吃紧,遂放弃在汉口筹建计划。1938年初,叶赴重庆,先后在重庆巴蜀学校、中央国立戏剧学校和复旦大学任教,并担任《抗战文艺》和《国讯》旬刊编委。同年11月,应邀到乐山武汉大学任教,全家迁居乐山。1939年5月,《中学生》杂志改名《中学生战时半月刊》在桂林复刊,叶圣陶任社长兼主编。1940年6月,叶去成都任四川教育厅教学科学馆专门委员,从事教育理论研究,并担任《文史教学》、《国文杂志》和《笔阵》编委、主编等职务。1942年,开明书店在成都设立编译所办事处,叶辞去教学科学馆职务,回开明办事处主持工作。1943年,叶被选为中华全国文艺界抗敌协会成都分会理事,以后一直主持《中学生战时半月刊》(后改名《中学生战时月刊》、《中学生》)的编辑工作。抗战胜利后叶返上海,任全国文艺界协会总务部部长,主持文协日常工作。叶圣陶应中共邀请,于1949年1月秘密离开上海,绕道香港进入山东解放区,3月抵北平,任华北人民政府教科书编审委员会主任,并参加筹备第一次文代会,在第一次文代会上被选为全国文联和作协委员。同年9月他出席中国人民政治协商会议第一届全体会议,被选为全国政协常委。

在动荡的战争年代里,叶圣陶在完成繁忙的编辑、教学和社会工作外,仍不间断写作,先后出版了散文集《西川集》(1945年),并与人合写了《精读指导举隅》(1942年)、《略读指导举隅》(1943年)、《文艺写作经验谈》(1943年)等指导阅读和写作的著作,此外还编选了国文读本多种。

中华人民共和国成立后,叶圣陶积极参加国家政治生活,先后担任国家出版总署副署长兼编审局局长、教育部副部长、人民教育出版社社长兼总编辑、教育部顾问、中央文史研究馆馆长等职,当选为第一至四届全国人大代表和第五届常务委员会委员,历任全国政协第一至五届常务委员会委员,中国民主促进会中央副主席、主席等重要职务。1988年2月16日,叶圣陶在北京病逝。

叶圣陶的著作建国后曾多次再版重印,主要有《叶圣陶选集》(1951年)、《叶圣陶短篇小说集》(1954年)、《叶圣陶童话选》(1956年)、《叶圣陶文集》(三卷本,1958年)、《叶圣陶语文教育论集》(1980年)、《叶圣陶集》(多卷本,江苏教育出版社陆续出版)等。还出版有新作散文集《小说十篇》(1958年)和诗歌集《箧存集》(1960年)等。

## 主要参考资料

叶至善、叶至美、叶至诚编:《叶圣陶集》第1—26卷,江苏教育出版社1987—1994年版。

陈辽:《叶圣陶评传》,天津百花文艺出版社1981年版。

叶至善编:《叶圣陶》,香港三联书店1983年版。

商金林:《叶圣陶年谱》,《新文学史料》1981年第1期至1982年第1期。

# 奕劻

汪仁泽

奕劻,姓爱新觉罗,满族。1836 年 7 月(清道光十六年六月)出生于清皇族家庭。祖父永璘是乾隆帝的第十七子,封庆禧亲王。父亲绵性是永璘的第六子。永璘死后,郡王爵位传至长孙(绵志之子)奕绘,因其在服丧期间纳妾获罪被革。绵性谋求袭爵,行贿钻营,案发被发往盛京(今沈阳)安置。奕劻因是绵性"罪宗"之子,袭爵无望,因此早年出继别房,后又转继绵志之后,奕绘死后,始得承嗣,受袭辅国将军。1852 年封贝子,1860 年晋封贝勒①。

奕劻少年时工书翰、习绘画。未承袭前依靠微薄的宗人府津贴,生活贫困。奕劻家住北京方家园,毗邻西太后的母家,常为西太后之弟照祥代书家信,问候其姊起居,因此西太后渐知他颇通文墨。后来又与西太后的另一胞弟桂祥结识,并结为儿女亲家,成为他日后得到西太后"帝眷"的缘由。另方面,他还攀附恭亲王奕䜣,得到奕䜣的提携和援引,开始崭露头角,爵位和官职也逐渐显赫。1872 年加封郡王衔,授御前大臣。1884 年奕䜣罢官后,所遗总理各国事务衙门一职,由奕劻接替,不久封为庆郡王。1894 年晋封为亲王。

1900 年 7 月,八国联军攻陷天津,慈禧太后暗中饬人连日向各国公使馆送酒菜瓜果,又派奕劻亲往慰问。8 月北京失陷,慈禧太后等逃往西安,命留京的奕劻、李鸿章为全权大臣,急于向帝国主义求和。

---

① 《清史稿》列传八、诸王七,第 30 册,中华书局 1987 年版,第 9097 页。

1901年9月，奕劻、李鸿章代表清政府同英、法、日、美等十一国代表，在北京签订了丧权辱国的《辛丑条约》。慈禧太后回京之日，奕劻带领一班奴才，跪地叩头贺喜。慈禧太后进封他为庆亲王，并加世袭，其地位超过近支亲王之上。奕劻能循序直上，是和他既善于卖官鬻爵、行贪污之道，又精于以贪污所得结欢孝敬、求固宠分不开的。有一次酒后，他对鹿传霖谈论陕西省各州、县牧令官缺的肥瘠，如数家珍，了若指掌。他有一本记载各地官缺优劣的簿册，遇有外官来京，总要详询核对。每次送客，常说："你暂且等待，可能会有美差肥缺。"这分明是索贿的隐语。他内室的案桌上常放满箱笼、封袋等物，里面尽是银票、金条之类，每隔十日结算一次，某人进贿多少，已放何缺，用砂笔登记入册，然后将金银赃物移入私库。奕劻迎合慈禧太后晚年好作方城戏，遣其女儿两人入宫侍候，每日必携银两数千，佯作输负，空手而归。对于内监宫婢也各有犒赏，仅此一项每月报效数万两尚不足。

1901年6月，总理各国事务衙门改为外务部，奕劻仍总理部事，并兼管陆军部。1903年3月，奕劻晋升领军机处（首席军机大臣），12月奉命总理财政处、练兵处。事前，直隶总督、北洋大臣、后授练兵处会办的袁世凯已先得消息，即派亲信杨士琦送去十万两银票一张。奕劻假意说："慰亭太费事了，我怎能收他的？"杨答："袁宫保知道王爷不久必入军机，在军机处办事的人，每天都得进宫伺候老佛爷，而老佛爷左右许多太监们，一定向王爷道喜讨赏，这一笔费用也就可观。这些微数目，不过作为王爷到任时另用而已，以后还得特别报效。"果然，此后月有月规，节有节规，年有年规。庆王府遇有喜庆婚丧诸事都有袁世凯预先布置，一手包办，不用奕劻操心。奕劻也从此为袁所收买，"朝有大政，每由军机处问诸北洋（袁世凯）"[1]，凡遇简放外省督、抚、藩、臬等官职，必先征袁意见，表面上请他提供咨议，保举人才，"实际上就是银子

① 《近代中国史稿》编写组编：《近代中国史稿》，人民出版社1976年版，第644页。

在那里说话而已"①。不久袁又与奕劻的儿子载振结为金兰之好。

　　1904年2月,御史蒋式瑆上疏弹劾奕劻贪污,谓其近日将六十万两白银赃款存入某外国银行。清廷派大臣往查,为外国银行所拒绝,以查无实据上报,蒋因此而落职。此事离奕劻领军机处仅十一个月,贪污不可能得如此巨款,显然其中大部分是出于袁所报效。袁接任直隶总督时,李鸿章遗下余款八百多万两,其后加上袁铁路收入利润和奏准由各省合筹的练兵经费,总数达二三千万两。袁世凯将这笔财力,大半用在编练北洋新军,扩展势力;小部分用来报效如奕劻辈的权贵。自从奕劻主中枢后,由袁授意汲引,经奕劻荐举,而得到慈禧太后擢升的有:军机大臣徐世昌,丞参梁士诒、杨士琦、梁如浩,尚书梁敦彦,侍郎唐绍仪、严修、赵秉钧,巡抚杨士骧、朱家宝、冯如骙、吴重熹等人。还有已发为黑龙江巡抚,不久被参降调的段芝贵。

　　段芝贵的被参,涉及奕劻及其子载振。御史赵启霖在参疏中称:"上年贝子载振往东三省,道过天津,段芝贵夤缘充当随员,所以逢迎载振者,无微不至。以一万二千金于天津大观园买歌妓杨翠喜献之载振,其事为路人所知,复从天津商会王竹林措十万金,以为庆亲王奕劻寿礼。"②清廷派载沣、孙家鼐查办,奕劻早做准备,将杨翠喜退回天津,由盐商领去,串通供词,谎称案发前已作使女。载沣等也不敢深究,据之奏复,以为并无此事,反以"污蔑亲贵重臣名节"罪名,褫革赵的官职。但段的名声已坏,清廷不得不撤销任命,奕劻也深感不安,命载振自请开革各职获准③。此案将结,另一御史江春霖上疏列举载沣、孙家鼐奏复中的疑点,并称:"买献歌妓之说起于天津报纸……报馆近在咫尺,历时既久,见闻必确,何至误登?"使案情破绽毕露。疏入,慈禧太后下旨

　　① 沃丘仲子(费行简):《近代名人小传》,中国书店1988年据崇文书局1918年版影印本。

　　② 沃丘仲子(费行简):《近代名人小传》。

　　③ 胡思敬:《国闻备乘》,上海书店1997年影印本。

复赵原职,奕劻事前未得预闻,深感惶恐,密商于袁世凯,认为追本穷源必须除去在西太后面前反对他们的军机大臣瞿鸿禨①。但瞿在慈禧太后面前颇受信重,一时难以摇撼,正感无计可施之际,发生了1907年的"丁未政潮"。由于奕劻利权独擅,贪污公行,政以贿成,官以贿进,致使朝贵嫉妒,路人侧目,舆论已至非罢其官不可的地步。一天,慈禧太后单独召见瞿鸿禨,对其透露欲罢奕劻之意。瞿辞出后告其门生、京报主编汪康年,汪又转告友人高某,高竟作为要闻急电其供职的伦敦泰晤士报馆。美国驻京公使得伦敦电讯,嘱其妻往见慈禧太后②,以探虚实。慈禧太后骤闻此事,即加否认,并追问消息来源。慈禧太后默念此事只对瞿一人讲过,必是瞿泄密无疑,十分恼火,自语:"瞿鸿禨混账!"此时适值奕劻的女儿随侍在侧,闻言即向其父密告。奕劻与袁世凯商议对策,认为机不可失,由杨士琦起草,通过翰林院侍读学士恽毓鼎上疏纠劾,罗织瞿的罪名有"交通报馆,授意言官,阴结外援,分布党羽"等数条。疏入,慈禧太后着孙家鼐、铁良查复后降诏:"瞿鸿禨姑免深究,着即开缺回籍。"奕劻虽感快意,但仍惴惴不安,故意自请退出军机处,以作试探。慈禧太后因曾辟谣在前,不便即罢其官,降谕慰留,但另任载沣入军机处以分其权势③。

慈禧太后病亡,载沣以摄政王监国,奕劻反能以元老重臣的身份,在权贵们争权夺利的混乱局面中保持其原有地位。1911年4月,清政府撤销军机处,奕劻改任内阁总理大臣。武昌起义后,他力主起用袁世

---

①　当时在职的军机大臣是奕劻、荣庆、铁良、徐世昌和鹿传霖、瞿鸿禨六人。其中前四人都属奕劻、袁世凯一党;鹿传霖年迈无能。唯有瞿鸿禨一介书生,平时常受奕劻等人排挤,而瞿对他们的所作所为也深表厌恶不满,隐然成为朝中反对奕劻、袁世凯势力的领袖。且与御史赵启霖谊属同乡,劻、袁以为赵的参劾与瞿不无关系。

②　自从签订《辛丑条约》以后,西太后认为献媚各国公使的女眷,是媚外要诀之一,因此凡各国公使夫人请见,随时都能得到接见及殷勤款待。

③　徐一士:《一士类稿》,收入荣孟源等主编《近代稗海》第2辑,四川人民出版社1985年版。

凯。11月,袁世凯进京组成责任内阁,继奕劻为内阁总理,奕劻改授弼德院总裁的空衔。1912年2月12日,清政府宣布溥仪退位,而奕劻则被皇族视为是出卖祖宗的罪人,无不戟指痛詈,奕劻带了搜括来的民脂民膏,携眷避居天津,1917年1月29日病死于天津。

# 易 培 基

马复华

易培基,字寅村,号鹿山。湖南长沙人。生于 1880 年 2 月 28 日（清光绪六年正月十九日）。其父为晚清武官,曾在湘西因事牵连入狱,年仅十六岁的易培基上书为父申冤,以文词婉曲感动办案上司,使其父得到赦免,易因此而享文名。

其时清廷窳败,丧权辱国,易培基愤于外侮日亟,欲从事外交报效国家,遂离家赴武昌,考入湖北方言学堂,与赵恒惕同学。毕业后,易培基又去日本进修,返国后回到长沙,于 1913 年任湖南高等师范学堂国文教员,讲授文字学等课程。他在文字学的研究上接近章太炎,在经学上则赞成康有为。一年后,改任长沙师范及湖南省立第一师范教员。他授课生动,喜标新立异,很能迎合青年学生的心理。当时毛泽东、田汉等人都在第一师范读书,曾受教于易。

1918 年,张敬尧任湖南督军,残酷镇压人民,摧残教育,易培基和一些教师参加了湖南人民的"驱张"运动。翌年,易被推为绅商界总代表,前往新任湖南督军谭延闿处洽商事务,自此结识了谭延闿,并深得谭的赏识。1920 年 6 月,"驱张"运动胜利后,为使被张敬尧摧残的各级学校迅速恢复,湖南督军兼省长谭延闿接受教育界人士杨树达等人的建议,决定成立教育委员会,易培基被任命为委员兼省立第一师范学校校长。易上任伊始,即将学校人员彻底改组,先后聘匡互生、周谷城、彭静宜等人担任教务主任,教员有杨怀中、徐特立、夏丏尊、刘大白等,师资阵容十分强大。毛泽东也曾于同年 7 月受聘在第一师范担任过一段国文教员。为使学生获取新知识,易还敦请中外名人如杜威、罗素、章太炎、蔡元培等到校做学术讲演。又首开女禁,丁玲(蒋冰之)等女生闻讯转学来到第一师范就读。学生组织如"崇新学社"等也相继成立。当时,第一师范人才鼎盛,新潮澎湃,成为三湘新文化的先锋。

1921年,湖南省长兼湘军总司令谭延闿奉孙中山命令组织北伐,讨伐赵恒惕部,任命易培基为总司令部秘书长,易遂离开第一师范。1922年6月陈炯明叛变后,谭延闿回师靖难,易培基随行至广州。是时他曾写下一首题为《赴粤途中》的言志诗:"万仞当关险,穷庐百雉城;秋风一何劲,瘦马欲纵横。"[①]至广州后,孙中山任命易为大元帅府顾问,不久又派为驻浙江全权代表。易培基居杭州西湖俞(樾)楼,与胡汉民、汪精卫等经常往来,时有诗作唱和。易生平唯一著作《三国志补注》,也是在俞楼完成的。

1924年初,易培基奉孙中山命赴北京,作为全权代表与苏联代表加拉罕谈判庚子赔款问题,并暗中主持学生运动。在北京,易结识了国民党人李煜瀛(石曾),往来甚密,并与李结为儿女亲家。同年10月,冯玉祥发动北京政变,囚曹锟,废颜惠庆内阁,逐清废帝溥仪出故宫。11月7日,易培基在李煜瀛推荐下,署理黄郛摄政内阁教育总长。时清室善后委员会成立,李煜瀛任委员长,易为委员。12月23日,段祺瑞就任临时执政,黄郛摄政内阁总辞职,任教育总长仅两周的易培基也跟着辞职。于是,他便专在清室善后委员会从事接收故宫、查点文物的工作。翌年故宫博物院成立,他被推为理事之一。

1925年3月,易培基与冯自由在北京组织"国民党同志俱乐部"公开活动。同年8月,北京女子师范大学校长杨荫榆仰承段祺瑞政府教育总长章士钊的旨意,镇压学生运动,引起了学生的反抗,章士钊竟下

① 傅清石:《易培基的生平及晚年遭遇》(上),台北《传记文学》第34卷第1期,第69页。

令解散女师大。易培基与李煜瀛等人对学生运动大力支持。迨至 11 月，章士钊等因时局关系向段祺瑞提出辞职，段于 12 月对政府进行改组，以易培基为教育总长。此前，段祺瑞决定继续开办女子师范大学，并任命易为校长。1926 年 1 月，女师大举行大会欢迎易到校就职，鲁迅和许广平分别代表校务维持会、学生自治会致词欢迎。

1926 年春，奉系军阀张作霖进兵关内，与冯玉祥国民军展开激战。日本帝国主义公开援助奉军，派军舰驶入大沽口，炮击国民军。3 月 18 日，北京人民在天安门前集会，抗议帝国主义侵犯我国主权，会后到执政府门前请愿，段祺瑞命令卫队向请愿群众开枪，死伤二百余人，是为震惊中外的"三一八"惨案。翌日，段以"假借共产学说，啸聚群众"，"闯袭国务院"①的罪名通缉易培基及徐谦、李大钊、李煜瀛、顾孟馀等人。易遂逃匿于东交民巷使馆区，不久返回湖南长沙。

1927 年蒋介石发动"四一二"政变后，易培基由长沙转往上海。5 月，国民党中央政治会议采纳张人杰、李煜瀛等人的建议，决定在上海创办劳动大学，任命易培基为校长。易曾邀鲁迅到该校讲演并授课，与鲁迅有不少接触和书信往来。嗣后，国民政府大学院成立，易为大学委员会委员，经常往来于南京、上海之间。

1928 年 1 月，易培基被推为国民党中央政治会议委员，后又被加推为外交委员会委员。同年 6 月，北伐军战胜奉系，占领北京，结束了北洋军阀的统治，国民党中央政治会议决定改北京为北平，同时通过北平故宫博物院组织法及理事会条例，任命李煜瀛、易培基等二十七人为理事，并派易培基前往北平接收故宫博物院。易卧病上海，不能前往，电告故宫博物院古物、图书两馆副馆长马衡（叔平）、沈兼士及秘书吴瀛（景洲）等代行接收，并接收清史馆和颐和园。不料，国民政府委员经亨颐提议废除故宫博物院，易培基多方据理力争，故宫博物院得以保留。随即在南京举行了故宫博物院理事会全体会议，推举李煜瀛为理事长，

---

① 《政府公报》第 3570 号，1926 年 3 月 20 日。

易培基为院长。

　　同年 10 月,易培基被任命为国民政府行政院农矿部长,仍兼上海国立劳动大学校长及北京故宫博物院院长。易任农矿部长期间,除调整内部组织外,还制定了训政时期农矿部施政纲领。他计划整顿直辖各矿局公司,筹建国营矿业,筹办矿品展览会,召开全国矿业会议等,但由于经费不足等原因,上述计划均未能实现。1930 年 11 月,农矿、工商两部合并为实业部,由孔祥熙任部长,易培基的农矿部长职务亦被相应免去,易遂北上专理故宫博物院事务。

　　易培基到北平后,决心以故宫博物院的管理为终身事业,自任院长兼古物馆馆长,由张继(溥泉)任文献馆馆长,江瀚(叔海)任图书馆馆长,以其女婿李宗侗(玄伯)为秘书长,使院务逐步走向正轨。他每天到院办公,对有关重要事项,都要亲自过问,全院工作渐臻改进,一度呈现蓬勃向上的气象。当时,故宫除按日分三路开放外,还增加陈列古代名画、玉器、钟表、仪仗等,以供游人购票参观。易又将太庙及景山辟作公园,供人游览。他还主持对故宫殿堂进行了必要的整修,着手古物的鉴别、审查、整理工作,领导编辑出版《故宫周刊》《故宫书画集》《文献丛编》《故宫所藏殿本书目》等刊物、书籍,以及各种拓片、印谱,使不少珍贵的史料、书画、文物得以流传于世。为解决经费不足的困难,经理事会通过,并报行政院核准,1931 年将故宫所藏金砂、银锭、绸缎、皮货、药材、茶叶等非文化用品公开降价销售,收入达七十余万元,对博物院的维持和发展不无补益。

　　"九一八"事变后,日军不仅侵占了我国东北大片土地,还觊觎华北地区,危及平津。面对险恶的形势,易培基于 1932 年春拟订了故宫博物院文物南迁计划,经理事会通过呈报国民政府行政院核准施行。他不顾某些人的反对,毅然于 1933 年 2 月 6 日将第一批文物启运南下,至 5 月 15 日止,全部一万三千四百九十一箱文物珍品分五批安全运往南京、上海。易为保存故宫文物尽心尽力,功不可没。

　　同年 5 月 1 日,正值最后一批文物准备装箱南运的时候,突有南京最高法院检察官朱树森到故宫调查处理物品问题,并于 10 月 3 日由最高法院检察署长郑烈向司法行政部提起公诉,指控易培基、李宗侗凭借特殊权力有低价购买故宫皮货、绸缎的违法犯罪行为。据说这是由于当时任司法院副院长兼故宫文献馆馆长的张继没有当上故宫博物院副院长,怀疑是易培基从中作梗;加上张妻崔振华得悉故宫博物院将公开处理部分物品后,曾要求先行选购,被李宗侗阻止,因此崔串通张继的门生郑烈,对易、李进行诬告。1933 年 10 月 18 日南京、北平等地曾刊出易培基向国民党中央监察委员会、行政院、司法部提出五千余字的反诉呈文,要求行政院、司法部依法罢去郑烈的职务,但如石沉大海,而诬陷之词有增无减。他逐渐意识到此案含有浓厚的政治派系和个人恩怨色彩,不是单纯司法问题,所以不愿出庭自辩,且于同年 10 月 15 日提出辞去故宫博物院院长职务,随即避匿天津日租界。旋因华北局势日紧,而潜往上海匿居,一些报刊则谓其已畏罪潜逃国外。

此后,郑烈多次派检察官到故宫和南迁古物存放地侦查,并通令缉拿易培基,还增加易在农矿部任内“吞没公款”部分,将该案由北平地检厅移归江宁地方法院办理。1934 年 10 月,江宁地方法院检察官在起诉书中,更指称易培基、李宗侗在故宫博物院任内,盗取珍珠一千三百十九粒、宝石五百二十六颗,以假珠换真珠九千六百〇六粒,以假宝石换真宝石三千二百五十一颗。于是以易培基为首的“故宫盗宝案”震动全国。同年 12 月,国民党中央政治会议决定由外交部协助司法部严令逮捕易培基、李宗侗,南京和地方法院据此扩大了侦查范围。隔了两年多的 1937 年 9 月,首都地方法院检察官再次提起公诉,指称易培基、李宗侗及原故宫博物院秘书吴瀛三人陆续侵占所保管之故宫文物,计有书画五百九十四号、古铜器二百十八号、铜佛一百零一尊、玉佛一尊、秘书处装箱南迁古物十二号、图章三号;珠宝除前案业已起诉者,尚有二号。并谓:“其侵占方法多以假易真,任意调换,间亦有将全号物品或其中一部分径行吞没,致无从查考者。对于书画,则掉换之外,尚有割裂、挖补、改裱重装等情事。"①易的有些同事、朋友对这些指控愤愤不平，劝易再行反诉，易愤懑地对他们说："我因不愿巴结权贵而被挤下政治舞台，张继却握有法曹权力与我为难。张、郑不倒，我的冤情无反诉胜利之可能。"②

易培基长期患有高血压和糖尿病，故宫案嫌久久不能解脱，更使病情加重，因忧伤至甚，终于在 1937 年 9 月 27 日含恨死去③。死前留有遗呈一束，呈送国民政府，内称："故宫一案，培基个人被诬事小，而所关于国内外之观听者匪细。仰恳特赐查明昭雪。"④

易培基死后，一些友人曾为其申冤。蒋介石也说："易是读书人，亦是老同志，不至如此，应查明白。"⑤但长时间未予结案。直至 1948 年 1 月 9 日，《南京人报》突然登载一则消息称："李宗侗、吴瀛免诉；易培基部分不受理。"⑥这桩悬案遂告不了了之。但吴瀛（景洲）一直不服，于 1983 年写成《故宫盗宝案真相》一书，叙述前后经过甚详。惟此案甚为复杂，当时未能查清结案，事后更是众说不一，直到解放以后，经过有关知情者调查核实，这场冤案的真相才终于大白。

---

① 《首都地方法院检察官起诉书》1937 年诉字第 395 号。

② 周益：《故宫盗宝冤案始末》，《文史通讯》1983 年第 2 期，第 33 页。

③ 《申报》1937 年 9 月 27 日（四版）。

④ 吴景洲：《故宫盗宝案真相》，文史资料出版社 1983 年版，第 200、218 页。

⑤ 傅清石：《易培基的生平及晚年遭遇》（上），台北《传记文学》第 34 卷第 1 期，第 69 页。

⑥ 吴景洲：《故宫盗宝案真相》，第 200、218 页。

# 殷　　夫

丁景唐

　　殷夫，原名徐柏庭①，学名徐祖华②，别名徐白，笔名任夫、殷夫、殷孚、白莽、莎洛、莎菲、Ivan 等。1910 年 6 月 11 日（清宣统二年五月初五）③出生于浙江象山东乡大徐村④。父亲是个医生。殷夫幼年在乡间读私塾，1921 年初进象山县立高等小学校读书⑤。次年父亲病故，由慈母抚育。殷夫有两个姐姐三个哥哥，他最小。

　　1924 年初，殷夫从杭州赴外地求学⑥。1925 年 8 月，考入上海民

---

　　①　瞿光熙：《殷夫的出身和家庭》，丁景唐、瞿光熙编《左联五烈士研究资料编目》，上海文艺出版社 1981 年第 3 版，第 252 页。

　　②　《象山县立高等小学同学录》（1921 年 3 月），转引自丁景唐《〈殷夫烈士的一些新史料〉补正》，《学术月刊》1964 年第 5 期。

　　③　殷夫生年，历来以阿英《殷夫小传》为依据，作 1909 年。但据殷夫的大姐徐祝三和挚友盛孰真证实：殷夫生肖属狗，生于庚戌年（清宣统二年）端午节，即 1910 年 6 月 11 日。

　　④　《象山县立高等小学同学录》（1921 年 3 月），转引自丁景唐《〈殷夫烈士的一些新史料〉补正》，《学术月刊》1964 年第 5 期。

　　⑤　《象山县立高等小学同学录》（1921 年 3 月），转引自丁景唐《〈殷夫烈士的一些新史料〉补正》，《学术月刊》1964 年第 5 期。

　　⑥　承殷夫亲友提供 1924 年初（甲子正月）徐培根在一张同殷夫于杭州合影照上题字"云妹惠存，时在甲子正月白弟将赴上海摄于杭州"，但未查到有关资料，或谓系赴宁波读书，今也未能确定。

立中学初中二年级读书①。他十四五岁时开始写诗,现在留存的一组
《放脚时代的足印》的小诗,就是 1924—1925 年写的。这组小诗显露出
诗人少年时代的才华。

　　1926 年 7 月,殷夫越级考入上海浦东中学高中三年级。这时开始
同革命运动发生了关系②,走上了革命的道路。1927 年蒋介石发动
"四一二"政变后,他因一个国民党员的告密而被捕,囚禁三月,几被枪
决。后由他在蒋介石总司令部当参谋处长的大哥徐培根保释出狱。这
次入狱对他是一次严峻的考验和深刻的教育。他在狱中所作的长诗
《在死神未到之前》③详细地叙述了国民党员的告密,敌人的搜查,押送
去牢狱途中的经过,以及诗人的思潮起伏,表现出少年殷夫立场坚定,
为革命牺牲的决心和高尚的品质。殷夫出狱后,徐培根把他软禁在身
边。但殷夫仍坚持学习社会科学,阅读革命文艺书刊,激励自己的革命
意志。后殷夫回象山家乡。现有《人间》和《呵,我爱的》两首诗即作于
此时。

　　1927 年 9 月,殷夫想考大学,因曾被捕入狱,没有中学文凭,得女
友盛淑真(后改名孰真)的帮助,通过她的同学向浙江上虞人徐文雄借
到一张中学文凭,殷夫就顶用了徐文雄的姓名,考入上海同济大学附属

---

　　①　据康锋查出:1925 年 8 月 28 日上海《申报》、《新闻报》载:《上海民立中学校
续取新生案》有殷夫借用徐培根的名字。1926 年 7 月 6 日上海《申报》载《浦东中学
第一次录取新生》高三级有徐白之名。1927 年 9 月 18 日上海《申报》同济大学附设
德文补习科有徐文雄之名。

　　②　阿英:《殷夫小传》(最初刊于 1931 年 4 月左联机关刊物《前哨·纪念战死者
专号》,后收入《殷夫选集》,开明书店 1951 年版及《殷夫诗文选集》,人民文学出版社
1958 年版),是有关殷夫生平的最早传略。由于当时处于严重的白色恐怖环境,不能
明说殷夫是参加了 CY(共产主义青年团)还是 CP(共产党),只是含蓄地用了"开始和
革命运动发生了关系"的措词。至今尚未见到确凿资料以肯定殷夫当时是共青团员
或共产党员。

　　③　长诗《在死神未到之前》,署名任夫,发表于 1928 年《太阳月刊》4 月号,为建
国后出版的四种殷夫选集所未收。

德文补习科一年级乙组读书①。有一段时间，殷夫和革命组织失去了联系，尔后才重新接上关系，继续投入革命工作。殷夫在同济大学附属德文补习科读书时，刻苦学习，半年以后，即能从事德文翻译。1928 年2 月，殷夫用徐文雄署名写信给创造社的刊物《文化批判》，对该刊一月号上彭康《哲学底任务是什么?》的译文，提出商榷的意见②。

　　殷夫还经常留心阅读《文化批判》、《创造月刊》、《奔流》、《太阳月刊》等进步刊物。1928 年1 月，《太阳月刊》创刊后不几天，他就投寄一束诗稿给该刊编辑部。这就是发表在《太阳月刊》第四期上的长诗《死神未到之前》(署名任夫)，得到了著名左翼诗人、小说家、翻译家蒋光慈和著名文艺评论家钱杏邨(阿英)的赏识。随即参加了革命文学团体太阳社。

　　1928 年秋季，殷夫再次被捕，不久，由他的大嫂托人保释出狱。殷夫出狱后回到象山县城家中。1929 年初，殷夫潜离家乡，来到上海，寻找党的地下组织。经过一个短时间的流浪生活，同党的地下组织接上关系，从此离开了学校，专门从事共产主义青年团的工作和青年工人运动，成为一个从事地下秘密工作的职业革命家。为了革命斗争的需要，他写下《血字》组诗和《一九二九年的五月一日》一类被誉为红色鼓动诗的革命战歌。

　　1929 年上半年，殷夫用白莽的笔名向鲁迅主编的《奔流》投寄抒情诗篇，开始同鲁迅发生联系，得到鲁迅的热情关怀、培养和帮助。从1929 年6 月到1931 年1 月，有关殷夫的记载见于鲁迅日记的，有十八次之多。1929 年6 月16 日的《鲁迅日记》上第一次出现了白莽的名字:"下午复白莽信。"鲁迅这次复信是因为殷夫从德文译出匈牙利民主革命诗人《彼得斐(今译裴多菲)传》，投寄给鲁迅主编的《奔流》。鲁迅

---

　　①　《国立同济大学二十周年纪念册》(1928 年9 月)第 296 页上写着:"姓名徐文雄，号之白，年龄十九，籍贯浙江上虞，预科德文补习科一年级乙组。"
　　②　徐文雄:《被奥伏赫变的话》，《文化批判》1928 年第 3 期。

发信索取德文原文，以备核校，由于原文是载在《彼得斐诗集》里面的，因邮寄不便，殷夫就亲自送到鲁迅那里。这就是鲁迅在《为了忘却的记念》中写到的第一次记殷夫来访的事。

鲁迅收到殷夫翻译的《彼得斐传》后，又写信建议他配合传记，再译十来篇彼得斐的诗，一同发表。他特地托柔石转给白莽一信并《彼得斐集》两本。不久，殷夫译了几首诗，亲自送交鲁迅；鲁迅为了校阅译文，将殷夫送来的那本德文《彼得斐诗集》留下，而将自己在日本留学时买来留在身边的两本德文版《彼得斐诗集》相赠，托柔石亲自送去。殷夫用白莽的笔名在鲁迅主编的《奔流》第二卷第四期上发表抒情诗四首，第二卷第五期上发表译文《彼得斐·山陀尔行状》一篇和彼得斐·山陀尔译诗九首。

同年7月间，殷夫在上海丝厂罢工斗争中第三次被捕①，遭到了毒打，在囚禁了一段时间后被释放。鲁迅在《为了忘却的记念》和《白莽作〈孩儿塔〉序》中，对殷夫第三次被捕事，曾有记叙。殷夫当时因为衣物都被没收，没有长衫，而又要穿长衫，便从朋友那里借来棉袍，在大热天穿着它，汗流满面地去看访鲁迅，受到鲁迅的热情接待，并给以资助。

这次出狱后，殷夫很快恢复了工作，专门从事青年反帝大同盟、共产主义青年团和青年工人运动方面的工作。同年冬，他参加了党领导的青年反帝大同盟的刊物《摩登青年》的编辑工作。从1929年末到1930年秋冬之间，参加了共青团中央的机关刊物《列宁青年》的编辑工作。直到1931年春他被捕牺牲前，他在党刊《红旗》、团刊《列宁青年》、青年反帝大同盟刊物《摩登青年》上写了不少政治论文，还自学俄文翻译政论文章。著译涉及当时一些重大政治事件，如拥护全国苏维埃代表大会、红军中的宣传教育工作、青年工人运动、少年先锋队工作、文化

---

① 丁景唐、陈长歌：《诗人殷夫的生平及其作品》，上海《社会科学》1979年5月第1期，第127页注⑥。

工作,以及党内的路线斗争等等方面①。这一时期他在《列宁青年》上发表了二十八篇作品,其中政治论文等二十一篇,文艺作品七篇。在《摩登青年》上发表政治论文两篇、诗两首。在党刊《红旗》上用徐白署名发表《拥护苏维埃运动中劳动青年群众的任务》和《扩大共产主义的儿童运动》两文。此外,在 1930 年 10 月 1 日《北新》半月刊第四卷第十八期上还写过《英美冲突与世界大战》的政治论文。

　　1930 年 3 月,中国左翼作家联盟成立,殷夫列为发起人之一。他为"左联"的刊物《萌芽》月刊、《拓荒者》和李一氓编的《巴尔底山》等写了不少红色鼓动诗和一些散文、随笔,成为"左联"有影响的诗人之一。

　　殷夫由于处在斗争第一线,与工人群众血肉相连。这一时期的诗,集中反映了在帝国主义和国民党统治的中心、中国工人阶级最强大的基地上海,中国共产党领导下的工人阶级同帝国主义、国民党当局之间的激烈斗争,反映了觉醒的工人阶级和党的干部为共产主义事业英勇献身的伟大气概。炽热的战斗情绪,高昂的旋律,构成了殷夫红色鼓动诗的特色。这些诗,正如鲁迅在《白莽作〈孩儿塔〉序》中所评论的,它的出世"并非要和现在一般的诗人争一日之长,是有别一种意义在。这是东方的微光,是林中的响箭,是冬末的萌芽,是进军的第一步,是对于前驱者的爱的大纛,也是对于摧残者的憎的丰碑。一切所谓圆熟简练,静穆幽远之作,都无须来作比方,因为这诗属于别一世界"。

　　殷夫还写过一些散文、速写、传记、剧本等。这些作品的成就不如他的红色鼓动诗篇,但也不同程度地描写了一些革命知识分子的思想感情变化。发表在 1930 年 5 月《拓荒者》第四、五期合刊上的《写给一

────────

　　①　参见丁景唐、陈长歌:《殷夫烈士和〈列宁青年〉》,《中国现代文艺资料丛刊》第二辑,上海文艺出版社 1961 年版;《殷夫烈士和〈摩登青年〉》,《学术月刊》1961 年第 7 期。

个哥哥的回信》①,是一个为共产主义而奋斗的革命战士向剥削阶级代表人物——哥哥,公开宣告决裂的宣言书,是一篇优秀的散文。

1931年1月17—21日,林育南、李求实(即李伟森)、何孟雄等二十几位中国共产党的重要干部被叛徒出卖,分别在东方旅社等处被捕,其中包括柔石、胡也频、冯铿、殷夫四位“左联”青年作家在内。他们在狱中坚持斗争。2月7日深夜,殷夫同这些革命者一起被国民党当局秘密杀害在上海龙华的淞沪警备司令部附近的荒野里,年仅二十一岁。

二十几位烈士牺牲的消息传开后,以鲁迅为首的中国左翼作家联盟立即向全世界革命作家和进步文化界,用中、英、日等几种文字发布了对国民党当局杀害“左联”五烈士的抗议书。“左联”专门编印了《前哨·纪念战死者专号》,刊登了李伟森、柔石、胡也频、冯铿、殷夫五位烈士和早一年在南京雨花台牺牲的宗晖烈士的肖像、传略和有关的作品等。鲁迅写了《中国无产阶级革命文学和前驱的血》和《柔石小传》,阿英写了《殷夫小传》。两年以后,鲁迅又为纪念殷夫、柔石等“左联”烈士的牺牲,写了著名的《为了忘却的记念》。越三年,鲁迅又特为殷夫的诗集写了《白莽作〈孩儿塔〉序》和《续记》。

殷夫的政治论文和其他作品散见于《列宁青年》、《红旗》等秘密刊物和《太阳月刊》、《奔流》、《拓荒者》、《萌芽月刊》、《巴尔底山》和《摩登青年》等公开刊物,生前都未能结集出版。据阿英《殷夫小传》所列,殷夫著译计有:(一)《孩儿塔》(诗集),1930年初殷夫自编;(二)《伏尔加的黑浪》(诗集),1929年;(三)《一百零七个》(诗集),1930年;(四)《诗集》(包括译诗),1928—1930年;(五)《小母亲》(小说、随笔、戏曲集),1928—1930年;(六)《苏联的农民》(翻译),1928年;(七)《苏联的少年

---

① 《写给一个哥哥的回信》与组诗《血字》七首,同刊于1930年5月《拓荒者》第4、5期合刊(另名《海燕》),署名 Ivan。后由阿英用张若英笔名,把它编入《现代文学读本》第一册,现代书局1930年出版,署名改为伊凡,文中“D大学”也被改为“大学”。建国后出版的四种殷夫选集,都未收入这篇重要作品。

先锋队》(翻译),1930 年;(八)《列宁论恋爱》(翻译),1930 年。其中除
《孩儿塔》原稿幸由鲁迅保存下来外,其他七种迄今未有发现。

中华人民共和国成立后,先后出版有《殷夫选集》(1951 年 7 月,开
明书店)、《殷夫诗文选集》(1954 年 8 月,人民文学出版社)、《殷夫选
集》(1958 年 12 月,人民文学出版社)和《孩儿塔》(1958 年 12 月,人民
文学出版社,仅收原集六十五首诗中的二十七首)。

# 殷汝耕

陈晓清

殷汝耕，号亦农，浙江平阳人。1885 年（清光绪十一年）生。殷家先世多显宦，为温州望族。殷汝耕自幼聪慧过人，读书过目成诵，青少年时在家乡接受小学教育。1902 年负笈东渡，入日本文学院学习日语，1905 年考入第一高等学校预科，次年考入鹿儿岛第七高等学校工科。当时留日学生界愤于清廷专制，主张武装革命，殷也深受革命思潮的影响，其间加入了同盟会。

辛亥革命爆发后，殷汝耕随黄兴回国，随同黄兴守汉阳。南京临时政府成立后，他在上海参与改组国民党事宜。不久赴北京为国民党办理对日外交。1913 年宋教仁被刺，讨袁军兴，殷随居正、白逾桓等守卫吴淞炮台；又与柏文蔚、何海鸣等守南京。

"二次革命"失败后，殷汝耕再赴日本入早稻田大学，专攻政治经济，1916 年回国。此时，袁世凯已死，黎元洪继任总统，恢复参众两院，殷得汤化龙之青睐任众议院秘书。1917 年，他受中国银行委托，赴日调查金融，不久被孙中山的护法军政府任命为驻日委员。1919 年，唐绍仪代表西南方面赴日接洽外交，殷为其随员，为唐出谋划策。1920 年殷回国，一度脱离政治活动，从事实业，在江苏阜宁县创办新农垦殖公司，张謇为其擘划。1924 年春，他复渡日考察，同年冬应唐继尧之聘，赴桂任财政顾问，嗣即因与唐继尧意见不合而离去。1925 年 10 月，段祺瑞执政府召开关税会议，殷赴北京任会议顾问。

1925 年 11 月 22 日，郭松龄起兵反张作霖，殷汝耕受日本人的指使，与林长民一起参加郭松龄倒张之役，任外交处长，为郭运筹帷幄。12月底，郭兵败被捕杀，殷汝耕亦被张作霖追捕，逃入新民屯日本领事馆。

1926年11月，国民革命军北伐攻占江西南昌，殷汝耕在日本方面秘密保护下潜抵上海，参与组织苏、浙、皖三省联合会活动。此时，蒋介石正物色对日外交人才，乃任命殷汝耕为国民革命军总司令部通讯处处长，在九江、汉口、南昌、庐山一带活动；不久，殷汝耕又担任总司令部参议，凡蒋介石与日本人接触与交涉，都由殷担任翻译。

1927年"四一二"政变后，黄郛为上海市长，殷汝耕任秘书。不久，蒋介石下野，殷先东渡为蒋赴日疏通。蒋重新上台后，对殷颇为倚重。1928年黄郛任外交部长后，殷被派任驻日特派员。5月，"济南惨案"发生，中日外交一时陷入绝境，双方均希望打破僵局。对于该案，日本政界大多不赞成田中内阁之政策，在野各党拟乘此机会推翻田中内阁，变更对华政策。这年冬天，日本政党要人床次竹二郎来华游历，在南京遍访蒋介石及国民政府诸要人，以谋获得中国政府充分谅解，以便回国后夺取政权，与中国解决"济南惨案"。此事带有很大机密性，尤其对田中内阁更须保密。而床次在南京与蒋介石及诸要员的访谈均由殷汝耕担任翻译，殷竟于事后将床次与中国政界要人的谈话内容，全数密报日本首相田中义一，致使床次永远失去了组阁的资格。后来床次托梅屋在吉转告马伯援，马又转告了中国政府，殷汝耕的间谍身份暴露，蒋介石立即取消了他的翻译资格。

不久，殷汝耕离开外交部，应王伯群之邀，出任交通部航政司司长。1929年，参与修订中国航空公司契约条文。1931年9月因与王伯群意见相左而辞职，改任上海市政府参事。

"一二八"事变爆发后，殷汝耕得到吴铁城的赏识，以随员资格参与中日谈判及签订《淞沪停战协定》，并担任淞沪战区接管委员会委员长，负责与日军商洽淞沪战区接收事宜。

殷汝耕因娴熟日语，加之与黄郛是浙江同乡，因此，颇得黄的赏识。

1933 年 5 月,北平政务整理委员会成立,黄郛出任委员长。黄从南京启程前,嘱咐殷汝耕早做北上的准备。他当时因事未及北上,至《塘沽协定》签订后才去华北政务整理委员会工作。

1933 年 11 月,经黄郛推荐,殷汝耕任河北省蓟密区行政督察专员,1935 年 8 月改任滦榆区行政督察专员。此时,日本驻华北特务机关头子土肥原贤二以各种手段四处活动,威胁利诱平津卫戍司令宋哲元及殷汝耕等人,欲借"自治"为名使华北五省脱离中央,殷汝耕与土肥原频繁接触。11 月 4 日国民政府改革币制,土肥原于 11 月 12 日至北平阻止华北现银南运。日军嫌宋哲元迟迟不宣布"独立",决定在停战区先制造自治政府,乃加紧策动殷汝耕叛反。

11 月 23 日,殷汝耕率领冀东保安总队长张庆余等五人,谒见冀察政务委员会委员长宋哲元,意欲胁迫宋哲元宣布冀东"自治",宋拒绝接见。当夜在土肥原的操纵下,殷汝耕召集冀东各保安队长宣布"自治",于 25 日合并蓟密、滦榆二区二十二个县,在通县成立伪冀东防共自治委员会,宣称脱离中央。国民政府旋即对殷汝耕发出逮捕令。

12 月,殷汝耕将伪冀东防共自治委员会改组为"冀东防共自治政府",自任政务长官,下设民政、财政、教育、建设、实业五厅及秘书、外交、保安三处。殷下令改悬五色旗,取消各学校三民主义课程,停止总理纪念周;自行订立《冀东防共自治政府印花税条例》、《冀东防共自治政府印花税检查规则》;开办冀东银行,滥发五百多万伪钞以充经费,扰乱金融;巧立名目征收各种苛捐杂税,掠取民财;推行奴化教育,强令学校学生学习日文,灌输亲日思想;与日本人合办长城煤矿,协助日人收买柳江煤矿,出卖资源;改编原驻冀东保安队,成立五个总队,指令保安队与日军"合作",由日军指挥其作战;建筑飞机场,供日军飞机起降,安置电话、电台,便利日本军事需要;纵容日本、朝鲜浪人走私,偷运白银;用威胁手段胁迫长芦盐务管理局每月津贴冀东伪政权二十多万元。冀东二十二个县,沿长城与伪满洲国接壤千余里,且冀东为河北全省精华,又为平津肘腋。"冀东防共自治政府"的成立,不仅以冀东丰富物资拱手资敌,且为日军侵略华北打开了方便之门。

"七七"事变爆发后,日本侵略军大举入关,通县日本驻军增至一个联队约两千人。7月26日,日军勒令驻通州城新南门外宝通寺的第二十九军阮玄武营官兵缴械,该营士兵趁日军前往收械时猛烈反击。天津日军派轰炸机助战,轰炸冀东保安队干部训练所。各保安队官兵不甘觍颜事敌,在保安第一总队长张庆余率领下群起与日军作战,进攻位于通县西的日军兵营,打死日军、日侨数百,并软禁殷汝耕,是为"通州事变"。7月30日晨,当张庆余率起义的保安队及押解殷汝耕的汽车开抵北平安定门与德胜门之间时,遭遇日军拦阻。保安队士兵被冲散,殷汝耕趁乱逃脱,只身潜入北平城中。

殷汝耕逃到北平后,不久即被日军搜捕,拘禁于北平煤渣胡同宪兵队,并将其家属拘禁于天津宪兵队。日军误以殷为"通州事变"的主谋,拟将其枪毙。经其好友、日本黑龙会头目头山满出面说项,得以保全性命。12月,以王克敏为首的伪中华民国临时政府在北平成立后,日军将殷释放,并让其承诺三项条件:(一)不许宣布"通州事变"真相;(二)不许作政治活动;(三)不许离开平、津。

殷汝耕被释放后,在北平蛰居五年之久。殷预见日军必将向华南推进,军需将增加,运输将更加困难,必然会利用贯通南北的运河来补充南北运输的不足。于是他浏览运河图籍,研究水利工程,指望以治理运河再受日人重用,渴望于南北两个伪组织之外独树一帜。

1942年2月,殷汝耕应王荫泰之约,经日本人出面斡旋担保,出任伪山西煤矿公司董事长。该公司原为保晋、寿阳等公司,日军占领山西后,将这几个公司合并,名为中日合办,实权则操于日本人手中,殷汝耕事事听命于日本人。

1943年2月,殷汝耕潜往南京,充任汪伪政府经济委员会委员,并于6月和12月两次参加伪经济委员会会议。会后,殷汝耕赴东京游说日本朝野恢复运河运输,获得赞同。1944年1月,汪伪政府发表殷为治理运河筹备处主任。殷费时三月,编就《治理运河刍议》及《治理运河计划纲要》，并绘图多幅，提出治理运河的具体方案。他原指望设立督办运河公署，因陈公博不同意，只设立了治理运河工程局。殷任局长，权限不大，因之不满，遂于 6 月 6 日提出辞职，回到北平。所任伪山西煤矿公司董事长及伪经济委员会委员等伪职，直到抗战胜利。

1945 年 12 月 5 日，殷汝耕以汉奸罪被捕。1946 年 5 月 26 日，与王荫泰等华北汉奸十三人由北平解往南京。殷在狱中写下《十年来日本侵华回顾录》，为自己的汉奸罪行进行辩护。

1946 年 10 月，首都高等法院经过几次开庭公审后，判决殷汝耕共同通谋敌国，图谋反抗本国，处死刑，褫夺公权终身。殷汝耕不服判决，一再提起上诉。最高法院于 1947 年 11 月 8 日核准首都高等法院判决。

1947 年 12 月 1 日，殷汝耕在首都监狱刑场被枪决。

### 主要参考资料

南京市档案馆编：《审讯汪伪汉奸笔录》，江苏古籍出版社 1992 年版。

国民政府外交部档案，中国第二历史档案馆藏。

秦孝仪主编：《中华民国重要史料初编——对日抗战时期》，台北中国国民党党史会 1981 年版。

张庆余：《冀东保安队通州反正始末记》，中国人民政治协商会议天津市委员会文史资料研究委员会编《天津文史资料选辑》第 21 辑，天津人民出版社 1982 年版。

余真：《殷汝耕论》，《新知识》1937 年第 1 卷第 6 期。

# 尹　昌　衡

陈祖武

尹昌衡,原名昌仪,字硕权,号太昭,别号止园。四川彭县人。生于1884年7月11日(清光绪十年闰五月十九日)。其父苿臣,是位塾师,家境贫寒。尹昌衡九岁时随双亲到成都,初由其父教读,后从一位陈姓先生读了不少经史子集及名人著述。1903年,尹考入四川武备学堂第一期,1904年由四川当局保送日本留学,初进振武学校,后入日本士官学校第六期步科。在日本学习期间,受到民主革命思想影响,与同学刘存厚、杨荩城、唐继尧等组织"研学会",以研究革命之方法①。1906年尹在东京加入同盟会,次年参加"铁血丈夫团"②。

1908年学成回国,到天津军队中实习,次年初到北京参加陆军部召集的留学生会试,奉上谕赏给步科举人出身并授"协军校",分派广西候用。不久,任广西督练公所编译科长兼干部学堂教练。尹与耿毅等在讲课中注意向学生宣传革命思想,并与覃鎏鑫、吕公望、赵正平等主办《指南月刊》,因言论激烈,刊出数期被迫停刊,改出《南风报》,仅出一期又被迫改名《南报》。尹为人放纵不羁,好饮酒赋诗谈革命,为广西巡抚张鸣岐所不容,于1910年辞职回四川,任四川督练公所编译科长兼

---

① 刘存厚:《云南光复阵中日志》,谢本书编《云南辛亥革命资料》,云南人民出版社1981年版,第12页。
② 李书城:《辛亥前后黄克强先生的革命活动》,中国人民政治协商会议全国委员会文史资料研究委员会编《辛亥革命回忆录》(一),中华书局1961年版,第183—184页。

讲武堂教官。尹能为本省军人不被重用作不平之鸣,从而团结了一批倾向革命的川籍下级军官。1911 年,尹被提升为新军教练处会办兼代陆军小学总办。

辛亥武昌起义后,四川重庆于 11 月 22 日宣告独立,张培爵、夏之时被举为蜀军政府正副都督,随后川南、川北、川东也相率起义。省会成都本是保路风潮中心,民军虽久攻未下,但此时更陷孤立,立宪派官绅与川督赵尔丰谈判妥协,实现成都和全川独立,11 月 27 日,大汉四川军政府在成都成立,以谘议局议长蒲殿俊为都督,第十七镇统制朱庆澜为副都督,尹昌衡被任命为都督府军政部长。

大汉四川军政府成立后,诸事未集,加之军政府许诺发放的三个月恩饷,又未能如数发给,在军队里引起很大的不满。12 月 8 日,蒲殿俊、朱庆澜等在成都东校场阅兵,巡防军遂因索饷发生哗变,乱兵向检阅台开枪,蒲、朱逃匿。乱兵到处抢劫焚掠,全城极为混乱。其时,尹昌衡于乱中驰赴凤凰山军营,急召第六十五标标统周骏、管带宋学皋率新军入城剿捕乱兵。

乱平后,尹召集第十七镇的军官和士绅们开会,以蒲、朱既去,军政无人统摄,而尹昌衡戡乱有功,罗纶为同志会所属望,遂举为正副都督。次日,尹、罗就职并着手组织军政府,任命董修武为总政处总理,下设秘书、法制、铨叙、统计、印刷、庶务六处,分管各项行政;杨维为军事巡警总监,负责治安;周骏为军政部长。另设民政、财政、学务、司法、实业、交通、盐政、外交等部,由革命党人与立宪派分别担任。军队重新加以编制,以原第十七镇为第一师,宋学皋任师长;整编同志军为第二师,彭光烈任师长;整编原巡防军为第三师,以孙兆鸾为师长。12 月 11 日,尹、罗发表《告全蜀父老子弟文》,严禁造谣生事,破坏大局。

四川起义武装保路同志军的成员多为哥老会分子,尹、罗为笼络人心迎合会党,在军政府里公开设立"大汉公"作为哥老会的总公口,尹、罗均为公口的掌旗大爷。由于都督倡于上,下属风从附和,一时"公口"

林立,成都成了袍哥世界①。

此时,原川督赵尔丰虽已交出军政权,但仍住在督院内,并拥巡防军三千人以为防卫。12月8日,兵变发生后,赵竟仍以总督部堂名义擅出安民告示,人们对此极为不满;而赵暗召边军入省妄图复辟的阴谋也为军政府侦悉。尹急召开军事会议,决心捕赵,以靖祸原。12月22日黎明,密派军队包围督院将赵尔丰抓获,是日中午尹在军政府(旧皇城明远楼)门前开群众大会,当众历数赵的罪状而诛之,并传首全城。"赵屠户"的伏诛,大快人心,赵所暗召的边军也被革命军队击溃受编,川局渐趋稳定。

光复后的成都"公口"林立,袍哥的无视纪律,也给军政秩序带来麻烦。湘、滇、黔三省军政府曾联衔通电只承认重庆蜀军政府,将成都军政府斥为哥老会政府;滇军且以此备文咨请鄂军都督,主张派兵进窥成都。鉴于风声不佳,尹昌衡遂命巡警总监杨维取缔哥老会。

成、渝两军政府于1912年1月中旬派出代表开始会商合并问题,至2月上旬达成协议,重庆蜀军政府都督张培爵自愿任副职,3月12日,四川军政府成立,尹昌衡任都督,张培爵任副都督,罗纶改任军事参议院院长。尹统一全川军政后,以整军经武为己任。军队方面,除已发表三个师长外,又增委由滇返川的刘存厚为第四师师长,以蜀军第一师师长熊克武为第五师师长,并特任其旧交胡景伊为全川军团长,节制各师。在重庆则设镇抚府,任命夏之时为镇抚府总长。不久,夏辞职出洋留学,尹昌衡遂委胡景伊兼任。

这时,驻西藏拉萨的川军,因藏兵寻衅发生冲突,川军败退,藏兵受英国人的唆使,乘势侵入四川边境。4月5日,尹曾电呈筹办藏务情形,请委钟颖为西藏行政使,筹办全藏事务。4月22日,继任临时大总统的袁世凯任命尹昌衡为征藏总司令,命速派兵赴藏增援。尹奉命后决定亲征,6月8日召开征藏军事会议,宣布由胡景伊回成都代理都督

①　李景骅提供(李曾任四川测量局长,和尹是拜把兄弟,对尹生平知之甚详)。

职务。7月10日,尹率西征军出发,12日北京政府正式任命尹为四川都督,胡景伊为护理都督,张培爵改任民政长。尹率部到达川边后,不数月,驱走藏兵,川边平定,9月25日袁世凯任命尹兼川边镇抚使,10月10日授予陆军中将并加陆军上将衔。

胡景伊于尹昌衡出征后,乃密派亲信赴京活动,通过陆军部次长陈宧的关系,得与袁世凯相勾通;在川省内部,胡景伊则大力安插亲信,遂引起尹的不满。胡、尹间暗斗甚烈。1913年3月,尹、胡曾分别去电北京政府,请求辞职。随后,经袁世凯、黎元洪先后复电慰留,但至6月13日袁政府正式任命胡景伊为四川都督,将尹昌衡调任川边经略使。尹得知后更为愤懑不平,于17日发出通电,以"食已尽矣,兵已穷矣,权已夺矣,迫已甚矣,惟有必败"声称解职①,并于7月3日赶回成都。尹曾多次设法与胡谋面,而胡则移驻城北昭觉寺,拥兵自雄置之不理。川省议会以胡私往他处,擅离职守,决议请尹仍回任都督,并通知胡交出印信;议长胡骏连电北京,挽留尹昌衡,均遭驳斥。尹愤极大骂胡景伊背信忘义,深悔自己所托非人。7月11日,袁世凯加委尹兼川边都督,佯为调和。"二次革命"发生后,8月四川讨袁军兴,尹部征藏军护卫团长张煦在打箭炉响应,宣布独立。尹感到变生肘腋,前后顿失凭依,乃仓皇赶回打箭炉,将张煦赶走。

尹到川边后不久,托病请假三月,于11月中旬赴京就医,期望能晋见袁世凯对边务有所陈说,但袁佯为倾听,实际不予理睬。1914年1月13日,袁下令裁撤川边经略使兼川边都督职缺,令尹留京另候任用。旋以赵尔巽控尹擅杀赵尔丰和胡景伊密控尹暗通国民党等情,竟于2月2日将尹昌衡拘捕入狱。3月24日袁世凯命令议恤前四川总督赵尔丰,8月16日下令褫夺尹昌衡的军职荣典。直至次年10月16日袁政府才正式宣布尹案"冒功通逆各款,均无其事",惟"侵占公款,罪情昭

----

① 周开庆编:《民国川事纪要》,台北四川文献研究社1974年发行,第60—61页。

著"，按律处以二等有期徒刑九年，褫夺公权全部，侵占之款，并着严行追缴①。

1916年6月袁世凯死去，黎元洪继任大总统，尹被特赦出狱。其后黎元洪又明令恢复尹昌衡的陆军中将及陆军上将衔，发还勋位勋章。尹恢复自由后仍留住北京。其时黎元洪与段祺瑞间的府院之争日益尖锐，尹与黎较为接近，为段所疑忌。1917年8月，冯国璋继黎元洪任总统，李纯继任江苏督军，尹被聘为顾问，不久去南京居住，1920年春去上海。

是时，孙中山正留居上海，尹遂往谒，表示愿在其领导下为革命奔走效劳。是年7月，非常国会议员在昆明开会，曾决议将国会及军政府移设重庆。孙中山特派尹昌衡赴渝，协助李烈钧等筹备国会开会及军政府设置事宜。9月，川军总司令吕超及滇、黔军兵败，重庆已在熊克武、刘湘等部包围之中，国会议员离开重庆，李烈钧率所部退黔、湘边境，滇、黔军亦全部被驱逐出川。尹昌衡乃留住重庆，次年回成都。

尹回蓉后，意绪消沉，常以诗酒、参禅自遣。直系军阀控制北京政府时期，为了笼络川军将领，曾于1924年7月11日发表尹昌衡为盛威将军，但仅为空名衔而已。抗日战争期间，尹以社会贤达身份，发表演说，勉励青年抗日救国。尹晚年双目失明，更少问世事。1949年四川解放后，人民政府特予尹以生活照顾。1953年5月26日，尹在重庆病故。著有《止园丛书》、《西征记略》等。

---

① 《政府公报》1915年10月17日第1236号。

# 尤 列

李 娜

尤列,字令季,幼名季博,学名其洞,原字惟孝,别字少纨、孝纨,号小园,居日本时自署西名曰 Euclid,居南洋时号吴兴季子,晚号钵华道人。1865 年 2 月 22 日(清同治四年正月二十七日)生于广东顺德北水乡新基坊的一个书香世家。十岁时受业于县中宿儒陆南朗(号蒲泉)。陆"文名籍甚,惟深于种族之辨","耻事虏廷",不应科举。受陆蒲泉的思想影响,尤列很早就萌发了"反清"的意识,绝意科举仕进。

尤列十七岁时,开始涉足远游,当时华中(汉口、长沙、桂林)、华东(上海、南京)、华北、日本(长崎、神户、仁川)、朝鲜(高丽),都留有他的足迹,并在上海加入洪门会。1883 年 2 月,尤列来到北京。1885 年,考入广州算学馆,留馆读书三年。

1886 年,尤列与族人尤裕堂到博济医院探访友人,结识正在此学医的孙中山、郑士良、邓景晖等。这是孙、尤二人订交之始。1888 年冬,尤列算学馆肄业,充任广州沙田局文算总目。翌年,充任广东舆图局测绘生,旋即被委任为中法越南定界委员。因不满清政府的对外政策,遂决定不赴职。其时,尤列常往来粤港间。一天,尤列到香港歌赋街杨耀记商店探访算学馆同学杨鹤龄,遇到时在雅丽氏医院学医的孙中山(因与杨鹤龄为同乡,孙中山亦经常到杨耀记与其叙谈)。孙中山正在意气激昂地与在座的友人高声谈论时事。尤列见此情景,便笑着对大家说:"诸君未见过洪秀全乎?"然后指着孙中山说,"此人头脑与洪秀全同样者也。洪秀全以种族革命为志向,你的头脑和他的一样,一定是要继续完成洪秀全未竟的事业!"孙中山亦指着九列说:"你是游智开。"(尤游同音,当时游智开为广东巡抚)大家听了都为之粲然。第二天,孙中山在路上遇到九列,于是邀请他到威林顿街杏楼西菜馆小叙。孙中山对他说:"你昨天所讲的,我很赞同。之前,我在美国檀香山曾经教人造反,因为那里的民智尚未开化,条件不成熟,所以无从下手,失败而回。今天有幸与你相遇,便是同志,彼此一起研究革命即是。"九列听后说:"既然如此,我只希望事情成功,最后的功劳归谁无需计较。"自后孙与尤友谊日深,孙中山还介绍陈少白与九列等认识。自此,孙、九、陈、杨四人常在香港中环歌赋街二十四号的杨鹤龄祖产商店杨耀记会面,并议论中国时政,大谈反清逐满,鼓吹共和。

1890 年,孙中山提议立约盟誓,以此表明共同革命的坚定信念,得到其他三人的一致赞同。九列自告奋勇,立即提笔起草,草成后由其他三人一一看过,大家都表示满意。于是再由陈少白用白纸誊正。誓词的原文如下:宣誓人×××等精诚宣誓,天地鉴容,驱除"满人",实行大同。四人一心,复国是从,至死不渝,务求成功。此誓——戊子年九月初五日。

九列,广东省顺德县人,乙丑年正月廿七日出生,二十四岁。

孙逸仙,广东省香山县人,丙寅年十月初六日出生,二十三岁。

杨鹤龄,广东省香山县人,戊辰年六月初十日出生,二十一岁。

陈少白,广东省新会县人,庚午年七月十五日出生,十九岁。

宣誓书的签名,是按照年龄大小依次排列的。签过名后,四人整肃衣冠,点燃香烛,同时对天盟誓。仪式虽然十分简单,却严肃而隆重。宣誓完毕,四人回到西医书院拍照留念。从此,"四大寇"的称呼就在他们的亲戚朋友中传扬开来(当时的人称造反作乱者曰寇)。

1892 年,九列赴香港,考取华民政务司署书记一职。同年,杨衢云、谢缵泰等设立辅仁文社。九列由文社社员罗文玉之介结识杨衢云,并介绍杨衢云与孙中山相识,此后杨、孙共谋革命之发展。为开展反清革命行动,孙中山和九列频繁地往来于广州、香港、澳门之间。孙中山在广州冼基设立东西药房,接着又在澳门康公庙前设立中西药房。尤列则于1893年辞掉香港华民政务司署书记一职,返回顺德,同陆皓东、周昭岳等一起创办"兴利蚕子公司",以经营优良蚕种为掩护,秘密进行革命串联活动。孙中山曾多次在此议事,并为书门榜"兴利在我,利归于农"。作为公司股东的陆皓东,就在尤列的住所听涛阁绘制出了"青天白日旗"及五色旗的样稿。

1895年2月21日,孙中山等在香港成立香港兴中会总部,以杨衢云为首任会长,并决定在广州起事。尤列回到广州并设立兴中会分机关,以"农学会"名作为掩护。原议定于重阳节发动的广州起义,由于消息泄露而遭到失败,陆皓东等人牺牲,孙中山偕同郑士良、陈少白逃亡日本;尤列则出走越南西贡避祸,辗转于香港、澳门、广西等地。

广州起义失败后,为维持力量,1897年,尤列潜回香港,组织以工商业者为主的"中和堂"(取"致中和,天地位焉,万物有焉"之意)。4月16日,"中和堂"总部成立于香港九龙西贡,以"青天八针(八针乃崇尚八德之意)白日"为堂徽,并逐渐发展成为兴中会的外围组织。1898年,维新变法运动后,横滨的华侨大多依附于康有为、梁启超等组织的保皇党,而兴中会的成员日少。为此,尤列于1899年设中和堂分部于横滨,堂中挂关羽神像,会员"以工界为本位",以与保皇党抗衡。后来,尤列将中和堂推广到南洋一带,在新加坡、槟榔屿、吉隆坡、怡保、坝罗、芙蓉、庇能等地设立起中和堂分会,联络华侨中的工人与小商贩,与华侨中的保皇分子相抗衡。其时的中和堂在联络和团结广东革命群众、海外华侨工农,开展反清斗争、维护中华会馆公产、与旅日华侨中立宪派势力斗争等方面,颇有贡献。

1900年,孙中山委派郑士良筹划惠州军事行动,尤列则运动长江会党为之声援,来往于长江一带,虽有所行动,但一无所成。惠州起义失败后,清政府下令通缉革命党的首要人物,尤列再次流亡日本。尤列到达横滨后,与孙中山同寓于横滨前田町一二一番馆,与留学生戢翼翚、沈云翔、秦力山、程家柽等来往甚密,共同商议开展革命的行动计划，一是联络学界，一是开导华侨；还议定了"中华民国"的国号，并刻制了"中华民国万岁"的象牙国玺。1903年，尤列领导中和堂成员在南洋创办《图南日报》，翻印《革命军》，借此宣传鼓吹革命。1905年同盟会成立，尤列受孙中山的委托，将其领导的中和堂改组为中国同盟会新加坡分会，"党员概皆加入同盟会"，并发动南洋各埠的中和堂成员，通电声援"苏报"案中的章太炎、邹容，并募集经费支援国内武装起义。1909年，钦廉、镇南关、河口起义相继失败，革命党人大都避居新加坡，因人庞品杂，聚众闹事行险杀人等事层出不穷，尤列被牵连入狱，后经孙中山出面营救才得以保释，被殖民地政府递解出境，遂移居泰国办《同侨报》以鼓吹革命。1910年，尤列返回新加坡继续主持同盟会的工作，并策动富于牺牲精神的会员，秘密归国，伺机起义。

　　1911年辛亥革命爆发，尤列只身一人前往东三省，意欲促使新军镇统吴禄贞反正，途中获知吴禄贞遇害的消息，遂秘密转往云南，襄助蔡锷举义。"云南反正，全国景从，南部军民，多数为先生指导之下者，惠协两军其最著也。"中华民国临时政府成立之初，清朝势力如张勋等部，挥军南下，南京危急。尤列遂组织中和堂北伐军，并策动滇、黔等省兵力，共同保卫南京城。待到南北议和达成后，尤列率领中和堂人员南归就业，息影林下。

　　1913年春，袁世凯派人到香港邀请尤列北上共商国是，实欲收买尤列来打击孙中山。尤列初以为袁世凯尚有为国诚意，遂与吕信之等人前往北京，被袁世凯聘为总统府高等顾问，并欲授"三省筹边使"以笼络。后察觉袁世凯阴谋，即秘密离京赴津。1914年，尤列潜返汉口，组织中堂救世军讨袁，事泄遭通缉，于是东渡日本避难。袁世凯死后，尤列见政权仍由北洋军阀把持，继续避居于日本神户，以教馆著书为业，并在日本先后出版《四书章节便览》、《四书新案》等。1921年，尤列由日本返港，孙中山即派人相邀，受聘为总统府顾问。不久，孙中山督师北伐，计划将后方政务托付给尤列，因胡汉民力阻而未果。后来，尤列因与同是总统府顾问、早年"四大寇"之一的陈少白政见不合，遂趁势隐退返港。

1922年，尤列与梁砚田等创办皇觉书院于香港旺角庄华道二号，任院长，倡言伦理救国，"孔教革命"。尤列不赞同孔教不适用于民国、废除孔教的主张。他认为孔教并不是"宗教之教"，而是"教育之教"。在尤列看来，"欲救今日秩序大乱之中国，舍伦理其没由，盖我国乃数千年涵育于伦理文化之中也"，"而伦理莫善于孔子。孔子者，本其伦理之要素，以施其民治之教育"。孔教之所以败坏，在于历代讲孔教的人中有些不道德者，因此"于历代诸儒，依附孔教，藉为求利之捷径者，举其中之谬论，廓而清之，其纯正者，依归存之，使孔子之都教蔽而复明，是以谓孔教革命"。尤列在中医学方面造诣很深，曾担任香港东华医院医师，认为"不为良相，即为良医"。后来，与香港中医黎琴石等人一起组建香港中华国医学会（即香港中医师公会的前身），并被推举为总干事。

民国成立后，尤列虽退出政局，但仍关心时局。1925年，孙中山在北京病亟时，犹念念于尤列，欲以党国后事相嘱托。尤列获知孙中山逝世的噩耗后，泫然流涕曰："良友既没，知我者谁欤？"1927年5月，尤列发表《对时局宣言》，既赞同"清党"、"讨赤"，认为"肃清云者，肃清其国民党中之共产党则可；若欲肃清其国民党外之共产党，虽百数十年，亦有所不可"，但亦指出"今各地数以枪毙共产党闻，列以为殊非善策"。1931年，粤、桂两省与南京国民政府抗衡，尤列多次致电南京及粤、桂当局，呼吁统一抗日。1932年秋天，面对日本的步步入侵，国民政府在洛阳召开国难会议，邀集海内外的隐退元老出席，尤列告病不赴，电陈御敌救国方略。1936年，尤列应国民政府之邀扶病前往南京。9月15日，在南京中央广播电台向全国广播呼吁统一抗日，"中华民国并不是很容易产生出来的，是赖许多先烈牺牲无数头颅，把他们的泪和血来染成的代价……若我们同胞意志仍不一致，行动不团结……是皆无法抑止外患的来临，终陷中华民族于不可救药也"。

9月26日，尤列自偕冯自由、叶夏声及前广东北伐军总司令姚雨平等谒祭总理陵墓，追忆当年"革命倡言，晨夕快悦，意气相期，满腔血热"，嗟叹今日"抱玉悲号，知音弦绝"，行礼献花后，尤列亲捧祭文，读未及半声泪俱下，历一时始返旅邸。11 月 12 日，即孙中山的诞辰之日，尤列与革命元老谈往事有所感，喘病发作，逝于南京。其遗嘱仍殷殷以国事为望："……惟内忧稍舒，外患日迫，政府非中央集权，无以渡其危难，至实行宪政问题，须俟对日国交完满解决后方可。目下宜提倡孔道，以补法令之不逮。海外华侨过去协助革命有功之团体，甚望政府加以爱护维持。余一旦死后，丧葬从俭，不欲累及朋友之靡费。"尤列逝世后，由孙科主持葬礼，葬于南京麒麟门外小白龙山。

### 主要参考资料

冯自由：《革命逸史》，中华书局 1981 年版。

尤嘉博编：《尤列集》，关雅印刷制本有限公司 1987 年版。

尤迪光、尤迪恒编：《四大寇——尤列：低调的不平凡》，基业印刷有限公司 2007 年版。

尤列：《孔教革命》，永康印务公所 1929 年版。

# 于 冲 汉

张学继

于冲汉,字云章,奉天辽阳人。1871年(清同治十年)出生。因其父于甫筠是清光绪年间直隶保定县的候补知县,于冲汉与其二弟早年均入保定莲池书院读书。在莲池书院,于冲汉与日本留学生宫岛勘斋成为要好的朋友。宫岛勘斋在学成归国之际曾对于冲汉说:"中国虽是个大国,但一切腐朽落后,不足有为。你如果在国内不得意时,可到日本东京找我,我一定能帮你忙。"

其后,于冲汉的父亲升任直隶承德府大名城通判,在一次镇压凌源一带的农民起义时阵亡,于冲汉一家因失去主要经济来源,不得不返回辽阳原籍。于冲汉自幼游手好闲惯了,不习农活,又染上鸦片烟嗜好,一家人坐吃山空,不仅一家生计难以维持,而且因为在当地挑拨是非,为家乡人所不齿。为了找出路,于冲汉想起了宫岛勘斋当初的许诺,遂于1899年东渡日本找宫岛勘斋。于到东京后,人生地不熟,找了一个多月,也未找到宫岛,眼看盘缠已尽,走投无路的于冲汉在旅店上吊自杀,为女佣发现救下。虽然日本在甲午战争中打败了中国,但当时的日本人对中国人还有几分尊敬,旅店老板告诉于冲汉:你不要寻死,没有钱也没有关系,你只管在这里住,我不要你的钱,慢慢找你的朋友,等你找到为止。此后不久,旅店来一个日本陆军大佐,看到一个穿中国衣服的人很好奇,旅馆老板把情况告诉了这位陆军大佐,真是巧合,这位陆军大佐正是宫岛勘斋的朋友,于冲汉因此找到了住在东京郊外的宫岛。宫岛见到找上门来的于冲汉,果然没有食言,对他的到来给予了热情接待。经宫岛安排,于冲汉进入东京外国语学校学习,同时兼任日本陆军士官学校的汉语教官,以维持生活。

1903年,日本准备在中国东北对沙皇俄国开战,为此,日本政府决定招考一批随军翻译人员,于冲汉被录取,到陆军省受训一年。1904年日俄战争爆发,于冲汉随日军回到东北,任日本满洲军总司令部部附,为日军搜集俄军情报,并从事对外交涉方面的翻译和汉文文牍工作。1904年间,于冲汉在辽阳一带搜集情报时被沙俄军队逮捕,差一点送了命,后经人营救获释。日俄战争中,日本一举打败俄国,将沙俄势力驱逐出南满。1905年3月,日军占领奉天,设立"军政总署",于冲汉转任"军政总署长"小川的翻译官。于冲汉为日军效劳有功,获得日本政府授予的二等瑞宝章的奖励。

1906年7月,日军撤销奉天"军政总署",小川回国前,曾询问于冲汉的去向,于表示愿意留在东北工作,小川认为他留在东北与日本保持联系,对日本有利,于是将于冲汉介绍给清政府东三省总督赵尔巽。小川对赵尔巽说:"于冲汉这个人很好,日本话也好,为日本军做了不少的事。现在我要回国,请阁下多关照,给他安排好。"

鉴于于冲汉是辽阳人,赵尔巽就把他交给了辽阳团总袁金铠,袁金铠安排于冲汉为辽阳东路半拉山子警察区官。日俄战争后,南满地区成为日本的半殖民地,中日交涉成为东三省官员必须面对的课题。于冲汉因为日语谙熟,与日本人的广泛联系以及办事干练等特长受到东三省当局的赏识和倚重。从1906年至1911年,于冲汉先后任辽阳州交涉局局长、辽阳州候补知州、代理辽阳知州等。

1913年,于冲汉担任奉天交涉使,凡是中日双方的交涉事件,一经他的手,都能大事化小,小事化了。于是,于冲汉成了东北政界引人注目的政治明星。而他与日本的关系也在这种日益频繁的交往中更加密切起来。

1916年春,张作霖与冯德麟等密谋驱逐奉天都督段芝贵时,于冲汉负责与日本方面联络,得到日本的赞同。赶走段芝贵后,张作霖于

1916年4月出任奉天督军兼省长,立即聘于冲汉为奉天省公署高等顾问。"有外交事张作霖恒加顾问",于冲汉成为张作霖事实上的"外交部长"。

1916年4月,日本乘袁世凯洪宪帝制失败、中国政局动荡之机,在我国东北策划了"第二次满蒙独立运动"。日本外务大臣石井菊次郎、陆军参谋次长田中义一以及驻奉天总领事矢田七太郎等认为通过张作霖采取必要的步骤以实现"满蒙独立",比利用"宗社党"对日本要有利得多。田中义一指示关东军参谋次长与张作霖的代表于冲汉开始秘密谈判,讨论建立一种脱离中国的政体问题。就在谈判过程中,支持"宗社党"的一派组成了以伊达顺之助、三村丰等为首的"满蒙决死团",于5月27日进行了刺杀张作霖的行动。张作霖侥幸地逃脱了刺杀,他知道这是日本人的阴谋。这引起张作霖的不满,命令于冲汉中止了与日本人的秘密谈判。

为了酬谢于冲汉,张作霖任命他为东三省官银号总办。总办是个肥缺,管事不多,但每年可以分得十余万银元的花红。

于冲汉作为张作霖的外交顾问,由于摆脱了大量琐碎的日常事务,他的地位是超然的。1919年7月11日,于冲汉在写给杨宇霆的信中就说:"时事迁移,风云变幻,冷眼旁观,应接不暇。其热闹为何如也!弟闲散如常,贱躯粗壮,数年所未有之舒适,知注特闻。……弟近来颇有所悟,一切看开,非敢鸣高,实亦由于愚性如此也。"

1920年,皖系军阀段祺瑞垮台后,奉系军阀张作霖便取代段祺瑞成为日本的宠儿。为了与日本政府进一步勾结,张作霖便通过北京政府派遣于冲汉作为他的特使于1920年9月访日,拜会日本首相原敬、陆军大臣田中义一、外务大臣内田康哉、参谋总长上原勇作,得到日本当局支持张作霖的承诺。于冲汉访日后,原敬首相在日记中写道:"张作霖试图以日本为后台扩展他的影响。很好地对待张,以便我们在东三省进行扩张,对日本来说也是重要的。这样,双方的利益恰巧能够协调一致。"

　　为了确立日本对"满蒙"及张作霖的政策,原敬内阁于1921年5月召开了第一次东方会议,会议的主要议题是"经营满蒙",会议决定的方针是:日本应当加强对中国东北地区的扩张,要利用张作霖充当日本在"满蒙"扩张的工具。为此,会议通过扶植和利用张作霖的方针,"一般说来,在整顿和发展东三省民政和战备的过程中,在确立张的稳固统治的过程中,(日本)帝国应当给予张作霖以直接和间接两个方面的援助"。由于早在1919年日本与其他主要列强一起签订过一项协定,规定"禁止向中国售运武器"。因此,日本不宜直接向张作霖供应武器,会议决定援助张作霖建立一个兵工厂,以便张作霖能够自己生产武器。关于财政援助,决议第四款规定:"对于财政援助,帝国政府并非不愿根据情况给予善意的考虑,要紧的是应以经济贷款的方式,尤其应当采取在合办企业中投资的方式进行,以便避免列强的疑心和(中国)中央政府的妒忌。如果张巡阅使也决心逐渐地努力增进实际的中日合作,例如,在关于租借土地、经营森林和矿产以及其他这类有前途的事业方面,都能尽心尽力地合作;如果他决心做出每种努力去落实所谓共存共荣的原则,并搞出现在和今后联合管理的办法,以便建立起中日共同的贸易,那么,东三省的财政就能够自发地不显眼地繁荣起来。"第一次东方会议所通过的决议,成为规范日本与张作霖关系的基本原则,这些原则一直执行到1927年第二次东方会议,日本通过新的方针为止。

　　1922年1月,张作霖派于冲汉先后访问关东军少将贵志和驻奉天总领事赤塚正助,除希望日本提供军火外,还试图让日本保证:万一发生战争,作为最后的手段,日本军队将会维护东北的安全。赤塚正助是张作霖的热心支持者,于冲汉向赤塚正助强调说:"吴佩孚是中国代表英美利益的急先锋,像威胁张作霖一样地威胁着日本。"于冲汉还向赤塚提出一张新的所需军备明细表和关于如何避开"禁止向中国出售武器"规定的有用建议。在所需军备明细表中,于冲汉要求日本援助一万支来复枪,一千万发子弹,十万发炮弹,二百挺机关枪(或者至少一百挺)与五百万发机关枪子弹。但日本政府考虑到华盛顿会议正在进行,日本援助张作霖将导致日本同英美对峙，决定对张作霖的援助请求暂时保留态度。于冲汉未到达目的。

1922年4月，第一次直奉战争爆发，于冲汉负责办理外交。5月5日，于冲汉写信给张作霖的参谋长杨宇霆，就有关外交问题提出对策。1925年秋，张作霖以承认"二十一条"有关东北的条款为条件，向日本请求军火援助，以进攻国民军。这桩交易又是由于冲汉完成的。但随着杨宇霆的受宠和大量日本顾问的聘用，杨宇霆与日本顾问逐步分担了对日交涉工作，于冲汉对日外交的重要性开始下降。

1923年间，于冲汉、李有兰代表张作霖与苏俄进行了有关中东路的谈判。1924年9月20日签订的《中华民国东三省自治省政府与苏维亚社会联邦政府之协定》（即"奉俄协定"），代表奉方当局在协定上签字的是郑谦、吕荣寰和钟世铭，谈判是由郑谦等人完成的。1925年8月11日，吉林省长王树翰辞去东三省特别区行政长官兼职，由张作霖批准，令于冲汉继任。1926年9月，于冲汉辞去东三省官银号总办、东三省特别区行政长官，专任东清铁路督办。

日本满铁地质调查所在奉天通过非法地质调查，探明奉天、辽阳、海城、鞍山一带有大量丰富的铁矿石，日本对此垂涎三尺。但是，按照当时中华民国政府的法令规定，外国人对中国矿山没有购买权。于是日本人通过于冲汉来达到他们的目的。1915年，日本人聘用于冲汉为满铁奉天公所顾问，每月给他二百元津贴，由他出面向中国政府有关部门申请采矿权，以中日合办的形式攫取奉天采矿权。1916年3月，于冲汉与日本人镰田弥助签订合同，宣布出资合设公司，采掘辽阳海城县下鞍山站一带之铁石山、鞍山站之鞍山、鞍山站之对面山、小岭子、大孤山、关门山、樱桃园、王家堡子八处铁矿。经过于冲汉上下活动，通过贿赂北洋政府有关官员，日本终于在1917年2月23日拿到了北京政府农商部批准的采矿许可证，振兴公司据此设立采矿总局，下设矿工监视所，负责监督矿工进行矿石开采工作。名义上于冲汉是该公司总监，但在日本巨额金钱收买下，于冲汉给"满铁"出具了不过问振兴公司的保证书,让日本人打着"中日合办"的旗号,实质上是听任"满铁"在东北大肆掠夺矿产资源。

于冲汉与其弟于凌汉、于文汉因盗卖中国矿产资源有功,均得到日本的重赏。日本人以支给薪金、补助金和股份红利的名义给于冲汉兄弟以巨额金钱好处。据统计,于冲汉每年从日本手中取得 3.2 万元的巨额收入,其中红利两万元,总经理年俸 1.2 万元。于文汉(字龙章)由"满铁"聘请为樱桃园监视所总监督,日本每年赏给这位总监督 2.8 万元。此后,于冲汉、于凌汉、于文汉三兄弟通过非法霸占民间土地等一系列手段,先后帮助日本侵略者扩大"满铁"采矿区,相继攫取火连寨、海城等地石灰石以及海城、盖平等地菱镁矿。日本得寸进尺,在掠夺中国矿产资源的同时,积极筹建鞍山制铁所,将开采的矿石就地炼成钢铁运往日本。1919 年 4 月 29 日,"满铁"鞍山制铁所一号高炉点火。为此,"满铁"特别赏给于冲汉一万元,并表彰他说:"振兴公司开办以来,因获得矿山采掘权和制铁所其他各项事业,于冲汉先生不断遭到中国一部分官民的疑惑,或称其为傀儡,或指骂其为卖国奴,而他却始终如一,排除万难,为会社的事业鞠躬尽瘁,实属功劳卓著。"

日本人经营的安奉铁路,原为窄轨,为了与其在朝鲜的宽轨铁路相连,需要改成宽轨。但是要改成宽轨,必须大量征用中国土地,日本人又通过于冲汉的活动取得了土地,使安奉铁路改成宽轨。日本为报答于冲汉,"满铁"无偿地向于冲汉提供树苗,让他在安奉铁路两侧栽植落叶松,成材后由日本人收购。通过盗卖国土资源,于冲汉家族成了暴发户。于冲汉本人在老家辽阳有土地六百多垧(一垧约相当于十五市亩)、园田四处,房屋百余间,并在沈阳、大连、长春、哈尔滨及老家辽阳等地建有大量豪宅。

1931 年"九一八"事变前后,日本浪人就住在于冲汉家策划事变。事变发生后,关东军劝袁金铠等成立奉天地方维持委员会,袁金铠、于冲汉分任这个"维持会"的正、副委员长。不久,于冲汉来到沈阳,向日本关东军司令官本庄繁陈述他的八条"政见"。于冲汉的这八条,迎合了日本建立傀儡政权的需要,受到日本的重视。于是,日本在建立正式的傀儡政权之前,于 1931 年 11 月 10 日成立了"自治教导部",以于冲汉为部长,为建立傀儡政权作过渡。

当袁金铠对于将伪奉天地方维持委员会改为伪奉天省公署迟疑不决时,于冲汉找到袁金铠之子袁庆清开导说:"你父亲太傻气了,这是什么时候,日本人是最厉害的,我们办事要知时务,为什么你父亲很卖力气,结果适得其反,闹得关东军很不乐意,这里是有说道的。我与你父亲是三十来年的老交情,换过谱,与你们袁家是父一辈子一辈的交往了,不会不为你们着想,你要听我的话,给你父亲讲清利害,不要自己做的豆腐,将来叫人家吃啦!"为了鼓励人们做汉奸,于冲汉是这么兜售他的汉奸理论:"日军进到我们东北,表面看好像占了我们的领土,其实是因为军阀张学良他们做法太不像样子了。希望大家明白这一点,为自己前途要好好考虑考虑,这可是建功立业的机会。"

1932 年 3 月,伪满政权成立后,于冲汉出任伪监察院院长。10 月,于冲汉病死大连,日伪当局除颁治丧费一万元进行"国葬"外,还赏给于家 30 万元"建国功劳金",颁发一等旭日勋章。其子于静远,亦继承于冲汉的衣钵,甘当汉奸,为日本侵略者效力。

# 于 学 忠

黄德昭　王　秦

　　于学忠,字孝侯,山东蓬莱人,1890 年 11 月 19 日(清光绪十六年十月初八)生于旅顺①。其父于文孚曾任毅军帮统,与米振标、张作霖等同为毅军创建人宋庆的部下。

　　于学忠幼年随父在军营中,1904 年肄业于毅军所办随营学堂,1908 年考入通州速成随营学堂步兵科,1911 年毕业。随后在毅军中任排、连长。1912 年于学忠随毅军进驻热河,1914 年被热河林西镇守使米振标提拔为镇守使公署中校副官长。

　　1917 年北洋陆军第十八混成旅在湖北成立,赵荣华任旅长。赵曾任职毅军,原隶于文孚部下,乃电召于学忠至襄阳,任为炮营营长。1920 年直皖战争中,于随赵旅参加对皖系吴光新作战,将吴部包围缴械。1921 年秋,川、鄂战起,熊克武、刘湘进攻湖北。赵荣华旅防守宜昌,战事失利,准备放弃。适逢两湖巡阅使吴佩孚亲至宜昌督战,于往见吴,面陈反攻计划,吴即采纳。后激战五昼夜,击退川军。于因此被吴佩孚赏识,升任该旅第二团团长。1922 年 7 月,四川爆发拥护孙中山的熊克武与拥护曹锟的杨森、刘湘两军的战争,年底吴佩孚派赵荣华、于学忠率部由湖北施南入川援助杨森、刘湘,攻击熊克武。不久,赵

---

　　①　于学忠出生时间众说不一,本文根据黄曾元《毅军沿革谈》(中国人民政治协商会议全国委员会文史资料委员会编《文史资料选辑》第 10 辑,中华书局 1960 年版),并经于学忠家属核实。

荣华因抗拒军令被撤职,吴佩孚任命于学忠为第十八混成旅旅长。

1925年10月,吴佩孚至武汉,经孙传芳、萧耀南等拥戴为十四省"讨贼"联军总司令。吴整编直系各军,授于学忠为第二十六师师长,仍驻施南。1926年7月北伐战启,国民革命军席卷两湖,吴佩孚逃入河南。于学忠时任长江上游副司令,驻宜昌,不愿背吴,便率部北撤。于撤至老河口时,接吴佩孚电令,任为第九军军长兼荆襄警备总司令,嗣再撤至河南邓县。1927年5月,吴佩孚逃到于学忠军中暂住,不久去四川暂依杨森、刘存厚。于学忠表示随吴佩孚同进退,遂于1927年6月下野,返回蓬莱故里。

于学忠下野后,所部归冯玉祥统辖。不久,于部师、旅长不满冯玉祥吞并异己,又将队伍拉至安徽蒙城,并派人找于想办法。事为张作霖父子所闻,即邀于到北京商谈。于学忠从此转入奉系,被任命为镇威军第四方面军团第二十军军长,仍统原部。

1928年6月,张作霖被日本人炸死,张学良继掌东北军政,任于学忠为东北保安司令长官公署军事参议官、临绥驻军司令,驻山海关。

1930年3月,冯(玉祥)、阎(锡山)、桂(李宗仁、白崇禧)三派结成反蒋联盟,与蒋介石在中原混战。当时张学良拥兵关外,具有举足轻重之势。蒋介石多次派代表拉拢东北军出兵进关,未有结果,便阴谋分化东北军,派人几次去信笼络于学忠,劝于举兵西向,愿以华北地位为交换。于表示唯张学良之命是从,未允。蒋又用重金收买于部二十三旅旅长马廷福,于采取措施制止了这一阴谋。至9月18日,张学良进兵关内,于学忠率第一军由沈阳出发,9月26日进驻北平。经张学良保荐,国民政府发表于学忠为平津卫戍司令兼五十一军军长。

1931年4月,张学良在北平成立"陆海空军副司令部行营",坐镇北平。7月,石友三反蒋。蒋命张把在关外看家的东北军大部调入关内讨石,并发表于学忠为第一集团军总司令,负平汉线作战之责。于率所部与王树常第二集团军及南路刘峙指挥的中央军,合力夹击石军奏捷。

　　"九一八"事变后,日本帝国主义进一步图谋控制华北,平、津时局紧张。1932年8月17日,国民政府将于学忠的平津卫戍司令与王树常的河北省主席对调,于赴天津就任河北省主席。1933年3月热河失陷,4月张学良被迫下野出国,临行前将东北军大部分交于学忠指挥。日本侵略者曾用种种手段对于学忠进行利诱和威胁,于皆不为所动。1935年6月,北平军分会委员长何应钦屈服于日本军阀的要求,与日本天津驻屯军司令梅津美治郎达成丧权辱国的《何梅协定》,日方所提出的"觉书"第一条即为罢免于学忠,要求将于部五十一军撤出河北①。为了迁就日本侵略者,何应钦几次亲自打电话逼于辞职,均遭于拒绝。5月31日国民政府乃命于将河北省府由天津迁往保定;6月6日又免去于学忠河北省主席职务,改任为川陕甘边区"剿匪"总司令,令其率部开赴西安(后驻天水)。11月1日,于被任为甘肃省主席。1935年11月,国民党召开第五次全国代表大会,于当选为中央执行委员。

　　1936年12月12日,张学良与杨虎城发动了震惊中外的西安事变。事变前,于学忠由兰州到西安,12月11日参加了张学良召集的东北军高级将领会议。于虽力主慎重,但同意张采取"兵谏"的决定,并在八项抗日爱国主张上联署。12月12日,于学忠电报指示驻兰州的于部遵张学良命令将驻兰州的胡宗南部队、甘肃绥署(主任朱绍良在西安开会)特务营及与军统有关的警察解除武装,并扣押了复兴社特务头子兰州警察局局长史铭及绥署的高级官员,响应和支持了西安事变。此后于学忠不断往来于西安、兰州之间,一边主持甘肃工作,一边参加西安各种会议。

　　12月25日,张学良陪送蒋介石回南京,被蒋扣押。于学忠奉张手谕,全权负责东北军。在此期间,于为停止内战、建立抗日民族统一战线,为要求蒋介石释放张学良,做了不少努力,并采取措施保存了在东

---

　　① 王铁崖编:《中外旧约章汇编》(三),三联书店1962年版,第1019—1020页。

北军内的进步力量①。蒋介石在无理判处张学良后，又派五个军进逼西安，并在 1937 年 1 月 4 日将杨虎诚、于学忠撤职留任。1 月 5 日，于学忠同杨虎城通电质问国民政府："调兵西进，是何居心?"1 月中旬国民政府提出改编东北军、西北军的甲、乙两案②，为此于学忠先后到杭州、奉化、南京和上海四次见蒋介石，并极力要求释放张学良。在蒋扣押张学良并对西安步步进逼的形势下，东北军内部发生"和"与"战"的激烈分歧。在十分紧急的情况下，1 月 30 日晚，于学忠、杨虎城同中国共产党全权代表周恩来会商，决定坚持和平解决。2 月 4 日，于学忠与杨虎城及两军高级将领联合发表宣言，说明西安事变和平解决的经过。2 月 8 日，蒋介石的中央军进入西安，东北军接受乙案，准备东调。蒋介石、何应钦等便以处理善后为名，加紧分化、瓦解东北军的活动。1937 年 4 月，蒋调于部五十一军往蚌埠、淮阴、宿县，发表于为江苏省绥靖公署主任，驻淮阴。

　　1937 年 7 月抗战开始，蒋介石调五十一军到山东担任海防，8 月任命于学忠为第三集团军副总司令。12 月中旬于军进击青岛，摧毁一批日本企业，25 日退出青岛。次年 1 月，山东省主席韩复榘不战而逃，日军未遇抵抗即占领济南和山东大片土地。此时国民党政府决定将山东军队统交于学忠指挥，任于为第三集团军总司令。1938 年初，五十一军参加淮河战役，于学忠率领将士浴血奋战，毙伤日军九千余人，完成了稳定淮河防线的战役任务。此后，于率部参加台儿庄战役及武汉保卫战，全军将士英勇杀敌，牺牲惨烈，在保卫祖国、抗击日本侵略军的战

---

　　①　西安事变前，张学良曾接受中国共产党建议，在东北军中建立了抗日先锋队，其中不少人是共产党员和共青团员。事变发动后，抗日先锋队改用百十师番号（原百十师在劳山战役中被红军消灭）。蒋介石扣押张学良后，逼于学忠将其解散。经中国共产党努力争取，于将此部编入五十一军，保存了下来。这批力量在抗日战争中发挥了很大作用。

　　②　甲案规定东北军移驻甘肃和陕西邠州以西的西兰公路沿线，十七路军移驻泾河、渭河以北地区。乙案规定东北军移驻安徽和淮河流域，十七路军移驻甘肃。

争中作出了贡献。于军和其他东北军一样,由于蒋介石对非嫡系部队的歧视,在战争过程中受到的损失,得不到补充,实力不断削弱。

1939 年,于学忠被任命为苏鲁战区总司令,指挥东北军五十一军和五十七军从大别山鄂、豫、皖地区越过陇海路、津浦路,向敌后鲁南进发,在山东、江苏两省交界处,与八路军交错驻防。1941 年底,于任山东省主席。1944 年,卸去苏鲁战区总司令职,任重庆国民政府军事参议院副院长。

抗日战争胜利后,于学忠任国民政府军事战略顾问委员会委员。1949 年初,蒋介石曾胁迫于去台湾,于藏在四川乡间未去。

中华人民共和国成立后,于学忠作为爱国民主人士,1952 年 12 月担任河北省人民政府委员,1954 年 8 月当选为第一届全国人民代表大会代表,9 月任国防委员会委员。1955 年 2 月任河北省人民委员会委员。1956 年,被选为中国国民党革命委员会第三届中央委员。

1964 年 9 月 22 日于学忠病逝于北京。

# 于 右 任

张应超

于右任,原名伯循,字诱人,化名刘学裕、原春雨,笔名骚心、大风、神州旧主、剥果、半哭半笑楼主、啼血乾坤一杜鹃、关西余子等,晚年号髯翁、太平老人。1879年4月11日(清光绪五年三月二十日)生于陕西三原县东关河道巷。少年时代家境贫寒,父亲于宝文长期在四川江津、岳池等地当学徒,母亲赵氏是甘肃静宁逃荒到陕西的饥民。于右任两岁时,母亲病逝,遂由伯母房氏抚养。他七岁入私塾,十一岁时随名儒毛经畴(字班香)读经书、习诗文。

1895年,于右任以案首入三原县学,为秀才,随后在泾阳味经书院、三原宏道书院、西安关中书院继续求学。1898年,以岁试第一名补廪膳生,并得到陕西提学使叶尔恺(字伯皋)的赏识,誉为"西北奇才",并在传见时授以薛福成的《出使四国日记》,勉励他关心国际形势。经叶尔恺识拔,于右任声誉渐起。其时于右任还受教于朱先照(字佛光)、刘光蕡(字古愚)等人。叶氏离职后,沈卫(字淇泉)继任,对于右任亦十分器重。时逢陕西大旱,饥民死亡甚多,沈卫在三原开设粥厂赈救,特调正在宏道书院读书的于右任为粥厂厂长,这是于右任步入社会之始。1900年春粥厂结束后,沈卫送于右任到西安陕西中学堂就读。1903年,于右任考中举人,嗣后应商州知州杨宜瀚之邀,赴商州任州立中学堂监督。

义和团运动前后,于右任写了大量抨击时政、忧国忧民的诗篇,1903年冬结集为《半哭半笑楼诗草》在三原出版。诗中大声疾呼,"太平思想何由见,革命才能不自囚";借古讽今地写道,"女权滥用千秋戒,香粉不应再误人"①,影射指斥慈禧。三原县令德锐看到诗集,立即上报陕西巡抚升允。升允从前对于右任指斥时政的言论已有所闻,又得德锐密报,遂以"逆竖昌言革命,大逆不道"等语上奏清廷②。1904年春,清廷密旨拿办,其时于右任在开封参加会试,接到家信,迅即逃往上海。途经南京时,感慨赋诗:"虎口余生不自矜,天留铁汉卜将兴。短衣散发三千里,亡命南来哭孝陵。"③抒发决心与清王朝坚决斗争的宏愿。

于右任到上海后,得震旦学院监院马相伯之助,入该学院读书,且免收其学膳费。他入学不久,震旦学院主管教务的法籍神甫乘马相伯生病之机,干预校务,引发风潮。马相伯愤而辞职,进步学生亦相率离校。为解决离校学生的求学问题,马相伯与于右任、邵力子等人筹办复旦公学,于1905年中秋节正式开学。同年冬,在日本的中国留学生为反对日本政府颁布的《清国留学生取缔规则》,许多人忿然回国。于右任与王敬方等又发起筹办中国公学,使返国学生不致失学。他还任复旦公学和中国公学的国文教员。

1906年4月,于右任赴日本考察新闻业务,在东京由陕西留日学生康宝忠引荐结识孙中山,11月经胡汉民、康宝忠介绍加入同盟会。孙中山对于右任十分器重,委任他为长江大都督,负责上海一带同盟会事务。1907年4月2日,于右任任社长的《神州日报》在上海创刊发行,销路甚畅。1909年5月15日,于右任又创刊《民呼日报》。《民呼日报》发表了许多揭露和抨击清王朝、陕西官员黑暗统治的文章,并配以漫画,增强了宣传效果。陕甘官员以甘肃赈款事罗织罪名,租界当局于8月2日拘捕了于右任,后事实大白,在国内外舆论的压力下,租界

① 庞齐编:《于右任诗歌萃编》,陕西人民出版社1989年版。

② 于右任:《我的青年时期》,中共陕西省党委党史资料征集委员会编《辛亥革命在陕西》,陕西人民出版社1986年版,第216页。

③ 庞齐编:《于右任诗歌萃编》。

当局释放于右任，却明令将其驱逐出租界，并吊销《民呼日报》执照。但是于右任并未屈服，10月3日，他创办的《民吁日报》又在《民呼日报》原址发行，因不便公开出面，以范光启为社长。不久，租界当局又以该报发表朝鲜爱国志士安重根刺杀日本驻朝总督伊藤博文的消息为借口，查封了《民吁日报》。在沈缦云等大力资助下，于右任筹办的《民立报》于1910年10月11日问世。《民立报》资金雄厚，以于右任、宋教仁、张季鸾等为骨干，在宣传民主革命思想方面发挥了重大作用，成为当时国内发行量最多、影响最大的报纸。于右任以"骚心"、"骚"等笔名，在《民立报》上发表了大量文章；为掩护宋教仁的革命活动，在宋离沪期间，他还以宋教仁的笔名"渔父"为名在《民立报》上发表文章。

1911年武昌起义爆发后，于右任与陈其美等人组织武装力量，制定起义计划，为上海的光复起了重要作用。1912年中华民国临时政府成立，于右任为交通部次长，因交通总长汤寿潜未到任，于实际主持部务。在任期间，创办沪宁铁路夜车，开创我国夜间通火车的先例。不久，孙中山辞临时大总统职，于右任回上海继续主持《民立报》。1913年"宋案"发生，"二次革命"失败，《民立报》被迫停刊，于右任流亡日本。次年回国，奔波于北京、南京、上海等地，曾以卖字维持生活。

1918年春，胡景翼等人起兵在三原组成陕西靖国军，反抗依附段祺瑞的陕西督军陈树藩。为统一靖国军的行动，8月于右任由上海回陕西三原就任陕西靖国军总司令，领导缺饷少械的靖国军与五倍于己的敌军进行艰苦的斗争。他置生死于度外，在致上海友人的信中写道："故人厚我，当捡我骸骨于战场灰烬中也。"①在十分艰苦的条件下，他还尽力关怀地方文化教育事业，了解学校情况，组织三原县城各校轮流举办学术讲演会。他把自己有关新教育的设想及改造社会的计划写信告诉孙中山，孙在复信中赞扬说："于干戈扰攘之秋，犹能放眼远大，深

---

① 刘延涛编：《民国于右任先生年谱》，台湾商务印书馆1981年版，第41页。

维本根。"①陕西靖国军解体后,于右任于 1922 年 8 月 13 日到上海,翌日,孙中山亦到上海。他向孙中山汇报了陕西靖国军的成败始末,以未完成中山先生重托,有负厚望而引咎自责,孙中山满怀信心地对他进行了安慰。于右任根据自己和孙中山遭受挫折的深痛教训,很想投身教育界,培养一批有益于国家的人才。恰在这时,东南高等师范专科学校的学生驱逐不称职的原任校长,请于右任出任校长。于右任接受所请,建议改校名为上海大学。1922 年 10 月 23 日,上海大学召开成立会,于右任到校就职。为办好上海大学,于右任与中国共产党人通力合作,邓中夏任总务长,瞿秋白任社会学系主任,蔡和森、恽代英、沈雁冰等人在该校任教,使上海大学成为第一次国共合作时期国内很有影响的大学。

1924 年 1 月,于右任出席在广州召开的国民党第一次全国代表大会,当选为中央执行委员。1 月 31 日,由孙中山主持召开的国民党一届一中全会上,任命于右任为中国国民党上海执行部工人农民部长。于右任非常赞同孙中山联俄、联共进行革命的政治主张,在《东方杂志》上发表署名文章指出:"在此革命期间""合则两益,离则两损。"1924 年 10 月,冯玉祥、胡景翼等发动北京政变,推翻曹锟贿选政权,于右任参与密谋,并于 11 月应胡之邀请赴北京。12 月,孙中山亦应冯、胡等人邀请到京,任于右任、汪精卫等组成北京政治委员会,处理北方国民党政务。孙中山在京病重住院期间,于右任参加了《总理遗嘱》稿的讨论。1925 年 3 月,孙中山逝世,于右任题赠挽联:"总四十年胼手胝足之工,直是为生民立命,为一地立心,历程中揖让征诛,举同尘土;流九万里志士劳民之泪,始知其来也有因,其生也有自,瞑目后精神肝胆,犹照人寰。"②高度评价了孙中山一生的功绩。7 月,广东国民政府成立,

① 孙中山:《复于右任函》(1919 年 9 月 1 日),中山大学历史系孙中山研究室编《孙中山全集》第 5 卷,中华书局 1985 年版,第 106 页
② 景常春编著:《近现代名人对联辑注》,南京大学出版社,第 399 页。

于右任为委员之一。12月，段祺瑞改组国务院，任命于右任为内务总长，未就。

1926年四五月间，中共北方局书记李大钊请于右任赴苏联敦促冯玉祥回国，重整旧部，响应广东国民政府领导的北伐，解除河南军阀刘镇华部对西安的重兵围困。于欣然同意前往，7月抵达莫斯科。在苏期间，受到斯大林的接见。在与冯玉祥商讨计划后，先期经蒙古回国。9月16日，冯玉祥在内蒙古五原举行誓师大会，于右任代表国民党中央向冯玉祥授旗，同时迅速组成以冯玉祥为总司令、于右任为副总司令的国民军联军总司令部。接着，于右任指挥大军经银川、平凉等地进入陕西。11月下旬，刘镇华部全线溃退，解了西安之围，于任国民军联军驻陕总司令兼陕西省主席。于右任主持陕西军政期间，西安一度成为北方革命运动中最活跃的城市，有"南广州北西安"之誉。

1928年2月，在国民党二届中央执委会二次会议上，他连任中央执委会常委，还当选为国民政府常委、军事委员会常委。3月，任审计院长。从1931年春起，于右任任监察院院长直至逝世，长达三十余年。他任监察院院长之初，曾满怀信心地宣布：一个蚊虫，一个苍蝇，一个老虎，只要他有害于人民，监察院都给他平等的待遇，并不打了小的，忘了大的。在多次碰壁之后，他感慨地说："打苍蝇也要受到限制，更谈不上打老虎了。"①

抗日战争时期，于右任进行了许多卓有成效的爱国活动。他以监察院院长身份，组织战区巡察团、战区风纪巡查团、战区行政工作考察团，派赴各地视察伤兵、慰问民众，对战时医院的伤兵治疗、难民安置等工作进行检查。于右任自己也身体力行，亲自参加。他写了许多充满激情的爱国诗篇，颂扬中国人民英勇抗战的事迹。皖南事变发生后，于右任从女婿屈武口中得知事变真相，气愤地拍着桌子大声说："这种破

---

① 周伯敏：《我所知道的于右任》，中国人民政治协商会议上海市委员会文史资料工作委员会编《文史资料选辑》总第34辑，上海人民出版社1981年版，第102页。

坏两党合作的行动简直就是破坏抗战,我一定要讲话。"①于右任是声誉很高的书法家,对抗日前线归来请他写字留念的将士,有求必应,且不让别人代笔。1943年河南省旱灾严重,于右任卖字捐款八十万元,比当时各界给河南捐款的总数还多四十万元。

抗日战争胜利后,于右任极力希望通过和谈解决国内问题。1945年9月,毛泽东赴重庆谈判,他曾设宴款待,公开支持国共两党再次合作,和平建国。1949年2月,颜惠庆、章士钊等组成的"上海人民和平代表团"到北平等地与毛泽东等中共领导协商和谈事宜,代表团返回南京时,于右任亲赴机场迎接。4月,国共和谈正式在北平举行,李宗仁原拟派于右任作为特使去北平,嗣因情况变化,未成行。周恩来曾请屈武转告于右任,如果南京政府拒绝批准《和平协定》,希望于留在南京,与张澜等人组织新政协。但在11月,于右任被胁迫去了台湾。

于右任晚年以多病之身,十分思念远在家乡的亲人。1962年1月24日,他以痛切的思乡之情写了一首催人泪下的诗歌:"葬我于高山之上兮,望我大陆。大陆不可见兮,只有痛哭!天苍苍,野茫茫,山之上,国有殇!葬我于高山之上兮,望我故乡,故乡不可见兮,永不能忘!"这首诗写出了海峡两岸华夏子孙渴望早日团聚的共同心声,成为脍炙人口的诗篇。

1964年11月10日,于右任因病在台湾逝世。他的诗文、讲演稿、墨迹,由有关人士编为《于右任先生诗集》、《于右任诗歌萃编》、《于右任先生文集》、《于右任文选》、《于右任先生演讲集》、《于右任墨迹选》、《于右任草书集》等。

---

① 屈武:《记周总理对于右任先生的关怀和对我的教育》,《人物》1981年第4期。

# 余　汉　谋

严如平

余汉谋,字幄奇,广东高要人。1896 年 9 月 22 日(清光绪二十二年八月十六日)生。父亲余云樵,晚清曾任广东罗定县守备,后在东安(今云浮)盐埠任职,经营官办盐务。晚年穷困,生计艰难。余汉谋七岁入肇庆县城西图始小学求读,毕业后考入广东陆军小学第五期。继后升入武昌陆军第二预备学校,1916 年又转入保定军校为第六期步科。多年的军校学习生活,使余获得比较系统的军事科学知识,亦受到严格的军事训练。

1919 年秋,余汉谋从保定军校毕业后,先被派至北京政府边防军曲同丰第一师见习,三个月后在第三团第十一连任排长,驻北苑。1920 年直皖战争后边防军解散,余回广东加入粤军第三师,先任魏邦平部连长,回师广州讨伐桂系莫荣新部。在 1921 年 6 月敉平陆荣廷之役中因战功升任第九团第二营营长。1922 年 6 月陈炯明叛变时,余营守封川江口,以防滇、桂军东下。是年末,余营追随张发奎、邓演达等独立。1923 年初余转入广东宪兵司令部任副官长,6 月转任粤军第一师陈济棠步兵二旅参谋主任,半年后任该旅邓演达第三团第一营营长,所辖四个连长是李洁之、陈审、唐拔、陈诚。在一些战役中,余作战勇敢,机警灵活,指挥有当,颇受上级好评。

1925 年 8 月,驻粤各军统编为国民革命军,粤军第一师扩编为第四军,余汉谋升任第十一师第三十一团团长,在第二次东征和南征中,率团作战颇为英勇。广东统一后,余率全团驻防高雷地区,绥靖地方,后任高雷警备司令。他得到当地进步力量的支持和配合,大力清剿土匪恶霸,发展地方交通事业。

"四一二"政变后,广东当局亦电令余汉谋在高雷地区"清党"。余感到时局混沌,要搜捕的中共党员和进步人士又都是协助绥靖地方的友人,遂派员先通知他们立即潜离,次日才去查封工会、农会。10月,已任第一师副师长兼第三十一团团长的余汉谋借口有病留在兴宁,未参与阻击南昌起义部队南下的战事。但第三十一团在丰顺县汤坑与起义部队短兵相接,血战两昼夜,伤亡过半,副团长阵亡。

1928年2月,李济深回到广东,对全省军政、民政、财政重加整理,把粤军编为三个军,余汉谋升任第四军第一师师长,所部调驻肇庆。余在家乡肇庆锐意编练部队,并大力清剿土匪,除暴安民。翌年3月,李济深遭蒋介石扣押于南京鼓楼,第四军军长陈济棠被任命为广东编遣区主任和讨逆军第八路军总指挥。余汉谋等一些粤军将领力主武力营救李济深,但陈济棠不允。在蒋介石编遣全国军队之际,余汉谋之第一师被编为第一旅,任旅长。在1929年5月粤桂之战中,余汉谋被告有通敌之嫌而遭扣押,所部众将士甚为不满,军心涣散,战事失利。陈济棠顾忌兵变,乃释余以参谋长名义到前方指挥。余重新部署前线战事,分三路反击,连战皆捷。战后余任第五十九师师长。11月又任第二纵队司令,率三个师在花县击败了张发奎与桂军的进攻,长驱直入广西腹地,纵横桂东、桂南,余在粤军中的声威陡增。

1931年5月,孙科"再造派"等各派反蒋势力因不满胡汉民被扣而集于广州,得到陈济棠等人的支持。在反蒋各派策动下,5月26日余汉谋与两广将领二十余人联衔通电,限蒋介石四十八小时内下野。27日反蒋各派即召开"国民党中央执行委员会非常会议",另立国民党中央党部和国民政府,余汉谋被任命为第一集团军第一军军长,统辖三个师驻防粤北,准备北上讨蒋。嗣后"九一八"事变爆发,全国军民强烈要求"内息争端,外抗强寇"。宁、粤双方经过谈判,达成蒋介石下野、广州结束非常会议的协议;但广州仍设立国民党中央执监委员会西南执行部和国民政府西南政务委员会,拥胡汉民为领袖,实际也是陈济棠、李宗仁分掌实权。余汉谋在广州召开的国民党第四次全国代表大会上被选为中央执行委员,并任西南执行部委员。

1932年春,余汉谋被任命为驻赣第六绥靖区司令官,率第一军进驻赣南,参加"围剿"中央苏区的战事。余不求有功但求无过,在大余、南康、信丰、安远等地修筑城防工事;继在各县兴建公路和碉堡,以固守为主,保存实力;并积极扩编部队,充实装备。其后虽与工农红军有几次接触,但均指挥所部固守为上,偶有激烈交战,亦以退守城垣而息兵;蒋介石调集大军围攻红军,余部奉命堵击,亦未发生大的战斗。1934年10月红军撤离江西根据地西进长征,蒋介石下令余率部堵截追击,但他怕损兵折将,指挥所部退守大余、南雄,结果反遭红军袭击,只能边打边撤;在安息又遭红军攻击,再向湘境转移。他顾虑蒋介石部队乘机进入广东,佯令一部进至蓝山追击红军,而主力在坪石休整,于11月下旬回到赣南。

1936年5月胡汉民病逝,蒋介石示意两广取消西南执行部和西南政务委员会。正在陈济棠顾虑丧失西南霸主地位之际,桂系来游说两广共同以抗日为名揭櫫反蒋。16日陈济棠召集余汉谋等粤将领密商,众说不一。余劝谏说,蒋介石的军事力量有绝对优势,又有平汉、粤汉、津浦、浙赣诸铁路线和海上实力,可迅速运兵南下,我们难有必胜把握。部分将领亦赞同余说。但陈济棠认为粤、桂两军拥有三十多万兵力,空军飞机两百多架,海军舰艇数十艘,在抗日名义下倒蒋,必可取得全国舆论的同情和反蒋各派的支持。乃以请缨抗日为名,联合桂系于6月初出兵,分向湘、赣边进发。

两广事变发生后,蒋介石提出召开国民党二中全会共同商决一切,同时向湘、赣两省增兵,于6月10日抢占衡阳,阻粤、桂军北上。当他闻悉粤军内部意见不一,乃请孙科等人拉拢余汉谋等将领,并以重金收买广东空军。粤军部分将领本有反对内战、欲对陈济棠实行兵谏之意,敦促余汉谋出来领导。但余怕以下犯上、不忠不义之罪名和可能招来杀身之祸,一再拒绝众请,直到 7 月 4 日深夜才在粤将跪请之下下定决心。7 月 8 日余飞往南京,出席国民党二中全会,向蒋介石效忠。蒋介石随即任命余汉谋为广东绥靖公署主任兼第四路军总司令,并发给活动费两百万元,在钱大钧、陈诚、黄镇球等陪同下回粤收拾残局。12 日余飞回大余,14 日通电就职,并指挥所部挺进韶关,沿粤汉路南下。此时粤军不少将领纷纷公开表态拥蒋反陈,广东空军七十二架飞机 18 日集体飞往南昌。当日,陈济棠被迫离粤去港,亡命欧洲。余汉谋 24 日到达广州,接管广东军权。嗣后蒋介石派黄慕松至穗,为广东省政府主席。

余汉谋的倒戈投蒋,对南京国民政府统一广东起了重要作用。蒋介石为加强对多年处于独立状态的广东的控制,于 1936 年 9 月 26 日特地设立军事委员会委员长广州行营,以何应钦、陈诚为正副主任,直接行使对军政的监督与处理权。余汉谋原本与蒋没有什么渊源,在国民党内又无可作奥援之势,他极有自知之明,对蒋介石和广州行营尊重有加,还两次主动将粤军加以整编,将十五个师整编为十个师,辖四十个步兵团和一个教导旅;对于蒋介石嫡系部队入粤和将一部粤军调离出境,也表示了服从的姿态,获得蒋之容忍。

1937 年抗日战争爆发后,广东、福建划为第四战区,何应钦为司令长官,余汉谋为副司令长官兼第十二集团军总司令。余将所部编成张达第六十二军、张瑞贵第六十三军、李汉魂第六十四军、李振球第六十五军、叶肇第六十六军,六十二军军长张达兼琼崖守备司令,其他四个军先后奔赴淞沪、南京、兰封、南浔沿线、蒲圻等地作战。将士们英勇抗日,不怕牺牲,表现出民族大无畏气概。余汉谋在广东开办民运、防空、救济等训练班,培训各方面人才;1938 年还设立抗日自卫团统率委员会,请闲散的粤籍将领主事,统率在各地建立起来的民众抗日自卫团。

1938 年 10 月,日本侵略军在台湾集结部队向广东进犯,出乎余汉谋意料突于 10 月 11 日派出数十艘军舰云集大亚湾,次日晨久纳诚一第十八师团在海军、空军掩护下于澳头强行登陆,我守备部队遭猛烈轰炸和炮击,全部牺牲。敌三宅俊雄第一〇四师团即于同日上午在大亚湾东岸玻璃厂登陆。余汉谋仓促部署,一时难以集结大量队伍抵御敌之凌厉攻势。12日夜十八师团攻陷淡水,随即进至惠州西南,一〇四师团则进至惠州东部之平潭。15日敌占惠州,19日又尾追至增城。守城部队寡不敌众,弃城而走。20日夜,余汉谋在广州召开军事会议,面对敌即将进犯广州之态势,决定在广增公路两侧布防以狙击敌人。但蒋介石下令广州附近之队伍转移粤北,以阻击北犯之敌。余部乃奉命退至广州以北九十公里之靖远、横石、新丰一线,致使广州空无一兵。21日下午日军兵不血刃进占广州。接着日军追击余部,迅即侵占从化、佛山、虎门等地,完全控制了广州附近地区。

余汉谋撤至粤北,将第十二集团军总司令部驻翁源三华,整编所属队伍,部署在源潭、良口、龙门一线,以抗御敌人来犯。他在翁源开办军官训练团,轮流调训所部的中下级军官;同时开办政工人员训练班,招收从广州撤退来的爱国青年学生加以集训,分派到各部队做政治宣传教育工作,增强士兵抗日斗志。为保存实力,余未对日军进行反攻;对于1939年5月日人和知鹰二的诱降活动则严峻拒绝。

1939年11月,日本侵略军对两广发动大规模进攻,海军舰队掩护七十余艘运兵船,运送今村均第五师团和盐田定七台湾混成旅团在钦州湾登陆,分三路向南宁进犯,11月17日占防城、钦县后迅即推进,22日晚第五师团第七、十一两个旅团进抵邕江南岸,即从南宁的东南和西南进攻,24日上午突入城内。我抗日军队扼守昆仑关要隘及武鸣、宾阳一线阵地阻敌北犯。余汉谋应命派出陈公使第六十四军和陈骥第六十六军开赴前线支援;同时指挥缪培南第六十五军、张瑞贵第六十三军、黄涛第六十二军攻击敌之增援部队,次第收复英德、连江口、花县、从化等地,取得第一次粤北大捷。

1940年4月,日军从广州发兵两万余北犯,余汉谋以黄涛第六十二军和张瑞贵第六十三军分别从从化、良口阻敌,与敌激战不已;敌改向西犯,余指挥黄涛率部迎击,并调兵增援,顽强抗御,并乘势反击,大量杀伤敌人，迫使敌军夺路南逃。是年 8 月，余升任第七战区司令长官，设长官部于韶关，仍兼第十二集团军统辖广东全省军队。在日军于 1944 年底发动豫湘桂战役时，余汉谋派黄涛率第六十二军赴湘驰援，阻击日军南下。但日军还是进犯粤北，余率部抵抗两昼夜后，从韶关撤向赣南、粤东。

抗日战争胜利后，国民党军队实行全盘整编，于 1946 年春将余汉谋的第七战区、第十二集团军均予撤销，所部各军亦均被整编、裁减，大量抗日将士被裁减复员回乡。余汉谋被调离一直驻扎数十年的广东，改任衢州绥靖公署主任，在蒋介石发动的全面内战中负责浙赣路沿线地区。余难以抗争，只是将历年积存的部队部分公积金及可变卖之资财分发给被裁将士去自谋生计。

1948 年 5 月，余汉谋被任命为陆军总司令，调至南京。但这是一个名声甚高、实无职权的虚衔，所有军队的调动和指挥全在蒋介石及其亲信国防部长何应钦、参谋总长顾祝同手中。其时，国民党军队在各个战场皆是节节败北，尤其在是年秋冬次第展开的辽沈、平津、淮海三大战略决战，更使国民党军的野战主力部队被歼殆尽。蒋介石难以为继，于 1949 年 1 月 21 日被迫下野，下野前于 1 月 18 日宣布余汉谋继宋子文任广州绥靖公署主任。蒋下野后李宗仁任代总统，国民党中政会 24 日决定迁政府至广州办公，随后中央党部亦迁广州，顿使广州成了垂危的国民党的统治中心。

余汉谋回到广州后，想支持李宗仁收拾残局，乃在广东加紧扩编军队补充兵员充实装备；兼将旧部部署在湛江、肇庆、海南等地。4 月人民解放军渡江南下，摧枯拉朽锐不可当。一些民主进步人士劝导余汉谋起义以保全广州和粤境免受战祸。余疑虑多端，不敢决断。7 月蒋介石来到广州督阵，主持制订保卫广州军事计划，更使余不敢动弹。8 月，蒋介石任命余为华南军政长官，将驻在广东的十一个军交由余统一指挥。10 月 2 日，人民解放军第二、第四野战军二十二万人分三路进军广东，余知势不可挽，乃暗中布置所部苟安退却，不要抵抗丧命。他还把绥靖公署大部分职员分批遣散,让他们各自逃命。10 月 13 日,余率残部从虎门乘海轮经湛江撤往海口。10 月 14 日广州解放。

余汉谋到海口后,被蒋介石任命为琼崖防御副总司令、海南特区行政长官公署副长官,协同薛岳死守海南,将逃入海南岛的残部编为五个军另两个师,加上海军第三舰队和空军四个大队,严密防御。但终究难以抵挡一批又一批解放军登陆进击。蒋介石从台湾调派舰船到榆林、八所来接走败军,余汉谋与薛岳于 1950 年 4 月 22 日晚乘运输机撤往台湾。残部在解放军追击下,劫夺当地渔船下海逃跑,但仍有三万余人被歼于岛内。海南岛于 5 月 1 日完全解放。

余汉谋到台湾后,先后挂名"总统府"战略顾问和国民党中央"评议委员"等。1981 年 12 月因喉癌殁于台北。

## 主要参考资料

陈训北,正编著:《国民革命军事史初稿》,1931 年南京版。

台北"国防部史政局"著:《剿匪战史》,中华大典编印会、成文出版社 1967 年版。

秦孝仪主编:《中华民国重要史料初编·对日抗战时期》,台北中国国民党党史会 1981 年版。

中国人民政治协商会议《粤桂黔滇抗战》编写组编:《粤桂黔滇抗战——原国民党将领抗日战争亲历记》,中国文史出版社 1995 年版。

姜克夫编著:《民国军事史略稿》(四卷本),中华书局 1987—1995 年版。

李洁之等:《蒋介石分化余汉谋粤系部队史实》,中国人民政治协商会议广州市委员会文史研究委员会编《广州文史资料》第 6 辑,1962 年。

高要县政协文史办:《余汉谋简介》,中国人民政治协商会议高要县文史资料研究委员会编《高要文史》第 2 辑,1986 年。

# 余 日 章

## 雷镇阊

余日章,原籍湖北蒲圻。1882 年 11 月 25 日(清光绪八年十月十五日)生于武昌。父余文卿,早年加入基督教,为中华圣公会牧师。

余日章从小入教,并在教堂附设小学读书。1895 年入武昌文华书院。1905 年毕业于上海圣约翰书院。由于教会学校多年的熏陶,"这时他对于宗教运动已感有热烈的兴趣"①。

1905 年春,余日章返武昌任文华书院附中教员。1908 年秋,靠美国传教士帮助,赴美入哈佛大学研究院攻读教育科,1910 年毕业,获硕士学位,同年 12 月下旬返国。次年春,任武昌文华大学附中校长。辛亥革命爆发后,他组织红十字会,自任总干事,并充黎元洪的幕僚。不久,在黎元洪任都督的军政府外交部任交涉局局长,南京临时政府成立后,任中华民国副总统黎元洪的英文秘书。

1912 年,余日章加入中华基督教青年会全国协会,次年任该协会演讲部主任干事,曾到江苏、广东、云南等地宣扬基督教义,高唱"教育为立国的基础"②。从此开始了他以基督教活动为主的生涯。

1916 年,余日章任中华基督教青年会全国协会代理总干事,1917年 9 月正式任总干事,以后连任达十七年之久,1923 年到 1928 年还兼任中华全国基督教协进会会长,成为中国基督教界屈指可数的头面

---

① 袁访赉:《余日章传》,青年协会书局 1948 年版,第 3—4 页。
② 袁访赉:《余日章传》,第 25 页。

人物。

余日章一生打着"基督教"的旗号,极力宣扬资产阶级改良主义的"人格救国论",反对社会革命,认为中国所以衰弱,是因为所谓道德的"退化",只有皈依基督,才能修养人格,富强国家。这种"人格救国论",实际上是"基督救国论"。

余日章成为中国基督教界头面人物后,又以"民间"姿态频繁地参加政界活动。他曾多次为当时政府派出访美,1915年5月至9月,曾参加当时袁世凯政府农商部的"实业考察团"赴美考察,任该团名誉书记。这次访美的目的是所谓"联络邦交,促进实业"①。余作为该团发言人,在遍访美国大部分重要城市时,作了九十次讲演。他很会迎合美国某些人士的心理,使他们感到"没有一个从外国来的人曾使我们这样兴奋过"②。1921年11月,他又以"国民代表"身份随北京政府代表团参加华盛顿会议。抵美后,他奔走于美朝野人士之间,到处介绍"中国实况",并"征询"美方对会议的"意见",幻想美国政府会"赞助中国"。结果,会议通过的《九国公约》,在"门户开放,机会均等"的烟幕下为美帝国主义侵略中国制造"合法"根据。1927年7月,余再率代表团赴檀香山参加太平洋国民会议,在会议发言中,他竟引中国古时有兄弟因闹分家打官司,经人劝导后复和好的故事,妄图去"劝导"侵略中国的日、英、美等帝国主义发"善心",与中国讲和睦相处③。1932年8月,余日章去美国治病,曾面见美国国务卿史汀生(Henry Lewis Stimson),希望美国对日侵华有所遏制④。

1934年,余日章病重,辞去青年会总干事一职而任名誉总干事。1936年11月22日病逝于上海。

---

① 袁访赉:《余日章传》,第42页。
② 袁访赉:《余日章传》,第42—43页。
③ 袁访赉:《余日章传》,第100页。
④ 袁访赉:《余日章传》,第126页。

# 余 芝 卿

汪仁泽

　　余芝卿,号茂芳,浙江宁波人,生于 1874 年 1 月 24 日(清同治十二年十二月初七)。父母早亡,自幼靠姊抚养。十三岁时由姊夫朱昆山荐入上海德盛成东洋庄①当学徒。1890 年满师后曾到镇江谋生,二十岁时又回沪进德盛成做捎客。不久转入泰生祥东洋庄当跑街,积了些资金后,自己开设永泰祥东洋庄。后经销火油失败,1904 年避往日本。

　　1907 年,余芝卿与人合伙,在沪开设和昌盛东洋庄,资金银五千两,分作十股,余仅占一股。此时余在日本另做棉纱投机买卖,又告失败。债主逼债,赖华侨及日本朋友帮助,出兴隆票②了结。余一时生活无着,乃以给和昌盛在日本办理进货业务,赚取回佣为生。为了保住这一业务,他暗中贴给和昌盛经理百分之一和有关人员百分之零点五的进货回佣。余用这种手法,还招来了沪地其他东洋庄和厂商的办货生意,进益日丰。不久不仅还清了兴隆票,还在日本大阪独资开设鸿茂祥进出口商行。初因经营不善,一度亏损,后雇用年轻伙友薛福基精心经营,一年内反亏为盈。余对薛十分赏识,提他为经理,倚为得力助手。

---

　　①　"东洋庄"是清末民初专营进口日本商品经销业务的批发商。德盛成当时专营日货磁器、料器。

　　②　债务人欠债后无力偿还,向友人借款还债,出给借条,书明待日后兴隆时归还。

由于他们经营得法,鸿茂祥信誉日佳,期票可在市面上贴现使用,余亦成为当地著名侨商。

此后,余芝卿谋求在国内投资工商业,1919年命鸿茂祥账席吴哲生在上海开设鸿裕编带厂,自产花边经销,是为国内首创。此时,余芝卿开设的鸿茂祥的一项大宗业务,是包销日本武川橡胶厂生产的"地铃牌"和A字橡胶厂生产的"铁锚牌"帆布跑鞋、橡胶套鞋。这时日货跑鞋在华略有销路,而橡胶套鞋则因无夹里布,不透气,易引起烂脚,乏人问津。后来余的亲戚洪念祖,在上海将美国制造的套鞋寄给余芝卿。余委托日本武川橡胶厂仿制,加放夹里布防潮,运回国内试销。由于式样美观,轻便舒适,销路大畅,替代了当时内地笨重的钉鞋雨靴。余因此获得厚利,数年后回国居沪上。他举止阔绰,引起歹徒注意,1925年初遭绑架,出五万元现洋始赎回。不久余离国侨居日本。

五卅运动前后,群众爱国热情高涨,日货普遍受到抵制,东洋庄前途黯淡。薛福基鉴于套鞋在国内销路已经打开,销售网亦已形成,又与日本厂商有联系,可以设法引进技术,且橡胶原料价格因国际上用代用品而不断下降,胶鞋利润优厚,因此怂恿余芝卿在国内自办橡胶厂。余乃出资六万两,让薛福基回国与吴哲生共同筹备。经过薛、吴等人多方努力筹办,1928年10月底橡胶厂正式开工,雇用月薪工八十人、计件工五十人。初拟厂名"上海橡胶厂",有人认为振兴实业,有利于国家,应有自豪感,遂用"大中华"为厂名。商标取名寓意"名利双全"的"双钱牌"。初期日产千余双,质量较差。后余以重金聘用日本武川厂技师加藤为技术顾问,质量逐步提高,尤以涂油技术见长,光泽良好,不粘不裂,销路逐步打开。此时余芝卿表面上已经退休,实际上对厂控制甚严。

大中华厂的胶鞋产量,1931年至1935年间,每年保持六百万双左右的水平,1936年达到八百七十四万双。利润率初期约在百分之五十左右。余芝卿以其历年的大量盈余,投入扩大再生产。大中华逐步以一个厂,发展到后来的九个厂(大中华第一、二、三、四、五厂,天津分厂,织布厂,第一、二原料厂——碳酸钙厂和锌氧粉厂);先后在芜湖开设营业所,在南京、汉口、长沙、广州、温州、重庆、昆明、贵阳等地设立发行所,并在沪特约一些批发商和百货店,委托代做广告,推销商品。

余芝卿在事业上富有进取精神。他看到大中华生产套鞋、跑鞋已站住脚,进而生产人力车胎、自行车胎。1932年又提出试制汽车轮胎,拨出专款二十万元,从日本高价购进机器,聘来熟练工人传授操作技术,1935年试制成功正式投产。1936年产汽车轮胎二万六千余条,人力车胎三十四万余条。抗战前夕,余并接受国民党笕桥空军学校委托,试制飞机轮胎。但是国内汽车轮胎市场长期为洋商"邓禄普"、"固特异"等橡胶公司所霸占,他们力图继续霸占我国市场,先以压低售价的手段,企图压垮大中华厂,后又由邓禄普(John Dunlop)出面,借口大中华汽车轮胎与其厂轮胎花纹近似,于1936年提起诉讼,大中华轮胎生产一度被迫中止。

大中华厂的资金自开办后一再增资,1929年以红利升值,增资为二十万元。此时,余芝卿为鼓励薛、吴的积极性分赠红股,并变独资为合伙。1931年增资时吸收外股,经销客户为了争取经销权纷纷入股,乃增资至一百一十万元,并改为两合公司。到1934年增资时,余为了化解劳资矛盾,防止跳槽自行开厂,采用吸收职工入股办法,增资为二百万元,其中职工入股十一万七千元,并改组为股份有限公司。有的职工年底所得红利,已超过工资数。1936年再增资至三百万元。

1937年7月抗战军兴。8月14日沪战第二天,中国空军飞机的炸弹,误落大世界游艺场附近,造成死伤数百人的惨祸,薛福基亦罹难。余芝卿悲痛之余,请洪念祖、余本性继其任。余芝卿因自己曾长期侨居日本,恐被敌人利用,乃潜去香港暂避,并以大中华橡胶厂兴业股份有限公司名义,向香港当局登记注册,在港设总管理处,上海改称办事处,全部企业由余在港遥控。他将沪地部分工厂化整为零,分向德、美驻沪领事馆注册,悬挂外国国旗以求庇护。同年11月,他将制造汽车轮胎的重要机器、原料内迁,拟经越南运往昆明开设分厂。当运至越南后,日军很快侵入,将其全部没收①。

上海租界沦为"孤岛"后,日商曾威胁利诱大中华厂与之合作,遭余芝卿拒绝。后来日本宪兵队借辞逮捕洪念祖,进行胁逼,诈取钱财。此后重庆方面打算在内地建立橡胶轮胎厂,派人潜至上海联系,征得余芝卿的同意后,吴哲生赴渝筹划在云南设厂,向英国进口机器。后因滇缅公路封锁,机器无法运入而作罢。

余芝卿平时喜好研究《易经》,晚年笃信佛教。对慈善事业亦常捐输,1934 年曾捐款二万元兴办德元小学。

1941 年冬,余芝卿回沪,不久因病去世。

### 主要参考资料

《大中华橡胶厂档案资料》,上海市档案馆,档案编号 66—3—1。

上海市工商行政管理局史料工作组等编:《上海民族橡胶工业》,中华书局 1979 年版。

李宝森:《大中华橡胶厂厂史》(未刊稿)。

---

① 摘自上海市档案馆资料,档案编号 66—1—157。

# 俞 承 修

姚祚鼎　汪仁泽

　　俞承修,字志靖,江苏常熟人。1894 年 5 月 3 日(清光绪二十年三月二十八日)生。其父俞钟銮,清光绪丁酉科举人,是翁同龢的外甥,爱好文学。后因翁支持戊戌变法被黜受到牵连,遂改业中医;并在本邑创办"儒英两等小学",以"中学为体,西学为用"为办学主旨,自此不再在仕途中求进取。俞家子女众多,俞承修居幼,从小敏慧,深得父亲喜爱,对之精心教读,期望殷切。

　　俞承修自小受传统教育,1909 年考进江阴南菁文科高等学堂。该校前身为南菁书院,校内学习旧学的气息很浓,可是他在进步同学的影响下,阅读了谭嗣同的《仁学》、梁启超主编的《新民丛报》、邹容的《革命军》、严复译的赫胥黎《天演论》,以及孙中山的革命理论等书刊,从而扩展了眼界,思欲有以振兴中华,改变祖国贫困落后面貌,走富国自强的"革新"之路。同时他对"君主立宪"和"伦理纲常"等等在少年时代所受教育,也开始产生了怀疑。当他读到了孟德斯鸠的《法意》和《群己权界论》等有关"三权分立"的学说后,进一步认识到"民主"与"法制"是救国图强的必由之路。这正如他自己在自传中所说:"看了这些书,使年轻的我大为兴奋,尤其是'共和制度',深入我心,认为中国大有可为","从而就决定了我毕业以后决心去投考政法学校"[1]。

　　1912 年,俞考进了省立苏州法政专门学校。该校的教师,不是英

---

[1]　俞承修本人自传。

美派,就是德日派,所讲授的大都是西方国家的法学理论,这又进一步加强了他对资产阶级民主与法制的观念①。俞在法专毕业后,于1916年经浙江省司法人员考试录取为专审员,先后被派往浙江嘉兴、山东济南等地担任承审员。1919年到北京参加高等司法官考试,录取后被派往北京司法官讲习所学习。入学之初,正值"五四"革命风暴席卷全国,俞也走上街头参加了这一伟大爱国运动。北京司法官讲习所的教师,多为年长资深的司法官,也有日本的法学专家。这两年的学习,为他日后在法学上取得成就打下了一定基础。1922年讲习所毕业后,他被先后派到浙江永嘉、吴兴、杭县等处地方审判厅为候补推事及代理检察官。1924年调往浙江高等审判厅办事。

1926年,在北伐战争影响下,上海收回了公共租界的"会审公廨",成立了"上海公共租界临时法院"。1927年俞被调至该院的上诉审法院任候补推事。

俞为人方正,耿直不阿。从1916年走上司法工作岗位,到1931年离开"临时法院",整整十六年始终未获递补正缺,当有人嘲笑他是个"老候补"时,他也处之泰然,不以为忤,但云只求问心无愧而已。在此一段时间,他唯一的"爱好",就是在公余之暇,搜集各国法律资料,钻研法学理论,每有发现或心得,即与俞钟骆、张志让等相互探讨,悉心研究,并视此为他生活中的最大乐趣。1927年,东吴大学校长吴经熊谂知他对法学钻研有素,并在刑法学方面有独到见解,就聘请他到东吴大学讲授刑法学。他在讲课中,每常用大理院的"判例"和"解释",结合他自己在法院实际工作中的经验,来讲授课文,阐明法理,内容生动,易懂易记,深受学生欢迎并得到学校好评。自此遂蜚声讲坛,为高教界所知名,一些院校竞相争聘。从1930年起,他先后在暨南大学、大夏大学、持志学院、上海法学院以及震旦大学等院校兼课,讲授民、刑、亲属、继承等法,其中以讲刑法为主。当时在法学界中曾被誉为桃李满天下的

____
① 俞承修本人自传。

刑法专家。

　　1931年,俞辞去了法院工作,加入上海律师公会,并在任课之余,开业从事律师事务。不久,又担任上海律师公会执行委员。1930年至1935年,他主编《法令周刊》,除为读者解答法律问题外,还为该刊撰写专题和论文。1936年上海法学编译社出版了他所编《中华民国刑法总则释义》和《中华民国刑法分则释义》,次年又出版了他所编的《中华民国新旧刑法比较》①。当时一些高等院校曾选用它作为教材或参考书。

　　1937年抗战开始后不久,上海、南京相继沦陷。1939年,上海特区法院被敌伪接管后,俞出于爱国主义思想,自行停止了律师业务,并坚决抵制敌伪对他的威胁和利诱,拒绝参加敌伪组织。这时他继续在持志等院校任教,直到1945年抗战胜利他才重新复业,执行律师事务。1946年,俞曾应聘担任国民党苏、浙、皖区敌产管理局的法律顾问,同时还担任"中华法学会上海分会"的理事、"上海司法协会"的常务理事和"上海法学编译社"座谈会委员,从事研究法律等学术活动。

　　他在从事律师事务期间,除办理一般案件外,还能出于正义为受迫害的爱国民主人士和进步学生、工人出庭作义务辩护。如在抗日战争前,国民党政府为了坚持"对外退让、对内用兵、对民压迫"的反动政策,镇压在全国兴起的群众抗日救国运动,1936年11月22日,在上海逮捕了救国会的领导人沈钧儒、沙千里、史良等七人,时称"七君子"事件。当时俞承修等上海、苏州的二十一位律师,出于爱国激情和对反动当局的愤慨,主动担任代表律师,为此案出庭作义务辩护。又如1948年1月,上海展开了争民主、反迫害的学生运动,同济大学学生自治会代表瞿宇平等十一人被国民党逮捕。俞曾替瞿等出庭辩护,办理"同济学潮"案件,最后瞿等全部获释。同济大学学生自治会为此向俞赠送题词为"保障人权、发扬民主"的红色锦旗一面,以资表彰。此外,他还直接或间接支持被国民党逮捕的爱国学生和青年工人,替他们代写诉状,同

---

　　①　均由上海会文堂新纪书局印刷发行。

国民党展开合法斗争。他这样做,随时有遭受反动派迫害的危险,可是他从不计个人的安危得失。这种见义勇为支持革命斗争的忘我精神,赢得了进步舆论的赞许。

　　1949 年上海解放后到 1952 年,俞仍继续在震旦大学执教,并在上海市人民法院参加陪审工作。之后,他又担任了中华新法学研究会上海分会委员会委员。这时,俞虽已年近六旬,但老骥伏枥,壮志未已,常向人表示:要继续研究新中国成立后所颁布的政策和法令,并搜集其他社会主义国家的有关资料,去从中探究社会主义的立法精神,以备我国立法部门起草民、刑、诉讼等法案,进行社会主义法制建设时提供材料①。不幸的是数十年来俞承修所搜集和积累起来的中外法学资料以及他历年来所写的专著和文稿,在 1960 年代后期的政治运动中被抄没一空,他本人在惊恐之余,1967 年 1 月 20 日赍志饮恨而殁。

---

　　① 　1952 年 9 月俞本人所填《震旦大学高等学校教师调查表》。

# 俞 济 时

严如平

俞济时,字良桢,号邦楔。1904 年 6 月 14 日(清光绪三十年五月初一)生。浙江奉化人。父亲俞阿城,清末小吏,在奉化县衙任税务、田赋员,生有十几个子女,贫困拮据,难以度日,有的孩子出生不久就给别人寄养。俞济时五岁发蒙,九岁入小学,继入中学,后辍学。1920 年到县城永丰米店当学徒。旧式的店规,繁重的劳作,卑微的地位,稀少的薪给,使他心情郁闷,度日如年,以学些书画、珠算自解。一次担送饭菜时不慎摔跤,把饭菜全部倒翻,他怕被责打不敢回店,乃离家远走,1922年至福建浦城县政府任庶务职。1923 年到了广州,投奔本族叔辈俞飞鹏。在粤军任审计处长的俞飞鹏,正应蒋介石之召参加黄埔军校的筹办工作,乃保荐俞济时考入黄埔军校第一期,编在学生二队。俞进入崭新天地,学习刻苦,操练认真,恪守纪律,学业优良。结业后俞济时被编在教导团,参加了两次东征,升为排长。经俞飞鹏之推荐,俞济时被素重乡情的蒋介石留在身边担任侍卫,吃苦耐劳、诚实忠顺的表现日渐获得蒋之好感。

1926 年 7 月北伐战启,俞济时升任总司令部警卫团第二营营长,随同蒋介石北上湘、鄂,又至江西、上海,始终随侍在侧。他忠于职守,又深谙蒋介石之习惯和脾性,唯命是从,更得蒋之喜爱,遂升任警卫团团长。1928 年北伐奉张结束后,全国编遣军队,诸多军缩编为师、师编为旅,唯独警卫团扩编为警卫第一旅,俞济时升为旅长,旋并兼代中央宪兵司令。俞虽升任要职,尚能谨守职责,受蒋介石进一步信任。1930

年警卫第一旅又扩编为警卫司令部,俞任中将司令兼第一旅旅长。1931 年警卫司令部与教导一师合编为警卫师,俞任副师长;不久,警卫师扩编为警卫军,顾祝同任军长兼第一师师长,俞为第二师师长。警卫军全以德国武器装备,按德国操典进行训练,军、师、团三级均配有德国顾问,自知浅薄的俞对顾祝同及德国顾问均甚为尊重,并努力学习德国操典,所部成为一支精锐部队。嗣后,警二师改为陆军第八十八师,俞仍任师长。

　　日本帝国主义继"九一八"事变后,又于 1932 年 1 月在上海制造"一二八"事变,第十九路军奋起抗御。日本侵略军不能得手,乃增兵扩大战事。驻扎在沪杭线的第八十八师将士义愤填膺,请缨杀敌。俞济时 2 月 1 日致电蒋介石云:"沪案严重,十九路军应战颇获胜利,惟恐不能持久,可否将本师调沪增援。"①蒋介石回复令其听命何应钦调遣。与此同时,驻沪宁线的第八十七师宋希濂第二五九旅全体将士宣誓请缨;孙元良第二六一旅之团以下官佐一百八十余人具文请愿。2 月 6 日,中央军校教育长张治中向蒋介石提出:我们中央的部队必须参加淞沪战斗才好②,并愿率部效命疆场。蒋介石盱衡战局,即以张治中为第五军军长兼第八十七师师长,并辖俞济时第八十八师及中央军校教导总队。俞师先于 2 月 5 日集结于苏州,归第十九路军蒋光鼐指挥,7 日进至南翔。11 日,俞济时领衔与副师长李延年、第二六四旅旅长杨步飞、第二六二旅旅长钱伦体以及第二五九旅旅长宋希濂联名通电全国谓:"济时等忝列戎行,救国具有决心。值此国家存亡关头,爰本中央团结御敌之旨,请命杀敌。现已全部并抵上海,听命于蒋总指挥(光鼐),誓与我十九路军亲爱将士喋血沙场,共同生死。宁为战死之鬼,羞作亡

---

　　①　秦孝仪主编:《中华民国重要史料初编——对日抗战时期:绪编》(一),(台北)国民党党史会 1981 年版,第 445 页。
　　②　张治中:《张治中回忆录》,文史资料出版社 1985 年版,第 97 页。

国之民。"①

俞济时率领第八十八师开赴江湾、庙行、大场一线,与第十九路军并肩作战,坚守阵地。敌军在海军配合下疯狂进攻,炮火猛烈,我抗日将士死伤累累,但英勇不屈。2月20日起,日军重点进攻庙行一带,俞师在庙行南麦家宅阵地,与敌第二十四混成旅团激战不已,俞济时率师部从冯家宅赴前沿阵地督战。庙行之战异常激烈,我抗日将士同仇敌忾,不畏炮火,前仆后继,英勇杀敌,第二六二旅旅长、副旅长均负重伤,全旅伤亡营长六、连排长近百、士兵逾千。俞济时亦腹部中弹致肠穿孔,不得不离队治疗,师长一职交孙元良接任。2月29日第八十八师奉调至庙行南竹园墩防守;接着撤退至嘉定、常熟。

俞济时在淞沪抗战中负伤后,经上海的德国医院治疗得以痊愈。1933年,俞调任浙江省保安处处长。他衔蒋介石之命,把全省的保安团队及各县区的保安机构,改建成一支统一领导的地方绥靖力量。先以第八十八师旧部顶替原属浙军一、二师的营以上官佐;连排长则调至士官教育团训练三个月;招募之新兵需在新兵教育总队进行严格训练,以提高队伍素质。他竭力整编各县保安团,提出一个三年计划,其中规定县长兼团长,副团长由省保安处委派,实际上把县长控制在自己手中。计划上报后,省主席鲁涤平未予批准;俞越级上报给蒋介石,蒋即寄批"准予试办"。自此,俞在浙江飞扬跋扈,不把省主席或厅长们放在眼里。他对查获之吸毒、贩毒者均处以死刑,令人畏惧。他还在省保安处增设一个情报股,隶属南京军委会特务处,专事收集情报、逮捕爱国人士的特务活动。

1934年12月,俞济时被任命为赣浙皖"剿匪"指挥官,辖有伍诚仁第四十九师、王耀武预备旅和第七师第二十一旅,开赴安徽太平县一带,追剿刘畴西、方志敏率领的工农红军北上抗日先遣队。俞自率一个加强营,随王耀武旅行动。在谭家桥战斗中,俞对先遣队的突然进袭毫

①　宋希濂:《鹰犬将军:宋希濂自述》,中国文史出版社1986年版,第67页。

无准备,惊恐不已,手令王耀武坚决顶住;同时把加强营增援到正面作战。先遣队连续发起进攻,俞赶至前线督战,宣布退却者格杀勿论;并集中迫击炮、机枪火力向先遣队猛烈射击。先遣队伤亡甚众,副指挥兼第十九师师长寻淮洲负重伤。接着俞又指挥王耀武旅在德兴搜索,俘获了先遣队政治委员方志敏等人。嗣后,俞济时被蒋介石调往宜昌,与被红军歼灭了主力的陈耀汉第五十八师合并,由俞兼任师长,就地编组何凌霄第一七二旅和吴济光第一七四旅。由于红军第二、六军团已向湖南方向发展,俞乃在宜昌整训部队。

抗日战争爆发后,俞济时被任命为第七十四军军长,除有自兼的第五十八师外,还有王耀武第五十一师。随即奉调从武汉经南京至上海,参加淞沪会战,编属薛岳左翼军陈诚第十五集团军,布阵在吴淞口至罗店、浏河一线。抗日将士不怕牺牲英勇作战,抗御侵略军的一次又一次进犯。第七十四军伤亡甚重,于9月30日退往蕴藻浜南第二线阵地,继续御敌。10月26日大场失陷后,俞率第七十四军退至南翔;11月8日日军在金山卫大举登陆后,俞部乃向青浦撤退。在青浦、苏州等地,俞部抗御追击之日军,牺牲众多。12月初,日军进攻南京,第七十四军亦编入南京保卫战序列,但因缺员太多,已无甚作战能力。南京失陷后,俞率部到湖北沙市一带整训补充。不久奉命开赴江苏丰县,参加徐州会战。8月5日俞被任命为第三十六军团长,除自兼之第七十四军外,还辖陈安宝第二十九军。随即移师江西马迴岭防线,参加武汉保卫战。在万家岭一战中击溃日军一个旅,受到嘉奖。

武汉会战结束后,俞济时率第七十四军赴长沙、湘阴一带整训,兼长湘警备司令。11月13日长沙大火,震惊中外。俞奉蒋介石密电,负责处决直接责任人长沙警备司令酆悌、警备团长徐昆、警察局长文重孚,以平息民愤。俞同时还处决了执行枪决命令而私吞酆悌金表、金笔的卫士,以正军纪。1939年4月,日军板垣师团所部向高安进犯,驻在长沙以南的俞济时指挥第七十四军及刘多荃第四十九军王铁汉师开赴高安。俞指挥各师反攻,经十个昼夜的苦战,夺回高安城,歼敌一个联队，又添声誉。

俞济时于1939年7月被任命为新五军军长。新五军是我国当时一支独一无二的机械化部队，俞准备带第五十八师赴任。但副参谋总长白崇禧和机械化兵监徐庭瑶向蒋提出：俞非机械化人才，恐难胜任此职。蒋无奈，在白、徐的报告上批了"考虑"两字。俞难以如愿，病休了一些日子后，于10月调到浙江出任第十集团军副总司令兼第八十六军军长。他秉承蒋介石旨意，下力整编浙江省主席黄绍竑自行建立的"国民抗敌自卫团"，将四个纵队缩为暂编第三十二、三十三、三十四师，又将省保安纵队编为第三十五师，然后组成暂编第九军，由原第八十六军军长冯圣法任军长，分驻温州、台州、宁波等浙东各地。俞济时自设第十集团军副总司令部于新昌，不把驻在金华岭下朱的第十集团军总司令刘建绪放在眼里，凡事直接向第三战区和重庆军委会请示汇报，与刘龃龉不断。

1941年5月，日军调集大批兵力发动浙东战役，俞济时所部莫与硕第八十六军等望敌而逃，日军兵不血刃轻取宁波、台州、温州等口岸，奉化溪口亦为敌所占。在浙江已有人怨的俞济时遭到各方抨击，不得不撤销副总司令部，于8月潜往重庆。

俞济时在浙江整编了黄绍竑的"国民抗敌自卫团"，是有大功于蒋介石的；虽然浙东战役之败难辞其咎，但仍得蒋之垂爱，于1942年11月被任命为蒋介石之侍卫长。侍卫长一职，原隶属于侍从室第一处，俞得到蒋之特准，改为军事委员会委员长侍卫长室，直接隶属于蒋介石，比侍从室第一处的地位还高。俞还把军委会警卫团扩充为警卫旅，除护卫蒋之官邸、别墅外，还担任军委会各部会和国民党中央党部各部会所在地的警卫。俞在侍卫长室下又先后设武官室、参事室，凡是要晋见蒋介石的军政要员以及外宾，均要先在武官室登记，经俞签署后再报蒋核准；参事室则是一个情报机构，三十多人以"视察"之职称分布各战区，收集军统、中统及中共的活动情报，由俞核转送蒋，真乃"特务之特务"。俞之所为，深得日理万机的蒋介石之欢心，俞之权势日增。1943

年俞兼侍从室第一处副主任，12月又兼军委会铨叙厅副厅长；1945年3月被任命为第三十六集团军总司令。后者乃军职之升任，但俞并未赴任，仍在重庆任侍卫长及侍从室第一处代主任之要职。

抗战胜利后不久，委员长侍从室改组，俞济时被任命为国民政府军务局局长，掌理原侍从室第一处之要务。对于国民党军队主要将领之升迁调动，以及军法处置等，俞拥有向蒋参奏之职权。对于各路军队之作战态势，俞除设专人研究国防部报送的战报外，还设置一批战地视察官分处各地掌握实况，由作战研究室加以综合，每天绘出作战态势要图报送蒋介石，供蒋指挥作战以至作出重大决策之参考。

俞济时日益得宠于蒋介石。在1946年9月的三青团第二次全国代表大会上，俞列名为中央干事会干事；翌年9月国民党六届四中全会决定党团合并，成立新的国民党中央，俞列名为国民党中央执行委员。1948年5月蒋介石当上总统后，俞出任总统府军务局局长。

蒋介石发动的内战全面溃败，不得不于1949年1月宣告辞去总统职，返回老家奉化溪口，但仍为国民党总裁，操纵一切。俞济时陪同蒋介石回浙，随侍警卫；8月被蒋任命为国民党总裁办公室主任。说起来职权更大，只不过国民党在大陆的统治已濒临崩溃，再大的职权也无处可使。此后俞随蒋介石辗转广州、重庆、成都，于12月护卫蒋介石撤往台湾。

俞济时到台湾后，于1950年3月起任"总统府"第二局局长、战略顾问；1953年为"国策顾问"。1975年4月蒋介石去世后，俞济时亦告老退休，仍挂有"总统府国策顾问"之衔领薪。1990年1月25日因急性胆囊炎不治而去世。

## 主要参考资料

俞济时：《八十虚度追忆》，台北史政编译局1983年版。

汪煜：《两任浙江保安处长的俞济时》，中国人民政治协商会议浙江省委员会文史资料研究委员会编《浙江文史资料选辑》第 13 辑,浙江人民出版社 1979 年版。

汪坚心:《我所知道的俞济时》,中国人民政治协商会议杭州市委员会文史资料研究委员会编《杭州文史资料》第 5 辑,1985 年。

姜克夫:《民国军事史略稿》,中华书局 1987 年——1992 年版。

严如军、郑则民:《蒋介石传稿》,中华书局 1992 年版。

# 俞 庆 棠

郭 烙

俞庆棠,字凤岐,江苏太仓人。1897 年(清光绪二十三年)出生于上海。父亲俞棣云,系邮局职员。她三岁丧母,十岁丧父,由大哥俞风宾(上海名医)抚养成人。她的仲兄是名记者俞颂华。

俞庆棠 1914 年毕业于上海务本女学校,1916 年入中西女塾,其后又入圣玛利亚女校学习。她自幼活泼、勇敢,娴于辞令,曾获上海学生演说竞赛第三名。五四运动时,她代表圣玛利亚女校参加上海学生联合会工作,并代表上海学联出席过全国学联会议。通过参加五四运动,她认识到对群众进行教育的重要,决心从民众教育入手,振兴中国。从此她始终不渝地献身于民众教育事业。

1919 年秋,俞庆棠赴美国留学,先后在台来佛亚(Deleware)女子大学、哈佛大学、芝加哥大学及哥伦比亚大学研读。在哥伦比亚大学时,当选为中国留学生会主席。1922 年,她毕业于哥伦比亚大学教育学院。回国后,与唐庆诒(留美学生,在上海交通部南洋大学任教)结婚,历任无锡中学教师、大夏大学教授。1927 年夏起,她担任江苏大学区(后改名为中央大学区)扩充教育处处长、江苏省教育厅社会教育科科长等职,负责规划江苏省的社会教育事业。

俞庆棠在美国留学时,一度是美国著名教育家杜威的学生。她把杜威的"教育即生活"、"学校即社会"的口号颠倒过来,变成"生活即教育"、"社会即学校",认为整个社会都是教育环境,整个人生都可以受教育。她把这种教育思想和她的教育救国论的思想结合起来,把民众教育当作改造社会、复兴民族的手段,提出一系列改进民众教育的理论和措施。她说:"中国民众教育的运动,是改进现行教育、完成教育理论、经营合理的共同生活的一种教育运动;是根据中国实际社会需要,经过了屡次严重国难的刺激而激发的民族复兴运动。"①她认为:"民众教育的最高理想,是全民众在整个社会生活中,知能道德的前进和向上。"②因此,"凡改变群众行为,授予知识技能理想而改进其个人团体生活的工作(如合作社、乡村改进会、保甲会议、农业推广等),都是它有效的方式"③。她还主张,教材与课程设置,应从民众实际生活需要出发,并注意培养民族意识。

俞庆棠为了实践她的教育思想,在江苏省创办和充实民众学校、民教馆、农教馆、图书馆等。1928 年创办了以培养民众教育师资为目的的江苏大学民众教育学校(后改名江苏省立教育学院),自兼校长。不久,她辞去校长职务,担任该院教授及研究实验部主任。此后一直到抗日战争爆发,她在该院专心致志地培养民众教育的师资,进行民众教育的实验和推广工作。民众教育首先在江苏全省得到比较普遍的发展,应归功于她的努力倡导,所以她被誉为"民众教育的保姆"。抗战前,江苏省经她创办或指导创办的民众教育机关有一百多处,仅在无锡就设有四个民众教育实验区、三十九所民校。她经常徒步深入农村,指导民校工作。她指导将识字教育与生产教育结合起来,由民校教师向农民推广优良稻麦品种,防治病虫害,传授养蚕技术及改良鸡、猪等家畜品种。她指导民校及民教馆组织民众成立信用、生产及运输合作社,颇受民众欢迎。1931 年,她联合全国从事社会教育的人员,成立中国社会教育社,作为研究促进社教事业的机构。她当选为该社的总干事。该社曾创办河南洛阳及广东花县两个民教实验区,其后又在桂林、重庆等

①　俞庆棠:《民众教育》,正中书局 1935 年版,第 1 页。
②　俞庆棠:《民众教育》,第 3 页。
③　俞庆棠:《民众教育》,第 3 页。

地推广社教事业。

　　1933年,俞庆棠赴欧洲,考察丹麦、荷兰、英、德、法、奥、意等国的成人教育与合作事业。她最赞赏丹麦的民众教育。丹麦由民众学校教育农民,当时已经没有文盲了。

　　1935年,民族危机日益深重,她积极参加文化界救国会的活动,开始对国民党的统治感到失望和不满。当江苏教育学院当局迫害和开除进步学生(有的是共产党员)时,她常为受迫害的学生辩护,保全了不少学生的学籍。这年冬,她主编《申报》的《农村生活丛谈》专栏,报道各地农民生活的困苦、吏治的腐败、赋税地租的繁重等。该栏文章后来汇编成书出版,她在序言中写道:"编者自己从事农村工作,已有十年的历史,对于农民的疾苦体验得很深,对于农村问题也逐渐有所认识。这是十年前在大学里教书时所意想不到的。"她看到农村"种田的没有地,有地的不种田",农民挣扎在死亡线上;城市中,民族工业受到帝国主义经济侵略的摧残、压迫,得不到发展,工人失业问题严重,越来越对国民党政府的统治失望和不满。但她幻想"以教育的力量来组织民众,训练民众,把一切障碍破除"①。她对勤劳而聪明的工农子弟不能享受教育权、而富家的纨绔子弟却有享受高等教育的特权,感到愤愤不平,屡次为工农民众的教育权而大声疾呼。

　　"一二九"运动中,上海学生赴南京请愿,火车在无锡被阻。俞庆棠率领无锡学生携带食品热情慰问,并在《大众生活》杂志上发表《写给上海学生请愿团的一封公开的信》,热情洋溢地赞扬学生的爱国精神,谴责宪兵强押学生回沪的反动行径,鼓励学生要"永远站在大众利益的立场上,来从事救国的伟业"②。1936年,她发表《现阶段中国所需的教育》一文,提出当前所需的教育是国难教育、生产教育和妇女教育。关

----

　　①　俞庆棠:《民众教育者对于发展社会生产应有的新认识》,《申报周刊》第1卷第2期(1936年1月)。

　　②　《大众生活》第1卷第9期。

于国难教育,她说:应"使民众了解个人的生活与民族存亡的密切关系,使民众相信自身力量的伟大,从而组织起来,团结起来,以抵御外侮,保护中国主权领土的完整"。关于生产教育,她认为"要将现社会的生产组织所加于受教育者的桎梏解除",才能使人民受到正常的生产教育,从而解决人民生活问题。她说妇女教育"是培植为民族谋生存而奋斗的新战士的教育,为社会增生产而努力的生力军的教育"。她号召民众教育工作者,做民族解放斗争中的"大众宣传者和组织者"①。

抗战爆发后,俞庆棠只身奔赴汉口,参加难童保育及妇女救济工作。1938年3月,她参加庐山妇女谈话会,作了开展后方妇女生产工作的发言。后来她撤退到重庆,担任妇女新生活指导委员会的生产部长,在永川县的松溉创设了一个纺织实验区,以妇女生产学校为中心,招收抗日军人家属及妇女入学,前后达数千人,组织她们学习文化与纺织技术,生产军服布、军毯、纱布、药棉等支援前线。她又在乐山设立蚕丝实验区,结合改良蚕种、改进缫丝方法,对农民进行识字教育。在农村工作中,她进一步认识到国民党政府的腐败和黑暗,有人介绍她加入国民党,她严加拒绝。1939年3月,她返沪探亲,为照料患病的女儿,留在上海,先后在东吴、沪江、震旦等大学担任教授,讲授"社会学"、"民众教育"等课程。其后又兼任申新纺织厂第二、第五两厂的福利科长,创办工人学校、合作社、医院等福利事业。

抗战胜利后,俞庆棠担任上海市教育局社会教育处处长。她领导创办了一百多所市立民众学校,恢复了市立图书馆、民教馆、体育场、博物馆等社教机构,还重点创办了一所上海市立实验民众学校,自任校长,作为她的实验园地。该校招收工人、妇女及失学儿童入学,共有学生二千七百多人,所有教室每天从早到晚由四班不同程度的学生轮流上课。还附设有托儿所、缝纫班、电工合作社、诊疗所等福利设施。该校的教职员工和学生中有不少共产党员和革命青年,他们利用推广民

① 《申报周刊》第1卷第43期(1936年11月)。

教的方便,办墙报、编歌曲,办巡回文库(即小图书馆)、展览会、演讲会,进行革命宣传。实验民校的民主进步气氛,引起反动当局的嫉恨,他们不断对俞庆棠施加压力。她于1946年愤而辞去教育局职务。1947年,上海市参议会提出要停办实验民校,她说:"谁来停办民校,我和他们拼命!"①她在共产党地下组织的影响和帮助下,领导全校师生员工展开了护校运动,使实验民校得以保存。其后,反动当局又迫她辞去实验民校校长职,她说:"我决不辞职,除非撤我的职!"②

从1947年起,俞庆棠担任联合国科学教育及文化组织中国委员会委员。1948年,她又担任联合国远东基本教育会议中国代表团顾问委员会委员。同年10月,她应邀赴美国考察战时的难童教育。

1949年5月,她离美返国,9月参加中国人民政治协商会议第一届全体会议。中央人民政府成立后,她担任教育部社会教育司司长。

1949年12月4日,俞庆棠患脑溢血症在北京病逝。

俞庆棠的著作有《民众教育》,主编有《农村生活丛谈》、《中国社会问题参考资料索引》、《民众教育概论重要参考书索引》等,她还与孟宪承合译了杜威的《思维与教学》。

---

① 唐孝纯:《纪念母亲》,俞庆棠先生追悼会筹备委员会编《俞庆棠先生纪念集》,1957年版,第141页。

② 胡耐秋:《女教育家俞庆棠先生生平》,《俞庆棠先生纪念集》,第35页。

# 俞 颂 华

俞湘文　葛思恩

俞颂华,名垚,江苏太仓人。生于 1893 年 3 月 9 日(清光绪十九年正月二十一日)。父俞书祥,字隶云,在上海电报局工作,初为电报生,后逐步升任上海电报局总办。俞颂华少年时代,曾肄业于上海澄衷中学,后考入北京清华学堂,又转入上海复旦公学,攻读政治经济学。1915 年赴日本留学,1919 年毕业于东京法政大学。

俞颂华自日本毕业回国后,应上海《时事新报》总编辑张东荪之邀,任该报副刊《学灯》主编,并参与《解放与改造》杂志的编撰工作。时在五四运动之后,《解放与改造》杂志曾介绍当时西方新思想,如马克思主义、民主主义、费边主义、乌托邦、无政府主义等各派学说,因而风行一时。

1919 年底,我国派驻海参崴的外交代表李兰洲(家鳌)邀俞颂华担任日文秘书。俞颂华志在新闻事业,对日文秘书工作不感兴趣,故到海参崴不久就放弃了这个高薪的工作,回到上海,仍任《学灯》主编。

1920 年秋,《时事新报》与《北京晨报》联合派一批记者赴苏俄采访十月革命后的情况,被派的有俞颂华和北京俄文专修馆学生瞿秋白、李仲武。这是最早去苏采访的中国记者。他们与驻莫斯科总领事陈广平同行。但由于当时西伯利亚铁路暂时中断,他们滞留哈尔滨甚久,于次年 1 月 25 日始抵莫斯科。他们游览了莫斯科并访问了彼得格勒,会见了列宁、莫洛托夫等革命领袖。3 月初又访问了苏俄教育人民委员长卢那察尔斯基。所写的采访通讯,分别在《时事新报》和《北京晨报》上发表。后来《北京晨报》把通讯辑成《赤俄见闻记》一书印行,曾再版多次。这些通讯对帮助当时的中国知识界了解十月革命后的俄国情况,起了重要作用。

俞颂华在苏采访约有半年,随后他离俄国经波兰到德国。在那里,他一面仍担任记者工作,一面进柏林大学研习哲学、论理学(逻辑学的旧称)和马克思主义等,其间曾两次赴法国。

1924年俞颂华自德回国,任上海中国公学教务长兼教授。后中国公学停办,由钱经宇(智修)介绍进入商务印书馆,编辑《东方杂志》,并先后在中央大学商学院、东吴大学法学院、沪江大学商学院、暨南大学、劳动大学、江苏省立教育学院等校兼课,讲授社会学、逻辑学等课程。他为《东方杂志》的国际栏撰写时事述评,直到1932年"一二八"日军进攻上海时,商务印书馆被日机炸毁,《东方杂志》暂时停刊,他才离开商务。随后,经黄炎培介绍,他进入上海申报馆工作。

俞到申报馆后,任新创刊的《申报月刊》总编辑。《申报月刊》创刊于1932年7月,在《创刊词》中提出创办这个刊物的宗旨是:认清时代潮流的趋势,以增进最大多数劳苦民众的福利为目标。为贯彻这一目标,俞颂华邀约许多知名人士为该刊写稿。1936年《申报月刊》改成《申报周刊》。在同一时期。他还与俞寰澄、李孤帆等创办了《新社会》半月刊,提倡革新政治,主张抵抗日本帝国主义的侵略,前后办了两年。

1936年12月西安事变后,国内形势起了变化。1937年4月,申报馆派俞颂华和孙恩霖赴延安采访,他们是西安事变后国内最早派往陕北抗日根据地采访的记者。他们到延安后的第二天(4月16日)晚上,得到了毛泽东的接见,在烛光下作竟夜之谈。其时在卢沟桥事变前三个月。他们聆听了毛泽东对于即将到来的抗日战争的形势估计与中国方面应采取的战略问题的谈话①。第二天又会晤了周恩来和朱德,并在当天晚上出席了延安的文艺晚会,和毛泽东、朱德、史沫特莱同座观

---

① 1981年孙恩霖与作者的谈话。

看了"抗日剧团"的演出。后来俞颂华在他所写的通讯中说:剧场虽然简陋,但表演的人很有精神,表演的戏剧和节目都很有爱国的意识。他还说:"在离肤施(延安)的时候,我们回首看城门两旁城墙上的'和平统一团结御侮'八个大字,不由得感到愉快,因为我觉得这八个大字,足以代表国难严重中的一线曙光,亦是全国国民的一致愿望。"①这篇通讯是国内新闻界报道中国共产党的抗战主张和陕北情况较早的一篇,曾引起广泛的注意。

1937年7月抗日战争开始后,俞颂华于8月应邀赴广州筹办《星粤日报》未成,转往武汉,参加《申报》汉口版的工作。

1938年春,俞颂华应中央政治学校大学部新闻系主任马星野邀请,赴湘西芷江任该校新闻系教授,讲授"逻辑学"、"新闻写作"、"新闻学专题研究"等课程;同年暑期,随该校迁往重庆。因与学校当局的关系不协调,1940年他离重庆赴香港任《星报》(晚报)主笔。不久又应胡文虎的邀请,去新加坡任《星洲日报》总编辑。但国民党有关当局不肯放过他,要胡文虎解聘他,因此他被迫再去香港。到港后,适值中国民主政团同盟的机关报《光明报》于1941年9月18日在香港创刊,梁漱溟任社长,俞颂华应梁的邀约担任了该报的总编辑。

《光明报》只办了两个多月,即因太平洋战争爆发,日军侵入香港而被迫停刊。俞颂华始则隐姓埋名,以后化装成商人,离港到桂林,任《广西日报》总编辑。《广西日报》系地方报纸,原来销数只有几千份。他负责编辑后,力加整顿,邀请从香港撤退到桂林的进步文化人士如金仲华、千家驹、胡仲持等为该报撰稿,报纸面目为之一新,销数随之日增,多时行销到两万多份。

俞颂华在《广西日报》期间,该报也受到国民党的压力,不许他在该报工作,他又一次被迫离开,转往湖南衡阳任《大刚报》总编辑。他为

---

①　俞颂华:《从上海到西安到陕北》,《申报周刊》(1937年5月23日),收入葛思恩、俞湘文编《俞颂华文集》,商务印书馆1991年版,第233—240页。

《大刚报》开辟了"星期增刊"。特别是他创办的"敌后航空版"(用飞机载往日军占领区散发),成为当时新闻界的创举。

俞在《大刚报》工作了近一年。1944 年,日本侵略军发动打通大陆交通线的战役,侵占衡阳,俞颂华再次转往重庆,受黄炎培之聘,主编中华职业教育社的机关刊物《国讯》杂志。抗战后期,由于长期流离颠沛,他的健康受到损害,患了肺病,但因经济拮据,无力医治。

抗战胜利后,俞到四川璧山任社会教育学院新闻系主任,但仍兼《国讯》主编。1946 年夏,他随校迁往苏州。1947 年 10 月 11 日因肺病在苏州逝世。遗著除前述在苏俄采访时的通讯集《赤俄见闻记》外,尚有《柏拉图》一书。

# 俞 佐 庭

陈春雩　宋紫云

俞佐庭,字崇功,1889 年 1 月 3 日(清光绪十四年十二月十九日)生于浙江镇海。父亲俞樵芗是当地挂牌中医,对子女管教甚严。俞佐庭少时入私塾,勤奋好学。俞有表叔李璇祥和李咏裳,是镇海富绅,在镇海和宁波开设镇余、慎德①两钱庄。俞佐庭十六岁时进余姚木行当学徒,满师后于 1908 年进镇余钱庄当职员。不久,俞到上海进恒祥钱庄任账房。1916 年任宁波天益钱庄经理,俞进镇余和天益,都是表叔李璇祥、李咏裳的关系。

俞佐庭任职天益钱庄后,交友广阔,得识沪上闻人虞洽卿等。1921 年,俞佐庭任上海中易信托公司副经理,和在该公司任职的陈布雷相结识,并成为知友。1926 年,俞通过曾任北洋政府财政总长的李思浩的同乡关系,曾一度任天津垦业银行经理。1927 年俞任宁波市财政局局长,仍任天益钱庄经理,遂被推选为市总商会会长,为甬地工商界出谋筹划。为了办事,同时也多次为当局摊捐派税。此时上海颜料业巨商秦涵琛在甬去世,俞被邀任秦家的治丧总管,由于办事周到,深受秦家赏识。1931 年俞在沪筹设恒巽钱庄,得到秦家的大力支持,共募得十一股,秦家投资五股,李咏裳和徐庆云各投资两股半,俞自认一股,并任经理。在此前后直到抗战期间,俞先后在宁波独资开设慎生、正大、东升、万成四家咸鱼行;在宁波、绍兴、杭州、上海等地十四家企业中拥有

---

① 慎德钱庄后因营业不振,改组为天益钱庄,仍由俞佐庭任经理。

股份,担任这些企业的董事长和董监事等职①。

1931年俞佐庭被选为上海市钱业公会常务委员。此时甬地钱庄存款多于贷放,多余资金急需谋求出路。俞熟悉沪、甬两地金融情况,因此甬地钱庄通过俞的关系,定期对沪地工商界进行短期放款。这样既满足了沪地一部分工商界调剂资金的需要,也为甬地资金找到了一部分出路,俞在两地工商界中的声誉也因此大为提高。1934年6月到1936年6月,俞当选为上海市商会执行委员。在此期间,俞鉴于橡胶业等因盲目竞争投产,造成销路呆滞,招致严重亏损,乃拟就《统制工业条例》草案,由市商会报国民政府批准在全国施行,但未被采纳。后市商会鼓励同业自行联合,统一调剂产销,火柴业首先实行,收到一定效果。1934年8月,在俞佐庭主持下,市商会执行委员会决议,将北河南路天后宫原已停顿的国货商场从事改组扩充,重新开幕。参加厂商三十多家,群策群力,推销国货,配合了当时全市性的爱用国货运动,也为各厂商推销了不少商品。在沪地的影响下,外地厂商也纷纷成立了类似的国货商场。除此之外,俞并重视商业人才的培养和职工的业余教育,开办了商业职业学校和商业补习夜校的劳工班等。1936年6月,上海市商会改选,王晓籁继俞任主席委员,俞佐庭当选为监察委员会常务委员。

俞佐庭与杜月笙的关系密切,早在1933年便结为换帖兄弟。1935年由于市场萧条,银根吃紧,钱庄放款一时无法收回,资金周转失灵,提存之风骤起。俞佐庭经理的恒巽和恒兴、恒隆、恒赍四家钱庄,更是面临倒闭险境。此时杜月笙为国民政府指派的"钱业监理委员会"委员,在杜的支持下,恒巽等四家钱庄以房地产向中央、中国、交通三家银行

---

① 十四家企业及俞所任职务列下:上海宁绍轮船公司董事长、宁波永耀电力公司董事、宁波四明电话公司董事、宁波冷藏公司董事、宁波和丰纱厂董事长、宁波大丰面粉厂董事、绍兴大明电灯公司董事长、嘉兴民丰造纸厂董事、杭州华丰造纸厂董事、上海美伦毛纺厂董事长、上海惠中商业银行董事长、上海四明银行常务董事、上海统原银行董事、香港大新银行董事长。

组成的银团进行押款,始得渡过难关。

　　1935 年 10 月,国民党政府为了对日妥协,响应日本政府提出的"中日经济提携",物色工商界、金融界头面人物,组成经济考察团①,赴日进行所谓"亲善"活动,俞亦为代表团团员之一。同年四明银行因滥发银元券发生挤兑,官僚资本乘机加以控制,加入大量"官股"。次年冬该行改组,俞佐庭经股东大会推定为商股董事,后又在董监联席会议上被选为私股常务董事。1937 年四明银行等设四明储蓄会,该行总经理孙衡甫兼任会长,俞任经理。不久,该会并入银行信托部,俞因而离职。

　　1937 年 7 月抗战爆发,不久沪、宁沦陷,上海租界成为"孤岛"。俞佐庭除继续经营钱庄业务外,深居简出,尽量减少社会活动,以保安全。1941 年 12 月太平洋战争爆发后,敌伪曾胁逼俞出任伪中央储备银行要职。他不愿附逆,偕其弟俞佐宸离沪,辗转避往重庆。1945 年抗战胜利后,他回到上海,继续担任四明银行私股常务董事。1947 年俞经陈布雷的推荐,出任四明银行总经理兼常务董事,同年当选为"国大代表"。

　　1949 年上海解放前夕,俞佐庭辞去四明银行总经理职务,携眷迁往台湾。1950 年其在台求学的独子病死后,离台移居香港。1951 年 6月病故于香港。

## 主要参考资料

　　中国人民银行上海分行编:《上海钱庄史料》,上海人民出版社1960 年版。

　　中国银行总管理处经济研究室编:《全国银行年鉴》,1935

---

　　①　赴日经济考察团有十五人。吴鼎昌任团长,团员有宋汉章、黄文植、俞佐庭、陈光甫、周作民、钱永铭、刘鸿生、徐新六、唐寿民等人。

年版。

　　《申报》1935 年 10 月 3 日。

　　千家驹:《旧中国公债史料》,财政经济出版社 1955 年版。

　　上海市工商联档案资料。

　　俞佐宸访问记录。

# 虞 洽 卿

## 汪仁泽

虞洽卿,名和德,以字行,1867 年 6 月 19 日(清同治六年五月十八日)生于浙江镇海(今属宁波市)。其父虞晓峰在家乡开设小杂货店。虞六岁丧父,家贫,在私塾就读三年后即辍学。十五岁时经族人介绍到上海,进瑞原颜料行当学徒。不久升任跑街,业余从西人学习英文。

虞洽卿善于推销商品,于 1892 年进德商鲁麟洋行任跑街,后升买办。该行除进口颜料外,兼营西药、军装(包括军火、器械等),出口豆粮、桐油,虞所得薪金及回佣甚为优厚。1896 年,虞捐资清廷得候补道衔,旋买进闸北升顺里等处房屋,开始跻身于绅商之列。

1902 年,虞洽卿谋得华俄道胜银行买办的职位,遂辞鲁麟洋行职。翌年又转任荷兰银行买办。1905 年,上海发生大闹会审公堂案①,地方官员着朱葆三、周金箴、施子英、虞洽卿四人与租界当局交涉。初无成效,其余三人畏难辞去,独虞一人继续奔走,日夜邀集各界代表商讨对策。在民众支持下,受雇于洋人的华工纷纷辞退,华捕罢岗,迫使租界当局让步,交涉告胜。虞翎顶朝服,随同官员步行南京路,挨户劝告开市,遂名闻于沪上各界。事后,虞与胡寄梅等仿效外人在沪的武装团

---

① 1905 年有粤妇黎黄氏,曾随夫旅居四川,夫死回籍,途经上海,带有婢女十多人,被公共租界巡捕误认为贩卖人口,拘解会审公堂审讯。中国审判员命暂押看守所,英籍陪审员则主张关入监狱,双方发生争执,西捕头竟动手殴打华员,扯碎朝服,激起旁听者公愤,与西捕发生冲突,被捕多人。消息传出,租界全体华商罢市抗议,事态扩大。详情参见《大闹公堂案》,载《上海通志馆期刊》第十卷。

体,发起筹组"万国商团华人队"。1906年,虞奉派以随员身份,参加官方代表团,赴日观操,考察商务,结识了明治维新重要人物大隈重信、涩泽荣一等人。目睹日本国力强盛,经济繁荣,因此萌志兴办实业。

回国后,虞洽卿和宁波同乡朱葆三、周金箴等人,加速创建已筹备两年的四明银行。虽困难重重,虞出力甚多。1908年该行开业,资金一百五十万两,取得钞票发行权。但不久即遭外资银行倾轧,发生钞票挤兑风潮,虞洽卿等人发动甬人所设钱庄、商号一律代为收兑,使四明银行渡过了难关,树立了信誉。

1908年,虞洽卿与友人倡议在沪集资设立宁绍商轮公司,虞被推为总经理,买进"宁绍轮",行驶于沪、甬间。先是,该航线为外资太古、东方两轮船公司及国营轮船招商局所垄断,统舱票价从五角提高到一元,使旅客蒙受损失,虽经虞洽卿等多次交涉,但"始终无效,于是有自立公司之举"①。宁绍公司筹办时,宁、绍同乡纷纷入股,因此小额散股股东甚多。宁绍轮行驶后,树牌"立永洋五角",表示永不加价,服务态度亦好,营业颇佳,因而太古竟放空船。太古公司凭借其雄厚的资力,把票价降为两角,并随送毛巾、肥皂等日用品,想压垮宁绍公司。宁波同乡遂组织"船票维持会",票价降为三角,每票由该会贴补二角。宁、绍同乡宁愿多出一角乐于乘坐宁绍轮,终于两年后迫使太古等屈服,票价一律回升为五角。

1909年,虞洽卿等人向两江总督兼南洋大臣端方建议,筹组国货展览会性质的全国"南洋劝业会",以资提倡实业,得到端方的赞同,并经奏准清政府拨款筹备,官民合办,端方任会长,虞等任副会长。翌年在南京开幕,盛况空前,会期六个月,观众达二十多万人次。虞随会赠送精印会址及摄政王载沣、端方、张人骏等人以及自己照片的杭纺手帕二万方,借以广扬名声。不久张人骏继端方接任会长,耻与商人为伍,遇事掣肘,劝业会期满后即告停办。由于张人骏盛气凌人,随着反清浪

---

① 《虞和德通告宁绍公司股东》,《时报》1917年5月14日。

潮的不断高涨,虞的思想也随之发生变化。虞自称"自经劝业会之后……蓄心革命事业"。①

　　辛亥革命上海起义前夕,虞洽卿在沪地同盟会秘密会所结识陈其美等人,资助起义经费八千元,并提供租界内的秘密集会场所②以及购办军械等。上海光复后,苏州绅商在上海影响下,要求巡抚程德全宣布江苏独立。程以缺乏军饷为借口,犹豫观望。11 月 4 日,虞筹集巨款一百万两代表沪商界赴苏劝说,程遂宣告独立。虞继又赴南京游说张人骏,遭拒绝后,曾亲自单身由沪送弹药至南京前线天堡城接济革命军。上海都督府成立后,虞被委为首席顾问官、外交次长及闸北民政长等职。袁世凯任大总统后,虞曾表示支持,并反对"二次革命",电阻浙江都督朱瑞参加反袁阵线,因此受到革命党人的警告③。袁称帝之举,受到全国各界的斥责,大势所趋,虞又转而反对帝制,资助陈其美等人的反袁活动。

　　1914 年,宁绍公司董事会决议以六万两出售较为陈旧的"甬兴轮",拟另购新船;虞洽卿表示反对,认为该轮尚可行驶。但董事会坚持原议,虞当场加码五千两承购,转手以每年三十万元的租费,租与洋商获取暴利。股东们闻讯大哗,乃集股东大会决议:(一)撤销虞洽卿总经理职务;(二)委托监察人盛丕华诉之于法。虞终因理屈,被迫退还甬兴轮。此后,虞为挽回声誉,全力经营其独资创办的三北轮埠公司(原设浙江镇海三北,名为"三北轮船公司",是年迁沪,更名、增资),增添船只,开辟航线,扩大规模;后又盘进英商鸿安轮船公司。时值欧战期间,

　　① 方腾:《虞洽卿论》(中),《杂志》复刊第 17 号(第 12 卷第 3 期),1943 年 12 月版。

　　② 汪北平、郑大慈编:《虞洽卿先生》,上海宁波文物社 1946 年版。虞洽卿特设"宁商总会"于公共租界六马路(今北海路),向香港政府注册取得"特别照会",掩护革命党人在此秘密集会,可免受租界当局搜查。

　　③ 《新闻报》1913 年 9 月 3 日报道:8 月 28 日有人在虞宅放置定时炸弹,房屋家具被炸坏,幸未伤人。

外轮多奉调回国,货多船少,水脚上升,三北、鸿安业务得以迅速发展。虞不断购进轮船,并在沿线各埠添设码头、堆栈等。1917年虞又买进"宁兴轮",另组宁兴轮船公司。此时虞独资经营的三北、鸿安、宁兴三公司已初具规模,成为可与外资轮船公司抗衡的民营航运集团。但虞的资金毕竟有限,不断投资不动产,以致资金周转困难,债台高筑,债主无日不盈门坐索。虞每日陷于应付债务的窘境之中,移东补西,捉襟见肘。他除利用荷兰银行买办身份,开出远期本票贴现抵债外,拖欠四明银行债款最高时达三百多万元。对于其他客户的债务,也常到期换票转期,因此在金融界中信用甚差。这时,虞还"越穷越买船"。原来按当时惯例,买船到埠后,只须先付百分之三十的现款,余款可分期拨付,而随即可向银行押借船价百分之七十的贷款,这样百分之四十的差额就可暂时移作周转之用;且新船行驶前又可从买办到茶房(即服务员)收取押柜(保证金)。以宁兴轮为例,茶房每人要缴四百元,全船可收十万元之巨。因此虞虽欠了巨额债务,但却一再添船增资,到"抗战前夕,三公司有船三十余艘,总吨达九万一千余吨,为民营冠"①,约占全国轮船总吨位的七分之一②。

　　1919年五四运动在北京爆发后,全国响应。上海总商会于5月9日发表通电,主张撇开巴黎和会,就青岛问题单独与日本交涉,为全国舆论所反对。正副会长朱葆三、沈联芳因而辞职,虞洽卿曾一度以商会议董身份代理会务。6月3日在工人、学生影响下,沪商会共同参加三罢(罢工、罢课、罢市)斗争。6月10日曹汝霖等人被撤职,消息传来,12日晨虞等陪同地方官员上街劝告开业,但应者仅十之二三,直到学生列队劝说,全市始告复业。

---

　　①　三北轮埠公司在1949年所填《航运事业调查表》,上海市工商业联合会轮船业史料,第22卷。

　　②　据严中平等所编《中国近代经济史统计资料选辑》(科学出版社1955年版)所载,1935年我国轮船总吨位为67.5万吨(该年是抗战前的最高年份,1936年和1937年都低于此数)。

　　1920 年,虞洽卿与张澹如、闻兰亭等人创办上海证券物品交易所,虞当选为理事长。是年 4 月,全国工商协会改选,虞当选为会长。1924 年,上海总商会改选,傅筱庵与宋汉章互争会长,相持不下,形成僵局,经会董商议,改选虞洽卿为会长。此时虞仍任荷兰银行沪行买办,直至 1941 年他离沪时传给其子为止。荷兰银行在华发行纸币,吸收存款,经营汇划、进出口等业务。虞的月薪二百两,加上年终分红及佣金结算,年收入逾二三万两左右。

　　1925 年 1 月,虞洽卿应北京临时执政府临时执政段祺瑞之邀,以善后会议专门委员身份,赴北京参加会议。因虞前曾支持段的马厂誓师和对德宣战,晋京后备受礼遇。2 月初,他被段任命为淞沪商埠会办(督办孙宝琦)。4 月,虞在京当选全国商会联合会候补会长,后递补为副会长,继续留京活动。

　　同年 5 月 30 日,上海发生英国巡捕枪杀群众的五卅惨案,6 月 1 日起全市工人、学生和绝大多数商店参加了罢工、罢课、罢市的三罢斗争。北京临时执政府委任在京的虞洽卿为谈判代表之一,于 6 月 3 日兼程返沪。他在总商会属下,成立以他为首的"五卅事件委员会",通电表示"若人权不得保障,即牺牲亦何足计",愿意"协同各界誓为政府后援,决以全力拥护公理"①。他提出根据当时形势,分化敌人,集中力量打击英帝国主义势力的斗争方针,认为"此案与法美等国无关,即对于英日两国亦有分别。日领事已主张纱厂罢工风潮由中日两国自行解决,以免牵入其内。以英国言,此事与英商无关,完全由领事与工部局负责"②。但他的建议未受到领导三罢斗争的工商学联合会的重视和采纳。工商学联合会提出了同有关各国交涉的十七条谈判条件,北京政府交涉员看后认为"过激",就商于虞洽卿。次日"五卅事件委员会"

　　① 　上海市工商业联合会史料,第 153 卷。
　　② 　《上海总商会议案录》(1925 年),上海市工商业联合会史料:《上海总商会》,宗卷第 11 卷。

讨论时,委员们认为与其条件太高而导致谈判失败,不如缩小范围以期速决,因此另提十三条,删去"取消领事裁判权"、"永远撤退驻沪军队"、"解除万国商团和巡捕武装"等条款,将保证工人有"组织工会和罢工自由"一条改为"优待工人",因而遭到上海十万群众集会抗议。六国委员会在谈判中,则借口各国意见冲突,而对十三条亦拒绝接受。总商会经同工商学联合会磋商同意后,于 6 月 26 日复市①,同时决定继续抵制英、日货,筹款援助罢工工人。9 月初,上海总工会决定,在保障工人既得利益及经济要求的条件下,逐步劝令工人复工②。此后,虞洽卿代表总商会参与协调复工谈判,进行保证和监督复工条件的实施等工作③。是年 10 月直系军阀孙传芳进占上海,虞洽卿被迫辞去淞沪商埠会办职务。

1926 年 5 月,虞洽卿率领中华实业参观团一行六十人赴日考察实业。6 月上海总商会改选,傅筱庵在孙传芳的支持下当选为会长,虞洽卿落选后,与王晓籁等人另组"上海商业联合会"与之抗衡。是年春,宁波旅沪同乡会改选,虞当选为会长,后又担任上海航业公会理事长、中国红十字会名誉副会长等职。7 月,广东国民政府电邀上海商界推派代表赴粤参观,虞推荐其女婿盛冠中随同代表王晓籁去广州,试探在广州执掌军政大权的蒋介石的实意。盛返沪后称蒋颇重乡谊,不忘过去在沪时受虞接济的旧情,使虞放心。

1927 年 2 月,北伐军节节胜利,东路军已抵达江、浙一带,虞与江、浙资本家陈光甫、李铭、张嘉璈、叶琢堂、孙衡甫等人密商,如蒋能取消"打倒帝国主义"等口号,则将全力予以支持。陈、李等对蒋的意图不明,不愿出头露面,因此由虞介绍,推派与陈果夫有乡谊的四行储蓄会

---

①　《热血时报》1925 年 6 月 24 日报道:6 月 23 日下午工商学联合会举行联席会议,会上工商学联合会代表鉴于当时形势的变化,坚持罢市无益,同意忍痛开市。

②　《上海总工会会议记录》(1925 年)。

③　参阅 1925 年 9 月上海《时报》、《新闻报》、《申报》等有关报道。

副主任钱新之去南昌与蒋洽谈。蒋即于 3 月初密令各军将"打倒帝国主义"口号改为"和平奋斗救中国",虞及时在沪商界散布蒋已答应条件的消息。3 月 22 日上海工人第三次武装起义胜利后,召开上海市民代表会议,选出临时市政府委员十九人,由于虞曾不满孙传芳支持傅筱庵夺其总商会会长席位而参加过后来的倒孙活动,因此也被选为委员。3 月 26 日蒋介石抵达上海,虞当夜即前往会晤,商谈甚久。次日虞在商业联合会上作了传达,并于 29 日偕同会议推选的代表吴蕴斋、穆藕初等二十九人往见蒋介石。蒋在接见时明确表示:"此次革命成功,商界暗中助力,大非浅鲜,此后仍以协助为期。……决不使上海方面有武汉态度。"①此时蒋拟委虞任财政部次长为其筹款,虞借口忙于本身业务而婉辞,但允尽力支持;并保荐张寿镛、钱新之先后任财政部次长以自代。3 月 31 日,虞又为蒋组成筹措军费的"江苏省兼上海市财政委员会",自任委员。接着上海工商、金融各界在"四一二"政变前后,分 4 月 1 日及 25 日两次各给蒋三百万元。国民政府 4 月 18 日在南京成立后,三次发行"江海关二五附税库券"共七千万元,大多由江苏省兼上海市财政委员会向工商、金融界摊派。

　　蒋介石上台后,内战不断,军运频繁。军队扣船拉差,乘机敲诈勒索,三北公司营业大受影响,亏损累累,处于困境。虞洽卿取得蒋的照顾,一面申请获准发行八厘公司债三百五十万元,一面于 1930 年索得历年军队所欠轮船租费,得以渡过难关站住脚跟。在此期间,虞开辟了川江航线,创设了三北轮船机器厂。

　　虞洽卿平时重视家乡的建设,早期经营镇海、龙山,在当地设轮埠、筑海堤、修轻便铁道等。又经虞申请获准,当地的农副产品直接装运出口,可免缴转口税,增加了农民的收入。虞投资集股修建的"甬观公路"(宁波到观海湾)和"镇骆、镇大公路"(镇海到骆驼桥、大碶头),分别于 1932 年、1933 年建成通车,方便了浙东地区的交通。他历年用于家乡

────────────

　　①　上海市档案馆藏:《上海商业联合会》档案,卷 6。

建设的投资,约在二百万元以上。1936 年虞洽卿七十岁时,上海租界当局应总商会等团体的请求,决定将横贯沪市中心南北通衢大道、宁波旅沪同乡会所在地的西藏路改名为"虞洽卿路",并举行盛大的命名典礼。

1937 年 8 月 13 日淞沪抗战爆发,三个月后上海租界沦为"孤岛",难民麇集,虞洽卿等人在各方面配合下,筹组"上海难民救济协会",虞被推选为理事长。他利用闲置的三北船只,遣返二万多同乡回籍;留沪尚有各地难民十多万人,分别安置在全市三十余处难民所内。此时沪地四郊遭日军封锁,粮食供应日见困难,升斗贫民及十余万难民更有断炊之虞。虞倡议举办"平粜会",向各界募得大批捐款后,由虞分批从西贡、仰光、爪哇等地运来大批洋米,约一百七十多万包,其中大部委托米店照市价七折出售,差额由捐款中贴补。前后办了三十多期平粜,部分充作难民口粮;其余由平粜委员分摊,高价抛售市场,牟得厚利。时值战时船少,运费较平时猛涨数倍,虞利用三北公司留沪船只,另组公司,取得有关方面同意,悬挂意、挪等国的旗帜运米进口,又以压舱为名自办洋米;出口时满载土特产,除运费外,加收小费;且平粜米不交进口税。虞多方设法赚钱,每月盈利以数十万计,总共约赚五百万元①,还去旧债后,手中犹握大量游资,购进重华新村、大上海电影院等大批房地产业。

日军占领上海后,谋组汉奸政权,多次拉拢虞洽卿出任伪职,为虞所拒绝。1938 年 2 月 20 日,虞接到附有子弹的恐吓信,警告他不得参加伪组织,否则将以真弹对付。虞召集家属商议,从老妻到幼孙,都劝虞切勿事敌。但虞亦不敢得罪日伪,曾多次表示"亲善"②。虞的暴发

① 《上海市工商业联合会史料》,第 168 卷。
② 1940 年春,袁履登投敌后,虞洽卿与日本驻沪领事往来密切,友人劝其少与日方接触,但他却说:"我们从前一向碰头的,那有什么关系。"是年虞嫁孙女,汪精卫送来一大花篮,虞将其放在礼堂正中,有人认为不妥,虞却不以为然。参阅《上海市工商业联合会史料》第 169 卷中魏伯桢、胡治藩等人的回忆记录。

及其政治上的暧昧态度,引起各方瞩目,处境危殆。后经家属劝说及在重庆的女婿江一平等人来电催促,于 1940 年秋离沪经香港赴渝①。

虞洽卿抵重庆后,舆论骂他是发国难财的米蛀虫,因此他常避居他地。内地物资匮乏,他出资与王晓籁等合组三民运输公司,自任总经理,并取得蒋介石的"手谕",特许运输物资。虞从国外购进大型卡车数十辆,除部分"捐献"当局外,其余全部用于运输物资。时值日军侵入缅甸,曼德勒、仰光等地的商人急欲脱货求现,竟以整个仓库的商品估价求售,仅及市价的二三成,虞因而获巨利达二三亿元。此后,他在西南经营多种企业,在昆明、成都、贵阳等地都设有运输公司,在内江创办酒精厂,在湖南设纱厂等。

1945 年 4 月 24 日,虞洽卿突患急症,两天后病逝于重庆。

---

① 虞洽卿离沪前,敌伪方面李士群等对虞多次敲诈,诛求无厌,意在逼其投敌。而重庆方面在沪的特务组织也因虞有亲日活动而拟予以制裁,经电重庆请示,蒋介石复电但令劝虞去渝,不允暗杀。而虞却称需蒋亲自来电方去渝,因此其在渝的女婿江一平除多次电促外,并通过有关方面,冒用蒋的名义电虞称:"留沪徒滋各方疑虑",劝他早日离沪去渝。虞离沪前夕,一面将蒋的来电向人夸耀,一面语人:"李士群要寻找我(与我为难),我要走了。"参阅《上海市工商业联合会史料》第 169 卷,严服周、严谔声、魏伯桢等人的回忆记录。

# 禹 之 谟

闻少华

禹之谟,字稽亭,湖南湘乡青树坪(今属双峰县)人。1866 年 8 月 27 日(清同治五年七月十八日)生①。其父禹春晖是个略识文墨的商人。他六岁入塾读书,虽然读到十七岁,但对于"四书"、"五经"和八股文全无兴趣,却爱研读王船山遗著及浏览各种小说。

禹在二十岁时,经同乡介绍,投奔南京某军营做文书,不久担任运输粮秣事务,往来于江苏、浙江、江西、安徽、山东等地,有机会与各地的帮会首脑发生联系。

甲午中日战争中,禹因襄办由山东、天津等处向辽东运输粮秣弹药的任务有功,经刘坤一保奏,以县主簿候选,他辞不受命。战后他回到上海,专心研究实业,多次在长江沿岸进行开矿活动,没有成功。

戊戌变法前,禹曾回到长沙与谭嗣同、唐才常以及哥老会首领毕永年等有所接触;变法发动后,他寄以同情。变法失败谭嗣同等被杀,他极为愤慨,曾说:"倚赖异族政府改行新法,等于与虎谋皮。"②

1900 年,禹之谟参加了唐才常在汉口的自立军活动,几乎被捕,后逃出汉口,经上海东渡日本。

---

① 关于禹之谟生年和就义年月此前多记载不一,现据禹烈士的后人于 1980 年 10 月寄来的《关于几个历史时间问题的考证》一文予以订正。并致谢忱!
② 冯自由:《丙午靖州禹之谟之狱》,《革命逸史》第 2 集,中华书局 1981 年版,第 183 页。

　　禹到日本后,结识了留日学生中的爱国青年,参加了他们的活动。同时他在东京学应用化学,又到大阪千代田工厂学纺织工艺。1902年春,从日本回国后到湘潭创办了一所规模不大的毛巾厂,招收艺徒不足十人,但产品质量较好,价格便宜,颇受欢迎。1903年夏,他把毛巾厂迁到长沙,规模稍加扩大;又附设了一个工艺传习所,制作竹木家具,职工共约四十人。他和生徒职工同设计,同操作,谋求实现他的"实业救国"理想。在他的提倡下,"湘省织布机坊,一时创设不少"①。但随着旧中国半殖民地化的加深,帝国主义国家的商品大量倾销,毛巾厂不久几乎被外来廉价品挤倒。

　　1904年,黄兴、陈天华等发起成立华兴会,禹当即参加。1905年秋,同盟会成立,他是同盟会湖南分会负责人之一,曾介绍了许多人入会。这时全国掀起了抵制美货运动,他通过湖南商会积极推动了这一运动。同年他与刘家运、冯特民、曹亚伯等组织日知会,在长沙入会的有:黄吉亭、黄兴、禹之谟、刘揆一、宋教仁、陈天华、胡瑛等。翌年,他又领导了湖南铁路废约改归商办的运动。他的这些行动,得到长沙商、学界的热烈支持和拥护。这期间,禹之谟在长沙创办了"湘乡旅省中学堂",自己还出资创办了"唯一学堂"。不久,湖南教育会和商会开会都公举他担任会长。

　　1906年夏,湖南省两个著名的留日革命青年陈天华与姚宏业(他们都因所志不遂,愤而自杀:陈是在日本投海;姚是在上海投江)的灵柩运回长沙,禹之谟主张把两人遗体葬于岳麓山,"以彰义烈"。署理湖南巡抚庞鸿书、长(沙)善(化)学务处总监督俞诰庆拒绝禹的主张,禁止举行公葬。陈、姚灵柩运到长沙的第二天,禹不顾禁令,发动各校学生,一律穿白色制服,整队送葬。这一行动震动了长沙的官绅,他们认为:"民

---

① 《时报》1906年1月31日。

气伸张,清政府危,而官绅之富贵不保矣。"①俞诰庆当即指挥军警捕去十几个学生。禹向学务处和军警当局交涉,要求释放,连遭拒绝。

禹素闻俞诰庆爱作狎邪之游,嘱学生密切注意俞的行动。果然就在镇压学生的第二天晚上,俞打着"学务处"灯笼,到妓院宿娼,被学生们当场抓住,送到濂溪阁开会声讨。禹之谟主持了这个会,痛斥俞的无耻行径,并要他当场答应释放被捕学生。俞只好低头应允,但因此对禹怀恨在心,决心伺机报复。

不久,禹之谟由长沙回湘乡,这里正发生学界反对盐捐浮收的风潮,禹参加了这次斗争,他和学生们一道去见知县陶福曾,严正表示:"食盐加税,已违人道,浮收巨额,民命更危;倘不能根本撤销,亦应将浮收之额,移充办学,免入私囊。"②禹交涉无效,即返回长沙。陶福曾据此上报,在俞诰庆的怂恿下,巡抚庞鸿书、臬司庄赓良加禹以"哄堂塞署"的罪名,下令逮捕。被捕前,有人劝他躲避一下,他沉痛地说:"吾辈为国家为社会死,义也;各国改革,孰不流血,吾当为前驱!"③终于8月10日被捕。当清吏追究公葬陈、姚事时,他厉声回答说:"今台湾及胶州……等处,皆为外人占领不惜;独以中国人葬中国一抔土,反不能容乎?"④

禹之谟被捕入狱的消息传出,湖南商、学界纷纷营救。营救的文电,每日数十起,迫使庞鸿书、庄赓良等对禹不敢公开审讯。他们深恐激成事变,偷偷地把禹秘密押送至常德,判处永远监禁。9月初,岑春

————————

① 曹亚伯:《禹之谟之死难》,《武昌革命真史》(前编),中华书局1930年版,第204页。

② 姚渔湘:《禹之谟传》,湖南省文献委员会编《湖南文献汇编》第1辑,1948年版,第169页。

③ 姚渔湘:《禹之谟传》,湖南省文献委员会编《湖南文献汇编》第1辑,第169页。

④ 姚渔湘:《禹之谟传》,湖南省文献委员会编《湖南文献汇编》第1辑,第169页。

冀接任湖南巡抚。岑于到职之后，首先注意到禹案的处理。这时正是萍浏醴起义风声正紧的时候，岑春冀与庄赓良必欲从禹之谟身上获得新罪证，借杀禹来立威。俞诰庆乘机向庄建议，用著名酷吏靖州知州金蓉镜来承办此案。遂于 9 月 16 日把禹移交到靖州。金蓉镜是个残暴无比的家伙，他按照岑春冀和庄赓良的意旨，用各种酷刑向禹逼供，妄图从禹口供中找到革命党人活动的线索。但是，禹之谟虽在严刑之下，断指割舌，体无完肤，而终不屈服。他在靖州狱中致诸伯母书说："侄十年以来，不甘为满洲之奴隶，且大声疾呼，唤世人无为奴隶……宗旨甚正，程度渐高，思想甚大，牺牲其身，无所惜也。"①又在致同胞遗书中说："身虽禁于囹圄，而志自若；躯壳死耳，我志长存！同胞，同胞！其善为死所，宁可牛马其身而死，其毋奴隶其心而生！"②不久，萍浏醴起义发动，湖南全省戒严，岑、庄急电令金将禹迅速处决。禹之谟 1907 年 2 月 6 日于靖州西门外右侧城墙边被绞牺牲。

①　禹之谟:《致诸伯母书》,《湖南历史资料》1960 年第 1 期,第 112 页。
②　禹之谟:《遗书》,《湖南历史资料》1960 年第 1 期,第 119 页。

# 郁　达　夫

马蹄疾

　　郁达夫,名文,字达夫,以字行。浙江富阳人。1896 年 12 月 7 日(清光绪二十二年十一月初三)出生于一个医家门第。祖父郁圣山是当地名医。父郁企曾早年设塾授课,兼事祖传医业,后曾当过县衙门的户房司事。郁达夫三岁丧父,一家祖孙六口的生计,全仗寡母以缝补洗衣的微薄收入维持。郁达夫从小就受到饥饿生活的折磨,饱经人间的世态炎凉,形成沉默、孤独的性格,也为他以后走上文学创作道路打下了坚实的生活基础。

　　郁达夫七岁入私塾启蒙,九岁已经能写旧体诗。1910 年他在富阳县立高等小学堂毕业。在小学求学时,他利用课余和假期,阅读唐诗、《史记》、《红楼梦》等许多作品,对文学产生了极大的兴趣。同年,考入杭州府中学堂,后又到美国教会主办的之江大学预科、蕙兰中学等校念书。这时郁达夫的兴趣,全在阅读"闲书"上,诸如《吴梅村诗集》、《庚子拳匪始末记》、《白香词谱》、《桃花扇》、《西厢记》、《花月痕》等,都读得津津有味。秀丽的杭州西湖景色,激起了郁达夫的诗情,他在课余经常写些旧体诗词,投寄当时的《全浙公报》、《之江日报》和《神州日报》。后来因对教会学校的奴化教育不满,决心回乡独居苦学。1911、1912 两年,他在故乡家里度过。

　　1913 年 9 月,郁达夫的长兄郁华被派往日本进行考察,他随兄赴日留学,初在东京神田正则学校补习中学课程,晚间到夜校补习日语。1914 年考入东京第一高等学校预科的文科,一度转入医科,与郭沫若结识,开始接触西洋文学。1919年毕业于名古屋第八高等学校文科法学部,接着考入东京帝国大学经济学科。这一时期,郁达夫阅读了大量世界文学名著,并开始小说创作的尝试,先后创作了《沉沦》、《银灰色的死》等短篇小说。

1920年郁达夫回故乡与孙荃结婚后,继续去日留学。1921年7月,与郭沫若、成仿吾、张资平等在东京成立创造社,从此开始了他以文学活动为主的作家生涯。不久即回国到上海主持创造社出版事务,编辑出版《创造社丛书》,并将自己的《沉沦》等三篇短篇小说合编成集,以《沉沦》为书名,列入《创造社丛书》第三种。为了维持生活,他曾到安庆安徽公立法政专门学校任教。1922年3月,他编完《创造季刊》创刊号,回日本参加帝国大学毕业考试,4月毕业,获得经济学士学位。7月回国,结束了在日本前后将近十年的留学生活。

《沉沦》的出版,向全国喊出了他的"救救祖国"的第一声,轰动了当时的文坛,"在中国枯槁的社会里面好像吹来了一股东风。立刻吹醒了当时的无数青年的心"①,在当时产生了很大的社会影响。它既是郁达夫的处女作,也是他的成名作、代表作,代表了他一生的总的创作倾向。它表现了郁达夫对封建社会的叛逆和对现实社会的不满,对帝国主义侵略中国的愤怒,对祖国的赤诚和强烈的爱;同时也表现出郁达夫创作中的弱点:严重的感伤颓废情绪,和一些过分的色情、肉欲、变态性心理的描写。这在某些青年中也产生了不良的副作用。

郁达夫回国后,仍在安庆安徽公立法政专门学校任教。翌年应聘赴北京大学任经济系讲师,开始与鲁迅交往。在此期间,他除为了维持生活而担任教职外,主要精力都用于文学事业上,先后参加了《创造季刊》、《创造周报》、《中华新报·创造日》的编辑工作,并创作了一批小说和散文,辑成《茑萝集》出版。在我国现代文学史上最早表现工人形象的小说《春风沉醉的晚上》,就是他在这期间创作的。

---

① 郭沫若:《论郁达夫》,《人物杂志》第3期(1946年4月1日)。

1925年初,郁达夫赴湖北武昌,应聘任国立武昌大学文科教授,约有一年左右的光景。1926年3月,他为南方革命形势所鼓动,与郭沫若同赴广州,任广东大学文科教授。同年11月离职返上海,主持创造社出版事务,先后主编《创造月刊》、《洪水》半月刊和《新消息》周刊。在此期间,因沉溺于和王映霞的热恋之中,一度意志衰退,工作消沉,引起创造社同人对他的不满;加上一些别的原因,使他和创造社的纠纷不能调和,1927年8月15日郁达夫声明退出创造社。

1927年10月,鲁迅由广州到上海定居。郁达夫开始与鲁迅密切合作。在鲁迅的鼓励和督促下,他的精神振作起来。他先为鲁迅主编的《语丝》写稿,次年又与鲁迅合编《奔流》文学月刊,后来又在鲁迅支持下主编《大众文艺》。还与阿英合作编中国共产党领导的"中国济难会"主办的《白华》半月刊。

郁达夫在大革命时期,虽然没有像创造社同人郭沫若、成仿吾那样投身到实际的革命斗争中去,但对反动势力却是深恶痛绝的。这个时期他的《日记九种》,虽然沉溺于个人的恋爱纠纷,但对蒋介石的揭露和抨击还是十分激烈的。他在《钓台的春昼》中称蒋为"中央党帝",说他是"想玩一个秦始皇所玩过的把戏"①。他在鲁迅的影响和帮助下,不仅共同主编革命文学刊物,还参加了不少进步团体和社会活动。1928年春经阿英介绍,秘密加入太阳社。1930年2月,和鲁迅、柔石、冯雪峰等发起组织中国自由运动大同盟。3月,中国左翼作家联盟成立,由鲁迅提名,他列为发起人之一。1932年2月,他和鲁迅、茅盾等联名发表谴责日本帝国主义发动"一二八"事变的《上海文化界告世界书》。是年冬,又和鲁迅、柳亚子等联名发表《中国作家为中苏复交致苏联政府电》,热烈祝贺中苏两国恢复外交关系。1933年1月,和鲁迅一起加入由宋庆龄、蔡元培、杨杏佛等人发起的中国民权保障同盟,并被选为上

---

① 据《郁达夫文集》第3卷,花城出版社、三联书店香港分店1982年版,第196页。

海分会执行委员。2月,和鲁迅、茅盾等联名发表《为横死之小林遗族募捐启》,强烈抗议和控诉日本法西斯杀害日本共产党员作家小林多喜二。5月,与蔡元培等联名致电南京国民政府,抗议逮捕左翼作家丁玲。8月,与鲁迅等联名撰文欢迎参加国际反战会议代表团。这些都表明了郁达夫追求光明、进步的一面;但另一方面,由于其思想一直处在极为矛盾的错综复杂状态中,他不时表现出消沉、颓废的情绪;又由于他一味迷恋于醇酒美人和湖光山色,工作也十分疏懒。他不听鲁迅的劝阻,于1933年4月举家离开上海移居杭州,过着“隐士”生活。后来又一度由“隐士”而进入政界,去福建任省府参议。这一时期,他写下不少游记小品之类的作品,表现出乐于天命的思想和悠游闲适的情趣。这是他一生中思想最消沉的时期。

1927年至1936年这十年间,是郁达夫创作生活的全盛时期,重要的小说、散文和评论,都是这一时期写作和出版的,《达夫全集》共七册也是这个时期出版的。

郁达夫到福建后,由于民族矛盾的日益加深,使他从消沉中振奋起来,积极投入了抗日救亡宣传鼓动工作,发表了不少主张抗日的文章和演说。1937年抗日战争全面爆发,国共第二次合作,郭沫若在武汉主持国民政府军事委员会政治部第三厅工作。1938年春末,应郭之邀,郁达夫赴武汉任第三厅设计委员。3月被推选为中华全国文艺界抗敌协会理事、研究部主任,编辑《抗战文艺》。这一时期,他的工作劲头很大,曾到山东、江苏、河南及浙东、皖南前线慰问、采访,写了一些激动人心的战地报告。

1938年10月武汉失陷后,郁达夫应《星洲日报》之聘,于年底携妻王映霞和长子郁飞赴新加坡。于翌年1月9日起,开始主编《星洲日报》副刊《晨星》和《繁星》,后又兼编《文艺》周刊、《教育》周刊、《星洲半月刊》和星槟日报》的《文艺》双周刊。1941年起,又兼任英政府情报部出版的《华侨周报》主编。郁达夫利用这些宣传阵地,发表了大量宣传抗日的政论、短评、杂文和旧体诗词,号召爱国侨胞支援抗战。他还积极参加当地抗日的社会活动。1941 年 3 月,领衔发表《星华文艺工作者致侨胞书》,抗议国民党发动皖南事变,要求团结抗日。12 月,太平洋战争爆发后,郁达夫担任新加坡华侨组织的文化界战时工作团主席及文化界战时干部训练班主任。12 月底,新加坡华侨抗敌动员委员会成立,他又担任执行委员并负责文艺组工作,另兼文化界抗日联合会主席。

　　1942 年 2 月,日军逼近新加坡,郁达夫同胡愈之、王任叔、沈兹九等渡海撤退到荷属小岛石叻班让。4 月,又辗转到达苏门答腊的小镇巴爷公务(Pajakoem Boeh)。郁达夫化名赵廉,为隐蔽身份和维持生活,在胡愈之等人的资助下,开办了赵豫记酒厂。郁这时生活放荡不羁,结交了很多男女朋友,不慎被日本占领军获悉他精通日语,被迫到武吉丁宜日本宪兵部当翻译七八个月。后设法买通医生,以肺结核为由,离开宪兵部。在这期间,他曾暗中掩护和解救过不少华侨和印尼居民,但也暴露了自己的身份,受到宪兵部的监视。1945 年 8 月日本投降后,驻武吉丁宜的日本宪兵部因郁达夫知道他们的一些秘密情报,在撤退前夕的 9 月 17 日夜里,将他秘密杀害于武吉丁宜附近的丹戎革岱荒野中,终年四十九岁。

　　郁达夫在隐居苏门答腊的三年中,作为纪事写过不少旧体诗词。胡愈之曾辑录其《乱离杂诗》十一首,附于 1946 年 9 月香港咫园书屋出版的《郁达夫的流亡和失踪》中。1982 年三联书店香港分店和广州花城出版社联合编辑出版《郁达夫文集》十卷,其主要著作均辑集在内。

### 主要参考资料

素稚:《郁达夫评传》,上海现代书局 1931 年 12 月版。

贺玉波:《郁达夫论》,上海光华书局 1932 年 6 月版。

邹啸:《郁达夫论》,上海北新书局 1933 年 6 月版。

胡愈之:《郁达夫的流亡和失踪》,香港咫园书屋 1946 年 9 月版。

丁易:《〈郁达夫选集〉序》,《郁达夫选集》,上海开明书店 1951 年 7 月版。

冯雪峰:《郁达夫生平事略》,《新文学史料》1978 年第 1 辑。

冯雪峰:《郁达夫著作编目》,《新文学史料》1978 年第 1 辑。

姜德明:《鲁迅与郁达夫》,《书叶集》,广东人民出版社 1981 年 5 月版。

陈子善、王自立:《郁达夫忆鲁迅》,花城出版社 1982 年 1 月版。

于听:《郁达夫简传》,《富阳党史资料简讯》第 13 期。

# 喻 培 伦

尚明轩

喻培伦,字云纪,四川内江人。生于 1886 年(清光绪十二年)①。他的父亲是一个经营糖业生意的商人。

喻培伦幼年进私塾,喜听塾师讲述历史故事。稍长,厌恶科场的"帖括"之学,转而喜好机械、金石雕刻等技艺。他赋性聪敏,一般技艺,稍学就会,对各类小型机件,装拆自如。又愤世嫉俗,爱作"不平"语,曾刻石,自署"世界恶少年",表示向旧世界挑战的决心。

1905 年 10 月,十九岁的喻培伦偕同其弟培棣东渡日本留学,开始时在东京警监学校学习,第二年春考入经纬学校。1907 年 1 月又改入大阪高等工业预备学校学习理科,同年底在该校毕业后,仍留大阪专攻化学及摄影术。他初到日本时,成天注意的还是弹琴、照相之类的玩意儿,对政治并无多大兴趣。后来,在民族危机的刺激及留日革命青年的推动下,逐渐倾向革命。1908 年夏,在东京经吴永珊(玉章)介绍加入中国同盟会。从此思想一新,舍豪华而尚质朴,积极投身于推翻清朝的民主革命运动。

1908 年前后,由于同盟会组织的起义迭遭失败,一部分革命青年

① 喻培伦的出生时间,据杨庶堪所撰《喻培伦烈士墓表》(隗瀛涛、赵清主编《四川辛亥革命史料》下册,四川人民出版社 1982 年版,第 542—543 页)和胡汉民《为革命先烈建墓立碑之经过》一文所附《审查七十二烈士姓名经过》(见中国国民党中央执行委员会西南执行部编《革命先烈纪念日专刊》,1932 年版)都说喻终年是二十六岁。据此推断,他生于 1886 年。

转而醉心于个人恐怖活动,主张用暗杀手段对付清廷官吏。喻培伦也赞同这种主张。他认为"利器实用,莫便于炸烈药弹",而且"暗杀为个人动作较易举",便抛弃所学,于1908年9月考入日本千叶医学校药科读书,钻研化学,目的是研制烈性炸药,以备从事恐怖暗杀活动之用;并和吴永枬等专租房屋试验炸药、制造炸弹;还与黎仲实、黄复生等人成立了暗杀团的组织。在一次试验炸药中,因药瓶炸裂,他身负重伤,治愈后废掉了一只左手。但他并不气馁,越发精心研究,终于制造出一种在当时说来威力较为强大的炸药。从此人们赞誉他为"炸弹大王",称他的炸弹制法为"喻氏法"。喻培伦还将自己发明的炸弹制法写成小册子,约一万字,向热心暗杀活动的反清革命者广为宣传。

　　1909年夏季,革命党人得到一条消息说,清政府新任北洋大臣、原两江总督端方将绕道武汉入京。革命党人决定在他北上途中,把他杀掉。这时喻培伦早已回到国内,他被派往汉口进行此次行动的布置。他到汉口北面的刘家庙车站详细勘察了地形,做好周密计划和准备。但狡猾的端方临时变更了北上的路线,没有从这里经过。同年秋,又有几个革命党人决定集中力量暗杀"摄政王"载沣,喻培伦被派往北京协同组织暗杀机关。他和黄复生等于12月到北京,在和平门外琉璃厂开设守真照相馆作为掩护。经过一番精心筹划后,1910年3月31日夜,他们携带一个特制的大型炸弹,潜匿在什刹海西北面载沣寓所附近的银锭桥下,进行安置。由于事前目测不准确,电线短了几尺,又为敌人所发觉,没有成功。当敌人取出炸弹找外国专家鉴定时,外国专家们认为这颗炸弹的威力很大,制造的技艺是很高的。4月中旬,黄复生、汪精卫被捕下狱。喻培伦东渡日本,不久潜赴香港。

　　喻培伦到香港后,在同盟会领导下,于九龙城设立暗杀机关,一面从事营救黄复生等出狱的工作,一面策划继续进行暗杀活动。1911年初,他得悉孙中山、黄兴决定将在广州举行武装起义的消息后,便立即奔赴广州,积极响应。旋被派为实行部实行员,为起义制造炸弹。2月,他在香港中环摆花街(后迁广州甘家巷)设立了专门机关。他不顾身残体弱,夜以继日地和同志们一道工作,两天中赶制出了炸弹一百多颗。当时对起义时间几经讨论,一再改期,最后一次商讨时,少数党人因鉴于清军戒备的严密,又主张缓期,喻培伦坚决反对说:"举义诚知必死,然死国,义也,吾人不肯死,谁肯死者? 国事将不可挽矣!"①起义决定后,有人认为他一臂已废,可不必参加。他愤然答道:"诸公具四体,不如吾偏枯人也!"②大家还从他身体和具有技术专长,劝阻他不要参加战斗,喻培伦仍坚决拒绝说:"学固不能磨灭,非我死可以亡之。"③4月初,喻培棣由日本运枪械到广州,也准备参加起义。喻培伦这时已抱定必死的决心,因兄弟二人多年在外,家中又无子,他劝培棣不要参加,以宽慰双亲,并催培棣离开广州,兄弟二人痛哭告别。

4月27日(农历三月二十九日)下午广州起义爆发,喻培伦被分派到从后面攻打清总督衙门的一路队伍。他胸前挂着满满的一筐炸弹,奋勇异常,先炸破督署后墙攻进衙门,再从督署前门走出,会同黄兴所领导的七十多人又去攻袭督练公所。从黄昏到夜半,他以炸弹作武器一直战斗在前列,表现了无比的英雄气概。末后因敌我实力悬殊,寡不敌众,身被数创,弹尽力竭,为清军所俘。当敌人审问时,为避免牵累别人,他隐匿真姓名,冒名王光明,坚贞不屈,怒斥敌人,慷慨激昂地宣称:"学说是杀不了的,革命尤其杀不了!"④表现出一个革命党人的高尚气节,他壮烈牺牲时年仅二十六岁。

喻培伦牺牲后,与其他死难烈士共七十二人合葬在广州东北郊的黄花岗。1912年2月,孙中山领导的南京中华民国临时政府追赠喻培伦为"大将军",并指令在他的家乡内江修建"喻大将军祠",供后人悼念瞻仰。

---

① 杨庶堪:《喻大将军事略》,中国人民政治协商会议四川省委员会等编《四川文史资料选辑》第1辑(纪念辛亥革命五十周年专辑),1979年再版,第145—147页。

② 章炳麟:《喻培伦传》,隗瀛涛、赵清主编《四川辛亥革命史料》下册,第544—545页。

③ 杨庶堪:《喻大将军事略》。

④ 吴玉章:《辛亥革命》,人民出版社1961年版,第110页。

# 袁 金 铠

张学继

　　袁金铠,字洁珊,又字兆佣,晚号甲庐。奉天辽阳县人。1870 年
(清同治九年)出生。其祖、父均为目不识丁的地主,有田五十余垧。袁
金铠十九岁中秀才,后入盛京萃升书院肄业。

　　1900 年义和团运动兴起后,沙皇俄国乘机侵占东北,八国联军在
逼迫清政府签订丧权辱国的《辛丑条约》后,沙俄仍拒不从东北撤兵。
在沙俄侵略者蹂躏下,东北人民无以谋生,许多人铤而走险,一时土匪
蜂起。奉天在籍士绅,纷纷办理团练,以维持地方治安,袁金铠参与其
事,任郡北路保甲局总办。1904 年,任辽阳州警察所提调。

　　1907 年,经鲜俊英介绍,袁金铠谒见盛京将军赵尔巽,因应答颇有
条理,深得赵尔巽的好感,许之为辽东杰士。1909 年,奉天谘议局成
立,袁氏当选为谘议局议员。1910 年,吴景濂当选为谘议局议长,袁金
铠与孙百斛为副议长。从此袁金铠跻身于奉天大绅士之列。1911 年 5
月,赵尔巽由四川总督回任东三省总督,袁金铠以门生资格投入赵尔巽
幕府,出任赵尔巽的参议,深得赵尔巽的倚重,成为其心腹谋士。

　　1911 年 10 月 10 日,辛亥武昌起义爆发后,东北的革命党人也在
东三省酝酿起义响应。第二混成协协统、毕业于日本士官学校的革命
党人蓝天蔚立即与革命党人在北大营商议如何发动部下,他们公推蓝
天蔚为关外革命军"讨虏大都督",张榕为奉天省都督兼总司令,吴景濂
为奉天民政长。赵尔巽得到报告后,立即召集袁金铠等亲信和地方士
绅商量对策。为了缓和革命党人的激昂情绪和欺骗群众,袁金铠与赵

尔巽等密谋成立"奉天国民保安会",推赵尔巽为总会长,准备于 11 月 12 日在奉天省谘议局召开军、政、农、工、商、学各界自治团体代表大会正式宣布成立。为了防止革命党人从中破坏,袁金铠联络了张作霖等的巡防营。

12 日谘议局开会时,赵尔巽亲自到会,宣布奉天国民保安会成立,由赵尔巽任总会长,吴景濂、伍祥祯为副会长,袁金铠为总参议长,其他内政、外交、财政等各部部长均由旧官僚充任,张作霖当上了军事部副部长。革命党人只有张榕占了一个席位,任参谋部副职。

12 月 18 日,南方革命军代表和清廷代表在上海开始谈判,又有召开国会的消息。张榕与赵尔巽相约,东三省的事情,静俟国会解决,在这期间彼此不得开战。张榕遵守与赵尔巽的协约,电令各地暂停军事行动,而赵尔巽却背信弃义,乘停战期间镇压各地准备武装起义的联合急进会成员,并面谕张作霖在省城严密捉拿革命党人。这时,袁金铠玩弄其反革命的两面手段。他一面向赵尔巽献计除掉张榕,另一面利用与张榕的私谊,由张任命袁金铠为联合急进会的参谋部长,使袁金铠掌握了联合急进会的全部内幕。

1912 年 1 月 1 日,孙中山宣誓就任中华民国临时政府大总统后,任命蓝天蔚为北伐军都督。1912 年 1 月中旬,北伐军到达山东烟台,准备在东北沿海登陆。为了先发制人,赵尔巽决定首先对张榕下手。1 月 23 日晚,袁金铠以请客为名,将张榕和张作霖请到沈阳平康里德义楼吃饭,凶手高金山和于文甲冲进房间,向仍在抽鸦片烟的张榕连开数枪,一个年仅二十八岁的革命党首领,就这样丧命于袁金铠、张作霖之手。张榕等被杀后,赵尔巽"专折特奏"清廷,保举袁金铠、张作霖二人:"张作霖骁勇善战,过于张国梁;袁金铠才大心细,有似李鸿章,请朝廷破格升赏,以资鼓励。臣再勉以忠义,必能为国宣劳,作东土之保障。"已经奄奄一息的清廷当即电谕:"任张作霖为关外练兵大臣,赏戴花翎;袁金铠赏四品京堂,襄办关外练兵事宜。"

1912 年 11 月,赵尔巽辞去奉天都督职务,由袁世凯的把兄弟张锡銮接任,袁金铠随赵尔巽入京奔走。1913年,张作霖聘袁金铠为第二十七师顾问。1914年1月,袁世凯悍然下令解散国会,召集御用的约法会议。经赵尔巽推荐,袁金铠担任了约法会议议员。5月,袁世凯又成立御用的咨询兼代行立法机关的参政院,袁金铠改任参政。其间,袁金铠一度运动出任黑龙江巡按使,未能如愿。

　　洪宪帝制运动开始后,袁金铠对"筹安会六君子"有所拉拢,企图以此为进身之阶。但"筹安会六君子"鄙视袁金铠之为人,拒不与谋,袁金铠只得返回奉天,另谋出路。在奉天实力派张作霖与冯德麟联合驱逐袁世凯心腹、奉天将军段芝贵的过程中,袁金铠出谋划策,起了重要作用。他联合奉天商绅各法团,倡立自治期成会,以"奉人治奉"相号召,起草了《奉天独立宣言》。袁世凯因其时对西南反袁各省用兵,对东北采取妥协方针。1916年4月22日,袁晋升张作霖为盛武将军,次日又特任张作霖暂署督理奉天军务并代理巡按使,冯德麟为奉天军务帮办。张作霖登上"奉天王"的宝座后,没有忘记袁金铠的谋划之功,他对袁金铠说:"我之有今日,皆六兄之谋,今后更望有关军政各事多加帮忙,富贵与兄共之。"①

　　1916年6月,北京政府通令各省将军改称督军,巡按使改称省长,张作霖任奉天督军兼省长,袁金铠任军政两署秘书长,成为张作霖的首席军师。这时,张作霖和冯德麟之间的矛盾迅速上升。在逼走段芝贵的过程中,冯德麟出力最多,结果反而屈居张作霖之下,冯氏认为这是奇耻大辱。在张作霖任督军之后,冯坚持不就军务督办之职。1917年7月,张勋利用黎元洪与段祺瑞的"府院之争",拥戴清逊帝宣统复辟。袁金铠向张作霖献计,委冯为奉天全权代表,与张勋接洽复辟事宜,无论成败,均可使冯离开东北。冯德麟企图通过赞襄复辟,取得新皇的宠

　　①　赵夏山:《我所知道的袁金铠》,中国人民政治协商会议吉林消息委员会文史资料研究委员会编《吉林文史资料选辑》第4辑,吉林人民出版社1983年版,第216页。

信,以便取张作霖而代之。张勋拥戴宣统复辟后,立即赏冯德麟"穿黄马褂,紫禁城内骑马,御前侍卫大臣"头衔。但张勋复辟仅昙花一现,复辟失败后,冯德麟乘专车离开北京回关外,在天津车站为讨逆军逮捕,旋即被押送北京拘禁。7月15日,段祺瑞政府以"背叛共和罪"免去冯德麟的职务。后虽由张作霖保释,但冯德麟军队地盘尽失。

张作霖初任奉天督军时,"委政袁金铠,事无巨细皆咨而后行"。袁金铠大权在握,"一般趋炎附势之徒,均集于袁门"。地处沈阳军署前胡同的袁金铠官邸,每到年节,上门送礼者川流不息。"要当官袁洁珊,成不成哲继明,妥不妥高钧阁,若找门路吴大胡",一时在奉天官场中广为流传。哲继明、高钧阁、吴大胡(吴恩培)均是袁金铠辽阳派的亲信。以袁金铠为首的辽阳派权势熏天,引起张作霖的戒心,张从此开始亲自处理公务,而不再由袁金铠代拆代行,两人的关系越来越疏远。袁知失宠,不得不离开张作霖。

1917年7月,袁金铠随孙烈臣到黑龙江,任黑龙江督军府秘书长。但黑龙江地方士绅把持大权,排外严重,袁金铠身为秘书长,权力有限。1920年,孙烈臣转任吉林督军,袁转任哈尔滨东省铁路公司理事会理事,一度代理理事长。1922年,第一次直奉战争后,北京政府宣布免去张作霖本兼各职,以吴俊陞为奉天都督,袁金铠为奉天省长。这是以奉制奉的策略,袁金铠恐张作霖生疑,于己不利,避居大连。经张作霖宠信的五夫人说项,张作霖与袁金铠恢复旧交,袁出任张作霖的高等顾问,继续为张作霖出谋划策。在第二次直奉战争前夕,袁金铠向张作霖献计说:"直系分子复杂,终将离异,如冯玉祥、胡景翼、王怀庆等均貌合神离,我苟以金钱物资诱之,使其内部相互猜疑,再相机而动,必收事半功倍之效。"张作霖采纳了袁金铠的计策,拿出一百万元,经奉天三井银行支行汇付日本驻华司令官吉冈显转交段祺瑞,以供联络冯玉祥之需。冯玉祥虽然明白张作霖别有用心,但为倒直大计,仍与张作霖达成了反直协定。第二次直奉战争,因冯玉祥的倒戈,直系大败,奉系势力到达长江流域,张作霖拟令袁金铠为江苏省长,袁以年老且不服水土力辞。

　　1925 年 11 月,郭松龄反奉,通电要求惩办张作霖左右的二十七人,袁金铠亦在内。电文指责袁金铠:"假斯文,实卑鄙,充名士,真小人。"郭松龄反奉战争开始后,袁金铠恐郭松龄成功,自己有生命危险,便避居大连,待郭松龄失败后,才返回沈阳。1926 年间,袁金铠奉张作霖之命到北京与阎锡山的代表田子琼磋商合作进攻国民军事宜①。1927 年 6 月 16 日,张作霖在北京宣誓就任"中华民国陆海军大元帅",组织"安国军政府",拟任命袁金铠为内务总长,袁以身体不佳,难膺重任为由力辞,并表示愿以高等顾问身份随侍左右。不久,张作霖又任命袁金铠为参政院参政兼奉、吉、黑、热、直、鲁、豫、察八省总代表,并兼故宫古物保管委员会副委员长。

　　1928 年 6 月,张作霖被炸死后,袁金铠担任东北政务委员会委员兼东北边防军司令长官公署顾问,以元老资格辅佐少帅张学良,但他在东北"易帜"、中原大战等重大问题上,均与张学良唱反调,自然不为张学良所喜。1930 年,袁金铠担任国民政府监察委员。1931 年"九一八"事变发生后,袁金铠勾结老牌亲日派于冲汉、赵欣伯等,组织辽宁地方维持会,袁金铠任委员长,聘日人金井章二、升巴二郎等为顾问。随后又担任伪奉天省第一任省长。蒋介石虽然持不抵抗主义断送东北,但为舆论所迫,不得不公开通缉以袁金铠为首的十名东北叛国者。

　　1932 年,袁金铠等汉奸秉承日本旨意,拥戴清逊帝溥仪在东北建立傀偏政权,袁金铠原以为伪总理一职非他莫属,但结果为郑孝胥取得,袁仅得参议。1934 年,溥仪任伪满洲国皇帝,袁金铠任伪尚书府大臣,前后共九年,袁金铠的主要任务是为伪满皇帝溥仪讲经说史,宣传他的"王道政治",与郑孝胥的反动学说相呼应。为此,日本赏给袁金铠所谓"建国功劳金"三十万元。1939 年袁金铠七十岁生日,溥仪特赐匾联、福寿字和衣料、如意等,令袁受宠若惊,视为平生最大的光荣。1943 年,袁金铠得下肢萎缩症,辞去尚书府大臣,改任宫内府顾问官,并享受

---

　　①　辽宁省档案馆编:《奉系军阀密电》第 3 册,中华书局 1987 年版,第 86 页。

前官待遇,回辽阳原籍养病。

　　1945 年 8 月,日本投降,袁金铠因汉奸罪被抄没家产。在辽阳老家取出皮箱九十余号,小獭皮八十余张,其余珍玩无数。其在沈阳、长春、哈尔滨等地住宅中所存的贵重物品,尚不包括在内,由此可见袁之贪婪于一斑。

　　1947 年,袁金铠病死辽阳。

# 袁　履　登

汪仁泽

　　袁履登,原名贤安,后改名礼敦,字履登,以字行。1879 年 9 月 3 日(清光绪五年七月十七日)出生于浙江宁波。祖籍绍兴,其父袁燮元因避战乱迁宁波定居,任职员、小税吏,家境贫寒。袁履登十岁时,进英国基督教传教士在宁波开明桥教堂附设的开明小学堂,免费就学。一年后因学习勤奋,成绩优异,获得英国伦敦教会礼敦路主日学校的奖学金,每年六英镑。他以半数充膳宿费,半数贴补家用。为表示感恩不忘,改名为礼敦。小学毕业后,升入该学堂增设的斐迪中学。十九岁时由斐迪中学保送入上海圣约翰书院(圣约翰大学前身),先读备馆(预科),后升正馆(本科)学习,兼任该校化学助理员。二十六岁毕业后,回宁波任斐迪中学教务长兼教会牧师,后又在益智中学及浙江第四中学等校兼任英语教师。此时各地教案屡起①,宁波知府夏孙桐深感棘手,因袁懂外文,又受过西方教育,遂于 1905 年聘他任外交顾问。1908 年,在全国收回利权运动普遍高涨的形势下,袁曾受浙江宁绍道员桑铁珊的委托,与英国领事交涉,收回了宁波江北岸的警察权。他的名声因而随之传开,担任当地多处慈善、文

---

　　①　1901 年签订的《辛丑条约》中,清廷对帝国主义者承担严厉镇压各地反教会、反传教士活动的条款,但各地反教会的斗争并未因此而减弱。1903 年,浙江宁海发生群众千余人焚毁教堂,与前来镇压的清军作战的宁海教案。事后清廷屠杀无辜群众六人,文武官员均受惩处,并赔款十一万两。宁波府属境内亦相继发生教案数起。

教机关的董事等职。

辛亥革命起，宁波光复，11月5日成立军政府，袁履登被推为外交次长兼交通次长。袁并创办《方闻报》宣传三民主义，成为当时宁波销路最好的刊物之一。1913年军政府改组，袁去职赴沪。他应汉粤川铁路总办岑春煊之邀，至汉口任督办公署译员。半年后回沪，受聘上海商务印书馆，任经理室襄理，两年后辞职。1916年协助其结义兄弟谢蘅牕经营江西鄱阳乐平间的鄱乐煤矿，以及顺昌轮船公司、裕昌煤号等企业。1917年曾受煤矿委派两次东渡日本考察工商业。此后他曾任黄楚九所创设大昌烟公司的汉口分公司经理，后又与教友骆怀白合做德商上海科发药房华经理，不久又与沈燮臣合做美商茂生洋行买办。此时他收入丰厚，举止阔绰，雇用保镖，俨然成为沪上买办富商，并组织"申商俱乐部"，自任会长。

1920年，上海交易所盛行，袁履登与黄楚九合办"夜市交易所"进行投机活动，不久退出。是年他继虞洽卿、石运乾之后，任上海宁绍轮船公司总经理达十六年。他还兼任上海国民银行、恒宣轮船公司、远东体育场、恒茂产业公司、明星影片公司等企业的董事，以及上海总商会会董、副会长，中华基督教青年会全国协会委员，上海青年会干事兼副会长，宁波旅沪同乡会理事等职。1925年五卅运动期间，袁出任上海各界马路商界总联合会会长，代表商界加入上海工商学联合会，参加该会领导的罢工、罢课、罢市斗争。后来商界单独退出"三罢"斗争，于6月26日开市复业。此后，袁就任上海公共租界华人纳税会副理事长、工部局华顾问、华董等职。1936年他任美国烟叶公司华经理。因其交游甚广，被许多工商企业、公益慈善团体争相聘为董、监、理事。袁并设堂号"卧雪楼"，招收生徒，成为沪上闻人之一。

1937年抗日战争全面爆发，不久上海沦陷，袁履登担任"上海难民救济协会"秘书长，募集捐款，办理难民救济工作。此时日本侵略者谋组沪地傀儡政权，由于袁的社会地位及"闻人"身份，成为日伪物色汉奸伪职的重要对象，一度被日本军方羁押。在威胁利诱下，袁被敌利用。

1941 年 6 月，上海公共租界工部局改组，袁在董事会上提议由日人任总董，实行后日方提袁为副总董。太平洋战争爆发后，日军进占租界。1942 年 2 月起实行"连坐互保"的保甲制度，成立"保甲筹备委员会"，袁被指定为"会长"，着手主办保甲的编组工作。7 月袁出任伪上海市商会理事长。此时汪伪头目邵式军等筹组大华银行，控制沪地金融，袁出任该行总经理。9 月日方为了筹措军粮，禁止粮食出境，成立"米粮统制委员会"，袁出任该会主任委员暨南京伪物资审议会委员。由于粮食资敌，居民的户口米不仅量少质差，且时告不继，上海出现争购户口米的悲惨场面。袁遂成为众矢之的，声名狼藉，在一片詈骂声中被迫住进医院，向敌伪乞辞。

　　1945 年 8 月抗战胜利，国民政府官员到沪后忙于"劫收"，迟迟未对汉奸进行处理。由于人民群众身受敌伪八年统治的荼毒，对于汉奸袁履登之流纷纷加以揭发检举，集会控诉。10 月国民党当局将袁逮捕法办，1946 年 5 月法院以汉奸罪判处袁履登无期徒刑[①]。袁不服上诉，复审后以袁在任伪职期间曾营救多名抗战人士出险，"于协助抗战不无微劳"为由，改判有期徒刑七年。袁再次不服上诉被驳回[②]。因禁一年八个月后，因病重保外执行。1948 年 3 月，蒋介石改任总统，袁获"大赦"释放。1949 年 5 月由袁妻陪同离沪去香港就医。1951 年袁病危返沪。

　　1953 年 8 月，上海人民法院以汉奸罪判处袁履登徒刑十年，但考虑其年迈有病免于执行。1954 年 12 月 24 日袁在沪病故。

## 主要参考资料

乌崖琴:《关于海上三老之一袁履登》，上海市工商业联合会史料第

---

①　上海高等法院，刑事判决书(特字 161 号)1946 年 5 月 31 日。

②　《最高法院特种刑事判决》，藏上海市高级人民法院。

323 号。

严谔声:《沦陷时期袁履登的动态》,上海市工商业联合会史料第734 号。

《访问袁森斋先生记录稿》(1983 年 11 月 2 日)。

# 袁 世 凯

李宗一

　　袁世凯,字慰庭(又作慰廷或慰亭),别号容庵,河南项城人。生于
1859 年 9 月 16 日(清咸丰九年八月二十日)。大官僚地主家庭出身。
他的叔祖父袁甲三以办团练镇压捻军起家,官至漕运总督。父亲袁保
中是地方豪绅,在家乡办团练。叔父袁保庆在袁甲三军中带兵,官至江
南盐巡道。袁世凯自幼过继给袁保庆为嗣子,一直过着纨绔子弟生活。
八岁时,随袁保庆先后到济南和南京读书。1873 年袁保庆病死,第二
年他又随袁甲三的儿子袁保恒(刑部侍郎)到北京。他在这里一边读
书,一边帮袁保恒办事,学会了清末官场上那一套虚伪、奸诈的行径。
1878 年袁保恒死后,他回到家乡。次年,捐了一个"中书科中书"。结
识当时做塾师的徐世昌,资助徐到北京应试。袁世凯本想也通过科举
猎取功名,但 1876 年和 1879 年两次参加乡试,都落榜。于是,他赌气
烧了自己所作诗文,决心走另一条升官发财的道路①。

　　1881 年 5 月,袁世凯到山东登州,投靠袁保庆的结拜兄弟吴长庆。
当时,吴为淮军统领,委派他为营务处会办。8 月,朝鲜发生"壬午政
变",他随吴军开赴朝鲜,负责前敌营务处,参与诱捕朝鲜大院君李昰
应。此后,又为朝鲜国王训练"新建亲军",镇压"开化党",支持"事大
党",因此受到清廷褒奖,尤其得到直隶总督李鸿章的赏识。1885 年 10

---

　　① 沈祖宪、吴闿生编:《容庵弟子记》卷 1,1913 年版,第 4 页。

月,李鸿章保荐他做"驻扎朝鲜总理交涉通商事宜"的全权代表①。
1892年8月,以海关道记名简放,次年5月补授浙江温处道,仍留朝
鲜。1894年,朝鲜东学党起义,他受了日本驻朝鲜代理馆务书记官杉
村的怂恿,一再要求清廷派兵帮助朝鲜统治者镇压起义。及至清军赴
朝,日本又按预定计划派遣大军侵入朝鲜,占据汉城,中日战争有一触
即发之势。他一见局势严重,深恐无法收拾,乃推荐其西文翻译、办理
龙山商务委员唐绍仪自代,于7月19日请调回国②。8月1日战争爆
发,他被李鸿章派往辽宁凤凰城办理清军前敌营务处兼筹转运事宜。
先随清军败退至辽阳,再退至锦州。次年春至天津销差。

甲午中日战争后,清廷鉴于旧式淮军不足恃,有意改练新军。当
时,袁世凯以浙江温处道留京,充"督办军务处"差委,抢先上书当朝权
贵,提出练新军的策划。经过多方钻营,他取得了西太后的亲信荣禄和
军机大臣李鸿藻等人的推荐,1895年12月被派接管"定武军"十营,作
为改练新军的基础。"定武军"是中日战争期间成立的一支使用新式枪
炮的队伍,驻在天津附近的小站,有四千七百余人。袁接管后,添募二
千多人,仿照德国军队的建制,编成"新建陆军",聘请德国军官,进行近
代军事训练。同时,招纳封建文人,对弁兵讲"经史大义",灌输"忠君"、
"尽孝"等封建思想③。为了控制这支军队,造成个人的武力,他网罗了
徐世昌、段祺瑞、冯国璋、曹锟、段芝贵、张勋、王占元等一批人,分别给
以重要职务。这些人以后都成了他的爪牙。1897年,清廷认为他练兵
有功,提升他为直隶按察使,但仍专管练兵事宜。

中日战争后,袁世凯看到变法维新的潮流高涨起来,又想在这方面
下一笔赌注。1895年7月,他把康有为的"万言书"代递"督办军务

① 李鸿章著、吴汝纶编:《李文忠公全书》卷55,1905年版,第7页。
② 北平故宫博物院编:《清光绪朝中日交涉史料》第13卷,第28页;第14卷,第8、26、42页,1932年版。
③ 袁世凯:《兵略录存》,1898年10月新建陆军排印本。

处",9月参加了维新团体"强学会",表示自己是同情资产阶级改良派的。1898年9月,变法运动在光绪帝的支持下达到高潮。袁为了升官,派徐世昌到北京与维新派联系。以西太后、荣禄为首的顽固派也正密谋发动政变,推翻新政。光绪接受了维新派"抚袁以备不测"的主张,于9月16日召见袁,特赏候补侍郎,专办练兵事务。18日晨,康有为、谭嗣同等接到光绪求救和催促康离京的密诏,感到事态严重。当晚谭密访袁于法华寺,要求他率兵杀荣禄,除旧党,助行新政①。他假装忠于维新派,当面一口答应,并慷慨激昂地说:"诛荣禄如杀一狗耳。"②但事后"反复筹思",觉得维新派实力有限,不容易成功③,遂即返回天津,向直隶总督荣禄告密。结果,西太后囚禁了光绪帝,重新临朝训政,捕杀谭嗣同等"六君子"。袁世凯用出卖维新派的阴险手段,取得了西太后的信任,从此飞黄腾达更有了捷径。

1898年12月,新建陆军改名为武卫右军,为荣禄控制下的"武卫军"五军之一④。袁世凯于1899年6月被提升为工部右侍郎,仍专管练兵。12月6日,又署理山东巡抚(次年3月14日实授),率领武卫右军前往山东。当时,山东义和团反帝爱国斗争如火如荼。袁世凯诬蔑义和团是"左道邪教"⑤,颁发"严拿拳匪暂行章程"八条,派兵到各州县屠杀团民,焚毁坛场,以极其残暴的手段镇压了山东境内的义和团运动。

1900年6月,八国联军侵占大沽,清廷命令他入京防卫。他不敢

---

① 康有为:《康南海自编年谱》,中国史学会主编《中国近代史资料丛刊·戊戌变法》(四),上海人民出版社1957年版,第161页。

② 梁启超:《戊戌政变记》,中华书局1954年版,第108页。

③ 袁世凯:《戊戌纪略》,中国史学会主编《中国近代史资料丛刊·戊戌变法》(一),上海人民出版社1957年版,第553页。

④ 荣禄练武卫军,以聂士成、马玉昆、董福祥、袁世凯为前后左右四军,自领中军。

⑤ 袁世凯:《养寿园奏议辑要》卷4,1938年版,第17页。

公开抗拒,只派少数兵力到直鲁边界,应付一下,而实际是按兵不动。这时,他一面与南方表示"中立"的各省督抚取一致态度,派人与帝国主义各国驻烟台领事勾结,仿照"东南互保"的办法和各国达成协议:"内地各洋人均派兵妥护,送烟(台)暂避",并派兵保护教堂,"倘有猝不及防,照数认赔"①;另一方面,又向在逃亡中的西太后处进贡些饷银、缎匹,落得两面讨好。八国联军侵占北京后,荣禄的前后左中四支"武卫军"几乎全部崩溃,只有袁世凯的"武卫右军"完整保存下来,而且在镇压义和团的过程中扩充了"武卫右军先锋队"二十营。他的队伍已有一万九千六百余人,成为北方最大的一股反革命武装。

1901年11月,李鸿章病死,袁世凯署理直隶总督兼北洋大臣(次年6月实授)。他到达直隶后,在内外政策上,完全继承李鸿章的衣钵,并且把这个淮系军阀的班底也接收下来,政治军事势力迅速膨胀。这时,清廷为维护其摇摇欲坠的反动统治,筹办"新政",已成立"督办政务处"。1902年初,让袁世凯兼任政务处参预政务大臣、练兵大臣。袁世凯在保定创设北洋军政司(后改为北洋督练公所),自兼督办。下辖兵备、参谋、教练三处,以刘永庆、段祺瑞、冯国璋分任督办,开始编练北洋常备军(简称"北洋军")。同时,奏派赵秉钧负责创办天津及直隶各州县巡警,把清朝京畿的警权抓在自己手里。此后,他又兼任督办商务大臣、电政大臣、铁路大臣。为了筹措"练兵费"和庚子赔款,他加征捐税,巧取豪夺,大大加重了人民的负担,激起人民不断反抗。随后,他又残酷地镇压了直隶广宗景廷宾领导的农民起义。1903年12月,由他建议,清廷设立练兵处,编练新军。为了避免皇族的疑忌,他力请由庸懦的庆亲王奕劻为总理练兵大臣,自己退居为会办大臣,而掌握练兵处实权。1905年,袁世凯拼凑成北洋军六镇(每镇官兵定额为12560人),实额共六万余人,除第一镇是铁良统率的旗丁外,其余五镇都是他的嫡系,重要将领几乎都是小站出身。至此,以袁世凯为首的北洋军阀集团

① 盛宣怀:《愚斋存稿》卷37,1938年版,第4页。

的基本武力大体建成,成为清廷镇压人民的主要工具。同时,为了抵制革命运动,他极力主张搞假立宪的骗局,在天津设立宪法研究所,又办理"地方自治"。他还极力破坏1905年抵制美货运动,为美国在东三省的侵略活动效劳,支持英国的路权要求,不遗余力地去博取帝国主义(特别是英美两国)的欢心。当时,"朝有大政,每由军机处问诸北洋(袁世凯)",才能作出决定①。

袁世凯深知自己权势的膨胀会引起一些满族亲贵的猜忌,为了巩固自己的地位,他每年以北洋"截旷银"(空额兵饷)上贡西太后,贿赂奕劻和总管太监李莲英。同时表面上又把一、三、五、六镇交陆军部尚书铁良指挥,自己退居幕后操纵的地位。尽管他使用了这些手段,但到1907年仍被清廷用明升暗降的办法调任军机大臣兼外务部尚书,剥夺了他对北洋军的直接指挥权。1908年11月,光绪帝、西太后相继死去,宣统继位。摄政王载沣(光绪的弟弟)监国。载沣本想杀袁,但惧于他的内外奥援,未敢下手,载沣为了把袁世凯的权力夺回到自己手中,于次年1月2日发下上谕,硬说他有"足疾",勒令他回河南彰德"养病"。袁世凯虽被罢官,但通过他的旧部下,继续操纵分布于华北和东北的北洋军,依然是一个为中外反动派所重视的实力人物。

1911年10月武昌起义爆发,清廷一片混乱。陆军大臣荫昌率领北洋军赴武汉作战,但是北洋军将领不听他指挥。清廷于14日只得任命袁世凯为湖广总督,使其统领北洋军镇压革命。袁世凯见清朝土崩瓦解之势已成,即一面推说"足疾"未痊,拒绝接受任命;一面暗中通过时任协理大臣的徐世昌向清廷提出条件,要求取得军政大权。这时,帝国主义分子也极力制造"非袁不能收拾大局"的气氛,不断敦促清廷起用他以绞杀革命。因此,清廷被迫于27日召荫昌回京,任命袁为钦差大臣,指挥水陆各军。11月1日又任命他为内阁总理。袁世凯见清廷屈服,立即由彰德抵湖北孝感前线,督促冯国璋第一军从革命军手中夺

① 张一麐:《心太平室集》卷8,1947年版,第36页。

回汉口;然后带卫队抵京,16 日组成责任内阁,取得了清廷统治下的全部权力。

　　袁世凯感到只用武力,无法扑灭革命。他离开彰德前后,曾以君主立宪为条件,多次秘密地向革命党人进行"和平"试探,没有得逞。但已得到一部分革命党人愿推举他为共和国总统的消息。他北上组阁后,命令北洋军攻占汉阳,给革命党人一个严重打击,然后下令停止攻击武昌。同时又请英国公使朱尔典(John Jordan)出面斡旋,这样一打一拉,迫使革命党人接受停战议和的建议。12 月,他派唐绍仪为代表到上海和革命党人谈判,目的是要取得革命党人让他做总统的确实保证。在帝国主义和国内立宪派官绅的支持下,并利用了资产阶级革命党人的软弱性,袁世凯取得了上述保证。当时,革命党人曾坚持以清帝退位和他保证赞成共和为选他当大总统的先决条件。于是,他即借用革命声势威吓清廷,并授意段祺瑞联合北洋军将领通电,要求清廷"立定共和政体"①,如此双管齐下,迫使清帝于 1912 年 2 月 12 日宣布退位。次日,他向南京临时政府发出"永不使君主政体再行于中国"的保证②。15 日南京参议院应孙中山的咨请,选举袁为临时大总统,并请他到南京就职。他口头上表示"极愿早日南行",暗中却策动第三镇兵变,并以此为借口,迫使革命党人打消了要他南下的计划。3 月 10 日,他如愿以偿地在北京就职,窃夺了辛亥革命成果,组成大地主大买办阶级专政的北洋军阀政府。

　　袁世凯上台后,一心追求独裁统一。开始,南方各省仍在革命党人的控制之下,他表面上对革命党领导人不得不采取笼络手段。1912 年8、9 月,他邀请孙中山、黄兴入京,称之为"革命元勋",授以勋位,企图用甜言蜜语软化他们。当时,中国同盟会已改组为国民党。次年 3 月,

---

　　① 《段祺瑞致内阁代奏电》(1912 年 1 月 26 日),中国史学会主编《中国近代史资料丛刊·辛亥革命》(八),上海人民出版社 1957 年版,第 173 页。

　　② 《临时政府公报》第 16 号,1912 年 2 月 14 日。

国民党代理理事长宋教仁企图依靠国会中的多数席位组织"责任内阁"。袁世凯害怕国民党分他的权力,暗中派人于上海刺杀了宋。对于宋的死,他还装出非常惋惜、愤慨的样子,表示要缉拿凶手,"按法严办"。不久,宋案真相大白,全国舆论哗然。袁自知骗局已被戳穿,遂积极布置武力镇压。4月,他以"善后"为名,向英、法、德、日、俄五国银行团借款2500万英镑,充作军费。7月,便对以孙中山为代表的民主力量发出讨伐令,派北洋军南下进攻南京、江西等地,镇压了孙中山发动的"二次革命",把北洋军阀的势力伸向长江流域各省。

镇压了"二次革命"后,袁世凯即图谋把被人民推翻了的封建君主制重新加在人民头上。为此,他采取了一系列倒行逆施的步骤。1913年10月,派出军警胁迫国会选举他为总统。接着,在进步党人的帮助下,先后解散了国民党和国会,另行召集"政治会议"和"约法会议"作为御用工具。1914年5月,他公然宣布废除他曾宣誓遵守的《临时约法》,同时公布按其意旨炮制的《中华民国约法》。取消国务院,设立政事堂。以徐世昌为国务卿,自己独揽行政大权,把进步党人也撇在一边。他又特设海陆军大元帅统率办事处,令其子袁克定编练"模范军"[1],掌握军权。他修改总统选举法,得终身连任,并可指定继承人。还制定各种反动法令,建立起"军政执法处"等特务机构,加紧对人民的迫害。另外,"袁世凯为了复辟帝制,极力提倡尊孔"[2],叫喊"孔子之道,亘古常新","如布帛菽粟之不可离"[3]。1913、1914年,他连续发布了一连串鼓吹尊孔读经的命令和条例,通令全国恢复祭孔。1914年9月28日,他亲率文武百官,钻进文庙祀孔;12月23日,又像历代皇帝一样到天坛祭天。

———

① 袁克定,1878年生,字云台,历任农工商部右参议、右丞,开滦矿务局督办兼董事长,"模范团"第二期团长。曾以"皇太子"自视,为"洪宪"帝制四处活动。袁世凯败亡后,匿居天津。
② 《从胡须说到牙齿》,《鲁迅全集》第1卷,第231页。
③ 《政府公报分类汇编》第4册。

袁世凯复辟帝制的野心,早已为日本大隈政府所识破。日本遂趁第一次世界大战期间欧美各国无暇东顾的时机,于 1915 年 1 月命令其驻中国公使日置益向袁世凯当面提出了灭亡中国的"二十一条",同时暗示日本将赞同变更国体。袁世凯怕人民反对,不敢一口允诺,而派陆徵祥、曹汝霖与日置益秘密谈判,佯作拒绝,阴谋退让。延至 5 月 7 日,日本提出最后通牒,袁世凯为了换取日本对其复辟帝制的支持,竟不惜出卖国家主权,于 9 日公然接受了日本的要求。日本在得到便宜后,秘密向他表示说:对于帝制"自努力为援助,可除一切故障"①。英国公使朱尔典为了与日本竞争,也对他说:"若国中无内乱,则随时可以实行。"②袁世凯得到这些许诺,自认为外交上已无问题,即决心废除共和体制,建立袁氏王朝。

1915 年 8 月,袁的顾问美国人古德诺(F. J Goodnow)发表了鼓吹帝制的文章,杨度、孙毓筠等跟着发起组织"筹安会",按照古德诺的调子敲响了帝制的锣鼓。于是,朱启钤、张镇芳、梁士诒等一批官僚和段芝贵、倪嗣冲等一帮地方军阀上下勾结,伪造民意:先策动组织"全国请愿联合会",要求改行帝制;接着又召开"国民代表大会",举行"国体投票";最后由参政院以"国民代表大会总代表"的名义上"推戴书","推戴"袁为"中华帝国大皇帝"③。袁世凯在假意推让之后,于 12 月 12 日发布接受帝位申令,说什么:"民之所欲,天必从之。"④接着,他接受朝贺,封爵加官,成立帝制"大典筹备处",改总统府为"新华宫",改民国五年为"洪宪"元年。这个大野心家、大阴谋家自以为一切安排停当,但等1916 年元旦实行"登极"了。

---

① 《驻日本陆公使致外交部电》(北洋政府外交部档案)。
② 《袁世凯与朱尔典密谈之纪录》,见凤冈及门弟子编《三水梁燕孙先生年谱》1946 年再版,第 296 页。
③ 《朱启钤等致各省请于推戴书中照叙四十五字并嘱秘密电》,见黄毅编《袁氏盗国记》上编,1917 年 5 月版,第 91 页。
④ 《政府公报》第 1294 号,1915 年 12 月 14 日。

　　但是，和袁世凯的愿望相反，历史的潮流是要民主共和，不要帝制。随着袁世凯称帝阴谋的暴露，全国人民反对帝制的斗争沸腾起来。孙中山发表讨袁宣言和檄文，痛斥袁世凯"祭天祀孔，议及冕旒"，"推翻民国，以一姓之尊而奴视五族"①。12 月 25 日，蔡锷在云南首先宣布起义讨袁，组成护国军，云南都督唐继尧和梁启超等进步党人也投入反袁，蔡锷率领护国军攻入四川。袁世凯着了慌，于 1916 年 1 月急派曹锟率领北洋军入川，妄想扑灭"护国运动"。同时他派周自齐为赴日特使，乞求日本援助。日本看出他的统治地位已处于风雨飘摇之中，不仅早在 1915 年 10 月、12 月联合英、俄等国向他提出缓办帝制的两次警告，而且拒绝接待特使。不久，贵州、广西接连宣布独立讨袁，护国军声威大振。"无可奈何花落去"，3 月 22 日，袁世凯向全国公布取消帝制令，恢复"中华民国"年号，要求护国军停战议和。

　　袁世凯的八十三天皇帝梦破灭了，但仍妄想保住总统职位。孙中山号召各地反袁力量，"猛向前进，决不使危害民国如袁氏者生息于国内"②。全国各地纷纷通电宣布袁世凯背叛民国的罪状，坚决不承认他再为总统，要求"扑杀此獠，以绝乱种"③。广东、浙江、陕西又相继独立，袁氏狼狈万状，被迫起用段祺瑞为国务卿兼陆军总长，梦想依靠段团结北洋军阀势力，作最后挣扎。但是，全国人民的反抗怒潮，迫使其忠实爪牙也不得不抵制或"声讨"帝制以自保；段祺瑞迫他交出实权，组织责任内阁；冯国璋在南京召集未独立各省军阀开会，自树一帜；甚至他的宠臣，如湖南的汤芗铭和四川的陈宧之流也通电"独立"。众叛亲离，楚歌四起。到这时，独夫民贼袁世凯气急败坏，无计可施，于 5 月下旬忧愤成疾。6 月 6 日，袁世凯在亿万人民的唾骂声中死去。

------

①　孙中山：《讨袁宣言》(1915 年)、《讨袁檄文》(1916 年)，见《孙中山选集》上篇，人民出版社 1962 年版，第 98、100 页。

②　《孙中山致各都督司令电》，《民国日报》1916 年 5 月 11 日。

③　《十九省公民否认袁世凯冒称总统书》，见《袁氏盗国记》下篇，第 13 页。

# 袁 守 和

熊尚厚

袁守和,名同礼,字守和,以字行。祖籍直隶(今河北)徐水。1895年3月23日(清光绪二十一年二月二十七日)生于北京。他幼年时性格活泼,很爱讲话,后因得伤寒,愈后变得沉默寡言,温文儒雅。1913年9月,他考入北京大学预科第一部英文甲班,次年春加入预科的文学会为会员。1916年夏天毕业,到清华学校图书馆参考部工作,之后曾参加少年中国学会。

1920年,袁守和得到美国哥伦比亚大学的留学奖金及清华、北大两校的津贴,前往美国哥伦比亚大学历史系就读。在哥伦比亚大学获文学学士学位之后,袁改入纽约州立图书馆专科学校专攻图书馆学,获图书馆学学士,曾在华盛顿国会图书馆工作数月。继而他赴欧洲考察各国的图书馆和博物馆,并入伦敦大学历史研究院、巴黎古典学校进行研究工作。

1923年秋,袁守和回国,先在广东岭南大学任图书馆馆长,后北上任北京大学目录学教授兼图书馆主任。1925年,北京图书馆协会改选,他担任该会会长,并为中华图书馆协会董事、执行部部长。翌年3月,中华文化教育基金会创办北海图书馆,他任图书部主任。由于正、副馆长梁启超、李四光无暇管事,馆务实际由袁主持,1927年6月升任副馆长。1929年6月,北海图书馆与京师图书馆合并为北平图书馆,他任副馆长兼图书部主任,仍实际主持馆务。与此同时,还兼故宫博物院副院长。

　　北平图书馆位于北海公园西部,清季御马厩旧址,袁守和精心设计建筑,建成规模宏大、装饰雅致的大图书馆。他辛勤延揽和培养人才,采用现代科学管理法,设置采访、典藏、研究等部,辟有研究室和多种阅览室,规模颇大。他大力购置藏书,经常亲自跑旧书坊,广集善本或向名人之后收集私家珍本,把全部时间和精力都用于图书馆事业上。袁对保存古籍善本图书作出贡献甚大,对敦煌卷的保存也尽了不少的力。1934 年 3 月,为了传达学术界的消息与交换知识,他分别创办了《北平图书馆馆刊》、《季刊》,内容有论著、图书和期刊之批评与介绍、学术界及出版界的消息,等等。

　　袁守和是图书馆目录学的专家,在其主持北平图书馆期间,极力重视目录学工作,先后出版有善本丛书、馆藏善本甲乙库书目、普通书目目录类、特种书目及文学论文索引,等等。同时,他为了把中国的图书馆事业置于现代学术基础上,极力主张沟通中西文化。由于在图书馆学方面的贡献和成就,袁在国际图书馆学界亦负盛名,是国际图书馆协会会员、英国牛津目录学会会员、美国图书馆协会会员。

　　对于图书馆人才的培养,袁守和十分热心。他除不断选派北平图书馆的人员出国深造外,还积极支持武昌文华图书馆专科学校的办学,任该校校董;在北京大学和北京师范大学担任目录学教授,讲授目录学和图书馆学;主持天津《大公报》的图书周刊专栏,经常介绍最新出版物及世界重要出版物,并介绍图书馆目录。

　　当日本侵华势力逐步深入华北之际,袁守和于 1934 年开始,将北平图书馆的珍品书籍南运,分别存于上海和南京。“七七”事变爆发后,袁守和将北平图书馆先迁云南昆明,后至重庆沙坪坝。他与西南联大等校合办后方大学图书馆;与西南联大组织中日战争史料征辑委员会,主持编辑战时史料;并广泛搜集报纸,出版《战争史料集刊》、战区长编十四种、抗战图书提要一种。在战时极端困难的情况下,他仍孜孜以求补充馆内藏书,曾以中华图书馆协会理事长名义发起征书运动,向国际社会呼吁赠书。与此同时,还锐意搜集西南地区的文献,搜集到大量图书、方志、传拓石刻。编辑出版有《西南各省方志目录》、《云南碑目初编》、《中国边防图籍录》及《西南文献丛刊》四种;先后恢复出版中英文《图书季刊》,仍自任主编。此外,他还协助各大学采购与运输图书、仪器,担任国际学术资料供应委员会①委员兼秘书长。他曾利用去印度的机会,洽购外文图书和仪器。太平洋战争爆发前,他同驻美大使胡适联系,将存在上海和南京的珍品图书运往美国保藏。抗日战争后期,他赴英美考察,并参加旧金山联合国成立会议,1945 年 5 月获美国匹茨堡大学法学博士名誉学位。他在美国考察图书事业,与美国图书馆协会磋商,拟邀美国图书馆专家访华,以为战后复员做准备工作。

抗日战争胜利后,北平图书馆迁回北平,袁守和继续担任图书馆馆长。1946 年,他赴英国伦敦出席国际教育科学文化组织会议,会后前往德国和北美考察,继续深入研究目录学。1948 年冬,他离开北平去南京,于次年被美国国会图书馆聘为主题目录组主任,重订国会图书馆馆藏中文善本目录。1951 年,他被美国斯坦福大学研究所聘为编纂部主任,得罗氏基金会资助赴欧研究汉学西文书目。其后,袁一直在美国国会图书馆主持汉学编目工作,穷年兀兀埋头于目录学的编著,除在美国多方查阅书籍外,还前往欧洲各国广泛博览。先后编著有《西文汉学目录》、《留学博士论文目录》、《俄文汉学目录》及《新疆研究丛刊》等,并用中英文发表了专著论文近九十种②。

1965 年 1 月,袁守和因病退休,2 月 6 日病逝于美国,葬于华盛顿石湾公墓。

### 主要参考资料

吴光清:《袁守和先生传略》,载台湾《新疆研究丛刊十种》,1962

---

① 该会于 1945 年 5 月改名中美学术资料供应委员会,1946 年初结束。
② 张秀民:《袁同礼与北平图书馆》,台湾《历史月刊》1996 年 9 月号。

年版。

李书华:《追忆袁守和先生》,台北《传记文学》第 8 卷第 2 期。

徐家璧:《袁守和先生在抗战期间之贡献》,台北《传记文学》第 8 卷第 2 期。

朱传誉主编:《袁守和传记资料》,台北天一出版社 1979 年 11 月版。

蒋复璁:《追思袁同礼先生》,台北《中央日报》1965 年 2 月 10 日副刊。

袁澄:《劳碌一生的父亲》,台北《传记文学》第 8 卷第 2 期。

# 袁　祖　铭

李德芳　刘毅翔

　　袁祖铭,字鼎卿。1889年6月9日(清光绪十五年五月十一日)出生于贵州兴义府(今安龙县)。他的祖先在"咸同苗回汉农民起义"之际,以办"团"为业,明团暗匪,为地方一霸。他的父亲袁干臣为团总,属下团丁有两三千人。袁祖铭从小在家读私塾,1907年3月到贵阳进入陆军小学堂学习。

　　袁祖铭于1909年在贵州陆军小学堂毕业后,去武汉报考湖北陆军第三中学堂,因目力近视落选。回到家乡后,应兴义公立高等小学堂学监王文华约请,任该学堂体操教员。1911年初,改任该县团防局附设将弁班教练。

　　1911年10月,贵州巡防营管带刘显世奉黔抚沈瑜庆电召,率部赴贵阳护卫府衙,袁祖铭随军担任哨官。11月初军次安顺,4日贵阳光复,刘显世迫于形势,作"赞成"共和的表示,遂得进驻贵阳。但他随后勾结宪政党人,迎唐继尧入黔,颠覆了贵州革命政权。袁祖铭曾随刘显世进攻新成立的都督府。

　　1913年10月,贵州陆军改编为六个团,王文华任第一团团长,袁祖铭任第一团第一营营长。1915年12月护国运动中,王文华以护国军第一路军右翼东路司令的身份,率黔军三个团出师湘西,袁祖铭随军出征。次年2月初,黔军向北洋军发起进攻,第一团攻湖南晃县,袁祖铭率一营在蜈蚣关、大关战胜北军,占领晃县。接着,袁祖铭奉命配合第三团吴传声部猛攻芷江敌军,突破了江西桥阵地,2月8日占领了芷江。袁祖铭以勇敢善战初露头角。护国之役后,贵州组建陆军第一师,王文华任师长,袁祖铭以功升任第一团团长。王文华在黔军是新派领袖,袁祖铭虽隶属王下,但与宪政派联系较深,倾向旧派。

1917年7月,孙中山揭起护法大旗。8月,袁祖铭随黔军总司令王文华所率黔军入川响应护法。12月,黔军联合滇军和川军熊克武部,大败北军吴光新部,占领了重庆。次年1月,袁祖铭被王文华任命为纵队长,率黔军配合滇军,赶走川督刘存厚,占领了成都。袁在川战中指挥得力,英勇善战,受到部分黔军将领的拥戴。他便授意其部属联名电请黔督刘显世升任他为黔军第二师师长。刘显世为了用袁祖铭牵制王文华,表示赞同。但王文华反对升袁,不久便以整顿为名,下令赴成都黔军回渝归还建制,调袁任黔军总司令部总参议。袁对此极为不满,与王文华关系日渐不和。

1920年5月,川战又起,熊克武以武力驱逐滇黔军,进逼重庆,袁祖铭被王文华任命为黔军前敌总指挥,与熊部川军余际唐的江防军作战。10月,黔军在四川立足不住,王文华令卢焘、何应钦和谷正伦等五旅长率部回黔,发动政变,推翻旧势力代表贵州督军兼省长刘显世。王担心袁祖铭从中作梗,便胁迫袁和自己一道赴上海。袁到上海后,因受到王文华监视,行动不得自由。11月,他摆脱王的监视,逃到北京,往谒北京政府总理靳云鹏和财政总长潘复,诉说贵州政局混乱,人心不安,请求中央政府援助,安定贵州,并自称可以运动黔军归附中央。靳即拨款20万元,并电令两湖巡阅使王占元拨一旅归袁指挥,组织"定黔军"。

1921年3月16日,袁祖铭指使人在上海暗杀了王文华。4月,在武昌成立了"定黔军"指挥部,自任总指挥。"定黔军"欲假道湖南、四川回黔,因两省宣布"自治"被拒。8月,吴佩孚任两湖巡阅使。通过靳云鹏的关系,袁祖铭得到吴佩孚拨给汉阳枪6000支。从此,他和吴佩孚拉上了关系。

刘显世被驱逐后,何应钦等五旅长互相争夺贵州政权,卢焘虽被推为黔军代总司令,但徒有虚名,对黔军五个旅既不能统率更不能指挥,贵州政局陷入极度混乱状态。这就为袁祖铭"定黔"创造了有利条件。袁祖铭放弃了假道川、湘回黔的计划,凭其往日在黔军中的威信,加上私人感情,用种种手段分化黔军五个旅。结果黔军的精锐谷正伦旅王天培、彭汉章两团,首先投入袁部;接着窦居仁旅毛以宽团、张春浦旅全部亦尽归袁掌握。驻扎在湖南洪江的游击司令王华裔,也早就和袁通了声气。1922年1月,袁未带一兵一卒来到洪江,第二混成旅旅长王天培命王天锡率一营兵前往迎接。袁即以这一营为卫队,取道镇远与毛以宽团会合,是为中路军;王天培、彭汉章部为左路军,由榕江、独山向贵阳挺进;王华裔部为右路军,趋铜仁方面。三路军浩荡前进,于4月9日顺利进入贵阳。8月,袁祖铭废除"定黔军"总指挥名义,受北京政府任命为贵州省长。

袁祖铭任省长后,打着"用人不分党派、政权向社会公开"的旗子,任命原宪政党人张彭年为总参议,丁宜中为秘书长。接着解散了省议会,改组了省公署,以原自治党人周素园为政务厅长,原宪政党人陈幼苏为财政厅长。其他如国民党员平刚,原进步党人任可澄、何季刚也都分别予以任用。经济方面,为了筹饷扩军,把原属财政厅的筹饷局改为由"定黔军"总司令部直辖。筹饷局是专门负责征收鸦片烟税的,袁命该局直接掌握鸦片烟税,加倍征收,还实行食盐官运商销。袁在军事上进行了扩编,对"定黔"有功的军人都分别予以提升:王天培升为第二师师长,彭汉章、吴传心被分别任命为第一、二混成旅旅长,第一师师长是他的亲信何厚光。对袁祖铭的这些措施,当时有人写了一首诗加以概括:"无乱偏戡乱,君休说定黔。三千散议会①,八万赎家严②。人材龟

---

① 袁祖铭解散省议会,给每个议员发放三千元的遣散费。
② 袁祖铭"定黔"伊始,刘显世的从兄刘显潜在贵州兴义一带引进广西匪兵,收为己用,企图与袁争夺贵州。袁干臣也想把这股匪兵改编,为袁祖铭效力。结果这些匪兵在安龙城大肆抢劫,连袁干臣也被掳到广西山中。匪方高价勒赎,袁祖铭出八万赎金将其父赎回。

兔鳖,政策运烟盐……"

袁祖铭入黔当政后,顾盼自雄,大有不可一世之慨。他既看不起往日的老上司刘显世,不欢迎刘回省主政;也不受一向把贵州当作自己"势力范围"的唐继尧指挥,拒绝唐恢复滇川黔靖国联军的通电。这就大大触犯了唐继尧向外扩张的野心。1923 年 2 月,唐继尧以滇军胡国绣旅假道贵州被王天培缴械为借口,自行恢复滇川黔联军总司令名义,派其弟唐继虞率张汝翼、吴学显部拥联军"副帅"刘显世回黔复职。滇军进入黔境,袁祖铭事前毫无准备,仓皇应战,力难与敌。为保存实力,袁率部退出贵阳。3 月 12 日,滇军占领贵阳后,唐继虞任贵州军务督办,刘显世又重新当上了贵州省长。

袁祖铭撤离贵阳后,由铜仁退到四川秀山。这时,四川省内的一、二军之战正打得难分难解。吴佩孚派人与袁接洽,要袁助刘湘、杨森的二军作战。7 月,袁祖铭被刘湘、杨森等共推为援川各军前敌总司令。因他指挥的范围扩大到川、黔、鄂、陕、甘五省的军队,所以又称五省联军总司令。唐继尧为了称霸西南,也派胡若愚等率部入川,参加一军熊克武一方助战。双方混战逾年。1924 年 2 月 9 日,袁祖铭指挥的联军攻克成都。3 月,北京政府任命袁祖铭为川黔边防督办,还授予他陆军上将。所部编为中央陆军第三十四师,袁任师长。这时他在重庆设立督办公署,所辖军队并不是一个师,而实际有三个师、三个独立旅和两个警卫团,达五万之众。此为袁祖铭一生的鼎盛时期。

袁祖铭在川战中大显身手,声名大噪。其时,唐继虞在贵州的一年多中,弄得民穷财尽,遭到舆论的谴责,唐继尧不得不让唐继虞退出贵州。1925 年 1 月 23 日,袁祖铭派彭汉章为贵州清乡总司令回黔接收政权。不久北京政府任命彭为贵州省长,王天培为军务督办,周西成为会办。这三人都是袁的部属,贵州又一次回到了袁祖铭的统治之下。

同年 2 月,杨森企图以武力统一全川,袁祖铭与刘湘组成"川黔联军"相拒,袁为总司令。9 月下旬,杨森兵败出川。12 月,袁祖铭和刘湘、赖心辉等川军将领在成都召开善后会议,因饷械补充问题,袁与刘发生矛盾。刘湘等欲以助袁军饷40万元为条件,礼送黔军出境;但袁祖铭久不开拔。1926年2月,杨森得到吴佩孚的支持,打回四川。刘湘、赖心辉便联合杨森出兵驱逐黔军出境。袁祖铭顶不住刘、杨的夹攻,5月退出重庆,撤回黔北。袁本拟回贵阳,但因贵州无法解决他庞大的军费开支,遂决心率部出湘、鄂向外发展。

　　7月,广东国民政府开始北伐后,北伐军取得节节胜利,袁祖铭决定投靠北伐军。8月中旬,北伐军部署进攻岳州时,任袁祖铭为国民革命军左翼军前敌总指挥。接着,袁自行改编军队,将所部大为扩充。袁军大本营驻扎湘西,他的部队仍然像在四川、贵州一样,所到之处自委官吏,强取赋税,而且大张旗鼓招收散兵游勇。唐生智曾电请袁祖铭移驻鄂西,交还湘西防地,但袁不予理会。

　　1927年1月31日晚,驻常德的第八军教导师师长周斓受唐生智指使,摆下"鸿门宴",请袁祖铭"欢度除夕",袁带着他的参谋长朱崧、亲信师长何厚光及几个亲兵赴宴,被伏兵枪杀于宴会上。

## 主要参考资料

　　蒋芷湘、杨可文等编纂:《兴义县志》,贵州省图书馆1966年油印本。

　　庾恩旸:《云南北伐军援黔纪事》,1912年版。

　　陈训正编:《国民革命军战史初稿》第1辑卷1,《近代史料丛刊》第79辑,台北文海出版社1972年影印本。

　　中国科学院历史研究所第三所编辑:《云南贵州辛亥革命资料》,科学出版社1959年版。